Kohlhammer

Der Autor

Thomas Fuchs, geb. 1958, Prof. Dr. med. Dr. phil., habilitiert in Psychiatrie und Philosophie, ist Karl-Jaspers-Professor für philosophische Grundlagen der Psychiatrie und Psychotherapie an der Universität Heidelberg. Er ist Leiter der Sektion Phänomenologische Psychopathologie und Oberarzt an der Psychiatrischen Universitätsklinik Heidelberg, Präsident der Deutschen Gesellschaft für phänomenologische Anthropologie, Psychiatrie und Psychotherapie (DGAP) sowie Herausgeber der Zeitschrift »Psychopathology«. Seine Forschungsschwerpunkte bilden die phänomenologische Anthropologie, Psychologie und Psychopathologie, Theorien der Verkörperung und der Neurowissenschaften sowie zeit- und kulturdiagnostische Analysen.

Weitere Buchpublikationen sind u. a.:

- Leib, Raum, Person. Entwurf einer phänomenologischen Anthropologie. Klett-Cotta, Stuttgart, 2000.
- Psychopathologie von Leib und Raum. Phänomenologisch-empirische Untersuchungen zu depressiven und paranoiden Erkrankungen. Steinkopff, Darmstadt, 2000.
- Zeit-Diagnosen. Philosophisch-psychiatrische Essays. Graue Edition, Kusterdingen, 2002.
- Leib und Lebenswelt. Neue philosophisch-psychiatrische Essays. Graue Edition, Kusterdingen, 2008.
- (hrsg. mit Lukas Iwer und Stefano Micali) Das überforderte Subjekt. Zeitdiagnosen einer beschleunigten Gesellschaft. Suhrkamp, Frankfurt/M., 2018.
- Randzonen der Erfahrung. Beiträge zur phänomenologischen Psychopathologie. Alber, Freiburg, 2020.
- Verteidigung des Menschen. Grundfragen einer verkörperten Anthropologie. Suhrkamp, Frankfurt/M., 2020.
- Verkörperte Gefühle. Zur Phänomenologie von Affektivität und Interaffektivität. Suhrkamp, Frankfurt/M., 2024.

Adresse:
Psychiatrische Universitätsklinik, Voßstr. 4, 69115 Heidelberg
E-Mail: thomas.fuchs@urz.uni-heidelberg.de

Thomas Fuchs

Das Gehirn –
ein Beziehungsorgan

Eine phänomenologisch-
ökologische Konzeption

7., aktualisierte Auflage

Verlag W. Kohlhammer

Dieses Werk einschließlich aller seiner Teile ist urheberrechtlich geschützt. Jede Verwendung außerhalb der engen Grenzen des Urheberrechts ist ohne Zustimmung des Verlags unzulässig und strafbar. Das gilt insbesondere für Vervielfältigungen, Übersetzungen und für die Einspeicherung und Verarbeitung in elektronischen Systemen.

Pharmakologische Daten verändern sich ständig. Verlag und Autoren tragen dafür Sorge, dass alle gemachten Angaben dem derzeitigen Wissensstand entsprechen. Eine Haftung hierfür kann jedoch nicht übernommen werden. Es empfiehlt sich, die Angaben anhand des Beipackzettels und der entsprechenden Fachinformationen zu überprüfen. Aufgrund der Auswahl häufig angewendeter Arzneimittel besteht kein Anspruch auf Vollständigkeit.

Die Wiedergabe von Warenbezeichnungen, Handelsnamen und sonstigen Kennzeichen berechtigt nicht zu der Annahme, dass diese frei benutzt werden dürfen. Vielmehr kann es sich auch dann um eingetragene Warenzeichen oder sonstige geschützte Kennzeichen handeln, wenn sie nicht eigens als solche gekennzeichnet sind.

Es konnten nicht alle Rechtsinhaber von Abbildungen ermittelt werden. Sollte dem Verlag gegenüber der Nachweis der Rechtsinhaberschaft geführt werden, wird das branchenübliche Honorar nachträglich gezahlt.

Dieses Werk enthält Hinweise/Links zu externen Websites Dritter, auf deren Inhalt der Verlag keinen Einfluss hat und die der Haftung der jeweiligen Seitenanbieter oder -betreiber unterliegen. Zum Zeitpunkt der Verlinkung wurden die externen Websites auf mögliche Rechtsverstöße überprüft und dabei keine Rechtsverletzung festgestellt. Ohne konkrete Hinweise auf eine solche Rechtsverletzung ist eine permanente inhaltliche Kontrolle der verlinkten Seiten nicht zumutbar. Sollten jedoch Rechtsverletzungen bekannt werden, werden die betroffenen externen Links soweit möglich unverzüglich entfernt.

Umschlagabbildung: imaginima/iStockphoto

7., aktualisierte Auflage 2025

Alle Rechte vorbehalten
© W. Kohlhammer GmbH, Stuttgart
Gesamtherstellung: W. Kohlhammer GmbH, Heßbrühlstr. 69, 70565 Stuttgart
produktsicherheit@kohlhammer.de

Print:
ISBN 978-3-17-045783-6

E-Book-Formate:
pdf: ISBN 978-3-17-045784-3
epub: ISBN 978-3-17-045785-0

Inhalt

Vorwort	11
Prolog	15
Einleitung	19

Umsturz der Lebenswelt	19
Kampf um die Zitadelle	21
Vom Kopf auf die Füße	23

Teil A   Kritik des neurobiologischen Reduktionismus

1	Kosmos im Kopf?	29
1.1	Das idealistische Erbe der Hirnforschung	30
1.2	Erste Kritik: Verkörperte Wahrnehmung	34
1.2.1	Wahrnehmung und Selbstbewegung	34
1.2.2	Koextension von Leib und Körper	37
1.3	Zweite Kritik: Die Objektivität der phänomenalen Welt	45
1.3.1	Der Raum der Wahrnehmung	45
1.3.2	Die objektivierende Leistung der Wahrnehmung	47
1.4	Dritte Kritik: Die Realität der Farben	50
1.5	Zusammenfassung	53
2	Das Gehirn als Erbe des Subjekts?	58
2.1	Erste Kritik: Die Irreduzibilität von Subjektivität	62
2.1.1	Phänomenales Bewusstsein	62
2.1.2	Intentionalität	65

2.2	Zweite Kritik: Kategorienfehler	74
2.2.1	Mereologischer Fehlschluss	74
2.2.2	Lokalisatorischer Fehlschluss	77
2.3	Dritte Kritik: Ohnmächtiges Subjekt?	84
2.3.1	Die Einheit der Handlung	84
2.3.2	Die Rolle des Bewusstseins	89
2.4	Zusammenfassung: Der Primat der Lebenswelt	95

Teil B Gehirn – Leib – Person

3	**Grundlagen: Subjektivität und Leben**	**105**
3.1	Verkörperte Subjektivität	105
3.1.1	Der Leib als Subjekt	106
3.1.2	Der Doppelaspekt von Leib und Körper	110
3.1.3	Biologischer und personaler Doppelaspekt	114
3.2	Ökologische Biologie	121
3.2.1	Selbstorganisation und Autonomie	122
3.2.2	Austausch zwischen Organismus und Umwelt	124
3.2.3	Subjektivität	128
3.2.4	Zusammenfassung	132
3.3	Zirkuläre und integrale Kausalität von Lebewesen	134
3.3.1	Vertikale zirkuläre Kausalität	134
3.3.2	Horizontale zirkuläre Kausalität	140
3.3.3	Vermögen als Grundlage integraler Kausalität	141
3.3.4	Die Bildung von Vermögen durch das Leibgedächtnis	143
3.3.5	Zusammenfassung	146
4	**Das Gehirn als Organ des Lebewesens**	**149**
4.1	Das Gehirn im Organismus	151
4.1.1	Das innere Milieu	151
4.1.2	Das Lebensgefühl	153
4.1.3	Höhere Bewusstseinsstufen	157

4.1.4	Verkörperte Gefühle	163
4.1.5	Zusammenfassung	168
4.2	Die Einheit von Gehirn, Organismus und Umwelt	170
4.2.1	Lineare versus zirkuläre Organismus-Umwelt-Beziehung	170
4.2.2	Bewusstsein als Integral	178
4.2.3	Neuroplastizität und die Inkorporation von Erfahrung	183
4.2.4	Transformation und Transparenz: Das Gehirn als Resonanzorgan	190
4.2.5	Information, Repräsentation und Resonanz	203
4.2.6	Zusammenfassung: Vermittelte Unmittelbarkeit	215
5	**Das Gehirn als Organ der Person**	**220**
5.1	Primäre Intersubjektivität	223
5.1.1	Pränatale Entwicklung	223
5.1.2	Zwischenleiblichkeit und Interaffektivität	224
5.1.3	Zwischenleibliches Gedächtnis	227
5.2	Neurobiologische Grundlagen	230
5.2.1	Das Bindungssystem	231
5.2.2	Das soziale Resonanzsystem (»Spiegelneurone«)	235
5.3	Sekundäre Intersubjektivität	242
5.3.1	Die Neunmonatsrevolution	242
5.3.2	Der verkörperte Erwerb der Sprache	244
5.3.3	Ausblick: Sprache, Denken und Perspektivenübernahme	250
5.4	Zusammenfassung: Gehirn und Kultur	254
6	**Der Doppelaspekt der Person**	**258**
6.1	Mentales, Physisches und Lebendiges	258
6.2	Abgrenzung von Identitätstheorien	266
6.2.1	Das Problem der Einheit des Referenten	266
6.2.2	Diachrone Einheit der Subjektivität	270
6.3	Emergenz	273
6.3.1	Der Primat der Funktion	273
6.3.2	Zirkuläre Kausalität und Doppelaspekt	280

6.4	Schlussfolgerungen: Psychophysische Beziehungen	288
6.4.1	Intentionale und psychologische Bestimmung von physiologischen Prozessen	290
6.4.2	Verkörperte Freiheit	293
6.4.3	»Psychosomatische« und »somatopsychische« Zusammenhänge	301
6.5	Zusammenfassung	305
7	**Konsequenzen für die psychologische Medizin**	**309**
7.1	Neurobiologischer Reduktionismus in der Psychiatrie	309
7.2	Psychisches Kranksein als zirkuläres Geschehen	313
7.2.1	Vertikale Zirkularität	314
7.2.2	Horizontale Zirkularität	318
7.2.3	Zusammenfassung	319
7.3	Zirkuläre Kausalität in der Pathogenese	321
7.3.1	Ätiologie der Depression	321
7.3.2	Entwicklung von Vulnerabilität	323
7.3.3	Zusammenfassung	326
7.4	Zirkularität in der Therapie	329
7.4.1	Somatotherapie	331
7.4.2	Psychotherapie	333
7.4.3	Vergleich der Therapieansätze	335
7.5	Zusammenfassung: Die Rolle der Subjektivität	338
8	**Schluss**	**341**
8.1	Gehirn und Person	341
8.2	Die Reichweite neurobiologischer Erkenntnisse	345
8.3	Naturalistisches versus personalistisches Menschenbild	348

Teil C Verzeichnisse

Literatur   **359**

Sachwortverzeichnis 392

Personenverzeichnis 396

Vorwort

Dieses Buch entstand aus dem Bestreben, die Fortschritte der Hirnforschung in einen anthropologischen Zusammenhang zu stellen, der das Gehirn als ein Vermittlungsorgan für unsere leiblichen, seelischen und geistigen Beziehungen mit der Welt zu begreifen erlaubt – als Beziehungsorgan. Notwendig erschien mir dies insbesondere, um für das Fachgebiet der Psychiatrie und der psychologischen Medizin insgesamt eine theoretische Basis zu schaffen, von der aus reduktionistische Deutungen des Gehirns abgewiesen und durch subjektorientierte und ökologische Sichtweisen von Gehirn, Psyche und Sozialität ersetzt werden können. Wird das Gehirn von der Rolle des Weltschöpfers befreit, mit der es zweifellos überfordert ist, dann können wir seine faszinierenden Vermittlungsleistungen würdigen, ohne uns selbst, unser Erleben und Handeln nur noch als Output einer informationsverarbeitenden neuronalen Apparatur begreifen zu müssen.

Voraussetzung dafür ist allerdings, das Gehirn primär als eingebettet in den Organismus in seiner Umwelt aufzufassen. Dies wiederum macht es erforderlich, einen eigenständigen Begriff des Lebendigen wiederzugewinnen. Dass das Gehirn zunächst das Organ eines Lebewesens und nicht primär das Organ des Geistes ist, hat bislang kaum die erforderliche Beachtung gefunden. Auch die Lebenswissenschaften sind gegenwärtig weit davon entfernt, Leben als eigenständiges Phänomen zu erfassen. Erst unter dieser Voraussetzung aber gelingt es, den »Kurzschluss« von Gehirn und Geist zu überwinden, der reduktionistische Sichtweisen in der Medizin ebenso wie in anderen Fächern begünstigen muss. Dann erst kann das Gehirn auch als sozial, kulturell und geschichtlich geprägtes Organ betrachtet und in einer Kooperation von Natur-, Kultur- und Geisteswissenschaften weiter erforscht werden.

Methodisch beruht die vorliegende Untersuchung auf der Verbindung phänomenologischen Denkens mit Ansätzen der ökologischen Biologie, der Philosophie des Lebendigen und aktuellen Konzeptionen der Verkörperung und des Enaktivismus. Damit wird ein theoretischer Rahmen entworfen, in den die Erkenntnisse der Neurobiologie, aber auch der Entwicklungspsychologie und Psychiatrie eingebettet werden können. Inwieweit die Synthese so verschiedenartiger Ansätze geglückt ist, mag der Leser selbst beurteilen. In jedem Fall erscheint mir diese interdisziplinäre Auseinandersetzung heute notwendiger denn je, denn sie ist in der Lage, zu einem besseren Verständnis unserer selbst als gleichermaßen verkörperter, lebendiger und geistiger Wesen beizutragen.

Mein Dank gebührt zunächst Ruprecht Poensgen, Verlagsleiter im Kohlhammer Verlag, auf dessen Anregung die Idee zu diesem Buch zurückgeht. Für wertvolle Hinweise zu philosophischen Problemkreisen danke ich besonders Boris Wandruszka, Ulrich Diehl, Thomas Buchheim und Christian Tewes. Auch die Teilnehmer unseres langjährigen Heidelberger Seminars zu Philosophie und Psychiatrie, insbesondere der leider verstorbene Reiner Wiehl, haben mir in vielen Diskussionen zur Klärung wichtiger Fragen dieses Buches verholfen. Für die Anregungen, die auf die Erfahrungen mit unserer Heidelberger Mutter-Kind-Behandlungseinheit zurückgehen, danke ich dem Team der Station ›Jaspers‹ der Psychiatrischen Klinik, insbesondere Corinna Reck, die gemeinsam mit mir diese Behandlungseinheit aufgebaut hat. Danken möchte ich schließlich Christoph Mundt, dem früheren Direktor der Klinik, der mir durch eine vorübergehende Freistellung von den klinischen Aufgaben die Gelegenheit gab, mich dieser Arbeit widmen zu können. Ich hoffe meinerseits, dass sie auch weiterhin ihre Wirkung in der Psychiatrie und psychologischen Medizin nicht verfehlen wird.

Der größte Dank gebührt nach wie vor meiner Frau und meinen Kindern, die einen zeitweise von den Rätseln des menschlichen Gehirns allzusehr in Beschlag genommenen Ehemann und Vater geduldig ertragen haben.

Das Buch hat in einer englischen Übersetzung (»Ecology of the Brain«, Oxford 2018) erfreulich weite Verbreitung gefunden. Für die nunmehr siebte Auflage wurde der Text erneut gründlich überarbeitet und aktualisiert.

Heidelberg, im Mai 2025

Thomas Fuchs

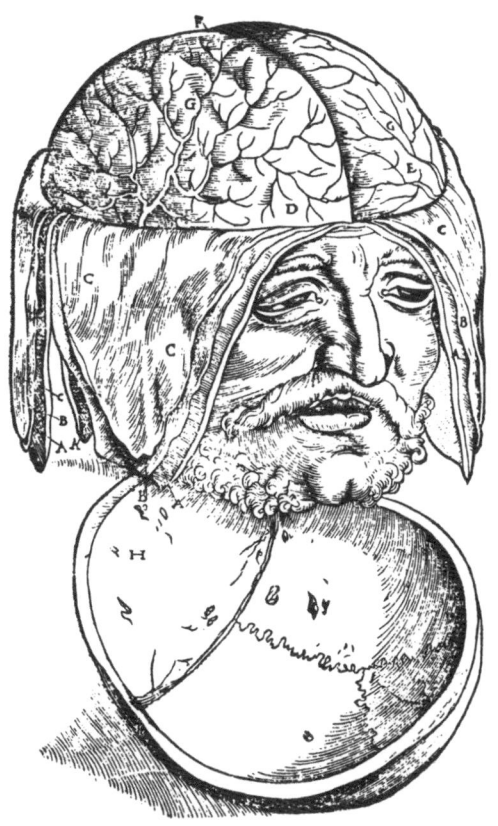

Abb.: Hans Baldung Grien, Holzschnitt
aus: Omnium partium descriptio seu ut vocat
anatomia, 1541

Prolog

> »Wüssten wir auch alles, was im Gehirn bei seiner Thätigkeit vorgeht, könnten wir alle chemischen, electrischen etc. Prozesse bis in ihr letztes Detail durchschauen – was nützte es? Alle Schwingungen und Vibrationen, alles Electrische und Mechanische ist doch immer noch kein Seelenzustand, kein Vorstellen.«
>
> Wilhelm Griesinger[1]

In Gottfried Benns Erzählung »Gehirne« aus dem Jahr 1916 begegnen wir Dr. Rönne, einem jungen Arzt, der als Pathologe zwei Jahre lang Gehirne seziert hat. Diese Tätigkeit löst schließlich eine existenzielle Krise in ihm aus. Er verliert den Kontakt zur Wirklichkeit, und sein Grübeln kreist nur noch um die Objekte seiner Sektionen:

> »Oft fing er etwas höhnisch an: er kenne diese fremden Gebilde, seine Hände hätten sie gehalten. Aber gleich verfiel er wieder: sie lebten in Gesetzen, die nicht von uns seien, und ihr Schicksal sei uns so fremd wie das eines Flusses, auf dem wir fahren. Und dann ganz erloschen, den Blick schon in der Nacht: um zwölf chemische Einheiten handele es sich, die zusammengetreten wären ohne sein Geheiß, und die sich trennen würden, ohne ihn zu fragen« (Benn 1950).

Die Erkenntnis, sich selbst einem solchen materiellen Gebilde zu verdanken, stürzt Rönne in eine radikale Selbstentfremdung: »Wo bin ich hingekommen? Wo bin ich? Ein kleines Flattern, ein Verwehen.« Er verliert den festen Boden seiner Existenz und verfällt am Ende in Wahnsinn:

> »Was ist es denn mit den Gehirnen? Ich wollte immer auffliegen wie ein Vogel aus der Schlucht; nun lebe ich außen im Kristall. Aber nun geben Sie mir bitte den Weg frei, ich schwinge wieder – ich war so müde – auf Flügeln geht dieser Gang – mit meinem blauen Anemonenschwert – in Mittagsturz des Lichts – in Trümmern des Südens – in zerfallendem Gewölk – Zerstäubungen der Stirne – Entschweifungen der Schläfe«.

Die Krise des jungen Arztes resultiert aus einer existenziellen Paradoxie: Er selbst, der Beobachtende, Forschende und Denkende, scheint nichts weiter zu sein als das Objekt seiner Studien, nämlich ein Klumpen grauer Materie, die ihren eigenen Gesetzen folgt und mit der menschlichen Welt nichts zu tun

---
1 Griesinger 1861, 6.

hat. Und doch beruht Rönnes Krise letztlich nur auf einer Mystifikation, der er ebenso unterliegt wie viele Neurowissenschaftler heute: Denn *es ist gar nicht das Gehirn, das denkt.* Was Rönne in den Händen hält, oder was der Hirnforscher heute auf seinen Tomogrammen sieht, ist nicht der »Sitz der Seele«, nicht die Person selbst, ja nicht einmal ihr einziges Trägerorgan.

Diese Behauptung wird weithin auf Ungläubigkeit treffen. Ist denn nicht längst erwiesen, dass alles, was uns als Personen ausmacht, in den Strukturen und Funktionen des Gehirns besteht?[2] – Nun, gewiss bestreitet niemand, dass das Gehirn inniger mit der Subjektivität und Personalität eines Menschen verknüpft ist als etwa seine Hand oder seine Milz – ohne diese wäre er immer noch die gleiche Person wie zuvor. Nach vollständigem Erlöschen aller Großhirnfunktionen jedoch würde er zwar noch leben, könnte aber nichts mehr erleben und sich in keiner Weise mehr zum Ausdruck bringen. Doch können wir deshalb eine Person mit ihrem Gehirn identifizieren?

Nun, was mich selbst betrifft, so habe ich mein Gehirn zwar noch nicht kennengelernt, aber jedenfalls ist es nicht 1,82 Meter groß, es ist kein Deutscher, kein Psychiater; es ist auch nicht verheiratet und hat keine Kinder. Das stellt meine Bereitschaft zur Identifikation mit diesem Organ bereits auf eine harte Probe.[3] Aber es wird noch bedenklicher: Mein Gehirn sieht auch nichts und hört nichts, es kann nicht lesen, nicht schreiben, tanzen oder Klavier spielen – eigentlich kann es für sich allein überhaupt nur wenig. Es moduliert elektrophysiologische Prozesse, weiter nichts. Recht besehen, bin ich doch eher froh, nicht mein Gehirn zu sein.

Doch der Hirnforscher, dem ich dies darlege, würde nur nachsichtig den Kopf schütteln über meine Naivität und versuchen, mich aufzuklären: »Es erscheint Ihnen nur so, als wären Sie mehr oder etwas anderes als Ihr Gehirn. Alles, was Sie sind und tun, entsteht nur in ihm. Tatsächlich sehen Sie, wenn Sie mich jetzt ansehen, nur ein von Ihrem Gehirn erzeugtes Bild, nicht die Wirklichkeit. Und wenn Sie Klavier spielen, erzeugt Ihr Gehirn den Raum, in dem Sie zu spielen glauben, die Töne, die Sie zu hören meinen, und es steuert alle Ihre Bewegungen. Es bringt auch Ihren Entschluss hervor, Klavier zu

---

2 Als Beispiel für viele Autoren sei Gazzaniga zitiert: »Diese einfache Tatsache macht klar, *dass Sie Ihr Gehirn sind.* Die Neuronen, die in seinem gewaltigen Netzwerk verbunden sind (...) – das sind Sie. Und um Sie zu sein, müssen alle diese Systeme richtig arbeiten« (»This simple fact makes it clear that you are your brain. The neurons interconnecting in its vast network, discharging in certain patterns modulated by certain chemicals, controlled by thousands of feedback networks – that is you. And in order to be you, all of those systems have to work properly«) (Gazzaniga 2005, 31; Hvhbg. v. Vf.).
3 Diese schöne Zuspitzung verdanke ich Kemmerling (2000).

spielen, ja sogar Ihr Gefühl, Sie selbst zu sein. All das können wir mit geeigneten Verfahren in Ihrem Gehirn feststellen. Deshalb ist es grundsätzlich richtig, wenn ich sage, Sie seien Ihr Gehirn.«

Von diesen wissenschaftlichen Erkenntnissen belehrt, bin ich zunächst tief beeindruckt von den Fähigkeiten meines Gehirns. Sollte ich mich doch so getäuscht haben über die Welt und über mich selbst? All das wäre in Wahrheit nur das Erzeugnis eines knapp 2 Kubikdezimeter großen, blinden Organs, verborgen im Dunkel meines Schädels? – Wie den armen Rönne beginnt mich ein metaphysischer Schwindel zu erfassen. Nun, vorläufig kann ich mich damit beruhigen, dass, soweit mir bekannt, bislang noch kein Hirnforscher bei seiner Tätigkeit dem Wahnsinn verfallen ist. Doch vielleicht, so argwöhne ich, liegt dies ja nur an einer nicht genügenden Konsequenz des Denkens. Womöglich rettet sich der Hirnforscher ja nur im letzten Moment immer wieder in die Sicherheit der Lebenswelt zurück. Denn die Paradoxien, in die dieses neurowissenschaftliche Menschenbild uns stürzen könnte, sind tatsächlich schwindelerregend: Was ist Wirklichkeit, was Schein? Existiert die Welt nur in meinem Kopf? Bin ich nur ein Wachtraum meines Gehirns? Das zumindest ist die Auffassung von Gerhard Roth:

> »Unser Ich, das wir als das unmittelbarste und konkreteste, nämlich als uns selbst, empfinden, ist – wenn man es etwas poetisch ausdrücken will – eine Fiktion, ein Traum des Gehirns, von dem wir, die Fiktion, der Traum nichts wissen können«
> (Roth 1994, 253).

Das führt zu verwirrenden Konsequenzen. Nehmen wir an, ich würde bei Bewusstsein am offenen Gehirn operiert (was möglich ist, weil das Gehirn über keine Schmerzempfindung verfügt) und könnte während der Operation mittels eines Spiegels mein eigenes Gehirn sehen – würde dann mein Gehirn sich selbst sehen? Doch eigentlich träumt mein Gehirn ja nur eine Welt, und es träumt mich selbst. Ich aber, obgleich selbst ein Traum, träume nun auch mein Gehirn, das zugleich mich träumt ... Zerstäubungen der Stirne ... Entschweifungen der Schläfe ...

Es wird Zeit, aus solchen Albträumen zu erwachen.

Einleitung

Umsturz der Lebenswelt

Seit sich das Gehirn und seine Aktivität bei geistigen Prozessen immer detaillierter beobachten lässt, schicken die Neurowissenschaften sich an, Bewusstsein und Subjektivität zu »naturalisieren«, also neurobiologisch zu erklären. Psychisches scheint sich im Gehirn lokalisieren, ja mit neuen Techniken regelrecht abbilden zu lassen. An bestimmten Orten des Gehirns findet offenbar das Wahrnehmen, Fühlen, Denken oder Wollen statt und lässt sich im farbigen Aufleuchten von Hirnstrukturen scheinbar *in vivo* beobachten. Bücher mit Titeln wie »Kosmos im Kopf«, »Das Gehirn und sein Geist« oder »Das Gehirn und seine Wirklichkeit« zeichnen das Bild eines informationsverarbeitenden Apparates, der in seinen Windungen und Netzwerken eine monadische Innenwelt und ein in Täuschungen befangenes Subjekt konstruiert. Gleichzeitig belehrt uns eine Flut von populärwissenschaftlichen Artikeln über die tatsächlichen, neuronalen und hormonellen Ursachen unserer Gefühle, Wahrnehmungen, Gedanken und Handlungen.

Unbestreitbar hat die Neurobiologie eine Fülle revolutionierender Erkenntnisse über die biologischen Grundlagen des Geistes, des Erlebens und Verhaltens, aber auch psychischer Krankheiten erlangt, aus denen sich fruchtbare Anwendungsmöglichkeiten ableiten lassen. Andererseits hat sie auch eine »zerebrozentrische« Sicht des Menschen begünstigt, die sich vor allem in der Medizin, Psychologie und Pädagogik ausbreitet. So bringt das neurobiologische Paradigma in der Psychiatrie die Tendenz mit sich, Krankheiten primär als materielle Vorgänge im Gehirn anzusehen und damit von den Wechselbeziehungen der Person mit ihrer Umwelt zu isolieren. Ähnlich werden in der Pädagogik schulische Lern- und Aufmerksamkeitsstörungen zunehmend auf hirnorganische Ursachen zurückgeführt.

Das neurobiologisch geprägte Menschenbild breitet sich aber auch in der Lebenswelt aus und verändert unser alltägliches Selbstverständnis. In einer schleichenden Selbstverdinglichung betrachten wir uns immer weniger als Personen, die Gründe oder Motive haben und Entscheidungen treffen, sondern als Agenten unserer Gene, Hormone und Neuronen. Auch unsere Erfahrung, selbst Urheber von Handlungen zu sein und damit unser Leben bestimmen zu können, wird von Neurowissenschaftlern in Frage gestellt. Der

Einleitung

Wille scheint immer zu spät zu kommen, nämlich wenn die neuronalen Prozesse, welche Entscheidungen zugrunde liegen, bereits abgelaufen sind. Die Erfahrung der Freiheit wäre dann nur eine biologisch sinnvolle Selbsttäuschung des Gehirns, die uns das Gefühl von Selbstmächtigkeit und Kontrolle vermittelt, wo in Wahrheit die Neuronen längst für uns entschieden haben.

Nicht anders verhält es sich nach Meinung vieler Hirnforscher mit unserem Bewusstsein selbst: Es spiegelt nur Prozesse neuronaler Informationsverarbeitung wider, die uns als solche prinzipiell nicht bewusst werden können. Die in unserem Rücken agierende neuronale Maschinerie erzeugt nur den Schein eines dauerhaften Selbst. Längst hat man die Suche nach einem Ich-Zentrum im Gehirn, nach einer »Eintrittspforte« des Geistes aufgegeben, die Descartes noch in der Zirbeldrüse zu finden glaubte. Das Gehirn scheint seine Rechenaufgaben sehr gut ohne Wirkung eines Subjekts bewältigen zu können. In den Worten des Neurophilosophen Thomas Metzinger: »Wir sind mentale Selbstmodelle informationsverarbeitender Biosysteme ... Werden wir nicht errechnet, so gibt es uns nicht« (Metzinger 1999, 284).

Wie sich zeigt, sind die Geltungsansprüche der Neurowissenschaften nicht unerheblich. Der Neurobiologe Gerhard Roth stellt ihre Erkenntnisse in eine Reihe mit den Kränkungen der Menschheit durch Darwin und Freud: »Zuerst wird durch die Evolutionstheorie dem Menschen der Status als Krone der Schöpfung abgesprochen, dann wird der Geist vom göttlichen Funken zu etwas Natürlich-Irdischem gemacht, und schließlich wird das Ich als nützliches Konstrukt entlarvt.«[4] Zwar seien die Theorien der Neurobiologie streng genommen selbst nur Konstrukte des Gehirns; dennoch können sie, so Roth, mehr Plausibilität für sich beanspruchen als andere Welterklärungen wie diejenigen von »Religion, Philosophie oder Aberglaube.«[5] Die Dominanz der Neurowissenschaften zeigt sich zumal in ihrer Ausbreitung als Präfix in fremden Territorien: Als »Neuro-Philosophie«, »Neuro-Ethik«, »Neuro-Pädagogik«, »Neuro-Psychotherapie«, »Neuro-Theologie«, »Neuro-Ökonomie« u. a. beanspruchen sie die Deutungshoheit über andere Wissenschaftszweige. Anstelle von subjektiven und intersubjektiven Erfahrungen setzen sie neurobiologische Termini in unsere Selbstbeschreibungen ein. Die Sprache der Lebenswelt, die immer noch von Selbstzuschreibungen und Anthropomorphismen geprägt ist, wird so Schritt für Schritt in eine objektivierende, naturwissenschaftliche Sprache umgeformt.

---

4 Roth 2000, 107. – Zum Motiv der Entlarvung in der Hirnforschung vgl. meinen Aufsatz »Neuromythologien« (Fuchs 2008, 206–327).
5 Ebd.

Kampf um die Zitadelle

Dieser Umsturz der lebensweltlichen Erfahrung liegt in der Logik des naturwissenschaftlichen Programms, das sich seit der Neuzeit etabliert hat. Dieses Programm ist seinem Prinzip nach reduktionistisch. Es zielt auf eine Konzeption der Natur, aus der alle qualitativen, ganzheitlichen, also nicht einzeln zählbaren Bestimmungen als bloß subjektive oder anthropomorphe Zutaten eliminiert sind.[6] Diesem Ziel dient die Zerlegung ursprünglich lebensweltlicher Erfahrungen in eine physikalisch-quantitative und eine subjektiv-qualitative Komponente: Die eine wird der experimentellen Erforschung und Erklärung zugänglich, die andere in eine subjektive Innenwelt verlegt. So teilt man z.B. das Phänomen »Wärme« auf in eine subjektive Empfindung einerseits und in physikalische Teilchenbewegungen andererseits. Der Naturwissenschaftler definiert also den Begriff der Wärme neu, indem er das Phänomenale von ihm abtrennt und als »Wärmeempfindung« in das Subjekt verlagert. Gleiches gilt für Farbe, Klang, Geruch oder Geschmack: Sie sind fortan nur noch subjektive Zutaten zur eigentlichen Realität. Die ursprünglich zum Zweck der Messbarkeit und Vorhersagbarkeit mechanischer Vorgänge entwickelten wissenschaftlichen Konstrukte (Teilchen, Kräfte, Felder etc.) werden der Lebenswelt untergeschoben und mehr und mehr zur »eigentlichen« Wirklichkeit hypostasiert. Damit sinkt die Sphäre der alltäglichen Lebenserfahrung zum Schein herab, und zum wahren Sein wird das, was die Physik erfasst.

Bereits Galilei und Descartes waren bemüht, den Glauben an die Wahrheit der Sinne zu unterminieren, um der neuen Physik Raum zu schaffen. Nach Descartes beruht die Wahrnehmung auf einer physikalischen Teilchenbewegung, die sich von den Dingen bis ins Gehirn fortpflanzt, sodass »... wir denken, wir sähen die Fackel selbst und wir hörten die Glocke selbst, während wir nur die Bewegungen empfinden, die von ihnen ausgehen.«[7] Die naturwissenschaftliche Reduktion zielt somit auf die Trennung des Subjekts vom Erkannten. Sie schneidet uns damit in gewissem Sinn von der Welt ab. Denn das Phänomen der Wärme besteht ja gerade in der *Beziehung* unseres Leibes mit der Umwelt, etwa der Luft oder der Sonne. Farbe entsteht in der Beziehung von Auge und Gegenstand, Geschmack in der Beziehung von Zunge und Nahrung. All diese Beziehungen, die uns die *Qualitäten* der Dinge selbst ver-

---

6 Man kann insofern auch von einem Programm der »Entanthropomorphisierung« sprechen.
7 Les Passions de l'Ame, I, 23 (Descartes 1984, 41).

mitteln, werden gekappt und in innerpsychische Zustände umgedeutet. Tatsächlich gibt es nur noch Teilchenbewegungen, Lichtwellen, chemische Reaktionen. Die Reinigung der Welt von allen subjektiven, anthropomorphen Anteilen fördert ein Skelett der Natur zutage, das sich allerdings umso leichter zerlegen, manipulieren und technisch beherrschen lässt.

Nach und nach gelang es auf diese Weise, Subjektives und Qualitatives nahezu vollständig aus der wissenschaftlich umgedeuteten Welt zu verdrängen. Auch das Leben selbst ließ sich auf biochemische Molekularprozesse zurückführen, allerdings um einen hohen Preis: Was wir mit dem Sein von Lebewesen verbinden – das Empfinden, Fühlen, Sich-Bewegen, Nach-etwas-Streben – wurde aus der Erforschung des Lebendigen ausgeklammert oder wiederum in eine subjektive Innenwelt verlagert. Mit der Neurobiologie als neuer Leitwissenschaft gelangt dieses Programm nun an einen entscheidenden Punkt. Es begnügt sich nicht mehr mit der Reinigung der Natur durch Verschiebung von Qualitäten in das Subjekt. Auch das subjektive Erleben, das Bewusstsein selbst soll nun naturalisiert, auf physikalische Prozesse zurückgeführt werden. Gelänge die materialistische Aufklärung der Hirnfunktionen, dann wäre gleichsam die letzte Zitadelle des Subjektiven und Qualitativen in der physikalischen Wüste geschleift, die der Reduktionismus hinterlassen hat. Die »Entanthropomorphisierung« der Natur geht über in die Naturalisierung des Menschen.

Tatsächlich scheint die Zitadelle schon zu großen Teilen erobert. Immer mehr Plätze und Häuser sind unter Kontrolle, verborgene Gassen werden durch moderne Abbildungstechniken ausgeleuchtet. Kaum jemand zweifelt noch daran, dass das Gehirn psychische Phänomene aus rein materiellen Grundlagen erzeugt. Ein grundsätzlicher Dualismus von Körper und Geist gilt in den Neurowissenschaften ebenso wie in der analytischen Philosophie des Geistes weithin als überholt. Freilich ist der direkte Angriff auf das Subjekt, den vermeintlichen Bewohner der Zitadelle, vorläufig gescheitert. Der eliminative Materialismus, der die subjektive Erfahrung und die »mentalistische« Sprache zu vorwissenschaftlich-naiven Intuitionen erklärt, die wie der Glaube an Geister, Hexen, Äther oder Phlogiston schließlich verschwinden und einer neurologischen Sprache Platz machen würden – dieser radikale Materialismus hat sich nicht durchsetzen können.[8] Die Mehrheit der analytischen Philosophen und Neurowissenschaftler vertritt heute einen eher gemäßigten Materialismus, der der Subjektivität noch ein Weiterleben gestattet – freilich nur in Identität mit den neuronalen Prozessen oder als ihre Begleiterscheinung, jedenfalls ohne eine kausale Rolle in der Welt. Daher die

---

8 Vgl. etwa Rorty 1993, Churchland 1997, Metzinger 1999.

heftige Debatte um die Willensfreiheit: Bewusstsein ist dem Gehirn zwar nicht abzusprechen, soll aber sein Produkt und damit machtlos bleiben. Das Subjekt darf in der Zitadelle weiterleben, solange sie vom Physikalismus sicher beherrscht wird.

Vom Kopf auf die Füße

Freilich könnten sich gerade an diesem scheinbar letzten Refugium der Subjektivität die Fronten überraschend umkehren, und es könnte sich herausstellen, dass das Gehirn in Wahrheit die Achillesferse des naturwissenschaftlichen Weltbildes darstellt. Zum einen führt nämlich der bislang so erfolgreiche Weg der schrittweisen Elimination des Subjektiven an dieser Stelle in eine methodische Sackgasse. John Searle hat zu Recht darauf hingewiesen, dass die Abtrennung des jeweils Subjektiven von den Phänomenen nicht mehr anwendbar ist, wenn es um die Reduktion der Subjektivität selbst geht (Searle 1993, 141). Denn es gibt dann keinen Raum mehr, in den sie noch verschoben werden könnte. Man kann sie nur noch als Ganzes bestreiten, was kaum überzeugend ist, oder als Epiphänomen des Materiellen zu neutralisieren versuchen, was das Ärgernis gleichwohl bestehen lässt.

Zum anderen gerät der Reduktionismus im Falle des Gehirns in unlösbare erkenntnistheoretische Aporien. Denn erkennbar ist für uns der Voraussetzung nach nur, was bereits durch die neuronale Maschinerie hindurchgegangen ist, eine subjektive Wirklichkeit. Demnach wäre das Gehirn, das der Neurowissenschaftler erforscht, so wie alles, was er erlebt, nur das Produkt seines eigenen Gehirns. Doch wie soll das Gehirn sich selbst erkennen? Wie soll ein physikalisch beschreibbarer und lokalisierbarer Apparat in der Lage sein, die Welt der wissenschaftlichen Erfahrung hervorzubringen, in der er zugleich selbst vorkommt? – Die vermeintlich eroberte Zitadelle wäre dann selbst nur eine Fata Morgana der Eroberer, und sie können niemals mit Sicherheit wissen, ob es überhaupt eine wirkliche Zitadelle gibt, die ihr gleicht. Ebenso gut könnte es sich um ein *Hirngespinst* handeln.

Offenbar setzt bereits die Rede über Gehirne voraus, was angeblich von ihnen hervorgebracht werden soll: bewusste und sich miteinander verständigende Personen. Wenn es sich aber so verhält: Wenn die Hirnforschung der Abhängigkeit von der Subjektivität, der Intersubjektivität und der Lebenswelt nicht entkommt, dann können wir sie auch »vom Kopf auf die Füße« stellen. Die Neurobiologie erweist sich – ebenso wie die Naturwissenschaften insgesamt – als eine spezialisierte Form menschlicher Praxis, die der Lebenswelt entstammt, ohne jedoch einen Standpunkt außerhalb ihrer gewinnen zu können. Die alltäglich erlebte und vertraute Welt, in der wir gemeinsam leben, bleibt unsere primäre und eigentliche Wirklichkeit. Sie ist nicht das bloße Produkt einer anderen, nur wissenschaftlich erkennbaren Realität, kein Scheinbild oder Konstrukt des Gehirns, sondern die Grundlage aller wissenschaftlichen Erkenntnis. Konstrukte sind vielmehr die Entitäten der Physik oder der Neurobiologie – Elektronen, Atome, Moleküle, Aktionspotenziale, Magnetfelder oder Photonenemissionen. Ihr hoher praktischer Nutzen zur Erklärung und Prognose von Phänomenen soll nicht bestritten werden. Sie können jedoch niemals dazu dienen, die lebensweltlichen Phänomene und Erfahrungen als Illusionen zu entlarven.

Unter dieser Voraussetzung müssen wir aber auch das Gehirn ganz neu betrachten. Es bringt unsere Welt nicht wie ein geheimer Schöpfer hervor, es hat auch uns selbst weder erschaffen noch dirigiert es uns aus dem Verborgenen wie Marionetten. *Das Subjekt ist in ihm gar nicht zu finden.* Das Gehirn ist vielmehr das Organ, das unsere Beziehung zur Welt, zu anderen Menschen und zu uns selbst *vermittelt*. Es ist der Mediator, der uns den Zugang zur Welt ermöglicht, der Transformator, der Wahrnehmungen und Bewegungen miteinander verknüpft. Das Gehirn für sich wäre nur ein totes Organ. Lebendig wird es erst in Verbindung mit unseren Muskeln, Eingeweiden, Nerven und Sinnen, mit unserer Haut, unserer Umwelt und mit anderen Menschen. Sobald sich die Fata Morgana der Zitadelle auflöst und die Lebenswelt wieder in ihr Recht gesetzt wird, zeigt sich auch das Gehirn nicht mehr als isolierte Burg des Subjekts, sondern als ein weltoffener, lebendiger Handels- und Umschlagsplatz, an dem Waren und Nachrichten aller Art ausgetauscht werden, und der weitläufig mit anderen Orten vernetzt ist. Es zeigt sich als ein *Beziehungsorgan*.

Ein adäquates Verständnis des menschlichen Gehirns, wie es in diesem Buch in Grundzügen entwickelt werden soll, muss von der Phänomenologie unserer lebensweltlichen Selbsterfahrung ausgehen, in der wir keine Trennung von »Geist« und »Körper« erleben, sondern *in einem* leibliche, verkörperte und seelisch-geistige Wesen sind – also das, was wir auch als *Personen* bezeichnen. Erst dann können wir fragen, wie das Gehirn auf biologischer Ebene zu dieser Einheit der Person beiträgt. Die erste zentrale These der Untersuchung wird also lauten, dass alle seine Funktionen die *Einheit des Menschen als Lebewesen* voraussetzen und nur von ihr her zu verstehen sind. Dazu müssen wir zunächst einen adäquaten Begriff des Lebendigen entwickeln, der in den gegenwärtigen biomedizinischen Wissenschaften weitgehend fehlt. Die zweite These wird lauten, dass die höheren Gehirnfunktionen den *Lebensvollzug des Menschen in der gemeinsamen sozialen Welt* voraussetzen. Dazu bedarf es einer Konzeption menschlicher Entwicklung als kontinuierlicher Verankerung von Erfahrungen in den psychischen und zugleich zerebralen Strukturen des Individuums, im Sinne einer »kulturellen Biologie«.

Die Dimension des Lebendigen verankert das Gehirn im Organismus und seiner natürlichen Umwelt, die soziokulturelle Dimension verankert es in der gemeinsamen menschlichen Welt, von der es lebenslang geprägt wird, und ohne die seine spezifisch humanen Funktionen gar nicht begreiflich werden können. Beide Dimensionen vereinigen sich zu einer entwicklungs- und sozialökologischen Sicht des menschlichen Gehirns als Organ eines »zõon politikón«, eines Lebewesens, das bis in seine biologischen Strukturen hinein durch seine Sozialität geprägt ist. Das Gehirn erscheint darin zunächst als ein Organ der Vermittlung, das die vegetativen und sensomotorischen Beziehungen zwischen dem Organismus und seiner Umwelt ermöglicht, dabei aber auch so umwandelt und »verdichtet«, dass es für den Menschen zum Medium einer neuen, intentionalen Beziehung zur Welt werden kann. Damit steigern sich primäre Lebensprozesse zu seelischen und geistigen Lebensvollzügen mit zunehmenden Freiheitsgraden. Zugleich öffnet sich das menschliche Gehirn einer lebenslangen Prägung durch zwischenmenschliche und kulturelle Einflüsse: Es wird zu einem sozialen, kulturellen und geschichtlichen Organ – zum Organ der Person.

Bevor wir diese Konzeption in Angriff nehmen, soll eine Kritik verbreiteter reduktionistischer Konzeptionen des Verhältnisses von Gehirn und Subjektivität zunächst den Raum für die eigentliche Aufgabe freimachen. Ich werde diese Kritik in Teil A in zwei grundsätzlichen Schritten vornehmen: In ▶ Kap. 1 setze ich mich mit der neurokonstruktivistischen Erkenntnistheorie auseinander, wonach die phänomenale Wirklichkeit als interne Abbildung oder Repräsentation durch neuronale Prozesse zu begreifen sei. In ▶ Kap. 2 werde ich die Vorstellung eines »Gehirns als Subjekt« einer Kritik unterziehen und die Nicht-Reduzierbarkeit von subjektiver, insbesondere intentionaler Erfahrung darlegen.

Teil B entwickelt dann schrittweise und unter Einbeziehung verschiedener Denkansätze eine Theorie des Gehirns als Organ der menschlichen Person. Als ihre Grundlage wird in ▶ Kap. 3, ausgehend von einem phänomenologischen Begriff der leiblichen Subjektivität, zunächst eine aspektdualistische Konzeption der Person als Einheit von »Leib« und »Körper« entworfen. Daran knüpft sich eine ökologische Theorie des lebendigen Organismus, die insbesondere eine Analyse der spezifischen Kausalität des Lebendigen einschließt. – ▶ Kap. 4 entwickelt auf dieser Basis eine Konzeption des Gehirns als Organ eines Lebewesens in seiner Umwelt. ▶ Kap. 5 betrachtet dann, unter

Einbeziehung entwicklungspsychologischer Forschungen, das Gehirn als soziales, kulturelles und geschichtliches Organ. ▶ Kap. 6 wird sich mit einigen Folgerungen dieser ökologischen und aspektdualistischen Konzeption für das Leib-Seele-Problem befassen. Abschließend untersucht ▶ Kap. 7 mögliche Konsequenzen der Konzeption für ätiologische und therapeutische Konzepte in der psychologischen Medizin.

Teil A Kritik des neurobiologischen Reduktionismus

1 Kosmos im Kopf?

> **Übersicht.** – Kapitel 1 enthält eine Kritik der neurokonstruktivistischen Erkenntnistheorie, wonach die phänomenale Wirklichkeit als interne Abbildung oder Konstruktion der Außenwelt durch neuronale Prozesse zu begreifen sei. Wie sich zeigt, liegt dieser Konzeption nach wie vor die idealistische Bildtheorie der Wahrnehmung zugrunde (▸ Kap. 1.1). Die Kritik betont demgegenüber den verkörperten Charakter der Wahrnehmung, die immer mit den motorisch-operativen Möglichkeiten des Leibes verknüpft ist. Um die subjektiv-leibliche Räumlichkeit als nicht nur virtuell zu erweisen, wird ihre Koextensivität mit dem Raum des objektiven Körpers bzw. des Gesamtorganismus ausführlich nachgewiesen (▸ Kap. 1.2). Von hier aus lässt sich nun auch, entgegen der Konzeption einer phänomenalen Innenwelt, die objektivierende Leistung der Wahrnehmung erkennen, die uns durch aktive Nachgestaltung mit den Dingen in unmittelbare Beziehung bringt (▸ Kap. 1.3). Schließlich wird die Behauptung der bloßen Virtualität wahrgenommener Qualitäten am Beispiel der Farben kritisiert (▸ Kap. 1.4).

Dass alles, was Menschen erleben, in Wahrheit eine Konstruktion oder Vorspiegelung ihrer Gehirne sei, gehört zu den gängigen Überzeugungen von Neurowissenschaftlern und Neurophilosophen. Von Schmerz oder Ärger über Farben oder Musik bis hin zu Liebe oder Glauben gibt es kaum noch ein Phänomen, das nicht im Gehirn untergebracht wird. Die nahezu selbstverständlich gewordene Ansicht, dass die Wirklichkeit im Kopf zu finden sei, »... führt zu der vieldiskutierten Frage: Wie kommt die Welt nach draußen? Die Antwort lautet hierauf: Sie kommt nicht nach draußen, sie verlässt das Gehirn gar nicht« (Roth 2003, 48). Die Wahrnehmung wird somit gewissermaßen zu einer physiologischen Illusion. Typische Beschreibungen lauten dann etwa folgendermaßen:

> »... die Welt um Sie herum, mit ihren reichen Farben, Texturen, Klängen und Gerüchen ist eine Illusion, eine Show, die Ihnen von Ihrem Gehirn vorgeführt wird [...] Wenn Sie die Realität erfahren könnten, wie sie wirklich ist, wären Sie schockiert von ihrer farblosen, geruchlosen, geschmacklosen Stille« (Eagleman 2015, 37; eig. Übers.).

> »Bewusstes Erleben gleicht einem Tunnel. (...) Zuerst erzeugt unser Gehirn eine Simulation der Welt, die so perfekt ist, dass wir sie nicht als ein Bild in unserem eigenen Geist erkennen können. Dann generiert es ein inneres Bild von uns selbst als einer Ganzheit. (...) Wir stehen also nicht in direktem Kontakt mit der äußeren Wirklichkeit

oder mit uns selbst (...). Wir leben unser bewusstes Leben im Ego-Tunnel« (Metzinger 2009, 21 f.).

»Unsere Wahrnehmung ist (...) eine Online-Simulation der Wirklichkeit, die unser Gehirn so schnell und unmittelbar aktiviert, dass wir diese fortwährend für echt halten« (Siefer u. Weber 2006, 259).

Nach dieser neurokonstruktivistischen Konzeption ist die reale Welt also in dramatischer Weise verschieden von der, die wir erleben. Was wir wahrnehmen, sind nicht die Dinge selbst, sondern nur Bilder, die sie in uns hervorrufen – wie die Schattenrisse an den Wänden der platonischen Höhle. Die tatsächliche Welt ist eher ein trostloser Ort von Energiefeldern und Teilchenbewegungen, bar jeder Qualitäten. Der Baum vor mir ist eigentlich nicht grün, seine Blüten duften nicht, der Vogel in seinen Zweigen singt nicht melodisch: Das alles sind nur zweckmäßige Scheinwelten, die das Gehirn anstelle nackter, materiell-kinematischer Prozesse erzeugt. Das milliardenfache Flimmern neuronaler Erregungen vermittelt mir die Illusion einer Außenwelt, während ich in Wahrheit eingesperrt bleibe in die Höhle meines Schädels, in meinem »Ego-Tunnel«.

Freilich leben auch Neurowissenschaftler oder -philosophen mit dieser Einsicht weiter in der alltäglichen Lebenswelt. Doch das Ergebnis der naturwissenschaftlichen Umdeutung ist eine schleichende Virtualisierung der Wahrnehmung – so als dürften wir unseren Sinnen grundsätzlich nicht trauen, ja wir seien in der Wahrnehmung gar nicht mit den Dingen selbst in Kontakt. Nur die Physik oder die Neurobiologie könnten uns über die wahre Natur der Welt aufklären.

1.1 Das idealistische Erbe der Hirnforschung

Woher stammen solche Konzeptionen? – Wie wir sehen werden, trägt gerade die Erkenntnistheorie der Hirnforschung immer noch die Erblast ihres größten Gegners mit sich, nämlich des Idealismus.

Bereits in der Einleitung wurde dargestellt, wie das reduktionistische Programm der Naturwissenschaften nach und nach alle qualitativen Bestimmungen aus der Natur eliminierte. Farbe, Wärme, Geruch, Geschmack, aber auch Kategorien wie die Zweckhaftigkeit oder Zielverfolgung von Lebewesen wurden als anthropomorphe Zutaten dem menschlichen Subjekt zugeschlagen. Diese Aufteilung hatte bereits der antike Atomismus vorgenommen – in den Worten Demokrits:

»Farbe gibt es nur der herkömmlichen Meinung nach, und ebenso Süß und Bitter; in Wirklichkeit gibt es nur die Atome und das Leere.«[9]

In der Neuzeit griff Galilei diese Lehre wieder auf:

»Nähme man die Ohren, die Zunge und die Nüstern weg, dann würden Gestalt, Zahl und Bewegungen übrig bleiben, aber nicht die Gerüche, die Geschmäcker oder die Klänge, die ohne Lebewesen, wie ich glaube, nichts als Namen sind.«[10]

John Locke kanonisierte diese Auffassung durch die Unterscheidung der primären und sekundären Wahrnehmungseigenschaften: Primär oder »wirklich« seien nur die quantitativen Kategorien (Volumen, Gestalt, Zahl und Bewegung), sekundär oder anthropomorph alle qualitativen Eigenschaften (Farben, Geruch, Geschmack, Klang).

Parallel dazu entwickelte sich der moderne Begriff des *Bewusstseins* als eines Behälters, in den alles Qualitative und Subjektive verschoben werden konnte. Mit der Umdeutung des Lebens in eine besondere physikalische Prozessform verlor das Erleben seine Einbettung in die Lebenstätigkeit und wurde in eine eigene Sphäre des rein »Mentalen« verbannt. Von Descartes als ein Refugium des Geistes angesichts der Alleinherrschaft der Physik über die materielle Welt konzipiert, war das Bewusstsein seither in der Gefahr, zu einem abgeschlossenen Innenraum, einem fensterlosen Gehäuse des Subjekts zu werden. Jeder mögliche Gegenstand des cartesischen Bewusstseins ist nämlich eine »*idea*« – ein Gedanke, eine Vorstellung oder ein Bild. Auch was wir sehen, sind Bilder, und nicht die Dinge selbst. Der *Idealismus* ist die Philosophie, die sich in der Nachfolge Descartes' besonders aus der Bild-Theorie der Wahrnehmung entwickelt. Leibniz vergleicht den Verstand mit einem Zimmer, durch dessen Fenster die Bilder der Außenwelt hereinfallen.[11] Auch für Locke, Hume und Kant sind unsere Wahrnehmungen »*impressions*«, »*ideas*« oder »Vorstellungen«, aus denen wir nur problematische Schlüsse auf die Wirklichkeit ziehen können, in der wir zu leben glauben. Der Idealist sitzt im Gehäuse seines Bewusstseins und empfängt die »*ideae*« als Abgesandte und Repräsentanten der Dinge, die er selbst niemals zu sehen bekommt – in Lockes Worten:[12]

---

9 Zit. nach W. Capelle, Die Vorsokratiker. Kröner, Stuttgart 1968, 438.
10 Galileo Galilei, Il Saggiatore (1623). In: Opere, Edizione nazionale, Bd. 6, S. 78. Barbèra, Florenz.
11 Neue Abhandlungen über den menschlichen Verstand (Leibniz 1959, 181).
12 So die treffende Analyse von Brandt (1999, 119).

› Denn meines Erachtens ist der Verstand einem Kabinett gar nicht so unähnlich, das gegen das Licht vollständig abgeschlossen ist und in dem nur einige kleine Öffnungen gelassen wurden, um äußere, sichtbare Ebenbilder oder Ideen von den Dingen der Umwelt einzulassen.«[13]

In der Kantschen Erkenntnistheorie wird die Welt konsequent in den Innenraum hereingenommen: Raum und Zeit sind Formen der Anschauung und daher *im* Gemüt. Die Welt ist erkennbar, aber nur weil wir nicht in ihr, sondern *sie in uns ist*.

> »Allein Erscheinungen sind nur Vorstellungen von den Dingen, die, nach dem, was sie an sich sein mögen, unerkannt da sind. Als bloße Vorstellungen aber stehen sie unter gar keinem Gesetze der Verknüpfung, als demjenigen, welches das verknüpfende Vermögen vorschreibt.«[14]

Der Verstand erhält zwar alle Vollmacht, die Welt zu strukturieren, aber nur innerhalb seines abgeschlossenen Hoheitsbereichs. Dagegen hat schon Goethe mit dem untrüglichen Blick des anschauenden Naturforschers eingewandt, die idealistische Philosophie gelange niemals zum Objekt.[15]

Die weitere Entwicklung des Idealismus kann hier nur angedeutet werden: Fichte zeigt in der »Grundlage der gesamten Wissenschaftslehre« (1794), wie die Welt aus dem Ich tatsächlich produziert werden kann; hier taucht zum ersten Mal der philosophische Begriff der »Außenwelt« auf.[16] Über Schopenhauers »Welt als Wille und Vorstellung« und Nietzsches Perspektivismus führt der Weg schließlich bis zum radikalen Konstruktivismus der Gegenwart. Wie sehr die idealistische Konzeption der Wahrnehmung das aufgeklärte Bewusstsein im 20. Jahrhundert geprägt hat, illustriert René Magrittes bekanntes Bild »La condition humaine«:

Das Bild zeigt ein Gemälde mit einer Landschaft, die dem Anblick der hinter dem Gemälde liegenden realen Landschaft gleicht. In einem Vortrag von 1938 erläuterte Magritte selbst das Bild folgendermaßen:

> »Das Problem des Fensters ergab ›La condition humaine‹. Ich stellte vor das Fenster, das vom Inneren des Raumes zu sehen war, ein Bild, das genau das Landschaftsstück darstellte, das von der Leinwand verdeckt war. Der Baum, der auf der Leinwand dargestellt war, verbarg den Baum, der hinter ihm außerhalb des Raumes stand. Für den Betrachter befand er sich also zugleich im Inneren des Raumes auf dem Bild und, in der

---

13 »Versuch über den menschlichen Verstand, Band I, Kap. 12, § 17 (Locke 1690/2006, 185).
14 Kritik der reinen Vernunft B 164 (Kant 1974a, 156).
15 Brief an Schultz vom 18.9.1831, Werke, Hamburger Ausgabe Bd. 4, S. 450.
16 Fichte 1962 ff., I, 2, S. 433. – Vgl. auch Historisches Wörterbuch der Philosophie, I, Sp. 679–683, »Außenwelt/Innenwelt«.

Abb. 1: René Magritte, La condition humaine (1933)
(© VG Bild-Kunst, Bonn 2020)

Vorstellung *(pensée)*, außerhalb in der wirklichen Landschaft. Genau so sehen wir die Welt, wir sehen sie außerhalb unserer selbst und dennoch haben wir nur eine Vorstellung *(représentation)* von ihr in uns.«[17]

Hier wird die Doktrin der »Außenwelt« mit ihrer sonderbaren Verdoppelung der Wirklichkeit zur *Conditio Humana* stilisiert. Die Fenster unserer Seelenmonaden sind geschlossen, und alles was wir von der jenseitigen Welt

---

17 Deutsche Übs. des Originaltexts aus D. Sylvester (Hrsg.), René Magritte. Catalogue Raisonné II: Oil Paintings and Objects 1931–1948. Antwerpen: Menil Foundations, Fonds Mercator 1993, S. 184.

empfangen, sind Repräsentationen – bunte Bilder, die der Maler des Bewusstseins für uns geschaffen hat.

Diese idealistische Erkenntnistheorie hat – unter freilich verändertem Vorzeichen – auch Eingang in die Hirnforschung und die zugehörige Neurophilosophie gefunden. Auch für sie leben wir nur in einer subjektiven Wirklichkeit, die nun aber vom Gehirn konstruiert oder simuliert wird. Im Innenraum des Bewusstseins empfängt das Subjekt, der einsame Gefangene seines eigenen Palastes, die Bilder von der unerreichbaren Außenwelt. Nur sind diese Bilder nicht mehr Konstrukte der Kantischen Verstandesvermögen, sondern der zugrunde liegenden Hirnprozesse. Was den cartesischen »*ideae*« oder Vorstellungen nun entspricht, sind »neuronale Repräsentationen« – spezifische Erregungsmuster, durch die das Gehirn die Strukturen der Außenwelt widerspiegelt.[18]

Wie sich zeigt, passen die idealistische Innenwelt des Bewusstseins und die neurobiologische Innenwelt des Gehirns überraschend gut zueinander. Der Neurokonstruktivismus stellt nur noch die Verbindung beider Traditionslinien her (Roth 1994). Und so reichen sich der Materialismus und der subjektive Idealismus paradoxerweise die Hände – können sie doch die Gemeinsamkeit feststellen, dass für sie beide das Subjekt keinen Anteil an der Welt hat. Freilich kann der Materialismus letztlich triumphieren, denn mit der Reduktion des Erkenntnis- und Handlungsvermögens auf Hirnprozesse bleibt dem idealistischen Subjekt nicht einmal mehr die Macht über seinen eigenen Palast.

Die Wahrnehmung der Welt als internes Konstrukt – diese erkenntnistheoretische Konzeption soll im Folgenden einer Kritik in drei Schritten unterzogen werden. Sie wird in ihrem Kern darin bestehen, das Bild eines körper- und weltlosen Subjekts zu widerlegen, das der idealistischen Wahrnehmungstheorie zugrunde liegt.

1.2 Erste Kritik: Verkörperte Wahrnehmung

1.2.1 Wahrnehmung und Selbstbewegung

Kehren wir noch einmal zur vermeintlichen »Condition humaine« zurück. Hat Magritte Recht, und sehen wir in Wahrheit nur Bilder? Natürlich könnten

---

18 Zum Repräsentationsbegriff in der Hirnforschung und seiner Kritik vgl. ▶ Kap. 2.1.2.

wir im Zweifelsfall leicht feststellen, ob es sich jenseits des Fensters, in der sogenannten »Außenwelt«, tatsächlich um Wiesen und Bäume handelt oder um eine Filmstaffage: Wir würden einfach *hinausgehen* und es mit unseren Sinnen und Bewegungen überprüfen. Wir nehmen ja nie »von irgendwoher« wahr, sondern von unserem leiblichen Standort aus. Schon der Anblick des Fensters »dort drüben« schließt die Möglichkeit ein, sich auch dorthin zu bewegen. Die Wahrnehmung räumlicher Tiefe entsteht nur in Verbindung mit dem Vermögen, sie auch zu durchmessen und die Gegenstände abhängig von unserer Eigenbewegung unter verschiedenen Aspekten zu erfassen. Wahrnehmend sind wir in der gleichen Welt situiert wie die wahrgenommenen Dinge, d.h. wir können auch handelnd mit ihnen umgehen, interagieren.

Die idealistische Konzeption der Wahrnehmung vergisst, dass wir *leibliche Wesen, verkörperte Subjekte,* und nicht in unserem Bewusstsein eingeschlossen sind.[19] Die Verkörperung kommt nicht zur Wahrnehmung noch äußerlich hinzu, sondern *sie wohnt ihr inne:* Wir müssen schon leiblich in der Welt sein, mit ihr in Beziehung stehen, uns bewegen und agieren können, damit wir überhaupt etwas von ihr wahrnehmen. Es ist nur die Dominanz der »optischen«, auf dem Sehsinn basierenden Erkenntnistheorie und ihrer Metaphorik (Bild, Perspektive, Repräsentation etc.), die uns unsere Verkörperung vergessen lässt. Tatsächlich gibt es keine »Außenwelt« zu einem körperlosen Subjekt, wie Magrittes Bild suggeriert.

Vor einigen Jahrzehnten führten Held und Hein (1963) ein klassisches Experiment an neugeborenen Katzen durch, die bekanntlich zunächst blind sind. Eine Gruppe von Kätzchen konnte sich in der Versuchsumgebung aktiv bewegen; doch war jedes mit einem Kätzchen aus einer zweiten Gruppe zusammengeschirrt, das von ihm in einem Wagen passiv mitgezogen wurde. Nach einigen Wochen dieser Behandlung befreite man die Kätzchen der ersten Gruppe von ihrem Geschirr, und sie bewegten sich völlig normal fort. Die anderen, passiv gebliebenen Kätzchen hingegen waren unfähig, sich im Raum zu orientieren und Objekte zu erkennen, sie stolperten und stießen hilflos gegen Gegenstände. Rein optisch hatten sie die gleichen Reize erfahren wie die Kätzchen der ersten Gruppe und blieben doch blind für die Struktur und Räumlichkeit ihrer Umgebung. Das heißt: Nur der empfindende und zugleich bewegliche Organismus formt den erlebten Raum, nämlich aus den kohärent miteinander verknüpften Mustern von Motorik und Sensorik einschließlich des Gleichgewichtssinns.

---

19 Die Begriffe »Leiblichkeit« und »Verkörperung« werden in der Untersuchung weitgehend synonym gebraucht, wobei der erste Begriff eher die subjektive Leiberfahrung zum Ausdruck bringt, der zweite die Einbettung der Subjektivität in einen lebendigen Organismus.

Aus dieser und ähnlichen Beobachtungen folgt: Schon etwas so Grundlegendes wie den Raum erfassen wir nur als verkörperte und agierende Wesen.[20] Das Visuelle ist ebenso wie alle anderen Wahrnehmungsvermögen nur eine Extension der leiblichen Basis aller Welterfahrung. Wahrnehmend steht ein Lebewesen nicht der Welt gegenüber, sondern ist immer schon in ihr tätig und in sie verstrickt. Das liegt schon im Sinn des Wortes wahr-nehmen oder per-zipieren (von *capere* = ergreifen): Wahrnehmen kann nur ein Wesen, das sich auch zu bewegen und etwas zu ergreifen vermag. So bilden sich auch unsere Begriffe durch das »Begreifen«, also durch den aktiven Umgang mit der Welt. Wir könnten nicht abstrakt erkennen, was die Bedeutung von ›lang‹, ›tief‹, ›weich‹, ›schwer‹, ›heiß‹ oder anderen Eigenschaften ist – wir müssen es als leibliche Wesen erfahren. Ebenso ist die Wahrnehmung von Türen und Fenstern, Wiesen und Bäumen, Menschen und Tieren abhängig von unserem leiblichen, sensomotorischen Umgang mit ihnen (Fuchs 2020a). Wahrnehmen heißt immer schon, an der Welt teilzunehmen, sie zu berühren und von ihr berührt zu werden. Es beruht auf *leiblicher Praxis.*

Nun mag man die Leiblichkeit der Wahrnehmung vielleicht zugestehen – aber ist nicht das leibliche Subjekt insgesamt nur ein Konstrukt? Das räumliche Körperschema, die Propriozeption und die Bewegungsempfindungen oder Kinästhesen, wird all das nicht an bestimmten Arealen vor allem des Parietalhirns erzeugt und in den vom Gehirn konstruierten, virtuellen Raum hineinprojiziert? Das Phantomglied bei Amputierten und verwandte Erfahrungen bei Gesunden, in denen eigenleibliche Empfindungen außerhalb der Körpergrenzen lokalisiert werden, scheinen hinreichend zu belegen, dass unser subjektiver Leib selbst nichts anderes als ein *gewohnheitsmäßiger Phantomkörper,* eine Simulation oder Konstruktion des Gehirns ist.

Um das zu demonstrieren, verweist der Neurowissenschaftler Ramachandran auf die bekannte Gummihand-Illusion (Botvinik u. Cohen 1988): Wird die unter einem Tisch verborgene Hand einer Versuchsperson in genau dem gleichen Rhythmus berührt wie eine sichtbar vor ihr auf einem Tisch liegende Gummihand, so empfindet die Person diese Gummihand nach kurzer Zeit als »berührt« und zum eigenen Körper gehörig. Aus solchen Illu-

---

20 Diesen Zusammenhang von optischer Wahrnehmung und Bewegung hat auch Hans Jonas (1973, 198–225): »Wir können daher sagen, dass der Besitz eines Körpers im Raume, der selber ein Teil des zu erfahrenden Raumes und der Selbstbewegung im Widerspiel mit anderen Körpern fähig ist, die Vorbedingung für ein Sehen der Welt darstellt« (ebd., S. 225). – Ebenso zu erinnern ist hier natürlich an V. v. Weizsäckers »Gestaltkreis« als Theorie der Einheit von Wahrnehmung und Bewegung (v. Weizsäcker 1986).

sionen folgert Ramachandran kurzerhand: »Ihr eigener Körper ist ein Phantom (...), das Ihr Gehirn aus rein praktischen Gründen vorübergehend konstruiert hat« (Ramachandran u. Blakeslee 2001, 114). Der subjektive Leib wäre also ebenso ein Konstrukt des Gehirns wie die ganze erfahrene Wirklichkeit. Dies läuft offensichtlich auf eine Spaltung zwischen dem organischen Körper und dem subjektiven Leib hinaus, so als ob diese zwei unterschiedlichen Welten angehörten – der eine der physikalischen Welt, der andere einer vom Gehirn konstruierten »Innenwelt« des Bewusstseins. Das gilt dann auch für alle leiblichen Empfindungen:

> »... wir müssen bedenken, dass auch der Schmerz eine Illusion ist – ganz und gar eine Konstruktion unseres Gehirns wie jede andere Sinneserfahrung« (ebd., 114).

> »Sie können hinausgreifen und das Material der physischen Welt betasten [...] Doch diese Tastempfindung ist keine unmittelbare Erfahrung. Obwohl es sich so anfühlt, also geschähe die Berührung in Ihren Fingern, geschieht doch in Wirklichkeit alles in der Schaltzentrale des Gehirns. Genauso verhält es sich mit allen Sinneserfahrungen. [...] Ihr Gehirn hat die Außenwelt niemals direkt erfahren und wird es niemals tun« (Eagleman 2015, 40 f.; eig. Übers.).

Nun hat unser Gehirn sicherlich die Außenwelt niemals erfahren, denn es kann im Prinzip gar nichts »erfahren«. Aber wie steht es mit mir selbst? Ist mein räumliches Erleben von Berührung in meinen Fingern oder von Schmerz in meinem Fuß nur eine Illusion? Wenn die Wahrnehmung mehr als eine virtuelle Welt vermitteln soll, muss offenbar die angebliche Virtualität des Leiberlebens widerlegt werden. Wie wir sehen werden, hält die mit dem Namen von Descartes verbundene Spaltung zwischen subjektivem Leib und objektivem Körper einer näheren Analyse nicht stand.

1.2.2 Koextension von Leib und Körper

Vergegenwärtigen wir uns zunächst die Tatsache, dass wir den subjektiven Leib und den organischen Körper normalerweise als *koextensiv* erfahren: Der empfundene Schmerz sitzt dort, wo auch die Nadel den physischen Körper gestochen hat. Der Töpfer fühlt den Ton genau da, wo seine Hand ihn tatsächlich presst und formt. Und zeigt der Patient dem Arzt seinen schmerzenden Fuß, so wird dieser auch dort nach der Ursache suchen. Wäre die subjektive Leiberfahrung nur eine Illusion, könnte er die Aussage des Patienten auch ignorieren und stattdessen sein Gehirn untersuchen. Es gibt also eine räumliche Übereinstimmung oder *Syntopie* von Leiblichem und Körperlichem.

Diese Syntopie hat bereits Husserl analysiert, nämlich an folgendem Beispiel: Streift eine Nadel objektiv sichtbar über meine Hand oder sticht sie, so empfinde ich dies gleichzeitig und gleichörtlich als *Berührungsverlauf* bzw. *als Schmerz:*

> »So liegt in den Empfindungen eine sich mit den erscheinenden Extensionen ›deckende‹ Ordnung ... [die Hand] ist von vornherein apperzeptiv charakterisiert als Hand *mit* ihrem Empfindungsfeld, mit ihrem immerfort mitaufgefaßten Empfindungszustand, der sich infolge der äußeren Einwirkung ändert, das heißt als eine *physisch-aesthesiologische Einheit*« (Husserl 1952, 154 f.).

In der »Kompräsenz« (ebd., 161) des in der objektiven und in der subjektiven Einstellung Gegebenen konstituiert sich der Leib somit als die koextensive Einheit beider Aspekte. Das Phänomen der Phantomschmerzen zeigt uns zwar, dass im Ausnahmefall Organismus und Gehirn auch ohne das betreffende Glied eine Schmerzempfindung hervorbringen können, macht aber den Normalfall nicht weniger erstaunlich: Wie ist es eigentlich möglich, dass wir den Schmerz tatsächlich da empfinden, wo sich auch der dazu passende verletzte Körperteil befindet – und nicht im Gehirn?

Die Koextension von Subjektleib und organischem Körper kann nicht etwa durch eine »Projektion« von Leibempfindungen in den Raum des Körpers erklärt werden, denn der objektive Raum des Körpers hätte in einer virtuell-subjektiven Welt gar keine Existenz. Eine Projektion »nach außen« kann es nicht geben, wenn diese Außenwelt doch nach der Voraussetzung nur eine vom Gehirn konstruierte Innenwelt sein soll. Die früher noch üblichen Projektionskonzepte sind daher in den kognitiven Neurowissenschaften weitgehend zugunsten eines einheitlichen virtuell-phänomenalen Raums, eines »Phenospace«[21] aufgegeben worden. Konsequenterweise muss dann allerdings auch der sichtbare Nadelstich, der den Schmerz erzeugt, zu einem virtuellen Konstrukt oder einer Simulation des Gehirns erklärt werden. Wir hätten dann überhaupt keinen Zugang zur eigentlichen Realität.

Doch sobald wir in eine *intersubjektive* Situation eintreten wie der erwähnte Patient beim Arztbesuch, wird sofort deutlich, dass subjektives Erleben und objektive Situation, also Schmerzempfindung und feststellbare körperliche Ursache, keineswegs zwei getrennten Welten angehören. Die »Syntopie« oder das Zusammenfallen des Ortes von Schmerz und Verletzung betrifft nämlich jetzt den von Arzt und Patient *gemeinsam* wahrgenommenen Körper: Dort, wo der Patient den Schmerz empfindet und wohin er deutet, findet der

---

21 So die mit Absicht an den Cyberspace erinnernde Formulierung Metzingers (1999, 243).

Arzt auch dessen Ursache, z. B. einen Stich oder eine Prellung. *Beide sehen den gleichen Fuß, der subjektiv schmerzt und objektiv verletzt ist.* Wie ist das möglich?

Der Verweis auf den jeweiligen »Phenospace« von Arzt und Patient hilft nun nicht mehr weiter – wenn die Rede von einer Realität des Körpers überhaupt irgendeinen Sinn haben soll, dann in der intersubjektiven Situation. Denn hier kommen die subjektiven Räumlichkeiten beider Personen in einer Weise zur Deckung, *die ihre bloße Subjektivität aufhebt.* Das Argument dafür ist folgendes:

> Da jedes Gehirn nach der neurokonstruktivistischen Voraussetzung nur seinen *eigenen* virtuellen Raum produziert, kann es keinen »gemeinsamen Phenospace« von Arzt und Patient geben. Mit anderen Worten: Ließe sich Wahrnehmung *restlos* als ein physikalischer Prozess beschreiben, der sich jeweils zwischen einem Gegenstand und einem Gehirn abspielt, *dann könnten zwei Menschen nicht gemeinsam ein- und denselben Gegenstand betrachten.* Die zwei Prozesse liefen, vom Objekt ausgehend, in verschiedene Richtungen und streng getrennt voneinander ab, und die beiden Personen blieben in ihre jeweilige Welt eingeschlossen, zumal sie ja auch selbst für einander nur Simulationen wären. Das aber liefe auf einen *Neuro-Solipsismus* hinaus.

> Insofern also der intersubjektiv konstituierte Raum Objektivität besitzt – besäße er sie nicht, dann wäre keine Verständigung über gemeinsam wahrgenommene Objekte möglich, ja nicht einmal ein schlichter Warenaustausch wie beim Einkaufen – erweist er umgekehrt die jeweiligen subjektiv erlebten Räume, auf deren Basis er sich konstituiert, als *nicht nur virtuell.* Die subjektive Sicht ist also zwar eine je *individuelle, perspektivische* Sicht, jedoch nicht etwa »nur subjektiv« in dem Sinne, als wäre das Gesehene »im Subjekt«. Sehend befinden wir uns immer schon in einem gemeinsamen Raum mit anderen (vgl. Fuchs 2020a).

Der von Arzt und Patient übereinstimmend wahrgenommene Körper kann also kein subjektives Scheingebilde mehr sein. Er befindet sich im gemeinsamen, intersubjektiven und insofern objektiven Raum. Nun passt aber die subjektive Stelle des Schmerzes zum objektiven Ort des Körperteils. Der subjektiv-leibliche und der objektive Raum kommen also *tatsächlich* zur Deckung, und wir müssen die Frage wiederholen: Wie ist es möglich, dass der Patient den Schmerz *dort* empfindet und nicht im Gehirn?

Schon die Richtung der Frage zeigt freilich, dass wir in cartesianischer Tradition noch immer gewohnt sind, Subjektivität vom lebendigen Organismus kategorial zu trennen. Evolutionär verhält es sich gerade umgekehrt: Ursprünglich ist der ganze Körper gewissermaßen ein Sinnes- und Fühlorgan. Gerade an seinen Grenzflächen mit der Umgebung ist der Organismus reizbar, sensibel und responsiv. *Die elementare Sensibilität beginnt an der Peripherie* *des Körpers.*²² Die Ausbildung eines nervösen Zentralorgans hebt diese periphere Sensibilität nicht auf, sondern integriert sie. Dass das leibliche Bewusstsein mit dem Organismus koextensiv bleibt, zeigt, dass es gerade nicht als eine außerweltliche Entität aus ihm entspringt wie Athene aus dem Haupt des Zeus, sondern vielmehr von Anfang an *verkörpertes Bewusstsein* ist. Es stellt das *»Integral« über dem lebendigen Organismus insgesamt* dar, nicht ein im Gehirn produziertes Phantom.

Die Koextension von subjektivem Leib und organischem Körper ist so gesehen nicht mehr verwunderlich. Sie ist aber auch funktionell sinnvoll: Das bewusste Erleben ist dort, wo die Interaktionen mit der Umwelt stattfinden – in der Peripherie, nicht im Gehirn. Schließlich ist der Körper der »Spieler im Feld«. Daher ist es sinnvoll, dass wir seine Grenzen, Stellungen und Bewegungen in der Umwelt »analog«, d. h. leibräumlich erleben und nicht nur kognitiv registrieren.

Theoretisch wäre es auch denkbar, dass Schmerzen uns ortlos zu Bewusstsein kämen wie Gedanken oder Erinnerungen. Doch ohne die Koinzidenz der beiden Räume hätten wir unseren Körper nur als ein äußerlich zu hantierendes Werkzeug und wären nicht in ihm »inkarniert«. Nur weil das Bewusstsein in der schmerzenden Hand ist, zieht man sie unwillkürlich vor der Nadel zurück.²³ Nur weil die Empfindung des Töpfers in seiner tastenden Hand ist, und er dort die Struktur des Tones spürt, kann er ihn auch geschickt formen. Eine bloße »zentrale Verrechnung« im Gehirn könnte niemals leisten, was die unmittelbare Präsenz des Subjekts in seiner Hand ermöglicht,

---

22 Nach Damasios damit übereinstimmender Auffassung bestand Wahrnehmung in ihrer evolutionär ursprünglichen Form darin, »... *die Außenwelt durch die Veränderungen zu repräsentieren, die sie im Körper hervorruft* (...). Anfangs gab es kein Berühren, Sehen, Hören oder Bewegen an sich, sondern nur eine *Empfindung des Körpers, wie* er berührte, sah, hörte oder sich bewegte« (Damasio 1996, 306, 309; Hvhbg. im Orig.). Der Körper ist also das Vermittlungsorgan, durch dessen periphere Empfindungen hindurch die Umwelt wahrgenommen wird.

23 Dies hat selbst Descartes klar gesehen: Die Reizung der Schmerznerven im Fuß lasse uns den Schmerz zwar nur so empfinden, »*als ob*« er im Fuße wäre. Diese illusionäre Lokalisierung sei aber doch sinnvoll, weil sie uns den Fuß z. B. zurückziehen lasse. »Zwar hätte Gott die Natur des Menschen auch so einrichten können, dass dieselbe [Nerven-]Bewegung im Gehirn dem Denken irgend etwas anderes darstellte, etwa sich selbst, sofern sie sich im Gehirn oder im Fuß oder an einer der dazwischenliegenden Stellen befindet (...); aber *nichts anderes hätte zur Erhaltung des Körpers gleich gut beigetragen*« (Meditationen VI, 23; Descartes 1959, 157 ff.; Hvhbg. v. Vf.). Nur zieht Descartes daraus nicht den notwendigen Schluss, das Subjekt der Schmerzen selbst als leibräumlich zu denken.

nämlich die Verknüpfung von Wahrnehmung, Bewegung und Objekten in einem gemeinsamen Raum: »Mein Leib ist da, wo er etwas zu tun hat« (Merleau-Ponty 1966, 291). Wir können insofern von einer nicht nur verkörperten, sondern auch »ökologischen Subjektivität« sprechen (Bateson 1981, Neisser 1988).

Wenn ich also nach etwas taste, so bewege *und spüre ich* keine virtuelle, sondern meine wirkliche Hand, die ihrerseits einen wirklichen Gegenstand berührt. Das wird dadurch möglich, dass der subjektive Raum in den objektiven Raum des Organismus in seiner Umwelt eingebettet ist. Das heißt: Wir sind *leibhaftig in der Welt* – und nicht Wesen, die nur das illusionäre Gefühl haben, in ihrem Körper zu stecken.

Freilich ist die Ausdehnung des subjektiven Leibs flexibel – nämlich entsprechend den jeweiligen funktionellen Erfordernissen. Sie stimmt nicht immer mit den Grenzen des Körpers exakt überein. So können auch Instrumente in das subjektive Körperschema integriert werden: Beim Tasten mit einem Stock empfindet man die Härte der betasteten Oberfläche nicht in der Hand, sondern an dessen Spitze.[24] Der geübte Autofahrer spürt die Qualität des Straßenbelags buchstäblich unter den Reifen seines Wagens. Ein Amputierter vermag durch allmähliche Gewöhnung seine Prothese zu »inkorporieren«, sodass sie für ihn zu einem neuen Leibglied wird. Und selbst eine Gummihand kann sich vorübergehend dem gespürten Leib anschließen, wenn sie in dessen Empfindungen und Bewegungen in koordinierter Weise einbezogen ist – nicht anders als beim Bauchreden die verstellte Stimme des Redners der Puppe zugeschrieben wird. In all diesen Fällen handelt es sich nicht um »bloße Illusionen« – vielmehr stellt das Sinnessystem nur die *optimale Kohärenz* der verschiedenen Sinnesmodalitäten innerhalb des gemeinsamen leiblichen Raums her.[25]

---

24 »Der Stock des Blinden ist für ihn kein Gegenstand mehr, er ist für sich selbst nicht mehr wahrgenommen, sein Ende ist zu einer Sinneszone geworden« (Merleau-Ponty 1966, 173).

25 Einerseits kann man die Gummihand-Erfahrung als Illusion bezeichnen – schließlich wird die eigene Hand tatsächlich unter dem Tisch berührt. »Doch in einem anderen Sinn gibt es keine Illusion – vielmehr sind die Mechanismen, die bei dieser Illusion wirken, wenn wir sie so nennen wollen, die der normalen, erfolgreichen Wahrnehmung« (Noë 2009, 74; eig. Übers.). Solche Illusionen beweisen also nicht, dass die Wahrnehmung *als solche* illusionär oder nur eine »zutreffende Halluzination« sei. Im Gegenteil verweisen sie auf die synthetische, gestaltbildende Aktivität der Wahrnehmung, die die Umwelt für ein bewegliches und handelndes Wesen zugänglich macht.

Statt nur zentrales Konstrukt zu sein, modifiziert sich also der ausgedehnte Leibraum in Abhängigkeit von der jeweiligen Grenze, an der die *tatsächliche* Auseinandersetzung mit der Umwelt stattfindet. Dies ist wiederum funktionell sinnvoll: Der physische Kontakt mit dem eigentlichen Widerstand der Umgebung muss in das subjektive Erleben eingehen, damit ein adäquater Umgang mit Objekten und Werkzeugen möglich wird. Die angeblichen Illusionen, die dabei entstehen, sind in Wahrheit höchst sinnvolle Ausdehnungen unseres Leibbewusstseins im Kontakt mit der Umwelt. Wiederum folgt: Der objektive Raum des physischen Organismus und der subjektive Raum des leiblichen Erlebens sind *ineinander verschränkt* und modifizieren sich ständig wechselseitig.

Freilich zeigt das Phänomen der Phantomglieder oder -schmerzen, dass das gewohnheitsmäßige Körperschema (verankert im somatosensorischen Kortex des Gehirns) mit in den subjektiven Leibraum eingeht. Daher kann dessen Ausdehnung vom objektiv-körperlichen Raum ausnahmsweise erheblich abweichen. Solche Ausnahmen sprechen aber ebenso wenig wie die schon beschriebenen Verschiebungsphänomene (Blindenstock, Autofahren) gegen die *grundsätzliche Syntopie*, also die prinzipiell koextensive Räumlichkeit von Leib und Körper – im Gegenteil, sie bestätigen sie sogar: Wären Leib und Körper nicht normalerweise koextensiv, so würde dem Amputierten sein Phantomglied im Raum nicht weiter auffallen; es gäbe dann auch gar keine mögliche *Diskrepanz* beider Räumlichkeiten. Nur auf die grundsätzliche Syntopie kommt es aber an, soll die Illusionsthese bzw. die Vorstellung eines bloßen »Phantomleibs« widerlegt werden.

Um diesen für die weitere Untersuchung zentralen Punkt ganz deutlich zu machen, fragen wir noch einmal: Wo ist nun der Schmerz, wenn mir der Fuß wehtut? – Nach gängiger neurowissenschaftlicher Überzeugung dort, wo er erzeugt wird, also im Gehirn. Selbst John Searle, einer der prominentesten Kritiker des neurobiologischen Reduktionismus, ist dieser Auffassung:

> »Der gesunde Menschenverstand sagt uns, dass unsere Schmerzen sich im physikalischen Raum innerhalb unseres Körpers befinden (...) Doch wissen wir nun, dass dies falsch ist. Das Hirn bildet ein Körperbild, und Schmerzen – wie alle körperlichen Empfindungen – gehören zum Körperbild. Der Schmerz-im-Fuß ist buchstäblich im physikalischen Raum des Hirns« (Searle 1993, 81).

Doch das Gehirn empfindet weder Schmerzen noch enthält es sie. Es produziert auch kein »Körperbild«, denn der erlebte Leib ist kein »Bild« von einem Körper, sondern es ist der Körper selbst *als* empfundener. Alles was sich im Gehirn findet, *wenn* jemand Schmerz empfindet, sind neuronale Aktivierungen im somatosensorischen Kortex und im Gyrus cinguli, und wie viel diese auch immer mit den Schmerzen zu tun haben mögen – sie *sind* sie nicht.[26]

Der Schmerz im Fuß ist somit *weder* im physikalischen Raum des Fußes *noch* im physikalischen Raum des Gehirns, denn Schmerzen sind nun einmal weder anatomische Dinge wie Sehnen, Knochen oder Neuronen, noch physiologische Prozesse wie Ladungsverschiebungen an neuronalen Zellmembranen. Wo ist der Schmerz dann? Er ist im »Fuß als Teil des lebendigen Körpers«, denn dieser einheitliche lebendige Körper (einschließlich des Gehirns) bringt auch eine *leibliche, räumlich ausgedehnte Subjektivität* hervor. Dass ich sinnvoll aussagen kann: »Ich habe Schmerzen im Fuß«, und denselben Fuß auch meinem Arzt zeigen kann, setzt voraus, dass der subjektive Raum meines Schmerzes und der objektive Raum meines Fußes nicht zwei getrennten Welten angehören, die nur in einer indirekt-kausalen Weise (nämlich über physiologische Prozesse im Gehirn) miteinander verknüpft sind. Es setzt voraus, *dass der subjektive und der objektive Raum meines Körpers syntopisch zur Deckung kommen können.*

Das ist für ein physikalistisch geprägtes Denken schwer akzeptabel – wird hier nicht das »Gespenst in der Maschine«[27] wieder zum Leben erweckt? Soll der Seele insgeheim wieder Einlass in die physikalisch gereinigte Welt verschafft werden? – Tatsächlich war es ein selbstverständlicher Bestandteil aristotelischer und vorneuzeitlicher Überzeugungen, dass die Seele unteilbar und dennoch mit dem organischen Körper koextensiv sei.[28] Noch Kant schreibt in seiner vorkritischen Periode:

> »Ich würde mich also an der gemeinen Erfahrung halten und vorläufig sagen: wo ich empfinde, da *bin* ich. Ich bin ebenso unmittelbar in der Fingerspitze wie in dem Kopfe.

---

26 Die Identitätstheorie behauptet freilich genau dies. Obgleich die Koextension von leiblichem und körperlichem Raum mit einer Identität von Bewusstsein und Gehirnprozessen unvereinbar ist, kann die Identitätstheorie hier freilich noch nicht ausführlich kritisiert werden (▶ Kap. 2.2.1 und ▶ Kap. 6.2). Selbst wenn man aber von einer wie immer zu begreifenden Identität neuronaler Prozesse mit Schmerzempfindungen ausginge, könnte man diese *als Schmerzen* doch jedenfalls nicht im *physikalischen* Raum des Gehirns lokalisieren. Die Formulierung Searles enthält daher einen Kategorienfehler.

27 So die bekannte Formulierung von G. Ryle in seiner Kritik des Leib-Seele-Dualismus (Ryle 1949).

28 Vgl. Aristoteles, De Anima 411 b 24 (»in jedem der Teile sind alle Teile der Seele vorhanden«); später dann Meister Eckehart: »Die Seele ist ganz und ungeteilt vollständig im Fuße und vollständig im Auge und in jedem Gliede« (Meister Eckehart 1958, Predigt 10, 161 ff.) oder Thomas von Aquin: »Anima hominis est tota in toto corpore et tota in qualibet parte ipsius« (Thomas von Aquin 1953, I q 93 a 3).

> Ich fühle den schmerzhaften Eindruck nicht an einer Gehirnnerve, wenn mich ein Leichdorn peinigt, sondern am Ende meiner Zehen. Keine Erfahrung lehrt mich, (...) mein unteilbares Ich in ein mikroskopisch kleines Plätzchen im Gehirn zu versperren, um von da aus den Hebezug meiner Körpermaschine in Bewegung zu setzen, oder dadurch selbst getroffen zu werden (...) Meine Seele ist ganz im ganzen Körper und in jedem seiner Teile.«[29]

Erklärt man die phänomenale Erfahrung leiblicher Räumlichkeit nicht zum Schein, sondern setzt sie in Bezug zum intersubjektiven und damit objektiven Raum, so knüpft dies in gewissem Sinn tatsächlich an die Lehren von einer Koextensivität von »Seele« und »Körper« an, freilich mit einer ganz anderen Begrifflichkeit. Descartes wandte dagegen ein, der Körper sei im Prinzip eine Gliedermaschine und daher teilbar wie ein Leichnam, während die Seele schließlich ein unteilbares Ganzes darstelle.[30] Doch ist es nicht erforderlich, Descartes' unabhängige Seelensubstanz zu reanimieren, um die Erfahrung unseres leiblichen In-der-Welt-Seins mit einer objektivierenden Sicht des Körpers in Einklang zu bringen. Voraussetzung ist vielmehr ein adäquater Begriff des *Lebendigen*: Der Organismus selbst stellt nämlich ein Funktionsganzes dar, das als solches unteilbar und gleichwohl im physikalischen Raum ausgedehnt ist – in Parallele zum subjektiven Leib und dessen unteilbarer Ausdehnung.[31]

Dass dieses Ganze des lebendigen Organismus zum Träger einer gleichfalls räumlich ausgedehnten Subjektivität werden kann, fügt der *rein physikalisch* beschreibbaren Welt keine neue Entität hinzu, widerspricht also auch keinen physikalischen Gesetzen. Allerdings bedeutet es für uns selbst als lebendige Wesen eine fundamentale Veränderung: Wir sind keine abgeschlossenen Monaden mehr, denen ein Bild der Welt vorgespiegelt wird, sondern *wir bewohnen unseren Leib und durch ihn die Welt*. Die Phänomenologie kann damit

---

29 So Kant in den »Träumen eines Geistersehers« von 1766 (Kant 1905, 324 f.).
30 Vgl. Descartes, Meditationen, VI, 17, 19 (Descartes 1959, 151 ff.).
31 Auch das Leib-Subjekt ist insofern unteilbar ausgedehnt, als alle räumlich verteilten Leibempfindungen doch gleichermaßen dem Subjekt angehören und sich im sog. Körperschema zusammenschließen. Man kann dies beim Spüren des Leibes mit geschlossenen Augen leicht an sich selbst nachprüfen (vgl. dazu Schmitz 1995, 117 ff., sowie Fuchs 2000a, 97 ff.). Räumlich ist auch die am ganzen Leib empfundene Frische oder Müdigkeit, das Missbefinden oder Krankheitsgefühl (Plügge 1962). – Im Widerspruch zu dieser klaren phänomenalen Evidenz meinte Descartes, »...dass ich eine Substanz bin, (...) deren Natur nur darin besteht zu denken und die zum Sein keines Ortes bedarf, so dass dieses Ich (...) völlig verschieden ist vom Körper« (Mediationen VI, 13).

unsere primäre Erfahrung wieder in ihr Recht setzen, als inkarnierte Wesen in der Welt zu sein.[32]

Fassen wir vorläufig zusammen: Wir gingen aus von der Überlegung, dass Wahrnehmung nicht die passive Aufnahme von Bildern in ein außerweltliches Bewusstsein bedeutet. Alles Wahrnehmen ist vielmehr verkörpert: Es beruht auf dem sensomotorischen Umgang mit den Dingen, auf *konkreter leiblicher Praxis*. Das Subjekt der Wahrnehmung, so zeigte sich weiter, ist ausgedehnt über den leiblichen Raum, und dies nicht in Form eines bloßen Phantoms oder Gehirnkonstrukts, sondern als die mit dem lebendigen Organismus koextensive, *verkörperte Subjektivität*. Die somatosensorischen und -motorischen Strukturen im Gehirn sind freilich notwendige Bedingungen dieses Subjekterlebens. Doch bedeutet dies nicht, dass das Leibsubjekt im Gehirn zu lokalisieren wäre wie Descartes' Seele in der Zirbeldrüse. Wir gehören der Welt an, mit Haut und Haaren – wir sind leibliche, lebendige und damit »organischere« Wesen als es der neurowissenschaftliche Zerebrozentrismus suggeriert.

1.3 Zweite Kritik: Die Objektivität der phänomenalen Welt

1.3.1 Der Raum der Wahrnehmung

Was für die eigenleibliche Wahrnehmung gezeigt wurde, gilt es nunmehr auf die Wahrnehmung insgesamt auszudehnen. Trifft hier nun doch die Illusionsthese zu? Sehen wir in Wahrheit nur Bilder, passend konstruiert und auf den Schirm unseres Bewusstseins projiziert von der *Camera Obscura* des Gehirns?

Natürlich verhält es sich phänomenal ganz anders: Beim Sehen, wie bei jeder anderen Sinneswahrnehmung, sind wir nicht im Kopf, sondern in der Welt und bei den Dingen. Wahrnehmung findet auch nicht in einem Behälter namens Bewusstsein statt, in den Sinnesreize von außen importiert würden. Ich nehme nicht »Sehempfindungen« oder Bilder wahr, sondern den Schreibtisch, das Fenster, den Himmel usw. Ich höre keine »Schallempfin-

---

32 Diese Konzeption des im Organismus verkörperten Subjekts wird im 3. Kapitel ausführlich entwickelt. Vgl. dazu auch Fuchs 2000a, 137–150.

dungen«, sondern Musik. Wahrnehmung stellt eine unmittelbare Beziehung zwischen dem Wahrnehmenden und dem wahrgenommenen Gegenstand her. Ist diese Unmittelbarkeit unserer Welterfahrung wirklich nur eine Täuschung?

Das Problem, wie es überhaupt zu einer phänomenalen Welt kommt und welche Funktion sie hat, beschäftigt auch die kognitiven Neurowissenschaften. Warum, so fragt etwa Prinz, nehme ich eigentlich nicht die Reizungen meiner Netzhaut, die Aktionspotenziale meiner Sehnerven oder direkt meine Hirnzustände wahr, wenn sie doch das tatsächliche Substrat meiner Wahrnehmung sind?[33] Und warum plane ich Handlungen und nicht direkt die entsprechenden neuromuskulären Prozesse meines Körpers? Mit anderen Worten: Warum gibt es überhaupt »distale« und nicht »proximale Repräsentationen«? – Die Erlebniswelt, so lautet Prinz' Antwort, stellt einen »virtuellen Raum« dar, in dem die verschiedenen sensorischen und motorischen »Datenformate« einander angeglichen und integriert werden. In diesem Raum können wir also zugleich wahrnehmen, Ziele erkennen und handeln, ohne vom Wissen um die »tatsächlich« ablaufenden physiologischen Prozesse belastet zu sein.

Freilich liegt schon in Prinz' Frage ein Kategorienfehler, nämlich die Verwechslung von kausaler und intentionaler Ebene: Wir nehmen Lichtwellen ebenso wenig wahr wie Nervenerregungen, weil sie eben nur die physischen Trägerprozesse der Wahrnehmung darstellen und nicht die Wahrnehmung selbst. Was der Wahrnehmung als vermittelndes Substrat zugrunde liegt, kann schwerlich selbst zu ihrem Gegenstand werden. Zudem erkennt Prinz mit seiner Antwort an, dass gerade die phänomenale Welt uns Orientierung und Handeln in der Welt ermöglicht; dann bleibt nur unerfindlich, warum er sie als »virtuellen Raum« bezeichnet. Immerhin erlaubt sie uns, über einen gesehenen Graben zu springen und mit den Füßen tatsächlich auf der anderen Seite anzukommen. Ihr zugrunde liegt ein »*sensus communis*«, also ein gemeinsamer Rahmen für die verschiedenen Sinne und Bewegungen, sodass etwa die Person, die ich sehe, ihre Stimme, die ich höre, und ihre Hand, die ich schüttle, dem gleichen Raum angehören – und das ist ja wohl auch tatsächlich der Fall.[34] Für eine »Scheinwelt« verfügt die Erleb-

---

33 Vgl. Prinz (1992) sowie die ähnlichen Überlegungen von Roth (1994, S. 326 ff.).
34 Das von Aristoteles in »De anima« erstmals aufgeworfene Problem des »*sensus communis*« oder Gemeinsinns, der die verschiedenen Sinne zu einem einheitlichen Sinnesraum integriert, wird heute sinnesphysiologisch als »intermodale Wahrnehmung«, neurobiologisch als »Bindungsproblem« diskutiert.

niswelt also über ein erstaunliches Maß an Objektivität. Betrachten wir dies noch etwas näher.

1.3.2 Die objektivierende Leistung der Wahrnehmung

Was wir wahrnehmen, sind weder Bilder noch Modelle, sondern Dinge und Menschen. Das ist zunächst keineswegs selbstverständlich: Wenn ich beispielsweise ein Haus wahrnehme, dann sehe ich doch eigentlich immer nur *eine,* perspektivisch begrenzte Ansicht des Hauses. Wie überwindet die Wahrnehmung diese Begrenztheit?

Husserl hat gezeigt, dass die Wahrnehmung ihre Gebundenheit an eine Perspektive aufhebt, indem sie weitere *mögliche* Aspekte der Dinge integriert (Husserl 1950, 91 ff.). So nehmen wir nicht nur die sichtbare Seite des Hauses wahr, sondern wir sehen auch seine anderen Seiten »mit hinzu«, die wir beim Herumgehen um das Haus erblicken würden. Wir nehmen auch seine Materialität mit wahr, ebenso wie die Möglichkeiten des Handelns, die es uns bietet (z.B. darauf zulaufen, die Türe öffnen, die Treppe hinaufgehen, usw.). Alle diese impliziten Gehalte unserer Wahrnehmung leiten sich von früheren Erfahrungen ab, die wir im Umgang mit Häusern gemacht haben. Daher beruht meine Wahrnehmung eines Objekts auf einem *Horizont möglicher Erfahrungen mit diesem Objekt,* der jetzt implizit mitgegeben oder »appräsentiert« ist, wie Husserl es ausdrückt. Das heißt, es ist mein verkörperter Umgang mit der Welt, der es mir ermöglicht, *das Haus selbst* zu sehen, und nicht einen bloßen Empfindungseindruck oder ein subjektives Bild.

Doch es gibt noch eine andere Ebene der Objektivität, die für die menschliche Wahrnehmung charakteristisch ist. Denn wir nehmen das Haus nicht nur als Gegenstand möglichen Handelns wahr, sondern auch als unabhängig von unserer momentanen Wahrnehmung existierend. Die Dinge sind ja nicht nur »für mich« da, in der Immanenz meiner Subjektivität, sondern sie sind mir *als solche* gegeben. Wie ist diese Unabhängigkeit möglich? – Husserls spätere Antwort verweist auf die Intersubjektivität der Wahrnehmung: Das Haus, das ich dort sehe, ist auch *ein möglicher Gegenstand für andere,* die es gleichzeitig von anderen Seiten sehen könnten. Somit gewinnt der Gegenstand seine eigentliche Objektivität für mich erst durch die *implizit vorausgesetzte Pluralität anderer Perspektiven.* Husserl spricht hier auch vom »Horizont möglicher eigener und fremder Erfahrung« oder von einer »offenen Intersubjektivität« (Husserl 1973, 107, 289). Die Pluralität möglicher Subjekte entspricht der Pluralität von Aspekten, die ein Gegenstand aufweist. Alle könnten dieses Haus jetzt sehen. Selbst Robinson sah seine Insel immer auch mit den Augen der anderen, noch bevor Freitag auf den Plan trat. Im Wahrnehmen bewohnen wir immer schon einen Raum, den wir mit anderen teilen.[35]

Wie wir sehen, bedeutet die Perspektivität der Wahrnehmung keineswegs bloße Subjektivität oder Virtualität. Im Gegenteil, durch die Interaktion mit den Dingen und durch unsere Interaktionen mit anderen sind wir in der Lage, unsere primäre Subjektivität aufzuheben. Die Gestaltpsychologie hat darüber hinaus gezeigt, wie die Wahrnehmung Fragmente zu Ganzheiten vervollständigt (z. B. fehlende Buchstaben zum Wort ergänzt), Farb- oder Formkonstanzen auch dort herstellt, wo das Wahrnehmungsfeld diskontinuierlich oder verzerrt ist (so sehen wir ein schräg gestelltes Rechteck nicht als Rhombus, sondern immer noch als Rechteck), ja dass sogar die Illusionen der Wahrnehmung auf Ausgleichsprozessen beruhen, die normalerweise der objektiven Wiedergabe der Umwelt dienen. Neurokonstruktivisten führen solche Illusionen gerne ins Feld, um die Virtualität der Wahrnehmung zu erweisen. In Wahrheit verhält es sich umgekehrt: Gerade die aktiv gestaltende, intentionale Struktur unserer Wahrnehmung befähigt uns, nicht bloße »1:1-Abdrücke« von Reizen zu empfangen, sondern *wirkliche Dinge* zu erkennen.

Nicht die materiellen Prozesse, die sich zwischen den Objekten, Sinnesrezeptoren und Gehirn abspielen, sind ja das »eigentlich wirkliche« Geschehen bei der Wahrnehmung. Diese gesamte Kaskade von physikalischen und biologischen Prozessen ist nur ihre materielle Grundlage. Es gäbe für uns keine Welt von Wiesen, Bäumen, Katzen oder Menschen und natürlich auch kein adäquates Handeln in dieser Welt, hätte die Wahrnehmung nicht die Elementarprozesse immer schon zu sinnvollen Bedeutungen und Gestalten integriert. Wir nehmen nicht Reize oder Bilder wahr, sondern Gestalt- und Sinneinheiten. Wahrnehmung bedient sich der vermittelnden Prozesse, um

---

35 Dass diese objektivierende Leistung der Wahrnehmung keineswegs selbstverständlich ist, zeigen pathologische Erlebnisformen in der Schizophrenie, in denen Patienten *Bilder von Dingen* sehen statt die Dinge selbst, und so eine verstörende Subjektivierung ihrer Wahrnehmung erleben. Ihre Umwelt erscheint ihnen dann wie eine Staffage oder Theaterbühne, ja sie beschreiben dies auch so, als werde ihnen ein Film vorgespielt oder *als seien sie selbst Filmkameras* (vgl. Fuchs 2000b, 137). Die Patienten werden gewissermaßen unfreiwillig zu »subjektiven Idealisten«. Wir können daran die Objektivierung erkennen, welche die normale, intentionale Wahrnehmung leistet.

eine unmittelbare Beziehung zu den Dingen herzustellen – eine *vermittelte Unmittelbarkeit*.[36]

Ich muss also froh sein, meine Hirnzustände nicht wahrnehmen zu können, weil sie selbst mir nicht die geringste Auskunft über die Wirklichkeit geben könnten – ebenso wenig wie Radiowellen selbst die Musik hören lassen, die sie übermitteln. Daher sind auch neuronale Prozesse nicht in irgendeiner Weise »realer« als die Wahrnehmungen der Dinge, die sie vermitteln. Das wird spätestens dann unabweisbar, *wenn es um meine Mitmenschen geht:* Wäre die physikalische Realität die »eigentliche«, so wären sie letztlich nur Gebilde aus Materie- und Energiezuständen. Meine integrierende, gestaltbildende Wahrnehmung zeigt mir andere Menschen somit als das, *was sie in Wirklichkeit auch sind* – oder sollten wir immer noch von »Konstrukten«, »Bildern« und »Simulationen« sprechen, wenn wir andere erblicken? Auch hier lässt sich der Neurokonstruktivismus nur so lange aufrechterhalten wie man das interpersonelle Verhältnis außer Acht lässt. Wahrnehmung ist freilich keine reine Wiedergabe von Reizkonstellationen, denn sie selektiert und gestaltet das Wahrzunehmende. Aber deshalb ist sie doch kein bloßes Konstrukt, sondern sie präsentiert uns die Dinge und Menschen selbst, und *in ihrer Beziehung zu uns*.

Hier wird eine entscheidende Qualität der Wahrnehmung deutlich, die sich auf physikalischer und physiologischer Ebene nicht findet: Sie stellt eine *Koexistenz* zwischen dem Wahrnehmenden und dem Wahrgenommenen her. Den anderen Menschen sehend, sehe ich ihn auch in Beziehung zu mir, in einem gemeinsamen Raum. Und nur insofern die phänomenale Welt sich uns als zugänglich, verständlich und bedeutsam darstellt, kann sie für uns überhaupt zur Wirklichkeit werden. Das wird vor allem dadurch möglich, dass wir als verkörperte Subjekte selbst immer schon dieser Welt angehören. Der vermeintlich nur subjektive oder virtuelle Raum des phänomenalen Erlebens ist also alles andere als eine im Kopf zu lokalisierende Innenwelt: Es ist der Raum unseres *In-der-Welt-Seins* – der Raum der Beziehung zu allem, was für uns Bedeutsamkeit besitzt oder erlangt.

---

36 In diesem auf Hegel (Wissenschaft der Logik, 1. Buch) zurückgehenden Begriff sah Plessner eine grundlegende Struktur des Lebendigen, insbesondere der Wahrnehmung (Plessner 1975, 48, 168, 321 ff.). Ich werde in ▶ Kap. 4.2.6 noch darauf zurückkommen.

1.4 Dritte Kritik: Die Realität der Farben

Wie steht es nun schließlich mit den Qualitäten, die wir wahrnehmend erfahren – den Farben, Klängen, Gerüchen unserer Welt? Handelt es sich bei all dem, was die Welt vertraut und bewohnbar macht, nur um interne Konstrukte, die außerhalb unseres Gehirns oder Bewusstseins keinen Bestand haben? Zumindest ist dies, was der Neurokonstruktivismus behauptet:

> »Es ist anfänglich vielleicht beunruhigend, zu entdecken und erstmals wirklich zu verstehen, dass es vor unseren Augen keine Farben gibt. Das zarte aprikosenfarbene Rosa der untergehenden Sonne ist keine Eigenschaft des Abendhimmels; es ist eine Eigenschaft des inneren *Modells* des Abendhimmels, eines Modells, das durch unser Gehirn erzeugt wird. Der Abendhimmel ist farblos. [...] Es ist alles genau so, wie es uns schon der Physiklehrer in der Schule gesagt hat: Da draußen, vor Ihren Augen, gibt es nur einen Ozean aus elektromagnetischer Strahlung, eine wild wogende Mischung verschiedener Wellenlängen« (Metzinger 2009, 38).

Als ein Charakteristikum des naturwissenschaftlichen Programms habe ich schon zu Beginn das Ziel benannt, die Natur durch Verschiebung von Qualitäten in das Subjekt von allen nicht mathematisch fassbaren Bestimmungen zu reinigen. Farben – um diese Qualitäten als Beispiel zu wählen – tauchen in der solchermaßen abstrahierten Welt nicht mehr auf. Nehmen wir an, eine Versuchsperson sähe einen grünen Baum vor sich auf der Wiese: Selbst eine umfassende physikalische Beschreibung all dessen, was dabei außer- und innerhalb ihres Körpers geschieht, würde rein als solche keinerlei Aussage über ihre Farbwahrnehmung zulassen. Ja ohne unsere Erfahrung von Farben hätte die Wissenschaft keinen Grund, ihre Existenz auch nur zu vermuten. Wir könnten zwar von der Versuchsperson erfahren, dass sie während unserer Untersuchung tatsächlich einen grünen Baum gesehen habe. Doch die physikalische Beschreibung würde nicht das Geringste zur Erklärung dieser Wahrnehmung beitragen, denn den Daten nach könnte die Person ebenso gut eine beliebige andere oder auch gar keine Farbe sehen. Farben sind physikalisch nicht erklärbar bzw. reduzierbar – daher liegt es aus dieser Sicht nahe, sie kurzerhand aus dem Bestand des Wirklichen zu eliminieren.

Auch der Neurowissenschaftler kann nur feststellen, dass beim Wahrnehmen der Farbe Grün Licht bestimmter Wellenlänge auf die Retina fällt und eine Kaskade neuronaler Prozesse auslöst, die im Areal V4 des Okzipitallappens ankommt, das für die Farbwahrnehmung notwendig ist (Zeki 1992). Doch nirgendwo entlang dieses Wegs wird er die Farbe Grün entdecken, oder etwas, was die Farbwahrnehmung als solche erklärt – sowenig wie der Physiker bei seinen Beobachtungen außerhalb des Körpers. Zweifellos bedarf es der Lichtwellen, die, von einem Gegenstand reflektiert, die Retina reizen, *damit* wir etwas sehen können, oder der Schallwellen, die unser Trommelfell in Schwingung versetzen, *damit* wir Töne hören. Aber wir sehen keine Lichtwellen und hören keine Schallwellen, sondern Farben und Töne. Sollten wir sie deshalb nur als eine Illusion ansehen, die vom Gehirn erzeugt wird?

Freilich lässt sich die Existenz sensorischer Qualitäten in der wahrgenommenen Umwelt auch nicht widerlegen. Doch Farben sind offenbar doch Eigenschaften von anderer Art als etwa die Größe oder die Masse eines Objekts, die sich unabhängig vom Licht messen lassen. Schließlich verschwindet das Grün des Baumes in der Nacht, während dessen Höhe gleich bleibt. Bereits auf der physikalischen Ebene hängen Farben von der Beleuchtung ab, also von der jeweiligen Interaktion von Objekt und Licht. Aber selbst die Wellenlänge des reflektierten Lichts lässt sich nur ungefähr mit der wahrgenommenen Farbe korrelieren. Die gleiche Wellenlänge kann je nach *Umgebung und Kontext* mit unterschiedlichen Farbwahrnehmungen korreliert sein – die Farbkonstanz in der Dämmerung oder die sogenannten Farbillusionen belegen dies nur zu deutlich. Offensichtlich bedarf es einer *Interaktion von Objekt, Licht und wahrnehmendem Organismus,* damit eine bestimmte Farbe in der Welt auftaucht. Doch von einem physikalischen oder neurobiologischen Standpunkt aus lassen sich immer nur Bedingungen oder Korrelate der Farbwahrnehmung angeben, die sie nie als solche erklären oder vorhersagen können (Stroud 2000).

Nun kann es dem Physiker an sich gleichgültig sein, ob der Baum abgesehen von seiner materiellen Teilchenstruktur auch noch grün ist oder nicht. Die Frage taucht bei seinen Messungen und Theoriebildungen einfach nicht mehr auf. Die Bestreitung der Qualitäten ergibt sich daher nicht etwa aus einer physikalischen Notwendigkeit. Sie rührt vielmehr aus einem *szientistischen Weltbild,* das die ursprünglich für bestimmte Zwecke willkürlich gewählten, quantifizierbaren Ausschnitte der Wirklichkeit, vor allem aber die daraus abgeleiteten theoretischen Konstrukte (Atome, Photonen, elektromagnetische Felder etc.) zur »eigentlichen« Realität erhebt. Physikalische Beschreibungen und Erklärungen sollen nun für alle Bereiche der Lebenswelt gültig sein. Dann ist der grüne Baum nur noch ein großer Molekülhaufen, das Lied der Nachtigall in seinen Zweigen eine irreguläre Sequenz von Luftdruckschwankungen und die Freude des Wanderers, der ihr zuhört, ein bestimmtes neuronales Erregungsmuster.

Doch diese szientistische Weltsicht ist keineswegs unausweichlich. Die Tatsache, dass Lichtwellen nicht farbig und Schallwellen nicht laut sind, ist kein Grund, die Wirklichkeit von Farben und Töne zu bestreiten. Schließlich gibt es eine Fülle von anderen Merkmalen der Wirklichkeit, die ebenfalls durch das recht grobe Raster physikalischer Beschreibungen fallen – etwa die Fruchtbarkeit von Obstbäumen, das Brutpflegeverhalten von Graugänsen, die Verfassung der USA oder der deutsche Exportüberschuss im Jahr 2019. Soll all dies nichts Wirkliches bezeichnen, nur weil die Physik dazu nichts zu sagen weiß?

Der Physikalismus behauptet, alles, was sich über die Welt aussagen lässt, ließe sich auf physikalische Tatsachen zurückführen (so etwa Quine 1980). Freilich gilt dies zumindest sicher nicht für diese Aussage selbst – denn das Wissen, *was überhaupt eine physikalische Tatsache ist,* kann selbst nicht in der Menge aller physikalischen Tatsachen enthalten sein. Aber auch das zu Reduzierende – die Wahrnehmung von Farben, Tönen, Gerüchen – kann gar nicht Gegenstand physikalischer Aussagen sein, da es eben primär zu den psychologischen Tatsachen gehört. Der physikalistische Reduktionist hat es also mit Phänomenen zu tun, die er in der Sprache, die er als einzig zulässige voraussetzt, *nicht einmal beschreiben,* geschweige denn reduzieren kann.

Natürlich hätte es in einer rein physikalischen Welt keinen Sinn, von Farben oder Tönen zu sprechen. Aber eine solche Welt ist nur eine gedachte Abstraktion von der Welt, die wir als Lebewesen bewohnen und erfahren – der Welt, die unser Organismus sich erschließt, um sich in ihr zu erhalten, in der er qualitative Unterschiede macht, die sich so auf der physikalischen Ebene nicht finden, und so die Umwelt in Bedeutsames und Relevantes strukturiert. So wird es auch möglich, dass die Dinge und Lebewesen *sich uns zeigen,* also in Farben, Klängen und Düften über sich hinaus und mit uns in Beziehung treten. Insofern sind die Sinnesqualitäten Resultate der Beziehung eines Lebewesens zu seiner Umwelt; doch diese Beziehung hat einen welterschließenden und insofern durchaus objektiven Charakter. Selbst die sogenannten primären Qualitäten der Physik werden uns nur über die sekundären überhaupt zugänglich.

Ist der Baum also tatsächlich grün? Das kommt darauf an, ob wir ihn als Teil unserer gemeinsamen Lebenswelt betrachten – dann können wir uns jederzeit auf seine Farbe einigen, sie ist also nicht etwa »nur subjektiv« – oder aber in eine physikalische Konstruktwelt hinabsteigen, in der sich von den lebensweltlichen Qualitäten voraussetzungsgemäß nichts mehr findet. Weder ist die Farbe eine objektive Eigenschaft der materiellen Welt (»naiver« Realismus), noch ist sie bloßes Produkt einer Innenwelt (Konstruktivismus). Farben und andere Sinnesqualitäten sind Ausdruck einer *Komplementarität* von Lebewesen und Umwelt. Sie entstehen im Zusammenwirken von Wahrnehmungsvermögen und Objekteigenschaften. So lässt sich zeigen, dass die Ausbildung von Farbmustern bei Blütenpflanzen sich in ständiger Interaktion mit der Ausbildung des Farbsehens bei Insekten vollzog. Die Eigenschaft und ihre Wahrnehmung entstanden in verschiedenen Arten koevolutiv, im Rahmen eines übergreifenden ökologischen Systems (Ehrlich u. Raven 1964).

In ähnlicher Weise gilt für das Leben insgesamt: Mit seiner Entwicklung veränderte sich auch die Welt; es traten neue, systemische Beziehungen und entsprechende relationale Eigenschaften auf. Lebewesen erzeugen qualitative aus quantitativen Unterschieden, und damit verwandeln sie die Welt, denn die spezifische Beziehung von Farbeigenschaft und Farbwahrnehmung gehört nun als solche zu ihren objektiven Merkmalen. Diese verwandelte Welt ist unsere Lebenswelt. Wir alle, sofern wir nicht blind sind, sehen Farben und können unsere Wahrnehmung mit der Wahrnehmung anderer abgleichen. Wir kleiden uns in bestimmten Farbtönen, um anderen Menschen zu gefallen, und Maler gestalten mit Farben die Leinwand, um damit bestimmte Wirkungen in uns hervorzurufen. Unsere Welt enthält daher Farben und andere Qualitäten ebenso notwendig wie sie Früchte, Bäume, Tiere und Menschen enthält – wir können nicht das eine bestreiten und das andere bestehen lassen.

1.5 Zusammenfassung

Wir sind von der neurokonstruktivistischen These ausgegangen, der ontologische Status der erfahrenen Wirklichkeit sei der eines subjektiven Bildes oder eines virtuellen Modells, das vom Gehirn konstruiert wird. Hinter dieser These steht eine im Grunde immer noch dualistische Aufteilung der Welt in eine körper- und weltlose Subjektivität einerseits und eine physikalistisch reduzierte, materielle Welt andererseits. Subjektivität wird – im neuen Gewand des Konstruktivismus – nach wie vor idealistisch gedacht, zugleich aber als Konstrukt auf rein materielle Prozesse zurückgeführt.

In der Kritik habe ich gezeigt, dass Wahrnehmung nicht als interne Abbildung zu begreifen ist, sondern vielmehr als *Beziehung eines verkörperten Subjekts zu seiner Umwelt*. Im Wahrnehmen sind wir nicht in den Schädel eingeschlossen, um Bilder von der Außenwelt zu empfangen, sondern wir interagieren und *ko-existieren* mit den Dingen und Menschen in einem gemeinsamen Raum. Wahrnehmung beruht dann auf zwei Formen von Interaktion:

(1) Nach dem Ansatz des *Enaktivismus* (Varela et al. 1991, Thompson 2007, Di Paolo 2009, Stewart et al. 2010) nehmen Lebewesen generell nicht passiv Informationen aus ihrer Umwelt auf. Vielmehr bringen sie ihre Welt durch einen Prozess aktiver Bedeutungsgebung (*sense-making*) mit hervor: Indem sie die Umgebung nach relevanten Signalen durchsuchen und explorieren – ihren Kopf und ihre Augen bewegen, eine Oberfläche abtasten, auf ein Ziel zugehen, eine Frucht ergreifen, usw. –, verleihen sie den Dingen Gestalt und Bedeutung. Mit anderen Worten, durch fortlaufende sensomotorische Interaktionen konstituieren sie selbst ihre erfahrene Welt oder *Umwelt* (von Uexküll 1920).

(2) Menschen sind durch ihre sozialen Interaktionen und Beziehung mit anderen zusätzlich in der Lage, ihre primäre Eigenperspektive zu überschreiten und Zugang zu einer gemeinsamen, objektiven Realität zu gewinnen. Von früher Kindheit an resultieren Erfahrungen der geteilten Aufmerksamkeit (*joint attention*), des Zeigens auf Objekte und der kooperativen Praxis in einer *gemeinsamen Bedeutungsgebung* (*participatory sense-making*, De Jaegher u. Di Paolo 2007). So konstituiert sich eine gemeinsame Realität, die unsere Beziehung zur Welt prägt, auch wenn andere nicht anwesend sind. Daher nehmen wir ein gegebenes Objekt so wahr, dass es seine momentane Erscheinung übersteigt: Es könnte ja auch von anderen gesehen werden. Die Dinge sind nicht nur »für mich« da. Objektivität bedeutet also, dass die Dinge als intersubjektiv zugänglich erfahren werden, in der Ko-Präsenz anderer möglicher Subjekte. Die menschliche Realität ist immer ko-konstituiert, gemeinsam hervorgebracht.

Die menschliche Wahrnehmung ist daher alles andere als eine Parade von Bildern in einem entkörperten, weltlosen und vereinzelten Geist. Sie ist eine Aktivität, die die Grenzen des Körpers und die Zentralität der Eigenperspektive auf zwei Ebenen überschreitet:

(1) Auf der ersten Ebene enthält die *sensomotorische Interaktion* des Körpers mit der Umgebung einen ständigen Wechsel der Perspektive, der die momentane Beziehung von Organismus und Umwelt relativiert: Jede Wahrnehmung ist angereichert durch eine Geschichte früherer Erfahrungen und einen Horizont möglicher weiterer Interaktionen mit dem Gegenstand.

(2) Auf der zweiten Ebene beinhaltet die soziale Interaktion mit anderen einen gemeinsamen Bezug zu den Dingen ebenso wie einen Kontrast und Abgleich der Perspektiven, der eine rein subjektzentrierte Weltsicht

aufhebt. Die Fähigkeit, die eigenen Wahrnehmungen mit anderen zu teilen, resultiert damit in einer *größeren Distanz* des Subjekts zum Wahrnehmungsgegenstand, d. h. in einer Objektivierung. Sie erzeugt eigentlich erst *Gegenstände,* die auch in Unabhängigkeit von unserer Wahrnehmung bestehen.

Somit leben wir in einer Welt realer Dinge, weil wir durch unser sensomotorisches Engagement an ihrer Konstitution beteiligt sind. Und wir leben in einer gemeinsamen objektiven Realität, weil wir sie durch unsere gemeinsamen Handlungen und Bedeutungsgebungen ko-konstituieren.

Die Nagelprobe jeder Erkenntnistheorie ist letztlich das intersubjektive Verhältnis: Wo es um einen anderen Menschen geht, können wir uns nicht auf einen radikal-konstruktivistischen Standpunkt zurückziehen. Denn damit würden wir nicht nur die Gegenwart des anderen zu einer virtuellen erklären, sondern auch die notwendige *Begrenzung* aufheben, die er für unser eigenes Selbstsein darstellt. Der andere ist für mich wirklich – und dadurch gewinne ich selbst erst Wirklichkeit: Ich kann kein solipsistisches oder Konstruktwesen mehr sein. Zugleich ist es die mit anderen *konsensuell* erfasste Wirklichkeit, die mir die Realität meiner Wahrnehmungen verbürgt und meinen subjektiven leiblichen Raum in einen objektiven einbettet – in den gemeinsamen Raum »offener Intersubjektivität« (Husserl 1973).

Unter dieser Voraussetzung konnten wir der Wahrnehmung auch ihre Objektivität zurückerstatten, ohne damit in einen »naiven Realismus« zurückzufallen. Denn wir haben ja gesehen, dass es gerade die gestaltbildenden und intentionalen Eigenschaften der Wahrnehmung sind, die uns die Dinge als solche erkennen lassen. Der Physikalismus mit seiner äußerst reduzierten Datenbasis eliminiert alle qualitativen und gestaltförmigen Wahrnehmungen aus der Definition des Realen. Ihm ist der Primat der Lebenswelt entgegenzuhalten: Nur in ihr zeigen sich uns die Dinge und Wesen als sie selbst. Die Wahrnehmung präsentiert uns also durchaus mehr, als die bloßen Reizkonfigurationen im Wahrnehmungsfeld enthalten. Doch präsentiert sie damit keine Konstrukte, sondern die tatsächliche Welt – freilich nicht als »Welt an sich«, sondern *als die Welt in der Beziehung zu uns,* den Wahrnehmenden.

Man mag fragen, warum diese Auseinandersetzung eigentlich so wichtig ist. Wäre es denn weiter schlimm, wenn wir die subjektive Wirklichkeit als Konstrukt des Gehirns auffassen – solange wir doch praktisch ohnehin in ihr leben und im Alltag weiterhin selbstverständlich von der Adäquatheit unserer Wahrnehmung ausgehen? – Die Antwort lautet: Was wir zum Schein erklären, das betrachten wir nach und nach auch nicht mehr als relevant und wirksam. Es erhält eine nachgeordnete, abkünftige Existenz und wird in seiner Bedeutung entwertet. Mehr noch: Wir unterminieren damit unmerklich unser eigenes Urteil und Vertrauen in die Welt. Schließlich sind wir aus konstruktivistischer Sicht in einer platonischen Höhle gefangen und betrachten darin die Schatten an der Wand, während die wirkliche Welt irgendwo »draußen«, jenseits unserer Erfahrung liegt. Wir alle leben im Irrtum und bedürfen der Autorität wissenschaftlicher Experten, die uns über die eigentliche Realität aufklären. Ja es ist, als ob wir etwas herablassend zurechtgewiesen würden, weil wir in unserer Naivität die Dinge nicht so sehen, wie sie wirklich sind. Wenn wir also die von uns erlebte Wirklichkeit zu einem virtuellen Konstrukt erklären, dann berauben wir uns damit der Grundlage unserer Autonomie und unseres Selbstvertrauens. Letztlich ist die Frage danach, was »wirklich wirklich ist« – physikalische Materie statt lebendiger Körper, Gehirne statt Personen, neuronale Algorithmen statt bewusster Erfahrung – eine ethische Frage.

Greifen wir abschließend noch einmal das im Prolog erwähnte Gedankenexperiment einer Operation am offenen Gehirn auf. Auch Roth thematisiert dieses Experiment, nämlich um ein »wirkliches« (erlebtes, virtuelles) und ein »reales« (eigentliches) Gehirn zu unterscheiden. Wenn ich nämlich, während der Operation bei Bewusstsein, mein eigenes Gehirn mittels eines Spiegels beobachten könnte, entstünde nach Roth das Paradox, »dass dieses Gehirn, das ich betrachte und als meines identifiziere, *nicht* dasjenige Gehirn sein kann, welches mein Wahrnehmungsbild von diesem Gehirn hervorbringt« (Roth 1994, 292). Das mache die Annahme eines Gehirns *jenseits meiner Welt* erforderlich, eines »realen« Gehirns oder Gehirns-an-sich, das meine Wahrnehmung der ganzen Szene erzeugt. Doch wo wäre dann dieses reale Gehirn zu finden?

An dieser Argumentation lässt sich noch einmal zeigen, dass der Illusionsthese eine inadäquate Erkenntnistheorie zugrunde liegt. Zur Verdeutlichung will ich das Szenario auf eine etwas phantastische Spitze treiben und mir vorstellen, ein künftiger Neurochirurg wäre in der Lage, mein Gehirn nach einer kunstfertigen Verlängerung aller Gefäß- und Nervenverbindungen aus dem Schädel zu entfernen und in voller Funktion vor mich auf den Operationstisch zu legen. Würde ich nun in diesem Organ mein Denken oder »meine Welt« vor mir sehen, sodass das Rönnesche Paradox entstünde? Nein, meine Welt bliebe die gleiche, sie wäre nicht auf das kleine grauweiße Organ vor mir zusammengeschrumpft, das ja ohne die erhaltene Verbindung zu meinen Augen, Ohren, Händen und Füßen selbst keinerlei Zugang zur Welt hätte. Und auch das Zentrum meiner Welt – »ich selbst« – wäre nicht etwa in das Gehirn gewandert: Nach wie vor würde ich mich in meinem Körper erleben, mich mit meinen Gliedern bewegen und durch meine Augen mein Gehirn betrachten.

Doch wenn nun diesem Gehirn vor mir eine Verletzung drohte – eine zugegebenermaßen etwas horrible Wendung des Gedankenexperiments – würde es mich dann etwa überzeugen, wenn der Neurochirurg mir beruhigend versicherte, alles was ich sähe, sei ja nur ein virtuelles Konstrukt, und mein tatsächliches, reales Gehirn tauche in meiner Welt gar nicht auf? Wohl kaum – ich würde vielmehr meiner Wahrnehmung trauen und mein Gehirn mit allen Mitteln zu schützen versuchen. Sollte ich zuvor noch einen konstruktivistischen Zweifel an der Realität meiner Wahrnehmungen gehegt haben, so wäre er spätestens damit rasch und wirksam beseitigt. Und das völlig zu Recht: Denn ich sähe nicht nur ein »Wahrnehmungsbild«, ein »Repräsentat« oder eine »Simulation« vor mir, sondern tatsächlich mein *reales* Gehirn und damit das höchst verletzliche Hauptorgan meines bewussten Erlebens. Ein zweites, »eigentliches« Gehirn jenseits meiner Welt, von dem mir der Neurochirurg etwas vorfabulieren mag, gibt es nicht. Denn würde er selbst mein Gehirn untersuchen, so wäre es kein anderes als das, welches ich auch vor mir sehe.

Wäre mein Erleben also in dem grauen Organ vor mir zu lokalisieren? Nein – das Gehirn ist nur, in Verbindung mit meinem ganzen Organismus, eine zentrale und unabdingbare Voraussetzung dafür. *Lokalisieren* lässt sich jedoch mein Erleben überhaupt nicht, denn es ist nichts anderes als meine Beziehung zur Welt. Das Gedankenexperiment gibt uns noch einmal die Möglichkeit, den subjektiven Idealismus bzw. Neurokonstruktivismus zurückzuweisen, der Wahrnehmung in ein virtuelles Bewusstseinsgehäuse im Schädel verbannt, statt sie als *Beziehung des Wahrnehmenden zur Wirklichkeit* zu begreifen. Das subjektive Erleben ist kein »Bild«, kein »Repräsentat«, »Modell«, »Konstrukt« oder wie immer solche idealistischen Begriffe lauten. Aus dem gleichen Grund ist es auch kein Ding oder Vorgang, der sich irgendwo im materiellen Körper auffinden ließe. So gerne der Neurowissenschaftler seiner habhaft werden würde – es ist, als wollte er das Sonnenlicht mit dem Schöpfeimer sammeln.

2 Das Gehirn als Erbe des Subjekts?

Übersicht. – Kapitel 2 kritisiert die These, wonach Subjektivität als ein Konstrukt neuronaler Prozesse zu beschreiben und daher die Erfahrung eines eigenständigen, wirkungsmächtigen Selbst als Illusion anzusehen sei. Zunächst wird gezeigt, dass sich die Subjektivität von Erlebnistatsachen nicht vollständig auf physikalische Beschreibungen von Hirnprozessen reduzieren lässt. Ebenso wird die Zurückführung von Intentionalität auf Repräsentationsverhältnisse als Überdehnung des Repräsentationsbegriffs zurückgewiesen (▶ Kap. 2.1). Die Identifikation des Subjekts mit dem Gehirn führt darüber hinaus zu Kategorienfehlern, die als »mereologischer« und »lokalisatorischer Fehlschluss« untersucht werden (▶ Kap. 2.2). Im dritten Schritt erfolgt eine Kritik der These von der Ohnmacht des Subjekts (▶ Kap. 2.3). Die Zusammenfassung schließlich analysiert den grundlegenden »naturalistischen Fehlschluss« einer objektivierenden Erforschung des Bewusstseins, die sich ihrer eigenen Verankerung in der Lebenswelt entheben zu können glaubt (▶ Kap. 2.4).

Ebenso wie die erlebte Welt, so wird auch das erlebende und handelnde Subjekt in reduktionistischer Sicht zu einem Erzeugnis von Gehirnprozessen. Gilt die physikalische Welt als die eigentliche Realität, dann kann dem Subjekt freilich nur ein illusionärer Status zukommen. Ein Chorgesang materialistischer Neurophilosophen verkündet, unsere Erfahrung sei nur die bunte »Benutzeroberfläche eines Neuro-Computers und somit eine *user illusion*« (Slaby 2011), die auch noch die Illusion des Benutzers selbst erzeugt.[37] Real seien allein die neuronalen Rechenprozesse im Hintergrund.

> »Unsere Gedanken und Träume, Erinnerungen und Erfahrungen stammen alle aus diesem sonderbaren Hirnmaterial. Wer wir sind, ergibt sich aus den komplizierten Mustern seiner elektrochemischen Impulse« (Eagleman 2015, 5; eig. Übers.).
>
> »So sieht sich die Neurobiologie des Bewusstseins zumindest zwei Problemen gegenüber: der Frage, wie der Film-im-Gehirn erzeugt wird, und der Frage, wie das Gehirn das Gefühl erzeugt, dass es einen Eigentümer und Beobachter dieses Films gibt (...) Tatsächlich läuft die zweite Frage darauf hinaus, wie das *Auftreten* eines Eigentümers und Beobachters des Films *innerhalb des Films* bewerkstelligt wird« (Damasio 2000, 23).

---

37 Daniel Dennett hat als erster behauptet, Bewusstsein sei nur »die Benutzerillusion des Gehirns von sich selbst« (Dennett 1991).

2 Das Gehirn als Erbe des Subjekts?

Die komplexe, ja paradoxe Struktur des menschlichen Selbstbewusstseins, die philosophisch nur äußerst schwierig zu fassen ist, wird hier kurzerhand der neurokonstruktivistischen Generalthese subsumiert: Das Gehirn ist nicht nur ein Welt-Simulator, sondern auch ein Selbst-Simulator, und wir sind nur Traumsubjekte in einem Traum. In der »Selbstmodell«-Theorie Metzingers wird das Subjekt konsequent nach dem Vorbild eines Piloten konzipiert, der im Flugsimulator die Wirklichkeit zu erleben glaubt, tatsächlich aber selbst nur eine Simulation ist:

> »Das menschliche Gehirn lässt sich in mehrfacher Hinsicht mit einem modernen Flugsimulator vergleichen. Genau wie ein Flugsimulator konstruiert und aktualisiert es fortlaufend ein inneres Modell der äußeren Wirklichkeit [...] Es gibt jedoch einen Unterschied [... nämlich] dass es in ihm keinen Benutzer gibt. Das Gehirn ist wie ein *totaler Flugsimulator,* ein selbstmodellierendes Flugzeug, das nicht durch einen Piloten gesteuert wird, sondern in seinem eigenen inneren Flugsimulator ein komplexes internes Bild von sich selbst generiert hat. [...] Weil das System unter den Bedingungen eines naiv-realistischen Selbstmissverständnisses operiert, interpretiert es das Steuerelement in diesem Bild als einen nichtphysikalischen Gegenstand [...] Der ›Pilot‹ wird in eine virtuelle Realität hineingeboren, und zwar ohne jede Möglichkeit, diese Tatsache zu entdecken« (Metzinger 2009, 160).

Natürlich unterstellt dieser Vergleich das cartesianische Bild eines Piloten, der das Körperflugzeug steuert – nur um dieses Bild dann als naive oder dualistische Selbsttäuschung zu entlarven. Doch kein ernstzunehmender Philosoph behauptet heute, das Subjekt oder Selbst sei ein »nichtphysikalischer Gegenstand«, ein »Ding« oder eine Entität, die von der Person als ganzer zu trennen wäre. Und um fair zu bleiben, selbst Descartes erklärte ausdrücklich, dass »ich meinem Körper nicht nur wie ein Schiffer seinem Fahrzeug gegenwärtig bin, sondern dass ich ganz eng mit ihm verbunden und gleichsam vermischt bin« (Descartes 1959, 145). Nur unter der Annahme, »das Ego« oder »das Selbst« stecke als Pilot oder Homunculus irgendwo im Körper, wäre es gerechtfertigt, von einem Selbstmissverständnis zu sprechen. Doch warum sollte es ein Irrtum oder eine Illusion sein, wenn das »Flugzeug«, oder besser gesagt, das Lebewesen oder die verkörperte Person als ganze einfach *ihrer selbst bewusst* wäre? Darin läge nichts Selbstwidersprüchliches oder Illusionäres, kein »Mythos des Selbst«, den Metzinger erklärtermaßen »zu zertrümmern« angetreten ist (2009, 13). Wenn er daher im Gestus des Rebellen verkündet:

> »Nach allem, was wir gegenwärtig wissen, gibt es kein Ding, keine einzelne unteilbare Entität, die *wir selbst* sind, weder im Gehirn noch in irgendeiner metaphysischen Sphäre jenseits dieser Welt« (ebd.),

dann lautet die einfache Replik, dass Metzinger das »wir« am falschen Ort sucht. Die unteilbare Entität, die wir selbst sind, ist in der Tat weder im Gehirn noch im Jenseits zu finden, denn es ist, recht gut sichtbar, nichts anderes als der Leib – ein lebendiger und seiner selbst bewusster Organismus. *Es gibt uns nicht ein zweites Mal in unserem Inneren.* Der »Mythos des Selbst« ist nichts anderes als das: ein Mythos. Wie viele Neurowissenschaftler und Neurophilosophen zieht Metzinger es aber vor, gegen das »Gespenst in der Maschine« zu kämpfen (Ryle 1949), denn das verleiht seiner These von der »großen Illusion« mehr Schlagkraft:

> »Wir sind Ego-Maschinen, aber wir haben keine Selbste. [...] Wir können den Ego-Tunnel nicht verlassen, weil es niemanden gibt, der ihn verlassen könnte. [...] Letztlich ist subjektives Erleben ein biologisches Datenformat, also eine hochgradig spezifische Weise, Informationen über die Welt darzustellen, eine innere Weise des Gegebenseins, und das Ego ist lediglich ein komplexes physikalisches Ereignis – ein Aktivierungsmuster in unserem zentralen Nervensystem« (Metzinger 2009, 289 f.).

Natürlich erhebt sich sofort die Frage, wie Thomas Metzinger selbst, gleich dem auserwählten Neo in der *Matrix,* zu erkennen vermochte, in einem Ego-Tunnel zu leben, wenn es doch »niemanden gibt, der ihn verlassen könnte«. Ein Träumer, der seines Traumes bewusst wird, kann nicht mehr *nur noch ein Traum* sein (dies war bereits Descartes' Bastion gegen einen angenommenen »Genius malignus«, der ihn über *alles* täuschen könnte – ausgenommen darüber, dass es jemanden geben müsse, der zweifelte). Doch wie dem auch sei, kehren wir zur Frage nach dem Selbst zurück: Sicher, wir mögen kein Selbst »haben«, aber warum sollten wir nicht *wir selbst sein* – nur weil unsere Selbsterfahrung als Lebewesen als eine notwendige Bedingung auch die integrierende Aktivität des Gehirns erfordert? Im weiteren Verlauf räumt auch Metzinger ein, man könne den Organismus – immerhin ein sich selbst organisierendes und selbsterhaltendes System – auch als ein »Selbst« bezeichnen. Dann wäre dieses Selbst »kein Ding, sondern ein Vorgang«:

> »Solange der Lebensprozess als solcher – der anhaltende Vorgang der Selbststabilisierung und Selbsterhaltung – sich in einem bewussten Ego-Tunnel widerspiegelt, wären wir in der Tat Selbste. Oder besser gesagt, wir wären ›selbstende‹ Organismen: Genau in dem Moment, in dem wir morgens aufwachen, [... beginnt] eine neue Kette bewusster Ereignisse [...], und auf einer höheren Stufe der Komplexität kommt der Lebensvorgang ein weiteres Mal *zu sich selbst*« (Metzinger 1999, 290).

Vom Standpunkt einer verkörperten Subjektivität aus, wie ich ihn in diesem Buch entwickeln werde, erscheint das als eine recht annehmbare Position – vorausgesetzt, wir ersetzen das plakative Wort »Ego-Tunnel« durch den angemesseneren Begriff der »Selbsterfahrung«. Wie ich später argumentieren werde, besteht durchaus eine Kontinuität zwischen *Leben* und *Erleben.* In der Selbsterfahrung kommt der Lebensprozess des Organismus in der Tat *zu sich selbst,* denn er ist immer schon ein »sich selbst organisierender« Prozess. Doch Metzinger scheint mit dieser Option nicht glücklich zu sein, hat er doch bereits in seiner Einleitung festgelegt:

> »In Wirklichkeit aber existiert so etwas wie ›das Selbst‹ nicht. Ein biologischer Organismus als solcher ist kein Selbst« (l.c., 23).

Daher beeilt er sich nun zu versichern:

> »Es ist wahr, dass beim Aufwachen aus dem traumlosen Tiefschlaf das bewusst erlebte Ichgefühl immer wieder von neuem entsteht. [...] Aber es gibt niemanden, der das Aufwachen einleitet oder steuert, niemanden hinter den Kulissen, der einen Knopf drückt und das System von neuem bootet, keinen transzendentalen Techniker der Subjektivität. [...] Streng genommen gibt es in uns keine Essenz, die über die Zeit hinweg immer dieselbe bleibt, nichts, was man im Prinzip nicht in Teile zerlegen könnte, kein substanzielles Selbst, das unabhängig vom Körper existieren könnte. [...] Es scheint, als müssten wir der Tatsache ins Angesicht schauen: Wir sind *selbst-lose* Ego-Maschinen« (l.c., 291).

Wie leicht zu erkennen, muss Metzinger, um die unliebsame Option beiseite zu schieben, den cartesianischen Strohmann einmal mehr zum Leben erwecken: Der Leser soll glauben, dass man nur von einem Selbst sprechen könne, wenn es einen »transzendentalen Techniker« gibt, der den Lebensprozess steuert wie ein Benutzer seinen Computer. Und anstatt die Kontinuität des lebendigen Organismus als Kontinuität unseres Selbstseins anzusehen, soll es eine »Essenz in uns« geben, die über die Zeit hinweg dauert.[38] Aber diese unteilbare und entkörperte cartesianische Essenz existiert leider nicht (wir müssen der Tatsache ins Angesicht schauen ...), und Metzinger kann seine Illusionsthese bekräftigen.

Diese ersten Einwände gegen die reduktionistische These haben bereits zwei ihrer zentralen Schwachstellen aufgezeigt: die Unterstellung eines cartesianischen »Selbst«, das so niemand mehr vertritt, und das Fehlen eines Konzepts des Lebendigen. Doch sollen die Vorstellungen einer epiphänomenalen oder illusionären Subjektivität nun im Einzelnen kritisiert werden. Dazu zeige ich im ersten Schritt, dass sich Subjektivität und Intentionalität nicht vollständig auf physikalische Beschreibungen von Hirnprozessen reduzieren lassen. Der zweite Schritt untersucht die Fehlschlüsse und Aporien, in die eine Identifikation von Subjekt und Gehirn führt. Im dritten Schritt

---

38 Vergleiche hingegen zur Kontinuität des *verkörperten* Selbst meinen Aufsatz »Self across time: The diachronic unity of bodily existence« (Fuchs 2017a).

erfolgt eine Kritik der These von der Folgenlosigkeit oder Ohnmacht des Subjekts.

2.1 Erste Kritik: Die Irreduzibilität von Subjektivität

2.1.1 Phänomenales Bewusstsein

Der Begriff eines Selbstmodells impliziert, dass Subjektivität oder phänomenales Bewusstsein nur ein Abbild der neuronalen Prozesse darstelle, die es produzieren. Der eingängige Ausdruck »Modell« verdeckt jedoch das entscheidende Problem: Wie kann ein physikalisches System ein Bewusstsein von der Welt und von sich selbst hervorbringen? Schließlich verhält es sich mit Bewusstsein nicht anders als mit Farben: Ohne unsere bewusste Erfahrung hätte die Wissenschaft keinen Grund, seine Existenz auch nur zu vermuten. In einer rein physikalisch beschriebenen Welt taucht so etwas wie Bewusstsein einfach nicht auf. Anders als das Gehirn ist es kein Objekt in der Welt – es ist vielmehr die Gegenwart der Welt *für ein Subjekt.*

In seinem berühmt gewordenen Aufsatz »Wie ist es, eine Fledermaus zu sein?« hat Thomas Nagel die Resistenz des subjektiven Erlebens gegen seine vollständige Objektivierung verteidigt: Selbst wenn wir die Fähigkeiten und das Verhalten einer Fledermaus vollständig neurophysiologisch beschreiben könnten, wüssten wir doch nicht im Geringsten, was sie erlebt, wie sie z.B. Schmerz oder Ultraschall empfindet, wie es sich also »anfühlt, eine Fledermaus zu sein« (Nagel 1974). Es gibt daher, so Nagel, eine prinzipielle Erkenntnisgrenze für die Neurowissenschaften: Subjektive oder Erlebnistatsachen, die nur aus einer je einmaligen Perspektive zugänglich sind, lassen sich nicht restlos in objektive Tatsachen überführen, die von verschiedenen Individuen beobachtet werden können. Das Subjekt ist das Zentrum einer Welt, und solche Zentren sind in einer rein physikalischen Welt nicht vorzufinden.

Es ist üblich geworden, diesen Gegensatz mit den Begriffen der phänomenalen oder *1.-Person-Perspektive* und der naturalistischen, objektivierenden oder *3.-Person-Perspektive* auszudrücken. Die Herkunft des Perspektive-Begriffs aus dem Optischen darf allerdings nicht vergessen lassen, dass es bei der 1.-Person-Perspektive um mehr geht als einen bestimmten Blickwinkel, nämlich eben darum, »wie es ist«, »wie es sich anfühlt«, in einem bestimmten mentalen Zustand zu sein, also um ein »Zumutesein« oder ein *leiblich-affek-*

tives Selbsterleben.³⁹ Subjektivität in diesem grundlegenden Sinn meint nicht eine perspektivische, an ein bewusstes Ich-Erleben gebundene Sichtweise auf Inhalte oder Gegenstände. Noch vor aller Perspektive und Erkenntnis liegt eine Form unmittelbarer, präreflexiver Selbst-Gegenwart, ein affektiv getöntes Vertrautsein des Bewusstseins mit sich selbst, das sich mit Henry (1963) auch als »Selbstaffektion« bezeichnen lässt.⁴⁰

Diese Selbstaffektion lässt sich als Grundlage der *erstpersonalen Gegebenheit* jeder Erfahrung ansehen, die besonders Zahavi (1999, 2005) herausgearbeitet hat. Alle Wahrnehmungen, Vorstellungen oder Handlungen enthalten demnach ein stillschweigendes Selbstgewahrsein, ohne dass es dazu einer eigenen Introspektion bedarf; sie sind unmittelbar, ohne Reflexion als »meinhaft« gegeben:

> »Die erstpersonale Gegebenheit der Erfahrung manifestiert sich im Haben der Erfahrung selbst. Es ist eine Gegebenheit, die besteht, auch wenn wir ihrer nicht explizit bewusst sind [...] Ein bewusster mentaler Zustand ist nicht nur seines Gegenstands bewusst, sondern erschließt und offenbart zugleich sich selbst« (Zahavi 2017, 198; eig. Übers.).

Das elementare, spürende Selbstgewahrsein begründet damit die Existenz von *subjektiven* oder *Erlebnistatsachen* – etwa die Tatsache, dass *ich* Schmerzen empfinde, Hunger spüre, froh oder traurig bin. Es ist zugleich die Grundlage für alles existenziell Bedeutsame, für das, was mein persönliches Betroffensein ausmacht und meine Stellungnahme erfordert, die ich nicht durch die Einnahme eines allgemeingültigen bzw. wissenschaftlichen Standpunkts ersetzen kann.⁴¹ Lassen sich solche subjektiven Tatsachen auf objektive, z.B. neurobiologisch beschreibbare Tatsachen zurückführen? Lässt sich der Sachverhalt, dass ich gerade Schmerzen empfinde, ohne Verlust an Bedeu-

---

39 In der Literatur spricht man seit Nagel auch von der »What-is-it-likeness«. – Zur Frage der Naturalisierbarkeit von Subjektivität vgl. auch Frank 2007.
40 Hier berühren sich die Analysen des französischen Phänomenologen Michel Henry trotz ihres sehr unterschiedlichen Hintergrunds mit den Konzepten der »Heidelberger Schule«, also Dieter Henrichs (1970) und Manfred Franks (1991), die von einer präreflexiven Selbstvertrautheit des Subjekts als Basis aller reflexiven Selbsterkenntnis ausgehen. »Vertrautheit« enthält ja ein affektives Moment, was allerdings von Henrich und Frank nicht eigens thematisiert wird. Vgl. zu phänomenologischen Konzepten des präreflexiven Selbstgewahrseins im Überblick auch Thompson u. Zahavi 2007.
41 »Wir fühlen, dass selbst, wenn alle *möglichen* wissenschaftlichen Fragen beantwortet sind, unsere Lebensprobleme noch gar nicht berührt sind« – so Wittgenstein im Tractatus logico-philosophicus (6.52; Wittgenstein 1963, 114 f.).

tungsgehalt auch als ein bestimmtes neuronales Aktivitätsmuster in meinem Gehirn beschreiben? Nein, denn schon die vermeintlich unproblematische Umformulierung »Thomas Fuchs hat jetzt Schmerzen« bringt die Tatsache, dass es *mein* Schmerz ist, und dass *ich* selbst es bin, der unter ihm leidet, nicht mehr zum Ausdruck.[42] Selbst wenn diese Aussage aus der 3.-Person-Perspektive in allen Fällen zuverlässig zuträfe (etwa auf der Grundlage gleichzeitiger Beobachtung meiner Gehirnvorgänge), es fehlt ihr das entscheidende Merkmal der Subjektivität, nämlich dass *ich selbst* eben jener T. F. bin, von dem diese Aussage gemacht wird. Erst recht gälte dies für eine exakte Beschreibung der physikalischen Prozesse im Gehirn von T. F. – nirgends wäre darin die Meinhaftigkeit des Schmerzes wiederzufinden. Zwischen beiden Aussageweisen liegt ein ontologischer Sprung: Die Wirklichkeit meines Schmerzes ist *von grundsätzlich anderer Art* als die Wirklichkeit objektiver physiologischer Tatsachen.

Tatsachen der Selbsterfahrung lassen sich somit nicht ohne entscheidenden Verlust in objektive Tatsachen überführen, und zwar nicht so sehr wegen ihrer besonderen Qualitäten[43], sondern vor allem wegen ihrer Subjektivität selbst: Sie begründet eine *absolute epistemische Asymmetrie von Tatsachen.* Die naturwissenschaftliche Reduktion basiert, wie bereits dargestellt (▶ Kap. Einleitung), auf der Abstreifung von Subjektivität aus den Erlebnistatsachen und der Zurückführung des Restbestandes auf physikalische Elementarprozesse. Sie wandelt das subjektiv Erlebte also in objektive Aussagen um, was zwar mit einem Verlust verbunden, aber für die Zwecke der Naturerklärung und Vorhersage zweckmäßig und erfolgreich ist. Die Reduktion scheitert jedoch an der Subjektivität als solcher. Selbst wenn sich sicher nachweisen ließe, dass subjektives Erleben jeweils von bestimmten Gehirnprozessen ursächlich hervorgebracht wird, bliebe die Erklärung in diesem Punkt unvollständig – die radikal neue ontologische Eigenschaft des Sub-

---

42 Dies hat Hermann Schmitz ausführlich gezeigt, dessen grundlegender Analyse subjektiver Tatsachen bzw. Sachverhalte ich hier folge: »Ein Sachverhalt ... ist *subjektiv,* wenn höchstens *einer,* und zwar nur im eigenen Namen, ihn aussagen kann, während die Anderen zwar mit eindeutiger Kennzeichnung darüber sprechen, aber nie und nimmer das Gemeinte aussagen können (Schmitz 1995, 6).

43 Das Problem der »Erklärungslücke« (Levine 1983) wird in der analytischen Philosophie des Geistes gewöhnlich mit den »Qualia« begründet: Selbst wenn wir sicher wären, dass Zustände des phänomenalen Bewusstseins identisch sind mit neuronalen Aktivitäten, hätten wir doch keine naturwissenschaftliche Erklärung dafür, dass solche Aktivitäten in der besonderen qualitativen Weise von Schmerz, Farbe, Trauer etc. erlebt werden. Das Qualia-Problem betrifft jedoch nur einen Teilaspekt von Subjektivität und stellt aus meiner Sicht nicht die entscheidende Erklärungslücke dar.

jektiven selbst könnte doch nur hingenommen, nicht weiter aus den physikalischen Prozessen erklärt werden.

Die prinzipielle Asymmetrie zwischen subjektiven und objektiven Tatsachen manifestiert sich auch in der performativen Funktion bestimmter Sprachhandlungen. Die Aussage »Ich verspreche dir, dich morgen zu besuchen« ist offenkundig nicht äquivalent mit der Aussage »Jemand verspricht dir, dich morgen zu besuchen, und derjenige, der das verspricht, ist Otto Müller«. Der Akt des Versprechens als performative Selbstverpflichtung kann nur in der ersten Person ausgesagt werden; der Bericht über ein Versprechen eines Dritten, selbst wenn er völlig zutreffend ist, enthält diese Verpflichtung nicht.[44] Es zeigt sich, dass die Ich-Aussage eines Sprechers nicht ohne semantischen Verlust in den Bericht über eine 3. Person überführbar ist. Denn die Tatsache, dass es bei dem Versprechen um *mich*, um mein affektiv getöntes Erleben von Selbstkongruenz und Selbstverpflichtung geht, das ich in die Waagschale werfe, ist aus der objektivierenden Beschreibung eliminiert. Die performative Wirkung einer Sprachhandlung zeichnet also in bestimmten Fällen ein Subjekt als irreduzibles Zentrum von selbstbezogenen Bedeutungen und von affektivem Betroffensein aus. Mit anderen Worten: Aus der absoluten epistemischen Asymmetrie von *Tatsachen* resultiert auch eine absolute performative Asymmetrie von *Handlungen*.

2.1.2 Intentionalität

Während meine Argumentation zunächst dem subjektiven Erleben galt, wie es sich in Zuständen von Schmerz, Hunger, Heiterkeit o. Ä. manifestiert, gingen die letzten Überlegungen darüber hinaus. Subjektivität ist nicht bloß zuständlich, sondern darüber hinaus wesentlich auf das hin orientiert, was sie selbst nicht ist: Sie ist offen zur Welt, bezogen auf Gegenstände, gerichtet auf Inhalte und Bedeutungen. Erlebniszustände, die solcherart auf etwas gerichtet sind, also Wahrnehmungen, Gedanken, Wünsche, Vorstellungen oder Erinnerungen, besitzen das Merkmal der *Intentionalität*. Das heißt, sie haben einen intrinsischen Gehalt, auf den sie sich beziehen und der sich mit einem dass-Satz ausdrücken lässt (z.B. versprechen, »dass ich morgen komme«; glauben, »dass Monika sich irrt«; wünschen, »dass der Regen aufhört« etc.). Mit anderen Worten: Intentionalität eröffnet dem Subjekt die Dimension von *Sinn und Bedeutung*.

---

44 Vgl. hierzu auch Ricoeurs Analyse performativer Sprechakte (Ricoeur 1996, 57 f.).

Es ist offensichtlich, dass die Intentionalität des Bewusstseins für eine physikalistische Reduktion ein ernstes Problem darstellt – noch ernster als seine Subjektivität. Denn Erlebnisse mit fehlenden oder schwachen intentionalen Gehalten wie Schmerzen oder Stimmungen ließen sich notfalls noch als »mentale Zustände« objektivieren und so mit neuronalen Prozessen gleichsetzen. Intentionale Akte jedoch lassen sich als bloß mentale Zustände gar nicht mehr adäquat definieren, denn zu ihrer Definition gehört das, was in ihnen gemeint oder beabsichtigt ist. Der mentale Zustand der Absicht, sich ein Buch zu kaufen, besteht nicht unabhängig von der Vorstellung des Buches, dem Weg zur Buchhandlung, dem Wissen um den Kaufvorgang usw. Er setzt die Einbettung in einen situativen und sinnvollen Kontext voraus. Eine objekt- und kontextunabhängige Definition intentionaler Akte wäre aber die Voraussetzung für ihre Beschreibung als Zustände des Gehirns.[45] Physikalische Prozesse wie die Aktivierungen von Neuronen können als solche nicht auf einen Kontext gerichtet sein; und die Abbildung von Hirnaktivitäten während intentionaler Akte kann deren Sinnrichtung prinzipiell nicht erfassen.

2.1.2.1 Intentionalität und phänomenales Bewusstsein

Gleichwohl wird in der analytischen Philosophie des Geistes die Naturalisierung von Intentionalität in zwei Schritten versucht: Zunächst müssen die phänomenalen Eigenschaften von Bewusstsein und Subjektivität als sogenannte »Qualia« von den intentionalen Eigenschaften abgetrennt werden. Intentionale Bedeutungen, so argumentiert etwa Chalmers (1996), ließen sich sodann durchaus in einer funktionalistischen Theorie abbilden, die sie als neuronale Repräsentationen erklären könnte. Bestimmte neuronale Systemzustände sind durch die Vorgeschichte des Gehirns funktionell mit bestimmten Konfigurationen der Umwelt verknüpft. Daher erzeugen sie zu einem bestimmten »Input« den jeweils passenden »Output« und machen die Intentionalität des Bewusstseins entbehrlich. Somit bliebe als »*hard problem of consciousness*« für die Kognitions- und Neurowissenschaften nur das Qualia-

---

45 Auch Searle argumentiert, dass »... semantischer Gehalt – d.h. Bedeutung – nicht gänzlich in unseren Köpfen sein kann, weil die Beziehung von Sprache zur Wirklichkeit nicht gänzlich dadurch bestimmt werden kann, was in unseren Köpfen ist. [...] Wenn die Bedeutung des Satzes ›Wasser ist nass‹ nicht [allein] dadurch erklärt werden kann, was im Kopf von Sprechern des Deutschen ist, dann kann auch die Überzeugung, dass Wasser nass ist, nicht bloß davon abhängen, was in ihren Köpfen ist« (Searle 1993, 67).

Problem übrig – das sich dann freilich als für den Lauf der Welt letztlich irrelevant vernachlässigen ließe.

Dass es beim Problem der Subjektivität freilich um mehr geht als um bestimmte Einzelqualitäten wie »rot« oder »warm«, nämlich um das subjektive Erleben als solches, wurde bereits gezeigt. Lässt sich nun die Intentionalität von der Subjektivität abtrennen? Ist das *Erleben* von Bedeutungen eine im Prinzip verzichtbare Zugabe? – Die behauptete Trennbarkeit von Subjektivität und Bedeutung setzt bereits eine reduktionistische Umdefinition voraus: »Bedeutung« bestünde dann nur noch in der zweistelligen Zuordnung von Zeichen und Bezeichnetem, Repräsentant und Repräsentandum, und diese Zuordnung wäre rein funktional realisiert durch die regelhafte Verknüpfung von Input und geeignetem Output des Gehirns. Dass Bedeutungen aber nur *für jemanden* existieren, hat Galen Strawson betont: »Bedeutung hat immer damit zu tun, dass etwas *für* jemanden etwas bedeutet. Aus diesem Grund bedeutet in einer Welt ohne Erleben nichts irgendetwas. Es gäbe keine mögliche Bedeutung, daher auch keine mögliche Intention und daher auch keine mögliche Intentionalität auf einem Planeten ohne Erleben« (Strawson 1994, 208 f.; eig. Übers.).

Intentionalität ist demnach eine dreistellige Relation: *Etwas* bedeutet *etwas* *für jemanden*. »Ich glaube, dass Monika kommt« setzt Monika in Beziehung zu einem Akt des Vermutens, der sich seinerseits nur von mir als bewusser Person aussagen lässt. Intentionale Akte und Einstellungen sind etwas, dessen Sinn erlebt wird, das also dem phänomenalen Bewusstsein zugehört. Etwas zu wünschen oder zu wollen, sich an etwas zu erinnern, etwas wiederzuerkennen, Worte zu verstehen – all dies besitzt eine bestimmte Qualität, »wie es ist«, diesen Zustand zu erfahren. Einen Apfel zu sehen ist anders als sich einen Apfel vorzustellen (Zahavi 2003). Es ist gebunden an eine jeweilige Weise des Erlebens und Selbsterlebens – nicht anders als das Erleben von Schmerzen, Hunger oder Heiterkeit. Intentionalität und Subjektivität lassen sich also nicht voneinander abtrennen.

2.1.2.2 Intentionalität und Repräsentation

Der entscheidende Begriff, der dennoch die Naturalisierung der Intentionalität leisten soll, ist der Begriff der *Repräsentation*. Betrachten wir dieses zentrale Konzept der kognitiven Neurowissenschaften bzw. der Neuroinformatik daher etwas näher.[46] – *Neuronale Repräsentationen* sollen einen externen

---

46 Hauptvertreter des Repräsentationalismus in der Philosophie des Geistes sind etwa Dretske (1995), Tye (1995), Beckermann (1995) und Metzinger (1999); der Begriff ist

Sachverhalt in einem neuronalen System so abbilden, dass sie diesen in den kognitiven Operationen des Systems vertreten (»bedeuten«) können. Alle Informationen über den Sachverhalt spiegeln sich in repräsentierenden neuronalen Aktivitätsmustern wider und können als solche weiterverarbeitet werden. Sie werden zumeist als Basis der »*mentalen Repräsentationen*« angesehen, also der »Bilder« im Bewusstsein. Erneute Abbildungen der neuronalen Repräsentationen auf höherer Ebene, also »Metarepräsentationen«, lägen dann reflexiven Prozessen zugrunde.[47] Damit wären die intentionalen Gehalte des Bewusstseins physisch realisiert und hätten auch Auswirkungen auf den »Output« des Systems, d.h. auf das Verhalten, ohne dass dafür noch die phänomenale Intentionalität eines Subjekts erforderlich wäre.

Searle hat gezeigt, dass hier in Wahrheit nur eine »Als-ob«-Intentionalität konstruiert wird (Searle 1993, 96f.). Denn ein Bedeutungszusammenhang lässt sich nicht auf funktionale, regelkonforme Abläufe zurückführen, ohne dass es jemanden gibt, der diesen Zusammenhang *versteht*. Zur Illustration entwickelte Searle das bekannt gewordene Gedankenexperiment des »Chinesischen Zimmers« (Searle 1980):

> Man stelle sich vor, dass jemand, der kein Wort Chinesisch versteht, in ein Zimmer eingeschlossen wird, in dem sich ein Programm mit sämtlichen Regeln zur Beantwortung von chinesischen Fragen befindet. Der Mann erhält nun von einem Chinesen chinesische Schriftsymbole in das Zimmer gereicht (»Input« ins System) und erarbeitet mithilfe des Programms völlig zutreffende Antworten, die er nach draußen gibt (»Output« des Systems) – freilich rein regelkonform und ohne das Geringste zu verstehen. Nehmen wir an, das Programm sei so gut und die Antworten seien so adäquat, dass selbst der Chinese draußen die Täuschung nicht bemerken würde. Dennoch könnte man weder von dem Mann im Zimmer noch von einem irgendeinem anderen Teil des Systems sagen: Er versteht Chinesisch. Der semantische Gehalt der Sprache enthält also mehr als ihre bloße Grammatik und Syntax.

Searles »chinesisches Zimmer« ist natürlich das Bild für eine informationsverarbeitende Maschine, in der ein Zentralprozessor nach den Regeln eines Programms arbeitet (»Wenn du Input X im Kontext Y erhältst, dann gib Output Z«). Die Maschine funktioniert als System völlig adäquat, und doch fehlt ihr das entscheidende Merkmal von Intentionalität, nämlich der semantische Gehalt, *die erlebte Bedeutung* oder das *Verständnis*. Folglich kann

---

aber nahezu in allen neurokognitiven Konzeptionen ebenso wie in Darstellungen empirischer Studien üblich.

47 Vgl. z.B. Singer 2002, 66f. Der von ihm häufig gebrachte Begriff der »Beschreibungen« durch ein neuronales System ist synonym mit »Repräsentationen«.

2 Das Gehirn als Erbe des Subjekts?

unser Verstehen nicht auf Programmabläufe oder Informationsverarbeitung im Gehirn reduziert werden.

Dies lässt sich auf alle technisch-kybernetischen Systeme übertragen: Ein Torpedo ist so programmiert, dass es ein bewegliches Ziel erfasst und verfolgt. Wir *können* das so ausdrücken, dass das Objekt in seinem Steuerungssystem »repräsentiert« ist. Diese Repräsentationsfunktion ergibt sich aber nur für uns, nämlich aus der Vorgeschichte unserer Konstruktion und Programmierung, die das Torpedo in einen regelhaften Zusammenhang mit einem Zielobjekt bringt.[48] Der vom Antrieb getrennte Steuerungsmechanismus erlaubt dem Torpedo Bewegungskorrekturen, durch die es schließlich das Ziel erreicht. Gleichwohl wäre es natürlich unsinnig zu sagen, dass das Torpedo »sein Ziel sucht«, also tatsächlich eine intentionale und zeitübergreifende Beziehung zu seinem Zielobjekt hat. Jede Korrektur dient ja nur der internen Sollwertregulierung des Mechanismus und geschieht rein momentan, ohne sich in irgendeiner Weise auf ein äußeres, zeitübergreifend verfolgtes Ziel zu beziehen. Für dieses Ziel selbst bleibt der Mechanismus blind und taub. Erreicht er es, ist das Programm einfach zu Ende – »erfüllt« ist sein Zweck jedoch nur aus unserer Sicht. Die »Repräsentation« externer Sachverhalte in einem System ist also völlig verschieden von der intentionalen Gerichtetheit auf diese Sachverhalte.

Der Begriff der Repräsentation soll diese erlebte Bedeutsamkeit ausklammern. Tatsächlich aber gilt: *Nur wir selbst* können die Repräsentation eines Sachverhaltes durch einen anderen überhaupt feststellen; sie besteht überhaupt nicht an sich. In der Regel werden Repräsentionszusammenhänge von uns erzeugt: Eine Landkarte, die wir herstellen, repräsentiert eine Landschaft, ein Porträt einen Menschen, ein Satz einen Sachverhalt. Repräsentationen lassen sich aber auch als Folge von natürlichen Kausalzusammenhängen feststellen – in diesem kausal-korrelativen Sinn »repräsentiert« der Rauch das Feuer, und die Ringe im Holzquerschnitt »repräsentieren« die Lebensjahre eines Baumes.[49] In beiden Fällen aber gibt es die Repräsentation

---

48 In diesem kausal-korrelativen Sinn definiert z.B. Spitzer den Begriff der Repräsentation: »Wenn ein bestimmtes Neuron immer genau dann feuert, wenn ein ganz bestimmter Input vorliegt, dann repräsentiert es diesen Input« (Spitzer 2002, 45). Freilich ließe sich dann mit gleichem Recht auch sagen: »Wenn eine Glocke immer genau dann ertönt, wenn sie vom Klöppel getroffen wird, dann repräsentiert sie diesen Klöppel.«

49 Sowohl Dretske (1995) als auch Tye (1995) geben die Jahresringe als Beispiel für Repräsentationsbeziehungen an, mit der Begründung, dass die Zahl der Ringe mit der Zahl der Jahre kausal verknüpft sei bzw. kausal kovariiere. Vgl. zur Kritik auch Bennett u. Hacker 2003, 142.

nur für uns, die den Bedeutungszusammenhang herstellen können, insofern wir selbst über Intentionalität verfügen. Denn nichts hindert uns, solche Repräsentationen nicht nur im Rauch oder in den Jahresringen zu sehen, sondern in allen Wirkungen, die auf bestimmte Ursachen zurückgehen: Die Wärme des Erdbodens in der Nacht »repräsentiert« die Sonneneinstrahlung bei Tag, Ebbe und Flut »repräsentieren« die Mondanziehung, usw. Das heißt aber: Gäbe es Repräsentationen »an sich«, in der subjektlosen Natur, so gäbe es sie überall und nirgends.

Jede Zeichenrelation ist notwendig dreistellig: Etwas stellt *für jemand* ein Zeichen *für etwas* dar.[50] Daher findet auch in einem Computer *an sich* nichts weiter statt als Übergänge von einem elektrischen Zustand zum anderen. Nur der Programmierer oder Benutzer kann diese Prozesse als »Symbol«manipulationen oder »Informations«verarbeitung interpretieren und ihnen damit *Bedeutung verleihen.* Kurz: In einer Welt ohne subjektives Erleben gibt es Zeichen ebenso wenig wie Symbole oder Informationen, Repräsentationen oder Metarepräsentationen, Bedeutung oder Sinn. Repräsentationen in einen rein objektiven Kausalzusammenhang von Naturprozessen ›hineinzusehen‹, ist insofern eine begrifflich nicht gedeckte, uneigentliche Redeweise, die den neuronalen Prozessen einen Anschein von Intentionalität verleihen soll.

Man kann nun zwar Repräsentation auch ohne ein Subjekt dreistellig definieren, wie etwa Metzinger dies tut:

> »(Mentale) Repräsentation ist ein Prozess, der *für ein System* die innere Beschreibung eines *Repräsentandums* durch die Erzeugung eines als Repräsentat fungierenden Zustands leistet.«[51]

Bestimmte neuronale Prozesse bilden also ein äußeres Objekt »für das neuronale System« oder »für das Gehirn« ab (und nicht nur »für den Neurowissenschaftler«, der diese Abbildungsrelation feststellt). Doch was heißt hier »für«? – Die Präposition »für« bezeichnet den Bezug auf einen Zweck (»*wofür* ist das gut?«) oder auf einen subjektiven Standpunkt (»*für* mich ist es wichtig, für dich nicht«). Beide Arten von Relation aber scheiden hier aus, denn ein subjektloses System als solches verfolgt weder Zwecke noch hat es einen Standpunkt – wie ein Torpedo durchläuft es nur Regulationen und

---

50 Die Definition des Zeichens von C. S. Peirce lautet dementsprechend: »Ein Zeichen (...) ist etwas, das *für jemanden* in einer gewissen Hinsicht oder Fähigkeit für etwas anderes steht« (Peirce 1897/1931–1935, Vol. 2, Paragraph 228; Hvhb. v. Vf.).

51 Metzinger 1999, 51. – Ähnlich Vogeley (2007): »Repräsentationen sind immer als ›Repräsentationen-für-ein-System‹ aufzufassen. Es wird damit ein dreistelliger Begriff der Repräsentation eingeführt, der die Funktion (...) miteinbezieht, die die Repräsentation für ein gegebenes kognitives System hat.« – Zur Kritik siehe das Folgende.

Adaptationen, doch sein Zustand ist »ihm« gleichgültig. Metzinger spricht gleichwohl von der »für«-Relation als einem »teleologischen Kriterium« und sieht in Repräsentaten »innere Werkzeuge, ... die von Systemen zum Erreichen bestimmter Ziele eingesetzt werden« (ebd., 53); dies gelte allerdings nur für biologische Systeme. »Künstliche Systeme – so wie wir sie heute kennen – besitzen noch keine Interessen, ihre internen Zustände erfüllen keine Funktion *für* das System« (ebd.).

Doch weder ein künstliches noch ein biologisches System als solches hat ein »Interesse« am »Erreichen bestimmter Ziele«. Weder *für* einen Thermostaten noch *für* ein Gehirn ist es im Raum »zu kalt«, und sie hätten es lieber wärmer. Man kann zwar argumentieren, dass im Gegensatz zu Maschinen das lebendige System insgesamt untergeht, wenn seine Repräsentate nicht funktional adäquat sind, und damit also die Teleologie als »Teleonomie« in die Evolutionsgeschichte zurückverlegen. Freilich kann man auch dann nicht von Interessen und Zielen sprechen, die das biologische System verfolgt, sondern nur von einem objektiven Kausalzusammenhang, der Systeme solcher Art hervorgebracht hat, dass ihre internen Prozesse *aus unserer Sicht* als »funktional« im Sinn der Selbst- oder Arterhaltung beschrieben werden können.

Den Systemen an sich ist es jedoch gleichgültig, ob sie untergehen oder nicht (es sei denn sie verfügten über Subjektivität, aber davon ist in der Definition ja nicht die Rede). Damit entfällt aber die Voraussetzung für einen dreistelligen Repräsentationsbegriff, der auf ein System als solches bezogen werden könnte. Metzingers Definition kann dann nicht mehr besagen, als dass eine Repräsentationsbeziehung *für uns am neuronalen System feststellbar ist*, dass also das System ein »Repräsentat« so erzeugt wie ein Baum Jahresringe – freilich ohne dass diese *für ihn* sein Lebensalter repräsentieren.[52]

---

52 Man kann auch auf den anthropomorphen Begriff des »Interesses« noch verzichten und sich wie Vogeley (siehe vorige Anm.) darauf berufen, »Repräsentation-für-ein-System« bedeute nur soviel wie die Weiterverwendbarkeit der einmal gebildeten Repräsentationen auf höherer Systemebene: »Der ›Gebrauch‹ von einem repräsentationalen Zustand oder das ›Verfügen‹ darüber durch ein kognitives System konstituiert erst den repräsentationalen Gehalt« (Vogeley 2007). Doch spricht nichts gegen die Möglichkeit, auch in den Steuerungsmechanismus eines Torpedos höhere Systemebenen zu integrieren, die seine primären »Zielrepräsentationen« in übergeordnete Verarbeitungsprozesse überführen. Wenn sie das dann tun, geschieht es aber nicht »für den Torpedo«, sondern nur »für den Ingenieur«. Nicht anders verhält es sich für Lebewesen, solange sie nur als kybernetische Systeme betrachtet werden, oder für »kognitive Systeme« bzw. Gehirne. Wie man es dreht und wendet: Die Repräsentationsbeziehung – etwas *steht für, verweist auf* oder *bedeutet* etwas anderes – lässt sich

Teil A Kritik des neurobiologischen Reduktionismus

Man kann nun zwar weiterhin in dem (problematischen) Sinn von »Repräsentationen« oder auch »Karten« im Gehirn sprechen, dass bestimmte neuronale Aktivierungsmuster mit einem wahrgenommenen Objekt, einem Vorstellungsbild oder dergleichen kausal verknüpft und korreliert sind. Ein Neurowissenschaftler mag solche von ihm festgestellten Korrelationen sogar dazu nützen, daraus auf die aktuelle Wahrnehmung oder Vorstellung des Besitzers des Gehirns zu schließen. Doch deshalb sind diese Muster *als solche* keine Symbole für Objekte, *sie verweisen nicht auf sie, bedeuten sie nicht und stellen sie nicht dar* – ebenso wenig wie ein Baum in seinen Wachstumsringen seine Lebensjahre darstellt.[53] Weder im semantischen noch im ikonischen Sinn »gibt es« im Gehirn Repräsentationen der äußeren Welt.

Muss man aber nicht zumindest von Gedächtnisspuren als Repräsentationen des Erlebten im Gehirn sprechen? Ohne sie könnte sich die Person doch sicher nicht an ihr Wissen z.B. über den 1. Weltkrieg erinnern. – Nun, sich an etwas zu erinnern realisiert eine *Fähigkeit,* nämlich etwa ein Gedicht zu rezitieren oder eine Schubert-Sonate auf dem Klavier zu spielen. Das Gehirn bildet beim Erlernen des Gedichts zweifellos die Voraussetzungen dafür aus, dass ich es später rezitieren kann, also z.B. bestimmte neuronale Erregungsbereitschaften und synaptischen Verknüpfungen. Das Gedicht ist aber nicht als »Repräsentat« im Gehirn »gespeichert«, ebenso wenig wie meine Erinnerung an das Datum des 1. Weltkriegs oder an meine Reise zum Montblanc, denn das Gehirn enthält weder Sätze noch Bilder. Sätze in Büchern repräsentieren *für uns* Sachverhalte; Bilder in Fotoalben repräsentieren *für uns* Erinnerungen. Doch im Gehirn gibt es keinen Homunculus, der in der Lage wäre, neuronale Aktivätsmuster *als* Repräsentationen aufzufassen, *als* Abbilder zu sehen oder *als* Erinnerungsspuren zu lesen.[54]

---

nicht in eine funktionale Beziehung umdeuten, ohne dass es Subjekte gibt, für die sie funktional ist.
53 Vgl. dazu Bennett u. Hacker 2003, 164.
54 Vgl. ausführlich Bennett und Hacker 2003, 154–171. – Auch Edelman u. Tononi (2002) verwerfen eine repräsentationale Gedächtniskonzeption: Bei der Wiedererkennung von Objekten enthalten die von außen eintreffenden Signale »...keine zuvor kodierte Botschaft, es gibt keine Strukturen, die imstande sein könnten, einen Code mit hinreichend hoher Präzision zu speichern, keine natürliche Urteilsinstanz, die Entscheidungen für oder gegen alternative Muster fällt und keinen Homunculus im Kopf, der die Botschaft abliest. Aus all diesen Gründen kann Gedächtnis im Gehirn nicht in derselben Weise repräsentational vorgehen wie in unseren Apparaten« (Edelman u. Tononi 2002, 130). Gedächtnis müsse vielmehr als eine Systemeigenschaft angesehen werden, die dem Gehirn erlaube, auf der Grundlage gebildeter neuronaler Reaktionsbereitschaften dynamisch und kreativ, nicht streng replikativ auf aktuelle Situa-

2 Das Gehirn als Erbe des Subjekts?

Von neuronalen »Repräsentationen« vergangener Ereignisse ließe sich, wenn überhaupt, allenfalls in dem eingeschränkten Sinn sprechen, dass bestimmte neuronale Erregungsbereitschaften durch frühere Erfahrungen verursacht wurden und ein Neurowissenschaftler möglicherweise diese kausale Verknüpfung und damit Entsprechung feststellen kann. Ähnlich vermag ein Dendrologe aus den Wachstumsringen eines Baumes Informationen über die Regenmenge vor zehn Jahren zu gewinnen, oder ein Fährtensucher aus den Spuren im Schnee auf die Bewegung eines Tiers vor drei Tagen zu schließen. Spurenlesen heißt, das Abwesende zu rekonstruieren, die Spuren als Verweis auf Nicht-Seiendes zu interpretieren – die Spuren selbst aber enthalten keine solchen Bedeutungen. Weder die Ringe im Baum noch die Eindrücke im Schnee noch die neuronalen Verschaltungsmuster sind als solche »Repräsentationen« vergangener Ereignisse.

Ein zulässiger Begriff von Repräsentation in den kognitiven Neurowissenschaften müsste also den Beobachterstandpunkt einbeziehen. Neuronale Zustände als solche haben keine Stellvertretungsfunktion. Repräsentative Zusammenhänge lassen sich nur aus der Perspektive von Forschersubjekten herstellen, die zudem auf die Aussagen ihrer Versuchspersonen in der 1.-Person-Perspektive angewiesen sind, wollen sie zu Korrelationen mit subjektiven Erlebnissen gelangen. Die Rede von Funktionen oder funktionellen Zusammenhängen ihrerseits ist *notwendig teleologisch:* Um die Funktion bestimmter Prozesse innerhalb eines Systems feststellen zu können, muss ich als Beobachter die Systemerhaltung als Zweck voraussetzen. Soll also der Repräsentationsbegriff die Elimination des subjektiven Erlebens oder seine Identifikation mit Hirnzuständen begründen, so vergisst der Neurowissenschaftler die Voraussetzung seines Forschens: seine eigene Subjektivität. Da dem neurowissenschaftliche Repräsentationsbegriff jedoch der fälschliche Anschein objektiver Gegebenheit kaum noch abzustreifen ist, scheint es sinnvoller, ihn überhaupt zu ersetzen, etwa durch den Begriff des *Musters* bzw. der *Musterresonanz* (▶ Kap. 4.2).

Fassen wir zusammen: Die Zuschreibung von Intentionalität zu bestimmten (nicht allen) Bewusstseinsvorgängen bezeichnet deren inhärente Gerichtetheit auf Gegenstände. Intentionalität aber gibt es nicht ohne Subjektivität. Der *Vollzug* intentionaler Akte ist zwar an bestimmte organische Strukturen eines Lebewesens gebunden; ihr *Gehalt,* nämlich »etwas *als* etwas aufzufassen«, geht jedoch in keiner physikalischen oder physiologischen

---

tionen zu reagieren und dabei früheren Erlebnissen *ähnliche* Wahrnehmungen oder Handlungen zu aktivieren (ebd., 134 ff.).

Beschreibung auf. Es gibt keine Bedeutung, keinen Sinn ohne Subjekte. Der neurowissenschaftliche Begriff der Repräsentation soll zwar eine zwei- oder dreistellige Relation bezeichnen, die sich rein funktionell beschreiben ließe. Doch auch jedes Repräsentationsverhältnis existiert nur für einen Menschen, der es als solches auffasst. Ein Bild ist kein Bild ohne jemanden, der es *als* Bild sieht; ein Zeichen bedeutet nichts ohne jemanden, der es *als* Zeichen versteht; eine Spur verweist auf nichts ohne einen Fährtenleser. Der Begriff der Repräsentation kann eine subjektabhängige Intentionalität nicht ersetzen.

2.2 Zweite Kritik: Kategorienfehler

2.2.1 Mereologischer Fehlschluss

Untersuchen wir nun die Kategorienfehler und Fehlschlüsse, zu denen die Identifikation des Subjekts mit dem Gehirn führt. Dazu gehört in erster Linie die neurowissenschaftliche Gepflogenheit, das Gehirn zu personalisieren und ihm die verschiedensten menschlichen Tätigkeiten zuzuschreiben. Gehirne können dann z.B. »... Reaktionen auf Reize zurückstellen und Handlungsentscheidungen abwägen, [...] mit den Inhalten von Metarepräsentationen spielen und prüfen, was die Konsequenzen bestimmter Reaktionen wären« (Singer 2002, 71). Gerhard Roth seinerseits benennt »...das, was unser Gehirn wirklich tut, nämlich wahrnehmen, denken, vorstellen, empfinden« (Roth 1992, 128). Daher gilt auch: »Nicht das Ich, sondern das Gehirn hat entschieden!« (Roth 2004). Zwischenmenschliche Kommunikation wird demgemäß zu einem »Dialog zwischen Gehirnen« (Singer 2002, 73). Das Gehirn »entscheidet, wann es arbeitet und wann es ruht« (Meyniel et al. 2014), und es erkennt sogar »sich selbst als Subjekt der Erkenntnis« (Northoff 2004a, 17).

Liest man neurowissenschaftliche Literatur, kann man beinahe zu der Überzeugung gelangen, dass das Gehirn tatsächlich rechnet, glaubt, fühlt, interpretiert, Hypothesen konstruiert, erkennt und entscheidet. Der Kategorienfehler ist so häufig, dass Bennett und Hacker (2003) ihm einen eigenen, treffenden Namen gegeben haben, nämlich den des »mereologischen Fehlschlusses«.[55] Einem Teil des Organismus, dem Gehirn, werden also psychologische und personale Tätigkeiten zugeschrieben, die nur dem Menschen als Ganzem zukommen. Dieser Sprachgebrauch ist keineswegs nur bildlich oder

---

[55] »Mereologie« bezeichnet das Verhältnis von Teil und Ganzem (griech. *méros* = Teil).

metaphorisch gemeint, wie die Verteidigung oft lautet – im Gegenteil: Gerade eine erfolgreiche Naturalisierung erfordert es, in die Beschreibung subpersonaler Prozesse intentionales Vokabular einzuschleusen. Denn was ließe sich vom Menschen schon erklären, wenn man nur monotone elektrochemische Vorgänge an seinen Neuronenmembranen beschreiben würde? Die Zerlegung des lebendigen Ganzen in Mikroprozesse muss also wenigstens verbal rückgängig gemacht werden, um die Ebene von Wahrnehmungen, Motiven und Handlungen wieder zu erreichen. Die Neurowissenschaften versuchen daher, eine »hybride« Zwischenebene einzuziehen, die physikalische und intentionale Beschreibungen vermischt und so gewissermaßen dem Gehirn Personalität implantiert.

Das scheint umso weniger problematisch, je mehr man von Handlungen zu »reinen« Kognitionen übergeht. Schreibt das Gehirn? Hört es, sieht es? – Wohl kaum. Aber denkt es vielleicht? – Das mag schon eher so scheinen. Doch was wäre dann von einem Satz zu halten wie diesem: »Peters Gehirn überlegte angestrengt, was es nun tun sollte. Als es keine überzeugende Lösung fand, entschied es sich, erst einmal abzuwarten.« Wären Denken, Fühlen, Entscheiden und Handeln tatsächlich Tätigkeiten des Gehirns, dann wäre dies kein lächerlicher, sondern ein durchaus sinnvoller Satz.[56] Aber wir schreiben solche Tätigkeiten zurecht Peter und nicht seinem Gehirn zu, weil sie eben nicht »Kognitionen« oder »mentale Zustände« sind, in denen Peter ist, sondern *Lebensvollzüge,* die sich nur von Peter als einem verkörperten und bewussten Wesen aussagen lassen. Überlegen, Fühlen, Wollen, Entscheiden – all dies lässt sich auf der physiologischen Beschreibungsebene nicht vorfinden, *weil es diese Begriffe dort gar nicht gibt.* Es ist daher nicht etwa aus empirischen Gründen falsch, vom denkenden, fühlenden oder wahrnehmenden Hirn zu sprechen – es ist vielmehr ein begrifflicher Unsinn. Erwin Straus formulierte diese Einsicht kurz und treffend: »Der Mensch denkt, nicht das Gehirn« (Straus 1956, 112).

In ihrer Kritik am mereologischen Fehlschluss weisen Bennett und Hacker nach, dass hinter der Scheinsubjektivität des Gehirns ein latenter Cartesianismus steckt (Bennett u. Hacker 2003, 71 f.): Das »Ich« wird von den Neu-

---

56 Solche unfreiwillig komischen Formulierungen findet man auch bei Neurowissenschaftern durchaus, so etwa bei Singer: »Gehirne schaffen Wunderbares: Sie komponieren, sie haben tiefe Gefühle« (Interview mit W. Singer, Der Spiegel 43/2004, 206) – Desgleichen bei Roth: »Diese erlebte Welt wird von unserem Gehirn in mühevoller Arbeit (!) über viele Jahre hindurch konstruiert und besteht aus den Wahrnehmungen, Gedanken, Vorstellungen, Erinnerungen, Gefühlen, Wünschen und Plänen, die unser Gehirn hat (!)« (Roth 2001, 338).

rowissenschaftlern substanzialisiert gedacht, als vermeintlich autonomes, frei waltendes Entscheidungszentrum, dann aber, da eine solche Ich-Instanz im Gehirn nicht vorfindbar ist, für nicht existent erklärt: »Nicht das Ich, sondern mein Gehirn hat entschieden«. Darin ist implizit noch ein cartesianisches »Ich« vorausgesetzt, das entscheiden könnte. Dieses Ich, die immaterielle Seele oder die *res cogitans* wird nun vom Thron gestürzt, und an deren Stelle tritt das Gehirn – doch nur um prompt das Gleiche zu tun wie bei Descartes das »Ich«, nämlich vermeintlich zu denken, wahrzunehmen, zu entscheiden. Aber Gehirne denken oder entscheiden ebenso wenig wie körperlose »Ichs« – in beiden Fällen wird ein Teil fälschlich an die Stelle des Ganzen gesetzt.

Dies ändert sich auch nicht dadurch, dass man das cartesianische Ich durch den Begriff des Bewusstseins oder des »Mentalen« ersetzt, diese Begriffe aber wiederum im Sinne einer körperlosen Innenwelt auffasst. Denn das so verstandene Bewusstsein trägt weiterhin das Erbleiden der *res cogitans* mit sich, dualistisch abgetrennt im Nirgendwo zu schweben, sodass es in Ermangelung eines anderen Kleiderhakens scheinbar unausweichlich dem Gehirn angehängt werden muss: Das Gehirn »hat Bewusstsein«. Doch Bewusstsein ist keine eigene Entität, keine Innenwelt für sich, sondern es ist eine Eigenschaft von Lebewesen, genauer: *eine Weise ihres Lebensvollzugs*. Es manifestiert sich in Lebensäußerungen und Tätigkeiten, die von dem Lebewesen selbst erlebt *und* für andere in seinem Verhalten erkennbar werden: erschrecken, sich ängstigen, sich freuen, nachdenken, sprechen, einen Brief schreiben oder Fußball spielen.

Das klingt selbstverständlich, ist es aber nicht. Selbst für John Searle sind »geistige Phänomene ... *Merkmale* des Hirns«, und Bewusstsein »... eine höherstufige und emergente *Eigenschaft* des Hirns« (Searle 1993, 15, 29, Hvhb. v.Vf.). Andererseits hebt er kurz darauf als wesentliches Merkmal des Geistigen hervor, dass seine Ontologie »eine Ontologie der ersten Person« sei: »Überzeugungen, Wünsche usw. sind immer *jemandes* Überzeugungen und Wünsche« (ebd., 30). – Doch *jemand,* das ist eben eine *Person;* also nicht »ein Ich«, »ein Bewusstsein«, erst recht kein Gehirn, sondern ein vollständiger Mensch aus Fleisch und Blut. Können wir trotzdem Überzeugungen und Wünsche dem Gehirn als *Merkmale* zuschreiben? Können wir an ihm irgendwo die *Eigenschaft* von Bewusstsein erkennen?

Nein, hier befindet sich Searle in einem Widerspruch: Bewusstsein ist ein Merkmal von Menschen oder Tieren, also von lebendigen Organismen, nicht von Gehirnen. Ein Neurowissenschaftler mag noch so eindeutige *Anzeichen* für Bewusstsein am Gehirn feststellen – um Bewusstsein als *Eigenschaft* oder besser als *Tätigkeit* tatsächlich anzutreffen, muss er seine Versuchspersonen beobachten oder befragen und dadurch feststellen, ob *sie* bei Bewusstsein sind. Das Gehirn mag viele bemerkenswerte Eigenschaften haben, es mag auch der zentrale Ort bewusstseinsrelevanter physiologischer Prozesse sein, aber *Bewusstsein hat es nicht.* Denn es nimmt nicht wahr, es bewegt sich nicht, es ärgert oder freut sich nicht, es überlegt oder grübelt nicht – das alles sind allein Tätigkeiten von *Lebewesen, die bei Bewusstsein sind.*[57]

Die Grundproblematik der neurobiologischen Bewusstseinsforschung besteht letztlich in der *Verdinglichung des Bewusstseins selbst.* In ihrem Paradigma erscheint es nicht mehr als Lebensäußerung von Organismen, nicht mehr als Beziehung von Subjekt und Welt, nicht mehr als das »Licht«, in dem sich die Welt zeigt. Es wird vielmehr in die objektive Welt hineinversetzt, so als sei es ein Gegenstand in der raumzeitlichen Realität, der sich physikalisch beschreiben, ja mit physikalischen Mitteln zumindest indirekt sichtbar machen ließe. Dies führt uns zu einem weiteren Fehlschluss.

2.2.2 Lokalisatorischer Fehlschluss

Ein mit dem mereologischen Fehlschluss verwandter Kategorienfehler liegt darin, Einzelphänomene des Erlebens in spezifischen Hirnarealen zu lokalisieren – wir können vom »lokalisatorischen Fehlschluss« sprechen. Im visuellen Assoziationskortex werden demnach optische Wahrnehmungen erzeugt, in den Mandelkernen die Angst, im Temporallappen Erinnerungen. Immer neue Areale finden sich für alle Arten von seelisch-geistigen Phänomenen – Schmerzen, Trauer, Schadenfreude, rassische Vorurteile, bewusste Täuschung, Selbstkritik, Einnahme einer Fremdperspektive, ja selbst Persönlichkeitszüge.[58] Dieses Forschungsprogramm beruht in erster Linie auf bildgebenden Verfahren, die spezifische Hirnaktivitäten sozusagen *in vivo* wiedergeben. Die suggestiv wirkenden Abbildungen der Gehirnaktivität »beim Wahrnehmen«, »beim Fühlen« oder »Denken« legen es allzu nahe,

---

57 Wie steht es mit dem Träumen? Ist das nicht wenigstens eine Tätigkeit des Gehirns? – Doch auch ein Traumbewusstsein können wir am Gehirn nicht feststellen, geschweige denn den Inhalt der Träume. Erst wenn der Träumer selbst erwacht und uns von seinen Träumen berichtet, lassen sie sich im Nachhinein womöglich spezifischen Hirnaktivitäten zuordnen (die aber ihrerseits immer mit den Funktionen des Gesamtorganismus verknüpft sind; ▶ Kap. 4.1). Doch auch dann bleiben sie immer »seine« Träume und werden nicht zu Erlebnissen des Gehirns.

58 Vgl. z.B. Phelps et al. 2000, Vogeley et al. 2001, Langleben et al. 2002, Etkin et al. 2004, Eisenberger et al. 2005, Singer u. Lamm 2009.

solche Tätigkeiten in bestimmten Hirnarealen zu lokalisieren, ja mit den lokalen Aktivitäten zu identifizieren. Demgegenüber hat der Holismus, also die Konzeption einer systemischen Einheit der zentralnervösen Prozesse, bislang kein vergleichbares Forschungsprogramm aufzuweisen.

Die Auseinandersetzung zwischen lokalisatorischen und holistischen Paradigmen in der Gehirnphysiologie reicht zurück bis ins 18. Jahrhundert. Über lange Zeit war die Lokalisierungstheorie diskreditiert durch die »Phrenologie« Franz Josef Galls (1758–1828), der selbst Charakterzüge wie Kinderliebe, Häuslichkeit oder Aberglauben spekulativ mit bestimmten Arealen der Hirnrinde und mit entsprechenden Vorwölbungen des Schädels in Verbindung brachte. Pierre Flourens (1794–1867) konnte Galls Zuordnungen experimentell nicht bestätigen und entwickelte eine entgegengesetzte, holistische Theorie der Gehirnfunktion, die später als Äquipotenzialtheorie bezeichnet wurde; danach ist an allen Hirnleistungen jeweils das gesamte Gehirn beteiligt.[59]

Durch die Entdeckung der Hirnareale, deren Ausfälle für motorische bzw. sensorische Aphasien verantwortlich sind, trugen jedoch Broca (1861) und Wernicke (1874) wesentlich zur Rehabilitation des Lokalisationsprojekts bei, das heute mithilfe der neurowissenschaftlichen Bildgebungstechniken seinen Siegeszug anzutreten scheint. Dementsprechend werden in der Kognitionsforschung Theorien der *Modularität* des Geistes, also des Aufbaus von Bewusstsein aus Einzelelementen bevorzugt.[60]

Nun hat die Lokalisationsthese zweifellos eine begrenzte Berechtigung. Das Gehirn ist regional spezialisiert, verschiedene neuronale Module, Areale und Zentren erfüllen unterschiedliche Funktionen. Daher ist es auch möglich, bestimmte *Komponenten* von Bewusstseinsprozessen mit lokalen Aktivitäten regelhaft zu verknüpfen. So kann man mittels bildgebender und anderer Verfahren (Einzelzellableitungen, EEG) mit hoher Wahrscheinlichkeit feststellen, ob jemand gerade stumm mit sich spricht, sich verschiedene Kategorien visueller Objekte vorstellt, ob er Zahlen addiert oder subtrahiert, einen rechten oder linken Knopf vor ihm drücken wird, und ob er Schmerz, Furcht oder Freude empfindet[61] – natürlich nur, wenn entsprechende Korrelationen gemäß den Angaben des Probanden zuvor schon hergestellt

---

59 Vgl. zu Gall und Flourens die Studie von Hagner 1997, 89 ff., 248 ff.
60 Vgl. zur Modularität v. a. Fodor 1983, aber auch Roth: »Bewusstsein ist modular, d. h. in Bausteine gegliedert, organisiert« (Roth 2001, 198). Für eine mittlere Position zwischen Holismus und Lokalisierung tritt u.a. Edelman ein (2004, 40 ff.). Zu einer grundsätzlichen Kritik des Lokalisationsparadigmas als »neuer Phrenologie« siehe Uttal 2001, Selimbeyoglu u. Parvizi 2010.
61 Vgl. Roth 1994, 253; Schleim 2008, 84 ff.; Cox u. Savoy 2003, Kamitani u. Tong 2005, Soon et al. 2008, 2013.

wurden. Solche Fortschritte der Zuordnung beruhen auf der funktionellen Spezialisierung der Hirnregionen.

Andererseits ist keine dieser Regionen für sich in der Lage, die komplexen Integrationsleistungen zu erbringen, wie sie Bewusstseinsprozessen zugrunde liegen. Dazu tragen vielmehr weit verstreut liegende Hirnareale und Zentren auch außerhalb der Hirnrinde bei, sodass bei einem bestimmten subjektiven Erlebnis immer ein weit über das Gehirn ausgebreitetes Netz von Neuronenverbänden beteiligt ist.[62] Nicht zuletzt verweist das ungelöste »Bindungsproblem« – also die Frage, wie die verstreuten Aktivitäten und Verarbeitungswege verschiedener Hirnareale wieder integriert werden, etwa zu einheitlichen Wahrnehmungen – auf die Grenzen des Lokalisierungsprojekts.

Nach dem klassischen kognitivistischen oder modularen Modell enthält das Gehirn je eigenständige Subsysteme für Kognitionen (Wahrnehmungen, Planen, Bewerten, Entscheiden, etc.). Jedes Modul soll für die Berechnung einer unabhängigen kognitiven Funktion zuständig sein, weitgehend unbeeinflusst von der Arbeit anderer Module und abgekoppelt von Prozessen in Körper oder Umwelt. Diese Konzeption speist immer noch wesentlich die experimentelle kognitive Forschung, nicht zuletzt wegen ihrer Eignung für isolierte Studiendesigns. Inzwischen ist sie jedoch zunehmender Kritik ausgesetzt, da sie in Widerspruch zu der distribuierten, sich vielfach überlagernden und von Kontextvariablen abhängigen Funktionsweise des Gehirns steht (van Orden et al. 2001, Hardcastle u. Stewart 2002, Gibbs u. van Orden 2010). Das modulare Prinzip wird daher mehr und mehr durch das Denken in übergeordneten Funktionssystemen und flexiblen Verknüpfungen ersetzt: Danach werden dieselben kortikalen oder subkortikalen Areale für ganz verschiedene Funktionen »kooptiert«, je nachdem, welches übergreifende Netzwerk gerade aktiviert ist (Friston et al. 2003, Sporns et al. 2005).

Dies entspricht auch der Komplexität des Erlebens selbst: Alle speziellen Funktionsbezeichnungen wie Sehen, Hören, Denken, Fühlen, Wollen etc.

---

62 Eine besondere Rolle spielt dabei vermutlich der Thalamus im Zwischenhirn, so nach der Theorie von Edelman u. Tononi (2002, 190 ff.), die von einem »dynamischen thalamo-kortikalen Kerngefüge« als Basis von Bewusstseinsprozessen ausgehen. Dieses variabel und fluktuierend zusammengesetzte Gebilde umfasst zu jedem Zeitpunkt weitreichend verknüpfte, sowohl kortiko-kortikale als auch kortiko-thalamische Integrationsprozesse: »Ein flexibles Kerngefüge ist somit ein Prozess, kein Ding oder Ort, und definiert ist es über seine neuralen Wechselwirkungen, nicht über eine besondere neurale Lokalisierung« (ebd., 197). Allerdings vernachlässigt diese Theorie die Rolle der Interaktionen von Körper und Stammhirn für die Entstehung von Bewusstsein; dies wird in ▶ Kap. 4.1 untersucht.

lösen Einzelfunktionen des Bewusstseins heraus, während tatsächliche subjektive Erlebniszustände immer holistisch bleiben. So sind alle Wahrnehmungen nicht nur in ein leibliches Hintergrunderleben eingebettet, sondern auch mit Gefühlen, Erinnerungen und Sprachkonzepten verbunden. Einen »puren« Schmerz, ein »reines« Sehen oder Hören gibt es nicht. Bewusstes Erleben setzt sich nicht aus Teilkomponenten zusammen, es ist umgekehrt ein *primär einheitlicher Prozess,* ein »Strom des Bewusstseins«, der sich je nach den Erfordernissen der Situation in spezifische Aktivitäten und Leistungen differenziert. Die Gehirnfunktionen lassen sich daher am besten mit zwei polaren Organisationsprinzipien beschreiben: funktionelle Aufteilung und funktionelle Integration. Ihr Zusammenspiel wird ermöglicht durch Konnektivität und durch distribuierte Neuronenverbände, die in synchronisierte Schwingungszustände eintreten (Friston u. Cosmelli et al. 2007).

Deshalb ist auch die Rede von umschriebenen »neuronalen Korrelaten von Bewusstsein« nicht angemessen: Sie impliziert nämlich, dass sich Phänomene wie Wahrnehmungen, Gefühle oder Denkvorgänge von der Bewusstseinstätigkeit insgesamt isolieren ließen. Doch diese Phänomene sind keine isolierbaren Zustände, sondern sie setzen ein *Subjekt* voraus, das wahrnimmt, fühlt, denkt etc. Was aber das »Korrelat« dieses Subjekts ist, wie weit seine tragende organische Grundlage reicht, und ob sie nicht über das Gehirn hinaus den ganzen Organismus einbezieht, ist bislang völlig ungeklärt. Solange dies nicht der Fall ist, befindet sich die Suche nach Korrelaten des Bewusstseins noch in einem weitgehend spekulativen Stadium (Cosmelli et al. 2007).

> Noë und Thompson (2004) haben darauf hingewiesen, dass es selbst bei den visuellen Rindenarealen V1–V5 als dem am besten erforschten Subsystem des Gehirns nicht gelingt, bestimmten Neuronenverbänden die Inhalte ihrer optischen Sinnesfelder eindeutig zuzuordnen. Denn die Aktivität dieser Neuronen ist selbst bei genau gleichen Objekten im Sehfeld abhängig von der Körperhaltung des Lebewesens, seinem Verhalten, seinem Aufmerksamkeitszustand, von der Relevanz des Objekts für die momentanen Aufgaben, kurz: vom gesamten sensomotorischen Zustand und Umweltkontext des Organismus.

Wenn Versuche einer Lokalisierung von Bewusstsein oder Bewusstseinsfunktionen in Sackgassen führen, kann man fragen, was Neurowissenschaftler dennoch immer wieder zu lokalisatorischen Fehlschlüssen verleitet? – Vor allem drei Arten von Beobachtungen tragen dazu bei:

(1) Zunächst sind es spezifische *Funktionsausfälle* als Folge von lokalen Hirnläsionen, die den »Sitz« der Funktion in dem betreffenden Areal zu

erweisen scheinen. Allerdings können aufgrund der hohen Plastizität des Gehirns ausgefallene Funktionen in vielen Fällen auch von anderen Hirnteilen übernommen werden. Doch selbst davon abgesehen lässt der Ausfall aufgrund einer Läsion allenfalls den Schluss zu, dass das Areal die *notwendige*, nicht aber schon die *hinreichende* Bedingung für eine Funktion darstellt. Zu ihrer Realisierung sind immer auch andere Areale und Verknüpfungen innerhalb des neuronalen Gesamtsystems erforderlich, wie wir bereits an der Wahrnehmung gesehen haben. Nicht Funktionen sind also lokalisierbar, sondern nur die Störungen von Funktionen.

(2) Die *Bildgebungstechniken* scheinen den Mangel der Analysen von Ausfällen zu kompensieren, weisen sie doch offenbar den Ort der Funktion *in vivo* nach. Nicht zuletzt durch ihre farbigen Inszenierungen hat ja die Neurowissenschaft in einer Welt der Bildmedien auch ihre öffentliche Durchschlagskraft entwickelt. Umso wichtiger ist es, die methodischen Beschränkungen dieser Techniken zu kennen.

Zunächst messen Bildgebungstechniken gar nicht die neuronale Aktivität als solche, sondern nur indirekte Parameter, etwa beim fMRT den erhöhten Blutfluss und Sauerstoffverbrauch in bestimmten Hirnarealen, aus dem man auf die neuronale Aktivierung rückschließt. Dies sind freilich nur sehr globale Maße für die lokal unterschiedliche Hirnaktivität. Sodann handelt es sich nicht um »Bilder des Gehirns«, sondern nur um Visualisierungen statistischer Berechnungen, also um kompliziert hergestellte wissenschaftliche Konstrukte. Dabei werden zum einen immer Mittelwerte aus größeren Stichproben von Probanden gebildet, da sich aufgrund der äußerst geringen Aktivitätsunterschiede individuell keine aussagekräftigen Ergebnisse gewinnen lassen. Es ist nicht überraschend, dass die Validität der erzielten Resultate auch stark in Zweifel gezogen wurde, etwa in den affektiven Neurowissenschaften (Vul et al. 2009).

Zum anderen werden zur Kontrastierung Subtraktionsrechnungen vorgenommen, d. h. die Grundaktivität des Gehirns wird im Voraus ermittelt und dann »abgezogen«, damit die lokal erhöhten Aktivierungen hervortreten. Dabei ist freilich keineswegs geklärt, ob die untersuchten Erlebnisphänomene tatsächlich den am farbigsten aufleuchtenden Strukturen entsprechen. Der Hirnruhezustand (der sog. »*default mode*«), eine über den Kortex verteilte Grundaktivität, scheint vielmehr die Basis für ein Hintergrunderleben darzustellen, auf dem sich spezifische Bewusstseinstätigkeiten erst entfalten können (Raichle et al. 2001). Schließlich können im Falle pathologischer Phänomene lokale Aktivitätserhöhungen auch sekundären, kompensatorischen Reaktionen auf die eigentlichen Funktionsstörungen an anderer Stelle entsprechen. In jedem Fall sind alle anderen Hirnregionen (an denen im Bild scheinbar nichts geschieht) gleichzeitig ebenso aktiv und in unterschiedlicher Weise am Erlebnis bzw. an der Funktion beteiligt.

Was die Bilder tatsächlich zeigen, und was dabei im Gehirn geschieht, bedarf also sorgfältiger Interpretation. Dazu kommt, dass die Aufnahmen in Laborsituationen entstehen, und dabei die Beziehung der Bewusstseinsprozesse zum Umweltkontext in der Regel ebenso ausgeblendet bleibt wie ihr zeitlicher Verlauf. Diese Aspekte – Relationalität, Intentionalität und Zeitlichkeit – sind aber essenzielle Merkmale von Bewusstsein. Die Technik der Bildgebung friert also den Bewusstseinsstrom gewissermaßen ein und isoliert ihn von seinen Zusammenhängen. – Nimmt man all diese methodischen Einschränkungen zusammen, so können Daten zur lokalen Stoffwechselaktivität des Gehirns zwar bis zu einem gewissen Grad seine funktionelle Spezialisierung wiedergeben, jedoch nicht mehr als *Indikatoren* für psychische Vorgänge liefern. Bildlich gesprochen: Man sieht nur den Rauch, nicht das Feuer.

(1) Am eindrucksvollsten scheint die Lokalisierbarkeit des Psychischen dadurch belegt zu werden, dass sich bestimmte Bewusstseinsphänomene durch direkte Stimulation des Gehirns hervorrufen lassen (Selimbeyoglu u. Parvizi 2010). So gelang es dem Neurochirurgen Penfield, durch gezielte Reizung des unteren Schläfenlappens im Verlauf von Hirnoperationen bei bewussten Patienten Erlebnisse auszulösen, wie sie auch aus der Vorphase epileptischer Anfälle, der sogenannten Aura bekannt sind.[63] Dazu gehörten Wahrnehmungsveränderungen (Verzerrungen von Geräuschen oder visuellen Objekten, Déjà-vu-Erleben), plötzliche Angst-, Trauer- oder Ekelgefühle sowie in seltenen Fällen Erinnerungsrückblenden: Stimmen von vertrauten Personen, bekannte Melodien oder Szenenfragmente mit intensivem Gegenwartscharakter, etwa ein Jahre zurückliegender weihnachtlicher Kirchenbesuch mit der damals gehörten Chormesse und den erlebten Glücksgefühlen.

Was folgt nun aber tatsächlich aus Penfields Experimenten? Zunächst liefern sie jedenfalls kein Argument für die neurokonstruktivistische These, die Wirklichkeit werde im Gehirn erzeugt – im Gegenteil: Die Patienten konnten sehr wohl unterscheiden zwischen der ausgelösten Erinnerung und ihrer tatsächlichen Gegenwartssituation auf dem Operationstisch, wie lebendig ihnen die jeweilige Erinnerungsszene auch erschien. – Wie steht es nun mit der Lokalisierungsthese? Der Schluss vom kausalen Hervorbringen auf die

---

63 Vgl. Penfield u. Perot 1963. – Die Operationen dienten der Entfernung von Anfallsherden bei Patienten mit therapieresistenten Epilepsien. Da das Gehirn schmerzunempfindlich ist, konnten die Patienten bei Bewusstsein bleiben und während der Operation mit dem Chirurgen kommunizieren. Die Reizung erfolgte mit feinen Elektroden, um die relevanten Gehirnareale zu identifizieren und so möglichst schonend zu operieren.

2 Das Gehirn als Erbe des Subjekts?

Lokalisierung bzw. auf die Identität von Erlebnissen mit umschriebenen physiologischen Prozessen ist verführerisch, geht aber dennoch in die Irre. Denn auch die Reizung meines Daumens mit einer Nadel ruft eine Schmerzempfindung hervor – das wird jedoch keinen Hirnforscher veranlassen, den Schmerz »dort«, also in den Schmerzrezeptoren der Haut zu lokalisieren. Die Schmerzempfindung ist die integrale Reaktion des Lebewesens auf einen peripheren Reiz, auch wenn es dazu zweifellos auch der Aktivierung bestimmter Neuronennetze im Gehirn bedarf.

Nun ließe sich der gleiche Schmerz prinzipiell auch durch direkte Reizung der somatosensorischen Gehirnrinde hervorrufen. Dies ändert aber nichts daran, dass die Schmerzen in beiden Fällen Lebensäußerungen, nämlich *Reaktionen des gesamten Organismus auf Reizungen* darstellen. Der Schmerz wird leidvoll empfunden (und zwar im Daumen, nicht im Gehirn), er geht mit Anspannung des Körpers, Abwehrbewegungen der Hand und Schmerzausdruck des Gesichts einher, ferner mit einer Aktivierung des Sympathicus-Systems, also einer Stressreaktion des Organismus – all das ist der Schmerz. Wenn er nun nicht in den Rezeptoren der Haut sitzt, was spricht dann dafür, ihn in bestimmten Windungen des Gehirns zu lokalisieren?

Ein mögliches Argument lautet, der Schmerzreiz in der Peripherie lasse sich schließlich durch eine Nervenleitungsblockade unterdrücken, sodass er nicht mehr empfunden werde; daher könne er nicht das Korrelat zur Schmerzempfindung darstellen. Doch das Gleiche gilt für jede beliebige Hirnregion: Trennt man eine hinreichende Anzahl ihrer neuronalen Verknüpfungen ab, so kann auch ihre Reizung keine Empfindung mehr hervorrufen. Mit anderen Worten: Eine bestimmte, hinreichend ausgedehnte Gesamtheit von Hirnaktivitäten in Verbindung mit dem gesamten Organismus ist erforderlich, damit wir Schmerzen empfinden können.[64] Deshalb sind solche Erlebnisse auch nicht an der Stelle ihrer Auslösung zu lokalisieren oder mit bestimmten neuronalen Prozessen »identisch«. Der Temporallappen enthält keine »Erinnerungen« oder Geruchsempfindungen und der Parietallappen keine Schmerzempfindungen, auch wenn sie sich dort mit einer Elektrode provozieren lassen. Erinnerungen und Empfindungen hat nur das Lebewesen insgesamt.

---

64 Selimbeyoglu und Parvizi (2010, 9) kommen zu einem ähnlichen Ergebnis: »Heute ist das phrenologische Konzept überholt [...] Wahrnehmungs- und Verhaltensphänomene, die durch elektrische Stimulation einer Gehirnregion induziert werden, sind höchstwahrscheinlich auf Aktivitätsveränderungen in Netzwerken von Gehirnarealen (einschließlich subkortikaler Regionen) zurückzuführen, nicht auf die Erregung oder Hemmung eines Klumpens grauer Hirnrinde.«

Wir sehen, dass auch die zunehmende Erforschung der funktionellen Spezialisierung des Gehirns nicht dazu geeignet ist, eine Lokalisierung der Bewusstseinstätigkeit *als solche* zu stützen. Der entscheidende Grund dafür ist, dass Bewusstsein eine integrale Funktion des Organismus darstellt, die, wie wir noch näher sehen werden, seine kontinuierliche Einbettung in einen Umweltzusammenhang voraussetzt. Zwar lassen sich Teilfunktionen des Bewusstseins bestimmten spezialisierten Arealen zuordnen, deren Läsion dann auch den Ausfall der Funktion zur Folge hat. Doch jede Theorie, die Bewusstsein als ein Produkt aus lokalisierbaren Einzelfunktionen bzw. Modulen betrachtet, handelt sich das Problem ein, wie diese Einzelfunktionen in eine einheitliche Tätigkeit integriert werden sollen – was sich in verschiedenen Variationen des »Bindungsproblems« widerspiegelt. Das Projekt der Materialisierung von Bewusstsein verliert nur zu leicht über der Genauigkeit des Hinsehens seinen Gegenstand aus den Augen und hat dann nur noch Fragmente vor sich. Hier gilt, was bereits Lichtenberg gegen Ende des 18. Jahrhunderts über den Versuch des Anatomen von Soemmering schrieb, die Seele in den Gehirnventrikeln zu lokalisieren:

> »Wenn ich bei Betrachtung der untergehenden Sonne einen Schritt gegen sie tue, so nähere ich mich ihr, so wenig es auch ist. Bei dem Organ der Seele ist es ganz anders. Ja es wäre möglich, dass man sich durch allzu große Näherung, etwa mit dem Mikroskop, wieder *selbst* von dem entfernte, dem man sich nähern kann« (Lichtenberg 1973, 852).

Wie weit wir zurücktreten müssen, um des Ortes des Bewusstseins ansichtig zu werden, wird noch zu untersuchen sein.

2.3 Dritte Kritik: Ohnmächtiges Subjekt?

2.3.1 Die Einheit der Handlung

Im ersten Schritt der Kritik wurde dargelegt, weshalb Subjektivität und Intentionalität nicht vollständig auf physikalische Beschreibungen reduzierbar sind. In einem weiteren Schritt haben wir die mereologischen und lokalisatorischen Fehlschlüsse untersucht, zu denen eine Identifikation des Subjekts mit dem Gehirn führt. Es bleibt noch eine dritte Frage zu klären. »Gewiss«, könnte ein reduktionistischer Neurobiologe einwenden, »das Bewusstsein ist real und womöglich nicht vollständig reduzierbar. Aber es hängt von der Realität des Gehirns ab, es wird vom Hirn *hervorgebracht*. Und deshalb besitzt das Gehirn in höherem Maß Realität als das Bewusstsein. Es ist die *eigentliche* Wirklichkeit. Und da diese Wirklichkeit physikalischer Natur und folglich physikalischen Gesetzmäßigkeiten unterworfen ist, kann die Subjektivität nicht selbst über eine eigene Wirksamkeit in der Welt verfügen.« Das subjektive Denken, Fühlen oder Wollen kann man dann als die notwendige Begleiterscheinung oder auch als die »Innenseite« bestimmter neuronaler Prozesse ansehen – in jedem Fall bleibt ihm nur ein abkünftiger ontologischer Status. Wir mögen wohl glauben, dass wir selbst unsere Gedanken und Handlungen lenken; tatsächlich werden sie von neuronalen Generatorsystemen entworfen und tauchen im Bewusstsein auf wie Filmszenen, die ein Projektor in unserem Rücken auf die Leinwand wirft.

Damit gelangen wir zu der bereits seit einigen Jahren geführten Debatte um die Willensfreiheit. Freilich muss es verwundern, dass ausgerechnet das menschliche Gehirn dabei zum Kronzeugen des Determinismus erhoben wird. Denn gerade das Gehirn ist das Organ, dessen zunehmende Komplexität im Verlauf der Evolution den starren Reiz-Reaktions-Mechanismus gelockert und so den Organismen bis hin zum Menschen immer mehr Freiheitsgrade ermöglicht hat – es ist so gesehen *das* Organ der Freiheit. Von Unfreiheit sprechen wir etwa in der Psychiatrie vor allem bei den vielfältigen Schädigungen oder Funktionsstörungen des Gehirns. Patienten mit Frontalhirn-Verletzungen leiden unter Ziel- und Initiativlosigkeit; sie können keinen gerichteten, längere Etappen überspannenden Willensbogen mehr durchhalten. Patienten mit Gilles-de-la-Tourette-Syndrom sind zu sprunghaften Bewegungen oder zum Aussprechen von Fäkalwörtern gezwungen, ohne sich dagegen wehren zu können. Zwangskranke können nicht anders als Dinge zu tun, die sie selbst sinnlos finden, oder zu denken, was sie gar nicht denken wollen. Schizophrene Patienten erleben ihre Handlungen sogar als von fremden Mächten gesteuert. In all diesen Fällen schränken *Störungen* der Hirnfunktionen die Freiheit der Patienten ein oder schreiben ihnen vor, was sie tun müssen.

Gerade dies soll nun aber nach Auffassung vieler Neurobiologen in gewisser Weise für uns alle gelten: Hirnprozesse verlaufen deterministisch, und wir können nicht anders als unser Gehirn es bestimmt. So sind nach Roth »... die beiden entscheidenden Komponenten des Phänomens ›Willensfreiheit‹, nämlich etwas frei zu wollen (zu beabsichtigen, zu planen) und etwas in einem freien Willensakt aktuell zu verursachen, eine Täuschung« (Roth 2001, 445). Tatsächlich werden Entscheidungen durch unbewusste, subpersonale Prozesse gesteuert und die Handlungen dann vom Gehirn ausgelöst, bevor dies der Person bewusst geworden ist. Das Gehirn gaukelt uns somit das

Gefühl des Handelns und der Verantwortung nur vor, denn bewusst können wir seine Entscheidungen nur nachträglich ratifizieren.

> »Das bewusste, denkende und wollende Ich ist nicht im *moralischen* Sinne verantwortlich für dasjenige, was das Gehirn tut, auch wenn dieses Gehirn dem Ich ›perfiderweise‹ die entsprechende Illusion verleiht« (Roth 2003, 180).

> »Unsere Gehirne müssen als effiziente, unbewusste Computer funktionieren, die dennoch rationale Entscheidungen treffen« (Swaab 2014, 331; eig. Übers.).

Obwohl vor über drei Jahrzehnten publiziert, fungiert Benjamin Libets Nachweis eines vorauslaufenden Bereitschaftspotenzials im Gehirn bei subjektiv erlebten Willkürbewegungen immer noch als *experimentum crucis* für die deterministische These. Dabei wurden Versuchspersonen aufgefordert, auf den Impuls zur Bewegung eines bestimmten Fingers zu warten und dann anhand einer rasch beweglichen Uhr den Zeitpunkt dieses Impulses anzugeben. Als Resultat ergab sich, dass das mittels EEG-Ableitung gemessene motorische Bereitschaftspotenzial dem subjektiv angegebenen Zeitpunkt des Bewegungsimpulses um ca. 500 ms vorausging.[65]

Die deterministische Deutung dieses Experiments ist freilich vielfach kritisiert worden, vor allem da es menschliches Handeln experimentell von seinem intentionalen Kontext isoliert und auf das Niveau von Zufallsbewegungen einschränkt.[66] Es mutet zumindest abenteuerlich an, dass sich die Bestreitung der Willensfreiheit im Wesentlichen auf ein Experiment stützt, das doch auf der freiwilligen Teilnahme von Versuchspersonen beruht, die ohne ihre Zustimmung ihren Finger nie bewegt hätten. Diese vorausgehende Komponente, also der eigentliche Entscheidungsprozess, wird aber vom Experiment gar nicht erfasst, sondern gerade ausgeblendet. Es zerlegt also die zeitliche und sinnhafte Einheit von Willensbildung und Willenshandlung, mit der Folge, dass künstlich ein letzter »Entscheidungsmoment«, oder besser: ein auslösender Bewegungsimpuls erzeugt wird. Auch alle späteren Experimente zu Gehirn und Willenshandlung haben bislang nur »Entscheidungen« im Sekundenbereich und äußerst einfache Handlungen wie Fingerbewegungen untersucht.

---

65 Vgl. Libet 1985 sowie die Deutung durch Roth 2001, 437 ff. – Das Experiment wurde, erweitert um eine alternativ auszuführende Bewegung (einen von zwei Knöpfen drücken), später von Haggard und Eimer (1999) wiederholt und im Prinzip bestätigt.
66 Eine detaillierte Kritik der experimentellen Durchführung findet sich bei Gomes (1998); zur philosophischen Kritik vgl. etwa Hartmann (2000), Helmrich (2004) sowie aus phänomenologischer Sicht v. a. Gallagher (2005), 237 ff.

Zudem legen neuere Experimente von Herrmann et al. (2008) nahe, dass das Bereitschaftspotenzial auch eine unspezifische Erwartungshaltung des Probanden widerspiegeln kann. Bei diesen Experimenten wurden die Testpersonen nicht zu einer Willkürbewegung veranlasst, sondern zu einer Wahl*reaktions*aufgabe: Sie hatten je nach der Vorlage bestimmter geometrischer Figuren zu wählen, welche von zwei Tasten sie drücken sollten. Hier traten nun ebenfalls motorische Bereitschaftspotenziale auf, allerdings bereits *vor* der Darbietung des jeweiligen Bildes, also zu einem Zeitpunkt, an dem der Vorgang der Entscheidung, die linke oder rechte Taste zu drücken, auch im Gehirn noch gar nicht begonnen haben *konnte*. – Es ist also anzunehmen, dass das Bereitschaftspotenzial einer unspezifischen Bewegungsvorbereitung dient, wie dies ja bei einer ins Auge gefassten Handlung auch erforderlich ist. Zudem bestätigten neuere computergestützte Untersuchungen von Haynes die bereits von Libet vermutete *Veto-Funktion* des Bewusstseins: Bis 200 msec vor der Bewegungsauslösung konnten die Versuchspersonen ihre bereits eingeleitete Bewegung noch stoppen (Schultze-Kraft et al. 2016).

Auf die implizit dualistischen Voraussetzungen der neurobiologischen Position habe ich bereits hingewiesen (▶ Kap. 2.2.1). Sie basiert auf der Fiktion eines von seinem Leib, seinen Gefühlen und seinem Lebensvollzug abgekoppelten, cartesianischen »Ich«, das in unumschränkter Willkür eine Entscheidung trifft und dem Körper deren Ausführung aufoktroyiert. Die Wirksamkeit dieses fiktiven Ich wird dann unter Verweis auf den geschlossenen Ablauf der körperlichen Prozesse für widerlegt erklärt: Das Bewusstsein komme gegenüber seinen neuronalen Aufbaumechanismen immer zu spät. Für eine Kausalität des Subjekts lasse die physikalische Welt keinen Spielraum. Folglich müssten Entscheidungen und Handlungen dem Gehirn zugeschrieben werden.

Solche Argumentationen unterliegen grundsätzlich der Kritik am mereologischen Fehlschluss: Gehirne entscheiden ebenso wenig wie sie in der Lage sind zu handeln. Dass die Zuschreibung von Entscheidungen an Gehirne zudem den Begriff der Entscheidung selbst aufhebt, wurde an anderer Stelle gezeigt (Fuchs 2007): Ein computationaler neuronaler Prozess, gleich ob er streng deterministisch, probabilistisch, chaotisch oder indeterministisch verläuft, kann alternative Möglichkeiten gar nicht *als* Möglichkeiten auffassen. Mehr noch, er ist auch unfähig, *die Zukunft zu erfassen*. Er ist daher ebenso wenig ein Entscheidungsprozess wie das Fallen eines Würfels oder die Ziehung der Lottozahlen.

Der Begriff »Bereitschaftspotenzial« bedeutet nicht, dass das Gehirn oder der motorische Kortex tatsächlich für etwas »bereit« sein könnten, was geschehen wird. Diese Bereitschaft kann erst mit bewusstem Leben auftreten, denn nur Bewusstsein ist in der Lage, die Zeit zu einer Spanne zu integrieren, die Vergangenheit, Gegenwart und Zukunft umfasst. William James (1884) hat diese Integration als »specious present«

bezeichnet, Henri Bergson (1999) als »Dauer« und Husserl (1969) als »inneres Zeitbewusstsein«. Um dies kurz zu erläutern: Die bloße Abfolge von Bewusstseinsmomenten kann noch kein Erlebnis der Kontinuität herstellen. Erst wenn diese Momente sich in einer vorwärts und rückwärts gerichteten Intention aufeinander beziehen, wird die Abfolge zu einem einheitlichen Prozess, einem »Bewusstseinsstrom« integriert. Husserl konzipierte dies als eine Synthese von *Protention* (unbestimmte Vorwegnahme des Kommenden), *Präsentation* (momentaner Eindruck) und *Retention* (Behalten des soeben Erfahrenen in seinem Weggleiten).

Man kann dies an einer Melodie oder einem gesprochenen Satz illustrieren: Wir hören den augenblicklichen Ton (Präsentation), sind aber zugleich des gerade verklungenen Tons noch mitbewusst (Retention) und auf eine Fortsetzung der Melodie gefasst (Protention). Unsere Wahrnehmung ist daher keine Folge von Einzelmomenten, sondern ein dynamischer, sich selbst organisierender Prozess, der die gehörten Töne zu einer Melodie integriert oder die Worte zu einem Satz. Für etwas bereit sein oder das Bevorstehende vorwegnehmen vermag also nur ein bewusstes Lebewesen. Die Antizipation des »Noch-Nicht« und die Retention des »Nicht-Mehr« ist sogar eine der zentralen Funktionen des Bewusstseins.

Umso mehr ist die Antizipation von Möglichkeiten *als Möglichkeiten* nur einem Lebewesen möglich, das sich in einem zukunftsgerichteten Lebensvollzug vorfindet, das über eine verkörperte Handlungsfähigkeit verfügt und das sich kontrafaktisch auch das *Nicht-Seiende* vorstellen kann – »tun oder nicht tun?« ist die Frage bei jeder Entscheidung. Alternativen *als Alternativen* begreifen (rechter oder linker Knopf?) ist sogar die Voraussetzung für alle sogenannten Entscheidungen in den oben erwähnten Experimenten. Wird aber die subjektive Perspektive als illusionär eliminiert, dann hat niemals eine andere Möglichkeit existiert als das faktische Geschehen – folglich können Gehirne nichts entscheiden. Dass in den subjektiven Entscheidungsprozess selbstverständlich nicht nur bewusste und rationale Überlegungen miteingehen, sondern auch unbewusste oder teilbewusste Motive, Dispositionen und Neigungen, war der Psychologie schon immer bekannt. Dies ändert nichts daran, dass jede Entscheidung Antizipation und daher Bewusstsein erfordert.

Analoges gilt für den Begriff der Handlung. Von Handlungen (im Unterschied zu Ereignissen) lässt sich nur sprechen, wenn es auch einen Handelnden gibt, und dies ist der ganze Mensch, nicht sein »Ich«, sein »Geist« oder sein Körper. Monika geht in die Schule – und nicht ihr Ich, ihr Gehirn oder ihre Beine. Wenn Monika dazu ihre Beine bewegt, so tun sie das in der Regel von selbst, und es bedarf dazu keines Willensentschlusses. Sollte Monika auf den Gedanken kommen, ihre Beine in der Weise absichtlich und gezielt zu bewegen, wie es das Libet-Experiment von den Versuchspersonen fordert, so werden die Beine ihr zwar folgen. Doch dieses besondere instrumentelle Verhältnis, das der Mensch zu seinem Körper einnehmen kann, erzeugt nicht ein körperloses »Ich« oder einen ominösen »Willen«, der den Körper von außen in Bewegung setzt. Monika wüsste auch gar nicht, wie sie das machen sollte. Sie bleibt auch bei absichtlichen Bewegungen ein verkörpertes Wesen, das *sich bewegt* – und nicht seine eigenen Beine wie zwei Stücke Holz von hier nach da befördert.

Treten nun in Monikas Gehirn spezifische motorische Bereitschaftspotenziale auf, kurz bevor sie sich auf den Weg macht, so wird sie damit natürlich nicht zu einem Automaten oder zu einer Marionette ihres Gehirns. Monika könnte nämlich auch auf den Gedanken und zu dem Entschluss gekommen sein, die Schule zu schwänzen und stattdessen lieber zum Baden zu gehen. Sobald sie diesen Entschluss in die Tat umsetzen würde, träten in ihrem prämotorischen Kortex aber *genau die gleichen* Bereitschaftspotenziale auf. Diese Hirnaktivitäten sind also notwendige, ab einem gewissen Zeitpunkt sogar hinreichende Bedingungen für Monikas *Muskelbewegungen,* nicht aber für ihre *Handlung.* Denn die Handlung, zur Schule zu gehen, ist zweifellos eine ganz andere Handlung, als sie zu schwänzen, obgleich sie sich genau der gleichen Muskeln und Bewegungsabläufe bedient.

Was die neurobiologische Beschreibung erklärt, ist also bestenfalls eine Körperbewegung im Sinne eines physikalischen Ereignisses. Um diese Bewegung *als Handlung* zu erklären, bedarf es der Kenntnis von Monikas Motiven, Wünschen und Zielen – also einer ganz anderen, nämlich psychologischen, teleologischen oder intentionalen Beschreibung. Physiologische Ursachen sind bei der Frage nach dem Sinn einer Handlung völlig irrelevant. Freilich existieren auch jene subjektiven Phänomene nicht in einer transzendenten Welt des Geistes, sondern sie sind, ebenso wie Monikas Vermögen zu gehen, Manifestationen ihrer verkörperten Subjektivität. Will man daher die Ursache für eine Handlung *als* Handlung angeben, so kann sie weder in einem Ich oder Willen noch im Gehirn liegen, sondern nur im Menschen insgesamt mit all seinen seelischen und körperlichen Zuständen.

2.3.2 Die Rolle des Bewusstseins

Nun kann man freilich den Reduktionismus weiter radikalisieren und der Subjektivität auch bei den Prozessen des Überlegens, Abwägens und Entscheidens einen nur epiphänomenalen Status zuerkennen. Die Frage ist also, ob der Prozess der subjektiven Abwägung von Möglichkeiten *selbst das Resultat mitbestimmt,* oder ob er nur die ohnmächtige Widerspiegelung physikalischer Vorgänge ist, denen die eigentliche bestimmende Realität in der

Welt zukommt. Bliebe die subjektive Erfahrung für den Lauf der Welt selbst tatsächlich ohne jegliche Folgen, dann wäre die Intuition personaler Freiheit und Handlungsurheberschaft tatsächlich in ihrem Kern getroffen. Kommt es also darauf an, dass ich mit mir ernsthaft zurate gehe, was ich in einer bestimmten Situation tun soll? Macht es einen Unterschied in der Welt?

Wenn es zutrifft, dass wir Möglichkeiten, Wertungen, Gründe und schließlich Entscheidungen in der physikalischen Welt nicht vorfinden, dann macht es in der Tat einen Unterschied. Denn es bedeutet, dass sich die Bestimmtheit von Prozessen des Überlegens, Wertens, Vorziehens und Entscheidens nicht vollständig auf physikalisch-chemische Gesetzmäßigkeiten reduzieren lässt. Dass Gehirnprozesse nicht allein durch physikalische Gesetze bestimmt sind, ist leicht zu erkennen, denn schließlich wird das Gehirn wesentlich durch kulturelle, ideelle und symbolisch vermittelte Einflüsse geprägt. Um ein Beispiel zu geben: Was ein gültiger logischer Schluss ist, oder was das Ergebnis der Rechnung 3 × 16 ist, ist nicht durch physikalische Naturgesetze festgelegt. Wenn wir also eine Rechnung wie 3 × 16 = 48 ausführen, so ergibt sich ihre Richtigkeit nicht aus hirnphysiologischen, sondern aus mathematischen Gesetzmäßigkeiten. Alles andere wäre ein »Neurologismus«[67], der analog dem schon von Husserl widerlegten Psychologismus sich anheischig machen würde, alle übergeordneten Gesetzmäßigkeiten, die wir in der Welt vorfinden, auf neuronale Mechanismen zurückzuführen. Es verhält sich umgekehrt: Das Gehirn ist ein hochgradig formbares Trägermedium, das solche übergeordneten Bestimmungen aufzunehmen in der Lage ist. Diese Prägung aber wird vermittelt durch subjektive Erfahrungen; ich werde darauf zurückkommen (▶ Kap. 4).

Nun wird die Prägung des Gehirns durch Sprache, Ideen und Kultur, also durch den »objektiven Geist« in der Regel auch von neurowissenschaftlicher Seite konzediert. Das soll jedoch nichts an unserer physikalischen Determiniertheit ändern: Es gehen dann in die Algorithmen der Neuronen auch funktionale Äquivalente von Bedeutungen und kulturellen Programmen ein, also z.B. von mathematischen, logischen oder moralischen Regeln. Aber es sei dann immer noch das Gehirn, das diese Programme ausführt, das rechnet, denkt und »entscheidet«, weil es eben so und nicht anders programmiert wurde. Die Subjektivität und das bewusste Erleben selbst jedoch sollen keinen Einfluss auf den Entscheidungsprozess haben.[68]

---

67 So die treffende Bezeichnung von an der Heiden (2006).
68 Auf die Soziogenese der Gehirnstrukturen stützt auch Habermas seine Argumentation gegen den neurowissenschaftlichen Determinismus: Gehirne werden, so Habermas, durch soziokulturelle geistige Phänomene (sprachliche Bedeutungen, Logik, Moral

2 Das Gehirn als Erbe des Subjekts?

Ein zentrales Argument gegen eine solche Position ist ein evolutionstheoretisches: Wozu eigentlich sollten sich Subjektivität und Bewusstsein überhaupt entwickelt haben? Wofür der enorme Entwicklungs- und Energieaufwand zur Herstellung eines sinn- und folgenlosen Phänomens, einer systematischen Selbsttäuschung von Milliarden von Lebewesen?[69] – Man könnte sich damit begnügen zu sagen: Das Bewusstsein sei eben »einfach da«. Die Welt ist faktisch so eingerichtet, dass mit einem bestimmten Grad an Komplexität elektrochemischer Prozesse in Gehirnen Bewusstsein entsteht – warum und wozu, wissen wir nicht, denn es hat keinen Sinn und keine Funktion. Es bleibt ein metaphysisches Rätsel, ja mehr noch: ein sinnloses Blendwerk, nämlich eine »Täuschung, die auch den Getäuschten noch vortäuscht« (Jonas 1987, 56).

In einem Versuch der Sinngebung will Roth dem subjektiven Willenserlebnis die Rolle zuteilen, dem Gehirn ein *Signal* zu geben, »dass die exekutiven Zentren der Großhirnrinde zusammen mit dem limbischen System sich (mit der Entscheidung) ›ausreichend befasst‹ haben« (Roth 2001, 446). »Das Gefühl des *fiat!*, des *ich will das jetzt* ist demnach die bewusste Meldung dieses neurophysiologischen Vorgangs« (ebd.). Das Erleben der eigenen Handlungsurheberschaft dient demnach der Selbstvergewisserung des Gehirns und vermittelt das beruhigende Gefühl von Stimmigkeit und Kontrolle.

Das Problem dieser Interpretation ist: Das *Gehirn* braucht dieses Gefühl gar nicht! Es funktioniert durchaus ohne solche freundlichen Hilfsdienste des Bewusstseins, das es ja selbst hervorbringt. Das Bewusstsein kann dem Gehirn auch gar kein Signal geben, denn das würde eine Wirkung bewusster Erlebnisse auf das neuronale System implizieren, was ja nach der Voraussetzung ausgeschlossen ist. Natürlich könnte Roth sich darauf berufen, dass die »Meldung« dem Gehirn ja nur in Form neuronaler Signale übermittelt würde.

---

etc.) »programmiert«. Ja, wir selbst unterliegen einer »... kulturellen Programmierung, die als eine Motivation durch Gründe erlebt wird« (Habermas 2004, 886). Es gibt also nicht nur eine physikalische, sondern auch eine »‚mentale Verursachung' ... im Sinne der Programmierung des Gehirns durch den objektiven Geist.« Dieser objektive Geist »... ist die Dimension der Handlungsfreiheit« (ebd.). Damit versucht Habermas, den von den Neurowissenschaften beanspruchten Erklärungsprimat für geistige Prozesse zurückzuweisen. Allerdings lässt auch dieses Konzept dem Individuum letztlich nur die Rolle einer Relaisstation für objektive Prozesse, die jetzt eben sozial determiniert sind statt physikalisch. Von der Subjektivität des Entscheidenden oder Handelnden ist in Habermas' Argumentation (ebd., 881 ff.) nicht mehr die Rede.

69 Der evolutionstheoretische Einwand gegen den Epiphänomenalismus findet sich bereits bei Puccetti (1974) ebenso wie bei Popper (Popper u. Eccles 1977). Vgl. zu weiteren Argumenten gegen den Epiphänomenalismus Jonas 1987, bes. 35–63.

Teil A Kritik des neurobiologischen Reduktionismus

Damit wäre aber das Bewusstsein selbst erneut überflüssig, und die Nebenrolle in der ganzen Aufführung, die ihm Roth gerne zugedacht hätte, müsste er ihm im selben Atemzug schon wieder wegnehmen.[70]

Nicht anders ergeht es Gerald Edelman, der sich explizit die Frage stellt, ob phänomenales Bewusstsein kausale Wirksamkeit und damit eine Anpassungsfunktion habe könne (Edelman 2004, 82 ff.). Nein, so lautet seine Antwort: Zwar ist mit bestimmten neuronalen Prozessen nicht weiter ableitbar die Eigenschaft von Bewusstsein gegeben. Doch die Gesetze der Physik fordern, dass nicht die phänomenalen Erlebnisse C (für »consciousness«), sondern nur ihre Trägerprozesse C' physikalische Wirkungen hervorrufen können. Diese Prozesse wurden von der Evolution selektiert, um effizientes Planen und Handeln zu ermöglichen, und sie sind es, die die kausale Verknüpfung umsetzen. Ihre simultane Transformation in phänomenales Erleben dient dem Individuum nur als ein »verlässlicher Indikator« für die eigentlich wirksamen Ereignisse C' (ebd., 84).

Nun scheint Edelman selbst nicht ganz sicher zu sein, wozu dieser Indikator erforderlich sein könnte, wenn dieses bewusste Individuum doch selbst nur ein machtloses Erzeugnis seiner Neuronen ist, und er fügt deshalb noch eine Funktion hinzu: Bewusstsein ermögliche uns immerhin, anderen Individuen auch Mitteilungen über Zustände in unseren C›-Gehirnarealen zu machen. Freilich muss Edelman dann einräumen, dass Bewusstsein sich schon bei Arten entwickelt haben dürfte, »die nicht über ausgeprägte kommunikative Fähigkeiten verfügen«. Es bleibt daher nur übrig, C als »Epiphänomen« aufzufassen (89), das nun einmal notwendig mit C›-Prozessen verknüpft auftritt, ohne selbst eine Funktion zu besitzen. Trotzdem wiederholt Edelman zum Schluss noch einmal:

---

70 In das gleiche Dilemma gerät Colin Blakemore mit der Aussage: »Das *Gefühl* des Willens ist eine Erfindung des Gehirns. Wie so vieles, was das Gehirn tut, ist das Gefühl der Wahl ein mentales Modell – ein plausibler Bericht davon, wie wir handeln, der uns nicht mehr darüber sagt, wie Entscheidungen im Gehirn getroffen werden, als unsere Wahrnehmung der Welt uns etwas über die [neuronalen] Berechnungen sagt, die dabei involviert sind« (Blakemore 1988, 272). – Doch wozu braucht das Gehirn einen »plausiblen Bericht« von dem, was es ohnehin tut? Warum benötigt es das Willenserlebnis als ein »Signal« dafür, sich mit einer Entscheidung ausreichend befasst zu haben? Alle diese Sätze ergeben sofort Sinn, sobald sie nicht auf das Gehirn, sondern auf die Person bezogen werden: Natürlich wollen *wir* wissen, was wir gerade tun und warum; und natürlich wollen *wir* bei einem Entschluss das Gefühl haben, wir hätten uns mit der Entscheidung ausreichend befasst und nicht blindlings eine Wahl getroffen. Dem Gehirn sind solche Zwecke freilich fremd.

2 Das Gehirn als Erbe des Subjekts?

»Die Transformation ins phänomenale Erleben ist ein elegantes Medium, um integrierte ‹C›-Zustände subjektiv zugänglich zu machen« (91).

Doch wozu soll diese Eleganz dienen? Der Satz bleibt tautologisch, denn »‹C›-Zustände subjektiv zugänglich zu machen« heißt recht besehen auch nichts anderes als sie in phänomenales Erleben zu transformieren. Phänomenales Erleben ist dann also gut für das phänomenale Erleben.

Hier offenbart sich noch einmal das Grunddilemma des neurobiologischen Ansatzes: Je lückenloser die physiologische Beschreibung der neuronalen Grundlagen von Bewusstsein, desto prekärer wird die Frage nach der Funktion des Bewusstseins selbst. Die der Materie zugedachte Rolle der Verursachung des Geistes scheint dann zwar erfüllt, es bleibt jedoch ein schaler Beigeschmack: Bewusstsein wird damit, wie Hans Jonas bemerkt hat, zu einer »Sackgasse, die von der Hauptstraße der Kausalität abzweigt, und an der der Verkehr von Ursache und Wirkung vorbeirollt, als ob es sie nicht gebe« (Jonas 1973, 189). Ja mehr noch: Es wird gerade zu einer jener Eigenschaften, die die Naturwissenschaften eigentlich aus der Welt verbannen wollten, nämlich zu einer »*qualitas occulta*«, einer verborgenen, unnachweisbaren, in keiner Wirkung sich manifestierenden Eigenschaft bestimmter materieller Prozesse.

Es führt kein Weg daran vorbei: Wenn wir die gleichermaßen ontologische wie biologische Absurdität einer folgenlosen Subjektivität nicht annehmen wollen, dann müssen wir das Gehirn so auffassen, dass es nicht nur durch den objektiven, sondern auch durch den subjektiven Geist bestimmt werden kann; dass es also *fortlaufend* in den übergeordneten, bewussten Lebensvollzug einer Person einbezogen ist.

Wir haben bereits mehrfach festgestellt, welche grundlegend neuen Phänomene mit dem Bewusstsein in der Welt auftreten. Ich fasse die wichtigsten zusammen:

- die Integration der sensomotorischen Interaktionen eines Lebewesens mit seiner Umwelt in einen *intermodalen Handlungsraum* (»sensus communis«), der den geschickten Umgang mit Objekten und Situationen erlaubt;
- die *intentionale und affektive Gerichtetheit* des Lebewesens auf die Umwelt, also die teleologische Orientierung des Bewusstseins an relevanten Zielen und Zwecken;
- die *zeitliche Integration von Erfahrung*, ermöglicht durch die Antizipation der unmittelbaren Zukunft und ihrer Möglichkeiten (Protention) ebenso wie durch die Retention von Erlebtem im Bewusstsein;

- das *Bewusstsein von Handlungsalternativen* in einer gegebenen Situation, einschließlich der Möglichkeit zu kontrafaktischen Vorstellungen (»was wäre wenn«, »als ob«);
- schließlich das *basale Selbsterleben* bzw. *die Selbstaffektion,* die, wie wir noch sehen werden, den momentanen Zustand des Organismus im Hinblick auf seine Selbsterhaltung integriert (▶ Kap. 4.1.2). Diese Integration manifestiert sich auch in der räumlich ausgedehnten und doch unteilbaren Einheit des subjektiven Leibes (▶ Kap. 1.2.2).

Alle diese Phänomene lassen sich nirgendwo in der physikalischen Welt finden: weder ein einheitlicher Handlungsraum mit qualitativ verschiedenen Relevanzen noch eine intentionale und affektive Gerichtetheit, weder eine Integration der Zeit noch die Dimension des Selbsterlebens, die höhere Tiere zu Zentren ihrer eigenen Welt macht. Anders als physikalische Mechanismen lässt sich Bewusstsein nicht in getrennte raumzeitliche Komponenten zerlegen; es umfasst Raum, Zeit und Leib.

Um dies hinsichtlich der zeitlichen Integration noch einmal zu zeigen: Alle physikalischen (einschließlich neuronaler) Prozesse, wie komplex sie auch sein mögen, sind stets *nur gegenwärtig.* Sie können nie mehr darstellen als eine lineare Abfolge von Ereignissen, zu jeder Zeit auf den jetzigen Moment beschränkt, ohne ein Gedächtnis des Vergangenen oder eine Antizipation der Zukunft. Auch Regelkreise, also Feedback- und Feed-forward-Mechanismen ändern daran nichts: Wie schon gezeigt, ist auch ein Torpedo mit einem »Zielsuchprogramm« sich selbst nicht vorweg, es *sucht* also gar nichts (▶ Kap. 2.1.2.2). Nur vermittels der übergeordneten Kontinuität ihres Bewusstseins können höhere Tiere sich auf die nächste Zukunft einstellen und mögliche Handlungen vorwegnehmen.

Auch wenn jüngste neurokognitive Theorien das Gehirn als ein »Vorhersageorgan« oder eine »Vorhersagemaschine« postulieren[71], ändert dies nichts daran, dass Gehirne weder Hypothesen über mögliche Ereignisse aufstellen noch Vorhersagen der Zukunft treffen können – einfach deshalb, weil es *für Gehirne* so etwas wie Zukunft gar nicht gibt. Es mag wohl sein, dass im dynamischen Zustandsraum des Gehirns ein Abgleich von vorbestehenden Erregungsmustern mit eintreffenden Reizmustern stattfindet, im Sinne von *»forward models«,* die durch den Input entweder bestätigt werden oder nicht. Doch verhält sich dies nicht prinzipiell anders als bei Korrekturmechanismen in »zielsuchenden« Bomben; es bedeutet weder eine Bestätigung

---

71 »*Predictive brain*«, »*prediction machine*«; vgl. z. B. Clark 2013, Hohwy 2013., Walsh et al. 2020.

noch eine Widerlegung von *Erwartungen*. Ein »prädiktives Gehirn« im strikten Sinn gibt es nicht.

Hält man sich die genannten, irreduziblen Aspekte des Bewusstseins vor Augen, so erscheint es absurd anzunehmen, dass diese vieldimensionale Integration und damit das Auftreten eines fundamental neuen Phänomens in der Welt ohne Konsequenzen für das Verhalten von Lebewesen geblieben sein sollte, die über Bewusstsein verfügen. Das Gegenteil ist der Fall: Im Verlauf der Evolution entwickelte sich das Gehirn als ein Organ, dessen Komplexität die Entstehung von Empfindung, Gefühl, Denken und Wollen ermöglichte, und das zur zentralen – wenngleich nicht hinreichenden – Grundlage für integrierende bewusste Erfahrung wurde. Damit erlangten höhere Lebewesen immer mehr Freiheitsgrade und vervielfachten ihre Wahl- und Aktionsmöglichkeiten – bis hin zur freien Überlegung und Entscheidung, wie sie das Selbstverhältnis des Menschen erlaubt. Das Gehirn ist also ein Organ der Freiheit, nicht des Zwangs; und Bewusstsein ist kein folgenloses Epiphänomen, sondern eine wirkende Realität. Wie dies möglich ist, wird uns noch näher beschäftigen (▶ Kap. 6).

2.4 Zusammenfassung: Der Primat der Lebenswelt

In diesem Abschnitt wurde die Vorstellung, Subjektivität sei auf die Beschreibung der Eigenschaften und Strukturen neuronaler Prozesse zurückzuführen, kritisiert und zurückgewiesen. Die Eigenschaften des phänomenalen Bewusstseins, insbesondere die Subjektivität von Erlebnistatsachen und das Charakteristikum der Intentionalität, sind durch die Beschreibung physiologischer Ereignisse nicht hinreichend erklärbar. Die Versuche der Reduzierung geraten zudem in Kategorienfehler, die als mereologische und lokalisatorische Fehlschlüsse analysiert wurden. Schließlich führt die These, Bewusstseinsprozesse besäßen nur eine illusionäre Wirksamkeit, in unlösbare Aporien: Zum einen wird das Auftreten und die Funktion von Bewusstsein in der Evolution zu einem Rätsel. Zum andern verstrickt sich der mit der These notwendig verbundene Epiphänomenalismus in den Widerspruch, subjektives Bewusstsein als eine Täuschung begreifen zu müssen, die den Getäuschten selbst vortäuscht, der dann diese Täuschung auch noch zu durchschauen vermag.

Anknüpfend an die Einleitung will ich nun zum Abschluss dieses ersten Teils noch einmal versuchen, die von den Neurowissenschaften aufgeworfene Problematik an der Wurzel zu fassen, und bediene mich dazu des kulturalistischen Ansatzes, wie er vor allem von Janich (1996) und Hartmann (1996, 1998) entwickelt wurde. Meine darauf gestützte These lautet: Die Problematik des Verhältnisses von Gehirn und Geist, wie sie sich heute darstellt, entsteht durch einen *Kurzschluss* zwischen der Ebene naturwissenschaftlicher, hier speziell neurobiologischer Konstrukte und der Ebene intersubjektiver, lebensweltlicher Erfahrung, aus der heraus sich die neurobiologische Spezialpraxis entwickelt hat, und an die sie immer rückgebunden bleibt.

Die Grundvoraussetzung, die die kognitiven Neurowissenschaften leitet, ist letztlich ein metaphysischer *Realismus:* Es gibt eine objektive materielle Welt »da draußen«, die von unserem Beobachtungsvorgang und von unserer lebensweltlichen Verankerung unabhängig ist, und von der es grundsätzlich eine vollständige, und zwar *physikalische* Beschreibung geben muss (auch wenn sich diese Beschreibung notwendig bestimmter Konstrukte bedient und wir uns der Vollständigkeit immer nur annähern können). Hätten wir diese vollständige Beschreibung, so müsste sie alles enthalten, was in der Welt vorkommt, d. h. *auch unsere Erfahrung und Beobachtung der Welt selbst.* Mit anderen Worten: Sie müsste alles enthalten, was es über das Bewusstsein und seine Gehalte zu wissen gäbe. Anderenfalls nämlich wäre Bewusstsein eine zusätzliche, nicht natürliche Eigenschaft der Welt, was der Voraussetzung widerspräche.

Das Grundproblem dieses Ansatzes liegt in seiner offenkundigen, gleichwohl meist undurchschauten Zirkularität. Ihm liegt die Annahme zugrunde, es könne eine Position der Beobachtung und Erkenntnis jenseits unserer lebensweltlichen Erfahrung geben, die doch mit der Beobachtung immer schon vorausgesetzt ist. Physikalische Gegenstände sind unabhängig von dieser Erfahrung gar nicht identifizierbar. Was ein Mensch, was ein Gehirn, was Neuronen, Moleküle oder Atome sind, erschließt sich nur aus dem gemeinsamen Vorverständnis oder aus konventioneller Vereinbarung. Der metaphysische Realismus oder Physikalismus ist also insofern inkohärent, als er die eigene Abhängigkeit von der intersubjektiv konstituierten Lebenswelt übersieht. Diese Lebenswelt beruht auf der grundlegenden Beziehungsstruktur »Ich – Du – Es«; das heißt, als Mitglieder einer Kommunikationsgemeinschaft beziehen wir uns miteinander auf Gegenstände unserer Umwelt. Der wissenschaftlichen *Beobachterperspektive,* der Perspektive der 3. Person, liegt also die *Teilnehmerperspektive* voraus, die »Du«-Perspektive der 2. Person oder die »Wir«-Perspektive der 1. Person Plural, an die auch die wissenschaftliche Erkenntnis als soziale Praxis immer gebunden bleibt. Daraus folgt, dass eine rein physikalisch gedachte Natur, in der keine Sub-

2 Das Gehirn als Erbe des Subjekts?

jekte vorkommen, immer ein theoretisches Konstrukt bleiben muss, aus dem Bewusstsein und Intersubjektivität nicht abgeleitet werden können.[72]

Die Neurobiologie ist primär eine aus der Lebenswelt hervorgegangene, hochspezialisierte Form gemeinsamer Praxis. »Die Lebenswelt beinhaltet alles, worüber sich vorwissenschaftlich reden lässt: Mitmenschen, Katzen, Sonnenblumen, Steine, Waffen, Kathedralen, aber auch Geräusche, Nachbilder, Gedanken, Erinnerungen, Hunger, Freude und Furcht« (Hartmann 1998, 322). Sie enthält aber zunächst keine Konstrukte wie Atome, Moleküle oder Aktionspotenziale. Innerhalb der Lebenswelt bilden Menschen nun Kultur-, Sprach- und Handlungsgemeinschaften, darunter nun auch spezielle Praxisformen wie die Naturwissenschaften, die die Beobachterperspektive zu ihrem methodischen Leitprinzip erheben. Damit schneiden sie auf die in der Einleitung beschriebene Weise bestimmte, quantifizierbare und objektivierbare Bereiche aus der phänomenalen, lebensweltlichen Erfahrung heraus. Um die Strukturen des von ihnen gewählten Wirklichkeitsausschnitts zu beschreiben, entwickeln sie bestimmte Terminologien, im weiteren Verlauf aber auch bestimmte Konstrukte (Atome, Elektronen, Wellen, Potenziale, Felder etc.), die der Erklärung der beobachteten Prozesse dienen, und die in Verbindung mit festgestellten Gesetzmäßigkeiten einen hohen prognostischen und damit letztlich auch praktischen Wert für die Gemeinschaft haben. Damit gewinnen auch zunächst nur forschungsleitende methodische Normen wie das Kausalprinzip mehr und mehr unangefochtenen, ja metaphysischen Status (etwa als »universaler Determinismus«).

Der »zweite naturalistische Fehlschluss«[73] liegt nun Hartmann zufolge darin, dass die auf der Konstruktebene postulierten Strukturen und Prozesse *der lebensweltlichen Erfahrung untergeschoben* und schließlich zur eigentlichen Wirklichkeit hypostasiert werden.

---

72 »Denn was will man denn eigentlich sagen, wenn man davon spricht, die Welt habe schon vor jeglichem menschlichen Bewusstsein existiert? Man will z. B. sagen, die Erde habe sich aus einem Urnebel gebildet, in dem die Bedingungen des Lebens noch nicht gegeben waren. Doch ein jedes dieser Worte wie auch jede einzelne der Gleichungen der Physik setzt *unsere* vorwissenschaftliche Welterfahrung voraus, und diese Bezugnahme auf die *Lebenswelt* trägt zur Konstitution ihrer gültigen Bedeutung bei. Auf keine Weise werde ich je zu verstehen vermögen, was ein Spiralnebel sein sollte, der von niemand gesehen wäre. Der Laplace'sche Urnebel [oder heute der Urknall, T. F.] liegt nicht hinter uns, an unserem Ursprung, sondern vor uns, in der Kulturwelt« (Merleau-Ponty 1966, 491)

73 Der »zweite«, da als naturalistischer Fehlschluss bereits der Schluss vom Sein auf ein Sollen bezeichnet wird.

> »Ein Messer besteht aus Klinge und Griff, das Material der Klinge ist eine Legierung, diese besteht aus Molekülen, die eine Verbindung von Atomen sind, die aus noch kleineren Teilchen bestehen – alles nur eine Sache des ›immer genaueren Hinsehens‹. Übersehen wird dabei, dass die Konstruktgegenstände im Gegensatz zu den Gegenständen der Phänomenenebene nicht unabhängig von den Theorien, in welchen sie auftreten, zugänglich sind« (ebd., 326).

Diese stufenweise Substitution der Phänomene durch quantifizierbare Konstrukte bleibt unproblematisch für die ursprünglichen, nämlich anorganischen und mechanischen Gegenstände der Naturwissenschaften. Sie wird jedoch bereits reduktionistisch für die Phänomene des Lebendigen, da diese komplex bzw. holistisch strukturierte und damit makroskopische Körper voraussetzen und durch immer weitere Aufteilung aus dem Blick verschwinden. Reduktionistisch muss dieser Ansatz erst recht gegenüber den Phänomenen des Erlebens und des Bewusstseins bleiben, da diese sich *per se* der objektivierenden Perspektive entziehen. Nach dem Fehlschluss der ontologischen Hypostasierung der Konstrukte soll die physikalische Beschreibung nun aber universal gelten, d. h. alle denkbaren Aspekte der Wirklichkeit erfassen. Die Lebenswelt muss sich also aus den Konstrukten rekonstruieren lassen (ebd., 328): Ein freudig bellender Hund besteht dann aus gewissen Molekülansammlungen, und sein Bellen erklärt sich aus genetischen Programmen. Die Aufführung von Mozarts »Requiem« besteht in vorübergehenden Luftdruckschwankungen in der Umgebung menschlicher Wesen, und die Partitur erklärt sich aus dem Feuern von Neuronen im Gehirn des Komponisten.[74]

Dieser naturalistische Fehlschluss liegt auch allen dargestellten mereologischen und lokalisatorischen Kategorienfehlern in den Neurowissenschaften zugrunde. Aus dem Physikalismus beziehen sie den Glauben an eine letztgültige, beobachterunabhängige Realität der Materiebestandteile und ihrer Gesetzmäßigkeiten. Demnach müssen die subjektiven Lebenswelten als Konstrukte aufgefasst werden, die durch die Physik des Gehirns erzeugt werden. Der allgemeine naturalistische Kurzschluss zwischen der Ebene physikalisch-chemischer Substrukturen und der Ebene der Lebenswelt wird dann zum Kurzschluss von Gehirn und Geist, oder Gehirn und Subjekt.

---

74 »Immer werden die Atome der Physik wirklicher scheinen als die historisch-qualitative Gestalt der Welt, physikalisch-chemische Reaktionen wirklicher als organische Gebilde, [...] solange man dabei bleibt, die Gestalt dieser Welt, das Leben, die Wahrnehmung, den Geist konstruieren zu wollen, anstatt in der *Erfahrung*, die wir von all dem haben, die nächste Quelle und das letzte Richtmaß aller Erkenntnis von alledem zu erkennen« (Merleau-Ponty 1966, 43).

2 Das Gehirn als Erbe des Subjekts?

Freilich hat die Quantenphysik längst gezeigt, dass sich gerade im Vordringen zu den elementaren Prozessen der Standpunkt des Beobachters nicht mehr ausklammern lässt, womit der vermeintlich feste Grund des Reduktionismus ins Wanken gerät. Dem Physiker sind weder feste »Bausteine« noch vollständig objektivierbare »Tatsachen« übrig geblieben, aus denen sich die Welt wie aus einem Baukasten zusammensetzen ließe. Die Vorstellung von Materie im Sinne kleinster, wie Billardkugeln interagierender Teile ist längst überholt. Die Prozesse der materiellen Welt sind also ebenso wenig unmittelbar gegeben wie andere Aspekte der Realität auch. Da mithin die Neurowissenschaften gleichfalls beobachterabhängig sind, können sie das Beobachten nicht selbst zum Produkt ihres Gegenstandes erklären.[75]

Unhaltbar ist auch die Grundthese des Physikalismus, alle Wirklichkeitsbereiche seien entweder durch physikalische Begriffe und Gesetze zu beschreiben, oder es seien deren eigene Bereichstheorien auf physikalische Theorien zurückzuführen.[76] Die Praxis der empirischen Wissenschaften wie etwa der Biologie, der Psychologie oder der Soziologie belegt zur Genüge, dass ihre Erklärungen der Phänomene in ihrem jeweiligen Bereich mit physikalischen Theorien oder Gesetzen nicht das Geringste zu tun haben. Es genügt ihnen die Voraussetzung, dass ihre Erklärungen physikalischen Grundprinzipien *nicht widersprechen* (also z.B. keine nicht physikalischen Naturkräfte eingeführt werden).

Die Beschreibung und Erklärung von Phänomenen in Übereinstimmung mit physikalischen Gesetzen bedeutet aber nicht, dass auch die Erklärung selbst eine physikalische sein kann. Das freudige Bellen des Hundes ist weder durch biochemische Analyse der Zellorganellen in seinen Stimmmuskeln noch durch quantenphysikalische Beschreibung der subatomaren Prozesse in

---

75 Anders als die Neurobiologie, die immer noch den »Beobachter im Gehirn« sucht (Singer 2002), ist sich die Physik dieses Dilemmas längst bewusst. Stellvertretend für viele sei der Physiker Erwin Schrödinger zitiert: »Ohne es zu beabsichtigen, ja fast ohne es zu merken, vereinfacht sich der Naturforscher das Problem, die Natur zu verstehen, dadurch, dass er in dem angestrebten Weltbild seine eigene Person, das erkennende Subjekt, unbeobachtet lässt und daraus entfernt. Fast ohne es zu merken, tritt der Denker zurück in die Rolle eines außenstehenden Beobachters. Das erleichtert die Aufgabe außerordentlich. Aber es zeigen sich sehr große Lücken, ›blinde Flecken‹, und es führt stets zu Paradoxien und Antinomien, wenn man, des anfänglichen Verzichts nicht gewahr, sich selbst in diesem Weltbild auffinden, oder sich selbst, sein eigenes Denken und Fühlen, in das Weltbild wieder einfügen möchte« (Schrödinger 1987, 159).

76 Vgl. dazu auch die ausführliche Auseinandersetzung mit dem physikalischen Reduktionismus bei Hastedt 1988, 200 ff., 235 ff.

seinem Gehirn befriedigend aufzuklären. Physikalische oder physiologische Beschreibungen können nicht die russische Revolution erklären, nur weil die an ihr beteiligten Menschen und Dinge aus Materie und Zellen bestanden. Freilich gab es das kommunistische Programm nicht ohne materielle Trägersubstanzen, etwa in Form von schwarzen Lettern auf Zeitungsseiten oder auch in Form spezifischer neuronaler Erregungsmuster in Lenins Gehirn. Dennoch lässt sich neurobiologisch allenfalls hinreichend erklären, warum Lenin in seinen letzten Lebensjahren nicht mehr in der Lage war, sein Programm weiterzuverfolgen, nämlich aufgrund mehrerer Schlaganfälle.

Der grundlegende naturalistische Fehlschluss, der der Suche nach Bewusstseinssubstraten in den Neurowissenschaften zugrunde liegt, ist gegenwärtig noch weitgehend undurchschaut. Auch wenn der Begriff der »social cognitive neuroscience« (Caccioppo et al. 2002, Decety u. Ickes 2011, Cozolino 2014, u. v. a.) längst etabliert ist – die Neuro- und Kognitionswissenschaften können erst dann wirklich zu »sozialen Neurowissenschaften« werden, wenn sie nicht nur die Beobachter-, sondern auch die Teilnehmerperspektive in ihre Konzepte und Forschungen miteinbeziehen. Sie ist im Unterschied zur Beobachter-Perspektive die eigentliche soziale Perspektive, in der Menschen sich als Personen anerkennen und als solche miteinander kommunizieren. Das Erleben, Wahrnehmen, Fühlen und Handeln von Personen ist überhaupt nur aus dieser Perspektive zu erfassen und dann unter gewissen Einschränkungen auch mit neurowissenschaftlichen Befunden korrelierbar. Wer nicht weiß, was »Sehen« ist und sich mit anderen Sehenden darüber verständigen kann, kann auch keine Neurophysiologie der optischen Wahrnehmung treiben. Schon die Gegenstandskonstitution erfordert vom Neurowissenschaftler also das Einnehmen der Teilnehmerperspektive. Aber auch der wissenschaftliche Diskurs setzt voraus, dass die beteiligten Personen sich als verständige und frei zustimmungsfähige anerkennen. Sie beziehen sich dabei letztlich nicht auf eine physikalisch beschreibbare Konstruktebene, sondern immer auf eine gemeinsame Lebenswelt als ihren Horizont und Sinnzusammenhang, der durch kulturell tradierte Deutungsmuster repräsentiert wird. »Ohne Intersubjektivität des Verstehens keine Objektivität des Wissens« (Habermas 2004, 885).

Damit gewinnt die lebensweltliche Erfahrung ein Gewicht, das ihrer Bestreitung die volle Beweislast aufbürdet. Die Spezialpraxis der Hirnforschung ist so lange gerechtfertigt, als sie nicht zu hyperbolischen Schlüssen führt, die die lebensweltliche Erfahrung insgesamt als sekundär oder gar illusionär erweisen sollen. Wer diese Erfahrung mittels physiologischer Konstruktionen unterlaufen möchte, kann sich nicht auf szientistische Glaubenssätze wie etwa die vollständige physikalische Reduzierbarkeit oder Kausaldetermination aller Phänomene berufen. Es verhält sich vielmehr umgekehrt: Die Modelle der Hirnforschung müssen sich, sobald sie die Ebene rein anatomischer und physiologischer Forschung überschreiten und den Bereich der Subjektivität und des Bewusstseins berühren, primär an der Plausibilität für unsere Erfahrung orientieren – also z.B. angeben, welche neuronalen Bedingungen für diese Erfahrung bestehen – und nicht an einem physikalistischen Weltbild, in dem Farben, Töne, Gefühle, Handlungen und vor allem Subjekte von vorneherein nicht mehr vorkommen.

Daraus folgt: Ein theoretisches Modell, das für eine adäquate Interpretation der neurobiologisch gewonnenen Daten und Erkenntnisse tauglich ist, muss von der Perspektive der 1. und 2. Person, also der Selbsterfahrung von lebendigen Personen ausgehen und zu ihr zurückkehren, ohne sie unterwegs zu verlieren. Unter dieser Voraussetzung will ich im Folgenden versuchen, eine mit der lebensweltlichen Erfahrung kompatible Sicht des Gehirns zu entwickeln.

Teil B Gehirn – Leib – Person

> Weder die Seele denkt und empfindet [...], noch das Hirn denkt und empfindet; denn das Hirn ist eine *physiologische Abstraktion*, ein aus der Totalität herausgerissenes, vom Schädel, vom Gesicht, vom Leibe überhaupt abgesondertes, für sich selbst fixiertes Organ. Das Hirn ist aber nur solange Denkorgan, als es mit einem menschlichen Kopf und Leibe verbunden ist.
>
> Ludwig Feuerbach (1846/1985a, 177)

Blicken wir noch einmal zurück auf den ersten Teil und seine Kritik des dominierenden Paradigmas der kognitiven Neurowissenschaften. In diesem Paradigma wird das Gehirn als *Konstrukteur* betrachtet, und man fragt nun danach, wie der neuronale Apparat die erlebte Welt und das erlebende Subjekt hervorbringt. Bewusstsein erscheint dann nicht als Beziehung eines Lebewesens zur Welt, sondern wird zu einer internen Repräsentation der Außenwelt in neuronalen Prozessen. Diese Konzeption betrachtet das Gehirn als ein System für sich und stellt es dem Restkörper ebenso wie der Umwelt gegenüber. Der Körper bleibt eine physiologische Trägermaschine für das Gehirn, das vermeintlich selbst als körperloses »Gehirn im Tank« noch Bewusstsein produzieren könnte – einen »Kosmos im Kopf«.

Dieser Ansatz vermag zwar erfolgreich bestimmte neuronale Mechanismen immer weiter zu entschlüsseln, vernachlässigt jedoch die *Wechselbeziehungen und Kreisprozesse*, in denen das Gehirn steht – so wie wenn man das Herz ohne den Kreislauf begreifen wollte oder die Lungen ohne den Atemzyklus. Die nun im zweiten Teil zu entwerfende ökologische Theorie geht davon aus, dass sich das Gehirn nur *als Organ eines Lebewesens in seiner Umwelt* adäquat begreifen lässt. Danach ist das Gehirn zum einen in den Organismus selbst eingebunden, zum anderen über dessen vielfältige, insbesondere sensomotorische Interaktionen eingebettet in die natürliche und soziale Umwelt. Das bedeutet: Der *Körper* stellt immer das Bindeglied dieser Interaktionen dar, und diese fortwährende Vermittlung wird verfehlt, wenn man Gehirn und Umwelt einander gegenüberstellt und dann in einen direkten Bezug zueinander bringen will. Dies kann nur auf ein Abbildungs- oder Repräsentationsverhältnis zwischen den beiden getrennten Systemen hinauslaufen, wie es in den Kognitionswissenschaften ja auch üblich ist.

Doch ein Gehirn für sich ist nur eine »physiologische Abstraktion«: Erst über den Körper, also über den Organismus insgesamt, entsteht die dynamische, sich ständig neu konfigurierende Beziehung von Gehirn und Umwelt. In diesen Interaktionen dient das Gehirn, wie sich zeigen wird, in erster Linie als Organ der *Vermittlung* und der *Transformation* – etwa der Umwandlung von Wahrnehmung in Bewegung, oder der Umwandlung von Erfahrungen in Gedächtnis, das die Möglichkeiten für künftige Interaktionen mit der natürlichen und sozialen Umwelt erweitert. Das Gehirn fungiert als *Beziehungsorgan,* und nur als solches wird es zum Organ der Person.

Diese Theorie kann nur in mehreren Schritten und unter Einbeziehung verschiedener Denkansätze entworfen werden. Als ihre Grundlage wird in Kapitel 3 zunächst ein phänomenologischer Begriff von verkörperter Subjektivität entwickelt, dann ein aspektdualistischer Begriff der Person als Einheit von »Leib« und »Körper« entworfen. Daran schließt sich eine ökologische Konzeption des lebendigen Organismus, die insbesondere eine Analyse der spezifischen Kausalität des Lebendigen enthält. Auf dieser Basis untersuchen die folgenden Kapitel das Gehirn zunächst als Organ des Lebewesens, dann als Organ der Person.

3 Grundlagen: Subjektivität und Leben

> **Übersicht.** – Kapitel 3 entwickelt zunächst auf leibphänomenologischer Grundlage den Begriff der verkörperten Subjektivität. Als zentrale Konzeption für die folgende Untersuchung wird anschließend ein aspektdualistischer Begriff der lebendigen Person als Einheit von »Leib« und »Körper« entworfen. Das Geist-Gehirn-Problem wird damit als »Leib-Körper-Problem« neu gefasst (▶ Kap. 3.1). Daran schließt sich eine ökologische Konzeption des lebendigen Organismus, die einerseits – über den Funktionskreis von Wahrnehmung und Bewegung – die Beziehung des Lebewesens zur Umwelt, andererseits seine Selbstorganisation und Subjektivität ins Zentrum rückt (▶ Kap. 3.2). Diese Konzeption wird vervollständigt durch eine Analyse der spezifischen, zirkulären Kausalität des Lebendigen. Dazu gehört wesentlich der Begriff des Vermögens als holistischer dispositionaler Eigenschaft von Lebewesen, durch die sie zur Ursache ihrer Lebensäußerungen werden (▶ Kap. 3.3).

3.1 Verkörperte Subjektivität

Bewusstsein lässt sich nach den Ergebnissen des ersten Teils nicht als eine unsichtbare Kammer auffassen, die sich im Kopf hinter den Sinnesorganen verbirgt. Es ist überhaupt nicht »im Körper«, sondern es ist *verkörpert:* Bewusst sind bestimmte, integrale Tätigkeiten eines lebendigen, sinnesempfänglichen und eigenbeweglichen Organismus. Die primäre Dimension des Bewusstseins ist damit die wechselseitige, sensorisch-motorische und aktivrezeptive Beziehung von Lebewesen und Umwelt.

Freilich ist es charakteristisch für das menschliche Bewusstsein, dass es sich von der aktuellen Situation bis zu einem gewissen Grad abkoppeln und auf »Repräsentationen« von abwesenden, virtuellen oder möglichen Gegenständen richten kann, wie etwa in Erinnerungen, Vorstellungen oder Fantasien. Menschen haben darüber hinaus die besondere Fähigkeit, zu sich selbst ein Verhältnis einzunehmen: In der Selbstreflexion treten sie ihrem eigenen Erleben und Handeln noch einmal gegenüber. So entsteht eine eigentümliche Innenwelt der Vorstellung, des Denkens und der Reflexion, die den Eindruck erwecken kann, alles Bewusstsein sei letztlich nichts anderes als ein Innenraum.

Doch die Möglichkeit der Repräsentation und Selbstreflexion, die Menschen als Personen haben, hebt ihr primäres, verkörpertes In-der-Welt-Sein nicht auf. Es macht nicht alle ihre Erfahrungen zu inneren Repräsentationen oder Bildern in einem Behälter namens »Bewusstsein«. Wir sind keine Bewusstseinsmonaden, denen ein Bild der Welt vorgespiegelt wird, sondern *Lebewesen:* Wir bewohnen unseren lebendigen Körper und durch ihn die Welt. Diese grundlegende Beziehung hat die phänomenologische Philosophie, insbesondere Merleau-Ponty (1966) als *leibliche Subjektivität,* als ein »Zur-Welt-Sein« *(être-au-monde)* durch das Medium des Leibes beschrieben. Leben und Leib sind die Quelle und Grundlage unseres Lebensvollzugs, einschließlich unserer bewussten Tätigkeiten. Diese Grundlagen des Bewusstseins müssen wir nun näher betrachten, bevor wir nach seiner organischen Basis fragen können.

3.1.1 Der Leib als Subjekt

Sofern wir Leben – wie die heutigen »Lebenswissenschaften« – von außen erfassen oder definieren wollen, begreifen wir es von vorneherein als etwas Gegenständlich-Vorhandenes. Gehen wir jedoch aus von unserer Selbsterfahrung des Lebens, so ist das Eigentümliche dieser Erfahrung gerade ein *Selbst-Entzug.*[77] Unser Lebensvollzug entzieht sich der unmittelbaren Selbstbeobachtung und geht der reflektierenden Feststellung immer voraus.

Hungern ist nicht Bewusstsein des Hungerns, Fühlen nicht Bewusstsein des Fühlens. Denn um dessen gewahr zu werden, dass wir hungern, dürsten, müde sind, müssen wir schon hungrig, durstig, müde *geworden* sein, und was der Hunger, der Durst, die Müdigkeit vor dem Bewusstwerden war, lässt sich nicht sagen – ebenso wie wir ein latentes Geräusch manchmal erst bemerken, wenn es aufhört und plötzlich Stille eintritt. Erst ab einem bestimmten Intensitätsgrad wird Erleben bewusst, und war doch schon *unser* Erleben.[78]

---

77 Vgl. dazu Waldenfels 2002, 412.
78 »... Bewusstsein ist etwas am Erleben selbst, es ist eine gesteigerte Weise seiner Aktualisierung, und was das Erleben vor dieser Aktualisierung war, lässt sich deshalb nicht sagen, weil diese Aktualisierung gerade das Sagbarwerden ist« (Spaemann 1995, 85).

3 Grundlagen: Subjektivität und Leben

Leben ist somit, was uns widerfährt und uns affiziert, bevor wir darauf antworten können. Zumal im leiblichen Spüren, in der leiblichen Selbstaffektion von Hunger, Durst, Schmerz, Frische, Müdigkeit usw. erfahren wir, dass wir unserer selbst nie völlig mächtig sind, dass etwas unser Selbst wesentlich ausmacht, was wir doch nicht tun oder bewirken können. Die spontane Eigentätigkeit des Lebendigen entspringt einem elementaren Antrieb, einem Drang oder *Aus-sein-auf-etwas.* Im Trieb, in Hunger, Durst oder Wollust finden wir Gerichtetheiten unseres Leibes vor, die von sich aus auf Mangelndes und Mögliches aus sind, ob wir ihnen nun folgen oder nicht. Mit einem Begriff von Spinoza können wir diese energetische Quelle unseres Lebens auch als *conatus* oder *Konation* bezeichnen.[79]

Aber selbst für intentionale Akte des Denkens und Handelns gilt, dass wir sie nicht vollständig »in der Hand haben«, sondern eher »geschehen lassen«. Merleau-Ponty spricht daher von der »Passivität unserer Aktivität«: »... nicht ich bin es, der mich denken lässt, sowenig ich es bin, der mein Herz schlagen lässt.«[80] Die Bewegungen meines Denkens wie die meines Armes sind *Selbstbewegungen,* die ich nicht machen, sondern allenfalls auslösen und leiten kann. Und erst recht gilt für unwillkürliche Lebensvollzüge wie Atmen, Einschlafen, Gehen, Weinen oder auch Gefühle wie Freude oder Wut, dass sie *von selbst,* spontan geschehen, und durch absichtliches Wollen eher gestört werden. Wir erfahren also in uns selbst einen Grund des Werdens, einen Ursprung der *Spontaneität* und Bewegung, dessen wir nicht habhaft werden können, der sich der Feststellung und Festlegung entzieht. Ebenso beginnt unsere Lebensgeschichte mit einer unbewussten Vorgeschichte des Selbst, die nirgends einen Punkt aufweist, an dem eine rein biologische Entwicklung in Bewusstsein umschlagen würde.

Aus dem bisher Gesagten folgt, dass sich Leben weder dem Bewusstsein noch der Objektseite des körperlichen Organismus zurechnen lässt; es manifestiert sich vielmehr in einer grundlegenden, leiblichen Subjektivität. Es ist Grund und Prinzip, nicht Gegenstand der Erfahrung. Es geht seinem Bewusstwerden immer voraus, und das bewusste Selbst ist sich nur in der Weise des Selbstentzugs gegeben. Was immer wir auch explizit planen oder bewusst tun – wir leben aus einem unbewussten, leiblichen Grund heraus, den wir nie

---

79 Vom Lateinischen *conatus* = Drang, Streben, Trieb. Der Begriff geht auf die stoische Philosophie zurück und wurde später von Hobbes und Spinoza gebraucht, um das Streben des Lebewesens nach Selbsterhaltung *(conatus sese conservandi)* zu bezeichnen, in enger Verbindung mit affektiv-volitionalen Prozessen (vgl. Lin 2004 und Fuchs 2012b).
80 Merleau-Ponty 1986, 281.

ganz vor uns selbst zu bringen vermögen. Und dieser Grund geht ein in alles Wahrnehmen, Denken, Tun, insofern es eines *Mediums* bedarf, durch das es sich vollzieht, und das selbst transparent bleibt. Dieses Medium ist der Leib.

Alles bewusste Erleben ist daher nicht nur an den physiologischen Körper als seine biologische Basis gebunden, sondern auch an den *subjektiven Leib*.[81] Auf basaler Ebene ist der Leib der Ort eines vagen Hintergrundempfindens – etwa von Behagen oder Unbehagen, Vitalität, Frische oder Müdigkeit; es lässt sich mit Michel Henry (1963) als »Selbstaffektion« des Lebens bezeichnen, oder auch als *Gefühl des Lebendigseins* (Fuchs 2012b, 2020d). Damit eng verknüpft ist der Leib als Quelle von Antrieb, Spontaneität und Aktivität, was ich zusammenfassend als *Konation* bezeichnet habe (s. o.). Man könnte diese basale Dimension von Vitalität und Kontation auch als den »Tiefenleib« bezeichnen. Des Weiteren fungiert der Leib als Resonanzraum aller Stimmungen und Gefühle, die wir erleben.[82] Schließlich ist der Leib das Zentrum und zugleich Medium aller Wahrnehmungen, Bewegungen und Handlungen. Ja selbst das vermeintlich »reine Denken« lässt sich nicht vom leiblichen Bewusstsein ablösen, denn wenn mein Denken sich auch hinsichtlich seiner intentionalen Gehalte in allen Räumen und Zeiten frei bewegen kann, so stellt es als Vollzug doch eine Lebenstätigkeit dar, die an mein leibliches Selbstempfinden und »Hiersein« gebunden bleibt – an mein »*Befinden*«.[83]

Für all unsere Lebensvollzüge bildet der Leib somit den tragenden Grund, auch und gerade dann, wenn er in seinem selbstverständlichen Fungieren zum unbemerkten, transparenten Medium unserer Zuwendung zur Welt wird, wie das bei allen gekonnten Tätigkeiten der Fall ist, etwa beim Gehen, Radfahren, Sprechen, Schreiben usw. Wir können unseren Leib nie als Ganzes vor unseren Blick, vor unser Bewusstsein bringen; ein Teil von ihm bleibt immer »hinter« unserer Wahrnehmung, als Quelle und Zentrum unseres Lebensvollzugs. Alles Fühlen, Wahrnehmen, Vorstellen, Denken und Tun vollzieht sich also auf der Basis eines *leiblichen Hintergrunds,* oder mit anderen Worten: Das Subjekt dieser Tätigkeiten ist immer leiblich. Merleau-Ponty hat in diesem Sinn den Leib als »*natürliches Subjekt*« beschrieben, das allen bewussten und reflektierenden Akten voraus- und zugrunde liegt: Ein leibloses,

---

81 Für die Phänomenologie des Leibes ist auf eine umfangreiche Literatur zu verweisen; zu nennen sind in erster Linie Husserl (1952), Merleau-Ponty (1966), Meyer-Drawe (1984), Schmitz (1995), Waldenfels (2000), Böhme (2004) sowie Fuchs (2000a).
82 Diese leibliche Resonanz der Gefühle wird in ▶ Kap. 4 ausführlich behandelt.
83 Im *Befinden,* das als basales Gestimmtsein zugleich ein *Sich-Befinden* an einem mit dem Leib gegebenen Ort ist, kommt die ursprüngliche leibliche Räumlichkeit zum Ausdruck.

reines Bewusstsein ist eine dualistische Abstraktion, die sich in der Erfahrung nicht finden lässt.[84]

Zugleich ist der Leib das *Ensemble aller Fähigkeiten und Vermögen*, die uns zur Verfügung stehen.[85] Er enthält in sich die Vorentwürfe unserer Lebensvollzüge und damit die grundlegende Erfahrung des Könnens. Ich kann einen Walzer tanzen, weil sich mein Leib von selbst in den Rhythmus der Musik einschwingt und die Bewegungen vollzieht; und doch bin ich selbst der, der tanzen kann und sich im Tanz bewegt, nicht ein Geist, der seinem Körper erlernte Bewegungsbefehle gibt. Ebenso kann ich ein bekanntes Gesicht wiedererkennen, weil mein Wahrnehmungsvermögen die Vorgestalten möglicher Sinnesgegenstände schon in sich enthält. In seinen Vollzügen verbindet sich mein Leib mit passenden Umständen und Gegenstücken der Umwelt und verleiht ihnen Eignung oder Bedeutsamkeit – etwa als Rhythmus und Spielraum für seine Tanzbewegung, als Gegenstand zum Ergreifen oder Werfen, als Ziel des Begehrens usw.[86] Der Leib bildet so ein übergreifendes System von Organismus und Umwelt, das sich im »Zur-Welt-Sein« des leiblichen Subjekts, in unserem grundlegenden Vertrautsein mit der Welt manifestiert. Mein Leib ist also nicht der Körper, den ich sehe, berühre oder empfinde, sondern er ist vielmehr mein Vermögen zu sehen, zu berühren und zu empfinden. Er ist kein Gegenstand in der Welt, sondern das Vermögen, das mir die Welt eröffnet.

Gehen wir von diesen primären lebensweltlichen Erfahrungen aus, so beruht der Dualismus schon bei Descartes, dann auch bei seinen späteren und heutigen Nachfolgern auf einer zweifachen »Entleiblichung«. Zum einen nämlich wird der Leib objektiviert zu einem bloßen Körperding; zum anderen wird das leibliche Subjekt zu einem reinen oder transzendentalen Bewusstseins-Ich hypostasiert (Waldenfels 2000, 264). Der neurobiologische Reduktionismus ergibt sich dann notwendig aus dem Versuch, dieses abstrahierte

---

84 »Es gibt also, mir zugrunde liegend, ein anderes Subjekt, für das eine Welt schon existiert, ehe ich da bin, und das in ihr meinen Platz schon markiert hat. Dieser [...] natürliche Geist ist mein Leib« (Merleau-Ponty 1966, 196). – »So bin ich selbst mein Leib [...] und umgekehrt ist mein Leib wie ein natürliches Subjekt, wie ein vorläufiger Entwurf meines Seins im ganzen« (ebd., 234). – »... der Leib, mit dem wir wahrnehmen, [ist] gleichsam ein natürliches Ich und selbst das Subjekt der Wahrnehmung« (ebd., 243).
85 Merleau-Ponty spricht vom »habituellen« im Unterschied zum »aktuellen Leib« (ebd., 107).
86 »Jeder Bewegung des eigenen Leibes ist aufs Selbstverständlichste eine gewisse perzeptive Bedeutung zugewiesen, der Leib und die äußeren Phänomene verknüpfen sich [...] zu einem einzigen System« (Merleau-Ponty 1966, 71).

Bewusstsein mit dem objektivierten Körper bzw. dem Gehirn als seinem *pars pro toto* wieder zusammenzufügen. Das geschieht zwar *de facto* nur in Form von Korrelationen: »Wenn sich im Hirnareal XY eine Aktivierung findet, dann spürt der Betreffende dieses oder jenes.« Die Korrelationen werden aber dann als Verursachung ausgegeben, sodass das entleiblichte Subjekt zu einem Epiphänomen herabsinkt. Diese reduktionistische Konsequenz folgt jedoch nicht zwangsläufig aus der Erforschung des Körpers bzw. des Gehirns. Sie ist dann zu vermeiden, wenn wir den Menschen als einheitliches Lebewesen, jedoch zugleich unter einem *Doppelaspekt* begreifen – als Leib *und* als Körper.

3.1.2 Der Doppelaspekt von Leib und Körper

Leib ist der Mensch, insofern sich sein subjektives Befinden, Erleben und Tun wie beschrieben immer im Medium des Leibes und seiner Vermögen vollzieht. Leib ist der Mensch aber auch *für die anderen,* die ihn selbst in seinem Ausdruck, seiner Haltung und seinen Äußerungen unmittelbar, »leibhaftig« wahrnehmen – also nicht als eine Kombination von reinem Körper und verborgener Psyche, sondern als ein geeintes Ganzes. Wenn mir ein anderer zur Begrüßung die Hand gibt, so ist dies für mich kein innerer »mentaler Akt«, der sich zur äußeren Symbolisierung einer Körperbewegung bedient, sondern der andere ist mir in seinem Gruß, in seiner Hand selbst gegenwärtig.

Als *Körper* hingegen zeigt sich der Leib als Ergebnis einer Objektivierung. Das geschieht bereits in der alltäglichen Erfahrung, wenn der Leib eine Außenseite erlangt wie andere Gegenstände, die sichtbar oder tastbar sind. Doch wie Husserl bemerkte, ist der Leib nie als ein *vollständiges* Objekt konstituiert, das uns gegenüberstünde. Zudem zeigt er das eigentümliche Phänomen der »Doppelempfindungen« (Husserl 1952, 145): Tastet man z. B. die linke Hand mit der rechten, dann spürt man sowohl das *Berühren* der linken Hand wie bei einem äußeren Objekt als auch ihr *Berührtwerden;* das gleiche gilt für die rechte Hand. Die Doppelempfindung markiert damit, so Husserl, einen »Umschlagspunkt« von Subjektivität in Objektivität und umgekehrt. Der Leib ist niemals bloßes Subjekt noch bloßes Objekt, sondern eher ein »Subjekt-Objekt« (Husserl 1952, 195); er ist *Leib* und *Körper.*[87]

---

[87] Wie Taipale (2014, 49) zu Recht bemerkt, ist das Phänomen des Selbsttastens durchaus häufig, etwa wenn man die Beine übereinanderschlägt, den Rumpf mit dem Arm berührt, oder den Gaumen mit der Zunge.

3 Grundlagen: Subjektivität und Leben

Häufig resultiert eine Objektivierung des Leibes aus *Störungen* des gewohnten Lebensvollzugs, etwa bei einer Ungeschicklichkeit oder einem plötzlichen Sturz, bei Verletzungen und in Zuständen der Erschöpfung, des Missbefindens oder der Krankheit. Es sind solche Erfahrungen, in denen sich der Leib uns gewissermaßen entfremdet, nicht zuletzt aber die Erfahrung des *toten Körpers*, die seine medizinische Erforschung motiviert haben, und die schließlich aller naturwissenschaftlichen Vergegenständlichung des Leibes zugrunde liegen. *Körper* ist der Mensch damit als Gesamtheit materiell-anatomischer Strukturen und physiologischer Prozesse, die sich insbesondere aus der medizinischen Fremdperspektive objektivieren lassen.[88]

Husserl hat diese beiden Aspekte auf zwei unterschiedliche Einstellungen zurückgeführt, die wir als Menschen zueinander einnehmen können. Leibliche Wesen sind wir füreinander in der primären, »*personalistischen Einstellung*«, die unserer gemeinsamen Lebenswelt und Lebenspraxis immer zugrunde liegt. Als Körper erscheinen wir einander erst in der »*naturalistischen Einstellung*«, die den Leib zu einem messbaren, in beliebiger Detailliertheit erforschbaren Naturgegenstand macht (Husserl 1952, 63). Den Wechsel der Einstellungen nimmt schon der Arzt tagtäglich vor, etwa wenn er beim Begrüßen eines Patienten dessen (freundlichen, ängstlichen o. ä.) Blick wahrnimmt, wenig später aber den Augenspiegel zur Hand nimmt und die Augen des Patienten als Körperorgane untersucht: In zu großer Nähe ist der *Blick* für den Arzt verschwunden.

Und doch richten sich beide Einstellungen *auf die gleiche Entität*, nämlich auf das Lebewesen bzw. die lebendige Person. Der erlebte und gelebte Leib, der Leib als Ort von Empfindungen und Regungen (Müdigkeit, Schmerz, Hunger etc.), als Medium des Lebensvollzugs ebenso wie des Kontakts mit anderen – all dies entsteht nicht als ein Konstrukt im Gehirn, das auf rätselhafte Weise in den Außenraum hinausprojiziert wird. Dieser Leib *ist* vielmehr der Organismus selbst unter dem Aspekt seiner Lebendigkeit, die sich subjektiv ebenso wie intersubjektiv manifestiert. Umgekehrt ist der objektivierte Körper kein bloßer Gegenstand, sondern er ist *jemandes* Körper, Körper einer Person – sonst könnte der Hirnforscher seine Beobachtungen nicht mit dem Erleben einer Person in Zusammenhang bringen. Wir können

---

[88] »Eines ist mein Arm als Träger dieser und jener mir geläufigen Gesten, mein Leib als Vermögen bestimmten Tuns [...]; und ein anderes ist mein Arm als Muskel- und Knochenmaschine, als Beuge- und Streckapparat, als artikulierbares Objekt [...] Nie ist es unser objektiver Körper, den wir bewegen, sondern stets unser phänomenaler Leib« (Merleau-Ponty 1966, 131). – Zur ausführlicheren Darstellung der Dialektik von Leib und Körper siehe auch Fuchs 2002a, 122–150.

also die gleiche Entität – gleichsam wie ein Kippbild, etwa den Neckerschen Würfel – auf zwei verschiedene, nicht ineinander überführbare Weisen betrachten, als Leib und als Körper. Insofern ist der Leib, wie Husserl es ausdrückte, die *Umschlagstelle,* an der sich das Subjekt selbst als verkörpert zeigt (Husserl 1952, 286). Ähnlich spricht Merleau-Ponty von der »Ambiguität« des Leibes, der »zwischen reinem Subjekt und Objekt eine dritte Seinsweise bildet« und damit den Dualismus von Innen und Außen unterläuft. Er ist weder bloßes *Bewusstsein* des Leibes noch gegenständlicher *Körper* (Merleau-Ponty 1966, 401).

Die anthropologische Grundlage für die beiden Einstellungen und damit für den Doppelaspekt von Leib und Körper hat Plessner (1975) mit seinem Begriff der »exzentrischen Positionalität« des Menschen zum Ausdruck gebracht. Sie bezeichnet im Unterschied zur »zentrischen« Stellung des Tieres in seiner Umwelt die Fähigkeit des Menschen, sich zu sich selbst und seiner Leiblichkeit in ein Verhältnis zu setzen, sich »von außen«, d.h. zugleich vom möglichen Blickpunkt der anderen aus zu sehen, und sich in der Reflexion selbst gegenüberzutreten. Damit ist auch ein grundlegend doppeldeutiges Verhältnis des Menschen zu seiner leiblichen Existenz verbunden: Einmal ist der Leib Medium, unbemerkter Mittelpunkt des Lebensvollzugs, das andere Mal wird er zum bewusst gebrauchten Instrument oder sogar Hindernis; einmal ist er Befinden und Zustand, dann wieder Gegenstand. Der Mensch ist ein leibliches Wesen, und doch »...ein Wesen zugleich außerleiblicher Art, das in Spannung zu seiner physischen Existenz lebt, ganz und gar an sie gebunden« (Plessner 1970, 39).

Bereits im ersten Kapitel wurde die ambivalente Einheit der verkörperten Subjektivität als *räumlicher* Doppelaspekt beschrieben, unter dem der lebendige Körper erscheint: Subjektiv-leiblicher und objektiv-körperlicher Raum kommen (normalerweise) syntopisch zur Deckung (▶ Kap. 1.2.2). Sie sind zwar nicht identisch, aber doch grundsätzlich *koextensiv.* Wo die Nadel die Hand sticht, dort tut es auch weh. Dabei erfahren wir, wie Husserl feststellte, nicht zwei getrennte Hände – die Hand als physischen, sicht- und tastbaren Körper und die Hand als Ort der Schmerzempfindung. Vielmehr ist sie »... von vornherein apperzeptiv charakterisiert als Hand *mit* ihrem Empfindungsfeld [...] d.h. als eine *physisch-aesthesiologische Einheit*« (Husserl 1952, 155). Diese Einheit macht es auch möglich, dass der Arzt an der schmerzenden Stelle nach der Ursache sucht. Dennoch ist der Schmerz nicht etwa in der physisch-anatomischen, sondern nur in der erlebten Hand zu lokalisieren. Innen- und Außensicht fallen räumlich zusammen und bleiben doch voneinander verschieden. Der subjektive Leibraum ist *eingebettet* in den Raum des lebendigen Organismus, ohne mit ihm identisch zu sein.

Der räumliche Doppelaspekt lässt sich auch als Unterschied von *relativer* und *absoluter* Räumlichkeit beschreiben.[89] Als reines Objekt, als körperliches Ding betrachtet nehme ich einen veränderlichen Platz relativ zu anderen Dingen im physikalischen Raum ein. Als leibliches Subjekt jedoch bin ich immer an meinem eigenen, unverwechselbaren »natürlichen Ort« und kann mich nicht von ihm entfernen. Mein Leib bildet den »Nullpunkt« aller Orientierung, ein *absolutes Hier, das nie zum Dort werden kann*.[90] Dieses Hier koinzidiert nun zwar wiederum mit einer Stelle des objektiven Raums, relativ zu den anderen Dingen – ich kann aus meiner Position z. B. über einen Graben springen und treffe auch am richtigen Punkt auf; das heißt, der absolute und der relative Raum überlagern sich. Und doch ist mein absolutes Hier mit dem relativen Ort, den ich gerade einnehme, offensichtlich nicht identisch, denn es wandert immer mit mir mit.

Der Doppelaspekt, in dem der Körper sich zeigt, manifestiert sich schließlich auch in der *intersubjektiven Beziehung*. Der andere erscheint mir primär als lebendig-leibliche Einheit, d. h. er ist selbst in seinem Körper präsent, »leibhaftig« anwesend. Sein Körper ist für mich nicht bloß der anatomische Träger einer »Innerlichkeit«, die mir unzugänglich bleibt, und auf die ich nur aufgrund von geeigneten Vorerfahrungen oder Kenntnissen schließen kann. Die Verkörperung bildet vielmehr die Basis der Intersubjektivität, insofern wir dem anderen in leiblichen Interaktionen nicht abstrakte innere Zustände zuschreiben, sondern seine Mimik, seine Gestik und sein Verhalten im Situationskontext *unmittelbar als Ausdruck* seiner Empfindungen und Gefühle erfahren.[91] Die primäre Wahrnehmung anderer beruht also nicht auf einer »*Theory of Mind*«, auf hypothetischen Schlüssen auf eine unsichtbare Innenwelt jenseits des Körpers, sondern auf der leiblichen Kommunikation und wechselseitigen Empathie verkörperter Subjekte. Erst sekundär können wir zu einer objektivierenden Einstellung und einer daraus abgeleiteten naturwissenschaftlichen Untersuchung des Körpers anderer Menschen übergehen.

---

89 Vgl. zu dieser Unterscheidung Schmitz 1985, 117 f., sowie Fuchs 2000a, 97 f.

90 »Der Leib nun hat für sein Ich die einzigartige Auszeichnung, dass er den Nullpunkt all dieser Orientierungen in sich trägt. Einer seiner Raumpunkte, mag es auch kein wirklich gesehener sein, ist immerfort im Modus des letzten zentralen Hier charakterisiert, nämlich in einem Hier, das kein anders außer sich hat, in Beziehung auf welches es ein ›Dort‹ wäre« (Husserl 1952, 158).

91 »Der Leib ist also kein Gegenstand. [...] Handle es sich um den Leib des Anderen oder um meinen eigenen Leib, zur Kenntnis des menschlichen Leibes führt kein anderer Weg als der, ihn zu erleben« (Merleau-Ponty 1966, 234).

Somit ist Subjektivität wesentlich verkörpert: Der Körper ist nicht bloßer Inhalt oder Objekt des Bewusstseins, sondern als Leib selbst konstitutives Moment des Subjekts.[92] Wir sind in all unseren Gefühlen, Gedanken, Wahrnehmungen und Handlungen leibliche und damit zugleich auch physische Wesen.[93] – Die Frage, die sich hier anschließt, lautet nun: *Von welcher Natur muss ein Körper sein, der einen solchen Doppelaspekt aufweist?* Wie kann ein Körper ein komplex zusammengesetztes physisches Gebilde und doch zugleich Träger einheitlicher, bewusster Lebensäußerungen sein?

3.1.3 Biologischer und personaler Doppelaspekt

Eine erste Antwort lautet: Dieser Körper muss ein *lebendiger Organismus* sein, nämlich ein unteilbares und gleichwohl im Raum ausgedehntes Funktionsganzes. Wir werden später sehen, wie diese Einheit des Organismus zu begreifen ist. Dieser einheitliche Organismus muss weiter in seinen Lebensvollzügen und Lebensäußerungen eine *Doppelnatur* aufweisen, sodass diese einerseits bestimmte Konfigurationen physiologischer (insbesondere auch neuronaler) Prozesse darstellen, andererseits aber doch Äußerungen, Erlebnisse und Tätigkeiten des *gesamten Individuums* als eines lebendigen Ganzen sind. Mit anderen Worten: Der Organismus muss zugleich ein *Subjekt* sein.

Der lebendige Organismus ist also einerseits eine *Gesamtheit physiologischer Vorgänge,* andererseits ein *Subjekt von Lebensäußerungen,* seien es eher passive *Regungen* wie Lust, Schmerz, Hunger oder Angst, seien es eher aktive *Tätigkeiten* wie Denken, Wahrnehmen, Sich-Bewegen, Handeln und andere Verhaltensweisen. »Alle Ausdrücke unserer Sprache, mit denen wir uns auf Lebensäußerungen, d.h. Regungen, Verhaltensweisen, Tätigkeiten oder Handlungen von Lebendigem beziehen, erfordern auch grammatikalisch die Einsetzung eines Lebewesens an der Subjektstelle« (Buchheim 2006a, 39). Dies ist jedoch nicht nur grammatikalisch, sondern auch ontologisch begründet. Denn solche Lebensäußerungen werden zwar auch von einzelnen physiolo-

---

92 Er ist, wie Husserl es ausdrückte, ein »subjektives Objekt« (Husserl 1952, 153).
93 »Physisch« bedeutet nicht »physikalisch«, denn aus Sicht des Physikers ist der wahrnehmbare Leib des anderen nur eine Ansammlung und Interaktion physikalischchemischer Partikel und Energiefelder. Der Begriff des *Physischen* liegt also noch vor der Spezialpraxis physikalischer Wissenschaft. Ich werde ihn im Folgenden v.a. dort gebrauchen, wo es um die Charakterisierung des *materialen oder stofflichen Aspekts von Lebewesen* geht, ohne dass damit eine physikalische Reduzierbarkeit lebendiger Phänomene impliziert ist (siehe dazu den nächsten Abschnitt).

gischen Prozessen getragen, doch immer vom Lebewesen insgesamt generiert, insofern es nur als Ganzes lebendig ist und in seinen Äußerungen sein Leben fortsetzt. *Menschen* bewegen sich, nehmen wahr oder denken, nicht ihre Gehirne.

Diese Auffassung des Lebendigen unter einem Doppelaspekt unterscheidet sich grundlegend vom geläufigen Dualismus von Körperlichem und Geistigem und den verschiedenen daraus folgenden Lösungsversuchen. Denn seelisch-geistige Lebensäußerungen werden hier nicht in eine eigene »mentale« Sphäre verlegt, sondern bleiben immer *auch* physische Begebenheiten. Als solche stellen sie aber nun gerade nicht physikalisch beschreibbare Einzelprozesse in bestimmten Körperregionen dar, sondern Äußerungen und Erlebnisse des *gesamten Lebewesens* als eines einheitlichen physischen Organismus. Lebensäußerungen lassen sich daher nicht in einen rein mentalen und einen physiologischen Anteil zerlegen. Seelisch-geistige (»mentale«) Zustände sind immer Zustände eines Lebewesens, also unabtrennbare Aspekte von Lebensäußerungen. Wir können dies auch so ausdrücken: Alles *Erleben* ist eine Form des *Lebens*.

Schematisch lässt sich dies folgendermaßen darstellen (▶ Abb. 2): Die meisten gegenwärtigen Leib-Seele-Theorien der Analytischen Philosophie[94] gehen von zwei konzeptuell und phänomenal voneinander verschiedenen Ebenen, Bereichen oder Entitäten aus, nämlich von »Körper« und »Geist«, also von *physiologischen* bzw. physikalischen und von *mentalen* bzw. bewussten Vorgängen.[95] Die einen sind danach aus der Außenperspektive (Beobachter- oder 3.-Person-Perspektive), die anderen nur aus der Innenperspektive (1.-Person-Perspektive) zugänglich. Diese als grundlegend verschieden angesetzten Wirklichkeitsbereiche müssen nun durch bestimmte theoretische Konstruktionen miteinander verknüpft werden, wobei sich die physiologische Basis des Mentalen in der Regel auf bestimmte Hirnprozesse reduziert. Die mentalen Vorgänge müssen dann je nachdem als mit den neuronalen Prozessen *identisch,* als zu ihnen *epiphänomenal, supervenient, emergent* oder aber als gänzlich eigenständig im *dualistischen* Sinne angesehen werden. Entscheidend ist: *Das Lebewesen bzw. die Person als Ganzes*

---

94 Zur Übersicht über die allerdings kaum noch überschaubare Literatur zur Analytischen Philosophie des Geistes vgl. u.a. Bieri (1981), Hastedt (1989), Hartmann (1998), Beckermann (1999), Pauen (2001) und Schäfer (2005).

95 Man kann auch wie Pauen (2001, 25) zwischen *aktuell* und *potenziell* bewussten Prozessen unterscheiden und beide im Begriff des Mentalen zusammenfassen. Mentale Prozesse schließen dann also z.B. potenzielle Erinnerungen ein, sie bleiben damit aber jedenfalls subjektive Phänomene.

tritt in all diesen Theorien nicht mehr als eigene Entität auf. Daher können mentale Prozesse und Gehirnprozesse nur direkt aufeinander bezogen bzw. miteinander »kurzgeschlossen« werden.

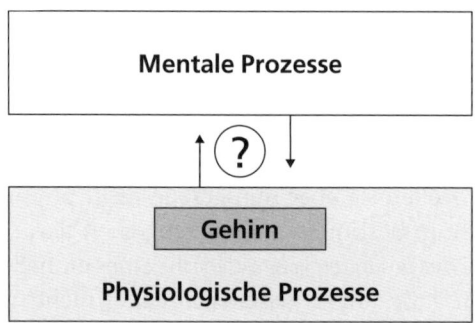

Abb. 2: Körper-Geist-Verhältnis in den gegenwärtigen Theorien der Analytischen Philosophie des Geistes

Von dieser Dichotomie hebt sich die hier vorgeschlagene Konzeption eines Doppelaspekts ab. Danach ist *das Lebewesen selbst* die primäre Entität, an der sich von einer Seite her integrale (leibliche, seelische, geistige) Lebensäußerungen, von der anderen Seite her physiologische Prozesse in beliebiger Detailliertheit feststellen lassen (▶ Abb. 3). Das Lebewesen zeigt sich also unter einem doppelten Aspekt, einerseits als subjektiv erlebter bzw. der von anderen in personaler Einstellung wahrgenommener *Leib* (1. bzw. 2. Person-Perspektive), andererseits als lebendiger Körper, d.h. als Gesamtheit physiologischer Prozesse, wie sie in der naturalistischen Einstellung beobachtbar sind (3. Person-Perspektive).

Die beiden Aspekte sind epistemologisch zueinander *komplementär,* d.h. ihre jeweiligen Beschreibungen lassen sich nicht ineinander überführen, sondern weisen nur gewisse Korrelationen und Strukturähnlichkeiten auf.[96] Dennoch sind sie Aspekte des Lebewesens als einer ontologischen Einheit, was sich etwa in der grundsätzlichen Koextensivität von Leib und Körper manifestiert. Man könnte diese Konzeption insofern als »biologischen Doppelaspekt« bezeichnen, wobei der Begriff des Biologischen allerdings in

---

96 Diese Strukturähnlichkeiten werden wir im 6. Kapitel noch näher betrachten. – Vgl. zum ursprünglich aus der Quantenphysik stammenden Komplementaritätsbegriff den vorzüglichen Aufsatz von Kaeser (1996) sowie Jonas 1983, 98 ff. – Jonas' Kritik an der Übertragung des Begriffs auf das Leib-Seele-Problem trifft m. E. nur auf parallelistische oder Identitätstheorien zu, nicht hingegen auf die hier vorgeschlagene Konzeption des Doppelaspekts des Lebendigen.

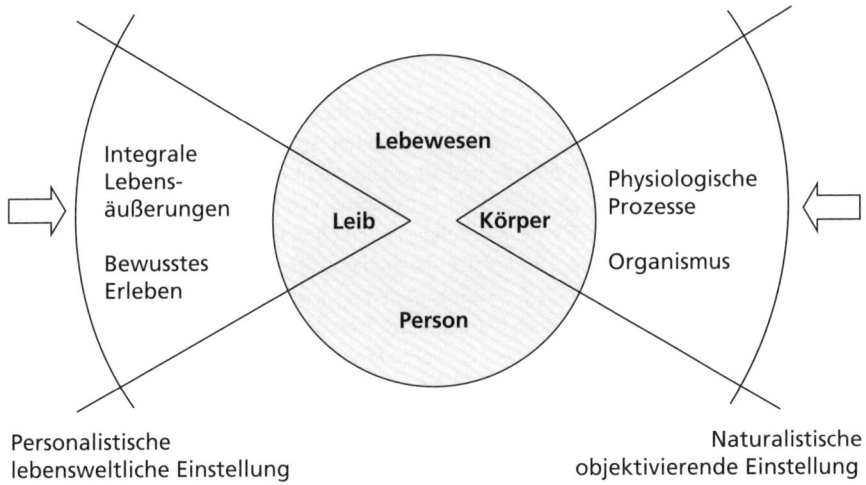

Abb. 3: Doppelaspekt des Lebewesens bzw. der Person

einem ganz anderen Sinn zu verstehen ist, als er in den heutigen »Lebenswissenschaften« üblich ist.[97] Da das Lebewesen als Einheit beiden Aspekten zugrunde liegt, bedeutet die Aspektdualität keinen neuen »Dualismus«, sondern einen in sich vermittelten Monismus, eine dialektische Einheit von Einheit und Verschiedenheit: Die Aspekte sind *objektiv verschiedene* Charakteristika *ein und desselben* Lebewesens.

> Den zunächst naheliegend erscheinenden Begriff des »Aspektdualismus« werde ich vermeiden, da er für den auf Spinoza und Ernst Mach zurückgehenden, heute in der Identitätstheorie wieder aufgegriffenen psychophysischen Aspektdualismus reserviert ist. Danach sind mentale und materielle Prozesse bzw. Geist und Gehirn zwei Aspekte des gleichen, nicht noch einmal aspektunabhängig zu bezeichnenden Geschehens, ohne dass eine *zugrunde liegende Einheit des Lebewesens* mitgedacht wird. Innen- und Außenperspektive, »res cogitans« und »res extensa« bleiben dabei unvermittelt (vgl. dazu auch ▶ Kap. 6.2). Ich werde zur Abgrenzung im Folgenden vom »Doppelaspekt« oder von der »Aspektdualität« des Lebewesens bzw. der Person sprechen.

Die allgemeine Aspektdualität des Lebewesens spezifiziert sich im Fall des Menschen zum »*personalen Doppelaspekt*«. Personen sind diejenigen Lebewesen, die in der Lage sind, sich zu ihrer primären Leiblichkeit in ein Verhältnis zu setzen. Damit können sie sich selbst und anderen Personen als Leib *und* als Körper erscheinen. Die »exzentrische Position«, die wir als Menschen erreichen (▶ Kap. 3.1.2), ist insofern die Grundlage für die Dualität der Per-

---

97 Vgl. zum Verständnis des Lebendigen in den Lebenswissenschaften Fuchs 2008, 283–305

spektiven, die wir auf uns einnehmen können. Sie führt auch zur Unterscheidung der personalistischen und der naturalistischen Einstellung.

> Damit soll nicht der Eindruck erweckt werden, die menschliche Person ließe sich bereits unter zwei Aspekten erfassen. Für Personen ist vielmehr die intentionale Bezugnahme auf eine überindividuelle und als solche nicht mehr den Lebensäußerungen angehörende Sphäre *geistiger Objektivität* konstitutiv (vgl. Spaemann 1996, 57 ff., sowie Hutter 2006). Dieses spezifische Merkmal ermöglicht ja gerade die naturalistische, objektivierende Einstellung. Die Sphäre des »objektiven Geistes« und seiner Bedeutungszusammenhänge ist auch das Milieu, in dem sich der subjektive Geist erst bilden, zu sich selbst kommen kann. Doch hat der Mensch an dieser Sphäre nur Anteil, insofern er ein Lebewesen ist; das heißt, dass der *Vollzug* (nicht der *Gehalt*) seiner intentionalen oder geistigen Akte in seine Lebensäußerungen eingebettet bleibt (s. auch oben S. 65).

Mit gewissen Einschränkungen lässt sich die Komplementarität der Aspekte mit den zwei Seiten einer Münze vergleichen, von denen immer nur eine ohne die andere sichtbar wird, die also weder miteinander identisch sind noch einander überlappen, sondern allenfalls aufeinander verweisen können.[98] Es ist daher falsch zu fragen, welche Seite die »eigentlich wirkliche« ist und die andere »hervorbringt«. Auch wenn alltägliche oder unalltägliche Beobachtungen scheinbar eine solche Hervorbringung nahe legen – der Nadelstich »erzeugt« den Schmerz, die Reizung des Schläfenlappens »bewirkt« Erinnerungsbilder – in beiden Fällen handelt es sich, wie wir sahen, doch nur um *Reize,* die das Lebewesen bzw. der betreffende Mensch *als ganzer* mit einer Schmerzäußerung oder einem Erinnerungserlebnis *beantwortet.* Physikalische Ereignisse können Lebensäußerungen nur veranlassen, nicht verursachen.

Zu beachten ist, dass Lebensäußerungen (der erste Aspekt), anders als das »Mentale« in der Philosophie des Geistes, nicht nur subjektiver Natur sind. Sie können sowohl aus der Innenperspektive der 1. Person als auch aus der Außenperspektive der *2. Person* erlebt bzw. wahrgenommen werden. Die letztere können wir auch als Teilnehmer- oder »Du«-Perspektive bezeichnen, in der wir einander nicht objektivierend, sondern als Personen wahrnehmen. Typische Beispiele für solche Lebensäußerungen wären etwa »lachen«, »Schmerzen leiden«, »Tennis spielen«, »sprechen« »oder »jemand begrüßen«. Solche Prädikate sind sowohl aus der Perspektive des Handelnden bzw. Erlebenden wie aus der Perspektive eines Teilnehmers anwendbar und

---

98 Kaeser (1996) weist zu Recht darauf hin, dass alle gegenwärtig gängigen Brückenausdrücke wie »Neurobiologie des Bewusstseins«, »Neurophysiologie der Gefühle«, »Biochemie des Schmerzes« etc. bereits eine Kommensurabilität suggerieren, die den unaufhebbaren Doppelcharakter der lebendigen Person vernachlässigt.

meinen doch den *gleichen*, lebensweltlich gegebenen Sachverhalt, der sich nicht in »mentale« und »körperliche« Bestandteile aufspalten lässt.

Strawson (1972) hat solche Aussagen als »P-Prädikate« (personale Prädikate) bezeichnet, die einer Person in Innen- wie Außenperspektive zugeschrieben werden können, und die als »logisch primär« anzusehen sind. Die Unterscheidung der Perspektiven bleibt eine sekundäre, denn die Person lässt sich nicht aus körperlichen und mentalen Bestandteilen oder aus ›Verhalten‹ und ›Erleben‹ zusammensetzen. Allerdings gilt diese Doppelsinnigkeit bestimmter Prädikate für Lebewesen generell; insoweit wir mit höheren Lebewesen verwandt sind, können wir auch an ihnen Lebensäußerungen wie »Schmerzen leiden«, »erschrecken«, »Beute suchen« etc. wahrnehmen (vgl. dazu auch Hutter 2006). Strawson unterscheidet zudem nicht deutlich zwischen der Außenperspektive der 2. und der 3. Person, also der Teilnehmer- und der Beobachter-Perspektive. Die einseitige Gegenüberstellung der 1.- und der 3.-Person- Perspektive unter Vernachlässigung der Perspektive der 2. Person ist jedoch eine der wichtigsten Wurzeln des Gehirn-Geist-Problems und seiner Aporien. Sie ist es, die die interpersonale Wahrnehmung und damit die personalen Prädikate auflöst.

Durch die Existenz von personalen Prädikaten wird die Unterschiedlichkeit der Innen- und Außenperspektive freilich nicht gänzlich aufgehoben; die Einzigartigkeit subjektiver Tatsachen bleibt also erhalten (▶ Kap. 2.1.1). Gerade sie macht es ja aus, dass wir einen Körper als Leib einer Person und damit als *Zentrum einer Welt* wahrnehmen. Allerdings wird diese Exklusivität der Subjektivität insoweit eingeschränkt, als mit der Innenperspektive das Geschehen keineswegs hinreichend und vollständig erfasst ist. Personalität bedeutet eine primäre Einheit von Innen und Außen, die das Private, »nur-Subjektive« immer nur als ein Moment enthält. Weil Person-Sein immer In-Beziehung-Sein bedeutet, können wir uns selbst nie adäquat und vollständig erkennen.

Die Lebensäußerungen einer Person sind also innerlich und äußerlich zugleich; sie umfassen Erleben *und* Verhalten. – Der *Körper* hingegen und seine physiologischen Prozesse (der zweite Aspekt) lassen sich nur aus der Außenperspektive, nämlich aus der 3.-Person-Perspektive in naturalistischer Einstellung wahrnehmen. Wir können jedoch auch hier zwei mögliche Sichtweisen unterscheiden: Zum einen lässt sich der Körper aus *physikalischer* Sicht als ein materielles Gebilde auffassen, das z. B. 60 kg schwer, aus verschiedenen materiellen Teilstücken und -prozessen zusammengesetzt ist, usw. Er kann aber auch aus *biologisch-systemischer* Sicht als ein *Organismus*, d. h. als integrales und funktionales System in seinen Austauschprozessen mit der Umwelt betrachtet werden. Damit tritt auf dieser Seite ebenfalls eine integrative Sichtweise auf. Dennoch lässt sich diese Sicht nicht ohne weiteres mit dem ersten Aspekt der integralen Lebensäußerungen identifizieren. Die Erforschung von Systemen und Organismen verbleibt in objektivierender Einstellung und geht nicht in die Wahrnehmung von Lebensäußerungen über. »Um Lebendes zu erforschen, muss man sich am Leben beteiligen« (v. Weizsäcker 1986). Insofern stehen die beiden Aspekte auch nicht in einer hierarchischen Beziehung zueinander, sondern der integrale Aspekt der Lebensäußerungen *korrespondiert* der systemisch-integrativen Sichtweise des Organismus.

Weiter ist zu beachten, dass das *Physische* in dieser Konzeption nicht etwa dem Psychischen gegenübergestellt wird, sondern in beiden Aspekten auftaucht, nämlich als Leibliches und Körperliches (▶ Abb. 4). Das bereits im Begriff dualistisch vorstrukturierte »Leib-Seele«-Problem, heute noch weiter zum »Gehirn-Geist«-Problem verkürzt, wird also unter dem Doppelaspekt als *»Leib-Körper-Problem«* aufgefasst. Denn das Lebewesen ist in all seinen integralen, *auch* seelisch-geistigen Äußerungen ein »physisches« Wesen, d. h. es ist genau *eine* materielle und zugleich lebendige Substanz, ein *In-dividuum.*

Für diese besondere Form von integraler Materialität haben wir keinen geeigneten Begriff; man könnte vom »*Psycho*physischen« sprechen, ein Ausdruck, der allerdings schon auf dualistischer Basis geprägt wurde und das Lebendig-Leibliche nicht mehr zu rekonstruieren vermochte. Hingegen triff die ursprüngliche, insbesondere aristotelische Bedeutung von *phýsis* als lebendiger Natur diesen Aspekt durchaus: Sie meint eine natürliche Entität, die wie der Organismus ihre Bewegungsquelle in sich selbst hat, und die wir in Analogie zu unserer Selbsterfahrung als Lebewesen betrachten, d. h. als Einheit von Subjektivität und Objektivität.[99]

»Physisch« ist nun also einerseits der lebendige *Leib,* andererseits der organische *Körper.* Um den Begriff der *phýsis* als Natur in diesem erweiterten Sinn aufzunehmen, können wir den Leib auch als »Natur, die wir selbst sind« (Böhme 1992, 77) auffassen, und den Körper als die »Natur, die wir haben«. Das würde bedeuten, die leibphänomenologische mit der aristotelischen Tradition zu verknüpfen: Der Leib der Person ist einerseits der phänomenale Leib – subjektiv gelebt und erlebt, aber auch von anderen als lebendig und beseelt wahrgenommen –, andererseits der physiologisch-organische Körper. Und er ist unter beiden Aspekten eine einheitlich tätige, lebendig-physische Substanz.

Damit haben wir nun in Grundzügen eine Konzeption entwickelt, von der die folgenden Untersuchungen ausgehen: Nur wenn wir menschliches Erleben und Handeln primär als *Äußerung eines Lebewesens* begreifen, wird es

---

99 Die spätere Einengung des »Physischen« auf das »Physikalische« muss dann freilich rückgängig gemacht werden. Im Englischen verweist die Verwandtschaft von »*physician*« (Arzt) und »*physicist*« (Physiker) noch auf diese Begriffsentwicklung des Physischen von der lebendigen Leiblichkeit zur Physik.

3 Grundlagen: Subjektivität und Leben

möglich, den Dualismus von »Gehirn« und »Geist« zu überwinden, und das Gehirn als Organ der menschlichen Person zu begreifen. Die nächste Aufgabe, die sich damit stellt, ist es, den lebendigen Organismus und in ihm das Gehirn so zu beschreiben, dass bewusste Erlebnisse als Äußerungen des Lebewesens möglich und begreifbar werden. Ich werde im 4. und vor allem im 6. Kapitel wieder auf die jetzt entwickelte Grundkonzeption zurückkommen und sie weiter präzisieren (▶ Kap. 4 und ▶ Kap.6).

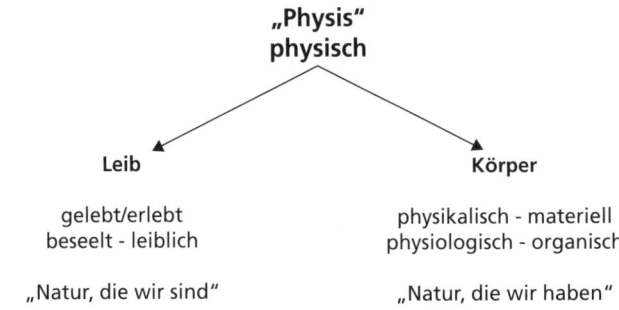

Abb. 4: Doppelaspekt des Physischen

3.2 Ökologische Biologie

Erst wenn die Gesamtstruktur des Organismus und seine Beziehung zur Umwelt in den Blick treten, lässt sich auch die Funktion des Gehirns angemessen verstehen. Die Untersuchung schlägt daher im Folgenden einen indirekten Weg ein: Sie geht nicht vom Gehirn als Zentrum aus, sondern bewegt sich gewissermaßen von der Peripherie, vom Organismus und seiner Umwelt her auf das Gehirn zu. Wir wollen uns zunächst einige Grundstrukturen des Lebendigen und seiner Beziehung zur Umwelt vergegenwärtigen. Dabei können wir uns einerseits auf Ergebnisse der ökologischen und philosophischen Biologie mit ihren Hauptvertretern von Uexküll (1920/1973), Plessner (1928/1975) und Jonas (1973) stützen, andererseits auf die biologischen Systemtheorien Bertalanffys (1968), Maturanas und Varelas (1987) und schließlich auf die neueren Theorien des Enaktivismus, vertreten insbesondere von Varela et al. (1991), Thompson (2005, 2007), Di Paolo (2005) und Di Paolo et al. (2017). Die Untersuchung kann sich dabei freilich nicht auf den physiologisch-systemischen Aspekt beschränken, sondern bezieht das Lebewesen als Subjekt mit ein.

3.2.1 Selbstorganisation und Autonomie

Lebewesen lassen sich zunächst als komplexe Körper oder Systeme auffassen, die sich bei fortwährendem *Wechsel ihres Stoffes* in ihrer *Form und Struktur* durch die Zeit hindurch erhalten. Dabei ist diese Erhaltung als *aktive Selbstorganisation* oder *Autopoiese* (Maturana u. Varela 1987, Varela 1979, Thompson 2007) zu begreifen: Die Form des Organismus lässt den Stoff nicht einfach durch sich hindurchströmen wie die Form eines Strudels das Flusswasser, sondern sie unterwirft ihn ihrem eigenen Prinzip und Zweck, bindet ihn ein und verwandelt ihn. Dabei gewinnt der Stoff neue, »emergente« Eigenschaften, die ihm nur im systemischen Zusammenhang des Organismus zukommen. So verhält sich das im Hämoglobin gebundene Eisen grundlegend anders als mineralisch vorkommendes Eisen: Es oxidiert nicht irreversibel, sondern es ist in der Lage, Sauerstoff reversibel zu binden, was eine entscheidende Voraussetzung des tierischen Energiehaushalts darstellt. Ebenso bedeutet der Stoffwechsel als zersetzende Verdauung und Neusynthese immer eine *Transformation* von Stoff, nämlich eine Umwandlung von Nahrungsbestandteilen in lebendige, dem Organismus funktional eingegliederte Materie bzw. materiell gebundene Energie.

Durch seine dynamische Selbstorganisation grenzt sich das Lebewesen von seiner Umwelt ab und erlangt – in unterschiedlichem Maß – Binnendeterminiertheit oder *Autonomie*. Das heißt, seine Prozesse und sein Verhalten sind nicht mehr primär von außen bestimmt, sondern abhängig von seinen grundlegenden Dispositionen, seiner im Lebensverlauf veränderlichen Struktur ebenso wie von seinem aktuellen Zustand (Mangel oder Sättigung, Zu- oder Abwendung von der Umwelt, Leistungs- oder Regenerationsphase, usw.). Äußere Agenzien wirken daher nicht mehr unmittelbar bzw. kausal auf den Organismus ein (es sei denn schädigend oder zerstörend), sondern vielmehr als *Reize,* die mit Reaktionen des Gesamtorganismus *beantwortet* werden. In Varelas Terminologie entspricht dies der Differenz zwischen einem autonomen System, das durch »operative Geschlossenheit« charakterisiert ist, und einem heteronomen System, das von außen kontrolliert wird (Varela 1979).

Grundlage der Autonomie des Organismus ist die besondere *Wechselbeziehung zwischen dem Ganzen und seinen Bestandteilen,* die sich in der Differenzierung von Teilfunktionen, d. h. in der Ausbildung von Subsystemen und

Organen manifestiert. Der Organismus besteht zwar aus der Summe seiner biologischen Makromoleküle, Zellen, Organe, Gefäß- und Nervensysteme, ist aber doch mehr als sie, freilich in anderer Weise als etwa ein Kristall, der gegenüber seinen Bestandteilen ebenfalls gewisse übergeordnete Eigenschaften aufweist. Der Unterschied ist ein zweifacher:

(1) Der Organismus als ganzer ist selbst die *Bedingung seiner Teile,* insofern er die Existenz von Zellen und Organen erst ermöglicht. Er produziert und reproduziert sie als Teile ebenso wie er zugleich aus ihnen besteht. Selbsterhaltung ist fortwährende Selbstherstellung bis in die Einzelteile hinein (innerhalb eines Jahres werden 98 % der Moleküle des menschlichen Körpers ersetzt; vgl. Margulis u. Sagan 1995, 23).
(2) Das lebendige Ganze wirkt dabei aber nicht äußerlich auf die Teile wie eine Uhr, die ihre Zahnräder zwangsmäßig in ihren Ablauf einbezieht. Es macht sich vielmehr nur *mittelbar* in seinen Organen geltend: In ihrem Funktionieren bleiben sie einerseits selbstständig, tragen andererseits durch ihre Funktionserfüllung zum Leben des Organismus insgesamt bei.

In diesem Sinn hat Kant in der »Kritik der Urteilskraft« als Kriterium eines »Naturzwecks« oder Lebewesens gefordert, dass »...die Teile (ihrem Dasein und der Form nach) nur durch ihre Beziehung auf das Ganze möglich sind«, dass aber auch umgekehrt »die Teile desselben einander insgesamt, ihrer Form sowohl als ihrer Verbindung nach, wechselseitig und so ein Ganzes aus eigener Kausalität hervorbringen« (Kant 1974b, 236). Ein solcherart »organisiertes und sich selbst organisierendes Wesen« (ebd., 237) entspricht weitgehend Varelas Begriff der *Autopoiese:* Ein lebendiges System – auf einfachster Stufe eine Zelle – wird durch eine semipermeable Membran gebildet, die es von der Umgebung abgrenzt, zugleich aber den Stoffaustausch erlaubt, durch den sich das System ständig selbst regeneriert. Das Lebewesen lässt sich demnach als ein System definieren, das die Komponenten, aus denen es besteht, fortwährend selbst erzeugt, während umgekehrt diese Komponenten das Gesamtsystem erhalten und regenerieren.[100]

---

100 Varela 1997, 75. – Vgl. dazu auch T. v. Uexküll: »Einen Gesamtzusammenhang, der sich aus Teilen aufbaut, die außerhalb dieses Zusammenhangs *auch nicht einmal als Elemente weiter bestehen,* bezeichnen wir als ein ›Ganzes‹. [...] Nach der Zerstörung eines Organismus hören die Organe, die dessen Teile waren, zu bestehen auf, und nach der Zerstörung eines Organs gehen auch die Zellen zugrunde, die als Teile das Bestehen des Organs erhalten hatten. [...] Wir sehen sehr deutlich, dass ein Ganzes nicht nur auf

3.2.2 Austausch zwischen Organismus und Umwelt

Ein lebendiges, sich selbst organisierendes System ist grundsätzlich zielgerichtet, nämlich auf das Ziel seiner Selbsterhaltung. Die Autonomie oder Selbstorganisation des Lebendigen ist freilich nicht in Autarkie möglich. Die Form des Organismus gewinnt ihre Souveränität über den Stoff nur um den Preis der Abhängigkeit von der Umwelt, der *Bedürftigkeit*. Der wechselnde Stoff muss zur Erhaltung der Homöostase immer wieder gefunden und einverleibt werden. Als bedürftiges ist das Leben notwendig auf seine Umwelt bezogen, ihr zugewandt und auf Austausch ausgerichtet (Jonas 1973, 133). Der Stoffwechsel stellt so die primäre Beziehung des Lebewesens mit der Umwelt her. Die Zellmembran ist nicht nur Grenze, sondern zugleich Zone der Verbindung. Darüber hinaus ist der Stoffwechsel auch die Grundlage des Auftretens von *Präferenzen* in lebendigen Systemen.

Seine Abhängigkeit von äußerem Stoff macht Leben grundsätzlich *prekär*. Das System hat gewissermaßen nur einen begrenzten Spielraum der Lebensfähigkeit, des Austauschs und der Interaktion mit der Umwelt, die zu seiner Selbsterhaltung beitragen. Stark davon abweichende Umstände und Einflüsse bedrohen seine Existenz. Ein fortgeschrittenes autopoietisches System muss daher in der Lage sein, mit prekären Situationen zurechtzukommen, d.h. bedrohliche Umstände *vorwegzunehmen* und zu *handeln*, um sie zu vermeiden oder zu verändern. Die Fähigkeit lebendiger Systeme, sich im Hinblick auf ihre Überlebensfähigkeit fortlaufend zu überwachen und, falls erforderlich, ihre Situation zu verbessern, hat Di Paolo (2009) als *Adaptivität* beschrieben. Adaptivität impliziert wesentlich die Fähigkeit der *Bedeutungsgebung (sense-making)*, nämlich bereits auf basaler Stufe die einfache Unterscheidung von förderlichen oder widrigen Umständen in der Umwelt, die in geeigneten selbsterhaltenden Aktionen resultiert. So sind zum Beispiel in einer Lösung schwimmende Bakterien in der Lage, sich mit ihren Geißeln in Richtung steigender Glucose-Konzentration zu bewegen oder umgekehrt sich von schädlichen Chemikalien zu entfernen (»Chemotaxis«, Eisenbach et al. 2004).

Diese Adaptivität tritt allerdings erst auf der Ebene tierischen Lebens auf. Pflanzen stehen mit ihrer Umgebung in einem *offenen* und kontinuierlichen Zusammenhang, in den sie vollständig integriert sind. Ihre Umwelt grenzt unmittelbar an die Pflanze an, und sie gewinnt alles für den Metabolismus

---

seine Teile angewiesen ist, sondern dass auch umgekehrt die Teile auf das Ganze angewiesen sind« (v. Uexküll 1953, 187; Hvbh. v. Vf.).

Notwendige aus dem Austausch an dieser Grenze. Im Gegensatz dazu weisen Tiere eine *geschlossene Organisationsform* auf (Plessner 1975, 237): Die Austauschflächen für den Stoffwechsel sind nach innen gestülpt, spezielle Innenorgane und -räume treten auf, während die Grenzflächen nach außen vergleichsweise stark reduziert sind. Tierisches Leben tritt damit aus der unmittelbaren Umweltbeziehung heraus; es ist ständige Vermittlung über Raum und Zeit hinweg.

Die deutliche Abgrenzung vom Umraum erfordert im Gegenzug eine *sensomotorische Zwischen- und Übergangszone,* die den Austausch mit der Umgebung wiederherstellt, allerdings auf erweiterter Stufe: Die für das Tier relevanten Objekte seiner Umwelt befinden sich fast immer in einem gewissen räumlichen Abstand, der durch Wahrnehmung und Bewegung überbrückt wird. Diese Form des Umweltbezugs ist an eine spezifische Organisationsform des Körpers gebunden, die getrennte Organe für Sensorik, Motorik und für ihre zentralnervöse Verknüpfung aufweist. Damit ermöglicht die geschlossene Form die unabhängige Bewegung des Tiers, macht sie aber auch notwendig, nämlich um die entstandene Distanz durch aktive Objektsuche wieder aufzuheben. Dem Verlust an Unmittelbarkeit des Umweltbezugs entspricht ein Gewinn an *Spielraum,* an Möglichkeiten und Freiheit, der das tierische Leben auszeichnet (Jonas 1973).

Die Zentralisierung und Internalisierung, die die Evolution tierischen Lebens charakterisiert, manifestiert sich insbesondere in der Entwicklung des zentralen Nervensystems (ZNS). Es ist allerdings wichtig zu beachten, dass diese Entwicklung auf der Grundlage eines *bereits existierenden* Interaktionskreises von Organismus und Umwelt erfolgte: *gerichtetes Verhalten ging dem Gehirn voraus* (Van Dijk et al. 2008). Als die Komplexität und Vielfalt von Interaktionen zunahm, wurde ein zentrales Organ der Integration erforderlich, das sich zwischen die – an der Peripherie des Organismus lokalisierten – sensorischen und motorischen Organe einfügte. Im Vergleich zu den nur langsam sich ausbreitenden biochemischen Prozessen in Flüssigkeiten war die Signalübertragung in Nerven enorm beschleunigt; dies erlaubte nun die sofortige Verknüpfung auch entfernter Vorgänge im Organismus. Dabei mussten verschiedenste sensorische Reize vom Zentralorgan registriert und nach Priorität ihrer Relevanz sortiert werden. Ebenso bedurfte es einer Orchestrierung vielfältiger motorischer Optionen, um flüssige Bewegungen zu realisieren (Van Dijk et al. 2008, 304). Sowohl in evolutionärer Sicht als auch im Hinblick auf den einzelnen Organismus können wir also feststellen, dass das Gehirn die Organismus-Umwelt-Interaktionen *vermittelt, auswählt und erleichtert.* Es ist ein sekundäres Organ, das in vorbestehende Funktionskreise eingreift, sie modifiziert und verfeinert, sie jedoch als solche nicht neu erzeugt.

Durch seine sensomotorischen Austauschorgane und vermittelt durch das ZNS ist das Lebewesen nun funktionell mit einer spezifischen Umwelt gekoppelt, die seiner *ökologischen Nische* entspricht. Aktuelle Theorien der »Enaktiven Kognition« vorwegnehmend, hat Jakob von Uexküll bereits in den 1920er Jahren das Umweltverhältnis des Tieres als kreisförmige Verknüpfung zweier Prozesse beschrieben, des »Merkens« und des »Wirkens« (▶ Abb. 5). Jedes Tier greift gleichsam mit zwei »Zangen« sein Objekt an – einem Merkorgan (Rezeptor) und einem Wirkorgan (Effektor). Damit entdeckt es am Objekt die dazu komplementären »Merkmale« und »Wirkmale«, oder anders ausgedrückt, es erteilt ihm die *Bedeutung* von Reiz- und Wirkobjekt (v. Uexküll 1973, 158 f.). Somit hat sich eine elementare Beziehung von »Subjekt« und »Objekt« gebildet: Merk- und Wirkmöglichkeiten des Lebewesens einerseits und Merk- und Wirkmale der Umwelt andererseits sind komplementär verknüpft.

»Jedes Tier ist ein Subjekt, das dank seiner ihm eigentümlichen Bauart aus den allgemeinen Wirkungen der Außenwelt bestimmte Reize auswählt, auf die es in bestimmter Weise antwortet. Diese Antworten bestehen wiederum in bestimmten Wirkungen auf die Außenwelt, und diese beeinflussen ihrerseits die Reize. Dadurch entsteht ein in sich geschlossener Kreislauf, den man den *Funktionskreis* des Tieres nennen kann« (ebd., 150).

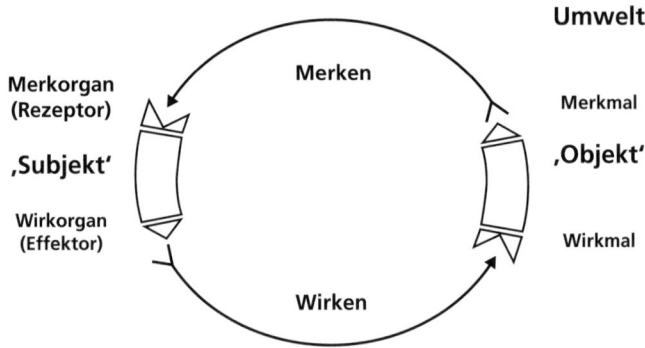

Abb. 5: Funktionskreis des Lebewesens in seiner Umwelt (modifiziert nach J. v. Uexküll 1973, T. v. Uexküll 1996)

Die Merk- und Wirkmale resultieren aus potenziellen Leistungen oder Vermögen des Lebewesens, die den Eigenschaften der Objekte erst ihre spezifische Bedeutung oder *Valenz* verleihen: etwas *zum Greifen*, etwas *zum Steigen*,

3 Grundlagen: Subjektivität und Leben

etwas *zum Fressen* etc.[101] Man kann auch sagen: Etwas wird überhaupt nur dadurch zum Merkmal oder Reiz, dass es eine irgendwie geartete Möglichkeit der Reaktion und des Umgangs impliziert: »... so viele Leistungen ein Tier ausführen kann, so viele Gegenstände vermag es in seiner Umwelt zu unterscheiden« (v. Uexküll u. Kriszat 1956, 68). Jede besondere Wahrnehmungsorganisation – als Verbindung von Sensitivität und Responsivität des Lebewesens – erschließt einen zugehörigen Ausschnitt oder Aspekt der Welt.

Reize sind also keine unabhängig vom Organismus existierenden physikalischen Ereignisse. Seine Ansprechbarkeit und seine Bedürfnisse sind ausschlaggebend dafür, was für ihn Bedeutung erlangt; seine mögliche Antwort bestimmt erst, was zum Reiz wird. Viktor von Weizsäcker (1986) hat dies am Beispiel des Tastsinnes gezeigt: Spüren und Tasten, Empfindung und Bewegung sind dabei kreisförmig zusammengeschlossen und modifizieren einander fortlaufend. Tastreize werden also in einen Gestaltkreis einbezogen, der Umwelt und Organismus miteinander rückkoppelt.

> Aktuelle neurobiologische Forschungen zur Koppelung von sensorischen und motorischen Systemen bestätigen diese Konzeption: Bereits beim Ansehen von Werkzeugen werden auch die Areale in der prämotorischen Hirnrinde aktiviert, die mit ihrer tatsächlichen Handhabung verknüpft sind. Die Wahrnehmung verwendbarer Objekte ruft also im Organismus latent schon die Bereitschaft zu einer möglichen Manipulation auf (Grafton et al. 1997, Gallese u. Umiltà 2002), bzw. die Aktion geht bereits mit in die Wahrnehmung ein.

Daraus folgt nun, dass die spezifische Umwelt eines Tieres durch den Funktions- oder Gestaltkreis *erst konstituiert wird* und nicht nur unter physikalischem Aspekt beschreibbar ist. Die Umgebung tritt überhaupt nur insoweit in den Bereich der Wahrnehmung, als sie dem Tier spezifische Formen des Umgangs ermöglicht. Lebewesen wirken also an der Konstitution ihrer eigenen Umwelt mit. Im Moment ihres Auftretens verliert die Umgebung ihre neutrale oder physikalische Natur und nimmt *komplementären* Charakter an: »Wo ein Fuß ist, da ist auch ein Weg. Wo ein Mund ist, da ist auch Nahrung. Wo eine Waffe ist, da ist auch ein Feind« (v. Uexküll 1973, 153). Eine ganz ähnliche Konzeption finden wir heute im enaktiven Ansatz der Kognition (Varela et al. 1991): Die Welt eines Lebewesens ist danach kein vorgegebener Bereich, der intern vom Gehirn repräsentiert wird, sondern eine Beziehungssphäre, die sich durch die jeweilige sensomotorische Koppelung des

---

101 In den neueren Verkörperungskonzeptionen hat sich dafür der von Gibson (1979) geprägte Begriff der »Affordanzen« (*affordances,* etwa: Angebote, Aufforderungscharaktere) eingebürgert.

Organismus mit der Umwelt erst bildet. Lebendige Systeme erzeugen handelnd (»enact«) ihre Welt.

Umgekehrt tritt das Lebewesen nicht erst in eine Beziehung zur Welt ein, so als ob es auch »zuvor« und unabhängig von ihr existieren könnte: In gewissem Sinn *ist es selbst diese Beziehung,* insofern es durch seine Struktur seine spezifische Umwelt miterzeugt, und indem seine Grenzen fortwährend zwischen ihm und der Umwelt vermitteln. Es ist also nicht in der Welt so wie ein Ding im Raum, sondern es ist »zur Welt« *(»au monde«),* wie Merleau-Ponty es für den Leib formulierte. Indem das Lebewesen geeignete, förderliche bzw. schädliche Bestandteile der Umwelt selektiert und erkennt, werden sie einbezogen in ein übergreifendes *Gesamtsystem* aus Lebewesen und Umwelt. Dieses lebendige System trägt zugleich subjektiven und objektiven Charakter.[102]

3.2.3 Subjektivität

Inwiefern ist die Organisationsform des Tieres mit dem Auftreten von Subjektivität verbunden? – Wie weit die Formen von Subjektivität, die wir von unserer Selbsterfahrung her kennen und die wir an höheren Säugetieren aufgrund der Verwandtschaft ihrer Organisation und ihres Verhaltens wahrnehmen können, in der Reihe der Organismen hinabreichen – diese Frage lässt sich wohl nicht schlüssig beantworten. Eine elementare Form von

---

102 Darin liegt eine gewisse Parallele zu Heideggers Begriffs des »In-der-Welt-Seins«: Für den Menschen ist die Welt primär bedeutsam, insofern ihm die Dinge funktional »zuhanden«, und nicht als Objekte »vorhanden« sind. Sie tragen die Struktur des »Um-zu«, verweisen also z. B. auf ihre »Dienlichkeit, Beiträglichkeit, Verwendbarkeit, Handlichkeit« (Heidegger 1927, 68). Die Umwelt bildet damit insgesamt eine *»Verweisungsganzheit«,* wobei ihre Verweisungen beim Menschen freilich primär durch die soziale Umwelt, insbesondere die Sprache konstituiert werden. Heideggers Konzeption begründet darüber hinaus auch einen erkenntnistheoretischen Primat der im präreflexiven Umgang erschlossenen Welt gegenüber der Welt von physikalischen, nur »vorhandenen« Gegenständen: »Es ist daher grundsätzlich festzuhalten, dass der übliche Ansatz der Erkenntnistheorie, wonach uns gleichmäßig eine Mannigfaltigkeit beliebig vorkommender Dinge bzw. Objekte gegeben sei, den primären Tatbeständen nicht gerecht wird und deshalb die erkenntnistheoretische Fragestellung von vorneherein zu einer gekünstelten macht. Die ursprüngliche Vertrautheit mit dem Seienden liegt in dem ihm angemessenen *Umgang«* (Heidegger 1975, 432). Erst im *Misslingen* des selbstverständlichen Vollzugs und Umgangs setzt bewusste Überlegung und Reflexion auf die Situation ein (Fuchs 2000, 260 ff.).

Innerlichkeit scheint mit der autopoietischen Organisationsform *per se* gegeben:

> »Die Einführung des Begriffes ›selbst‹, unvermeidlich in der Beschreibung selbst des elementarsten Falles von Leben, zeigt an, dass mit dem Leben als solchem innere Identität in die Welt kam« (Jonas 1973, 130).

Durch semipermeable Grenzen, Stoffwechsel, Reizempfänglichkeit und Bewegung erzeugen und erhalten Lebewesen eine Differenz von Innen und Außen oder von Selbst und Nicht-Selbst. Mit anderen Worten: Leben »bejaht sich selbst«, indem es gegen die entropischen Prozesse der physikalischen Umgebung eine innere Ordnung und Homöostase errichtet und fortlaufend bestätigt:

> »Die Herausforderung des ›Selbstseins‹ qualifiziert alles jenseits der Grenzen des Organismus als fremd und in gewissem Sinn als Gegenüber: als ›Welt‹, in der, durch die, und gegen die er sich erhalten muss. Ohne dieses universelle Gegenüber des ›Anderen‹ gäbe es kein ›Selbst‹« (Jonas 1968, 242 f.; eig. Übers.).

Dieses elementare Selbstsein ist freilich noch kein bewusstes Erleben. Wir können jedoch einige Voraussetzungen für das basale Selbstgewahrsein angeben, das sich auf höherer Stufe entwickelt:

- Die erste Voraussetzung besteht in der Abhebung der geschlossenen Form vom Umraum, die das Lebewesen in ein Gegenüber zur Welt bringt, also in seiner *Autonomie*; die Interiorität des Lebens kündigt bereits sein späteres Selbstgewahrsein an.
- Die zweite Voraussetzung ist die Ausbildung getrennter sensorischer und motorischer Organe und ihnen entsprechender *Sinnes- und Bewegungsvermögen*, die in komplementärer Beziehung zur Umwelt stehen und den Objekten *Bedeutungen* erteilen: Die Dinge erhalten – z.B. als tastbare, sichtbare, greifbare etc. – *für das Tier* spezifische Relevanzen.
- Die dritte Voraussetzung schließlich stellt die Ausbildung eines *nervösen Zentralorgans* dar, das die Rezeptor- und Effektororgane miteinander koppelt und damit den Organismus funktional integriert.

Ein so beschaffenes Wesen lebt nicht nur, es *erlebt* auch, es ist (in welchen Graden auch immer) bewusst, es nimmt wahr und reagiert nicht mechanisch, sondern bewegt sich aus seinem Zentrum heraus. Die Unterscheidung von Wahrnehmung und Bewegung ist allerdings nur dann realisiert, wenn es eine *Unterbrechung* von Merken und Wirken, also eine Hemmung der vom Reiz hervorgerufenen Erregung gibt, die nicht unmittelbar in eine motorische

Reaktion abfließt. Dazu muss das Zentralorgan *Hemmungs-* und *Enthemmungs*funktionen vereinen: »Merken ist gehemmter, Wirken enthemmter Erregung äquivalent« (Plessner 1975, 245). Es hätte gar keinen Sinn, etwas wahrzunehmen, wenn es diesen Aufschub nicht gäbe. Ein Objekt muss *erst* erkannt werden, um *dann* zum Objekt des Handelns zu werden, und zwar nicht in blinder Notwendigkeit, sondern entsprechend dem empfundenen *Bedürfnis* oder *Ziel* des Lebewesens. *Hemmung und Aufschub sind es also, die den Raum und die Zeitspanne für Bewusstsein eröffnen.*

Wir dürfen dabei nicht vergessen, dass der sensomotorische Kreis kein Selbstzweck ist, sondern der Erhaltung der Homöostase des Organismus dient. Die Koordinationsfunktion des ZNS für die Interaktionen mit der Umwelt ist daher nur in Verknüpfung mit seiner zweiten Funktion möglich: der Registrierung, Integration und Regulation des inneren Milieus. Nur dann kann die sensomotorische Aktivität auf die jeweiligen metabolischen Bedürfnisse des Organismus abgestimmt sein. Diese Regulation ist, wie wir in ▶ Kap. 4.1.2 noch sehen werden, die Basis für ein *elementares Lebensgefühl* von Wohl- oder Missbefinden, Vitalität oder Erschöpfung, für Triebe wie Hunger und Durst, und für Stimmungen, die den allgemeinen Zustand des Organismus im Hinblick auf seine vitalen Bedürfnisse anzeigen.

Spezifischer bilden die *Emotionen* gleichsam den Spannungsbogen, der den zeitlichen Aufschub zwischen Bedürfnis und Erfüllung überbrückt (Jonas 1973, 155) und die Bewegung zum Triebobjekt motiviert (»E-motion«). Die instinktive Dynamik von Mangel, Trieb, Begehren, Erwartung und Erfüllung – kurz: Konation – ist die subjektive Triebfeder der Funktionskreise, in denen das Tier lebt. Nicht zuletzt verleihen Emotionen und Stimmungen den Umweltobjekten affektive Bedeutungen oder Valenzen, sodass sie als begehrenswert, behaglich, bedrohlich, usw. erscheinen. Wir können daran auch erkennen, dass sich die Trennung zwischen Kognition und Affektion, wie sie in den Kognitionswissenschaften und der Psychologie immer noch gängig ist, nicht länger halten lässt.

Subjektivität überbrückt somit eine zweifache Kluft: einerseits zwischen den Bedürfnissen des Organismus und ihrer Befriedigung, andererseits zwischen Wahrnehmung und Bewegung, deren Verbindung durch das ZNS ebenso gehemmt wie vermittelt wird. Diesen doppelten Hiatus zwischen Gegenwart und Zukunft und zwischen Wahrnehmung und Bewegung überspannt die Subjektivität zum einen durch ihre zeitliche Ausdehnung (▶ Kap. 2.3.1), zum anderen durch verschiedene Formen auswählender, bedeutungsverleihender, emotional gerichteter und schließlich handelnder Beziehung (Jonas 1973, 134). Freilich ist Subjektivität nicht etwas »jenseits« des Organismus, sondern nur als *verkörperte* begreifbar: Es ist der subjektive

Leib selbst mit seinen Bereitschaften und Vermögen, der diese ursprünglichen Beziehungen zur Welt herstellt.

Die fortschreitende nervöse Zentralisierung des tierischen Organismus betont das Selbst, das sich der Umwelt mit zunehmender Deutlichkeit und Bewusstheit gegenüberstellt. So sind Schmerz und Angst besondere psychische Manifestationen der Selbsterhaltung und Abgrenzung gegenüber einer eindringenden Umwelt. Aber auch die Temperaturregulation des Organismus emanzipiert sich bei den Warmblütern zunehmend von den Umgebungsbedingungen. Zugleich erweitert sich der Bewegungsradius durch den Abstand des Rumpfes vom Boden und die zunehmende Freiheit der Extremitäten. Die Fernsinne gewinnen immer mehr an Bedeutung gegenüber Tastsinn, Geschmack und Geruch und vervielfachen die Handlungsmöglichkeiten. Die Sinneswelt entsteht durch die Differenzierung von Rezeptorenarten und ihre intermodale Verknüpfung im Zentralorgan zu einem einheitlichen, sensomotorischen Merk- und Wirkraum.

Dabei nehmen die Freiheitsgrade umso mehr zu, je ausgeprägter die Hemmung gegenüber sofortiger Reaktion wird, und je länger der Aufschub ist, der zwischen Bedürfnis und Befriedigung liegt. Besonders gesteigert wird der Selbstbezug des Organismus und die Effizienz seiner Aktionen, wenn Wahrnehmung und Bewegung zusätzlich miteinander rückgekoppelt werden, sodass Eigen- und Umweltwahrnehmung die Aktionen fortwährend leiten und modifizieren. Dies ist u. a. in dem von Holst und Mittelstaedt (1950) entdeckten *Reafferenzprinzip* realisiert: Die motorische Aktion wird schon im Entwurf an das nervöse Zentralorgan zurückgemeldet. Damit ist das Tier imstande zu unterscheiden, ob Veränderungen in der Beziehung zur Umgebung durch *eigene* Bewegungen oder durch Bewegungen von *Objekten* zustande kommen.[103] Indem die Rückbezüglichkeit so auch in das Zentralorgan selbst Einzug hält, erreicht die Subjektivität des Tieres eine neue Stufe. Es erfährt nicht nur die Antworten auf sein Wirken, sondern es kann bereits sein Wirken selbst »merken«. Damit zeigt das Tier erste Ansätze zur Erfassung seiner selbst in Beziehung zu Objekten.

---

103 So wird die Eigenmotorik der Blickbewegung durch sog. Efferenzkopien in der Sensorik mitberücksichtigt und ausgeglichen. Anderenfalls würde bei jeder Augenbewegung auch die gesehene Umgebung zu schwanken beginnen. Schließt man hingegen ein Auge und bewegt nun den anderen Augapfel mit einem leichten seitlichen Fingerdruck von außen – eine physiologisch »nicht vorgesehene« Augenbewegung, bei der die Efferenzkopie fehlt – so sieht man die Umgebung tatsächlich hin- und her schwanken.

Die eigentliche Gegenüberstellung von Subjekt und Objekt wird freilich erst auf der Stufe der »exzentrischen Positionalität« erreicht (Plessner 1975), in welcher der Mensch aus der bloßen Eingebundenheit in den Funktionskreis heraustritt. Thure von Uexküll hat für diese neuartige Beziehung des Menschen zur Umwelt den Begriff des *Situationskreises* geprägt, in dem die Prozesse von Wahrnehmung und Bewegung nicht mehr ineinander übergehen, sondern zunächst durch ein »Probehandeln« in der *Vorstellung* oder *Fantasie* durchgespielt werden können (v. Uexküll u. Wesiack 1996). Damit wird nun auch der Affekt seinerseits gehemmt, und der Hiatus zwischen Wahrnehmung und Bewegung in neuer Weise genutzt – bis hin zur Möglichkeit der Reflexion auf die Situation und die eigene Stellung in ihr. Mit dieser stets möglichen Distanzierung des Subjekts von seiner jeweiligen Situation wird die nur subjektive *Umwelt* des Tieres für den Menschen zur gemeinsamen, intersubjektiven und damit objektiven *Welt*: Abstand zu sich selbst zu gewinnen, heißt zugleich, sich in die Perspektive der anderen versetzen zu können. Die Exzentrizität des Menschen ist gleichursprünglich mit seiner Sozialität.

3.2.4 Zusammenfassung

Mit seiner geschlossenen Form grenzt sich der Organismus des Tieres vom Umraum ab, nimmt aber gleichzeitig, seine Grenzen wieder überschreitend, aktiv auf seine Umgebung Bezug. Seine peripheren Organe und Grenzflächen dienen dem fortwährenden Austausch und der Kommunikation mit der Umwelt, sei es durch den stofflichen Metabolismus, sei es durch den Funktionskreis von Wahrnehmung und Bewegung. Der Kreis wird vermittelt durch gesonderte Rezeptor- und Effektororgane, die ihrerseits durch ein nervöses Zentralorgan verknüpft sind. Diese Organisation des Tieres steht in komplementärer Beziehung zu seiner artspezifischen Umwelt: Es wählt aus der physischen Umgebung die geeigneten Bestandteile aus und verleiht ihnen die Bedeutung von »Reizen«, von Objekten der Wahrnehmung, des Interesses und der Aktion.

Mit dieser Organisationsform konstituiert sich das tierische Lebewesen als ein *leibliches Selbst*. Es ist in unterschiedlichen Graden bewusst, es nimmt wahr und reagiert aus seinem Zentrum heraus, es unterscheidet zwischen dem, was es wahrnimmt, und seinen eigenen Aktionen. Die Subjektivität, die mit der Entstehung animalischer Organismen in der Welt auftaucht, bedeutet aber keine außerweltliche Innerlichkeit. Sie ist vielmehr stets verkörpert und auf die Umwelt bezogen, in ihr anwesend und wirksam. Subjektivität ist der integrale Aspekt von biologischen Prozessen eines Organismus, der eine erkennbare Selbstorganisation und eine Selbstbezüglichkeit ebenso aufweist wie eine Beziehung zur Umwelt. Das Lebewesen zeigt sich somit in all seinen Lebensäußerungen als zugleich physisch und psychisch, »äußerlich« und »innerlich«.

Dabei stehen Innen und Außen einander nicht statisch gegenüber, sondern sie gehen durch Prozesse des »Sich-Äußerns« und »Verinnerlichens« fortwährend auseinander hervor. Das Innere kehrt sich nach außen, das Äußere nach innen, und zwar in der Dynamik des Stoffwechsels von Aufnahme und Ausscheidung ebenso wie in der Dynamik des Kreislaufs von Merken und Wirken, von Rezeptivität und Aktivität, schließlich bei den Primaten auch im Wechselspiel von Eindruck und Ausdruck in der leiblichen, mimisch-gestischen Kommunikation. Bei all diesen Austauschprozessen spielen *Transformationen*, die das Lebendige leistet, eine wesentliche Rolle, sei es bei der Umwandlung von anorganischer Materie in lebendigen Stoff, sei es bei der Umwandlung von Wahrnehmung in Bewegung, oder von neutraler Umgebung in Bedeutsamkeit für die Tätigkeit des Lebewesens.

Der solchermaßen organisierte Körper ist somit nicht nur der dienstbare Träger des Zentralorgans oder Gehirns, also eines in ihm angebrachten, informationsverarbeitenden Apparats, der aus sich heraus Bewusstsein erzeugt. Der lebendige Körper des Tieres ist vielmehr so organisiert und zentralisiert, dass er *insgesamt* die geeignete Struktur und Dynamik aufweist, um bewusste Lebensäußerungen hervorzubringen. Subjektivität ist nicht ein bloßes Nebenprodukt, eine zusätzliche und notfalls auch entbehrliche Teilfunktion eines Spezialorgans. Wir können vielmehr sagen: *So wie Subjektivität notwendig verkörpert ist, so ist ein geeignet organisierter, lebendiger Körper notwendig auch subjektiv.* Er ist ein Selbst, insofern er sich einerseits zentralisiert, nach außen abgrenzt und ein unteilbares Funktionsganzes darstellt, andererseits durch geeignete Grenzflächen und Organe sich selbst überschreitet und mit der Umwelt in Beziehung tritt, sodass sie für ihn Bedeutsamkeit erlangt. Ein solches Lebewesen verfügt über Subjektivität: Empfinden, Fühlen, Streben, Gewahrsein. Subjektivität ist zuallererst Leben, Lebendigkeit, und alles Erleben ist eine Form des Lebens.

3.3 Zirkuläre und integrale Kausalität von Lebewesen

Die Darstellung von Grundstrukturen des Organismus ist nun zu vervollständigen durch eine Analyse der spezifischen Kausalität, die Lebendiges auszeichnet. In den Bio- und Neurowissenschaften herrscht noch immer der monolineare physikalische Kausalitätsbegriff vor, der dem Lebendigen nicht angemessen ist: Auf eine Ursache A folgt die Wirkung B, auf den Reiz die Reaktion usw. Die besondere Kausalität lebendiger Organismen als sich selbst erzeugender, »autopoietischer« Systeme bedarf jedoch eines eigenständigen Begriffs, den ich in Anknüpfung an synergetische Modelle (Haken 1997) als *»zirkuläre Kausalität«* von Organismus und Umwelt bezeichnen möchte. Dabei lassen sich zunächst zwei Formen kreisförmiger Wechselbeziehungen unterscheiden, eine *vertikale* und eine *horizontale*. Ich werde sie zunächst näher erläutern und anschließend im Begriff einer *integralen Kausalität* des Lebendigen miteinander verknüpfen.

3.3.1 Vertikale zirkuläre Kausalität

Die vertikale Ordnung lebendiger Systeme lässt sich zunächst als eine Hierarchie von Ebenen beschreiben (▶ Abb. 6), nämlich

(1) der obersten Ebene des Organismus als ganzen,
(2) der intermediären Ebene von Teilsystemen und Organen,
(3) der basalen Ebene von Zellen,
(4) schließlich der elementaren oder Mikroebene von materiellen Bestandteilen (Makromoleküle, Atome).

Zwischen diesen Ebenen besteht jeweils die *Wechselbeziehung von Ganzem und Teilen,* wie sie bereits dargestellt wurde (▶ Kap. 3.2.1), und die sich auch als *dynamische Ko-Emergenz*« bezeichnen lässt (Thompson 2007, 60): Der Organismus als ganzer und seine Komponenten (Organe, Zellen usf.) bringen einander in einem fortwährenden Reproduktionsprozess wechselseitig hervor. Das Ganze ist ebenso die Bedingung seiner Teile, wie die Teile das Ganze ermöglichen.

Zugleich weist das Ganze den Teilen bestimmte Funktionen zu, die ihrer Eigentätigkeit gewisse *Restriktionen* auferlegt. Um etwa eine koordinierte

Bewegung wie das Gehen zu ermöglichen, müssen verschiedene Muskeln in bestimmter, d.h. relativ eingeschränkter Weise zusammenwirken, z.B. als Agonisten und Antagonisten (v. Uexküll u. Wesiack 1996, 9). Dazu muss die unspezifische Erregbarkeit des Muskelgewebes gehemmt und in übergeordnete Muster integriert werden. Andere Funktionen kommen dadurch zustande, dass das Milieu und die Struktur des Gesamtorganismus bestimmte Abläufe von Elementarprozessen *wahrscheinlicher* machen oder *begünstigen*, insbesondere bei grundsätzlich chaotischen Prozessen, wie sie etwa das Immunsystem oder auch das neuronale System charakterisieren. Der strukturierende Einfluss, den ein lebendiges System auf seine Teile ausübt, lässt sich als *formierende* oder auch »Abwärts«-Kausalität (*top-down*-Kausalität) bezeichnen. Umgekehrt wird das System durch die Prozesse der jeweils untergeordneten Ebenen erst realisiert (»Aufwärts«- oder *bottom-up*-Kausalität) (▶ Abb. 6).

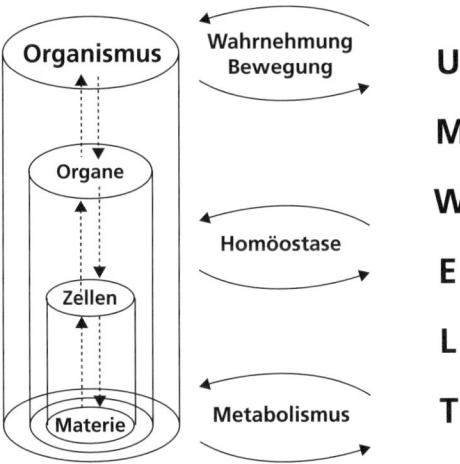

Abb. 6: Vertikale und horizontale zirkuläre Kausalität

Das lebendige Ganze macht sich somit nicht durch unmittelbare Einwirkung, sondern nur einschränkend, ordnend oder *mittelbar* in seinen Teilen geltend. Dem Fehlen einer aufgezwungenen Zentralsteuerung entspricht die autonome Natur und zugleich hochgradige Vernetzung der Untereinheiten. Gerade durch ihre dezentrale, miteinander verkoppelte Tätigkeit erfüllen sie ihre Funktionen und tragen zum Leben des Organismus insgesamt bei. Die Teile und Teilprozesse haben somit Auswirkungen auf die Erhaltung und Funktion des Gesamtsystems, die wir als *ermöglichende* oder eben als »*aufwärts*«-*Kausalität* benennen können.

Aus der Verbindung beider Kausalbeziehungen zu Regelkreisen resultiert nun eine *vertikale zirkuläre Kausalität* im Verhältnis zwischen dem Ganzen und den Teilen bzw. zwischen den hierarchisch geordneten Ebenen des Systems. Betrachten wir einige Beispiele:

• Zirkuläre Kausalität kennzeichnet die Beziehung zwischen Genen und Organismus: Die genetische Struktur des einzelnen Zellkerns steuert den Aufbau spezifischer Proteine, Zellorganellen und Zellfunktionen (»aufwärts«). Umgekehrt bestimmen der Aufbau und die Funktionen des Gesamtorganismus (»abwärts«), welche Gene für die Entwicklung und Regulation einer Einzelzelle Relevanz erhalten, ob sie sich zum Beispiel zu einer Muskel-, Knochen- oder Nervenzelle entwickelt. Diese epigenetischen Prozesse werden durch genregulatorische Netzwerke vermittelt, die über Signalmoleküle auf übergeordnete Bedingungen und Kontexte reagieren (Berridge 2005, Noble 2008, 2012). Auf diese Weise differenzieren sich die Zellen in der Weise, dass sie die ihnen zukommende Rolle im umgebenden Organ einnehmen.
• Ein weiteres Beispiel ist das Immunsystem, wo eine Antigeninvasion eine Hypermutation in einzelnen Immunzellen auslöst (*bottom-up*). Diese werden dann vom Organismus selektiert, um sich zu reproduzieren und zu vermehren, je nachdem, ob sie für die systemische Immunantwort geeignet sind oder nicht (*top-down*) (Noble & Noble 2021).
• Auf sozialer Ebene lässt sich ein *top-down*-Effekt hervorrufen, wenn man die Position eines Affen innerhalb einer Statushierarchie verschiebt; das hat zur Folge, dass sich die Genexpression zur Steuerung seines Serotoninspiegels verändert. Wenn beispielsweise ein dominantes Männchen aus einer Affengruppe entfernt wird, steigt der Serotoninspiegel des nächsthöheren Männchens rasch an, sodass dieses seinen neuen Status durch dominantes Verhalten ausfüllen kann (McGuire et al. 1983, Raleigh et al. 1984). Der übergeordnete soziale Kontext, der von diesem Männchen subjektiv als neue Anforderung und Motivation erlebt wird, verändert also im Sinne einer *top-down*-Verursachung die Genexpression auf der Mikroebene. Umgekehrt trägt die erhöhte Serotoninproduktion *bottom-up* zu dem dominanteren Verhalten bei.
• Beim Menschen zeigt sich eine ähnliche Abhängigkeit vom übergeordneten Kontext in der Wirkung von Oxytocin: Die Ausschüttung des Hormons fördert zwar das Vertrauen und die Kooperation innerhalb der eigenen Gruppe, gegenüber Mitgliedern einer konkurrierenden oder fremden Gruppe hingegen begünstigt es das gegenteilige, nämlich aggressiv-feindseliges Verhalten (De Dreu et al. 2010, 2011). Die Wahrneh-

mung des sozialen Kontexts führt also *top-down* zu einer unterschiedlichen physiologischen und damit auch psychologischen Auswirkung des Hormons.

An diesen Beispielen wird bereits erkennbar, dass die Abwärts-Kausalität nicht mit einer Wirkursache *(causa efficiens)* verwechselt werden darf. Vielmehr kann man sie als *formierende oder organisierende* Kausalität des lebendigen Ganzen verstehen, in Entsprechung zur aristotelischen *causa formalis* (vgl. auch Fuchs 2020f.). Allerdings wird diese Form von Kausalität oft als problematisch oder obskur angesehen, und zwar aus zwei Gründen:

(1) Da das Ganze selbst aus den Teilen besteht, können Ursache und Wirkung hier nicht zwei verschiedenen Agenzien zugeschrieben werden, von denen eines äußerlich auf das andere einwirkt.
(2) Die kausale Wirkung höherer Systemebenen scheint unbekannte physikalische Kräfte vorauszusetzen, die entweder den geltenden Gesetzen der Physik widersprechen oder aber Occam's Rasiermesser zum Opfer fallen, d.h. sie wären überflüssig (vgl. zu dieser Kritik Craver u. Bechtel 2007).

Doch ist es keineswegs notwendig, den Begriff der Kausalität auf die Wirkursächlichkeit *(causa efficiens)* einzuschränken, nach dem Muster von Billardkugeln, die aufeinander einwirken. Makro-Strukturen können durchaus formierende oder ordnende Wirkungen gegenüber den Mikro-Elementen entfalten, in denen sie strukturell realisiert sind (*causa formalis*; Juarrero 1999, 125 ff.). Damit treten nicht etwa neuartige, den physikalischen Erhaltungsgesetzen widersprechende Naturkräfte auf. Vielmehr sind Makro-Strukturen in der Lage, durch ihre Form und Konfiguration bestimmte Eigenschaften ihrer Komponenten zu *selektieren* und andere zu *blockieren* (Campbell 1974, Moreno u. Umerez 2000).

Damit erhalten diese Komponenten emergente Qualitäten, wie etwa die schon erwähnte Fähigkeit des organischen Eisens, Sauerstoff reversibel zu binden, was in der anorganischen Natur ein extrem unwahrscheinlicher Zustand wäre. Dazu bedarf es keines physikalischen Wunders, sondern nur einer höheren Ordnungsstruktur (in diesem Fall des Hämoglobins), die ihre eigenen Aufbauelemente »versklavt« (Haken 1997), also in ein spezifisches Verhalten einbindet. Generell sind die molekularen Prozesse in einer Zelle in der Lage, chemische Reaktionen und Moleküle zu erzeugen, die ihre natürliche Auftretenswahrscheinlichkeit um Größenordnungen übertreffen (Deacon 2006). Vermittelnde katalytische Reaktionen steuern die Bildung von

Molekülen so, dass ihre Erzeugung millionenmal wahrscheinlicher wird als in anorganischen Umgebungen.

Analog können nun auch *geistige Prozesse* als verkörperte Lebensäußerungen im physischen Verhalten wirksam sein. Geistiges wirkt freilich nicht als externe Kraft auf physiologische Prozesse ein, sondern es wirkt als Form *in ihnen* und *durch sie.* Wenn ich z.B. einen Satz spreche, zeigen die Muskeln meiner Zunge und meines Kehlkopfs bestimmte, geordnete Bewegungsmuster. Ihre unmittelbare oder proximale Wirkursache ist die neuronal ausgelöste Acetylcholin-Freisetzung an den motorischen Endplatten dieser Muskeln. Dennoch ist es ebenso richtig zu sagen, dass sich meine Zunge und mein Kehlkopf genau so bewegen, *weil ich diese Worte spreche* und in ihnen auf geistige Zusammenhänge intentional gerichtet bin. Dieses »weil« bezeichnet freilich nicht mehr die *causa efficiens,* sondern die übergeordnete selektive und formierende Ursache, die *causa formalis:* Die Muskeln sind immer bereit zur Erregung, sie könnten sich auf viele Weise kontrahieren, doch sie werden in die übergeordnete Dynamik einbezogen. Somit ist die organisierende oder formierende Ursache der Muskelaktionen mein Sprechen (»abwärts«), das seinerseits durch eine Reihe von physiologischen Mechanismen realisiert wird (»aufwärts«).

Das Gleiche gilt aber auch für die Aktivitäten meiner Neuronen in motorischen und anderen Hirnzentren: Sie verlaufen in dieser bestimmten Form, *weil ich diese Worte spreche* und dabei den intentionalen Bogen des Satzes spanne, in der Protention jeweils die nächsten Worte vorwegnehmend. Mit anderen Worten: Meine verkörperten Intentionen und Protentionen sind in der Lage, sich physisch zu realisieren und damit sogar *einen Zustand zu verwirklichen, der noch nicht existiert.*[104] Als verkörperte Lebensvollzüge können geistige Prozesse somit im Verhalten eines Lebewesens wirksam werden,

---

104 Wie ich oben bereits argumentiert habe (▶ Kap. 2.3.2), kann diese Fähigkeit nicht einem »prädiktiven Gehirn« zugeschrieben werden, da Gehirnprozesse sich selbst nicht vorweg, sondern nur strikt gegenwärtig sind. Damit soll nicht gesagt sein, dass Protentionen keine neuronale Basis hätten; zahlreiche Areale im Kortex, in den Basalganglien und im Kleinhirn sind in sensorische oder motorische Antizipationen involviert (Wolpert et al. 1998, Nijhawan 2008). Diese Antizipationen scheinen auch mit synchronisierter Schwingungsaktivität in den kortikalen Arealen korreliert zu sein, die für die betreffende Wahrnehmung oder Handlung zuständig sind (Singer 2009). Doch alle diese neuronalen Prozesse bleiben immer an die momentane Gegenwart gebunden. Die übergeordnete zeitliche Synthese, um die es beim intentionalen Bogen eines gesprochenen Satzes geht, lässt sich nur meinem *bewussten* Sprechen zuschreiben. – Eine neurophysiologische Beschreibung unter explizitem Bezug auf Husserls Konzept des inneren Zeitbewusstseins hat Varela (1999) unternommen.

ohne äußerlich »auf Hirnprozesse zu wirken«. Die sogenannte »mentale Verursachung«, die die Vorstellung eines körperlosen Wirkens des Geistes hervorruft, sollte daher besser in »personale Verursachung« umbenannt werden.[105]

Um jede Konnotation einer solchen Wirkursache zu vermeiden, die ja zwischen den hierarchischen Systemebenen nicht besteht, können wir mit de Haan (2020) auch von »implikativer Kausalität« sprechen: *Indem ich denke oder spreche,* realisiere ich als Lebewesen zugleich organische Prozesse, die geordnete neuronale und muskuläre Aktivitäten einschließen – diese können gewissermaßen nicht anders, ähnlich wie Wassermoleküle, die in einen Strudel hineingezogen werden, der gleichwohl aus ihnen besteht. Der Strudel als Ordnungsform *impliziert* ihre spezifischen Bewegungen, ohne auf sie zu einwirken. Die vollständige Ursache für mein Sprechen ist daher weder meine Zunge noch mein Gehirn (auch wenn beide notwendig sind, um es zu realisieren), sondern *ich bin es selbst.* In jeder bewussten Tätigkeit (Sprechen, Schreiben, Laufen, Denken) wirkt das Lebewesen selbst als formierende und organisierende Ursache.

Die zirkuläre Kausalität hat nun eine Konsequenz für die Funktion des Gehirns, die ich als *Prinzip der vertikalen Transformation* bezeichnen möchte. Offensichtlich kommt dem Gehirn die Rolle zu, globale Prozesse auf der Makroebene mit lokalen Prozessen auf der Mikroebene zu vermitteln bzw. sie ineinander umzuwandeln. Die vertikale Transformation verläuft nun in beiderlei Richtungen: von der Makroebene der verkörperten Subjektivität zur Mikroebene (neuro-)physiologischer Einzelmechanismen, und umgekehrt von der Mikro- zur Makroebene. So lässt sich z.B. ein emotionaler Zustand wie die Angst eines Patienten einerseits durch ein beruhigendes

---

[105] Hier ist anzumerken, dass eine abwärts gerichtete Verursachung ein gewisses Maß an Unbestimmtheit auf der Mikroebene erfordert; andernfalls würden Einschränkungen und Bestimmungen auf höherer, in diesem Fall auf geistiger Ebene auf eine Überdeterminierung hinauslaufen und wären für eine Erklärung überflüssig. Die dazu erforderlichen Freiheitsgrade liegen im Mikro-Indeterminismus der Gehirnprozesse, sei es aufgrund von Stochastik oder Quantenunbestimmtheit (Noble & Noble 2021). Sie haben eine nicht-lineare, labile neuronale Dynamik mit immer neuen Bifurkationen und Schwellenverhalten zur Folge, die zur Selektion und damit zur formierenden Kausalität auf hoher Ebene genutzt werden kann. Vgl. dazu die eingehenden Analysen von Braun (2021), mit dem Ergebnis: »Stochasticity can be further enhanced in neuronal networks by the manifold of synaptic feedforward and feedback connections. This maintains the brain in a flexible state and allows switching between multiple, coexisting decision options in the control of autonomic, mental, and also cognitive functions« (Braun 2021, S. 9).

Gespräch reduzieren, also durch eine veränderte Wahrnehmung der persönlichen Situation *(top-down)*, andererseits auch durch ein Anxiolyticum, also durch direkte chemische Beeinflussung des Transmitter-Stoffwechsels im Gehirn, der *bottom-up* in ein reduziertes Angsterleben transformiert wird. Das Gehirn fungiert somit als ein Transformator für vertikale zirkuläre Kausalität, insofern es hochstufige (intentionale, bedeutungshafte) Makrozustände und niederstufige (neurochemische) Mikrozustände des Organismus ineinander umwandelt und jeweils auf der anderen hierarchischen Ebene wirksam werden lässt.

3.3.2 Horizontale zirkuläre Kausalität

Diese zweite Form der Kausalität des Lebendigen ergibt sich zum einen aus den vielfältigen Rückkoppelungseffekten *innerhalb* des Organismus, die nicht hierarchisch zwischen verschiedenen Ebenen, sondern auf einer Ebene ablaufen (z. B. Wechselwirkungen zwischen Zellen oder Organen, hormonelle Feedback-Regulationen wie der von CRH → ACTH → Kortisol → CRH usw.). Horizontal verlaufen aber auch die rückgekoppelten Beziehungen und Funktionskreise von *Organismus und Umwelt,* wie wir sie bereits beschrieben haben (▶ Abb. 6). Die zirkuläre Beziehung besteht dabei zunächst auf basaler Ebene im *Stoffwechsel,* der freilich als Teil der allgemeinen Regulation der *Homöostase* des Organismus unter wechselnden Umweltbedingungen anzusehen ist. Der horizontale Metabolismus ist mit vertikalen, formierenden Prozessen verknüpft, die den aufgenommenen Stoff assimilieren und in die Substanz des Lebewesens transformieren.

Zirkulär oder funktionskreisförmig verläuft dann auch die Beziehung von *Wahrnehmung, Bewegung und Umgebung:* Die Reaktion des Lebewesens auf äußere Reize wird von der Umwelt beantwortet, und diese Antwort wirkt auf das Lebewesen zurück usf., bis das Verhältnis von Individuum und Umwelt ein neues Gleichgewicht findet. Dabei fungiert das Gehirn wiederum als Umwandlungsorgan oder *Transformator* zwischen den rückgekoppelten sensorischen Reizen und motorischen Aktionen (Varela et al. 1991). Auch hier greifen vertikale Steuerungsprozesse ein, denn das Lebewesen empfängt Reize nicht nur passiv, sondern selektiert selbst die geeigneten Ausschnitte aus der Umgebung, z. B. durch seine *Aufmerksamkeit.* Zentralnervöse, efferente Einflüsse auf die peripheren Sinnesorgane bestimmen demnach wesentlich, was gesehen, gehört oder getastet wird.[106]

Durch die Funktionskreise werden physikalische Umweltereignisse bzw. sie umwandelnde sensorische und neuronale Prozesse auf der Mikroebene zu *Trägern von bedeutungshaltigen Beziehungen* zwischen dem Lebewesen und seiner Umwelt. Die vielfältigen Transmissionsprozesse, wie sie etwa an der visuellen Wahrnehmung beteiligt sind, bestehen für sich genommen nur aus kausal verknüpften Ketten von physikalischen Einzelereignissen. Lichtwellen haben keine Farbe, und Schallwellen sind keine Musik. Doch im Kontakt mit dem lebendigen Organismus werden sie zu Trägern von Wahrnehmungsvorgängen, in denen wir die Farbe des Baumes sehen oder eine Geige spielen hören. Mikroprozesse, die zwischen Umwelt und Organismus ablaufen, werden also *transformiert* in Vorgänge der Bedeutungserteilung, letztlich in integrale Wahrnehmungen und Bewegungen.

3.3.3   Vermögen als Grundlage integraler Kausalität

Die Verknüpfung von vertikaler und horizontaler, interner und externer Kausalität führt nun zum Begriff einer *integralen Kausalität:* Durch sie realisiert ein Lebewesen in Verbindung mit einer komplementär passenden Umwelt bestimmte Leistungen, die zur Fortführung seines Lebens beitragen. Voraussetzung dieser Kausalität ist eine dispositionelle Beschaffenheit von Lebewesen, die ich mit dem auf Aristoteles zurückgehenden Begriff des *Vermögens* (griech. *dýnamis*) beschreiben möchte.[107] Darunter verstehe ich die angeborenen oder erworbenen Bereitschaften eines Lebewesens, in geeigneten Kontexten Leistungen aktiv zu realisieren (Aristoteles' *enérgeia*) – also

---

106 Solche efferenten oder deszendierenden Einflüsse konnten für die visuelle, akustische, vestibuläre und taktile Reizverarbeitung nachgewiesen werden (Liberman et al. 1990, Highstein 1991, Mikkelsen 1992, Alexandrov u. Jarvilehto 1993)

107 Die aristotelische Vermögenslehre ist v.a. in der Metaphysik (IX. Buch) entwickelt. Thomas Buchheim hat den unüblich gewordenen Begriff anlässlich der Debatte um die Willensfreiheit wieder reaktualisiert; ich knüpfe hier an seine Überlegungen an (Buchheim 2006a, 55 ff.). Das mit dem Begriff Gemeinte wird heute meist durch Termini wie Disposition, Aktivitätsbereitschaft, Fähigkeit oder Kompetenz wiedergegeben. Der Vermögensbegriff hat demgegenüber den Vorteil, gerade wegen seiner Ungebräuchlichkeit zur Analyse eines gegenwärtig meist ausgeblendeten Typus integraler Kausalität von Lebewesen einsetzbar zu sein. Zudem enthält er den Begriff der *Möglichkeit* oder *Potenzialität* in sich, der m.E. für ein Verständnis des Lebendigen konstitutiv ist.

z. B. etwas wahrzunehmen, zu begehren, zu ergreifen, Laute von sich zu geben, zu sprechen oder zu schreiben.

Solche Leistungen stellen zugleich Lebensäußerungen dar, die nicht nur Teilprozesse des Organismus betreffen (wie etwa die Sauerstoffaufnahme durch das Hämoglobin, die Sekretion von Magensäure oder die Streckung des Beins beim Patellarsehnenreflex), sondern das Lebewesen als Ganzes engagieren. Das bedeutet, dass es sich in ihnen unter seinem Doppelaspekt als körperlicher Organismus und als leibliches Subjekt zeigt – als fühlendes, wahrnehmendes, begehrendes und agierendes Wesen. Der Begriff des Vermögens bezeichnet somit eine Form *integraler Potenzialität*, die dem Lebewesen als solchem zukommt und nicht in Einzelprozesse zerlegt werden kann, auch wenn es natürlich jeweils besondere organische Korrelate für sie gibt, vor allem die zentralnervösen Strukturen und die geeigneten sensomotorischen Organe.

Lebensäußerungen wie Wahrnehmen, Fühlen oder Handeln setzen offensichtlich komplexe und integrale Makrostrukturen voraus, wie es Organismen sind. Unterhalb einer gewissen Ausdehnung entschwinden sie dem Blick und lassen sich in physikalischen Mikroprozessen nicht mehr auffinden.[108] Das Gleiche gilt für die entsprechenden Verhaltensdispositionen oder Vermögen. Um anthropomorphe Begriffe wie den des Vermögens dennoch zu vermeiden, werden sie in den Bio- und Kognitionswissenschaften in der Regel durch kybernetische Termini wie »Programm« oder »Steuerung« ersetzt. »Programm« wird definiert als »kodierte oder im Voraus angeordnete Information, die einen Vorgang ... so steuert, dass er zu einem vorgegebenen Ende führt« (Mayr 1979, 213). Demnach sind im Zellkern genetische Programme, im Gehirn Wahrnehmungs-, Bewertungs- oder Bewegungsprogramme gespeichert, die entsprechende Lebensfunktionen steuern. Damit ist freilich alles eliminiert, was an Lebensäußerungen erlebt und intentional gerichtet ist – Fühlen, Begehren, Wollen, Wünschen, Wahrnehmen, Handeln. Der Begriff des Vermögens impliziert, dass all dies von Lebensäußerungen eben nicht abtrennbar ist, soll das Verhalten von Lebewesen nicht dem von programmierten Maschinen wie etwa Torpedos gleichgesetzt werden.

Vermögen (etwa die Fähigkeit zu schreiben) bilden sich (1) durch die Ausformung der entsprechenden organischen Strukturen (z. B. Hände, Sehnen, Muskeln, peripheres und zentrales Nervensystem einschließlich spezi-

---

108 »Ein lebendiger Körper etwa, aus zu großer Nähe und ohne Hintergrund gesehen, von dem er sich abhebt, ist kein lebendiger Körper mehr, sondern eine materielle Masse, seltsam wie eine Mondlandschaft, wie z. B. wenn man ein Stück Haut unter der Lupe betrachtet« (Merleau-Ponty 1966, 351).

fischer neuronaler Aktivitätsmuster) und (2) durch ihre Einbettung in übergeordnete Organismus-Umwelt-Beziehungen, die bestimmte Bedeutungserteilungen einschließen (z. B. »Stift«, »Papier«, »Worte«). Vermögen bündeln also Subsysteme und Organe in vertikaler Kausalität zu kooperierenden Einheiten, die zur Realisierung von Leistungen bereitstehen. Sie *aktualisieren* sich, sobald die dafür geeignete Situation eintritt: Dann kooperieren die *vertikal gebündelten* Untereinheiten bzw. Teilprozesse und schließen sich zugleich mit komplementären »Gegenstücken« der Umwelt in *horizontaler* Rückkoppelung zusammen. Damit kann nun das Lebewesen die einheitliche Lebensäußerung oder Leistung realisieren – etwa das Greifen nach einem Stift und das Schreiben eines Briefes. In der Realisierung seines Vermögens zu greifen und zu schreiben handelt ein Mensch in *integraler,* also vertikale und horizontale Momente verknüpfender Kausalität.

Aus ihrer Realisierung ersehen wir noch besser, was es mit Vermögen auf sich hat. Einen Brief schreiben zu können, ist offenbar nicht etwa ein Vermögen des Gehirns (obwohl es dazu natürlich maßgeblich erforderlich ist), sondern Vermögen eines verkörperten Subjekts, dessen Umwelt ihm Stifte, Papier, Worte und Schrift zur Verfügung stellt. Vermögen wirken also wie Schlüssel zu passenden Schlössern in der Umwelt und verleihen ihr damit Bedeutung: »etwas zum Greifen«, »etwas zum Schreiben« etc. Auf diese Weise erhalten die Dinge und Situationen spezifische Relevanzen oder »Affordanzen« (Gibson 1979). Vermögen lassen sich also nur *relational,* im Rahmen einer Beziehung von Organismus und Umwelt beschreiben. Organisch verankerte Wahrnehmungs- und Bewegungsbereitschaften bilden gleichsam »offene Schleifen«, die sich mit geeigneten Komplementen der Umwelt so zusammenschließen, dass im Moment der Passung die Wahrnehmung oder Handlung realisiert wird. So stellt sich auf der Grundlage bestehender Vermögen immer wieder eine neue *situative Kohärenz* von Organismus und Umwelt her. »Unser Leib, ein System von Bewegungs- und Wahrnehmungsvermögen, [...] ist ein sein Gleichgewicht suchendes Ganzes erlebt-gelebter Bedeutungen« (Merleau-Ponty 1966, 184).

3.3.4 Die Bildung von Vermögen durch das Leibgedächtnis

Die Verknüpfung von vertikaler und horizontaler Kausalität modifiziert und erweitert sich nun beim Menschen im biographischen Verlauf, nämlich durch *Lern- und Gedächtnisprozesse.* Im Zuge horizontaler Interaktionen mit der Umwelt werden nämlich wiederkehrende Wahrnehmungs- und Verhaltensmuster extrahiert und als sensorische, motorische, affektive u. a. *Sche-*

mata im Gedächtnis des Organismus, in erster Linie im Gehirn niedergelegt. Diese Erfahrungsbildung betrifft vor allem die neuronalen Strukturen des »impliziten Gedächtnisses«: Damit wird in der neueren Gedächtnisforschung ein durch Wiederholung erworbenes, habituell fungierendes System von Fähigkeiten, Gewohnheiten und Bereitschaften bezeichnet – im Unterschied zum autobiographischen Gedächtnis, mittels dessen wir uns an bestimmte Erlebnisse erinnern.

Das implizite oder *Leibgedächtnis* reproduziert frühere Erlebnisse nicht als Erinnerungen, sondern enthält sie als *Erfahrung* in Form von Wahrnehmungs- und Verhaltensbereitschaften in sich, ohne dass deren Herkunft noch bewusst sein muss (Schacter 1987, 1999; Fuchs 2000c, 2012a). Zu den impliziten Gedächtnissystemen gehört zunächst das motorische Gewohnheitslernen (prozedurales Gedächtnis, etwa für Fahrradfahren, Tanzen oder Instrumentenspiel), aber auch perzeptive, kognitive und affektive Vermögen, die sich in gleichartig wiederkehrenden Situationen bilden: etwa das Wiedererkennen von Objekten (perzeptuelles Gedächtnis), die Orientierung in vertrauten Räumen (räumliches Gedächtnis) oder Gefühlsreaktionen auf bestimmte Stimuli (emotionales Gedächtnis). Implizite Gedächtnisfunktionen basieren vor allem auf subkortikalen Hirnstrukturen wie den Basalganglien, dem Kleinhirn und dem limbischen System (einschließlich der Amygdala für klassische Konditionierung bzw. des Nucleus accumbens für operante Konditionierung; vgl. Graybiel 1998, Ennen 2003, Panksepp 2012).

Durch implizites Lernen sedimentieren sich wiederkehrende Interaktionen mit der Umwelt als Bereitschaften, Fähigkeiten und Kenntnissen. Dabei vermehrt ein Lebewesen sein implizites Wissen und Können nicht etwa durch Anfüllen eines Informationsspeichers, sondern durch *Veränderung seiner organischen Struktur*, also durch einen Wachstums- und Entwicklungsprozess. So gibt es auch im Gehirn weder eine Unterteilung in »Speicher« und »Prozessor« noch in »Hardware« und »Software«. Erfahrungen und Vermögen werden vielmehr *inkorporiert*, also den körperlichen bzw. neuronalen Strukturen selbst eingeprägt.

Was ist dann der Ort dieses verkörperten oder Leibgedächtnisses? Dem funktionalistischen Modell zufolge schreibt der Lernprozess Informationen in neuronale Gedächtnisspeicher ein, die dann abgerufen werden können. Aber diese repräsentationale und internalistische Sicht des Gedächtnisses passt nicht zur dynamischen Interaktion von Körper und der Umwelt, durch die sich leibliche Fähigkeiten oder Gewohnheiten aktualisieren. Statt inneren Karten oder Modellen der Außenwelt stellt das Gehirn vielmehr offene Schleifen für mögliche Interaktionen bereit. Diese Schleifen werden, wie schon beschrieben, durch geeignete Gegenstücke der Umwelt zu vollen

Funktionskreisen geschlossen. Diese zirkulären Prozesse aber geben gar keine Möglichkeit für separate Repräsentationen.

»Gedächtnis« bezeichnet also keinen internen Speicher, sondern *die Fähigkeit eines Lebewesens, seine in früheren Lernprozessen erworbenen Dispositionen zu realisieren*. Diese Realisierung ist gebunden an die dynamische Koppelung von Körper und Umwelt. Ein illustratives Beispiel dafür liefert der Versuch, die Tasten für ein bestimmtes Wort auf einer leeren Computertastatur zu finden (auf der also die Buchstaben entfernt wurden), nur indem man sie ansieht. Auch wer gut mit 10 Fingern schreiben kann, wird dazu nicht in der Lage sein – es besteht kein repräsentierendes Gedächtnis für die Lage der Buchstaben. Legt man aber die Finger auf die Tastatur, schreiben sie das Wort sofort und ohne Überlegung. Das Wissen liegt hier also buchstäblich »in den Händen«, als verkörpertes »Wissen-wie«, nicht als abstraktes oder repräsentationales »Wissen-dass«. Mit anderen Worten, das implizite Gedächtnis ist eine *emergente, dispositionale Eigenschaft des gesamten Systems von Organismus und Tastatur*. Der Begriff des »Leibgedächtnisses« ist also nicht nur metaphorisch gemeint: er beschreibt zutreffend den Leib in Verknüpfung mit der korrespondierenden Umwelt als Träger von Gewohnheiten oder Fähigkeiten.

Dieses verkörperte Gedächtnis wandelt nun die zirkuläre Beziehung von Organismus und Umwelt in der Zeitachse zu einer spiralförmigen Entwicklung (▶ Abb. 7): Jede Interaktion verändert – wenn auch noch so minimal – die Struktur des Organismus, der damit seinerseits in veränderter Weise die Umgebung wahrnimmt bzw. auf sie reagiert. Organismus und Umwelt sind in fortwährender *Koevolution* begriffen, oder mit anderen Worten: Das Gesamtsystem aus Organismus und Umwelt rekonfiguriert sich mit jeder Interaktion, sodass die jeweilige Gegenwart des Lebewesens nicht ohne die Geschichte seiner Erfahrungen vollständig beschrieben werden kann.

Die Inkorporation von Erfahrungen ermöglicht die Anpassung des Lebewesens bzw. des Menschen an die erfahrene Umwelt. Unser ganzer Organismus kann in gewissem Sinn als eine Art von impliziter Vorannahme über die Welt angesehen werden. Bereits seine phylogenetische Lerngeschichte hat sich in seiner genetischen Struktur niedergeschlagen. Die Beschaffenheit seiner Organe, seines Sinnes-, Bewegungs- und Nervensystems enthält damit eine Erwartung an die Umwelt, in der er leben und sich erhalten soll. Sie bestimmt seine grundlegenden Vermögen und damit seine spezifische ökologische Nische. – Das Gehirn überträgt nun dieses phylogenetische Prinzip auf die Ontogenese, indem es in seinen hochgradig plastischen Strukturen auch die individuelle Lerngeschichte des Organismus aufzunehmen vermag. Die Vermögen und Bereitschaften von Individuen entwickeln sich damit komplementär zu den Umwelten, in denen sie aufwachsen, und nehmen künftige, ähnliche Situationen vorweg. Diese Zusammenhänge werden uns im 4. Kapitel noch näher beschäftigen.

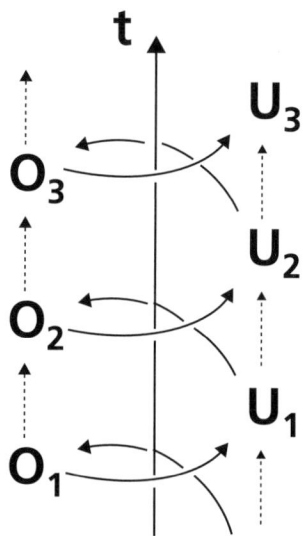

Abb. 7: Interaktion von Organismus (O) und Umwelt (U) im Zeitverlauf (t)

3.3.5 Zusammenfassung

Die Einbettung des Gehirns in den Organismus und seine Umwelt setzt ein Verständnis des Lebendigen voraus, das nicht auf linearer, sondern auf zirkulärer Kausalität basiert. Denn Lebewesen setzen sich als autopoietische Systeme von ihrer Umgebung ebenso ab wie sie zu ihr in Wechselbeziehung stehen. Ihre Grenzen erzeugen damit eine grundlegende *Diskontinuität* von Innen und Außen: An ihnen »bricht« sich die physikalische Kausalität und kann sich nicht linear innerhalb des Organismus fortsetzen. Vielmehr erzeugen Lebewesen aufgrund ihrer inneren Struktur selbst erst den Ausschnitt der Umgebung, der für sie als Umwelt bedeutsam und wirksam wird. An die Stelle linearer Kausalität tritt die spezifische Verknüpfung von Reiz und Reaktion, von Wahrnehmung und Antwort. Lebewesen werden daher nicht von physikalischen Einwirkungen aus der Umgebung determiniert, sondern sie antworten auf wahrgenommene Reize aus ihrem Zentrum heraus, durch eine Rekonfiguration ihres Gesamtsystems.

Diese Beziehung zur Umwelt lässt sich als *horizontale zirkuläre Kausalität* beschreiben, das Verhältnis der hierarchischen Ebenen innerhalb des Organismus zueinander als *vertikale zirkuläre Kausalität*. Dabei kann das Gehirn in erster Annäherung als Vermittlungsorgan oder »Transformator« sowohl im Funktionskreis von Organismus und Umwelt als auch im Funktionskreis von Ganzem und Teilen innerhalb des Organismus aufgefasst werden.

Beide Funktionskreise sind in den *Vermögen* von Lebewesen ineinander verschränkt. Vermögen bezeichnen die strukturell gegebene Fähigkeit eines Lebewesens, bestimmte Leistungen zu vollziehen, und ermöglichen damit einen eigenen Typus integraler, teleologisch ausgerichteter Kausalität des Lebendigen. Ein Vermögen wirkt wie ein Schlüssel zu passenden Schlössern in der Umwelt, denn es hat sich – phylo- oder ontogenetisch – in und an dieser Umwelt herausgeformt. Das Gehirn dient als zentrales Organ für diese Ausformung, insofern sich wiederholte Erfahrungen des Lebewesens im hochgradig plastischen neuronalen System niederschlagen, sich »inkorporieren«. Tritt nun die geeignete Gelegenheit ein, so kann das Lebewesen sein Vermögen realisieren, wobei sich innerorganismische Teilprozesse (vertikal) ebenso wie Organismus und Umwelt (horizontal) zu einer kooperierenden Einheit zusammenschließen.

Dabei wirken Vermögen als Bereitschaften nicht determinierend, sondern vielmehr ermöglichend, auf künftige Situationen ausgerichtet. Die entsprechenden Leistungen realisieren sich nicht starr und mechanisch, sondern immer flexibel angepasst an die Erfordernisse der konkreten Situation. Wenn ich einen Satz erst auf ein Stück Papier und danach großformatig an eine Tafel schreibe, so haben die beiden Schriften die gleichen persönlichen Züge, obwohl dabei ganz verschiedene Muskelgruppen einbezogen sind, einmal die der Hand, einmal die des Arms. Ebenso ist die Wahrnehmung in der Lage, ähnliche Gestalten wiederzuerkennen, etwa eine Melodie, die in ganz verschiedenen Tonlagen oder von verschiedenen Instrumenten gespielt wird, selbst wenn diese Transposition zuvor noch nie gehört wurde (Ehrenfels 1978). Diese von der Gestaltpsychologie entdeckten Gesetzmäßigkeiten verweisen auf die Besonderheit lebendiger Kausalität, die gerade nicht in vollständiger Determiniertheit besteht, sondern den flexiblen Zusammenschluss von Organismus und Umwelt zu einer immer neu sich bildenden Gestalt und Einheit ermöglicht.

Auch wenn die Teilprozesse vermögensbasierter Leistungen auf elementarer Ebene physikalisch dargestellt werden können, verbietet sich doch ihre Reduktion auf physikalische oder auch neuronale Ereigniskausalität. Denn weder die Vermögen noch die dazugehörigen Gedächtnis- und Hirnstrukturen lassen sich ohne den genetischen Bezug zu *früheren Lernkontexten* und ohne den funktionalen Bezug zu einer *möglichen Leistung* beschreiben. Ein Vermögen ist gewissermaßen eine bereitliegende »offene Schleife«, deren

Enden auf Komplemente der Umwelt verweisen, in Verbindung mit denen es sich erst realisiert. Es ist sinnlos, motorische Schemata oder andere Teilmechanismen der Funktion im Gehirn lokalisieren zu wollen, ohne sie von vorneherein als durch die Funktion verknüpft zu begreifen. Die Bruchstücke ergeben zusammen keinen Kreis, sondern umgekehrt bedient sich der Funktionskreis der Teilmechanismen und Umweltkomplemente. Er ist im Vermögen als Potenzial, als offene Schleife gegenwärtig und schließt sich in der Leistung zum wirklichen Kreis. Vermögen sind immer *Eigenschaften des Lebewesens als ganzen,* und ihre Realisierung in der passenden Situation ist die *Tätigkeit des Lebewesens als ganzen.*

Nach dieser Darstellung von Grundstrukturen des Lebendigen und seiner spezifischen Kausalität können wir nun dazu übergehen, die Rolle des Gehirns in diesen Strukturen näher zu untersuchen.

4 Das Gehirn als Organ des Lebewesens

Übersicht. – Kapitel 4 behandelt zunächst das Gehirn als zentrales Regulations- und Integrationsorgan des Organismus, mit dem es über vielfältige vegetative, endokrine und autonome Regelkreise verknüpft ist. Die ständige Resonanz von Gehirn und Organismus ist zudem die Basis für ein leibliches Hintergrundempfinden, das allem bewussten Erleben zugrunde liegt. In den Affekten begegnen wir dann gesamtorganismischen Zuständen, durch die das Lebewesen zugleich auf affektive Qualitäten oder Werte seiner Umwelt gerichtet ist (▶ Kap. 4.1). – Die Beziehungen von Gehirn, Organismus und Umwelt als ein Kernstück der Untersuchung werden dann v.a. anhand des Funktionskreises von Wahrnehmung und Bewegung dargestellt. Dem linearen Reiz-Reaktions-Modell steht die Einheit von Organismus und Umwelt als übergreifendes System gegenüber, in dem sich die vor allem im Gehirn inkorporierten Vermögen des Lebewesens mit passenden Komplementen der Umwelt zusammenschließen. Bewusstsein lässt sich als das jeweilige Integral dieses immer neu geschlossenen Funktionskreises auffassen (▶ Kap. 4.2.1, ▶ Kap. 4.2.2).

Anschließend wird die biographische Ausbildung von Vermögen auf die Neuroplastizität zurückgeführt, wobei im Zentrum der Analysen das implizite Gedächtnis steht. In ihm verknüpfen sich Einzelelemente von Wahrnehmung und Bewegung zu übergreifenden Mustern. Diese Analysen dienen als Grundlage für die folgende Untersuchung der höheren kognitiven Funktionen des Gehirns, die sich vor allem an der Gestaltwahrnehmung orientiert. Im Zentrum steht das Prinzip der Transformation, nämlich der Integration von Einzelreizen zu neuronalen Mustern, die in Resonanz zu entsprechenden Umweltobjekten treten (▶ Kap. 4.2.3, ▶ Kap. 4.2.4). – An dieses Kernstück des Kapitels knüpfen sich kritische Überlegungen zu den Begriffen der Information und der Repräsentation in den kognitiven Neurowissenschaften, denen als Alternative der Begriff der Resonanz gegenübergestellt wird. In der Zusammenfassung werden die Ergebnisse im Kontext des von Plessner entwickelten Begriffs der »vermittelten Unmittelbarkeit« interpretiert (▶ Kap. 4.2.5, ▶ Kap. 4.2.6).

Die Neurowissenschaften haben bei ihren Fortschritten zwar immer detailliertere Korrelationen von bewusstem Erleben und neuronalen Prozessen entdeckt, dabei aber meist nur ein isoliertes Gehirn beschrieben.[109] Dem entspricht ein reduziertes Verständnis des Geistes als eines entkörperten Systems von Repräsentationen und Algorithmen im Gehirn. Das klassische kognitivistische Paradigma basiert dabei auf folgenden Annahmen:

(1) Kognition besteht in der internen Informationsverarbeitung auf der Grundlage neuronaler Repräsentationen der Außenwelt.
(2) Das Subjekt der Kognition ist nicht verkörpert oder in der Welt engagiert, sondern wird als »Beobachter im Gehirn« betrachtet (Singer 2002).
(3) Kognitive Systeme bestehen aus zerlegbaren Teilsystemen oder Modulen, die jeweils mit eigenem, kontextunabhängigem Input arbeiten (zur Kritik der Modularität ▶ Kap. 2.2.2).

Demgegenüber betrachten nun die Konzeptionen der *»embodied«* und *»enactive cognition«* (Varela et al. 1991, Gallagher 2005, Thompson 2007, Di Paolo 2009, Stewart et al. 2010, Newen et al. 2018, u. a.) Kognition und Bewusstsein nicht mehr als innere Abbildung der Außenwelt, sondern als Resultat einer *zirkulären Beziehung von Organismus und Umwelt.* Bewusstsein ist demnach, in der geläufigen englischen Terminologie,

(1) embodied – verkörpert im lebendigen Organismus, d. h. die körperliche Realisierung kognitiver Funktionen ist für sie konstitutiv;
(2) embedded – eingebettet in Situationen, d. h. kognitive Systeme nutzen ihren spezifischen Umweltkontext, um ihre Fähigkeiten zu erweitern;
(3) extended – in Form von Rückkoppelungsschleifen über die Körpergrenzen hinaus ausgedehnt und somit verknüpft mit der jeweiligen natürlichen, kulturellen und sozialen Umwelt;
(4) enacted – realisiert »im handelnden Vollzug«, d. h. durch die aktive Interaktion des lebendigen Systems mit seiner Umwelt.

Bewusstsein wird in dieser Konzeption der *»4e cognition«* zu einem übergreifenden dynamischen Prozess, der nicht auf das Gehirn begrenzbar ist. Der Zweck des kognitiven Systems besteht nicht mehr darin, mentale Reprä-

---

109 Damasio konstatierte bereits 2000 »die bemerkenswerte Abwesenheit eines *Organismusbegriffs* in der Kognitions- und Neurowissenschaft« und fügte kritisch hinzu: »Der Geist blieb in einer etwas doppeldeutigen Beziehung mit dem Gehirn verknüpft, und das Gehirn wurde konsequent vom Körper getrennt, statt es als Teil eines komplexen lebendigen Organismus zu sehen« (Damasio 2000, 55). Dies hat sich in der Hauptströmung der Kognitionswissenschaften noch nicht wesentlich geändert.

sentationen äußerer Zustände und Objekte zu konstruieren, sondern Möglichkeiten verkörperten Handelns in der Welt bereitzustellen.

Dieser Ansatz sollte nun aber nicht nur auf eher abstrakte autopoietische und kognitive Systeme angewandt werden, sondern, wie ich es im Folgenden tun werde, auch auf das Gehirn im lebendigen Organismus eines Menschen. Zudem folgt ein Ansatz auf der Basis dynamischer Systemtheorien immer noch einer objektivierenden Sicht auf den Lebensprozess, der aber ohne Subjektivität nicht zu begreifen ist. Den Doppelaspekt von Körper *und* Leib beständig im Blick zu behalten ist daher entscheidend, um nicht einem »systemischen Reduktionismus« zum Opfer zu fallen. Systemisch-ökologische Ansätze erfordern immer die komplementäre Verknüpfung mit einem phänomenologischen Ansatz, der vom subjektiven Leib als Medium unserer Beziehung zur Welt ausgeht (Fuchs 2015a).

Unter dieser Voraussetzung werde ich das Gehirn im Folgenden zunächst in seiner Einbettung in den Organismus betrachten, um mich dann den Beziehungen von Gehirn, Organismus und Umwelt zuzuwenden.

4.1 Das Gehirn im Organismus

4.1.1 Das innere Milieu

Die primäre Umwelt für das Gehirn, gewissermaßen sein organisches Milieu, ist der Körper. Über das Geflecht der sensorischen, motorischen und autonomen Nervenfasern, aber auch durch biochemische, über den Blutkreislauf vermittelte Signale, ist es untrennbar mit dem gesamten Organismus verbunden. Nur über den Körper gelangen alle Signale aus dem inneren und äußeren Milieu zum Gehirn. Es ist nicht selbst der Welt ausgesetzt oder wirkt auf sie ein: Verborgen in der Höhlung des Schädels, in Flüssigkeit schwimmend, unwahrnehmbar und sogar schmerzunempfindlich, tritt es selbst ganz in den Hintergrund, um seine vermittelnden, regulierenden und steuernden Funktionen umso besser erfüllen zu können.[110]

---

[110] Dies ist nicht nur metaphorisch gemeint: Morphologisch bildet sich die Gehirnanlage in der Embryonalzeit aus dem Ektoderm, also dem ursprünglichen Oberflächengewebe, das sich in der Folge nach innen faltet. Darin kommt deutlich der unter ▶ Kap. 3.2.2 angesprochene Prozess der »Verinnerlichung« zum Ausdruck, der die geschlossene Organisationsform des Tieres kennzeichnet.

Das im Enaktivismus meist hervorgehobene sensomotorische System ist dabei allerdings erst sekundär relevant. Die primäre Funktion des Gehirns ist die Regulation des inneren Milieus, der vitalen Bedürfnisse und Antriebsfunktionen des Organismus, die ihn erst in Interaktion mit der Umwelt eintreten lassen. Hirnstamm und Zwischenhirn, insbesondere der Hypothalamus, sind zentrale Steuerungsorgane für neuroendokrine, viszerale und immunologische Prozesse. Sie regulieren Atmung, Kreislauf, Nahrungs- und Wasserhaushalt, Körpertemperatur, Schlaf- und Wachzustand, Sexualverhalten und eine Reihe weiterer autonomer Körperprozesse. Zentrale und periphere Funktionen sind dabei in komplexen Regelkreisen verknüpft, die z.B. die Hormon-, Glukose-, Sauerstoff- oder Kohlendioxid-Konzentration im Blut regulieren. Bereits auf dieser Ebene lässt sich keine Trennlinie zwischen Gehirn und extrazerebralem Körper ziehen.

Die Kognitions- und Neurowissenschaften haben jedoch dieser engen Verbindung von Gehirn und Körper meist kaum Aufmerksamkeit geschenkt. Bewusstsein und mentale Funktionen galten als ausschließliche Erzeugnisse des Neokortex, die sich mit informationsbasierten und konnektionistischen Modellen erfassen lassen. Erst in den letzten zwei Jahrzehnten haben sich in den affektiven Neurowissenschaften Konzepte einer primär subkortikalen Genese des Bewusstseins entwickelt, vor allem repräsentiert durch Damasio (1995, 2000, 2011) und Panksepp (1998a). Das primäre Bewusstsein besteht danach nicht in den höherstufigen, intentional gerichteten Funktionen des Wahrnehmens, Denkens, Reflektierens etc., sondern in einem *elementaren, affektiven Lebens- und Selbstempfinden.* Es resultiert aus den inneren, autonomen Regulationsprozessen des Organismus und bildet den beständigen Hintergrund und zugleich den Antrieb für alle höheren kognitiven Leistungen.

Die oben genannten vegetativen Regelkreise setzen sich demnach fort auf der Stufe der Prozesse in Hirnstamm, Zwischenhirn und dem übrigen limbischen System, die dem affektiven und zugleich motivationalen Selbsterleben zugrunde liegen. Bedürfnisse des Organismus wie das nach Nahrung, Wasser, Erholung, Schlaf oder Fortpflanzung werden so als Mangel und Trieb erlebbar und münden in elementare, von basalen Affekten unterstützte Aktionen (Suchen, Fliehen, Angreifen u.a.). Dazu ist aber die ständige Rückmeldung über den momentanen Zustand des Organismus erforderlich. Die affektive Neurowissenschaft fasst nun solche gespürten Bedürfnisse als Homöostase-Anforderungen des Gesamtorganismus auf und stellt damit den Zusammenhang von peripheren Körperzuständen und zentralen Regulationsvorgängen her (Panksepp 1998, de Catanzaro 1999, Craig 2002, Damasio 2000, 2011). Sie zeigt, dass zum adäquaten Verständnis des Gehirns eine

»Neuropsychosomatik« von Homöostase, Vitalgefühl, Antrieb, Trieb und Affektivität erforderlich ist, die Gehirn, Körper und Umwelt in ihrer systemischen Einheit erfasst.

Unter dieser Voraussetzung ist die in den kognitiven Neurowissenschaften übliche Abtrennung der höheren Kognitionen von Affekten und Vitalfunktionen nicht zu halten. Alle drei Funktionsbereiche, Vitalität, Affektivität und Kognition, sind vielmehr durch subkortikale Zentren des limbischen Systems (v. a. Basalganglien, ventrales Tegmentum, Amygdala u. a.) aufs Engste miteinander verknüpft. Selbst verkörperte und enaktivistische Ansätze haben bislang die energetische Dynamik weitgehend vernachlässigt, die den sensomotorischen Interaktionen von Organismus und Umwelt zugrunde liegt. Wahrnehmung, Aufmerksamkeit, Handlungsplanung und -ausführung beruhen wesentlich auf der *Konation,* also auf vitalen Funktionen wie Arousal, Vigilanz, Antrieb und motivationalen Affekten, die an Stamm- und Zwischenhirnzentren gebunden sind und allen höheren Funktionen des Bewusstseins die Energie verleihen.

Damit wird bereits deutlich, dass die auf der vegetativen Ebene bestehende Einheit von Gehirn und Organismus auch die höheren Hirnfunktionen umfasst. Bewusstsein beruht keineswegs nur auf Prozessen im Neokortex, sondern primär auf den vitalen und affektiven Regulationsprozessen, die den gesamten Organismus miteinbeziehen. Der traditionelle »Kortikozentrismus« der Neurowissenschaften beruht insofern auf einem latenten Cartesianismus, der einer systemisch-biologischen Betrachtung des Organismus nicht Stand hält. Weder das Gehirn noch das Bewusstsein lassen sich vom lebendigen Körper insgesamt getrennt begreifen. Diese Verknüpfung von Gehirn und Organismus als Basis der verkörperten Subjektivität wollen wir nun näher betrachten.

4.1.2 Das Lebensgefühl

Unter ▶ Kap. 3.1 wurde die leibliche Grundlage der Subjektivität aus phänomenologischer Sicht beschrieben: Leben geht danach seinem Bewusstwerden immer voraus; es manifestiert sich primär in einem basalen Leib- oder Lebensempfinden, als Quelle und Ursprung der bewussten Erfahrung, nicht als ihr Gegenstand. Wie wir im Folgenden näher sehen werden, findet dies seine Entsprechung auf der neurobiologischen Ebene: Bewusstsein entsteht auf Basis der Interaktion von Körper und Gehirn, und zwar so, dass der Körper nicht nur sekundär zu seinem Gegenstand wird, sondern *für seine*

Entstehung selbst konstitutiv ist. Ich beziehe mich v. a. auf die Konzeptionen von Damasio (2000, 2011), Panksepp (1998a) und Solms (2013).

Nach Damasios Theorie bildet sich das »Protoselbst«, ein primäres Selbstempfinden oder Bewusstsein, aus einem Komplex neuronaler Aktivierungsmuster im oberen Hirnstamm, die »... den physischen Zustand des Organismus in seinen vielen Dimensionen fortlaufend abbilden« (Damasio 2000, 187).[111] Dazu gehören propriozeptive, viszerale, endokrine und andere Afferenzen aus dem inneren Körper (z. B. Herzrate, Blutdruck, Blutsauerstoff, Hormonwerte, Glukose, pH-Wert, Temperatur, Darmbewegungen, vestibuläre Sensationen, Vasomotorik, Muskelspannungen, u. a.), die über Rückenmark, Hirnnerven und Area postrema[112] übermittelt werden. Auf diese Weise wird das innere Milieu als *Interozeption* fortwährend registriert (Craig 2002, 2003). Umgekehrt wird der Organismus vom Gehirn durch absteigende Innervationen (etwa zu den Muskeln und über den Vagusnerv zu den inneren Organen) ebenso wie durch Hormonausschüttungen aus Hypothalamus und Hypophyse beeinflusst.

Die ständige Interaktion von Gehirn und Organismus wird nun in somatosensorischen Strukturen des oberen Hirnstamms verarbeitet und integriert, vor allem im *Nucleus tractus solitarii* und *Nucleus parabrachialis* (Damasio 2011, 87, 91), wobei enge Beziehungen zu der von Panksepp (1998a, b) hervorgehobenen Region des *Periaquäduktalen Grau* (PAG) im Mittelhirn bestehen. Diese Regulationsprozesse vermitteln das, was sich am ehesten als *Lebensgefühl* beschreiben lässt – ein »Empfinden des Lebens selbst« (Damasio 1995, 207), mit der Tönung des Wohl- oder Missbehagens, der Lust oder Unlust und anderer grundlegender Stimmungen (Fuchs 2012b). In diesem Daseinsempfinden oder Lebensgefühl

> »... spiegelt sich der augenblickliche Zustand des Körpers in verschiedenen Dimensionen wider, beispielsweise auf einer Skala, die von der Lust bis zum Schmerz reicht; ihren Ursprung haben sie nicht in der Großhirnrinde, sondern auf der Ebene des Hirnstamms« (Damasio 2011, 33).

---

111 Einschränkend zur folgenden Darstellung ist vorab zu bemerken, dass Damasios gesamte Terminologie und Theorie des Selbst mit Begriffen wie »Kartierung«, »Bildern« oder »Abbildungen« ganz im repräsentationalistischen Paradigma verbleibt. Ich gebe dennoch seine Konzeption in dieser Terminologie wieder, meine diesbezügliche Kritik folgt weiter unten.

112 Dies ist ein Areal im oberen Hirnstamm, in dem die sonst bestehende Blut-Hirn-Schranke aufgehoben ist, sodass auch das humorale Milieu des Organismus in die Verarbeitungsprozesse eingeht.

Das Lebensgefühl entspricht der leiblichen Selbstaffektion oder basalen Form von Subjektivität, von der bereits die Rede war (▶ Kap. 3.1.1). An der Wurzel des Bewusstseins liegen somit die homöostatischen Regulationsprozesse, die sich ständig zwischen Körper und Gehirn abspielen:

> »Die frühesten Ursprünge des Selbst ... sind in der Gesamtheit jener Hirnmechanismen zu finden, die fortwährend und unbewusst dafür sorgen, dass sich die Körperzustände in jenem schmalen Bereich relativer Stabilität bewegen, der zum Überleben erforderlich ist« (Damasio 2000, 36).

Zwar ist unsere Aufmerksamkeit zumeist auf gerichtete Gefühle, Wahrnehmungen, Vorstellungen oder Gedanken gerichtet, was uns dazu verleiten kann, diese Funktionen für die eigentliche Bewusstseinstätigkeit zu halten. Doch alle höheren intentionalen Leistungen bleiben immer eingebettet in das basale leibliche Selbsterleben: »Das somatische Hintergrundempfinden setzt nie aus, obwohl wir es manchmal kaum bemerken, weil es keinen bestimmten Teil des Körpers, sondern den übergreifenden Zustand praktisch aller Bereiche repräsentiert« (Damasio 1995, 210). Wir können dies auch so formulieren: *Prozesse des Lebens und Prozesse des (Selbst-)Erlebens sind untrennbar miteinander verknüpft* (Fuchs 2012b).

Ein verwandtes Modell der Entstehung von primärem Bewusstsein hat Panksepp (1998a, b) vorgeschlagen, wobei basale Instinkte und entsprechende Motivationen eine größere Rolle spielen als bei Damasio. Auch hier kommt den Interaktionen von Hirnstamm und übrigem Körper zentrale Bedeutung zu. Das resultierende Selbsterleben ist jedoch vor allem an das schon erwähnte periaquäduktale Höhlengrau im Mittelhirn gebunden und enthält eine Reihe von Basisaffekten, die für das vitale und emotionale Überleben bedeutsam sind. Panksepp benennt sie als *Seeking, Rage, Fear, Panic, Lust, Care* und *Play* (also »Begehren«, »Wut«, »Furcht«, »Panik«, »Lust«, »Fürsorge« und »Spiel«). Das *Seeking*-System zum Beispiel erzeugt »die Erregung und Energie, die unser Interesse an der umgebenden Welt weckt« (Solms u. Turnbull 2004, 130), wobei dieses Suchen primär noch unbestimmt oder objektlos ist und sich erst unter dem Einfluss von Erfahrungen ausdifferenziert (Suche nach Nahrung, Sexualpartnern, Umgebungswechsel u. a.). Andere Motivationssysteme führen zu elementaren Impulsen und Reaktionen wie »Kampf« oder »Flucht«.

Unabhängig von gewissen Unterschieden lautet die zentrale Aussage beider Konzeptionen, dass Bewusstsein kein Erzeugnis des Neokortex ist, sondern letztlich den vitalen Regulationsprozessen zwischen Hirnstamm und Organismus entspringt – metaphorisch gesprochen, »aus dem Körper aufsteigt«, als von Beginn an *verkörperte Subjektivität*. Diese Auffassung widerspricht grundsätzlich dem vorherrschenden Konzept des »*cortical mind*«, also des Hirnrindenbewusstseins, und erscheint daher so kontraintuitiv, dass es sich lohnt, sie durch den Blick auf eine extreme Anomalie zu unterstützen, nämlich die *Hydranenzephalie*. Dabei handelt es sich um Kinder, die aufgrund eines größeren Schlaganfalls im Mutterleib gänzlich ohne Großhirn (Kortex, Thalamus, Basalganglien) zur Welt kommen, sodass nur der Hirnstamm intakt bleibt. Obwohl Aufnahmen ihres Schädels anstelle des gesamten übrigen Gehirns nur Flüssigkeit zeigen, sind diese Kinder nicht nur wach und bewusst; sie zeigen sogar eindeutig Gefühlsausdruck (▶ Abb. 8) und entsprechendes Verhalten:

> »... so krabbeln sie beispielsweise zu einer Stelle am Fußboden, auf die das Sonnenlicht fällt, und wenn sich das Kind dann in die Sonne legt, ist ihm die Wärme offensichtlich angenehm [...] Sie haben häufig vor Fremden Angst und wirken am glücklichsten, wenn ihre Mutter oder ihre gewohnte Betreuerin in der Nähe ist. Vorlieben und Abneigungen sind zu erkennen; am deutlichsten sind sie im Zusammenhang mit Musik [...] sie reagieren auf die unterschiedlichen Klangfarben von Instrumenten und verschiedene menschliche Stimmen. [...] Kurz gesagt, freuen sie sich vor allem dann, wenn sie berührt und gekitzelt werden, wenn sie ihre bevorzugten Musikstücke hören und wenn man ihnen bestimmte Spielzeuge vor die Augen hält« (Damasio 2011, 93).

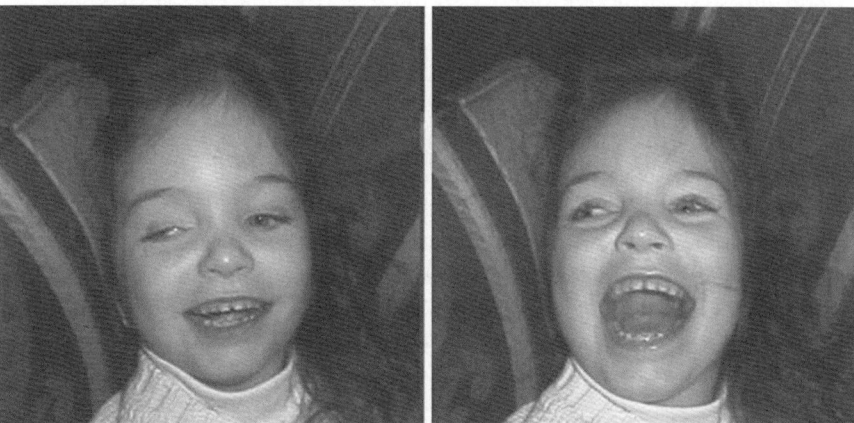

Abb. 8: Ausdruck von Freude bei einem Mädchen mit Hydranenzephalie (nach Solms 2013, lizenziert von Bjorn Merker unter CC BY 3.0, https://creativecommons.org/licenses/by/3.0/)

Wie wir sehen, zeigen Kinder mit dieser schweren Fehlbildung nahezu alle Regungen der von Panksepp hervorgehobenen Grundaffekte, und zwar in Beziehung auf mehr gespürte als wahrgenommene Umweltsituationen. Ein basales affektives Bewusstsein entsteht somit bereits auf der frühen Stufe der

Integration von Körperzuständen im Hirnstamm, als ein »Empfinden des Lebens selbst«; die Hirnrinde ist dafür nicht erforderlich.

4.1.3 Höhere Bewusstseinsstufen

Das elementare, auf Hirnstammebene entstehende »Protoselbst« ist nun nach Damasio die Basis für zwei weitere Stufen des bewussten Selbsterlebens:

> »Der erste Schritt ist die Erzeugung der ursprünglichen Gefühle, jener urtümlichen Daseinsempfindung, die ganz allein aus dem Protoselbst erwächst. Als Nächstes kommt das Kern-Selbst hinzu. Das Kern-Selbst handelt von Taten – insbesondere von einer Beziehung zwischen Organismus und Objekt. Es entfaltet sich in einer Abfolge von Bildern: Diese beschreiben, wie ein Objekt das Protoselbst beschäftigt und es – einschließlich der ursprünglichen Gefühle – abwandelt. Und schließlich gibt es noch das autobiographische Selbst. Dieses Selbst definiert sich unter dem Gesichtspunkt autobiographischen Wissens, das sich sowohl auf die Vergangenheit als auch auf die vorhersehbare Zukunft bezieht« (Damasio 2011, 34).

Ich will hier nur die zweite Stufe näher erläutern (das autobiographische Selbst kann außer Acht bleiben). Die primäre Interaktion von Gehirn und Körper auf der Ebene des Hirnstamms wird dabei in höheren Hirnzentren (Thalamus, Gyrus cinguli, Colliculi superiores, insulärer und somotosensorischer Kortex; Craig 2002, 2003) fortlaufend weiter verarbeitet und zugleich mit sensomotorischen, auf die Umwelt gerichteten Erfahrungen verknüpft. Aus diesen höherstufigen Integrationsprozessen bildet sich das *Kernselbst.* Dieses »*core self*« – man könnte es auch als *präreflexives Selbsterleben* bezeichnen – entsteht also im Zusammenwirken von kortikalen und subkortikalen Hirnfunktionen, die zugleich in Resonanz zum gesamten Organismus stehen.

Das Erleben auf der subkortikalen Ebene bleibt noch instinktgesteuert, ungerichtet und primärprozesshaft: Man denke an ein Neugeborenes, das sich vor Hunger unruhig hin und her bewegt, ohne schon zu wissen, was eine Brust ist. Die Rolle des Kortex besteht nun darin, nach und nach *die intentionale Beziehung zwischen dem affektiven Kernselbst und den Objekten der Umwelt herzustellen.* Dies geschieht sowohl in kogntiver wie in affektiver Weise:

(1) Der Kortex vermittelt die sensomotorischen Interaktionen mit der Umwelt, die allmählich in das verkörperte Gedächtnis von Objekten aufgenommen werden (▶ Kap. 3.3.4). Dies erlaubt es, Triebobjekte in Form von *Bildschemata (image schemas,* Lakoff u. Johnson 1999) zu aktivieren, d. h. sie sich vage vorzustellen, sobald die triebhafte Motivation wieder einsetzt:

Jetzt sucht das hungrige Baby nach der Brust, die zuvor seinen Hunger gestillt hatte.

(2) Unter dem Einfluss spezifischer Objekterfahrungen wandelt und differenziert sich auch das basale, von undifferenzierten Lust-/Unlust-Zuständen geprägte Lebensgefühl zu gerichteten *Emotionen* (▶ Kap. 4.1.3). Durch sie erhalten die über den Kortex vermittelten Objektbeziehungen zugleich affektive Valenzen, d. h. sie werden in unterschiedlicher Weise bewertet: »*I feel like this about that*« (Solms 2013).[113]

Die kortikale Aktivität hat somit eine zweifache Wirkung: Einerseits ist sie maßgeblich für die Konstitution von Objekten, die wir von Geburt an mit zunehmender Geschicklichkeit wahrzunehmen und zu behandeln lernen. Andererseits wandelt sich unter dem Einfluss dieser Interaktionen die ungerichtete Affektivität nach und nach in spezifische intentionale Emotionen. Durch sie ist der Organismus auf künftige, zu erreichende oder auch zu vermeidende Zustände oder Objekte motivational gerichtet. Vor allem *Interesse und Aufmerksamkeit* sind Ausdruck der konativen Energie, vermittels deren sich das Bewusstsein auf die Welt richtet. Diese Energie entspringt letztlich der endogenen Affektivität des »Tiefenleibs«. Wenn es sich also »irgendwie anfühlt«, bewusste intentionale Erfahrungen und Strebungen zu haben (▶ Kap. 2.1.1), dann leitet sich diese Dimension des Fühlens von der elementaren Selbstaffektion des Organismus ab, die jedem sensomotorischen Kontakt mit der Umwelt vorausgeht.

Zusammengefasst lassen sich die Konzeptionen von Damasio und Panksepp in folgendem Schema wiedergeben (▶ Abb. 9): Prozesse der autonomen Regulation, die der Homöostase des inneren Milieus dienen, stehen in einer fortlaufenden Interaktion mit Hirnstammkernen (Nucleus tractus solitarii und parabrachialis). Diese Interaktion liegt dem basalen leiblichen Selbstempfinden oder *Lebensgefühl* zugrunde. Das damit auftauchende *Protoselbst* reichert sich weiter an mit *basalen Affekten und Triebmotivationen* (Begehren, Wut, Lust u. a.), die sich vor allem dem Periaquäduktalen Grau (PAG) zuordnen lassen. Höherstufige Integrationen beziehen dann das übrige limbische System und vor allem den Kortex mit ein. Sie richten nun die basalen affektiven Energien auf die Umwelt und ihre Objekte aus, sodass das *Kernselbst* als präreflexives »Zur-Welt-Sein« möglich wird. Vor allem *Aufmerksamkeit, Wahrnehmung und Handlung* stellen diese intentionale Beziehung des Bewusstseins zu den Objekten her; aber auch die *Emotionen* richten sich

---

113 Hier ist freilich noch nicht von einem reflexiven oder »Ich«-Erleben die Rede, das erst mit dem autobiografischen Selbst auftritt.

vermittels der Wahrnehmung bewertend auf die Umwelt und ihre affektiven Valenzen.

Die basalen Bewusstseinsprozesse beginnen also tief im Organismus selbst, um sich mit zunehmend höheren Integrationsstufen mehr und mehr der Umwelt zu öffnen und intentional zuzuwenden. Dabei ist es wichtig festzuhalten, dass die letztere Entwicklung nicht mehr genetisch prädeterminiert ist, sondern unter dem Einfluss der frühen Umwelt- und Sozialisationserfahrungen verläuft (▶ Kap. 5).

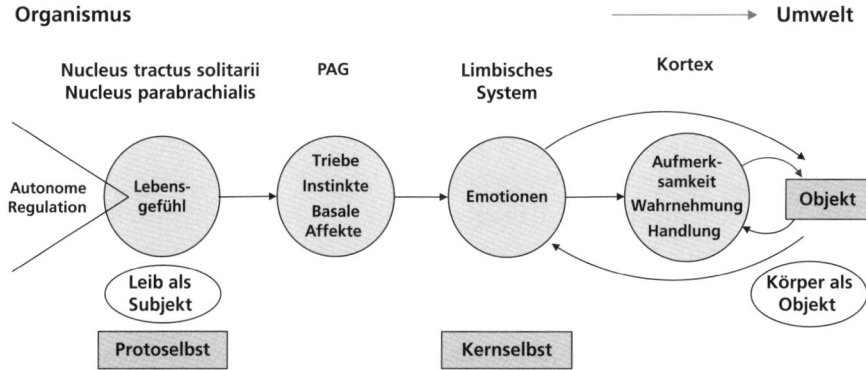

Abb. 9: Basale und höhere Bewusstseinsstufen
(PAG = Periaquäduktales Grau)

Diese Hierarchie des Bewusstseins ist auch die Grundlage für den ambivalenten Status des Leibes, wie er in ▶ Kap. 3.1.2 dargestellt wurde. Auf der einen Seite entspricht nämlich das basale Lebensgefühl dem »Tiefenleib« oder »Leib als Subjekt« (▶ Abb. 9), also der endogenen Quelle des Erlebens, die als solche nie gegenständlich werden kann. Andererseits taucht der Leib auf der Ebene der gerichteten, sensomotorischen Umweltbeziehung *als Körper* wieder auf, nämlich als ein *Objekt* des tastenden und visuellen Wahrnehmens – freilich ein höchst besonderes Objekt, da es immer gegenwärtig ist und doch nie ganz »gegenübergestellt« werden kann.[114] Der Tiefenleib vermittelt das Hintergrundgefühl des intentionalen Bewusstseins; der Körper hingegen ist der Leib, dessen wir intentional bewusst werden. Dies entspricht der phänomenologischen Konzeption der verkörperten Subjektivität: Der Leib als »natürliches Subjekt« (Merleau-Ponty) liegt allen reflektierenden Bewussts-

---

114 In analoger Weise kann man – mit William James' bekannter Unterscheidung – das Proto- und Kernselbst als »*Selbst als Subjekt*« bezeichnen, hingegen das reflexive, autobiografische Selbst, das sich ab dem 2. Lebensjahr entwickelt, als »*Selbst als Objekt*«.

einsakten zugrunde, nicht zuletzt seiner eigenen Objektivierung zum physischen Körper.

Trotz dieser Konvergenz von Phänomenologie und affektiver Neurowissenschaft ist an dieser Stelle allerdings kritisch zu bemerken, dass weder Damasio noch Panksepp dem repräsentationalistischen Paradigma entkommen. Auch der Hirnstamm soll nämlich die Körperzustände »kartieren«, »abbilden«, »repräsentieren«, so als ob hier tatsächlich eine Abbild-Relation vorläge. Damasio ist der Auffassung, dass »die geistigen Abbilder des Körpers, die in den Körperkartierungsstrukturen entstehen«, das Protoselbst bilden (Damasio 2011, 32), und versteigt sich zu der Aussage:

> »Das Gehirn des Menschen ist ein geborener Kartograph, und begonnen hat die Kartographie mit der Kartierung des Körpers, in dem sich das Gehirn befindet« (Damasio 2011, 76).

Dies ist natürlich metaphorisch gemeint, doch stellt sich die Frage: was wäre denn eine nicht metaphorische Kartographie? Das Gehirn selbst kann die als-ob-Relation von Karte und Landschaft nicht herstellen – dies ist, wie schon ausführlich dargestellt, allenfalls dem Neurowissenschaftler möglich (▶ Kap. 2.1.2.2). Zudem findet sich in keiner der Hirnstamm-Strukturen, die Damasio im Blick hat, eine kartographische, räumlich differenzierte »Abbildung« des Körpers (etwa des Herzens, der Viszera, der Muskel, etc.) – die hier vom Körper eingehenden Signale werden vielmehr in globalen Formaten integriert. Doch davon abgesehen beschreibt Damasio die Relation von Körper, Gehirn und Umwelt auch in einer Weise, die eine repräsentative Gegenüberstellung im Grunde ausschließt:

> »Karten werden erstellt, wenn wir mit Objekten – einem Menschen, einer Maschine, einem Ort –, die sich außerhalb des Gehirns befinden, in Richtung Hirninneres interagieren. Das Wort *Interaktion* kann ich nicht genug betonen« (75).

Doch wie kann das Hirninnere die Außenwelt repräsentieren, wenn es mit ihr in fortwährender Interaktion steht? Eine Repräsentationsbeziehung setzt voraus, dass das Repräsentierende und das Repräsentierte voneinander getrennt werden können – so wie etwa eine Fotografie immer noch Marilyn Monroe darstellt, obwohl sie längst gestorben ist. In einem fortwährenden interaktiven Kreisprozess jedoch kann kein Segment »für ein anderes stehen«, es also repräsentieren. In einem solchen Prozess besteht jedoch auch die Beziehung von Gehirn und übrigem Körper. Die Protoselbst-Strukturen, so Damasio,

> »... sind buchstäblich und unauflöslich an den Körper *gebunden*. Insbesondere sind sie mit jenen Teilen des Körpers verbunden, die das Gehirn ständig mit Signalen bom-

bardieren, nur um ihrerseits vom Gehirn bombardiert zu werden, so dass sich eine Resonanzschleife ergibt. Diese Resonanzschleife ist von Dauer und wird nur durch Gehirnerkrankungen oder den Tod unterbrochen« (32 f.)

Diese Resonanz entspricht also einer *zirkulären Interaktion* von Gehirn und Körper; beide beeinflussen und modulieren einander fortwährend, sodass sich das Gesamtsystem Gehirn-Organismus im homöostatischen Gleichgewicht hält. Damasio spricht sogar von einem

» ... schleifenförmigen Schaltkreis [...], durch den der Körper mit dem Zentralnervensystem kommuniziert, wobei dieses auf Informationen aus dem Körper anspricht. Die Signale sind von den körperlichen Zuständen, in denen sie ihren Ursprung haben, nicht zu trennen. Das Ganze stellt eine dynamische, verbundene Einheit dar« (Damasio 2011, 270 f.).

Dies resultiert, so Damasio weiter, in einer »*funktionalen Verschmelzung* der körperlichen Zustände mit den Wahrnehmungszuständen, so dass man zwischen beiden keine Grenze mehr ziehen kann.« Es handele sich »nicht mehr nur um Signale *über* den Zustand des Körpers«, sondern buchstäblich um *Erweiterungen des Körpers*« (ebd.; kursiv T. F.).

In einer solchen Verschmelzung gibt es jedoch weder Ort noch Zeit für eine separate Repräsentation. Die ineinandergreifenden Prozesse sind ständig im Fluss und lassen eine »Kartierung« gar nicht zu. Statt von einer Abbildung sollten wir daher besser von einer *Resonanz* zwischen Gehirn und Körper sprechen.[115] Dies ist nicht nur ein Streit um Begriffe; es geht um die zentrale Frage, ob das basale Bewusstsein letztlich doch »im Gehirn« erzeugt wird, oder ob der Körper nicht tatsächlich der »Felsen« ist, »auf den das Protoselbst aufgebaut ist«, wie Damasio auch schreibt (2010, 33). Dann nämlich wäre das basale Bewusstsein nicht mehr an einer Stelle im Gehirn lokalisierbar, sondern eine Manifestation oder *das »Integral«* des übergreifenden Lebensprozesses, der den gesamten Organismus einschließt.

In der Algebra ermöglicht das Integral die Berechnung einer Fläche, die von einer Funktion über einer bestimmten Basis begrenzt wird. Ich gebrauche den Begriff als Metapher für die Integration, die das Bewusstein über einer ausgedehnten Basis herstellt, *ohne von dieser Basis als ihre »Repräsentation«* abtrennbar zu sein. Ähnlich ist das Gehirn zwar die *conditio sine qua non* dieser Integration, jedoch kein abtrennbarer »Sitz des Bewusstseins«. Ich werde auf den Begriff des Integrals noch zurückkommen (▶ Kap. 4.2.2).

Das gleiche Argument gilt auch einem häufigen Einwand gegen das Konzept des verkörperten Geistes (z.B. Block 2005): Wir sollten, so der Einwand, un-

---

115 Der Resonanzbegriff wird in ▶ Kap. 4.2.5 noch ausführlich entwickelt.

terscheiden zwischen körperlichen Prozessen, die für mentale Zustände nur *äußere Ursachen* darstellen, und internen Hirnprozessen, die für sie tatsächlich *konstitutiv* sind. Doch wenn die rückgekoppelten Schleifen der Gehirn-Körper-Interaktion einen fortlaufenden Prozess, ja sogar eine »funktionelle Verschmelzung« darstellen, wie Damasio formuliert, dann ist eine saubere Trennung von kausalen und konstitutiven Prozessen nicht mehr möglich. Wo sollten wir die Trennlinie ziehen, wo soll Bewusstsein beginnen oder enden? Auf der Höhe des Zwischenhirns? Beim Hirnstamm? Beim oberen Rückenmark? Solche Trennungen wären völlig willkürlich.

Man könnte dem entgegenhalten, dass periphere neurologische Syndrome wie die Paraplegie oder auch das Locked-in-Syndrom das Bewusstsein offenbar unangetastet lassen. Doch auch in solchen Fällen eines weitgehenden Verlusts der Sensomotorik sind doch die autonomen, interozeptiven und neuroendokrinen Interaktionen von Gehirn und übrigem Körper immer noch erhalten. Daher ist es nicht zulässig, den Kopf funktionell vom Körper zu trennen, wenn man nach der konstitutiven Basis des Lebensgefühls sucht. Warum das Herz und seinen höchst bedeutsamen Einfluss auf die Interozeption (Cameron 2001, Pollatos et al. 2007) von dieser Basis ausschließen? Warum die Barorezeptoren an den peripheren Gefäßen vernachlässigen, die wesentlich zur Regulation des Blutdrucks und damit zum globalen Hintergrundgefühl des Körpers beitragen? Warum den kontinuierlichen Fluss des Atems, die gastrointestinale Motilität und das ausgedehnte Nervensystem des Darms (oft als »Bauchgehirn« apostrophiert) außer Acht lassen? Die für Bewusstsein konstitutive Integration umfasst alle wesentlichen Systeme des Organismus. Oder denken wir an die sexuelle Erregung: Kann man sie vielleicht im Gehirn lokalisieren? Sicherlich nicht – die periphere Stimulation der Genitalien (Erektion, Lubrifikation, u. a.) und die sexuelle Lust verstärken einander wechselseitig und erzeugen zusammen das integrale Phänomen der sexuellen Erregung (Laan et al. 1995). Der Leib ist erregt, nicht das Gehirn.

Zusammengefasst stellt die basale Selbstaffektion, das Gefühl des Lebendigseins einen Zustand und Prozess des gesamten Körpers dar – eine »Manifestation des Fleisches«. Freilich würde man nicht so weit gehen zu behaupten, das leibliche Hintergrundgefühl integriere z. B. auch die Bewegungen von weißen Blutkörperchen in der Milz. Doch wie wir gesehen haben, kann zumindest die Ausdehnung des Nervensystems und seiner zahllosen Rezeptoren und Effektoren über den gesamten Körper, einschließlich der modulierenden Funktionen neuroendokriner und humoraler Prozesse auf die Signaltransmission im peripheren und zentralen Nervensystem – kann all dies als eine plausible Basis für die konstitutive Verkörperung der Subjektivität gelten, die sich somit weit über das Gehirn hinaus erstreckt.

Die gegenwärtige Entwicklung von *Large Language Models* und fortgeschrittener Robotik wirft immer wieder die Frage auf, ob künstliche Systeme nicht doch etwas Ähnliches wie Bewusstsein erzeugen könnten. Aus der Sicht des Verkörperungsparadigmas ist die Antwort eindeutig: All die vitalen und integrativen Prozesse, die nun dargestellt wurden, sind biologischer und biochemischer, also »analoger« Natur und könnten daher selbst von hochkomplexen Computern oder KI-basierten Robotern nicht simuliert werden. Die Sensoren, Effektoren oder auch die digitalen Selbstmodelle, selbst von fortgeschrittenen Robotern, stellen nur eine »mechanistische Verkörperung« (Sharkey & Ziemke 2001) dar, die dem menschlichen Körper und seinen Funktionen oberflächlich ähneln mag. Ohne einen lebendigen Körper, der im metabolischen Austausch mit der Umwelt steht und seine Homöostase erhalten muss, fehlt Robotern jedoch die zentrale Voraussetzung für ein basales Erleben und damit auch für ein Bewusstsein höherer Ordnung (Fuchs 2020e). Noch so überzeugend wirkende Simulationen von Denken, Fühlen oder Wahrnehmen sollten uns daher nicht dazu bewegen, künstlichen Systemen tatsächlich Subjektivität zuzuschreiben.

4.1.4 Verkörperte Gefühle

Aus der bisherigen Darstellung ging bereits hervor, dass nicht nur die basalen Affekte, sondern auch die intentionalen Emotionen (Freude über …, Zorn auf …, Scham angesichts …) als *verkörperte Reaktionen* zu begreifen sind, die sich aber auf spezifisch wahrgenommene und bewertete Situationen richten (vgl. Fuchs u. Koch 2014). Auch Gefühle sind, biologisch betrachtet, gesamtorganismische Zustände, die nahezu alle Subsysteme des Körpers einbeziehen: zentrales und autonomes Nervensystem, endokrines und Immunsystem, Herz, Kreislauf, Atmung, Eingeweide und Ausdrucksmuskulatur (Mimik, Gestik und Haltung). Jedes Gefühlserlebnis ist untrennbar verknüpft mit physiologischen Veränderungen dieser Körperlandschaft. Diesen Zusammenhang hatte bereits William James hervorgehoben: Der Körper und seine emotionalen Reaktionen bilden »eine Art Resonanzkörper, in dem jede noch so geringfügige Veränderung unseres Bewusstseins widerhallt« (James 1983).

> »Wenn wir uns ein starkes Gefühl vorstellen und dann versuchen, in unserem Bewusstsein jegliches Empfinden für seine Körpersymptome zu eliminieren, stellen wir fest, dass wir nichts zurückbehalten, keinen ›Seelenstoff‹, aus dem sich das Gefühl

zusammensetzen ließe, und dass ein kalter und neutraler Zustand intellektueller Wahrnehmung alles ist, was bleibt. [...] Ein völlig unkörperliches menschliches Gefühl gibt es nicht« (James 1884, 250 ff.).

Auch nach Damasios Theorie entstehen Emotionen *(emotions)* als physiologische Zustände in komplexen Rückkoppelungen zwischen verschiedenen Körpersystemen und Hirnzentren (Damasio 1995, 180 ff.; 2000, 67 ff.). Sie dienen in erster Linie der Bereitstellung von körperlichen Reaktionen, die die Erhaltung des Organismus und seiner Homöostase sichern. Emotionen werden auf situative Reize hin von subkortikal-limbischen Strukturen ausgelöst (Amygdala, periaquäduktales Grau; vgl. oben die Konzeption von Panksepp) und rufen – vermittelt durch autonomes Nervensystem und neuroendokrine Signale – eine *gesamtorganismische* Reaktion hervor, die aus Veränderungen von Herzfrequenz, Blutdruck, Atmung, gastrointestinaler Motilität, Muskelspannung usf. besteht. Diese peripheren Reaktionen werden wiederum in somatosensiblen Arealen vorwiegend der rechten Hirnhemisphäre (Insel, Scheitellappen) registriert und führen schließlich zum bewussten Erleben all dieser koordinierten Reaktionen als Gefühle *(feelings)*. Der Körper ist somit die eigentliche »Bühne der Gefühle« (Damasio 1995, 213).[116]

Darauf beruht auch Damasios Theorie der *»somatischen Marker«* (Damasio 1995): Bereits die Vorstellung bestimmter Situationen oder Handlungsalternativen löst körperliche Reaktionen aus, die dann in den somatosensiblen Arealen des Gehirns Resonanz erzeugen. So beeinflussen sie – meist unbewusst – unsere Entscheidungsprozesse, indem sie die globale Vorab-Bewertung von möglichen Szenarien unterstützen. Die körperlichen Begleitreaktionen wirken also als *emotionales Erfahrungsgedächtnis,* das der rationalen Überlegung in Entscheidungssituationen eine affektive Bewertung hinzufügt.

> Damasio beschreibt nun Patienten mit präfrontaler Hirnschädigung, die ein zielloses und irrationales Verhalten zeigen, obgleich ihre kognitive Fähigkeit zur rationalen Einschätzung einer Situation keineswegs beeinträchtigt ist. Aufgrund ihrer Schädigung sind sie jedoch nicht mehr in der Lage, ihren Körper gegenüber der Situation »in Resonanz zu versetzen« und so die vorgestellten Optionen auch emotional zu bewerten. Selbst einfache Entscheidungen wie eine Terminabsprache können zu endlosen Überlegungen führen, da das Fehlen unterschiedlicher affektiver Valenzen gleichsam

---

116 Damasios begriffliche Unterscheidung von unbewussten *»emotions«* und bewussten *»feelings«* erscheint freilich problematisch; vgl. zur Kritik Panksepp 2003. Zudem bezeichnet Damasio auch die erlebten Gefühle als »eine Form von Bildern«, als »spontan *gefühlte* Bilder« oder auch »Karten« (Damasio 2011, 88) – angesichts des völlig fehlenden Abbildungscharakters etwa von ›Freude‹ oder ›Wut‹ ein eher abenteuerlicher Kategorienfehler.

die Entscheidungslandschaft einebnet. Die Patienten reagieren daher auch mit Gleichgültigkeit selbst auf gravierende Beeinträchtigungen ihrer gesundheitlichen oder sozialen Situation (Damasio 1995, 277–297).

Gefühle beinhalten also eine Empfindung des gesamten viszeralen und muskulären Körperzustandes, während dieser sich unter dem Einfluss aktueller Wahrnehmungen verändert. Sie »bieten uns einen Einblick in das, was in unserem Fleisch vorgeht« (Damasio 1995, 219), wenn wir uns einer bestimmten Situation gegenübersehen, etwa eine Melodie wahrnehmen oder an eine vertraute Person denken. Gefühle lassen sich somit auch als ein Beispiel für *vertikale zirkuläre Kausalität* begreifen: Anlässlich bestimmter Wahrnehmungen, Vorstellungen oder Erinnerungen werden körperliche Emotionsreaktionen ausgelöst (»abwärts«), um dann, als Feedback an das Gehirn zurückgeleitet, das Gefühlserleben zu beeinflussen (»aufwärts«). Zentrale und periphere Reaktionen beeinflussen und verstärken einander wechselseitig. Gefühle sind somit integrale Lebensäußerungen, in denen der Gesamtorganismus auf spezifische Umweltsituationen wertend und motivierend gerichtet ist.

Basierend auf neueren Konzepten verkörperter Affektivität (Colombetti 2013, Fuchs u. Koch 2014) können wir Emotionen nun auch als eine *zirkuläre oder rückgekoppelte Beziehung* eines Lebewesens mit seiner aktuellen Situation und ihren affektiven Qualitäten, Werten und Valenzen auffassen, oder als einen *verkörperten Gefühlskreis* (▶ Abb. 10):

(1) Emotionen erscheinen als spezifische Formen leiblicher Gerichtetheit eines Subjekts auf affektive Qualitäten und Valenzen einer gegebenen Situation. Sie umfassen Subjekt *und* Situation und lassen sich daher nicht im Inneren der Person lokalisieren, weder in ihrer Psyche noch in ihrem Gehirn. Vielmehr ist das gefühlsmäßig affizierte Subjekt in einer Umwelt engagiert, die selbst affektive Qualitäten aufweist (z. B. attraktiv, angenehm, abstoßend, beängstigend, unheimlich, etc.). In der Scham beispielsweise erlebt man eine peinliche Situation und die abwertenden Blicke der Anderen als eine schmerzliche leibliche Affektion (Erröten, »Brennen«); dies ist die Weise, in der die Person die Entwertung vor anderen selbst empfindet. Die Scham erstreckt sich damit über die empfindende Person, ihren Leib ebenso wie die Situation als Ganze.

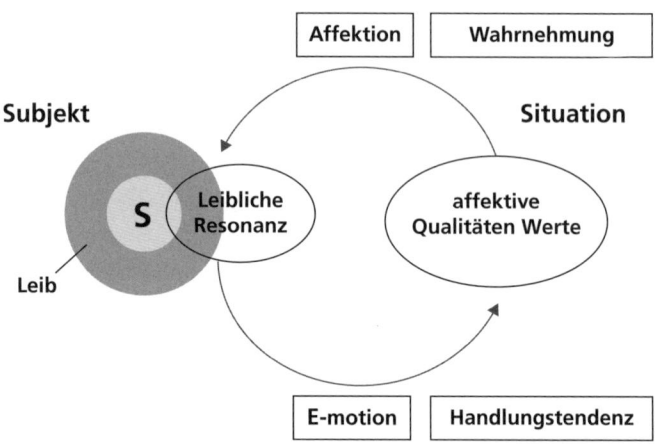

Abb. 10: Verkörperter Gefühlskreis (nach Fuchs 2014)

(2) Emotionen schließen zwei Komponenten leiblicher Resonanz ein[117]:
- eine *zentripetale* oder »affektive« Komponente, d. h. man wird affiziert, »bewegt« oder »berührt« von einem Ereignis, und zwar durch verschiedenartige leibliche Empfindungen (etwa das Erröten der Scham, das Herzklopfen der Angst);
- eine *zentrifugale* oder »emotive« Komponente, d. h. eine Handlungsbereitschaft mit spezifischen Bewegungstendenzen und -richtungen (z. B. in der Scham die Tendenz, den Blick der anderen zu vermeiden, sich zu verstecken, »in den Boden zu versinken«; in der Angst die Fluchttendenz, usw.). *»In emotions, we are moved to move«* (Sheets-Johnstone 1999).

(3) Auf dieser Grundlage lassen sich Gefühle verstehen als zirkuläre Interaktionen oder Feedback-Schleifen zwischen einer zentripetal-affektiven Komponente und einer zentrifugal-emotiven Komponente, oder kurz, zwischen »Affektion« und »Emotion« (u Abb. 10). Von den Werten, Valenzen oder affektiven Qualitäten einer Situation affiziert, d. h. betroffen zu werden, löst eine spezifische leibliche Resonanz aus (»Affektion«), die umgekehrt die emotionale Wahrnehmung der Situation beeinflusst und eine entsprechende Handlungsbereitschaft einschließt (»E-motion«).

---

117 Siehe dazu ursprünglich Fuchs 2014. Der Resonanzbegriff ist inzwischen von Rosa (2016) in die Soziologie eingeführt worden und hat so weite Verbreitung gefunden.

Verkörperte Affektivität besteht *im gesamten interaktiven Kreisgeschehen*, das durch die Resonanz des empfindenden Leibes vermittelt wird.
(4) Die leibliche Resonanz wirkt somit als Medium unserer affektiven Betroffenheit. Sie durchdringt, färbt oder tönt die Wahrnehmung der jeweiligen Situation, allerdings ohne unbedingt selbst in den Vordergrund zu treten. In den Begriffen von Polanyi (1985) lässt sich die leibliche Resonanz als die *proximale*, die wahrgenommene Situation als die *distale* Komponente der affektiven Intentionalität auffassen, wobei die proximale Komponente zugunsten der distalen in den Hintergrund des Bewusstseins tritt. Man kann dies mit dem Tastsinn vergleichen, der gleichzeitig ein Selbstempfinden des Leibes darstellt (proximal) und eine Empfindung der berührten Oberfläche (distal); oder man kann es vergleichen mit der Situation eines Menschen, der noch unterschwellig durstig ist (proximal), dies aber zuallererst daran bemerkt, dass ihm das Geräusch eines Bachs in der Nähe auffällt (distal).

Wie wir sehen, ist die Resonanz oder Affizierbarkeit des Leibes eine zentrale Komponente der Gefühle. Das wird durch Forschungen bestätigt, die eine Verknüpfung zwischen der interozeptiven Sensibilität von Personen und ihrer Fähigkeit zur Wahrnehmung der eigenen Emotionen nachweisen konnten (Pollatos et al. 2005, Dunn et al. 2010). Umgekehrt findet sich eine reduzierte Sensibilität für interozeptive Signale bei psychischen Störungen, die durch eine emotionale Dysregulation charakterisiert sind wie die Depression, Depersonalisation, Alexithymie oder Borderline-Störung (Paulus u. Stein 2010, Herbert et al. 2011, Terhaar et al. 2012, Schultz et al. 2015, Müller et al. 2015).

Wenn die leibliche Resonanz in bestimmter Weise modifiziert wird, beeinflusst dies auch die affektive Wahrnehmung einer Person entsprechend. So verhindert ein *Mangel an Resonanz* die Wahrnehmung affektiver Qualitäten der Umwelt. In der Parkinson-Erkrankung ebenso wie in der schweren Depression führen die muskuläre Rigidität und das Einfrieren des mimischen und leiblichen Ausdrucks zu einer verringerten Intensität der Emotionen, bis hin zu einer Gefühllosigkeit, in der die Patienten von Situationen oder anderen Menschen nicht mehr emotional berührt werden können (Mermillaud et al. 2011, Fuchs 2005).

> Die Modulation von Emotionen durch gehemmte leibliche Resonanz ist in einer Reihe von Studien aus der *Embodiment*-Forschung bestätigt worden (Niedenthal 2007; im Überblick Fuchs u. Koch 2014). So empfanden Versuchspersonen, die durch einen zwischen den Zähnen gehaltenen Stift den Ausdruck des Lächelns einnahmen, ihnen

gezeigte Cartoons als lustiger als wenn ihr Lächeln gehemmt wurde, nämlich wenn sie den Stift zwischen ihren *Lippen* hielten (Strack et al. 1988).

Ein anderes Beispiel: Die Injektion von Botulinumtoxin in die Stirnmuskulatur erschwert beim Lesen das Verstehen negativer semantische Inhalte, da dieses Verständnis sonst durch ein leichtes, kritisches Stirnrunzeln unterstützt wird (Havas et al. 2010). Diese Verknüpfung lässt sich sogar nützen, um die Schuldgefühle depressiver Patienten deutlich zu verringern, nämlich indem man sie über einige Wochen mit Botulinum-Toxin behandelt und so ihre Selbstkritik reduziert (Wollmer et al. 2012).

Umgekehrt begünstigt die *Zunahme* einer bestimmten Leibempfindung oder Ausdrucksbewegung auch das dazugehörige Gefühl bzw. die emotionale Wahrnehmung von Objekten oder Personen.

So zeigten Williams und Bargh (2008), dass gezeigte Bilder von Personen einen wärmeren, sympathischeren Eindruck hervorriefen, wenn die Versuchspersonen beim Ansehen eine *heiße* Tasse Kaffee in der Hand hielten, als wenn sie einen *Eis*kaffee hielten; d. h. die leiblich empfundene Wärme setzt sich in den interpersonalen Eindruck von Wärme um (vgl. auch Bargh & Melnikoff 2019). Umgekehrt fanden Zhong und Leonardelli (2006), dass Testpersonen die Temperatur in einem Raum als kälter empfanden, wenn sie zuvor den sozialen Ausschluss aus einer Gruppe erlebt hatten; d. h. interpersonale Kälte wird auch als physische Kälte wahrgenommen.

Auch hierzu gibt es psychopathologisch relevante Forschungsresultate: Wenn Versuchspersonen oder depressive Patienten eine eingesunkene Körperhaltung oder typisch depressive Gangmuster annehmen (gebeugter, schwerer Gang), führt dies dazu, dass sie mehr negative Ereignisse oder Wörter erinnern als bei aufrechter Haltung und normalem Gang (Riskind 1984, Michalak et al. 2014, 2015). Umgekehrt führen hüpfende Tanzbewegungen bei Depressiven zu einer signifkanten Besserung der Stimmung (Koch et al. 2007).

Wir sehen, dass die verschiedenen Komponenten des Gefühlskreises von Affektion, Resonanz und Emotion einander wechselseitig beeinflussen. Nur durch ihre fortlaufende Interaktion erzeugen sie das vollständige Phänomen der emotionalen Erfahrung, die daher nicht »im Gehirn« lokalisiert werden kann.

4.1.5 Zusammenfassung

Das Gehirn, so lässt sich die bisherige Darstellung zusammenfassen, ist kein abgesondertes Organ, das im Schädel seine eigene Welt modelliert und auf dieser Basis Befehle in den Körper hinausschickt. Es ist vielmehr zuallererst ein *Regulations- und Wahrnehmungsorgan für den Gesamtorganismus.* Der Körper ist der eigentliche »Spieler im Feld«, auf dessen Homöostase und Verhältnis zur Umwelt es ankommt, und dessen innere Zustände geeignete Reaktions-

und Verhaltensweisen veranlassen können. Zentrum und Peripherie stehen daher in engster Verbindung und beeinflussen einander in fortwährender zirkulärer Rückkoppelung.

Bewusstsein, so lautet das weitere zentrale Resultat, ist kein Produkt des isolierten Gehirns oder gar der Hirnrinde, sondern hat den Organismus als ganzen zur Grundlage. Die einseitige Fokussierung der Neurowissenschaften auf die kognitiven Funktionen konnte lange den Eindruck vermitteln, als sei der Organismus für das Gehirn nur als »Trägerkörper« von Bedeutung. Funktionell gesehen endet jedoch das Gehirn nicht am Hirnstamm, sondern setzt sich über das Rückenmark, das Nerven-Sinnes-System und die neuroendokrinen Funktionskreise im ganzen Körper fort. Die Untersuchung der basalen, leiblich-affektiven Bewusstseinsfunktionen zeigt, dass sie aus den vitalen Regulationsprozessen heraus entstehen, die zwischen Gehirn und Körperperipherie ablaufen und das innere Milieu des Organismus konstant halten. *Die fortwährende »Resonanz« von Gehirn und Organismus ist die Voraussetzung für bewusstes Erleben.* Durch sie wird der lebendige physische Körper zum subjektiven Leib. Basales Bewusstsein besteht in *Lebensgefühl, Befinden und Stimmung* – es bildet ein Integral des jeweiligen Zustands des Organismus selbst, oder mit anderen Worten: es ist eine Manifestation der verkörperten Subjektivität.

In der Evolution des Bewusstseins tauchten integrierte affektive Zustände und entsprechende Aktionstendenzen lange vor höheren kognitiven oder reflexiven Vermögen auf. Sie erlaubten die Selbstempfindung organismischen Ungleichgewichts und motivierten den Organismus zu einem möglichen Ausgleich durch geeignete Interaktion mit der Umwelt. Es ist anzunehmen, dass sich basale Affekte ursprünglich aus globalen Reaktionen des Körpers auf Mangelzustände, aber auch auf Außenweltreize wie Wärme, Kälte, Berührung, Licht u.a. entwickelt haben, wie wir dies am Beispiel anenzephaler Kinder gesehen haben. Die phylogenetisch ursprüngliche Form bewusstwerdender Umweltbeziehung bestand in der unmittelbaren, affektiv getönten Selbstempfindung des Leibes in seinen jeweiligen Zuständen in der Umwelt.[118]

Die spezifisch gerichteten, intentionalen Gefühle entwickelten sich erst beim Menschen, nämlich in Verbindung mit der zunehmend differenzierten Wahrnehmung und Bewertung wahrgenommener Situationen, insbesondere sozialer Beziehungen. Dies wurde vor allem durch die Entwicklung des Kortex ermöglicht, der das basal entstehende Primärbewusstsein immer spezifischer auf die Umweltobjekte ausrichtete. Aber auch nach dem Auftreten höherer

---

118 Vgl. dazu auch Damasio 1995, 306.

emotionaler und kognitiver Funktionen blieb das basale affektive Erleben die unabdingbare motivationale Grundlage von Voraussicht, Planung und zielgerichteter Intentionalität. Mehr als alle anderen Erlebnisweisen zeigen uns Befinden, Stimmungen und Gefühle, dass wir *inkarnierte* Geschöpfe sind – Wesen aus Fleisch und Blut.

4.2 Die Einheit von Gehirn, Organismus und Umwelt

Der vorangehende Abschnitt untersuchte den vertikalen Funktionskreis von Gehirn und Organismus. Nunmehr wenden wir uns den *horizontalen* Beziehungen des Lebewesens mit der Umwelt zu, insofern sie durch das Gehirn vermittelt werden, insbesondere dem Funktionskreis von Wahrnehmung und Bewegung.

4.2.1 Lineare versus zirkuläre Organismus-Umwelt-Beziehung

Der Trennung von Gehirn und Körper, wie sie in den kognitiven Neurowissenschaften noch immer üblich ist, entspricht eine weitere Trennung: Organismus und Umwelt gelten als zwei gesonderte Systeme, die an der Haut gegeneinander abgegrenzt sind. »Innen« und »Außen« sind demnach grundlegend voneinander geschieden. Daraus ergibt sich die folgende gängige Konzeption ihrer Beziehung (▶ Abb. 11):

(1) Die Sinne empfangen Reize von der Außenwelt, die in Form von Aktionspotenzialen verschlüsselt, durch die Nerven weitergeleitet und im Gehirn verarbeitet werden.
(2) Aus diesen Daten werden neuronale *Repräsentationen* oder *interne Modelle* der Welt außerhalb des Gehirns konstruiert.
(3) Die zentrale Reizverarbeitung wird zur Ursache der motorischen Reaktion des Organismus, durch die er auf die Umwelt zurückwirkt.

Prinzipiell ergibt sich also die lineare Abfolge: Reiz → neuronale Verarbeitung → Reaktion. Damit wird das physikalische Ursache-Wirkungs-Prinzip modifiziert auf das Lebewesen übertragen. Als Nebenfolge entsteht dabei im Gehirn eine bewusste Wahrnehmung, der jedoch nur eine epiphänomenale Rolle zukommt: Wenn Organismus und Umwelt zwei getrennte Systeme darstellen, kann die Beziehung des Bewusstseins zur Umwelt nur die einer folgenlosen inneren Abbildung darstellen.

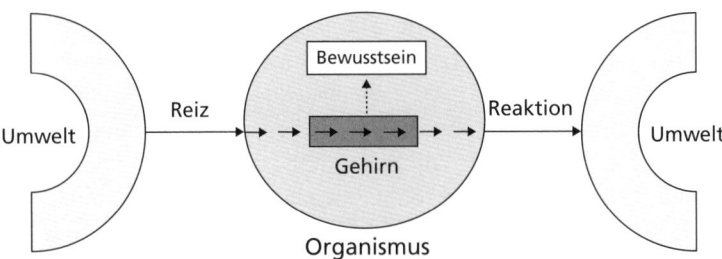

Abb. 11: Lineare Kausalität im Reiz-Reaktions-Schema

Doch gibt es überhaupt eine feste Grenze zwischen dem Lebewesen und seiner Umwelt? – Bereits unter ▶ Kap. 3.2.2 habe ich die Komplementarität von Organismus und Umwelt als *zweier Komponenten eines übergreifenden Systems* dargestellt. Auf diese Ergebnisse können wir nun zurückgreifen.[119] Betrachten wir zunächst das Beispiel einer instrumentellen Handlung wie etwa das Schreiben eines Briefs. Dazu suche und greife ich nach dem Stift, der sich zuvor noch jenseits meiner Wahrnehmung befand, von ihr jedoch als »Suchbild« bereits vorentworfen war. Er ist auch passend für meinen Handgriff geformt und hat das erwartete Gewicht. Mit anderen Worten, mein Leib hat den Stift durch seine Gewohnheiten und Protentionen bereits vorweggenommen.[120]

Nun bewegt meine Hand den Stift über das Papier; doch der Ort meiner Empfindung ist jetzt an seiner Spitze, die sich über das Blatt bewegt. Ich spüre ihr Kratzen auf dem harten Papier, d.h. der Stift selbst ist meinem Körper einverleibt, und ich nehme »durch ihn hindurch« die Papieroberfläche wahr. Papier, Stift, Hand und mein gesamter Organismus bilden eine funktionelle Einheit. Wo sollen wir nun das Schreiben lokalisieren? Im Stift, in meiner Hand? Vielleicht in meinem Gehirn oder in meinem Bewusstsein, in dem sich die Worte bilden? Aber ich schreibe ja selbst, und die Worte »fließen mir in die Finger«. Nein, mein Schreiben lässt sich nicht dualistisch aufteilen in ein geistiges und ein körperliches Schreiben. *In der realisierten Funktion lässt sich*

---

119 Zu verweisen ist darüber hinaus auf die systemische Konzeption von Järvilehto (1998a, b), der die folgenden Überlegungen wertvolle Anregungen verdanken.

120 Elektromyographische Experimente haben gezeigt, dass die Kraft des Zugreifens beim Heben von Objekten entsprechend dem antizipierten Gewicht variiert (Johansson u. Westling 1988).

keine Grenze zwischen Innen und Außen ziehen – ebenso wie es sinnlos wäre zu fragen, ob die eingeatmete Luft noch der Außenwelt oder schon dem Organismus angehört.

Daraus folgt: Wir können eine Tätigkeit wie das Schreiben nicht als Wechselwirkung von zwei getrennten Systemen, von Organismus und Umwelt auffassen, *weil sich diese nicht mehr eindeutig voneinander abgrenzen lassen.* Bereits das Vermögen zu schreiben und die entsprechenden organischen Bereitschaften existieren nur komplementär zu entsprechenden Strukturen der Umwelt (Stifte, Papier, Worte ...). Bevor ich schreibe, hat mein Leib den Stift auch schon sensomotorisch vorentworfen, d.h. er hat eine leibliche Protention, eine *Vorgestalt* seines Aussehens und Gebrauchs gebildet, in die der tatsächliche Stift nur noch »einrückt«.[121] Er muss mir also, mit Heideggers Begriff, schon »zuhanden« sein, damit ich ihn gebrauchen kann. Ebenso ist die realisierte Funktion, das Schreiben selbst, nur im Funktionskreis von Wahrnehmung und Bewegung möglich, der Organismus, Stift und Papier zu einer dynamischen Einheit zusammenschließt.

Daraus ergibt sich nun folgende veränderte Konzeption (▶ Abb. 12): Die Beziehung von Organismus und Objekt im Leistungsvollzug bedeutet nicht das Einwirken von einem System auf ein anderes, sondern eine *Rekonfiguration des Gesamtsystems von Organismus und Umwelt.* Damit aktualisiert sich eine bereits vorbestehende komplementäre Beziehung in neuer Weise. Die Aktivität des Individuums wird nicht durch einen Reiz – den Anblick des Stifts – verursacht, sondern sie *erzeugt umgekehrt erst diesen Reiz.* Denn nur aufgrund des im Organismus gebildeten Vermögens zu dieser Aktivität wird der Reiz zu ihrem Auslöser, ja wird er vom Organismus überhaupt *als* Reiz perzipiert. Die Erklärung eines Verhaltens liegt daher nicht in der Angabe des auslösenden Moments – dieses ist nur Anlass, nicht Ursache – sondern im Nachvollzug der *gemeinsamen Geschichte von Organismus und Umwelt,* die die Voraussetzungen für den aktuellen Funktionskreis geschaffen hat.

Eine Fülle von Vorbedingungen bildet also die »*offene Schleife*«, in die der Reiz, der gesehene Stift, nur noch einrückt, um sie zu schließen (▶ Abb. 12). Der Reiz geht der Wahrnehmung nicht voraus wie im linearen Modell; er erzeugt sie gar nicht, sondern *aktualisiert* sie nur.[122] Er tritt wie ein fehlendes Puzzle-Teil an die noch offene Stelle in einem schon bestehenden Funkti-

---

121 Die Vorgestalt entspricht also dem durch das Vermögen des Lebewesens vorentworfenen Komplement der Umwelt, das, wenn es hinzutritt, die Realisierung einer bestimmten Leistung erlaubt; vgl. zu diesem Begriff auch Conrad 1947.

122 »Der Reiz bewirkt nicht das Sehen, er aktualisiert es und begrenzt es zugleich auf das Aktuelle« (Straus 1956, 187).

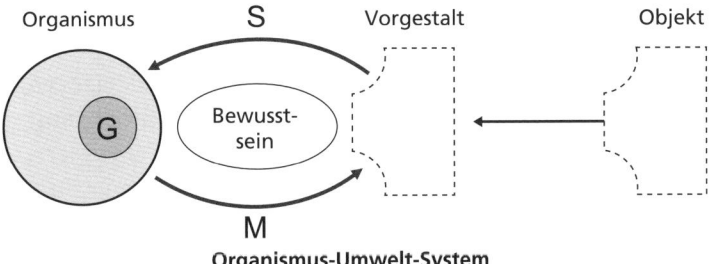

Abb. 12: »Offene Schleife«: Antizipation des Objekts im Funktionskreis innerhalb des Organismus-Umwelt-Systems (G = Gehirn, S = Sensorik, M = Motorik)

> Organismus und Umwelt bilden ein übergreifendes System, in dem der Organismus geeignete Objekte als Vorgestalten seiner Sensorik und Motorik immer schon entworfen hat (angedeutet durch passende »Nischen« des Objekts, an denen Wahrnehmung und Bewegung ansetzen). Organismus, Sensorik und Motorik bilden also eine »offene Schleife«, in die geeignete reale Objekte einrücken können. Die bewusste Wahrnehmung entsteht nicht im Inneren des Organismus, sondern sie beruht auf der jeweils aktuellen Verknüpfung von Organismus und Objekt, in der sich die offene Schleife schließt.

onskreis, der sich im übergreifenden System von Organismus und Umwelt gebildet hat. Wahrnehmung ist also kein linearer, sondern ein *zirkulärer,* immer mit Vorerfahrung und möglicher Handlung verknüpfter Prozess.

Die Dichotomie von Organismus und Umwelt bzw. von Wahrnehmung und Bewegung ist bereits im amerikanischen Pragmatismus in Frage gestellt worden, insbesondere von John Dewey. In seinem klassischen Aufsatz »The reflex arc concept in psychology« (1896) kritisiert Dewey die Trennung von Reiz und Reaktion in zwei getrennte Einheiten des Handlungsverlaufs. Nicht der Reiz als solcher wirkt, sondern der aktive Organismus erfasst und interpretiert den Reiz als Anlass zu einer möglichen Handlung:

> »Bei der Analyse stellen wir fest, dass wir nicht mit dem Sinnesreiz beginnen, sondern mit einer sensomotorischen Koordination [...] und dass in gewissem Sinn die Bewegung das Primäre und die Empfindung das Sekundäre ist, insofern nämlich die Bewegung von Körper, Kopf und Auge die Qualität des Erfahrenen bestimmt. Mit anderen Worten liegt der eigentliche Anfang im Akt des Hinsehens: Es ist das Blicken, nicht die Empfindung von Licht [...] [Beim Hören] ist der Klang kein bloßer Reiz oder eine bloße Empfindung; es ist wieder ein Akt, der des Hörens [...] Es ist ebenso richtig zu sagen, dass die Empfindung des Klangs aus der motorischen Antwort resultiert, wie das Wegrennen eine Antwort auf den Klang darstellt« (ebd., 359; eig. Übers.).

Wahrnehmung und Handlung sind demnach zirkulär verknüpft; Kognition lässt sich nicht handlungsneutral beschreiben, sondern entsteht im Verlauf der fortlaufenden sensomotorischen Koppelungen des Organismus mit seiner Umwelt.

Dieser Konzeption entspricht die von O'Regan und Noe (2001) und Thompson (2005) entworfene enaktive Theorie der Wahrnehmung. Danach ist Wahrnehmen weder eine passive Reizaufnahme noch ein innerer Zustand im Gehirn, sondern eine geschickte Aktivität des Organismus, in die (a) die *bewegungsabhängige Varianz der Sensorik* eingeht und (b) das *implizite, praktische Wissen vom Gegenstand*.

a) Bei jeder Augenbewegung verändert sich die sensorische Stimulation der Netzhaut in ganz bestimmter Weise, ebenso wenn sich der Körper vor- oder zurückbewegt, usw. Ohne diese Rückkoppelung von Bewegung und Wahrnehmung könnten wir gar nichts erkennen: Selbst beim Fixieren eines Gegenstandes bewegen sich die Augäpfel fortwährend, wenn auch unmerklich hin und her.[123] Beim Tasten ist die sensomotorische Wechselbeziehung noch offensichtlicher: Die abtastende Hand bestimmt, was empfunden wird, und umgekehrt leitet der getastete Gegenstand die Bewegung.

b) Wir nehmen Objekte nicht neutral wahr, sondern immer in einem Kontext von möglicher Handlung und Bedeutsamkeit. Wir können auf die Dinge zu oder um sie herum gehen, sie sind uns »zuhanden« und bieten bestimmte Möglichkeiten: die Treppe zum Steigen, der Apfel zum Essen, der Stift zum Schreiben usw. Dem entspricht die Verknüpfung von Sensorik und Motorik auf neuronaler Ebene: Erblickt man z.B. ein Werkzeug, so werden im Kortex diejenigen Neuronen aktiviert, die auch zum motorischen *Gebrauch* des Werkzeugs benötigt werden.[132] Die Wahrnehmung ruft also immer die Interaktionsschemata mit auf, die in früheren Erfahrungen mit dem Objekt gebildet wurden. Mit anderen Worten: *Ein Objekt zu erkennen bedeutet zu wissen, wie man mit ihm umgeht.*

Somit konstituiert sich die Welt für uns nur im Verlauf des fortwährenden Umgangs mit ihr, durch die Verknüpfung von Wahrnehmungs- und Bewegungserfahrungen. Weiter oben wurde diese enaktivistische Konzeption bereits vorgestellt (▶ Kap. 1.5): Indem Lebewesen mit ihrer Umwelt interagieren – Kopf und Augen bewegen, eine Oberfläche abtasten, auf ein Ziel

---

[123] Werden diese sog. Mikrosakkaden ausgeglichen oder fixiert, sodass sich das Bild auf der Retina vollständig stabilisiert, so verschwindet die Wahrnehmung unbewegter Objekte vollständig (Conde et al. 2006). Ohne Bewegung gibt es daher keine visuelle Wahrnehmung.

zugehen, eine Frucht ergreifen – konstituieren sie ihre Umwelt mit (Varela et al. 1991, Thompson 2007). In diesen Interaktionen wirkt das Gehirn als Organ der *Vermittlung*: Es stellt mit seinen Netzwerken die offenen Schleifen bereit, die durch geeignete Gegenstücke der Umwelt zum jeweils aktuellen Funktionskreis geschlossen werden (▶ Abb. 13).

Für die Ausbildung dieser offenen Schleifen sind die schon erwähnten neuronalen Strukturen des *impliziten Gedächtnisses* (▶ Kap. 3.3.4) von zentraler Bedeutung. Aufgrund seiner Plastizität ist das Gehirn in der Lage, wiederkehrende Verknüpfungen von Organismus und Objekt in sensomotorische Koppelungen umzuwandeln, die den entsprechenden Funktionen zugrunde liegen. Damit wird nun das Gehirn zur *Matrix aller möglichen Vorgestalten* oder mit anderen Worten, zum »*Organ der Möglichkeiten*«, der Vermögen oder Potenziale.

Ein eindrucksvolles Beispiel dafür geben die musikphysiologischen Forschungen von Bangert und Altenmüller (2003): Übt man auf einem Klavier eine bestimmte Tonfolge, so bildet sich mit der Zeit eine Koppelung der Ton- und Bewegungssequenzen aus. Es genügt dann, die Melodie zu *hören*, um im Gehirn auch die entsprechenden *Bewegungs*muster der Finger aufzurufen. Drückt man umgekehrt die erlernte Tastenfolge auf einem stummen Klavier, so werden gleichzeitig die dazugehörigen Töne mitvorgestellt. Diese sensomotorische Koppelung lässt sich schon nach einer Übungsphase von 20 Minuten im EEG nachweisen, nämlich durch synchrone Aktivierung der entsprechenden akustischen und motorischen Areale im Temporal- bzw. Parietallappen. Die Melodie wird also *verkörpert* gehört, mit der Vorstellung, wie sich ihr Spielen anfühlen würde; mit anderen Worten, sie ruft im Gehirn die motorische Bewegungssequenz auf, die sie erzeugen könnte. Umgekehrt induziert die Bewegung eine Vorgestalt des von ihr bewirkten Hörens.

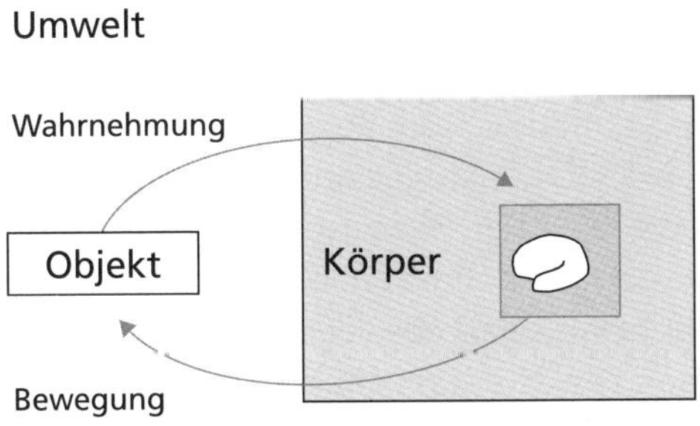

Abb. 13: Sensomotorischer Funktionskreis

Bei Pianisten sind durch jahrelange Übung die Kortexareale für Musikhören konstant mit denen für Musikspielen verknüpft, sodass ihnen beim bloßen Hören einer Melodie schon die entsprechenden Finger »zucken«. Umgekehrt haben sie den Klang immer schon »im Ohr«, bevor die Finger am Klavier ihn erzeugen (Münte et al. 2002). Weitere neuronale Korrelate der Bewegungsgestalten finden sich in den Basalganglien, die komplexe Manöver im Umgang mit dem Instrument ermöglichen (»sequence memory«, Ennen 2003). Der Organismus des Pianisten ist also schon darauf ausgerichtet, die offenen Schleifen zum Kreis zu schließen, d.h. Hören, Spielen und die vorgestellte Melodie im Vollzug zu verknüpfen. In ihm werden Spieler, Instrument und die Musik Teile eines dynamischen Prozesses, dessen Komponenten nicht voneinander getrennt werden können. Es gilt nicht mehr: »Der Pianist hier, das Klavier dort«, sondern »Pianist-und-Klavier-im-Klangraum«.

Diese Befunde entsprechen der von Merleau-Ponty analysierten Intentionalität des Leibes, die nicht von der bewussten Planung abhängig ist: Der Leib, ein »System von Bewegungs- und Wahrnehmungsvermögen«, ist »ein sein Gleichgewicht suchendes Ganzes erlebt-gelebter Bedeutungen«, die sich mit der jeweiligen Situation zu einer funktionellen Einheit verknüpfen (Merleau-Ponty 1966, 184). Das Gehirn stellt durch seine Gedächtnisbildung ein zentrales Teilstück für diese Einheit zur Verfügung, freilich ohne dass sich die Funktion in ihm lokalisieren ließe. Die bei ihrem Vollzug messbare Aktivierung bestimmter Hirnareale bedeutet nur, dass sich – bildlich gesprochen – der Stromkreis geschlossen hat und nun in dem Areal zu vermehrter Aktivität führt. *Für den »Stromfluss« ist aber die gesamte Kreisstruktur erforderlich – der in einer komplementären Umwelt situierte und aktive Organismus.*

Eine Konsequenz dieser Konzeption betrifft den Begriff der *Repräsentation*. Wie bereits ausgeführt, beruht er auf einer prinzipiellen Trennung von Organismus und Umwelt und damit auf einer Wahrnehmungstheorie, die uns nicht mit der Welt selbst in Verbindung bringt, sondern nur mit internen Abbildern oder Konstrukten. Doch Hirnzustände weisen als solche keine mentalen bzw. repräsentativen Gehalte auf; sie können die Welt nicht »beschreiben«, denn sie sind nur *beteiligt* an den Situationen, aus deren Kontext sich jene Gehalte ergeben. Der Hirnzustand für sich genommen ist nur ein *Fragment* des gesamten Funktionskreises, der bestimmten Umweltbestandteilen Bedeutungen zuweist bzw. die Leerstellen erzeugt, in die sie einrücken können. Ohne diesen Funktionskreis bliebe jeder neuronale Zustand ein beliebiger Erregungsablauf. Damit aber entfällt die Basis für eine Repräsentation im Sinne einer Widerspiegelung der Außenwelt im Gehirn. Die Kognition dient nicht der inneren Modellierung der Welt, sondern sie ist untrennbare Komponente des praktischen Umgangs eines Lebewesens mit seiner Umwelt.

Der bereits in ▶ Kap. 2.1.2 unter dem Aspekt der Subjektivität kritisierte Repräsentationsbegriff erweist sich damit auch unter funktionell-biologischem Aspekt als unbrauchbar.[124]

Der Begriff der Repräsentation gewinnt seine scheinbare Plausibilität nicht zuletzt aus unserer Fähigkeit, uns Gegenstände oder Situationen vorzustellen, sie zu erinnern oder vorwegzunehmen, für die zweifellos auch neuronale Korrelate bestehen. Doch diese spezifisch menschliche Fähigkeit, die eigenen Erlebnisse als solche noch einmal zu vergegenwärtigen, ist sekundär gegenüber der gelebten Umweltbeziehung. Wahrnehmung dient nicht dazu, »Informationen zu repräsentieren«, die sich das Subjekt wie auf einer Filmleinwand ansieht, um daraus Schlüsse für sein Handeln zu ziehen. Sie liefert keine Vorstellungen oder Modelle, sondern eröffnet *Handlungsmöglichkeiten* für ein bewegliches, verkörpertes Wesen. Im selbstverständlichen Umgang mit Gegenständen bedarf es keiner Repräsentation des Objekts oder Ziels als solchen, denn der Leib verfügt selbst über die geeigneten Dispositionen, um mit der Umwelt eine funktionale Kohärenz herzustellen. »Die Welt selbst ist ihr bestes Modell« (Brooks 1991).

So muss etwa der geübte Tennisspieler den Ball nicht bewusst ins Auge fassen, nicht auf die Stellung des Schlägers oder die Schlagrichtung im Verhältnis zum Gegenspieler achten. Vielmehr findet sein Arm von selbst die Position, den Schwung und die Schlagkraft, um die Vorgestalt eines »guten Schlags« zu vervollständigen, die sich aus dem heranfliegenden Ball, dem Feld, dem Netz und dem laufenden Gegenspieler ergibt. Die Bewegung erfüllt genau, was zur Realisierung dieser hochkomplexen Gestalt erforderlich ist, aber diese Gestalt ist nichts, was man als Ziel im Bewusstsein repräsentieren und in berechnete Bewegung überführen kann (Dreyfus 2002). In seiner Koppelung mit der Umwelt verfügt der Leib über ein implizites Wissen, das nicht explizierbar und daher auch nicht repräsentierbar ist. Keine interne Verdoppelung der Umwelt würde ihn befähigen, in solch unmittelbarer und dynamischer Kohärenz auf ihre Veränderungen und Anforderungen zu reagieren.

---

124 Auch Edelman bemerkt kritisch, »... dass weite Teile der kognitiven Psychologie auf tönernen Füßen stehen. Es gibt im Gehirn keine Funktionszustände, die man definierten und kodierten Zuständen der Informationsverarbeitung eindeutig zuordnen könnte, und es gibt keine Prozesse, die sich als die Ausführung von Algorithmen auffassen ließen. [...] Intentionalität und Willensentscheidungen *hängen* [...] *von den jeweiligen Kontexten in Außenwelt, Körper und Gehirn ab*« und können »... *nur aufgrund solcher Interaktionen und nichts als präzise definierte Rechenoperationen zustandekommen*« (Edelman 2004, 112 f.; Hervorhebungen vom Verfasser).

Das Gehirn wird oft als der »Dirigent« des Organismus angesehen. Tatsächlich besteht seine Rolle nicht darin, Verhaltensabläufe zu determinieren, sondern sensomotorische Schemata für die Interaktion von Organismus und Umwelt bereitzustellen und fortlaufend an sie anzupassen. Es moduliert die jeweilige Bewegung in Abhängigkeit vom ständigen Feedback des Organismus im Feld, von Muskelspannung, Schwerkraft, Widerstand usw. Das Gehirn fungiert demnach als eine flexible Kontrollinstanz, nicht als Speicher fixierter und kompletter Bewegungsprogramme.

Eine Parallele dazu finden wir in der Genetik, wo die Betrachtung der Wechselwirkung von Zellkern, Zellperipherie und Zellumgebung immer mehr an die Stelle der vermeintlichen Determination durch die Gene getreten ist. Ebenso verhält es sich mit der Beziehung von Gehirn, Körper und Umwelt, die einander fortwährend regulieren. Der Prozess verläuft nicht linear und hierarchisch von einer Planungszentrale zur Peripherie, sondern als zirkuläre Dynamik zwischen situiertem Organismus und komplementärer Umwelt. Daher ist das Gehirn nicht der Dirigent des Körpers; es gleicht eher einem der Musiker eines Jazz-Ensembles, die auf der Grundlage bestimmter Akkorde gemeinsam improvisieren.

4.2.2 Bewusstsein als Integral

Im linearen Modell (▶ Abb. 11) ist bewusstes Erleben an einer bestimmten Stelle der Kausalkette von Sinnesreizung, Afferenz, zentralem Nervensystem, Efferenz und Muskelerregung angesiedelt, nämlich im Gehirn. Freilich – je lückenloser sich diese Kette physikalischer Prozesse schließen lässt, bis in die neuronalen Verästelungen und synaptischen Verschaltungen des Gehirns hinein, desto unausweichlicher gerät das Bewusstsein in eine epiphänomenale Randposition. Da es selbst kein Glied der Kette darstellt, bleibt es wirkungs- und folgenlos, gemäß dem Axiom, dass physikalische Vorgänge allein aus physikalischen Wirkungen und Gesetzen erklärt werden können.

Im ökologischen Modell (▶ Abb. 12) hingegen lässt sich Bewusstsein nicht an einer Stelle des Organismus lokalisieren. Es ist weder Produkt bestimmter neuronaler Prozesse noch identisch mit ihnen. Vielmehr stellt die Resonanz zwischen Gehirn und Körper, wie wir sahen, zunächst die Grundlage für das leibliche Hintergrundbewusstsein dar (▶ Kap. 4.1.2). Ebenso bedarf es der Resonanz zwischen dem Organismus und der aktuellen Situation. Bewusstes Erleben entsteht nur *im übergreifenden System von Organismus und Umwelt,* auf der Basis des dynamischen Zusammenspiels vielfältiger Komponenten, zu denen zentralnervöse und sensomotorische Organe ebenso gehören wie die passenden »Gegenstücke« der Umgebung. Wahrnehmen und Handeln kommen nicht ohne ihre komplementären Objekte zustande; Gedanken, Gefühle, Wünsche erhalten ihren Sinn nur durch die Beziehung zu möglichen Gegenständen und anderen Personen. Grundlage des Psychischen ist daher nicht das Gehirn allein, sondern vielmehr ein übergreifender *Lebensprozess,* in den das Gehirn freilich an zentraler Stelle einbezogen ist – nämlich als das vermittelnde Organ für die dynamischen Beziehungen des Organismus zu seiner natürlichen und sozialen Umwelt.

Die Gedankenexperimente von einem entkörperten »Gehirn im Tank«, das, in einer Nährlösung versorgt und von einer Apparatur geeignet stimuliert, ein illusionäres, aber von unserem realen Erleben nicht zu unterscheidendes Bewusstsein produzieren könnte, lassen sich rasch entkräften. Um nämlich das Gefühl des leiblichen Existierens zu erzeugen, müsste die Apparatur zunächst die homöostatische Selbstregulation des Organismus genau nachbilden, in fortlaufender wechselseitiger Regulation mit dem Gehirn. Ein solches gekoppeltes System würde einem Körper bereits viel eher entsprechen als einem Tank. Um dann auch die Illusion des leiblichen In-der-Welt-Seins zu hervorzurufen, müsste die Apparatur alle fortlaufend rückgekoppelten Interaktionen von Gehirn, Körper und Umwelt simulieren, was wiederum nur durch einen beweglichen, sensomotorisch gegliederten Körperapparat möglich wäre. Das heißt, das Experiment würde schließlich eine Apparatur erfordern, die nichts anderes wäre als ein quasi-lebendiger und mit der Umwelt interagierender Körper.[125] Nur als Organ eines Lebewesens wird das Gehirn zu einem Vermittler von subjektivem Erleben. Insofern ist bereits die Grundannahme irrig, die das Gedankenexperiment leitet: *Es gibt nicht etwas in uns,* das wahrnimmt, fühlt oder denkt – weder einen cartesianischen Geist noch ein körperloses Gehirn. Bewusstsein ist kein Innenzustand, kein »Tunnel«, sondern eine Form des Lebensvollzugs: das In-der-Welt-Sein eines lebendigen Wesens.

Insofern enthält das Gehirn als solches tatsächlich nicht mehr Bewusstsein als etwa die Hände oder die Füße, auch wenn seine Funktionen besonders eng mit der Entstehung von Bewusstsein verbunden sind. *Nur das Lebewesen als Ganzes ist bewusst, nimmt wahr oder handelt.* Zentral notwendig für die Entstehung von Bewusstsein ist das Gehirn, weil in ihm alle Kreisprozesse zusammenlaufen und verknüpft werden, so wie die Gleise in einem Hauptbahnhof. Wird dieser zerstört, dann bricht der Zugverkehr freilich zusammen, während einzelne Strecken in der Peripherie stillgelegt werden

---

125 Eine ausführliche Widerlegung des »Gehirn-im-Tank«-Arguments geben Cosmelli u. Thompson (2010).

können, ohne dass der Hauptverkehr betroffen ist. Doch, um den Vergleich fortzuführen, *der Zugverkehr wird weder vom Bahnhof erzeugt noch ist er dort zu lokalisieren.* Er bedient sich vielmehr umgekehrt des Gleissystems mit seinen vielfältigen Weichen, Kreuzungen und natürlich seiner zentralen Koordinationsstelle im Hauptbahnhof, damit die Transportprozesse möglichst reibungslos ablaufen. Auch wenn sich also im Hauptbahnhof zweifellos eine hochgradige Gleisvernetzung und Zugdichte feststellen lässt (dies entspräche den im Gehirn messbaren neuronalen Aktivierungen bei bestimmten Tätigkeiten) – der Zugverkehr bleibt an das gesamte Streckensystem gebunden. *Analog bildet die Bewusstseinstätigkeit ein »Integral« der je aktuellen Beziehungen zwischen Gehirn, Organismus und Umwelt.*

Das Gehirn ist also nur eine, wenngleich die zentral notwendige Bedingung für das Auftreten von Bewusstsein. *Hinreichende* Bedingung ist erst die Existenz eines mit einem komplexen zentralen Nervensystem ausgestatteten *und* in ständigem Austausch mit der Umwelt stehenden, lebendigen Organismus. Ein bestimmter Hirnzustand ist die notwendige Bedingung dafür, in einem Erlebniszustand zu sein, aber welchem Erleben dieser Hirnzustand entspricht, ist nicht durch seine eigene Struktur bestimmt, sondern erst durch seine konkreten Beziehungen zur Umwelt. *Umschriebene und als solche hinreichende »neuronale Korrelate« von bewussten Zuständen kann es daher gar nicht geben.* Damit etwas erlebt werden kann, muss ein Gehirnzustand in die »Körperlandschaft« integriert sein, als Voraussetzung für das Leibbewusstsein, das in jedem Erleben latent gegeben ist. Darüber hinaus muss er aber auch in bestimmter Beziehung zur aktuellen Umwelt des Organismus stehen. *Nur eingebettet in diese ökologischen Beziehungen können Hirnzustände zu Trägern von bewusstem Erleben werden.* Im Gehirn als solchem nach Bedeutungen oder nach Bewusstsein zu suchen, ist daher nicht nur ein Kategorienfehler, es hat auch biologisch gesehen keine Basis.

An dieser Stelle könnte noch einmal das *Traumbewusstsein* als Gegenargument angeführt werden (siehe Fußnote 58, ▶ Kap. 2.2.1). Hier ist die Umweltbeziehung des Organismus durch die weitgehende sensorische Abkoppelung und motorische Hemmung in der Tat äußerst reduziert. Beschränkt sich das Träumen also doch auf das Gehirn? – Aus folgenden Gründen lässt sich diese Annahme zurückweisen:

(1) Auch im Traum bleiben die vielfältigen Kreisprozesse zwischen Gehirn und Körper erhalten, die dem leiblichen Hintergrunderleben, den Stimmungen und den intensiven Gefühlen zugrunde liegen, die im Traum erlebt werden. Auch das Traumbewusstsein ist also verkörpert. Zu erinnern ist auch an unbewusste, verkörperte Wahrnehmungen im Schlaf, etwa wenn man im Tiefschlaf friert und entsprechend die Decke zurechtzieht.

(2) Daher ist der Träumer auch mit seinem ganzen Körper am Traum beteiligt, was etwa an den Augenbewegungen im REM-Schlaf, an Veränderungen des Atemrhythmus oder der Herzfrequenz, an Gliederbewegungen oder verbalen Äußerungen im Traum beobachtbar ist.
(3) Die *Inhalte* des Träumens entstammen der Welt des Träumers und erhalten ihren Sinn nur aus der intentionalen Beziehung zu ihr.

Auch der Traum ist somit keine ausschließliche Tätigkeit des Gehirns, oder mit anderen Worten: Nicht das Gehirn träumt, sondern die Person (vgl. zu einer verkörperten Konzeption des Träumens auch Windt 2015).

Sollte das Gehirn also wirklich nicht der Ort des Bewusstseins sein? Diese These mag manchem kaum plausibel erscheinen – zu sehr hat die Verdinglichung bewussten Erlebens unser alltägliches Selbstverständnis geprägt. Alles hängt hier davon ab, ob es uns gelingt, unsere dualistischen Intuitionen von einem Bewusstseinsinnenraum zu überwinden, den wir dann dem Gehirn zuschreiben müssen, und stattdessen das bewusste Erleben und Handeln wieder als Lebensvollzug zu begreifen, als »*Tätigkeit-eines-lebenden-Organismus-in-Beziehung-zu-seiner-Umwelt*«. Zerlegt man diesen Ausdruck in seine Einzelelemente, dann bleiben nur Fragmente übrig, aus denen sich der Lebensprozess nicht mehr zusammensetzen lässt.

Blicken wir zur Verdeutlichung noch einmal zurück: Im ersten Teil wurde gezeigt, wie der cartesianische Dualismus von Geist und Körper in der Hirnforschung fortlebt, nämlich als Kombination von subjektivem Idealismus einerseits und physikalischem Materialismus andererseits. Darauf beruht die neurokonstruktivistische Erkenntnistheorie mit ihrem zentralen Konzept der internen Repräsentation der Außenwelt im Gehirn. Eine solche Position verdinglicht das Erleben und führt in letzter Konsequenz zu einem Neuro-Solipsismus. Ihr Grundübel liegt im Ausschluss des Lebendigen und dem dadurch erzwungenen Kurzschluss von Bewusstsein und Gehirn. Demgegenüber habe ich das Konzept einer »biologischen Aspektdualität« vorgeschlagen, wonach psychologische und physiologische Geschehnisse gleichermaßen das *Lebewesen* zum Träger haben. Unter dieser Voraussetzung bleiben die beiden Aspekte aber nicht unbeweglich, sondern nähern sich jeweils einander an, und zwar insofern sie beide eine grundlegend *relationale* Struktur aufweisen:

• Die subjektiven Phänomene werden zu Erlebnissen eines *verkörperten und damit zur Welt gehörigen Subjekts*. Als Leib des Subjekts ist der Organismus das Medium des Sich-Befindens und des Sich-Richtens auf die Welt, des »Zur-Welt-Seins«. Er ist zugleich die »Natur, die wir sind«, im Unterschied

zu einer objektivierend aus der Beobachterperspektive betrachteten Natur.
• Die physiologischen Prozesse ihrerseits lassen sich nicht in physikalischer, linearer Kausalität beschreiben, sondern nur als kreisförmige Beziehungen des Organismus mit seiner Umwelt, die gemeinsam *ein System* bilden. Der lebendige Körper ist mehr als ein bloßer, in seine Grenzen eingefasster Körper; er ist immer schon über seine Grenzen hinaus, ein *Körper-in-Beziehung*.

Dass ich einen Brief schreiben, also unräumliche Gedanken vermittels meiner Körperbewegungen in räumlich-materielle Zeichen überführen kann, beruht demnach zum einen darauf, dass meine Gedanken selbst schon Lebensäußerungen darstellen, also nicht etwa rein »mentale Ereignisse«, sondern Gedanken eines verkörperten und lebendigen Subjekts sind. Zum anderen beruht mein Schreiben darauf, dass die ihm zugrunde liegenden physiologischen Prozesse nicht nur physikalischer Natur sind, also nicht linear-kausale Ereignisketten darstellen, sondern vielmehr dynamische Wechselbeziehungen des Organismus mit der Umwelt, oder noch pointierter: Rekonfigurationen des Gesamtsystems von Organismus und Umwelt.

Diese Sichtweise hebt die kategoriale Verschiedenheit zwischen phänomenologischer und physiologischer Beschreibung nicht auf. Die beiden Beschreibungsweisen sind zueinander komplementär, d. h. wir können sie nicht ineinander überführen. Die personale oder lebensweltliche und die verobjektivierende Einstellung, die ihnen jeweils zugrunde liegen, stehen im Verhältnis *wechselseitiger Ausblendung,* ebenso wie die Aspekte und Phänomene, die wir mit diesen Einstellungen erfassen und beschreiben. Spreche ich von Lichtwellen, die von der Oberfläche eines Baumes ausgehen, von Reizen der Retina und von neuronalen Verarbeitungsprozessen im Gehirn, so bleibt meine Wahrnehmung des Baumes ausgeblendet. Umgekehrt weiß die Wahrnehmung nichts von Wellen oder Neuronen. Doch stellt die hier vertretene Konzeption insoweit eine Strukturähnlichkeit zwischen beiden Beschreibungssystemen her, als sie

a) die phänomenale Ebene als leibliche begreift, also als Beziehung eines verkörperten Subjekts zur Welt;
b) die physiologische Ebene als systemisch-ökologische beschreibt, also die Beziehung von Gehirn, Organismus und Umwelt so auffasst, dass sie überhaupt erst zur Grundlage der phänomenalen Beziehung von Subjekt und Welt werden kann. Dies wird insbesondere durch Ansätze der »4e cognition« möglich.

Die *Phänomenologie* des leiblichen Zur-Welt-Seins und die *Ökologie* des Körpers-in-seiner-Umwelt korrespondieren also einander, ohne sich identifizieren zu lassen. Dies entspricht der Grundpolarität von Leib und Körper, von der wir ausgegangen waren (▶ Kap. 3.1.2).

Entgegen dem Projekt einer »Naturalisierung des Geistes« beschreibt die aspektduale Konzeption Geistiges ebenso wie Körperliches als wesentlich *lebendig*. Damit stellt sie eine gemeinsame Referenz für die neurophysiologische und die psychologische Beschreibung her: Insofern sich beide Beschreibungsweisen auf lebendige Wesen in ihrer Umwelt beziehen, werden sie zwar nicht *intensionsgleich* (d.h. sie haben unterschiedliche Bedeutung), wohl aber *extensionsgleich* (sie haben den gleichen Bezugspunkt oder Referenten). Dazu muss freilich das Lebewesen bzw. die Person unter den komplementären Aspekten von Körper und Leib, von physiologischen Prozessen und integralen Lebensäußerungen betrachtet werden. Dann wird es, über die bloß äußerliche Korrelation von neuronalen und Bewusstseinsprozessen hinaus, zumindest prinzipiell möglich, auch die *Inkorporation von Erfahrung* zu begreifen. Sie ist die entscheidende Voraussetzung für die Entfaltung und Differenzierung der Bewusstseinsfunktionen und soll uns im nächsten Abschnitt beschäftigen.

4.2.3 Neuroplastizität und die Inkorporation von Erfahrung

Das Gehirn ist eingebettet in den Organismus, und über dessen vielfältige, vor allem sensomotorische Interaktionen mit der Umwelt vernetzt. Dies wird erst unter einem Entwicklungsaspekt ganz verständlich: Das menschliche Gehirn ist nicht nur das komplexeste, sondern auch das anpassungsfähigste Organ, das wir kennen. Wie wir heute wissen, modifizieren alle unsere Erfahrungen, Wahrnehmungen und Interaktionen mit der Umwelt zeitlebens die neuronalen Strukturen. Das Gehirn kommt nicht als fertiger Apparat in die Welt, um sie zu erkennen, sondern es bildet seine Feinstruktur erst in und an ihr. Aufgrund seiner hochgradigen Plastizität vermag es die Lerngeschichte des Organismus seit den ersten, intrauterinen Lebensstadien aufzunehmen. So entwickelt es sich epigenetisch zu einem Organ, das komplementär zur Umwelt des Individuums strukturiert ist.

Diese bereits ▶ in Kap. 3 thematisierte *Inkorporation* von Erfahrungen in Gedächtnisstrukturen beruht darauf, dass die Funktionstätigkeiten des Gehirns seine eigenen Mikrostrukturen fortwährend verändern. Anders als beim Computer lassen sich also Funktion (»Software«) und Struktur (»Hardware«) nicht unterscheiden. Dies impliziert eine *spiralförmige Bezie-*

hung von Hirnstruktur und Umwelt, die sich in der Interaktion wechselseitig verändern (▶ Abb. 7). Die Umwelt prägt die neuronalen Strukturen, aber die modifizierten Strukturen beeinflussen ihrerseits die künftige Reizverarbeitung und damit die Wahrnehmung der Umwelt. Diese Reziprozität hat bereits Ludwig Feuerbach klar erkannt:

> »Erst durch das Denken wird das Hirn zum Denkorgan ausgebildet, ans Denken gewöhnt, und durch die Gewohnheit, dieses oder jenes, so oder so zu denken, auch so oder so modifiziert, bleibend bestimmt [...]; aber durch das ausgebildete Denkorgan wird auch erst das Denken selbst gebildetes, geläufiges, gesichertes. [...] Was Wirkung wird zur Ursache, und umgekehrt« (Feuerbach 1863/1985b, 201 f.).

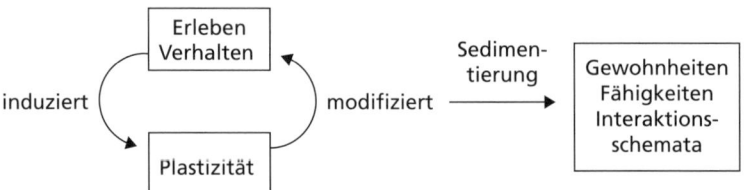

Abb. 14: Lernen als Umschlag von Erleben bzw. Verhalten in organisch sedimentierte Erfahrung (vgl. auch Fuchs 2011; mit freundlicher Genehmigung Journal of Consciousness Studies)

Die Abbildung veranschaulicht noch einmal diesen Zusammenhang (▶ Abb. 14): Jedes Erleben und Verhalten findet seinen Niederschlag im plastischen, neuronal verankerten Gedächtnis des sich entwickelnden Organismus, und aus diesem sedimentierten Erleben resultiert umgekehrt ein fortwährend verändertes Erleben und Tun. Im Zeitverlauf werden Erfahrungen zu organischen Dispositionen, Gewohnheiten und Interaktionsschemata. Menschen sind dadurch in der Lage, »ihre Organe zu belehren«[126], das heißt ihr eigenes organisches Sein ebenso wie ihre Fähigkeiten zu gestalten.

Wir wollen diese Zusammenhänge näher untersuchen und uns dafür zunächst kurz die neuronalen Grundlagen der Plastizität vergegenwärtigen.

Das Gehirn entwickelt sich in der frühen Embryonalzeit zunächst genetisch bestimmt in seinen groben neuronalen Strukturen. Die weitere Ausreifung hat Gerald Edelman in seiner Theorie des »neuronalen Darwinismus« als intraindividuellen Evolutionsprozess beschrieben (Edelman u. Tononi 2002): Ein erheblicher Anteil zunächst im Überschuss gebildeter Neuronen

---

126 So die Formulierung Goethes: »Die Tiere werden durch ihre Organe belehrt, sagten die Alten; ich setze hinzu: die Menschen gleichfalls, sie haben jedoch den Vorzug, ihre Organe wieder zu belehren« (Goethe, Brief an Humboldt, 18.3.1832).

stirbt in der späteren Embryonalzeit und in den ersten Monaten nach der Geburt mangels Nutzung wieder ab (»Apoptose«). Nur die im ständigen Kontakt mit der Umwelt aktivierten Neuronen werden selektiert und bleiben erhalten. Ebenso werden in der frühen Kindheit zunächst fast doppelt so viele Synapsen gebildet wie schließlich gebraucht werden (Markowitsch u. Welzer 2005, 133), ein Selektionsprozess, der auch »pruning« (Beschneidung) genannt wird. Die bleibenden neuronalen Strukturen sind also das Resultat einer *Auswahl aus einem Überschuss von Möglichkeiten,* die das Hirnwachstum bereitstellt. Wir finden hier wieder das Prinzip der *formierenden oder »abwärts«-Kausalität* (▶ Kap. 3.3.1): Die verkörperten Erfahrungen des Kindes in seiner Umwelt bilden den übergeordneten Prozess, dessen wiederkehrende Muster die neuronalen Verknüpfungen auf der Mikroebene selektieren.

Dieser erfahrungsabhängige Selektionsprozess formt bis zum Ende des zweiten Lebensjahrs das bleibende anatomische Nervennetzwerk. Lebenslang veränderlich bleibt aber seine Feinstruktur in Form von Synapsensensitivität und Verschaltungsmustern, reguliert durch Veränderungen der Genexpression, der Signalübertragung und Rezeptorendichte. Auch Dendriten können sich in geringerem Maß noch ausbilden oder zurückziehen (Serres 2001, Lee et al. 2006), ja sogar die Neubildung von Neuronen im erwachsenen Hippokampus konnte inzwischen nachgewiesen werden (Björklund u. Lindvall 2000). So wie Muskeln durch Übung wachsen, ohne Tätigkeit aber atrophieren, so wachsen oder degenerieren je nach Ausübung einer Funktion die für sie zuständigen neuronalen Netze *(use it or lose it).* Auch im erwachsenen Gehirn findet also eine ständige Neubildung und Elimination neuronaler Verschaltungen statt *(experience-dependent plasticity).*

> Die Grundregel für diese synaptischen Lernprozesse wurde von Hebb 1949 erstmals formuliert. Feuert erst das präsynaptische und kurz darauf das postsynaptische Neuron, so werden die Verbindungen verstärkt – man spricht von Langzeitpotenzierung –, bei asynchroner Aktivierung hingegen schwächt sich die Verknüpfung ab. Die gemeinsame Aktivität von Neuronen, die mit aktuellen Reizmustern der Umwelt in Kontakt stehen, stellt also die maßgebliche Führungsgröße der Entwicklung dar. Interessanterweise wirken Erlebnisse, die mit intensiven Bedürfnissen und Gefühlen verbunden sind, in besonderem Maß strukturbildend, da sie nämlich übergeordnete, cholinerge und dopaminerge Modulationssysteme im Mittel- und Zwischenhirn beeinflussen (Kilgard u. Merzenich 1998, Bao et al. 2001). Emotionen verstärken also Lernprozesse.

Die Tragweite der Erkenntnisse über die neuronale Plastizität ist kaum zu überschätzen. Sie zeigen, *dass die Interaktion mit der Umwelt im Organismus erst die Bedingungen schafft, die zur Erfahrung dieser Umwelt erforderlich sind.* Die Entwicklung und Differenzierung der Hirnstrukturen, insbesondere des

Kortex, wird entscheidend von dieser Interaktion geprägt: »Das höhere Gehirn, also der Neokortex, wird weitgehend als *tabula rasa* geboren, und all seine Funktionen einschließlich des Sehens [...] werden in äquipotenziale[127] Hirnstrukturen programmiert« (Panksepp 2012, 8; eig. Übers.).

Dies wurde eindrucksvoll durch Experimente von Mringanka Sur und seiner Gruppe demonstriert, die an neugeborenen Frettchen eine weitreichende kortikale Reorganisation induzieren konnten (Melchner et al. 2000). Sie durchtrennten den Sehnerv der Frettchen, sodass der Stumpf mit dem Teil des Zwischenhirns zusammenwuchs, der sonst Impulse des *Hör*nervs an das Hörzentrum im Kortex weiterleitet. Nun gelangten visuelle Reize in eine Hirnregion, die normalerweise akustische Signale verarbeitet. Erstaunlicherweise passte sich das Gehirn aber an die neuen Sinnesreize an: *Aus dem Hör-wurde ein Sehzentrum,* es bildeten sich sogar für das Sehzentrum charakteristische Nervenzellen, sodass die Frettchen trotz der Neuverschaltung in der Lage waren, mit dem betreffenden Auge zu sehen (wenn auch nicht ganz so gut wie normal). Wie sich zeigt, hängt es letztlich vom sensorischen Zustrom und dessen spezifischen Mustern ab, welche Aufgaben eine Kortexregion schließlich übernimmt. Daraus lässt sich das Prinzip ableiten: Nicht das Gehirn erzeugt die Funktion, sondern umgekehrt: *Die Funktion schafft sich ihr zerebrales Organ.*[128]

Ähnliche kortikale Reorganisationen sind auch nach Verletzungen oder Unfällen zu beobachten. Die Fähigkeit des Gehirns zur Restitution selbst komplexer Funktionen ist beeindruckend: Sprach- und Orientierungsfunktionen können auch nach großräumigen Hirnläsionen durch andere Strukturen, z.B. durch die andere Hemisphäre übernommen werden, indem der Betroffene diese Funktionen übt. Diese Restitutionsleistungen belegen erneut den Primat der Funktion über die Struktur. Aber auch in normalen Lern-

---

127 D.h. gleiche Möglichkeiten enthaltend.
128 Diesen aristotelischen Gedanken formulierte bereits Brodmann in seiner »Vergleichenden Lokalisationslehre der Großhirnrinde« (1909). – Genau genommen muss auch hier freilich der sensorische Input *in Abhängigkeit von der Eigenbewegung* des Organismus berücksichtigt werden, d. h. der sensomotorische Gestaltkreis: Sehen zu lernen setzt Beweglichkeit voraus, wie bereits die Versuche von Held und Hein an neugeborenen Kätzchen gezeigt haben (▶ Kap. 1.2.1). Jede Veränderung der Körperposition ebenso wie jede Bewegung der Augäpfel verändert die Stimulation der Retina in einer spezifischen Weise. Diese Kovariation von sensorischem Input und motorischem Output geht mit in die Musterbildung ein. Was den auditiven Kortex des Frettchens also in einen visuellen verwandelt, ist nicht allein die Verbindung zur Retina, sondern seine Einbeziehung in die besondere sensomotorische Dynamik, die für die Sehfunktion charakteristisch ist (vgl. O'Regan und Noe 2001).

prozessen verändern sich Rindenfelder in oft makroskopisch messbarer Weise (Elbert u. Rockstroh 2004). Lernt ein Mensch Geigespielen, so vergrößert und differenziert sich die motorische Repräsentation seiner linken Hand, die komplexer bewegt werden muss als die rechte (Elbert et al. 1995). Taxifahrer, die besonders komplizierte Orientierungsleistungen vollbringen müssen, weisen ein deutliches Wachstum des Hippokampus auf (Maguire et al. 2000).[129]

Damit eröffnet sich ein Feld weit reichender Einflüsse der Kultur auf die Gehirnentwicklung, die sogar die grundlegende Wahrnehmungsorganisation betreffen. So würde man von optischen Illusionen annehmen, dass sie auf angeborene visuelle Verarbeitungsprozesse zurückgehen. Segall (1963) zeigte jedoch, dass z.B. die bekannte Müller-Lyersche Täuschung, bei der die Mittellinie eines Doppelpfeils kürzer erscheint als eine objektiv gleich lange Linie mit Pfeilstrichen nach außen (▶ Abb. 15), nicht in allen Kulturen gleich wirksam ist. Nach der Erklärung von Gregory (1966) geht die Illusion am ehesten auf eine Anpassung des Sensoriums an die Räumlichkeit quaderförmiger Objekte zurück, deren Kanten entweder vorspringen (Schränke, Häuser) oder aber zurückweichen (Innenräume), sodass die Größenverhältnisse bei der Verarbeitung im Gehirn entsprechend korrigiert werden (▶ Abb. 15 rechts). Solche Raumstrukturen sind jedoch Kennzeichen *städtischer Kulturen* und in natürlichen Umgebungen kaum anzutreffen. Wie sich zeigte, tritt die Illusion bei Angehörigen von afrikanischen Rundhütten-Kulturen tatsächlich nicht oder viel weniger häufig auf (Segall 1963; Deregowsky 1973). Dies belegt eindrucksvoll, wie die kulturelle Umwelt die Gehirnentwicklung bis in die Organisation des räumlichen Sehens hinein prägt.

Grundprinzip der Neuroplastizität ist die Anpassung des Gehirns an die Interaktion mit der Umwelt im Sinne einer *optimalen Kohärenz*. Dadurch werden die sensomotorischen und neuronalen Strukturen zu *Medien,* die eine unmittelbare und möglichst störungsfreie Beziehung zur Welt ermöglichen. Trägt man z.B. eine neue Brille, so modifiziert sich die Signalverarbeitung im visuellen Kortex innerhalb weniger Tagen so, dass wieder eine unverzerrte Wahrnehmung möglich und die Brille nicht mehr bemerkt wird. Die Anpassung geht so weit, dass beim Tragen einer Prismenumkehrbrille, die das

---

129 Es soll freilich nicht vergessen werden, dass sich die Neuroplastizität auch negativ auswirken kann, etwa durch Maladaptation beim Phantomschmerz oder beim Schmerzgedächtnis. Langdauernde oder intensive Schmerzzustände, etwa bei chronischen Rückenschmerzen, haben eine vergrößerte Repräsentation des entsprechenden kortikalen Schmerzareals zur Folge, sodass an sich nicht schmerzhafte Reize überschwellig werden und erhebliche Schmerzen auslösen können (Flor et al. 1997).

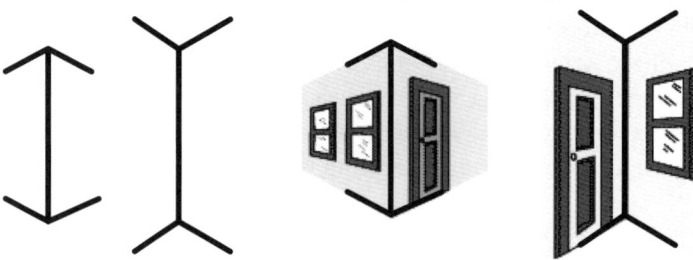

Abb. 15: Müller-Lyersche Täuschung

Umgebungsbild auf den Kopf stellt, sich die visuelle Wahrnehmung nach einiger Zeit trotz der Brille wieder umkehrt (Kohler 1951). Sie folgt damit der im Gleichgewichtsorgan nach wie vor repräsentierten tatsächlichen Körperlage. Hier stellt das Gehirn also die *intermodale Kohärenz* zwischen den Sinnen wieder her (wobei sich der Gleichgewichtssinn als der »stärkere« erweist).

Die neuronale Plastizität sorgt demnach dafür, dass die Funktionskreise von Organismus und Umwelt möglichst kohärent, »durchlässig« oder *transparent* werden. Sie ermöglicht die »vermittelte Unmittelbarkeit«[130] der Beziehung von Leib und Umwelt, in der das Gehirn als das vermittelnde Organ selbst nicht sichtbar wird. So wird es uns möglich, uns unmittelbar auf die Welt, auf ihre Gegenstände und Sinngehalte zu richten. Dafür ein weiteres Beispiel: Lernt ein Blinder die Braille-Schrift, so tasten seine Fingerkuppen das Buchstabenrelief ab, während er die Gestalt und Bedeutung der Buchstaben zu erfassen sucht, bis er schließlich das Relief unmittelbar *als Schrift lesen* kann. Dabei vergrößert sich im sensorischen Kortex nachweisbar das Areal, in dem die Kuppen seiner Zeigefinger repräsentiert sind (Pascual-Leone u. Torres 1993). Gleichzeitig bilden sich neue Verknüpfungen zum Sprachzentrum, der Wernicke-Region. Damit erhalten seine Tastempfindungen neue Bedeutungen – ähnlich wie wir dies bereits beim Pianisten festgestellt haben (▶ Kap. 4.2.1): sie werden transparent für Worte und Sprache.

Bereits im 3. Kapitel wurden die erlernten Fähigkeiten und Vermögen des Organismus mit dem *impliziten Gedächtnis* in Verbindung gebracht (▶ Kap. 3). Wir können dies nun auch neurobiologisch nachvollziehen: Durch die Bahnung der neuronalen Netzwerke inkorporieren sich wiederkehrende senso-

---

130 Plessner 1975, 169.

motorische Interaktionen mit der Umwelt und werden zu einem *impliziten Können oder Wissen*.[131]

(1) Betrachten wir zunächst die *motorische Habitualisierung:* Wer Klavierspielen oder mit einer Tastatur zu schreiben lernt, ordnet zunächst explizit jeder Taste einen Ton bzw. Buchstaben zu, um dann die Finger nach und nach an diese Verknüpfungen zu gewöhnen, das heißt zugleich: sie wieder zu *vergessen*. Das implizite Können liegt nun »in den Händen«, und man kann nicht mehr sagen, wie man tut, was man tut. Der Leib hat das Instrument in das Körperschema inkorporiert[132], und diese unmittelbare Koppelung operiert besser als jede bewusste Vorstellung oder Planung, sodass wir uns im Vollzug auf übergeordnete Ziele richten können. Die Intention beim Tippen richtet sich auf das Wort, und die entsprechenden Finger bewegen sich von selbst. Ebenso kann sich der Pianist durch die Bewegungen seiner Finger hindurch auf die Musik richten, sich selbst »beim Spielen zuhören«. Dementsprechend haben Bildgebungsstudien gezeigt, dass erfahrene Musiker oder Sportler bei der Ausführung ihres Könnens eine gegenüber Anfängern deutlich *reduzierte* Hirnaktivität aufweisen, insbesondere in den Basalganglien und anderen subkortikalen Arealen. Offensichtlich sind die beteiligten motorischen Netzwerke infolge der langen Praxis effizienter organisiert (Milton et al. 2007), oder mit anderen Worten: Optimale Kohärenz ist weniger energieaufwändig.

(2) Den parallelen Vorgang in der *Wahrnehmung* veranschaulicht etwa das Lesen. Wenn ein Kind lesen lernt, verbindet es die zunächst nur einzeln gewussten Buchstaben nach und nach zu Wortgestalten. Hat das Gehirn die entsprechenden Verknüpfungen gebildet, so erkennt das Kind die Worte »mit einem Blick«, bis es bei flüssigem Lesen auch den Sinn des Satzes unmittelbar erfasst. Auch hier ermöglicht das Vergessen der Einzelelemente die »Vergeistigung« der Wahrnehmung: Durch die Buchstaben hindurch, die anfangs noch Einzeldinge waren, richtet das Kind sich jetzt auf die Wort- und Satzbedeutungen. Analog zur motorischen kann man von einer sensomotorischen Habitualisierung sprechen: Sehenlernen heißt das Vertraute »mit einem Blick« wiederzuerkennen. Alle

---

131 Ich verstehe den Begriff des impliziten Wissens in der grundlegend von Polanyi (1985) in die Psychologie und Wissenschaftstheorie eingeführten Form. Zu seiner Anwendung auf die Phänomenologie des Leibes vgl. vor allem Leder (1990) sowie Fuchs (2000c, 2005).
132 »Es ist buchstäblich wahr, dass Maschinenschreiben lernen heißt, den Raum der Klaviatur seinem Körperraum zu integrieren« (Merleau-Ponty 1966, 175).

Wahrnehmung beruht auf solchen Gestalten, die wir zu sehen, zu hören oder zu tasten gelernt haben, und die Teil unseres impliziten (Er-)Kennens geworden sind. Freilich macht das Beispiel der Blindenschrift deutlich, dass das Lesen auch mit den tastenden Fingern möglich ist, so wie wir ja auch umgekehrt davon sprechen, dass der Blick einen Gegenstand »abtastet«. In beiden Fällen lassen sich Wahrnehmen, Sich-Bewegen und Erkennen nicht voneinander trennen.

Das implizite Können wird nur im Prozess der Handlung zugänglich – man spricht deshalb auch vom »prozeduralen Gedächtnis« (Schacter u. Tulving 1994). Nur vermittels meiner Finger und an der Tastatur kann ich das erlernte Klavierstück realisieren, und nicht durch eine »Vorstellung« der Bewegung, so als wäre das Gedächtnis getrennt für sich im Geist oder im Gehirn enthalten. Das Vermögen des Klavierspielens besteht nur im Hinblick auf den gesamten, geschlossenen Funktionskreis, in dem es sich aktualisiert. Es wird wesentlich durch das Gehirn ermöglicht, aber es lässt sich nicht darauf begrenzen: *Auch das Gedächtnis als erlerntes Vermögen ist nicht allein im Gehirn zu lokalisieren.* Dies gilt gleichermaßen für Bewegung und Wahrnehmung, ›Können‹ und ›Kennen‹: Geschickte Hände können einen Knoten knüpfen, den man nicht mit Worten erklären kann. Das geübte Ohr des Arztes erkennt den Herzfehler, während der Student, der alles darüber gelesen hat, nur dumpfe Geräusche wahrnimmt. *Gedächtnis und Intelligenz sind immer schon über den Körper und Umraum verteilt.* Dies ist auch die Voraussetzung für alle externen Zeichen- und Gedächtnissysteme, die der Mensch entwickelt hat, von der Wachstafel über Bibliotheken bis zum Internet.

4.2.4 Transformation und Transparenz: Das Gehirn als Resonanzorgan

Die dargestellten Phänomene des impliziten Gedächtnisses und der Habitualisierung, wie sie durch die Plastizität des Gehirns ermöglicht werden, wollen wir nun noch einmal prinzipieller beschreiben. Dies führt zum grundlegenden Konzept des Gehirns als *Resonanzorgan,* das die sensomotorischen Interaktionen mit der Welt vermittelt.

Die Grundstruktur dieser Phänomene besteht offenbar darin, dass in ihnen *Einzelelemente der Wahrnehmung oder Bewegung zu Ganzheiten integriert, das heißt in Gestalten transformiert werden.* Die Intention richtet sich also durch die Elemente $A_1, A_2, A_3 \ldots$ hindurch auf die Ganzheit B (also z.B. durch die Buchstaben auf das Wort), wobei die Einzelelemente gleichsam »übersehen«

werden, obgleich B nur durch sie realisiert werden kann. Zwischen A_1, A_2, A_3 ... und B besteht eine *implizite Koppelung*, die als solche unbewusst bleibt, sodass das Einzelne als Medium dient, durch das wir das Ganze wahrnehmen. Die Transformation führt also zur phänomenalen *Transparenz*: Die wahrgenommene ganzheitliche Gestalt ist das, worin die Einzelelemente aufgehen, und damit tritt zugleich die Wahrnehmung der Einzelelemente selbst in die Latenz. Die Wahrnehmung hat die Struktur *vermittelter Unmittelbarkeit*: Einzelelemente werden »transparent« für die Gestalt, oder mit anderen Worten, sie erhalten für das Wahrnehmungssubjekt die *Bedeutung* der Gestalt.

> Diese Strukturanalyse folgt Polanyis bereits erwähnter Theorie des impliziten Wissens oder *»tacit knowledge«* (Polanyi 1985). Sie darf jedoch nicht so verstanden werden, als würden sich Gestaltganzheiten erst aus Einzelheiten zusammensetzen. Vielmehr erfasst unsere Wahrnehmung und Erfahrung *primär* Ganzheiten, Eindrücke und Situationen, aus denen wir erst in sekundärer Analyse Einzelnes isolieren können.[133] Auch die explizite Synthese etwa von Einzelbuchstaben beim Lesen- oder Schreibenlernen setzt also die Wort- oder Sinnganzheiten immer schon voraus.

Dabei können die Koppelungen unterschiedlicher, etwa sensorischer, motorischer, sensomotorischer oder sensorisch-affektiver Art sein. Dazu einige Beispiele:

- Die Verknüpfung von Reiz und *vegetativer Reaktion* bei der klassischen Konditionierung lässt sich auch als eine *Bedeutungskoppelung* auffassen: Wenn in Pawlows bekanntem Experiment ein für den Hund zuvor neutraler Glockenton durch wiederholte Koppelung mit der Nahrungsaufnahme in einen Appetitreiz transformiert wird, so hat diese Koppelung dem Reiz eine neue Bedeutung verliehen, nämlich die von »Nahrung« (v. Uexküll u. Wesiack 1996). Prinzipiell ähnliche Koppelungen von Reiz und *Affekt* entstehen etwa bei Angst- oder Ekelkonditionierungen oder beim operanten Konditionieren.
- Beim Wiedererkennen eines Gesichts oder beim Verstehen eines Gesichtsausdrucks richten wir uns durch die einzelnen anatomischen Merkmale hindurch auf das charakteristische Aussehen, den Ausdruck oder die Physiognomie, ohne dass wir die Details des Gesichts ganz explizieren und in Worten beschreiben könnten. Der Körper des anderen wird damit *transparent* für seine Erscheinung, er wird zu *seinem Leib.*
- Beim Sprechen richten wir uns durch die einzelnen Kehlkopf-, Zungen-, Mundbewegungen und durch die einzelnen gesprochenen Silben auf den

---

[133] Vgl. dazu die Analysen der Situation und der Mannigfaltigkeit bei Schmitz 2005, 17–61.

Inhalt des Gesprochenen. Hier werden also motorische Vollzüge transparent für intentionale Gehalte. Misslingt dies, so gerät man ins Stottern, d.h. das intendierte Ganze zerfällt in Fragmente. Beim Erlernen einer Fremdsprache kann schon die Aussprache der Silben Mühe bereiten und bewusste Aufmerksamkeit erfordern, solange bis die Zunge sie schließlich »von selbst« spricht. Weitere Beispiele sensomotorischer Koppelungen wie das Klavierspielen oder das Lesen der Blindenschrift haben wir schon betrachtet.

Bezogen auf unseren Körper bedeutet die implizite Koppelung, dass »Proximales« dabei zum Medium für »Distales« wird (Leder 1990, 113). Wenn wir einen Nagel mit dem Hammer in die Wand schlagen wollen, richten wir uns nicht auf die Muskel- oder Handbewegungen, sondern auf das Handlungsziel. Der Körper wird als Medium aller Funktionen selbst transparent, er verbirgt sich in seinem impliziten Fungieren. Zwar kann ich meine Aufmerksamkeit auch wieder zurück auf den Körper wenden (etwa wenn ich mit dem Hammer den Daumen treffe). Doch je ›proximaler‹ die vermittelnden Organe, desto mehr entziehen sie sich der rückwärts gerichteten Aufmerksamkeit. Die tastende Fläche der Hand oder ihre Muskeln kann ich noch selbst empfinden, das sehende Auge kann schmerzen, der Blick kann trübe werden. Doch die Nerven meiner tastenden Hand kann ich mir nicht mehr bewusst machen – noch viel weniger das Gehirn, das Organ, welches, im Zentrum aller Vermittlungen gelegen, sich völlig im Dunkel »hinter dem Bewusstsein« verbirgt.

Nach diesen Überlegungen sind wir nun soweit, folgende grundlegende Thesen über die höheren (in erster Linie kortikalen) Funktionen des Gehirns zu formulieren:

(1) **»Prinzip der offenen Schleifen«:** Das zentrale Prinzip der höheren Hirnfunktionen besteht darin, dass sie durch neuronale Koppelungen die »*offenen Schleifen*« herausbilden, die in ihrer Aktualisierung zur Kohärenz von Organismus und Umwelt *führen*. Damit wird der Körper mit seinen Funktionen zum *transparenten Medium des verkörperten Subjekts*.

(2) **Musterbildung:** Das genannte Prinzip wird dadurch realisiert, dass wiederkehrende Konfigurationen von Einzelreizen oder -elementen, mit denen der Organismus in Beziehung tritt, sich in komplexen *Mustern neuronaler Erregungsbereitschaften oder -dispositionen* niederschlagen.

(3) **Resonanz:** Entsprechen diese bereitliegenden Muster nun einer aktuellen Konstellation der Umwelt, so werden sie aktiviert, und es kommt zu den übergreifenden Systemzuständen oder *Resonanzen* von Gehirn, Organis-

mus und Umwelt, die sich in den Wahrnehmungs- und Bewegungsgestalten unseres Erlebens und Handelns manifestieren. Mit anderen Worten: *Die offenen Schleifen werden durch die interaktive Koppelung von Organismus und Umwelt geschlossen.*
(4) **Transformation:** Die zentrale Funktion des Gehirns besteht also darin, *Konstellationen von Einzelelementen in Muster, also Ganzheiten zu transformieren* und so dem Lebewesen integrale Wahrnehmungen und Bewegungen in seiner Umwelt zu ermöglichen.
(5) **Transparenz:** Die neuronalen Musterbildungen liegen den impliziten Koppelungen zugrunde, durch die wir Konfigurationen von Einzelelementen als Gestalten, bzw. »Proximales« als »Distales« wahrnehmen. Die Transformation auf neuronaler Ebene ermöglicht also phänomenale *Transparenz:* Der Leib wird zum transparenten Medium des verkörperten Subjekts.

Der Veranschaulichung dieser Thesen dient zunächst das folgende Wahrnehmungsbeispiel (▶ Abb. 16):

Abb. 16: Gestaltbildung und Musterresonanz

Nach einigen Augenblicken erkennen wir in der Ansammlung von irregulären schwarzen Flecken einen Dalmatiner – das heißt, wir sehen die Flecken nicht mehr einzeln oder verstreut, sondern *als* die bestimmte Konfiguration des Dalmatiners. Wie ist diese Wahrnehmungsleistung näher zu erklären? Dazu bedarf es folgender Komponenten:

Teil B Gehirn – Leib – Person

- Motiviert durch das *Interesse,* im Bild eine Gestalt zu erkennen, richten wir unsere *Aufmerksamkeit* darauf, tasten es mit dem Blick ab und probieren verschiedene Möglichkeiten aus.
- Im Zuge dessen werden verschiedene *Vorgestalten* oder Bildschemata (*image schemas,* Lakoff u. Johnson 1999) aufgerufen, die zu der schwarz-weißen Konfiguration passen könnten. Auf neuronaler Ebene findet dabei im visuellen Kortex des Gehirns ein fortlaufender Abgleich des Bildes mit bereitliegenden neuronalen Aktivierungsmustern statt, bis schließlich aus dem »Rauschen« von Signalen ein passendes Muster extrahiert und aktiviert wird.
- Dieses somit »eingerastete« Muster geht auf frühere, ähnliche Wahrnehmungen und die mit ihnen verknüpfte Kategorisierung von Dalmatinern zurück. Dabei hatte sich eine neuronale »offene Schleife«, nämlich die allgemeine Vorgestalt oder das Bildschema eines Dalmatiners gebildet, in die das aktuelle Objekt nun einrücken kann (▶ Abb. 12). Die dynamische Systemtheorie bezeichnet das Muster auch als einen »Attraktor«, also einen bevorzugten Schwingungszustand auf dem niedrigsten Energieniveau, auf den sich ein chaotisches System wie das ZNS einpendelt (Haken 1993, Kelso 1995, Cosmelli et al. 2007).
- Im Moment der Wahrnehmung entsteht somit eine *Resonanz* des neuronalen Musters oder Attraktors mit der aktuellen Musterkonstellation des Bildes und damit eine neue *Kohärenz* des sensomotorischen Systems mit der Umwelt.
- Durch die übergreifende Musterresonanz werden die Einzelreize des Bildes – im Sinne einer zirkulären Kausalität von Teilen und Ganzem – in eine integrale Gestalt *transformiert.*
- Die bewusste Wahrnehmung des Dalmatiners – und damit das Erfassen des Bildsinns – entsteht im Moment dieser Kohärenzbildung oder Musterresonanz. Ontologisch gesehen ist das Wahrnehmungserleben allerdings nicht mit der Kohärenz einfach gleichzusetzen, denn wir betrachten hier immer die zwei *komplementären,* nicht identischen Seiten des Doppelaspekts.

Untersuchen wir diese für das Verständnis des Gehirns zentralen Zusammenhänge noch etwas ausführlicher, zunächst die **Aufmerksamkeit.** – Wie wir bereits sahen, bedeutet Wahrnehmung nicht die passive Aufnahme von Reizen (▶ Kap. 4.2.1). Lebewesen suchen vielmehr aktiv nach Merkmalen oder Objekten der Umgebung, die für ihre Zwecke relevant sind. Entsprechend ihrer momentanen Motivation nehmen sie Objekte oder Ereignisse in der Umwelt vorweg, deren allgemeine Kategorien als Vorgestalten ihre Aufmerksamkeit leiten. Emotionen wie Begehren, Interesse, Neugier oder auch Angst, Argwohn, etc. motivieren diese Antizipation. Ohne Hirnareale wie Amygdala und anteriores Cingulum, die für Aufmerksamkeit und Interesse erforderlich sind, würde die Verarbeitung ankomender Signale im visuellen Kortex allein noch nicht in bewusster Wahrnehmung resultieren (Mack & Rock 1998, Faw 2003). Dafür müssen eintreffende Reize und die aktive Zuwendung des Organismus zusammenwirken.

Generell ist die Aufmerksamkeit eine Funktion der Triebe und Motive eines Organismus, die der Aufrechterhaltung seiner Homöostase dienen (▶ Kap. 4.1.2). Wie wir sahen, richtet die Aktivität des Kortex die basalen affektiven Energien, die aus Hirnstamm und Mittelhirn entspringen, auf spezifische Objekte in der Umgebung (▶ Abb. 9). Dies ist jedoch nicht nur mit selektiver Aufmerksamkeit und motivierter Suche verknüpft, sondern auch mit einer Aktivierung und Projektion *endogen erzeugter Bildschemata* in das Wahrnehmungsfeld. Wenn wir nach einem Objekt Ausschau halten, bilden wir bereits eine Vorgestalt oder eine Protention dieses Objekts (ebenso natürlich beim Hören oder Tasten). Dieses antizpierte und projizierte Bild erleichtert es, den Gegenstand zu entdecken, wenn er sich präsentiert (Posner u. Rothbart 1998, Ellis u. Newton 2008, 117 ff.).

> Eine persönliche Beobachtung kann dies illustrieren: Sucht man im Wald nach Steinpilzen, so benötigt man ein spezifisches Suchbild oder Bildschema der Pilze, die für das ungeübte Auge im Unterholz nur schwer erkennbar sind. Nach längerer Suche kommt es oft vor, dass das Suchbild ständig in der Imagination auftaucht, auch wenn man den Wald längst verlassen hat. Die intensive Antizipation kann mitunter auch zu Illusionen führen, etwa wenn man ein glänzendes Blatt für einen Pilz hält, oder wenn man einen Bekannten zu treffen erwartet und irrtümlich seinen eigenen Namen aus der Ferne gerufen hört.

Es ist anzunehmen, dass im Gehirn eine ständige endogene Produktion von Vorgestalten und Bildern stattfindet, entsprechend einer unbewussten Aktivität von Fantasiesystemen (Aurell 1989, Brown 2001), die sich unter dem Einfluss triebgerichteter Bedürfnisse und Wünsche auch unbemerkt auf die Umwelt richten. Was einem dort auffällt, ist oft durch solche unbewussten Vorwegnahmen motiviert. Träume können als ungehemmte Produktion solcher affektiv aufgeladenen Bilder angesehen werden, die aus der sensomotorischen Rückkoppelung mit der Umwelt freigesetzt sind. Treten solche Bildschemata hingegen in Resonanz mit afferenten Reizmustern, dann resultiert daraus die bewusste Wahrnehmung von Objekten wie die des Dalmatiners.

Gehen wir nun über zur **neuronalen Musterbildung.** – Wie bereits deutlich geworden ist, besteht eine der Hauptfunktionen des Kortex darin, relevante Reizmuster in der Umgebung zu entdecken. Dies geschieht durch Aktivierung bereitstehender Neuronennetze, die zu diesen Mustern passen (Singer 2001, 2009), und die ihrerseits im Zuge früherer Erfahrungen gebildet wurden: Werden dem Gehirn ähnliche Reizkonstellationen wiederholt angeboten, so ist es in der Lage, aus ihnen die regelmäßig korrelierten Merkmale oder Prototypen zu extrahieren – ähnlich wie dies inzwischen bei den computerbasierten neuronalen Netzen der Künstlichen Intelligenz der Fall ist. Dies geschieht nach der Hebbschen Regel (▶ Kap. 4.2.3) in Form von verstärkter Koppelung zwischen den Neuronen, die auf die korrelierten Merkmale reagieren. Auf diese Weise werden dem Kortex potenzielle neuronale Erregungsmuster eingeprägt, die den Vorgestalten der Wahrnehmung zugrunde liegen. Der neuronalen Koppelung entspricht auf phänomenaler Ebene die *implizite Koppelung* von Einzelreizen zu Gestaltmustern, die ich bereits beschrieben habe. Die Gestaltbildung wird unterstützt durch sprachlich-begriffliche Kategorien (»Dalmatiner«), wobei allerdings die Gestalten bzw. allgemeinen Kategorien den Elementen oder Einzelexemplaren immer vorausgehen.[134]

Der nächste und entscheidende Schritt ist die Entstehung von **Resonanz.** – Werden dem Organismus neue Umweltobjekte bzw. Reizkonfigurationen präsentiert, so schwingt sich das neuronale System auf die dazu am besten passenden Muster ein, und eine Kohärenz von Gehirnzuständen und Umwelt resultiert.

> Als zentrales Funktionsprinzip des Gehirns liegt dem die *Parallelverarbeitung* zugrunde (Kandel u. Kupfermann 1996), die kurz erläutert werden soll. Nehmen wir an, ich begrüße einen Freund, ich sehe, höre und berühre ihn. Dabei werden Rezeptorengruppen der verschiedenen Sinnesmodalitäten aktiviert, die die Signale bereits vorverarbeitet an die zuständigen Hirnregionen weiterleiten, wo sie noch weiter nach bestimmten Kategorien (z.B. Farben, Konturen, Kontrasten, Intensitätsverläufen, etc.) analysiert werden. Die Resultate dieser hochgradig distribuierten Detailverarbeitung in verschiedenen Subsystemen werden durch deren Interaktion auf höheren Verarbeitungsebenen wieder integriert. Auf welche Weise allerdings diese Integration erfolgt, stellt das noch ungelöste »Bindungsproblem« dar: Wie kommt es schließlich zur ein-

---

134 Auch in der frühkindlichen Entwicklung werden Kategorisierungen *absteigend* erlernt, d.h. durch zunehmende Differenzierung von Grundkategorien. Das Kind erlernt also erst die Unterscheidung zwischen beweglichen und unbeweglichen Objekten, dann die von »lebendig vs. nicht lebendig«, »Mensch vs. Tier«, »Hund vs. Katze« und schließlich »Dalmatiner vs. Schäferhund«.

heitlichen Wahrnehmung des Freundes, den ich begrüße?[135] – Die plausibelste Erklärung besteht derzeit in *synchronen Oszillationen* räumlich weit verteilter Neuronenverbände: Sie beginnen in Phase zu schwingen und treten so in *Resonanz* zueinander ebenso wie zu den Reizkonfigurationen der Umwelt (Varela 1996, Thompson & Varela 2001; Singer 2002, 156 ff.; Uhlhaas et al. 2009).

So wichtig diese Erkenntnisse sind, es könnte sich dennoch herausstellen, dass das »Bindungsproblem« als Frage nach der Verknüpfung von Subsystemen verkehrt herum gestellt ist: Aus einer holistischen Sicht ist die Frage nämlich gar nicht, wie Wahrnehmung aus Teilfunktionen zusammengesetzt wird, sondern wie sich umgekehrt ein ursprünglich einheitlicher Bewusstseinsprozess in zunehmend differenzierte Funktionen aufgliedert und damit auch die Wahrnehmung sich immer reicher entfalten lässt. So hat etwa die Säuglingsforschung gezeigt, dass die intermodale Sinneswahrnehmung (der *sensus communis*) am Anfang der Entwicklung steht, und sich die verschiedenen Modalitäten erst in der Folge differenzieren bzw. voneinander ablösen (vgl. Stern 1998, 79 f., sowie Fuchs 2000a, 169 f.). Nicht Synthese, sondern *Differenzierung* kennzeichnet demnach die Entwicklung der grundlegenden Bewusstseinstätigkeiten.

Im Beispiel des Dalmatiners bedeutet die Resonanz nun Folgendes: Im visuellen Kortex erfolgt ein *Abgleich* zwischen den vom visuellen System gemeldeten Einzelreizen (Flecken) und auf höherer Ebene gespeicherten visuellen Mustern (Hunde, Dalmatiner, etc.). Dieser Abgleich geschieht in Form eines mehrfachen Durchlaufens von ›*Aufwärts*‹- und ›*Abwärts*‹-Verarbeitungen (Mechelli et al. 2004, Beck & Kastner 2009), also in einer *vertikal-zirkulären Beziehung* von Analyse und Synthese, was bei einem mehrdeutigen Muster einige Zeit in Anspruch nimmt. Die schließliche Stabilisierung des Dalmatiner-Musters oder Attraktors kommt nach gegenwärtigem Kenntnisstand durch die genannten synchronen Oszillationen in den primären und assoziativen visuellen Kortexarealen zustande.[136] Darüber hinaus zeigen neuere

---

135 Natürlich ist dies letztlich nichts anderes als Aristoteles' Problem des *sensus communis*, der die verschiedenen Sinnesmodalitäten integrieren soll.
136 Dies betrifft vor allem die Gamma-(30–80 Hz)- und Beta-(15–30 Hz)-Frequenzbänder (Rodriguez et al. 1999, Singer 1999, Uhlhaas & Singer 2006, Uhlhaas et al. 2009). In den Studien werden Versuchspersonen meist aufrechte oder umgekehrte »Mooney-Figuren« gezeigt, d. h. schwarz-weiße, schematisierte Gesichter, die aufrecht leicht erkennbar sind, in umgekehrter Stellung aber als sinnlose Muster erscheinen. Die neuronale Synchronie im Gamma-Bereich lässt sich genau dann feststellen, wenn die Personen die Gesichter erkennen. In einer anderen Studie verglichen Melloni et al. (2007) die EEG-Antworten auf die Verarbeitung sichtbarer und unsichtbarer (d. h. nur subliminal präsentierter) Wörter. Beide Bedingungen führten zu einer Erhöhung der Gamma-Oszillationen, doch nur die *wahrgenommenen* Wörter induzierten eine weiträumige Synchronisierung dieser Oszillationen. Auch Singer beschreibt diesen Zusammenhang: »Werden die gezeigten Wörter nicht bewusst wahrgenommen, ist die

Forschungen, dass diese Synchronisierung besonders von einem weiteren »Abwärts«-Einfluss abhängig ist, nämlich von *bewusster Aufmerksamkeit*:

> »Die Aufmerksamkeit auf einen bestimmten Reiz oder eine bestimmte Modalität zu fokussieren erhöht die Synchronie der Reaktionen in den neuronalen Netzwerken, die den beachteten Reiz verarbeiten« (Singer 2009, 193; eig. Übers.).

Dies spricht für eine besondere Rolle der Intentionalität und damit von vertikaler Kausalität für die intermodale Bindung und Gestaltbildung. Varela (1996) schlug bereits vor, dass jeder kognitive Akt der Bildung eines raumzeitlichen Musters synchroner neuronaler Aktivität entspreche. Dies wird offenbar durch *interne Resonanz* realisiert:

> »So könnte ein resonantes Netzwerk vorübergehend die verschiedenen Neuronen verbinden, die an der Analyse von Gestalt, Farbe und Bewegung eines visuellen Objekts beteiligt sind, und dieses temporäre Netzwerk würde ein neuronales Substrat für die [...] Wahrnehmung eines visuellen Objekts darstellen« (Cosmelli et al. 2007, 737; eig. Übers.).

Dabei ist die interne Resonanz im Gehirn eingebettet in *externe Resonanz*, nämlich zwischen äußeren Reizmustern der Umwelt und neuronalen Erregungsmustern. *Diese übergeordnete Resonanz geht nun mit der bewussten Wahrnehmung des Dalmatiners einher* – ohne dass wir freilich diesen ontologischen Zusammenhang auf rein physiologischer Ebene weiter erklären könnten.

Das Resultat entspricht einer **Transformation** der Einzelelemente in ganzheitliche Wahrnehmungsgestalten, also dem Gestaltschluss. Dazu muss es zu einer hinreichenden Übereinstimmung, eben einer Resonanz von zentralen Gestaltmustern und Reizmustern der Umwelt kommen. Die zirkuläre Interaktion von ›abwärts‹ und ›aufwärts‹ gerichteten Prozessen spiegelt die Erkenntnissen der Gestaltpsychologie des letzten Jahrhunderts wider: Gestalten werden als Vorgestalten vom Organismus an das Sinnesmaterial herangetragen, nicht aus den Einzelelementen erst aufgebaut. Die Gestaltbildung erfolgt dabei nach holistischen Kategorien wie Kontur, Nähe, Ähnlichkeit, Geschlossenheit und Bewegungsgleichheit der Elemente. Wahrnehmungen stellen somit immer auch kreative *Gestaltungen* dar. Sie beruhen auf einem Selbstorganisationsprozess bzw. auf vertikaler zirkulärer Kausalität des sensorischen Systems, nicht auf einer passiven internen Abbildung oder Repräsentation.

Synchronisation zwischen den oszillatorischen Aktivitäten der [...] beteiligten Hirnareale nur gering ausgeprägt. Wenn die Versuchspersonen die gezeigten Wörter jedoch bewusst wahrnehmen, sind die Schwingungen in den beteiligten Hirnrindenregionen hochsynchron« (Singer u. Ricard 2008, 59).

Fassen wir zusammen: Der Organismus muss sich zuerst aktiv einem Objekt zuwenden, um es bewusst wahrzunehmen. Nur die motivierte Aufmerksamkeit erzeugt die efferenten, ›abwärts‹ gerichteten Prozesse, insbesondere die Aktivierung und Vorstellung möglicher Objekte, die den Abgleich endogener und exogener Quellen der Wahrnehmung ermöglicht. Auch bei einem plötzlichen Auftauchen neuer Reize muss sich das Aufmerksamkeitssystem erst auf ihre Entdeckung und Erkennung richten. Dieses (Wieder-)Erkennen beruht auf gespeicherten Vorgestalten oder Bildschemata von Objektkategorien.

Die Wahrnehmung geschieht dann in einer zirkulären Interaktion zwischen afferenten und efferenten Prozessen: Eintreffende Reizmuster, fortlaufend selektiert durch aktives »Hinsehen«, »Hinhören«, »Ertasten« etc., werden zunächst durch *bottom-up* und *top-down* gerichtete Verarbeitungsprozesse im Gehirn analysiert. Unter dem Einfluss von aktivierten Vorgestalten werden sie dann zu höherstufigen Ganzheiten integriert, nämlich zu synchronisierten Mustern neuronaler Erregung, die mit der Umwelt in Resonanz stehen, und die den bewussten Wahrnehmungsgestalten zugrunde liegen.[137] Der Grad der Resonanz entspricht der Klarheit und Lebendigkeit des wahrgenommenen Objekts und macht deutlich, dass es sich nunmehr um eine Wahrnehmung handelt und nicht mehr um ein endogen erzeugtes Vorstellungsbild (Ellis & Newton 2010, 129).

Wir haben nun die verschiedenen Komponenten und die übergeordnete Integration beschrieben, die der Wahrnehmung zugrunde liegen. Ergänzen wir diese Analyse noch durch einen kurzen Blick auf die **Motorik.**

Allen Handlungen gehen implizite leibliche Protentionen voraus, die vorwegnehmen, »wie es sich anfühlen wird«, die Bewegung auszuführen; Jeannerod (1995, 1997) hat von »motorischen Vorstellungsbildern« *(motor imagery)* gesprochen. Dies ist nicht nur verknüpft mit der Vorbereitung motorischer Aktion im prämotorischen Kortex, im Kleinhirn und den Basalganglien, sondern auch mit einer unterschwelligen Aktivierung der betreffenden Muskulatur, sogar mit einer vorbereitenden Erhöhung der Herz- und Atmungsfrequenz (Jeannerod & Decety 1995). Motorische Vorstellungen

---

137 Wir finden hier in gewissem Sinn eine Parallele zur Transformation, die der Organismus im Metabolismus leistet: Die Nahrung muss erst in Bestandteile zerlegt werden, bevor sie neu synthetisiert und in den lebendigen Stoff des Organismus umgewandelt werden kann. Indem der Organismus dem Material seine eigene Form aufprägt, eignet er sich die Welt an. Analog ist auch eine eigene Syntheseleistung des Organismus erforderlich, damit Wahrnehmung möglich wird.

ermöglichen auf diese Weise auch ein mentales (freilich dennoch verkörpertes) Proben und Trainieren motorischer Fertigkeiten, wie es Sportler häufig durchführen. Während der Handlungsvorstellung werden die efferenten motorischen Signale auf der Ebene des supplementär-motorischen Areals allerdings noch gehemmt (Jeannerod 1997). Um die vorgestellte Handlung zu realisieren, muss diese Hemmung aufgehoben und die Bewegung freigegeben werden, was mit dem subjektiven Gefühl der *Urheberschaft (agency)* verbunden ist. Die resultierende Handlung entspricht dann einer Resonanzschleife zwischen den beteiligten neuronalen Netzwerken und den peripheren Bewegungen, also einer ständigen sensomotorischen Rückkoppelung.

Auch die Bewegungsgestalten oder »kinetischen Melodien« (Sheets-Johnstone 2011) beruhen auf erlernten Mustern, nämlich Koppelungen von Bewegungen durch wiederholte Praxis. Auf der neuronalen Ebene werden sie durch kortikale Verknüpfung von neuromuskulären Einheiten und anschließende Speicherung dieser motorischen Sequenzen in den Basalganglien realisiert (Graybiel 1998, 2005). Es können aber auch motorische und sprachliche Zentren miteinander gekoppelt werden, wie dies etwa beim Schreibenlernen der Fall ist. Im Resultat genügt dann die Intention, das Wort »Apfel« zu schreiben, um die mit dem Wort korrelierten Aktivitätsmuster im Sprachzentrum mit den entsprechenden Mustern im prämotorischen Kortex zu verknüpfen, der die Bewegung aktiviert. Der Bewegungsaufbau erfordert also wiederum eine Resonanz oder synchronisierte Schwingung weit verteilter neuronaler Subsysteme, die sich im EEG als *Bereitschaftspotenzial* über dem supplementär-motorischen Kortex widerspiegelt (Kornhuber u. Deeke 1965, Libet 1985, Aoki 2001).

Fassen wir diese gesamte Konzeption noch einmal zusammen: Wahrnehmung und Bewegung beruhen jeweils auf einer endogenen Aktivität, die (a) die motivierende Energie und (b) die Bild- und Bewegungsschemata bereitstellt, welche die gelingende Koppelung von Organismus und Umwelt vorzeichnen. Diese endogene Eigenaktivität des neuronalen Systems tritt in Resonanz mit den Mustern der aktuellen Situation, und es kommt zur dynamischen Koppelung von Gehirn, Körper und Umwelt. Wahrnehmung und Bewegung realisieren sich gleichermaßen in Prozessen der Resonanz und der Transformation, die in vertikaler Kausalität Elementarereignisse in höhere Ordnungsmuster integrieren.

Natürlich lassen sich beide Systeme nicht getrennt voneinander begreifen. Wie wir gesehen haben, impliziert die Wahrnehmung eines Objekts immer schon die Vorstellung, wie es wäre, mit diesem Objekt umzugehen. Dies schließt Hirnareale ein, die eine motorische Aktivität vorbereiten und so zugleich dazu beitragen, die Valenzen und Angebote der Objekte zu erfassen (ein Ball dient zum Fangen oder zum Werfen, ein Hund zum Spielen oder zum Füttern, etc.; ▶ Kap. 2.3.1). Ein Objekt zu erkennen heißt zugleich, seine »Umgangswerte« und Handlungsoptionen zu erkennen. Freilich stellt man sich die meisten dieser Optionen nicht explizit vor. Dennoch gehen alle Handlungsvorstellungen, z.B. »... sedimentiert aus zahllosen früheren Erfahrungen mit ähnlichen Bällen, [...] in unser gegenwärtiges Verständnis davon ein, was ein Ball ist« (Ellis u. Newton 2010, 29; eig. Übers.). Wahrnehmung ist gewissermaßen gesättigt von möglicher Bewegung. Umgekehrt lässt sich keine Bewegung begreifen ohne die fortlaufende kinästhetische Rückmeldung, ihre »kinästhetische Melodie«.

Blicken wir abschließend noch einmal auf die lokalisatorische und die holistische Theorie der Gehirnfunktion zurück (▶ Kap. 2.2.2), so können wir nun sagen, dass sie jeweils einen Aspekt der Prozesse von Wahrnehmung und Bewegung erfassen: Lokale und integrale Aktivitäten bedingen einander in zirkulärer Kausalität. Einerseits erfolgt die Signalverarbeitung analytisch, spezialisiert und lokalisiert; andererseits werden die Teilprozesse durch die hochgradige Vernetzung und die oszillatorische Synchronie der Subzentren integriert. Dazu muss aber letztlich die gesamte neuronale und sensomotorische Aktivität als *ein* integraler Prozess begriffen werden, der Gehirn, Körper und Umwelt umfasst.

Es besteht heute Übereinstimmung darüber, dass sich im Gehirn kein cartesianisches »Zentrum« dieser Integration finden lässt, kein Areal, dem alle anderen Areale letztlich »zuarbeiten«, und in dem die Teilprozesse zu einem »Bild« oder gar zum »Bewusstsein« zusammengesetzt würden. Vielmehr reorganisiert sich das gesamte System fortwährend selbst gemäß den Mustern, mit denen es in Kontakt kommt, bis seine »Eigenschwingungen« in Resonanz mit den Umweltmustern treten. Die erfolgreiche Synchronisierung entspricht dann dem Erfüllungserlebnis etwa beim Wiedererkennen des Dalmatiners. Ebenso ist für die Motorik kein zentrales »Bewegungsprogramm« erforderlich, sondern die Bewegung erfolgt in fortlaufender Anpassung der neuronalen Muster an die Umweltanforderungen.

Bereits im vorangehenden Abschnitt habe ich als Leitprinzip der neuronalen Lernprozesse die **optimale Kohärenz** von neuronaler Struktur und Umwelt hervorgehoben (▶ Kap. 4.2.3). Sie gilt ebenso für jede aktuelle sensomotorische Leistung. Die Resonanz zwischen Hirnaktivitätsmustern und komplementären Umweltsituationen tendiert immer zur *Geschlossenheit* (oder in systemtheoretischer Terminologie, zu einem Attraktor auf dem niedrigsten Energieniveau) – nur so ermöglichen die vermittelnden Prozesse

Transparenz. Daraus ergeben sich alltägliche Gestaltschluss-Phänomene wie die Unterdrückung des Blinden Flecks im Wahrnehmungsfeld oder die Vervollständigung von fragmentierten Gestalten, etwa von Worten mit fehlenden Buchstaben.

Eindrucksvolle Beispiele von Kohärenzbildung sind nicht zuletzt die klinischen *Neglect*-Phänomene: Dabei bemerken Patienten mit einer Läsion des Parietallappens den halbseitigen Ausfall ihrer visuellen Wahrnehmung nicht und zeichnen z. B. nur noch die rechte Seite von Gänseblümchen, im Glauben, sie vollständig wiedergegeben zu haben. Bei der *Anosognosie* fehlt solchen Patienten auch das Bewusstsein für die Lähmung einer ganzen Körperhälfte, oder sie betrachten ihr gelähmtes Bein unkorrigierbar als einen fremden Gegenstand, den sie aus dem Bett zu werfen versuchen (Ramachandran 1995, Appelros et al. 2007). Die Realitätswahrnehmung wird in diesen Fällen also nicht »halbiert«, sondern selbst um den Preis äußerster Verzerrung als ganze aufrechterhalten. Auch die Wahnphänomene in der Schizophrenie lassen sich als defiziente Ersatzformen der Kohärenzbildung bei Störungen der basalen Wahrnehmungsprozesse auffassen (Fuchs 2020b). Dass für all diese pathologischen Gestaltschluss-Phänomene das Bewusstsein der Betroffenen fehlt, ist mit dem Konzept der Gehirn-Umwelt-Kohärenz gut erklärbar. Wenn das bewusste Erleben das *Integral* der durch Resonanz aktuell verknüpften Funktionsschleifen von Gehirn, Organismus und Umwelt darstellt, so wird beim Ausfall einzelner Schleifen die Kohärenz zwar auf reduzierter Basis, aber doch noch immer in integraler Form hergestellt. Mit anderen Worten: Sie wird um den Preis einer Einbuße aufrechterhalten, von der dann – eben um der Kohärenz willen – kein Bewusstsein mehr bestehen kann.

4.2.5   Information, Repräsentation und Resonanz

Der folgende Abschnitt dient einigen begrifflichen und theoretischen Klärungen, die sich aus der bisherigen Darstellung ergeben. – Betrachten wir als Ausgangspunkt noch einmal die gängige kognitionswissenschaftliche Theorie der Wahrnehmung: Distale Ereignisse führen zu proximalen Reizen, die in den Sinnesorganen als *Informationen* in Form von Aktionspotenzialen kodiert, über die Nerven zum Gehirn weitergeleitet und dort verarbeitet werden. Die Resultate der Verarbeitung werden als *Repräsentationen* der Außenwelt dem Bewusstsein zugänglich. Wir haben in der Wahrnehmung also nur Zugang zu den Repräsentaten, nicht zur Wirklichkeit. – Zwei zentrale Begriffe dieser Theorie führen jedoch zu Kategorienfehlern, nämlich »Information« und

»Repräsentation«. Ich werde dies im Folgenden darlegen und ihnen als Alternativen die Begriffe des »Musters« und der »Resonanz« gegenüberstellen.

4.2.5.1 Information

> »Der menschliche Verstand hat eine starke und, wie es scheint, unwiderstehliche Neigung, menschliche Funktionen in den Kategorien der sie ersetzenden Artefakte, und Artefakte in den Kategorien der von ihnen versehenen menschlichen Funktionen zu deuten. [...] Die Benutzung einer bewusst doppelsinnigen und metaphorischen Terminologie erleichtert diese Hin- und Her-Übertragung zwischen dem Artefakt und seinem Schöpfer« (Jonas 1973, 166).

Die Computermetapher des Geistes als eines Programms aus Informationen und Algorithmen ist immer noch der Dreh- und Angelpunkt der gegenwärtigen Kognitionswissenschaften. Die Übertragung des technischen Informationsbegriffs auf neuronale Prozesse ist ihr zentrales Manöver. Doch ist diese Übertragung zulässig? – Näher besehen bleibt der Begriff ohne *Subjekte* der Information sinnlos.[138] Blicken wir in einen Computer oder in ein Gehirn, so finden wir darin nirgendwo »Informationen« – wir sehen nur Materielles: Spannungsverhältnisse im Computer, biochemische Prozesse im Gehirn. Informieren bedeutet »jemand von etwas in Kenntnis setzen«, ist also primär eine Bezeichnung für einen Typus menschlicher Kommunikation, in der sich die Partner gemeinsam auf bestimmte Inhalte richten, die sie miteinander austauschen.

Als Ergebnis eines Informationsprozesses ist jemand über etwas »informiert«, was nicht heißt, dass er oder sein Gehirn irgendwelche »Informationen gespeichert« hätte, sondern dass er das Vermögen erworben hat, ein bestimmtes Wissen zu reproduzieren. Die Information kann durch gesprochene Worte übermittelt werden, aber auch durch andere Symbole oder Signale, wenn die Kommunikation nämlich über Medien wie Zeitungen, Telefone oder Fernsehen erfolgt. Auch dann bleibt sie aber gebunden an einen Empfänger, der die Nachricht *versteht*, d. h. die Zeichen *als* Zeichen auffasst.

Die Enkodierung und Übertragung auf ein Trägermedium erzeugt also keine Informationen, die dem Träger als solchem zukämen, sondern nur *potenzielle* Informationen, die erst durch das Verständnis einer Person *reali-*

---

138 Bekanntlich bezeichnet der Begriff der Information in der Kommunikationstechnik (Shannon-Weaver-Modell) nur die statistische Verteilung einer Abfolge elektronischer Impulse, ausgedrückt in einem binären Code und gemessen in »Bits«. Alle semantischen, bedeutungs- oder kontextbezogenen Aspekte sind dabei explizit ausgeschlossen.

siert werden. »Information ist nur, was verstanden wird« (v. Weizsäcker 1974, 351). Auch ein »Rechner« enthält keine »Informationen«, ja er »rechnet« überhaupt nur aus der Sicht des Benutzers – für sich betrachtet wandelt der Apparat nur elektronische Muster in andere um.[139] Von einem »informationsverarbeitenden System« kann man also immer nur aus der Perspektive eines Menschen sprechen, der das System als solches interpretiert. Erst recht problematisch wird daher die Übertragung des Informationsbegriffs auf Naturgegenstände wie etwa Gene oder Neuronenaktivitäten, die ja nicht zu menschlichen Zwecken erzeugt und programmiert wurden.[140]

Im 3. Kapitel wurde dargestellt, wie Lebewesen aufgrund ihrer vitalen Bedürfnisse ihrer Umgebung durch geeignete Organe des Merkens und Wirkens *Bedeutsamkeit* verleihen (▶ Kap. 3). Man kann insofern in einem gewissen Sinne davon sprechen, dass auch Tiere durch ihre Wahrnehmung nicht sprachliche »Informationen« über ihre Umwelt erhalten. Doch von einem »Informationsfluss« in ihren physiologischen, also sensorischen und neuronalen Systemen zu sprechen deutet einen Kausalzusammenhang in einen semantischen Zusammenhang um – ein Kategorienfehler, den Searle mit dem Argument des Chinesischen Zimmers aufgewiesen hatte (▶ Kap. 2.1.2.2).

Natürlich können Kausalprozesse mit intentionalen Beziehungen korreliert sein, sogar ihr notwendiges Substrat darstellen. Doch die intentionale Beziehung zu Wahrnehmungsgegenständen lässt sich nicht auf physikalische Prozesse reduzieren, da diese für sich genommen keine Informationen im eigentlichen Sinn enthalten. Kein Ingenieur hat in die Erregungen des Nervus opticus Informationen enkodiert, und kein Homunkulus sitzt im Gehirn, um

---

139 »Die Übergänge von einem elektrischen Zustand zum anderen, die im Computer stattfinden, sind Symbolmanipulationen nur relativ dazu, dass ein Programmierer oder Benutzer sie entsprechend interpretiert« (Searle 1997, 33). Rechnen ist daher eine menschliche Tätigkeit, kein physikalischer Prozess. Nur Personen wenden *aktiv* mathematische Regeln an, Computerprozesse hingegen sind allenfalls Regeln *unterworfen.*

140 Die Rede von »Erbinformationen« oder »Informationsverarbeitungen im Gehirn« ist so allgegenwärtig, dass es nahezu vergeblich anmutet, sie noch in Frage zu stellen. Dennoch sollte man sich zumindest in wissenschaftstheoretischen Zusammenhängen klar machen, dass es sich hier nur um Metaphern handelt. Die Preisgabe der (Inter-) Subjektivität von Informationen würde nämlich in der Konsequenz zu einer völligen Beliebigkeit des Begriffs führen: Warum sollte nicht auch ein Sauerstoffmolekül »Informationen« enthalten, die anderen Molekülen übermittelt werden, sodass sie sich je nach ihrer »Informationsverarbeitung« mit ihm assoziieren oder aber ihrer Wege ziehen? Wenn alle Ordnungsstrukturen und Ordnungsübergänge in der Natur »In-

diese Erregungen zu dekodieren. Es gibt im Gehirn auch nicht wie beim Telefon ein Ende der elektronischen Kausalkette, an dem alles ankommt und die bewusste Erfahrung einsetzt. Ebenso wenig ist das Gehirn in der Lage, Information zu »dekodieren«, um daraus »Schlüsse« auf externe Objekte zu ziehen.

Die Weiterleitung von sensorischen Reizereignissen im neuronalen System bleibt ein physikalischer Prozess, der zwar durchaus bestimmte Muster aufweist, der jedoch nirgends in »Information« oder »Bedeutung« umschlägt. Die Suche nach einem »neuronalen Code« (Roth 1999, Singer 2001) muss vergeblich bleiben, denn in der Natur gibt es weder genetische noch neuronale »Kodierungen«. Selbst wenn ein Neurowissenschaftler die kausale Korrelation von Umweltereignissen und neuronalen Aktivitätsmustern detailliert erkennen und diese damit »dekodieren« könnte, wäre es doch nur er selbst, der diese Muster überhaupt als Codes auffasst.

Das sensorische System verarbeitet also keine Informationen. Es reagiert nur als Übermittler auf Reizmuster und wandelt sie in Nervenerregungen um. Die zentrale Integration dieser Erregungen, d.h. ihre Resonanz mit bereitliegenden neuronalen Aktivitätsmustern und ihre Verknüpfung mit Zustrom aus Substraten der Motorik, Erinnerung, Bewertung usw. bringt dann einen komplexen Ordnungszustand des Gehirns hervor, der seinerseits mit der bewussten Wahrnehmung korreliert ist. Erst dieser bewusste Zustand enthält unter anderem Bedeutungen oder »Informationen« über das Wahrgenommene, z.B. ob es grün oder rot, leicht oder schwer, schnell oder langsam ist. Auch neurophysiologische Zustände sind also keine »bedeutungshaltigen« oder gar selbst »erlebten« Zustände – sie können nur in Verbindung mit der Vorgeschichte des Organismus und mit dem aktuellen Umweltkontext zu *Trägern* solcher Zustände werden. Diese ökologischen und zugleich subjektgebundenen Voraussetzungen von Bedeutungen hat McCulloch (2003, 11), anknüpfend an Putnam (1979, 222), in einem Syllogismus treffend zum Ausdruck gebracht:

(1) *Bedeutungen sind nicht im Kopf* – um Bedeutungen zu erfassen, müssen wir die Umwelt des Individuums miteinbeziehen;
(2) *Bedeutungen sind im Geist* – es kann sie nur für bewusste Wesen geben;

---

formationen« darstellen, ohne dass es eines Forschers bedarf, der sie als solche auffasst, dann ist auch eine Schneeflocke aus Informationen aufgebaut. – Vgl. zur Kritik des Informationsbegriffs in den Biowissenschaften besonders Janich 2006, 87 ff., 112 ff.

(3) *Der Geist ist nicht im Kopf* – folglich muss eine adäquate Charakterisierung des Bewusstseins eines Individuums seine Umwelt mitenthalten.

Daraus folgt, dass ein bestimmter Gehirnzustand nicht hinreichend ist, um einen entsprechenden mentalen Zustand zu bestimmen, wie die Theorie der Supervenienz behauptet (Davidson 1980, Kim 1993); denn er kann sich auf verschiedene Kontexte beziehen, und diese Relation macht die Bedeutungserteilung durch den Organismus erst vollständig. Alva Noë (2009, 3) hat dafür ein schönes Beispiel gegeben: Man stelle sich eine Gruppe von Wissenschaftlern vor, die einen Dollarschein mit aller verfügbaren Technologie untersuchen, einschließlich einer Analyse seiner subatomaren Struktur. Doch nirgendwo wird bei dieser Untersuchung so etwas wie der *Wert* des Scheins auftauchen – er ergibt sich erst aus dem Kontext des erweiterten Systems symbolischer Beziehungen, das durch intersubjektive Verständigung entsteht. Ebenso wenig haben Hirnzustände eine intrinsische Bedeutung – nur als Komponenten eines menschlichen Lebensvollzugs tragen sie zu bedeutungsvollen Erfahrungen bei. Diese ökologische Dimension des Bewusstseins als Tätigkeit eines Lebewesens in seiner Umwelt wird jedoch auch durch den zweiten Zentralbegriff der Kognitionswissenschaften verfehlt, den der Repräsentation.

4.2.5.2 Repräsentation

Sicher würden die meisten Neurowissenschaftler fragen, warum die neuronalen Aktivitätsmuster, die wir zuvor beschrieben haben, nicht einfach als eine »Repräsentation« des Dalmatiners bezeichnet werden können. – Nun, dieser Begriff wurde bereits wiederholt kritisiert (▶ Kap. 2.1.2.2, ▶ Kap. 4.1.3); ich wiederhole die wichtigsten Ergebnisse:

Die Repräsentationsbeziehung – etwas *steht für* etwas anderes – erfordert ein Subjekt, das diese Beziehung herstellt und für das sie existiert. Wir können bestimmte Farbkonfigurationen in einem Rahmen an der Wand *als* Bilder sehen, oder Vertiefungen im Schnee *als* Spuren erkennen, d.h. wir können Anwesendes als Verweis auf Abwesendes nehmen. Die Farbmuster als solche repräsentieren jedoch gar nichts, und die Vertiefungen im Schnee sind Vertiefungen, nichts weiter. *Wir selbst* müssen die Abbildungs- oder Verweisungsrelation herstellen. Doch diese Relation ist eine besondere, bestimmten Wahrnehmungen hinzugefügte geistige Leistung, die nicht auf die Wahrnehmung generell übertragen werden kann. Wir sehen *Bäume*, nicht Bilder von Bäumen. In der Wahrnehmung wird nichts repräsentiert, vielmehr werden Aspekte der Umwelt *präsentiert* (vgl. auch Searle 1987, 69).

Von neuronalen Repräsentationen zu sprechen, führt daher in Homunkulus-Fehlschlüsse: Wer im Gehirn sollte die Erregungsmuster denn als Muster eines Hundes erkennen? – Man könnte argumentieren, die neuronalen Muster seien ja nicht nur kausal verknüpft mit früherem Input (wie die Spuren im Schnee), sondern auch funktional mit angemessenem Verhalten (z. B. den Hund erkennen und nach ihm rufen). Sie könnten dann Repräsentationen genannt werden, weil sie für das lebendige System eine Funktion erfüllen. Doch die Wahrnehmung des Hundes wird nur durch den geschlossenen Interaktionskreis von neuronalen Aktivierungen, Augenbewegungen und Objekt realisiert. Keine Komponente innerhalb dieses fortlaufenden Kreises könnte eine andere repräsentieren in dem Sinn, dass sie auch in deren Abwesenheit »für sie steht«. Der Begriff der Repräsentation suggeriert, dass die Gehirnaktivitäten im Prinzip auch von dem Kreis abtrennbar wären, so als ob sie intern rekonstruieren würden, was sich außen befindet. Doch in einem ständigen sensomotorischen Kreisprozess gibt es kein »Innen« und »Außen« mehr.

Der Repräsentationsbegriff impliziert eine Spiegelung und damit Verdoppelung der Wirklichkeit, die letztlich dem Homunkulus-Fehlschluss nicht entkommt: Irgendein inneres Subjekt muss diese inneren »Bilder« schließlich auch betrachten. Dies führt dann zu absurden Formulierungen folgender Art: »Wenn jemand seine mentalen Zustände erlebt, nimmt er in Wirklichkeit eigene Gehirnzustände wahr, ja eigentlich nimmt das Gehirn eigene Zustände wahr« (Tetens 1994, 124). Doch kein Mensch hat je seine Gehirnzustände gesehen, und kein Gehirn hat je etwas wahrgenommen. Wir sehen weder innere Abbilder, noch nehmen wir, ohne es zu wissen, unsere eigenen neurophysiologischen Zustände wahr. Solche Fehlschlüsse werden freilich durch den Repräsentationsbegriff allzu nahegelegt.

> Die Aporie wird nicht geringer, wenn man wie Northoff (2004a, 116; eig. Übers.) umgekehrt von einer »Unfähigkeit des Gehirns« spricht, »seine eigenen Hirnzustände als Hirnzustände direkt zu wahrzunehmen und zu erkennen.« Diese Unfähigkeit soll dafür verantwortlich sein, dass wir »keinen direkten epistemischen Zugang zur Ersten-Gehirn-Perspektive« (l.c., 117) haben, sondern nur zu der phänomenalen Ersten-Person-Perspektive, die das Gehirn erlebt. Diesem vermeintlichen und scheinbar erstaunlichen Unvermögen des Gehirns verleiht Northoff sogar einen eigenen Titel, nämlich den der »autoepistemischen Limitation«, und erklärt nun die »epistemische Illusion des Geistes« (l.c., 304) aus dem Bemühen des Gehirns, sich einen Reim auf den Ursprung seiner mentalen Zustände zu machen: »Unser Gehirn leidet an einer Erkenntnislücke, weil es unfähig bleibt, sich selbst direkt als Gehirn wahrzunehmen [...] Als Folge davon kann unser Gehirn nicht anders als das Konzept des Geistes zu ›setzen‹« (Northoff 2004b, 484; eig. Übers.).

Teil B Gehirn – Leib – Person

Damit wird das Gehirn also sein eigener, jedoch leider mit Blindheit geschlagener Homunkulus. Diesem bedauernswerten Hirn kann geholfen werden: Freilich kann und muss es schon aus rein logischen Gründen gar nichts wahrnehmen, denn Wahrnehmen ist ein bewusster Vorgang, und um neuronale oder welche Zustände auch immer zu erkennen, dazu bedarf es schon eines bewussten Wesens – ein Gehirn reicht dazu nun einmal nicht aus. Kurzum: Gehirne können *a limine* von sich nichts wissen; sie müssen dieses Unvermögen also weder vor sich noch vor anderen verbergen.

Der erkenntnistheoretischen Aporie entspricht eine kaum minder schwerwiegende Aporie auf neurobiologischer Ebene: Ein Zentrum, in dem diese interne Wahrnehmung stattfinden sollte, wenn es sie denn gäbe, ist im Gehirn nicht zu finden. Angesichts dieser Misslichkeiten hat sich inzwischen eine klügere Variante des Repräsentationalismus entwickelt, die den Homunkulus-Fehlschluss umgehen zu können glaubt. Sie bedient sich dazu eines Begriffs, der auch in der hier vertretenen phänomenologischen Konzeption eine wichtige Rolle spielt, nämlich der »Transparenz« – freilich in einem ganz anderen Sinn.

> »Nach dieser gegenwärtigen Repräsentationstheorie sind die internen Repräsentationen, die die visuelle Wahrnehmung vermitteln, nicht die unmittelbaren Objekte der Wahrnehmung, sondern ihr Objekt ist die distale Welt. Interne Repräsentationen ermöglichen es, dass sich der Wahrnehmungszustand auf die Welt richtet – sie *re*-präsentieren in gewisser Weise die Welt für den Wahrnehmenden. So wird oft gesagt, dass wir nicht unsere Repräsentationen sehen, sondern sozusagen ›durch sie hindurch‹ die distale Welt sehen« (Thompson 1995, 221; eig. Übs.).

Diese Variante des Repräsentationalismus ist vor allem in der »Selbstmodell-Theorie« Metzingers (1999) bekannt geworden, dessen Begriff einer von Subjektivität abgekoppelten Repräsentation bereits kritisiert wurde (▶ Kap. 2.1.2.2); hier geht es mir um seinen Begriff von Transparenz. – Zunächst ist eine Repräsentation für Metzinger grundsätzlich »... ein Vorgang, durch den manche Biosysteme innere Beschreibungen von Teilbereichen der Wirklichkeit erzeugen« (Metzinger 1999, 47). Solche »Beschreibungen« können als »mentale Repräsentate« zum Gegenstand des Bewusstseins werden. Die Möglichkeit einer direkten Wahrnehmung physiologischer Vorgänge lehnt Metzinger freilich ab:

> »Selbstverständlich ist es nicht der neuronale Prozess *selbst*, der mental ist oder zum Inhalt von Bewusstsein werden kann: Es sind die spezifischen, durch diesen Prozess erzeugten inneren Aktivierungszustände bzw. Datenstrukturen« (ebd., 51).

Bewusst seien wir uns also nur des »*mentalen Modells*, welches durch diesen Prozess generiert wird« (ebd.). Es bleibt freilich die Frage, ob damit viel gewonnen ist, dass ich statt neuronaler Prozesse nun meiner neuronalen

»Datenstrukturen« bewusst sein soll, wenn ich z. B. einen Baum wahrnehme. Jedenfalls entziehen sich aber, so Metzinger, die neuronalen Prozesse, die der Wahrnehmung zugrunde liegen, dem introspektiven Zugang. Dass sich mir der Baum vermeintlich unmittelbar präsentiert, resultiert nur aus der Unfähigkeit meines Bewusstseins, die viel zu rasch ablaufenden neuronalen Prozesse zu erfassen, die sich hinter meinen Wahrnehmungserlebnissen verbergen:

> »(Mentale Repräsentate) sind uns fast nie *als solche* introspektiv gegeben [...] Das bedeutet: Sie werden so zuverlässig und schnell aktiviert, dass wir [...] normalerweise *durch sie hindurchschauen*« (63).

Metzinger räumt dabei zwar ein, dass diese Metapher wiederum einen Homunkulus ins Leben ruft, bezeichnet aber gleichwohl diese Eigenschaft der Repräsentate als »semantische Transparenz«. Sie ist gleichbedeutend mit der Nicht-Wahrnehmbarkeit des Wahrnehmungsapparates bzw. des Gehirns. Diese Transparenz führt nun zu dem »naiven Realismus« der Alltagswelt, in der wir wirkliche Bäume zu sehen glauben, während es sich tatsächlich nur um Konstrukte oder eine Art von Halluzinationen handelt: »Nicht das Bewusstsein richtet sich auf die Welt, sondern komplexe physikalische Ereignisse determinieren mentale Modelle« (129). Die Transparenz der Repräsentate oder die »Gegebenheitsillusion« (249) gilt dabei in erster Linie für Wahrnehmungen, weniger für andere Erlebnisweisen, die sich leichter als eigene Konstrukte erkennen lassen:

> »Es ist wesentlich schwieriger, das Buch, das Sie gerade in Ihren Händen halten, als intern generierten Zustand zu erkennen, als die beim Lesen entstehenden Gedanken und Gefühle« (64).

Doch auch ein Buch, das man in den Händen hält, ist alles andere als ein »intern generierter Zustand« – es ist ein wirkliches Buch, das ich auch einem anderen zeigen kann, sodass er es mir aus der Hand nehmen und die Passage, auf die ich ihn aufmerksam mache, selbst noch einmal nachlesen kann. *Es ist ein und dasselbe, reale Buch, das von meinen Händen in seine wechselt.* Wäre es nur ein intern generierter Zustand, so handelte es sich tatsächlich um eine Halluzination. Und wenn das Buch für jeden von uns nur in unserem jeweiligen Gehirn existierte, könnten wir uns niemals gemeinsam auf es richten, als Objekt einer miteinander geteilten Wirklichkeit. Das wäre freilich das Ende jedes wissenschaftlichen Versuchs, das Gehirn und seine Prozesse zu erforschen.

»Intern generiert« kann also nicht das Buch sein, das ich in den Händen halte, sondern wenn überhaupt, nur mein *gesamtes Erleben,* einschließlich meiner selbst, meiner Wahrnehmung des Buches und *aller anderen Menschen.* Und das ist in der Tat die Konsequenz, die Metzinger letztlich zieht: Selbst das Subjekt eines Gehirns-im-Tank könnte genau dieselbe Erfahrung des liebenden Blicks eines anderen Menschen haben wie eine reale Person:

> »Die Selbstmodell-Theorie behauptet, dass selbst für eine bewusst erfahrene Intersubjektivität diesen Typs zuträfe, dass ein geeignet stimuliertes Gehirn-im-Tank denselben phänomenalen Inhalt aktivieren könnte« (Metzinger 2003, 602; eig. Übers.).

In der Konsequenz bliebe der andere selbst für mich immer unerreichbar, denn was ich sehe, wenn ich ihn sehe, was ich berühre, wenn ich ihm die Hand gebe – all das wären nur von meinem Gehirn erzeugte mentale Bilder. Letztlich führt die Selbstmodell-Theorie damit in einen *Neuro-Solipsismus.* Wir sind noch schlimmer dran als Platons Höhlenmenschen, die zumindest ihr gemeinsames Gefängnis hatten – jeder von Metzingers Höhlenmenschen aber ist in seinen eigenen Tunnel eingeschlossen. Es nimmt nicht wunder, dass in Metzingers umfassender Darstellung seiner Subjektivitätstheorie der andere bzw. die Intersubjektivität so gut wie nicht auftaucht. Denn der andere ist mir gerade nicht nur als mentales Objekt gegeben, sondern als ein Selbstsein jenseits seines *Erscheinens-für-mich.* Den anderen als ihn selbst wahrzunehmen muss alle vermeintliche Virtualität der Wahrnehmung aufheben.

Metzingers Transparenzbegriff soll dazu dienen, den angeblich illusionären oder virtuellen Charakter der Wahrnehmung zu erklären: Unser Eindruck, das reale Buch zu sehen, liege in der Transparenz der neuronalen Modelle begründet, die ihre computationale Herkunft verbergen. Doch dies läuft bereits dem Wortsinn von Transparenz zuwider: Transparent, »durchsichtig« kann etwas nur sein, wenn es etwas Reales sehen lässt – sonst wäre es ein Spiegel oder ein Film. Metzingers Subjekt sieht zwar durch die Repräsentate hindurch, doch sieht es dabei nur Schein, oder vielmehr *ins Nichts*, denn die eigentliche Realität liegt immer in seinem Rücken, in den datenproduzierenden Prozessen des Gehirns.[141]

Der hier vertretene *phänomenologische Transparenzbegriff* ist offenbar von gänzlich anderer Art. Danach macht uns das transparente Medium gerade die Realität selbst zugänglich – als vermittelte Unmittelbarkeit. Durch das Sehen einzelner Flecken hindurch sehe ich den Dalmatiner. Durch einzelne Fingerbewegungen realisiere ich das Klavierstück. Und wenn der Körper eines anderen Menschen *auf ihn selbst hin* transparent wird, sodass er in seinem Körper erscheint und sich ausdrückt, dann liegt darin keine Illusion – im Gegenteil: Betrachte ich seinen Körper nur noch in objektivierender Perspektive, so geht mir das Entscheidende verloren. Der Arzt kann mit dem

Augenspiegel zwar die körperlichen Strukturen des Auges erkennen, doch nicht mehr den Blick des anderen.

Damit impliziert der phänomenologische Transparenzbegriff auch einen möglichen Wechsel der Einstellung bzw. der Aufmerksamkeit. Ich kann mich auf die distalen Objekte richten, aber auch zurück auf meine proximalen Körperzustände. Ich kann die impliziten Strukturen meiner Erfahrung *explizieren,* etwa indem ich auf die einzelnen Buchstaben in einem Text achte statt auf den Sinn der Worte. Doch die Explikation kann sich nur auf die wahrgenommene Umwelt oder die Peripherie meines Leibes erstrecken, nicht mehr auf sein Zentrum: Ich kann nicht hinter meine Wahrnehmungen selbst zurücktreten. Die Erregung des Nervus Opticus oder die Neuronenaktivierungen im visuellen Kortex bleiben mir unerreichbar verborgen. Die neuronalen Prozesse stellen nicht etwa die latente Struktur meiner Erfahrung dar, die mir vorläufig noch unzugänglich ist; sie liegen als ihre Ermöglichungsbedingung *überhaupt jenseits von ihr.* Der Begriff der Transparenz ist daher nur sinnvoll in Bezug auf ein Subjekt der Wahrnehmung oder Bewegung, *das in dem transparenten Medium selbst lebt und sich in ihm realisiert* – dieses Medium ist seine eigene Leiblichkeit. Neuronale Zustände hingegen sind für niemanden »transparent« – sie sind nur der Perspektive der 3. Person zugänglich und daher unaufhebbar *opak.* Der Begriff der Transparenz kann den neurokognitiven Repräsentationsbegriff nicht retten.

4.2.5.3 Muster und Resonanz

Gleichwohl bleibt festzuhalten, dass die oben (▶ Kap. 4.2.4) dargestellte Transformation von Einzelreizen in integrale neuronale Aktivitätsmuster offenbar zu einer wie immer gearteten »Passung« oder »Entsprechung« von Gehirnzuständen und Umweltkontexten führt. Das wird erkennbar am »Einrasten« vorgeprägter neuronaler Aktivitätsmuster, an den Schließungsphänomenen der Gestaltwahrnehmung und am Erfüllungserlebnis des Wiedererkennens. Will man dieses Entsprechungsverhältnis von Gehirn und Umwelt mit einem Begriff bezeichnen, der die Fallstricke des Repräsentationsbegriffs umgeht, so bietet sich an seiner Stelle das Konzept der *Resonanz von Mustern* an.

---

141 Daher der treffende Titel der englischen Ausgabe von Metzingers Hauptwerk: »Being No-one« (Metzinger 2003). Auch das Selbstmodell bzw. Subjekt ist nur ein internes Repräsentat des neuronalen Gesamtsystems, durch das wir »hindurchsehen« und dabei unmittelbar wir selbst zu sein glauben; und doch sehen wir dabei – niemanden.

Geht man vom rhythmischen Erregungsverhalten des Gehirns aus, eröffnet sich so ein gänzlich neuer Ansatz zum Verständnis seiner Funktion. Er beruht auf der Annahme eines ständigen Abgleichs zwischen den im Gehirn spontan generierten, noch unspezifischen Eigenschwingungen des neuronalen Systems und den sinnesvermittelten Mustern der Umwelt. Dabei schwingt sich das neuronale System schließlich auf das jeweils aktuelle Musterangebot der Umgebung ein. Wenn die zerebralen Erregungen dabei so synchronisiert und verstärkt werden, dass das Gehirn mit der aktuellen Umwelt in hinreichende Resonanz tritt, manifestiert sich dies im bewussten Wahrnehmen und Handeln in der Welt.

Wiederkehrende Konfigurationen von äußeren und inneren Reizen, so haben wir festgestellt, schlagen sich in Mustern neuronaler Erregungsbereitschaften nieder, die von geeigneten Umweltsituationen reaktiviert werden. »Bekanntheit« entspricht also dem Maß, in dem solche Muster auf zu ihnen isomorphe Reizkonstellationen ansprechen. Diese koordinierte Schwingung von Neuronenverbänden oder Attraktoren bei der Wahrnehmung regt wiederum andere, assoziierte Systeme zur Mitschwingung an, was schließlich in die Aktivierung motorischer Zentren münden kann, also etwa in eine Greif- oder Fluchtbewegung. Dabei ist das Resonanzverhältnis zwischen Gehirn und Umwelt nicht nur als isomorph zu betrachten; auch *komplementäre* Resonanzverhältnisse können – insbesondere für die Motorik – relevant werden, etwa wenn dynamische Attraktoren des neuronalen Systems eine Instabilität im Organismus-Umwelt-Verhältnis ausgleichen, die durch eine zielgerichtete, noch nicht abgeschlossene Bewegung entstanden ist (▶ Kap. 4.2.1)

Vermittelt durch den Körper treten Gehirn und Umwelt also in stets wechselnde *Resonanz* zueinander; sie sind durch isomorphe und komplementäre Schwingungsmuster miteinander verbunden. Die Legitimation für den Resonanzbegriff liegt zum einen in seinem Bezug zu den synchronen Oszillationen neuronaler Netzwerke, die auch eine mögliche Lösung des Bindungsproblems darstellen. Kohärente Wahrnehmungs- und Bewegungsgestalten setzen hochsynchrone oder resonante Schwingungen der beteiligten Netzwerke voraus. Zum anderen ist der Begriff der Resonanz geeignet, aus den Aporien des Repräsentationskonzepts herauszuführen, das immer in eine Spiegelung und damit Verdoppelung der Wirklichkeit mündet, daher auch dem Homunkulus-Fehlschluss nicht entgehen kann. Der Begriff der Repräsentation, der »inneren Bilder«, ist aus der visuellen Sphäre abgeleitet, die am meisten von allen Sinnesmodalitäten ein *Gegenüber* von Wahrnehmendem und Wahrgenommenen herstellt. Er beruht auf einer Theorie, der zufolge Wahrnehmung uns nicht mit der Welt in Verbindung bringt, sondern nur mit aus Sinnesdaten gewonnenen internen Konstrukten. Angewandt auf neuronale Prozesse werden »Repräsentate« zu vermeintlich diskreten, lokalisierbaren und damit verdinglichten Gebilden.

Dagegen entstammt der Resonanzbegriff der Akustik und Schwingungsmechanik; er bezieht sich auf Körper und Systeme, die durch ihre Eigenschwingungen aufeinander abgestimmt und *aktuell miteinander verbunden* sind. Der Resonanzbegriff enthält ein dynamisches ebenso wie ein rhythmisches Moment, stellt also auch eine *zeitlich* übergreifende Beziehung zwischen den beteiligten Systemen her. Anders als Repräsentandum und Repräsentat, Vorbild und Abbild, lassen sich »Resonandum« und »Resonans« daher nicht voneinander trennen. Während Repräsentate leicht isoliert als Träger von Bewusstsein angesehen oder gar mit ihm identifiziert werden können, lässt der Resonanzbegriff keine solche Aufteilung zu: Nur *in ihrer Synchronisierung,* als verbundene Systeme können Gehirn, Organismus und Umwelt zu Trägern von Bewusstsein werden.

Insofern also das Gehirn nach der ökologischen Konzeption in all seinen Funktionen untrennbar, dynamisch und flexibel mit dem Organismus und der Umwelt verbunden ist, trifft der Begriff der Resonanz diese Beziehung ungleich besser als der Repräsentationsbegriff. Das Gehirn lässt sich somit als ein *Resonanzorgan* begreifen, dessen rhythmische Oszillationen durch interne ebenso wie externe Synchronisierungen eine dynamische Kohärenz zwischen Organismus und Umwelt herstellen. *Bewusstes Erleben wäre somit als die Manifestation eines resonanten, »musikalischen« Verhältnisses zur Welt aufzufassen, das sich in höheren Lebewesen mit einem zentralen Nervensystem entwickelt.*[142]

Das Resonanzprinzip lässt sich schließlich auch erkenntnistheoretisch formulieren. Dreyfus und Taylor (2016) haben kürzlich in einer grundlegenden Kritik des Repräsentationalismus auf die Alternative der aristotelischen Wahrnehmungstheorie als einer »Kontakttheorie« verwiesen: Wahrnehmung ist danach nicht durch Vorstellungen im Geist vermittelt, sondern sie ist eine Beziehung zur Wirklichkeit selbst. Denn die richtige Erkenntnis und Wahrnehmung wird, so Aristoteles in *De Anima,* in gewissem Sinn *eins mit ihrem Gegenstand:* »Das Wissen ist also irgendwie identisch mit dem, was man wissen kann, die Wahrnehmung aber mit dem, was man wahrnehmen kann« (*De Anima* 431 b 22; Aristoteles 2011, 163). Freilich wird sie nicht identisch mit dem *materiellen* Gegenstand; »denn nicht der Stein ist in der Seele, sondern seine Form *(eidos)*« (432 a 1).

Eidos bedeutet also die Form, die den Gegenstand prägt, aber auch die »Gestalt« oder das »Muster« (im Sinne des »Vorbilds«), und diese Form kann auch der Geist aufnehmen. Denn der *nous* ist für Aristotles die »Form der Formen« (431 b 31), die allgemeinste Potenzialität, das heißt, er kann der Möglichkeit nach alle Formen empfangen. In der *Verwirklichung* der Form, also der aktuellen Erkenntnis oder Wahrnehmung, wird er dann eins mit dem Gegenstand.[143] Mit anderen Worten: Bei der Wahrnehmung eines Gegenstandes wird der *nous* durch denselben *eidos* geformt, der auch den Gegenstand prägt. »Wenn ich dieses Tier dort sehe und es als Schaf erkenne, sind Geist und Gegenstand eins, weil sie insofern zusammenkommen, als sie vom selben *eidos* geformt werden« (Dreyfus u. Taylor 2016, 40).

Das Prinzip der Form lässt sich nun als *Muster* im hier entwickelten Sinn verstehen. Dann wäre das Gehirn als eine *Matrix* zu begreifen, die wie der Geist »alle Formen aufnehmen«, d.h. sie als neuronale Muster oder Potenziale in seine Struktur übernehmen kann. In der aktuellen Wahrnehmung werden nun »Geist und Gegenstand eins«, weil sich im Gehirn das gleiche Muster, die gleiche Form bildet, wie sie auch im Gegenstand vorliegt. Das Prinzip der Musterresonanz lässt sich demnach bis zu einem gewissen Grad als eine Reformulierung der aristotelischen Wahrnehmungstheorie mithilfe eines organischen Substrats auffassen, von dem Aristoteles freilich noch keine hinreichende Kenntnis hatte. Er vermutete das Organ der einheitlichen Wahrnehmung, in dem alle Sinnesmodalitäten zum »sensus communis« (*koinē aisthēsis*) integriert werden, nicht im Gehirn, sondern im Herzen.[144]

4.2.6 Zusammenfassung: Vermittelte Unmittelbarkeit

Dieses Kapitel hat die Konzeption der zirkulären Kausalität des Lebendigen für die Interpretation der höheren Gehirnfunktionen fruchtbar gemacht. Das linear-kausale Modell von Reiz, Informationsverarbeitung, Repräsentation und Reaktion erwies sich als ungeeignet, um die übergreifende Einheit des Gehirn-Organismus-Umwelt-Systems zu erfassen. An seiner Stelle habe ich,

---

142 Das schließt die Möglichkeit ein, dass einmal entstandene Resonanzmuster im Gehirn durch interne Verarbeitung wiederum Resonanz erzeugen, also »Resonanzen von Resonanzen« bilden, die z.B. für die Entwicklung von Vorstellungen und reflexiven Bewusstseinsprozessen erforderlich sein könnten. Die Selbstreferenzialität des Gehirns, also die hochgradige »Selbstbeschäftigung« kortikaler Neuronennetze in Form von wiederholt durchlaufenen Rückkoppelungsschleifen dürfte eine Voraussetzung für selbstbezügliche Bewusstseinsformen darstellen (vgl. Edelman u. Tononi 2002, 156ff.).

143 »Das verwirklichte Wissen ist dasselbe wie der Gegenstand« (*to d'auto estin hē kat' energeian epistēmē toi pragmati*), De Anima Buch III, 430 a 20; Aristoteles 2011, 155).

abgeleitet vom Funktions- oder Gestaltkreis, ein Modell der »*offenen Schleifen*« entworfen, die der Organismus aufgrund seiner Struktur und seiner individuellen Vorerfahrungen gleichsam in seiner Umwelt auslegt.

Diese Schleifen können sich nun mit passenden Gegenstücken der Umwelt so zusammenschließen, dass eine jeweils neue *Kohärenz* innerhalb des Gesamtsystems entsteht: Damit werden die vom Organismus vorentworfenen Muster oder Vorgestalten aktualisiert. Eine zentrale Konsequenz aus dieser Konzeption ist, dass sich das bewusste Erleben nicht mehr nur einem Teilstück oder Teilprozess des Funktionskreises zuordnen lässt. Es stellt vielmehr das Integral der *gesamten* aktuellen, zu einem vollständigen Kreis geschlossenen Beziehungen zwischen Gehirn, Organismus und Umwelt dar. Wenn die visuelle Wahrnehmung auf einer Musterresonanz zwischen Objekt, Auge und Gehirn beruht, oder aristotelisch gesprochen, auf der Resonanz einer Form, die das Gehirn ebenso wie den Gegenstand prägt, dann bilden Objekt, Sensorium und Gehirn im Moment der Wahrnehmung ein übergreifendes, kohärentes System. Dann aber ist es auch in einem prägnanten Sinn wahr, dass *der von mir erblickte Baum Teil meiner bewussten Erfahrung wird, und dass sich umgekehrt mein Bewusstsein bis zum Baum erstreckt.* Weder der Baum noch eine Kopie von ihm muss ins Gehirn gelangen, denn im Sehen des Baums bin ich im Kontakt mit ihm selbst. Bewusstsein ist dann kein Innenzustand mehr, sondern eine übergreifende Beziehung, eine *Koexistenz mit den Dingen und mit der Welt.*

Der Gedanke eines ausgedehnten Bewusstseins ist sicherlich nicht unmittelbar plausibel. Betrachten wir daher drei mögliche Einwände:

- Searle macht sich über die Vorstellung eines solchen Bewusstseins mit dem Argument lustig, Subjektivität würde dann im Raum »herumschweben«, und wenn wir einen Tisch sehen, dann würden »die Tischmoleküle Bewusstsein realisieren«, was »keine ernsthafte Überlegung wert« sei (Searle 2015, 51; eig. Übers.). Doch es ist natürlich nicht der Tisch als materielle Struktur genommen, sondern als Objekt mit einer bestimmten Form und Aspektivität, das – vermittels des von ihm emittierten Lichts – zur Basis des Bewusstseins von ihm wird.
- Aus idealistischer Sicht könnte man einwenden, dass ich den Baum oder Tisch nur als »Objekt-für-mich« sehe, der von dem Baum selbst zu unterscheiden sei. Eine ähnliche Unterscheidung findet sich auch bei Hus-

---

144 So vor allem in *De iuventute et senectute* (Über Jugend und Alter) 469 a, *De somno et vigilia* (Über Schlafen und Wachen) 455a sowie in *De partibus Animalium* (Von den Teilen der Lebewesen) 670 a 23 ff.

serl: Mein Akt des Sehens *(Noesis)* richtet sich auf den intentionalen Gehalt meines Sehens *(Noema);* doch dieser Gehalt, also der Von-mir-gesehene-Baum, ist nicht der physikalische Baum in der Welt (Husserl 1950). Doch dies kommt einer repräsentationalistischen Verdoppelung der Wirklichkeit bereits sehr nahe. Natürlich ist mein Sehen-des-Baums verschieden vom Baum als solchem; und doch ist, was ich sehe, *der Baum selbst* und nicht ein »gesehener Baum« oder ein immanenter Gehalt meines Bewusstseins (vgl. zu diesem Fehlschluss Searle 2015, 24 ff.). Mit anderen Worten: Im Fall der Wahrnehmung fallen *Noema* und reales Objekt zusammen.

• Eine anderer (eher physikalistischer) Einwand gegen die Ausdehnung des Bewusstseins wäre, dass ich wohl kaum mit der aufgehenden Sonne verbunden sein könnte, die ich am Horizont sehe, das sie ja aufgrund der großen Distanz, die ihr Licht zurücklegen muss, bereits acht Minuten zuvor aufgegangen ist, und ebenso wenig mit den Sternen, die bereits verloschen sein können, wenn ihr Licht mich noch erreicht. Sicher, ich nehme die Sonne und die Sterne über die physikalische Zeit hinweg wahr, aber doch immer noch *so, wie sie sich mir zeigen*. Das Medium dieses Sich-Zeigens, also das ausgesandte Licht, ist eben Teil der Verbindung, auf der das Bewusstsein basiert, gleich wie viel Zeit seine Übertragung erfordert.

Die Argumente mögen an dieser Stelle genügen; das partizipative Verhältnis zur wahrgenommenen Welt ist freilich nicht nur eine Frage philosophischer Argumentation, sondern vor allem auch der Einübung einer veränderten *Wahrnehmungspraxis.*

Im weiteren Verlauf der Untersuchung haben wir die Bildung der offenen Schleifen und damit der spezifischen Vermögen des menschlichen Organismus auf die besondere Plastizität des Gehirns zurückgeführt. Sie ermöglicht im Verlauf der individuellen Entwicklung die Inkorporation von Erfahrungen und die Ausbildung hochdifferenzierter Fähigkeiten, und zwar vor allem durch *implizite Koppelungen,* die sich zwischen sensorischen und motorischen Modalitäten bilden. Ihnen liegen neuronale Verknüpfungen aus verschiedenen Hirnarealen zugrunde, insbesondere, aber nicht ausschließlich transkortikale Verbindungen. Dabei lassen sich grundsätzlich *motorisch-prozedurale* und *sensorische Habitualisierung* unterscheiden.[145] Damit werden nicht nur integrale Bewegungs- und Wahrnehmungsgestalten gebildet, sondern diese auch mit Bedeutungs- und Sinngehalten so gekoppelt, dass sie zu Trägern übergeordneter Intentionalität werden können, wie dies etwa am Beispiel des Sprechens, Schreibens oder Klavierspielens deutlich wurde.

4 Das Gehirn als Organ des Lebewesens

Diese Grundstruktur impliziter Koppelung kehrt nun in der *aktuellen Wahrnehmung* wieder, die wir am Beispiel des visuellen Gestaltschlusses untersucht haben. Durch Vorerfahrungen gebildete neuronale Muster treten dabei in *Resonanz* mit entsprechenden Mustern der Umwelt, und es kommt zu den übergreifenden Systemzuständen, die den erlebten Wahrnehmungen und Bewegungen zugrunde liegen. Das System strebt dabei immer eine optimale *Kohärenz* zwischen Organismus und Umwelt an, was sich nicht zuletzt in der Einheit des Bewusstseinserlebens selbst bei größeren Ausfällen von Teilleistungen manifestiert.

Die zentrale Funktion des Gehirns für das erlebende und handelnde Lebewesen besteht demzufolge darin, *Konfigurationen von Einzelelementen in resonante Muster zu transformieren,* die den integralen Lebensäußerungen zugrunde liegen. Das Gehirn wird damit zum Organ der Vermittlung zwischen der *mikroskopischen* Welt materiell-physiologischer Prozesse einerseits und der *makroskopischen* Welt von Lebewesen andererseits. Als allgemeine Matrix für Muster, für alle Formen empfänglich und von ihnen prägbar, und als Resonanzorgan für die je aktuellen Muster in der Umwelt, ermöglicht es dem Lebewesen den wahrnehmenden und handelnden Zugang zur Welt. Denn dieser Zugang ist nicht etwa direkt möglich, sondern bedarf vermittelnder Prozesse. Die Formen und Gestalten der Dinge lassen sich nicht einfach vom Stoff ablösen und als solche unmittelbar übertragen. Ihre Übermittlung an wahrnehmende Wesen bedarf eines materiellen Mediums, das die Muster der Dinge zu übertragen in der Lage ist. Die dazu geeigneten physikalischen Prozesse (etwa Licht-, Schallwellen, Tastreize etc.) werden in den Sinnesorganen und im Gehirn in die Eigenaktivität des Organismus transformiert, die aber damit nicht in interne Modelle übergeht, sondern in fortlaufender Resonanz mit den Mustern der Umgebung bleibt. Mit anderen Worten: *Formübertragung erfolgt durch Transformation und Musterresonanz.*

Das Resultat ist weder ein bloßes Konstrukt, noch ein Erfassen des »Dings an sich«, sondern die *vermittelte Unmittelbarkeit* der Beziehung von Subjekt und Welt, wie sie Plessner (1975) dargestellt hat. Danach ist der direkte Konnex zwischen Subjekt und Objekt notwendig nur als indirekter, vermittelter möglich (Plessner 1975, 48). »Ein Wirkliches kann *als* Wirkliches gar nicht anders mit dem Subjekt in Relation sein, es sei denn [...] als Erscheinung«, eben als »vermittelte Unmittelbarkeit« (329). Damit ist eine Form der Verknüpfung bezeichnet, »...in welcher das vermittelnde Zwischenglied

---

145 Die freilich ebenso bedeutsamen Koppelungen mit affektiven Bewertungsmustern sollen hier nur der Vereinfachung halber außer Betracht bleiben.

notwendig ist, um die Unmittelbarkeit der Verbindung herzustellen« (324); darin besteht die Grundstruktur des Lebendigen im Verhältnis zur Umwelt.

Freilich gilt für den Menschen, dass er im Unterschied zum Tier von der Indirektheit seiner Beziehung zur Welt weiß: Aufgrund seines Reflexionsvermögens ist ihm seine Beziehung auch »als mittelbare gegeben« (325). Dies muss dazu führen, »...dass der Mensch an der Unmittelbarkeit seines Wissens, an der Direktheit seines Realkontakts, wie sie für ihn mit absoluter Evidenz besteht, irre wird [...] Natürlich, so heißt es dann, meint das Subjekt, Wirklichkeit zu fassen und sie selber zu haben. Aber das ist nur für das Subjekt richtig. Faktisch bewegt es sich unter Bewusstseinsinhalten, Vorstellungen und Empfindungen« (329). In dieser Verunsicherung liegt die idealistische bzw. neurokonstruktivistische Erkenntnistheorie begründet: Wir gelangen vermeintlich nie zur Wirklichkeit, und alles was wir haben, sind Modelle und Repräsentate. »We never really advance a step beyond ourselves«, postulierte Hume.[146]

Demgegenüber ist der Begriff der vermittelten Unmittelbarkeit oder der Transparenz in der Lage, das reale In-der-Welt-Sein des leiblichen Subjekts wieder zu begründen. Doch es gibt noch eine weitere Möglichkeit. Denn gerade die Relativierung des bloßen Eindrucks, die der Mensch aufgrund seiner »exzentrischen Position« vornehmen kann und muss, ermöglicht auf der anderen Seite auch die *Objektivität* der menschlichen Wahrnehmung. Dadurch nämlich hält das menschliche Subjekt die von der Realität »...als Realität, die sich offenbaren soll, geforderte Distanz, den Spielraum, in welchem allein Wirklichkeit zur Erscheinung kommen kann« (Plessner 1975, 331).

Diese objektivierende Leistung der menschlichen Wahrnehmung verdankt sich jedoch nicht nur, wie von Plessner angenommen, einer individuellen Distanz, sondern vor allem einer *impliziten Intersubjektivitätt*. Die von mir wahrgenommenen Dinge sind grundsätzlich immer auch für andere wahrnehmbar. Durch die implizite Teilnehmerperspektive (»Wir«-Perspektive) erhält meine subjektive Wahrnehmung ihre prinzipielle, wenn auch widerlegbare Objektivität. Der Neurokonstruktivismus verkennt die Objektivierung, die der menschlichen Wahrnehmung als implizit intersubjektiver Wahrnehmung möglich ist: Das Buch, das ich sehe, ist immer schon das potenziell von anderen gesehene Buch; und wenn ich es einem anderen gebe, dann ist es zugleich das von ihm intendierte, gesehene und empfangene Buch. Damit können die vielfältigen Prozesse der Vermittlung und Gestaltung, die meiner Wahrnehmung zugrunde liegen, auch zur Grundlage einer

---

146 David Hume, A Treatise of Human Nature, Book I, Part II, Section VI.

gemeinsamen Wirklichkeit werden. Sie erzeugen keine bloßen Momenteindrücke oder Scheinbilder, sondern in ihnen erscheinen die Dinge selbst. An die Stelle eines »naiven Realismus« können wir also einen *lebensweltlichen Realismus* setzen (Fuchs 2020a).

Die Intersubjektivität der Wahrnehmung ist freilich nicht vorgegeben: Sie muss, wie wir noch näher sehen werden, in der frühen Kindheit erlernt und erworben werden. Die menschliche Wahrnehmung ist damit kein reiner Naturprozess, sondern sie ist eine durch die Möglichkeit gemeinsamer Aufmerksamkeit und gleichgerichteter Intentionalität *sozialisierte oder kultivierte Wahrnehmung.* Das gilt in gleicher Weise für alles menschliche Fühlen, Denken und Handeln. Diese kulturelle Ausbildung spezifisch menschlicher Vermögen kann das Gehirn nicht unverändert lassen, im Gegenteil: Es kann seine höheren Funktionen überhaupt nur als Organ eines Lebewesens ausbilden, das in Gemeinschaft mit anderen lebt. Dieser Beziehung von Gehirn, Organismus und sozialer Umwelt wollen wir uns nun zuwenden.

5 Das Gehirn als Organ der Person

Übersicht. – Kapitel 5 untersucht die sozial und kulturell geprägte Entwicklung des menschlichen Gehirns vor allem in der frühen Kindheit. Beginnend mit der Pränatalzeit und der frühen Intersubjektivität in der Mutter-Kind-Dyade, gilt die Aufmerksamkeit zunächst den interaktiven Formen des impliziten Gedächtnisses (▶ Kap. 5.1). Als neurobiologische Grundlagen dieser Entwicklung werden dann zum einen das Bindungssystem, zum anderen das neuronale Resonanzsystem (»Spiegelneurone«) ausführlich dargestellt und diskutiert (▶ Kap. 5.2).

Im Weiteren wendet sich die Untersuchung der sekundären Intersubjektivität zu, die sich am Ende des ersten Lebensjahres in der Entwicklung gemeinsamer Aufmerksamkeit manifestiert. Im Verständnis anderer als intentional handelnder Wesen liegt der Beginn der späteren Perspektivenübernahme und damit der »exzentrischen Position« des Menschen. Auf dieser Grundlage wird der Spracherwerb als eine Aneignung verkörperter interpersonaler Praxis untersucht und mit dem biologischen Resonanzsystem der Spiegelneurone in Verbindung gebracht. Nach einem Ausblick auf die weitere Entwicklung der Perspektivenübernahme, der Reflexion und damit der exzentrischen Position schließt das Kapitel mit einigen grundsätzlichen Überlegungen zum Zusammenhang von Gehirn und Kultur (▶ Kap. 5.3, ▶ Kap. 5.4).

Von den frühen Hominiden bis zur Entwicklung von Homo sapiens hat sich das Verhältnis von Gehirn- zu Körpergröße etwa verdreifacht. Die Volumenzunahme geht vor allem auf das enorme Wachstum des Neokortex zurück. Aus ökologischer Sicht ist anzunehmen, dass diese Entwicklung vor allem auf das intensive und komplexe Sozialleben der Primaten zurückzuführen ist bzw. dieses umgekehrt ermöglicht hat. Dafür spricht u. a. der empirisch ermittelte Zusammenhang zwischen dem Kortexvolumen und der mittleren sozialen Gruppengröße in den verschiedenen Primatengattungen: Je komplexer und differenzierter eine soziale Organisation, desto höher muss das Hirnleistungsvermögen der Individuen sein, um sich in ihr zurechtzufinden.

Nach Dunbar (1993) und Ploog (1997) liegt die mittlere Gruppengröße z. B. für den Gorilla bei 34 Individuen, für Schimpansen bei 65. Legt man den proportionalen Zusammenhang mit dem Kortexvolumen zugrunde, so ergäbe sich für den Menschen eine durchschnittliche Gruppengröße von rund 150 Individuen. Dies entspricht in der Tat dem ethnologisch weithin anzutreffenden Umfang von ursprünglichen Dorfgemeinschaften und Sippen. Dementsprechend erklärt die Hypothese des »sozialen Gehirns« (Dunbar & Schultz 2007, Adolphs 2009) die außergewöhnliche Entwicklung des menschlichen Gehirns mit den besonderen Erfordernissen von Kooperation und Kommunikation bei einer sozial orientierten, auf gemeinsame Jagd, Nachwuchspflege u. a. angewiesenen Spezies. Diese Interaktionen stellten ganz neue Anforderungen an die Koordination und Synchronisierung zwischen Mitgliedern größerer Gruppen, die durch zunehmend komplexe Hirnstrukturen für soziale Kognitionen und Emotionen ermöglicht wurden.

Die Regulation der sozialen Beziehungen beruht v. a. auf einem differenzierten Kommunikationsrepertoire, auf den Fähigkeiten zu differenziertem Affektaustausch und entsprechend genauer Mimikerkennung, zur Nachahmung und Kooperation, und schließlich beim Menschen zur sprachlichen Verständigung und wechselseitigen Perspektivenübernahme. Die dazu erforderliche Zunahme der Hirnleistungskapazität betrifft nun aber in erster Linie *erworbene Vermögen*. So weisen die menschlichen Großhirnhemisphären bei der Geburt erst ein Drittel der Erwachsenengröße auf (Trevarthen 2001). Daran wird bereits erkennbar, dass die enorme Steigerung des genetisch angelegten Hirnvolumens in erster Linie für die *nachgeburtliche* Ausreifung zur Verfügung steht. Da der Mensch eine »physiologische Frühgeburt« darstellt, wie Portmann (1969) gezeigt hat, verläuft seine biologische Entwicklung unter dem maßgeblichen Einfluss der soziokulturellen Umgebung, die damit auch zur maßgeblichen »ökologischen Nische« für die Ausformung des Gehirns wird.

> Zum Zeitpunkt der Geburt sind vor allem in phylogenetisch jüngeren Hirnregionen nur die wichtigsten Neuronenverbände und Verschaltungsmuster entwickelt. Im Kortex ist das Wachstum von Dendriten und Axonen und die Synapsenbildung noch in vollem Gange. In der jüngsten Hirnregion, dem präfrontalen Kortex, wird das Maximum der synaptischen Dichte nicht vor dem fünften Lebensjahr erreicht. Seine Struktur ist sogar erst um das 25. Lebensjahr vollständig entwickelt (Fuster 2001). Die organische Feinstruktur der höheren Gehirnareale spiegelt in erster Linie die Interaktionen mit der Umwelt wider, deren Muster in den aus anfänglichen Überschüssen selektierten neuronalen Netzwerken verankert werden. Dabei fallen genetisch angelegte Ausreifungsprozesse mit sozialen Ausformungsprozessen zusammen (Markowitsch u. Welzer 2005, 18).

Das menschliche Gehirn verfügt somit über eine einzigartige Potenzialität, die sich jedoch nicht von selbst realisiert. Die Entwicklung des verkörperten menschlichen Geistes bedarf nicht nur der Interaktion von Gehirn, Körper und Umwelt, sondern vor allem der Interaktion mit anderen Menschen. Im Zuge dieser biographisch fortschreitenden Interaktionen wird das Gehirn zu einem *sozial, kulturell und geschichtlich geprägten Organ*. Freilich handelt es sich dabei nicht etwa um eine Kommunikation oder Vernetzung von »Gehirnen«, wie es Neurobiologen gerne formulieren, sondern um die Interaktion und gemeinsame Praxis von leiblichen Wesen, also um *verkörperte Intersubjektivität*. Daher bleibt auch die gegenwärtige »soziale Neurowissenschaft« (Caccioppo et al. 2002, Decety u. Ickes 2011, Baron-Cohen et al. 2013, Cozolino 2014, u.v. a.), die vor allem die neuronalen Korrelate sozialer Kognition und Empathie zu identifizieren versucht, solange dem herkömmlichen neurobiologischen Paradigma verhaftet, als sie die ohnehin problematischen Konzepte der Repräsentation oder Simulation nun auch auf den sozialen Anderen überträgt, der damit wiederum nur als »internes Modell« konstruiert werden kann.

Umso mehr bedarf es entwicklungspsychologischer und kulturwissenschaftlicher Ansätze, um das Gehirn als soziales Organ zu erforschen – als »interaktives Gehirn« (Di Paolo u. De Jaegher 2012). Die spezifisch menschlichen affektiven und kognitiven Vermögen sind zwar im Organismus verankert, übersteigen aber die biologische Ebene. Sie entstammen der gemeinsamen kulturellen Sphäre und werden nur im Zuge sozialer Interaktionen erlernt. Bereits die frühesten interaktiven Erfahrungen des Kindes prägen nachhaltig seine Fähigkeiten zum körperlichen und emotionalen Umgang mit anderen, zu Vertrauen und Bindung, und damit seine künftigen Beziehungsmuster. Im weiteren Verlauf eignet sich das Kind zunehmend die kulturellen Verhaltens- und Symbolsysteme seiner Sozietät an, die damit ebenfalls strukturbildend auf sein Gehirn wirken.

In der Ontogenese des menschlichen Gehirns verschränken sich somit Biologie und Kultur ebenso wie Individualität und Sozialität. Weder die Entwicklung des Gehirns noch die Entwicklung des Bewusstseins lassen sich rein biologisch oder rein individuell auffassen, auch wenn sie auf genetischen Anlagen beruhen. Ihre Realisierung beruht auf der Einbettung des *»zōon politikón«* in die soziale Gemeinschaft, insbesondere auf der einzigartigen Fähigkeit des Menschen, seine Artgenossen als *mit ihm verwandte* Wesen zu erkennen, die ebenso wie er selbst fühlen, denken und handeln können. Dies ermöglicht es ihm, sich in die Welt der anderen hineinversetzen zu können und so »nicht nur *vom* anderen, sondern auch *durch* den anderen lernen zu können« (Tomasello 2002, 15). Das Gehirn als »Beziehungsorgan« wird, wie wir sehen werden, von diesen Prozessen ebenso geformt wie es sie ermöglicht. Die Struktur der menschlichen Individualität als ein »Durch-andere-zu-sich-selbst-Kommen« schlägt sich in den neuronalen Strukturen nieder. Damit wird das Gehirn zum *Organ der Person*.

Die folgende Untersuchung der sozialen, kulturellen und geschichtlichen Natur des Gehirns verfolgt einige Grundzüge dieser Entwicklung, ohne dabei angesichts der ständig wachsenden Fülle an neuen Erkenntnissen Vollständigkeit anzustreben. Dem Doppelaspekt entsprechend wird jeweils zuerst die phänomenale Ebene dargestellt, dann die Ebene neurobiologischer Forschungen, soweit sie sich mit der ersteren korrelieren lassen. Die Untersuchung gilt dabei der Entwicklung der primären Intersubjektivität in der Mutter-Kind-Dyade, untersucht dann die derzeit intensiv erforschten neuronalen Grundlagen der verkörperten Intersubjektivität, und wendet sich schließlich der Entwicklung der sekundären Intersubjektivität, insbesondere dem Spracherwerb in der frühen Kindheit zu. Die weitere Entwicklung wird in einem abschließenden Ausblick angedeutet.

5.1 Primäre Intersubjektivität

5.1.1 Pränatale Entwicklung

Die menschliche Entwicklung beginnt mit der Konzeption, die Reifung des Gehirns im ersten Monat der Schwangerschaft. Sie vollzieht sich von Anfang an in intensiver Beziehung zur mütterlichen Umwelt. Die Embryologie und die pränatale Psychologie haben gezeigt, dass der Fötus sich nicht etwa bis zur Geburt in einem rein vegetativen Zustand befindet, sondern sensomotorisch und emotional bereits in vielfältigem Kontakt mit seiner Umgebung steht. Von der frühen Fötalperiode bis in die ersten Lebensjahre ist die Mutter-Kind-Dyade die wichtigste Voraussetzung für die seelische Entwicklung des Kindes ebenso wie für eine adäquate Ausreifung seines Gehirns.

Gegen Ende des dritten Schwangerschaftsmonats zeigt der Fötus erstmals eine intensive motorische Aktivität, in deren Verlauf er etwa die Nabelschnur und den eigenen Körper ertastet oder Schluckbewegungen ausführt. Er nimmt über das Gleichgewichtsorgan die mütterlichen Schritte als wiegende Bewegungen wahr und zeigt ab dem fünften Monat deutliche Reaktionen auf Geräusche. Ab dem siebten Monat ist das Gehör voll entwickelt; der Fötus lebt nun in einem intrauterinen Tast-, Klang- und Resonanzraum, dessen Eindrücke sich bereits in seinem impliziten Gedächtnis niederschlagen. Neugeborene zeigen nachweisbar Vorlieben für die Stimme und Herztöne der Mutter, für Melodien, Rhythmen und sogar für vorgelesene Texte, die sie vor der Geburt wiederholt gehört haben (DeCasper u. Fifer 1980, DeCasper u.

Spence 1986). Selbst die Melodie ihres Schreiens ist bereits von der Sprache ihrer Umgebung geprägt (Mampe et al. 2009). Die für sie wahrnehmbare Welt ist ihnen also schon vor der Geburt vertraut geworden, und dies erleichtert den Aufbau der frühen Bindung zur Mutter: Was dem Säugling vertraut ist, wie etwa ihre Stimme oder ihre Herztöne, hat auch eine beruhigende Wirkung auf ihn (Salk 1962, Rosner u. Doherty 1979).

Aber auch über die affektiven Prozesse steht das Ungeborene in Beziehung zur Mutter. Ihre seelischen Zustände, etwa starke emotionale Belastungen, können die Entwicklung des Fötus und seines Gehirns nachhaltig beeinflussen. So führt eine dauerhaft erhöhte Stressreaktion der Mutter zu einer vermehrten Durchlässigkeit der Plazentaschranke für Stresshormone, die die Funktionen des kindlichen Hippokampus und die Reifung des Präfrontalkortex beeinträchtigen können. Verschiedene Studien belegen, dass Kinder unter solchen ungünstigen Voraussetzungen später kognitive und Verhaltensauffälligkeiten zeigen (Huizink et al. 2003, de Weerth et al. 2003, van den Bergh u. Marcoen 2004). Inzwischen gibt es auch Hinweise darauf, dass sich Stressbelastungen auf die Temperamentsentwicklung des noch ungeborenen Kindes auswirken können (Huizink et al. 2002). Die Einflüsse des mütterlichen Organismus als primärer Umwelt des Fötus haben somit Folgen für die pränatale Gehirnreifung und offenbar auch für die spätere Persönlichkeitsentwicklung des Kindes.

5.1.2 Zwischenleiblichkeit und Interaffektivität

Mit der Geburt verwandelt sich die pränatale Symbiose von Mutter und Kind in eine dialogische, »zwischenleibliche« Beziehung. Das Baby trägt durch Mimik, Gestik, Augenkontakt und Stimme aktiv dazu bei, dass die Mutter mit ihm auch nach der Geburt verbunden bleibt. Es versucht, soviel wie möglich Körperkontakt herzustellen, um die angenehmen Empfindungen von Wärme, Geruch, Berührung und Gehaltenwerden zu erleben. Säuglinge zeigen auch deutlich mehr Interesse für die Mimik, das Verhalten und die Affekte anderer Personen als für unbelebte physische Objekte (Dornes 1993, 68; Farroni et al. 2002). Diese »primäre Intersubjektivität« (Trevarthen 2001)[147] wird vor allem von leiblichen, affektiven und intuitiven Formen der Beziehung ge-

---

[147] Ich schließe mich dieser Bezeichnung an, verstehe sie aber nicht so, als ob der Säugling sich selbst bzw. den anderen bereits als Subjekt erfassen könnte, sondern im Sinne der präreflexiven Verbindung zweier Leib-Subjekte zu einer »Zwischenleiblichkeit« (s. u.).

tragen, die der symbolisch und verbal vermittelten Kommunikation lange vorausgehen. Wir wollen diese zwischenleiblichen und interaffektiven Beziehungen zunächst etwas näher betrachten, bevor wir uns ihren neuronalen Grundlagen zuwenden.

Die Forschungen der letzten zwei Jahrzehnte legen nahe, dass die Fähigkeit des menschlichen Säuglings zur spontanen und genauen *Imitation* seiner Bezugspersonen essenziell für das Verstehen anderer ebenso wie für die Entwicklung eines kohärenten Selbsterlebens ist. Nach den Untersuchungen von Meltzoff und Moore (1977, 1989, 1998) zeigen Babys schon unmittelbar nach der Geburt eine Ausdrucksresonanz: Sie imitieren wiederholt dargebotenes Mundöffnen, Zunge-Zeigen und andere einfache mimische Signale, und zwar nicht nur reflexartig, sondern gezielt.[148] Damit sind sie in der Lage, eine wahrgenommene Mimik in ihre eigene Körperempfindung und in die entsprechende Bewegung zu übersetzen. Visuelle, propriozeptive und motorische Modalität sind von vorneherein zu einem gemeinsamen Sinnesraum integriert; es besteht ein intermodales Körperschema, das sich mit der Wahrnehmung der anderen verknüpft. Das Neugeborene nimmt also die Mutter nicht als bloßes »Bild« oder Gegenüber wahr, sondern *mimetisch,* indem es ihren Ausdruck in sich nachbildet. Diese Fähigkeit zur spontanen Imitation kann als eine maßgebliche Grundlage der frühen sozialen Entwicklung gelten (Meltzoff u. Brooks 2001).

Diese Beobachtungen stützen Merleau-Pontys phänomenologische Konzeption einer ursprünglichen Sphäre kommunikativer »Zwischenleiblichkeit«[149]: Sobald zwei Personen einander leiblich begegnen, sind sie von vorneherein in ein systemisches Interaktionsgeschehen einbezogen, das ihre Körper miteinander verbindet und ein präverbales und präreflexives Verstehen herstellt. Die Gefühle des anderen werden in seinem Ausdruck unmittelbar verständlich, weil dieser in uns einen meist unbemerkten leiblichen Eindruck mit subtilen Empfindungen, Bewegungs- und Gefühlsvorstufen hervorruft. Diese eigenleibliche Resonanz wird wiederum zum Ausdruck für den anderen; sie wird unmittelbar seinen leiblichen Zustand und Ausdruck modifizieren, wie subtil auch immer. Dies erzeugt ein

---

148 Eine neue Studie mit einer deutlich größeren Stichprobe und einer breiteren Auswahl von präsentierten mimischen Ausdrucksformen stellt diese Forschungen allerdings in Frage; hier fanden sich keine signifikant häufigeren Nachahmungen (Oostenbroek et al. 2016). Aber auch wenn sich herausstellen sollte, dass die Imitationsfähigkeit nicht angeboren ist, sondern sich erst im Zuge dyadischer Interaktionen entwickelt, spielt sie dennoch eine entscheidende Rolle für die primäre Intersubjektivität.
149 »*Intercorporéité*«, vgl. Merleau-Ponty 2003, 256, 263.

Wechselspiel von Ausdruck, Eindruck und Reaktion, das in Sekundenbruchteilen abläuft, eine *zwischenleibliche Resonanz:* Man spürt den anderen buchstäblich am eigenen Leib.[150]

Legt man diesen Zusammenhang von intersubjektiver Wahrnehmung, Ausdrucksbewegung und Gefühlsempfindung zugrunde, so ist anzunehmen, dass der Säugling über die zunächst nur körperliche Nachahmung und Spiegelung auch zunehmend eine emotionale Resonanz mit der Mutter entwickelt.[151] Wenn also Neugeborene bereits nach zwei Tagen emotionale Ausdrucksformen wie Lächeln, Stirnrunzeln oder Überraschung auf dem Gesicht der Mutter zuverlässig nachahmen (Field et al. 1982), so empfinden sie zwar noch keine Emotionen im eigentlichen Sinne, doch liegt darin eine Vorstufe zur Entwicklung des Gefühlsaustauschs, zur *Interaffektivität.*

Die Mutter antwortet ihrerseits auf die Signale und Initiativen des Säuglings intuitiv mit geeigneten stimmlichen und gestischen Reaktionen. Sie benutzt dabei unbewusst vereinfachte, prototypische Verhaltensformen (Ammensprache, expressive Mimik, Augenkontakt, Begrüßungsreaktion u.a.), die den noch unentwickelten Repertoires des Kindes entsprechen. Papoušek und Papoušek (1987, 1991) haben diese Umgangsweisen als »intuitive mütterliche Kompetenzen« bezeichnet. Mütter (aber auch Väter) verfügen danach über ein biologisch angelegtes implizites Wissen, das sie dazu befähigt, sich dem Säugling durch Laute, Mimik und Gestik verständlich zu machen, ihn angemessen zu beruhigen oder zu stimulieren, und sich dabei von den kindlichen Signalen leiten zu lassen.

Die »Protokonversation« (Trevarthen 2001) von Mutter und Kind ist geprägt von der Ammensprache mit ihren musikalischen Ausdrucksqualitäten, vom Rhythmus und von der Dynamik der mimischen, stimmlichen und gestischen Interaktion. Die verschiedenen Sinnesmodalitäten und Leibempfindungen weisen eine gemeinsame Kinematik auf und können so den gleichen Affekt ausdrücken, was sich am besten in musikalischen Qualitäten wiedergeben lässt (›crescendo‹, ›decrescendo‹, ›accelerando‹, fließend,

---

150 Vgl. dazu auch Schmitz 1989, Fuchs u. De Jaegher 2009. – Dieser leibphänomenologische Resonanzbegriff ist natürlich nicht mit dem neuronalen Resonanzbegriff (▶ Kap. 4.2.5.3) zu verwechseln.

151 Dass Ausdrucksbewegungen auf die Gefühlsempfindung zurückwirken, ist in neueren Untersuchungen zum *Embodiment* von Gefühlen vielfach gezeigt worden (vgl. Fuchs u. Koch 2014). Weist man z.B. Versuchspersonen an, ihre mimische Muskulatur wie bei einem fröhlichen oder ärgerlichen Gesichtsausdruck einzustellen, so ruft dies entsprechende Gefühlsvorstufen, also »Freude«, »Ärger« usw. hervor (Ekman et al. 1983, Laird 1984).

weich, explosiv etc.); Stern (1998a) spricht hier auch von »Vitalitätsaffekten«. Das eigenleiblich empfundene Gefühl etwa der Freude und ihre sichtbaren Ausdrucksbewegungen haben eine analoge intermodale Dynamik, und dies erlaubt es Babys bereits in den ersten Lebensmonaten, Gefühle wie Freude, Trauer oder Überraschung in den Bewegungen, Ausdrucksgesten oder Stimmintonationen anderer zu erkennen (Hobson 2002, S. 39 ff.).

Dies führt zu der wechselseitigen »Affektabstimmung« und den »dyadischen Bewusstseinszuständen« von Mutter und Säugling, die die Säuglingsforschung hervorgehoben hat (Stern 1998a, Tronick 2003). So entwickelt sich das Grundgefühl des Kindes, mit anderen in einer gemeinsamen emotionalen Welt zu leben und mit ihnen verbunden zu sein. Im Laufe dieser frühen Affektkommunikation lernt es zunehmend, den mütterlichen Emotionsausdruck mit typischen Kontexten in Verbindung zu bringen und so seine verschiedenen Bedeutungen zu differenzieren. Es antwortet auch immer deutlicher mit seinem eigenen Ausdruck, sodass man mit neun Monaten von einer voll entwickelten Interaffektivität sprechen kann (Dornes 1993, 154).

Gefühle sind, wie sich zeigt, keineswegs bloß subjektive, sondern primär zwischenleibliche Phänomene. Die leiblich-affektive Kommunikation ist die universelle Sprache, mit deren Grundworten wir bereits geboren werden, und die sich im weiteren Verlauf zunehmend ausdifferenziert. Verkörperung bildet die Basis der Intersubjektivität, insofern wir einander in unserem Umgang nicht abstrakte innere Zustände zuschreiben, sondern Ausdruck und Verhalten des anderen im Kontext der jeweiligen Situation unmittelbar als Ausdruck seiner Subjektivität und Affektivität erfahren. Die gegenwärtige soziale Kognitionspsychologie ist auf den Begriff der »*Theory of Mind*« oder der »Mentalisierung« fokussiert, wonach Kinder erst aus bestimmten Hinweisreizen lernen, anderen Personen »mentale Zustände«, also Gefühle, Ideen, Absichten und Ziele zuzuschreiben (Baron-Cohen 1995, Carruthers u. Smith 1996, Förstl 2006). Doch im alltäglichen Kontakt benötigen weder Kinder noch Erwachsene Theorien mit Annahmen oder Schlussfolgerungen, um einander zu verstehen. Die primäre Wahrnehmung der anderen beruht nicht auf hypothetischen Schlüssen auf eine unsichtbare Innenwelt in ihren Köpfen, sondern auf der zwischenleiblichen Kommunikation und wechselseitigen Empathie verkörperter Subjekte (Fuchs u. Jaegher 2009).

5.1.3 Zwischenleibliches Gedächtnis

Von Anfang an schlägt sich die leiblich-affektive Kommunikation zwischen Mutter und Säugling auch im impliziten Gedächtnis des Kindes nieder. Die motorische, die emotionale und die soziale Entwicklung verlaufen nicht auf getrennten Bahnen, sondern verknüpfen sich zu *interaktiven Schemata* bzw. zu einem *zwischenleiblichen Gedächtnis* (Fuchs 2012a).

Zum impliziten Gedächtnis zählen nahezu alle Formen des Lernens im frühen Säuglingsalter. Während das explizite, autobiografische Gedächtnis erst im Laufe des zweiten bis vierten Lebensjahres ausreift, ist das implizite Gedächtnis bereits im ersten Lebensjahr in der Lage, regelmäßig wiederkehrende Strukturen von Interaktionen zu speichern (Amini et al. 1996). Es umfasst, wie bereits dargestellt (▶ Kap. 4.2.3), zunächst das prozedurale Gewohnheitslernen, aber auch perzeptive, kognitive und affektive Vermögen, die sich ohne bewusste Aufmerksamkeit oder Instruktionen bilden. Dazu gehört vor allem der Erwerb von Prototypen oder Gestaltmustern der Wahrnehmung, von Objektkategorien (z.B. Lebewesen vs. unbelebte Dinge) sowie von emotionalen Reaktionen auf gleichartige Situationen, etwa durch Konditionierung einer Angstreaktion.

Das implizite Gedächtnis bildet also einen Auszug aus wiederholten, prototypischen Erfahrungen mit anderen und verarbeitet sie zu dyadischen, später auch triadischen Interaktionsschemata (»Ich-und-Mutter-beim-Wickeln«, »Ich-mit-Mutter-und-Vater-beim-Spielen« usw.). Stern (1998a) spricht von »*schemes of being-with*«, die gleichermaßen sensomotorisch, emotional und zeitlich organisiert sind. Bereits in den ersten Lebensmonaten lässt sich ein Gedächtnis für typische Interaktionssequenzen nachweisen, nämlich an der Antizipation der mütterlichen Reaktionen. Babys lernen z.B. rasch, welche emotionalen Äußerungen die Mutter ansprechen, aktivieren oder eher abweisen. Sie zeigen deutlich Erwartungen, und daher auch Überraschungen und Enttäuschungen. Auf das »*still-face*«- Experiment (Tronick et al. 1978), bei dem die Mütter für zwei Minuten absichtlich eine starre, reaktionslose Mimik zeigen, reagieren schon 3–4 Monate alte Kinder zuerst irritiert, dann mit intensiven kommunikativen Anstrengungen (mimische Signale, Gestikulieren und Lautgebungen), in der offensichtlichen Erwartung, dadurch die Mutter wieder zur Teilnahme an der Interaktion stimulieren zu können.

So entwickelt sich das, was Stern *implizites Beziehungswissen* nennt (Stern 1998b): ein präverbales, nicht symbolisch kodiertes Wissen darüber, wie man mit anderen umgeht – wie man mit ihnen Kontakt herstellt, Vergnügen hat, Freude ausdrückt, Aufmerksamkeit erregt, usw. Die Kinder lernen, wie sie andere mit eigenen Äußerungen beeinflussen können, und machen so die Erfahrung von Selbstwirksamkeit. Das Beziehungswissen ist ein zeitlich und sequenziell organisiertes, gewissermaßen »musikalisches« Gedächtnis für die Rhythmik, die Dynamik und die emotionalen Konnotationen, die in der Interaktion mit anderen mitschwingen. Es ist ferner ein prozedurales Wissen in dem Sinne, dass es nur im Umgang mit anderen zugänglich, also nur im Prozess der Interaktion und in ähnlichen Situationen realisiert wird. Dies hat weitreichende Folgen: Als Ergebnis eines Lernprozesses, der dem Erwerb von motorischen Fertigkeiten ähnelt, gestalten und inszenieren Menschen später ihre Beziehungen entsprechend den Mustern, die sie ihren ersten Erfahrungen entnommen haben, meist ohne sich dessen bewusst zu sein (Amini et al. 1996).

Das traditionelle psychoanalytische Konzept für diese Erfahrungsbildung bestand – gemäß dem dualistischen Dogma von einer psychischen Innenwelt – in der »Verinnerlichung« wichtiger Bezugspersonen in Form von »Objekt-Repräsentanzen«. Im Gedächtnis verankert wird jedoch nicht ein Objekt oder Ereignis als solches, sondern immer die *Interaktion des Organismus* mit diesem Objekt oder Ereignis. Inzwischen wird auch in der Psychoanalyse überwiegend von einer Verinnerlichung von Beziehungserfahrungen gesprochen, was freilich das Innenwelt-Theorem der Psyche noch bestehen lässt.[152] Kinder »verinnerlichen« jedoch nichts, wenn sie sich in der sozialen Umwelt entwickeln, sondern sie erlernen im Zusammensein und in der gemeinsamen Praxis mit anderen bestimmte soziale Verhaltensbereitschaften, die zum Teil ihres *impliziten Beziehungsgedächtnisses* werden.

In neurologischer Beschreibung bedeutet dies: Jeder Umgang mit anderen hinterlässt durch synaptisches Lernen auch Spuren auf neuronaler Ebene, freilich nicht in Form von lokalisierbaren, fixiert gespeicherten »Erinnerungen«, »Abbildungen« oder »Repräsentanzen« der Interaktionen bzw. der Bezugspersonen, sondern in Form von Dispositionen des Wahrnehmens, Fühlens und Verhaltens. Diesen Bereitschaften liegen weit verteilte Muster von Netzwerkverbindungen zugrunde, die sensorische, motorische und limbisch-emotionale Zentren einbeziehen.[153] Sie treten in Resonanz zu aktuellen Umweltsituationen oder Personen und aktivieren dazu passende

---

152 Ein frühes Beispiel stellt ein Aufsatz von Beebe und Stern von 1977 dar: »... was anfänglich verinnerlicht wird, ist nicht ein Objekt per se, sondern eine Objektbeziehung: Handlungen des Selbst, die sich auf Handlungen der Objekte beziehen [...] Was verinnerlicht wird, schließt deshalb wechselseitig regulierte Abfolgen von mütterlichen und kindlichen Handlungen ein, die eine bestimmte zeitliche Strukturierung aufweisen« (Beebe u. Stern 1977, 52).

153 Während explizite Lernvorgänge über den Hippokampus zum Kortex verlaufen, sind die impliziten Gedächtnissysteme primär subkortikal lokalisiert, nämlich in den Basalganglien, im Kleinhirn und in der Amygala, schließen dann aber auch kortikale, intermodale bzw. motorisch-sensorische Koppelungen ein.

Verhaltensformen, auch ohne dass sich das Kind explizit an frühere Lernprozesse erinnern muss.

5.2 Neurobiologische Grundlagen

Im Zuge der Entwicklung einer »*social neuroscience*« wurden im letzten Jahrzehnt zahlreiche Hirnareale identifiziert, die für die Verarbeitung sozialer Situationen relevant sind. Dazu gehören insbesondere folgende Hirnareale (Allison 2000, Adolphs 2001, Jacob u. Jeannerod 2003, Amodio u. Frith 2006):

* der Sulcus temporalis superior des Schläfenlappens, spezialisiert auf die Erkennung lebendiger Bewegung (Gesichter, Blickbewegungen);
* der mediale präfrontale Kortex (mPFC), zuständig für Personwahrnehmung und Perspektivenübernahme (»Theory of Mind«);
* die Amygdala, das Substrat vorbewusster Bewertung der Bedrohlichkeit von sozialen Situationen;
* der orbitofrontale Kortex als Korrelat der bewussten Evaluation sozialer Prozesse.

Je komplexer freilich die sozialen Situationen, desto mehr Hirnbereiche sind in das soziale Verstehen einbezogen.[154] Darüber hinaus ist, wie wir noch sehen werden, ein ausgedehntes neuronales System im menschlichen Gehirn zuständig für die Wahrnehmung und Mitteilung von Emotionen. Alle diese sozialen Vermögen beruhen noch nicht auf verbaler Kommunikation, sondern auf motorischen, sensorischen, affektiven und motivationalen Funktionen, die das gesamte Gehirn involvieren. Bezieht man darüber hinaus noch die Sprachfunktionen mit ein, so kann man sagen: *Das Gehirn als Ganzes ist ein soziales Organ*, nicht nur einzelne »soziale Hirnzentren«.

Die Forschungen auf diesem Gebiet blieben bislang noch weitgehend dem kognitionswissenschaftlichen Paradigma verhaftet. Anstelle allgemeiner Reizangebote wurde nun die Reaktion des Gehirns auf »soziale Stimuli« gemessen. Dies jedoch führt zu einem methodischen und konzeptuellen Kurzschluss zwischen Gehirn und Sozialität: Die soziale Welt und der andere

---

154 Neben den schon genannten Arealen etwa der mediale Präfrontalkortex, die temporoparietale Übergangszone und die Temporallappenpole (Vogeley et al. 2001, Vollm et al. 2006).

kommen nur als Input in den Blick, den das Gehirn intern repräsentiert.[155] Das Gehirn wird in diesem Paradigma also gerade nicht in einen interpersonellen Kontext einbezogen.

Aus einer enaktiven Sicht hingegen beruht soziale Wahrnehmung wesentlich auf sozialer Interaktion: Zum einen sind die dabei beteiligten Hirnstrukturen nicht angeboren, sondern gehen auf Lernprozesse zurück, für die das Gehirn nur die geeignete *Matrix* darstellt. Zum anderen beruht das soziale Verstehen in persönlichen Begegnungen auf einem fortlaufenden Rückkoppelungsprozess, nämlich auf der zwischenleiblichen Resonanz, die eine eigenständige Dynamik entwickelt (Fuchs & De Jaegher 2009). Mit anderen Worten bildet die interaktive Dyade ein übergeordnetes System, das sich nicht in zwei Körper aufteilen lässt, umso weniger in zwei Gehirne. In solchen verkörperten Kontakten ist die Interaktion nicht nur ein externer Input für das Gehirn, sondern selbst *konstitutiv* für soziale Wahrnehmung (De Jaegher et al. 2010, Di Paolo & De Jaegher 2012).

Im Folgenden sollen demgegenüber zwei biologische Systeme betrachtet werden, die nur aus der zirkulären Beziehung von Gehirn, Organismus und sozialer Umwelt heraus verständlich, zudem für die primäre Intersubjektivität von entscheidender Bedeutung sind, nämlich das Bindungssystem und das System der »Spiegelneurone«.

5.2.1 Das Bindungssystem

Das gegenwärtig wohl wichtigste psychobiologische Modell der sozialen Entwicklung des kindlichen Organismus hat die *Bindungstheorie* entworfen. Von John Bowlby in den 50er-Jahren des letzten Jahrhunderts auf psychoanalytischer Basis entwickelt, hat sie sich nach langer Abseitsstellung heute zu einem breiten Forschungsstrom entwickelt (Bowlby 1982, Hofer 2001, Strauß u. Bade 2002, Fonagy u. Target 2003). Nach Bowlby werden die sozialen Beziehungen in der frühen Kindheit von einem biologisch angelegten Bindungssystem reguliert, das die Funktion erfüllt, die Fürsorge und die Nähe der Bezugspersonen sicherzustellen. Es umfasst bestimmte phylogenetisch verankerte Signale wie Suchen, Rufen, Anblicken, Weinen, Anklammern oder Protest bei Trennung. Damit werden nicht nur die elementaren Bedürfnisse

---

[155] Dieser Kurzschluss wird schon im Titel zahlreicher Veröffentlichungen erkennbar, z.B. »How the brain understands intention« (Becchio et al. 2006); »The empathic brain« (De Vignemont & Singer 2006) oder »Visualizing how one brain understands another: a PET study of theory of mind« (Calarge et al. 2003).

des Kindes erfüllt, es gewinnt auch das Grundvertrauen und die sichere Basis, von der aus es die Welt aktiv erforschen kann. Umgekehrt führen mangelnde Zuwendung, Geborgenheit oder Trennungen von der Mutter beim Säugling zu Stressreaktionen mit zunächst steigender Erregung, dann aber zunehmender Resignation, Apathie oder Verzweiflung.

> Die Bindungstheorie wurde wesentlich unterstützt durch Tierforschungen, die nachweisen konnten, dass frühe Trennungen von der Mutter regelmäßig nachhaltige Beeinträchtigungen des Verhaltens ebenso wie der physiologischen Funktionen zur Folge haben. Es kommt zu Störungen etwa der Wärme- und Schlafregulation, der Hormonsekretion (Abfall des Wachstumshormonspiegels, Anstieg der Stresshormone), der Herzfrequenz, schließlich zu bleibend erhöhter Stressanfälligkeit und Störungen des Sozialverhaltens (Hofer 1994, Amini 1996, Insel u. Young 2001, Levine et al. 2002). Auch die transgenerationale Weitergabe solcher Störungen konnte nachgewiesen werden: Rattenjunge, die von ihrer Mutter getrennt wurden, sind später nicht in der Lage, ihre eigenen Kinder angemessen zu bemuttern (Meaney et al. 2001).

Diese Forschungen belegen eindrucksvoll die Prägung und Modifikation der Hirnstrukturen und -funktionen durch frühe Erfahrungen. Sie lassen sich zwar nicht unmittelbar auf den Menschen übertragen, finden jedoch in der humanen Bindungsforschung weitgehende Parallelen. Die Ausbildung psychischer und physiologischer Regulationsmechanismen hängt auch beim Säugling von einer gelingenden Beziehung mit der Mutter ab: von der Wärme ihres Körpers, ihrem Geruch, ihren Berührungen, ihrer liebevollen Zuwendung, angemessenen Anregung und Beruhigung. Diese Interaktionen spielen für die emotionale und soziale Entwicklung des Säuglings die gleiche Rolle wie die visuellen Reize für die Ausreifung seines Sehvermögens.

Die frühe Mutter-Kind-Dyade lässt sich – freilich nur bis zu einem gewissen Grad[156] – als ein biologisches System nach dem Schema des Funktionskreises auffassen, wobei hier der Kreis zwei Subjekte umfasst, von denen eines die Umwelt für das andere darstellt. Das Bindungssystem stellt das zentrale organisierende Prinzip dieses Systems dar. Das noch unreife Gehirn des Säuglings besteht gleichsam aus »offenen Schleifen«, die zu ihrer Homöostase der Verknüpfung mit dem ausgereiften System der Mutter, der externen Regulation und Abstimmung bedürfen (Amini 1996). Dies betrifft nicht nur die vitalen Bedürfnisse nach Nahrung, Wärme und Sicherheit, sondern auch die emotionalen Bedürfnisse nach Sicherheit, Geborgenheit und Zuneigung. Das

---

156 Die Mutter-Kind-Beziehung ist von Anfang an nicht nur eine biologische, sondern eine *personale* Beziehung, wie dies schon am intensiven Blickkontakt beim Stillen deutlich wird. Würde die Mutter das Kind nicht immer schon als eine »kleine Person« ansehen und ansprechen, könnte es seine spezifisch personalen Vermögen nicht entfalten.

Bindungssystem unterstützt die Regulierung der Homöstase des Kindes durch die Eltern, bis seine eigenen psychobiologischen Funktionen heranreifen und autonom werden. Die Perinatalmedizin hat gezeigt, dass diese Regulationsmöglichkeiten nur unvollständig durch künstliche klinische Umgebungen ersetzt werden können (Trevarthen 2001).

> Neuronal ist das Bindungssystem vorwiegend in den phylogenetisch älteren Strukturen des limbischen Systems, etwa im Cingulum verankert, bezieht aber auch den orbitofrontalen Kortex ein (Amini 1996, Schore 1994). Eine modulierende Rolle spielen auch bestimmte hormonelle (Oxytocin als »Bindungshormon«) und Neurotransmittersysteme (v.a. Opiate und Monoamine). Schore (1994, 2000, 2001) hat umfassend dargestellt, wie sich die frühe Bindungsbeziehung umgekehrt auf das reifende Gehirn des Kindes auswirkt. Er definiert Bindung als die »interaktive Regulation biologischer Synchronisierung zwischen Organismen« durch »reziproke affektive Austauschprozesse« (Schore 2000, 162), in deren Verlauf sich kortikale und subkortikale Aktivitäten im ersten Lebenshalbjahr zu »kortiko-limbischen Assoziationsmustern« verknüpfen. Das betrifft vor allem die Reifung des anterioren Cingulum, eines Areals, das mit Spiel- und Trennungsverhalten, Lachen und Weinen sowie Gesichtsausdrücken zu tun hat (Schore 2000, 170). Gegen Ende des ersten Lebensjahres reift dann das orbitofrontale System aus (▶ Kap. 5.3.3). Dabei handelt es sich jeweils um *interaktive*, nicht um endogen im Gehirn des Kindes ablaufende Wachstumsprozesse.

In den dyadischen Regulationsprozessen der Bindungsbeziehung finden wir also die ökologische Parallele zur phänomenalen Zwischenleiblichkeit: Als Erweiterung des noch unreifen homöostatischen Systems des Kindes bildet sich ein übergreifendes, sich selbst regulierendes System von zwei Organismen. Es handelt sich gewissermaßen um einen Spezialfall der allgemeinen Organismus-Umwelt-Relation: Auch hier enthält der kindliche Organismus bereits die »Vorgestalt« der komplementären mütterlichen Funktionen. Umgekehrt ist der mütterliche Organismus biologisch wie psychologisch auf die Bedürfnisse des heranwachsenden Kindes ausgerichtet, bis hin zur Veranlagung intuitiver Kompetenzen im Umgang mit dem Säugling (▶ Kap. 4.2.6).

Die Beziehung von Mutter und Säugling bedeutet insofern nicht das Einwirken von einem System auf ein anderes, sondern eine ständige *Rekonfiguration des dyadischen Gesamtsystems,* in der sich eine vorbestehende komplementäre Beziehung immer neu aktualisiert – etwa wenn eine zu große Distanz durch Annäherung wieder ausgeglichen, oder nach einem Missverstehen wieder eine Affektabstimmung hergestellt wird (Stern 1998). Gelingt die komplementäre Ergänzung und Regulation durch die Mutter, dann wird der Säugling zunehmend fähig, seine vegetativen und affektiven Zustände selbst zu regulieren. Zugleich gehen seine frühen Beziehungserfahrungen in das implizite Gedächtnis ein und werden als *sichere Bindungen* verankert, die als Modelle seine späteren Beziehungen bis ins Erwachsenenalter maßgeblich prägen (Grossmann et al. 2002, Vrtička et al. 2009, 2012).

Auf der anderen Seite wird die Reaktion des Säuglings auf eine kurzzeitige Störung der Bindungsbeziehung bereits im schon erwähnten »*still-face*«-Experiment eindrucksvoll erkennbar (▶ Kap. 5.1.3). Erst recht macht das komplexe Muster der Trennungsreaktion mit ihren seelischen und physiologischen Komponenten – Schreien, Verlassenheit, Angst, Verzweiflung, Anstieg von Stresshormonen, Abfall des Herzrhythmus und des Wachstumshormonspiegels (Hofer 2001) – die enge Koppelung der Dyade durch das Bindungssystem sichtbar. Bei zunehmender Frustration seiner Bedürfnisse kann jedoch die Fähigkeit des Kindes zu emotionaler Beziehung bleibend beeinträchtigt werden. Es vermag dann Stress und intensive Affekte nicht hinreichend zu regulieren. Nicht nur die Entwicklung der kognitiven Strukturen, sondern auch die noch grundlegendere Reifung des emotional-limbischen Beziehungssystems ist somit ein erfahrungsabhängiger Prozess, der vielfältigen Störungsmöglichkeiten unterworfen ist.

> Die Auswirkungen einer Deprivation in frühen Lebensmonaten sind weitreichend. Bekannt sind die Untersuchungen von René Spitz (1967) an Heimkindern, die bei völligem Entzug emotionaler Fürsorge schwere Deprivationssyndrome mit Apathie, Depression und erhöhter Sterblichkeit entwickelten. Neuere Untersuchungen zeigten, dass rumänische Waisenkinder, die nach einem Heimaufenthalt von wenigen Monaten adoptiert wurden, mit sechs Jahren trotzdem körperlich, geistig und sozial weniger weit entwickelt waren als eine Vergleichsgruppe von Kindern, die von Geburt an in Adoptivfamilien aufwuchsen (O'Connor et al. 2000). Bereits weniger schwere Beziehungsstörungen etwa infolge einer nachgeburtlichen Depression der Mutter wirken sich nachteilig auf die kognitive und emotionale Entwicklung des Kindes aus (Murray u. Cooper 2003).

> Erst recht zeigen Kinder, die frühe *Traumatisierungen* erlitten haben, lebenslang eine abnorme physiologische Stressreaktion, eine Reduktion des Hippokampusvolumens und Störungen der rechtshemisphärischen Frontalhirnreifung (Hofer 1994, Insel u. Young 2001). Solche Störungen der Gehirnreifung gehen mit einer Fülle möglicher psychischer Störungen einher, etwa der Aufmerksamkeit, der Impulskontrolle, des Sozialverhaltens oder der Affektregulation, wie etwa bei den Borderline-Persönlichkeitsstörungen (Schore 2003, Cirulli et al. 2003). Auch die Fähigkeit zur angemessenen Versorgung der eigenen Kinder kann schwer beeinträchtigt sein, wenn die Mutter selbst Vernachlässigung oder Misshandlungen erlebt hat, sodass also frühe Bindungs- und Entwicklungsstörungen auch transgenerational weitergegeben werden (Ricks 1985, Chicetti u. Carlson 1989).

Die grundlegende Komplementarität und wechselseitige Bezogenheit von Gehirn, Organismus und Umwelt erfordert eine Passung nicht nur auf der biologischen, sondern auch auf der emotionalen und sozialen Ebene, damit sich das Gehirn adäquat entwickeln kann. Dazu muss die angeborene Sprache der leiblich-affektiven Kommunikation auch verstanden und erwidert werden. Ohne diese Resonanz ist die Homöostase und Regulation des kindlichen Organismus gefährdet, mit nachhaltigen Folgen für seine neurophysiologische, emotionale und soziale Entwicklung. – Der nächste Abschnitt untersucht ein weiteres System, das für diese Resonanz von maßgeblicher Bedeutung ist.

5.2.2 Das soziale Resonanzsystem (»Spiegelneurone«)

Einen wesentlichen Fortschritt in der Erforschung der sozialen Natur des menschlichen Gehirns stellt die Entdeckung des neuronalen Spiegelsystems durch die Gruppe von Rizzolatti und Gallese dar.[157] Dieses System lässt sich als Bestätigung für die phänomenologische Einsicht auffassen, dass die soziale Interaktionen und vor allem die Empathie nicht auf einer »Theory of Mind«, sondern primär auf einer verkörperten Wahrnehmung des anderen beruhen, also auf der *Zwischenleiblichkeit:* Wir nehmen andere immer schon als »unseresgleichen« wahr, weil unser Leib in jeder Interaktion ihre Mimik, Gestik und ihre Bewegungsintentionen unterschwellig mitvollzieht. Die allgemeine Verknüpfung von Wahrnehmung und Bewegung wird hier also für die soziale Wahrnehmung relevant.

Kritisch ist allerdings festzustellen, dass der Begriff der »Spiegelneuronen« von vorneherein eine repräsentationalistische Auffassung dieses neuronalen Systems begünstigt und insofern unglücklich gewählt ist. Er suggeriert zum einen eine interne Abbildung, die dann auf den anderen zurückprojiziert (»gespiegelt«) wird, zum anderen spricht er einzelnen Neuronen geradezu wunderbare Fähigkeiten zu, so als ob sie die soziale Wahrnehmung selbst zustande brächten. Demgegenüber ist zunächst an die schlichte Tatsache zu erinnern, dass *Neurone nichts spiegeln können.* Auf physikalischer oder physiologischer Ebene ist nämlich die Relation von Original und Spiegelbild gar nicht vorzufinden. Selbst ein Spiegel wirft nur Lichtstrahlen zurück, die auf ihn treffen – dieses Licht *als Abbild* zu sehen vermag erst ein bewusstes Wesen. Zum anderen sind natürlich einzelne Neurone (auch wenn deren

---

[157] Rizzolatti et al. 1998, 2001, Gallese 2001, 2002, 2005: vgl. im Überblick auch Bauer 2005, Rizzolatti u. Sinigaglia 2008).

Ableitung die Entdeckung ermöglichte) gar nicht in der Lage, die komplexe sensomotorische Situation zu beantworten, die die soziale Wahrnehmung ausmacht. Aus diesen Gründen spreche ich lieber von einem »neuronalen Resonanzsystem«, gebrauche im Folgenden aber auch den kaum noch vermeidbaren Begriff der »Spiegelneurone«.

5.2.2.1 Grundlagen

»Mirror neurons« wurden zunächst bei Affen im prämotorischen Kortex identifiziert, der für die Bewegungsorganisation und -regulation zuständig ist. Inzwischen ließen sie sich auch beim Menschen in prämotorischen, aber auch anderen Arealen des Gehirns nachweisen.[158] Spiegelneurone werden sowohl dann aktiviert, wenn das Lebewesen eine ganz bestimmte Handlung wie etwa das Greifen nach einem Apfel oder einer Tasse selbst ausführt, als auch dann, wenn es die gleiche Handlung bei einem Artgenossen wahrnimmt. Das neuronale Resonanzsystem verknüpft also intermodal die interpersonale Wahrnehmung mit der Eigenbewegung, und zwar in spezifischer Weise: Es reagiert nämlich:

(1) nur auf Bewegungen von *lebendigen* Akteuren bzw. Artgenossen. Wird die Bewegung also statt von einem anderen Menschen von einer Apparatur (etwa mit Greifzangen oder virtuellen Händen) ausgeführt, bleiben die Spiegelneurone stumm.
(2) vor allem auf *ziel-* bzw. *objekt*gerichtete Bewegungen. Dies gilt sogar für unvollständige Zielbewegungen, d.h. die Aktivierung erfolgt auch dann, wenn die beobachtete Hand nach einem zuvor schon gezeigten, nun aber verdeckten Gegenstand greift (Umiltà et al. 2001). Das Ziel oder die Gesamtgestalt der Bewegung wird vom System also ergänzt bzw. antizipiert.
(3) Spiegelneurone werden zwar auch dann aktiviert, wenn man sich die Ausführung einer Bewegung vorstellt, am meisten aber dann, wenn man

---

158 Bei den von Rizzolatti und Gallese untersuchten Makaken handelt es sich um das prämotorische Areal F5, beim Menschen um die Areale A44 und A45, die – das ist von besonderem Interesse – größtenteils mit der für aktive Sprache zuständigen Broca-Region identisch sind. Während die Spiegelneurone bei den Makaken durch invasive Einzelzellableitung identifiziert wurden, konnten sie beim Menschen durch EEG-Ableitungen, fMRT-Scans (Buccino et al. 2004) sowie indirekt durch die unterschwellige Aktivierung der Handmuskulatur bei der Beobachtung fremder Handbewegungen nachgewiesen werden (Fadiga et al. 1995, Gallese 2001). Allerdings ist ihre tatsächliche Rolle für das Verständnis von Handlungen anderer immer noch ein Gegenstand der Diskussion (Caramazza et al. 2014, Hickok 2014).

eine beobachtete Bewegung *imitiert*. Bereits bei der Beobachtung kommt es zu unterschwelliger Aktivität der entsprechenden eigenen Muskeln, die Imitation wird also schon vorbereitet (Fadiga et al. 1995).

Aus diesen Ergebnissen lassen sich nun mehrere Schlüsse ziehen:

(1) Das Spiegelneuronensystem trägt offensichtlich dazu bei, dass Bewegungen von Artgenossen als zielgerichtete Handlungen wahrgenommen werden, indem es das eigenmotorische System des Beobachters aktiviert. Die Wahrnehmungen rufen eine Empfindung dafür hervor, wie sich die Aktion für den Akteur »anfühlt« und welchem Ziel sie gilt.[159] Mit anderen Worten: Wir nützen die »operative Intentionalität« unseres Körpers – so der Terminus von Merleau-Ponty (1966) – als Instrument, um die intentionalen Bewegungen Anderer zu verstehen.

(2) Das System stellt eine Resonanz zwischen homologen Körperpartien von Selbst und Anderem her. Es ermöglicht zudem die intermodale Verknüpfung von visueller Wahrnehmung, motorischem Körperschema und Propriozeption.

(3) Die Resonanz der Spiegelneurone bahnt auch Handlungsbereitschaften, insbesondere zur Nachahmung (Hari et al. 1998). Insofern liegt es vermutlich nicht nur der Fähigkeit des Säuglings zur Imitation zugrunde, sondern auch generell dem Imitations- und Modell-Lernen, einer für die Kulturentwicklung zentralen menschlichen Fähigkeit (Tomasello 2002, Meltzoff u. Prinz 2002).

Diese Folgerungen stimmen überein mit Merleau-Pontys Konzeption der Zwischenleiblichkeit als eines intersubjektiven Körperschemas: Wir verstehen die intentionalen Bewegungen anderer, indem unser Körper sie in eigene Handlungen »übersetzt«. Durch diese Resonanz erlangt der Körper *intersubjektive Transparenz*, er wird zum Medium der Wahrnehmung des anderen:

> »Die Kommunikation, das Verstehen von Gesten, gründet sich auf die wechselseitige Entsprechung meiner Intentionen und der Gebärden des Anderen, meiner Gebärden und der im Verhalten des Anderen sich bekundenden Intentionen. Dann ist es, als ob die Intentionen des Anderen meinem Leib innewohnten, und umgekehrt die meinigen seinem Leib« (Merleau-Ponty 1966, 219).

---

159 Dazu ist die zusätzliche Verknüpfung des prämotorischen Kortex mit der *inferioren Parietalregion* erforderlich, einem hinter der somatosensiblen Hirnrinde im Gyrus postcentralis gelegenen Areal, in dem die propriozeptive Empfindung von eigenen Bewegungen gespeichert ist (Buccino et al. 2004).

Das sensomotorische Resonanzsystem stimmt mit einer enaktiven Konzeption der sozialen Wahrnehmung überein (Fuchs & De Jaegher 2009, De Jaegher et al. 2010): Wahrnehmung und Handlung sind inhärent miteinander verknüpft, nicht nur in unserer allgemeinen Beziehung zur Umwelt, sondern auch in unseren sozialen Interaktionen. Dabei sind die sensomotorischen Spiegelneurone nicht die einzigen Systeme, die zur Zwischenleiblichkeit beitragen. Sie werden ergänzt durch Resonanzsysteme für den Gefühlsausdrucks anderer.

> Spezialisierte Systeme im Sulcus temporalis superior (STS) des Schläfenlappens wirken beispielsweise bei der Wahrnehmung lebendiger Bewegung und bei der »Ansteckung« durch Lachen, Weinen oder Gähnen anderer mit. Auch Areale des sensiblen Kortex, insbesondere die inferiore Parietalregion, spielen eine wesentliche Rolle für die Mitempfindung von Ausdrucksregungen, die an der Empathie beteiligt sind (Jacob u. Jeannerod 2004, Buccino et al. 2004). Von besonderem Interesse sind schmerzspezifische Neuronen im vorderen Cingulum, die auf eigene Schmerzen reagieren, aber auch auf die Beobachtung eines Schmerzreizes oder eines nur zu erwartenden Schmerzes bei einer anderen Person (Hutchison et al. 1999, Singer et al. 2004). Areale im anterioren Cingulum und in der vorderen Insel werden aber auch aktiviert, wenn man eine beschämte Person in einer peinlichen Situation beobachtet, also ihren »sozialen Schmerz« stellvertretend empfindet (Krach et al. 2011).
>
> Weitere Mitempfindungen betreffen Gefühlsreaktionen wie Ekel: Beobachtet man den Ekelausdruck anderer bei einem unangenehmen Geruch, so wird ein Areal in der vorderen Insel aktiviert, das auch an den eigenen Ekelreaktionen beteiligt ist (Wicker et al. 2003). Wird dieses Areal aufgrund eines Schlaganfalls geschädigt, so kann der Betroffene nicht nur selbst keinen Ekel mehr empfinden, sondern auch den Ausdruck von Ekel bei anderen nicht mehr erkennen (Calder et al. 2000). Generell werden also eigene Leibempfindungen zum Medium zwischenleiblicher Resonanz (vgl. Fuchs u. Koch 2014).

Aufgrund dieser Forschungsresultate kann man inzwischen von einem komplexen, über verschiedene Hirnregionen verteilten Resonanzsystem ausgehen, das verschiedene Funktionen der Eigen- und Fremdwahrnehmung ebenso wie der Gefühlsempfindung integriert und so zu einer Grundlage sozialer Wahrnehmung, Imitation und Empathie wird.[160] Freilich bringt dieses System die menschliche Sozialität nicht etwa hervor; es bedarf vielmehr konkreter Zwischenleiblichkeit und Beziehung, um sich zu entwickeln. Die

---

160 Einschränkend ist festzuhalten, dass Empathie im vollen Sinn einen ganzen Komplex von Wahrnehmungen, Gefühlen, Vorerfahrungen, Vorstellungen und Kontextrelevanzen umfasst, also eine affektiv-kognitive Gesamtaktivität, die sich sicher nicht mehr einzelnen, wie auch immer spezialisierten neuronalen Systemen zuschreiben lässt (vgl. Fuchs 2017d).

meisten von ihm erfassten Bewegungsgestalten und vor allem ihre emotionalen und intentionalen Bezüge sind nicht angeboren, sondern basieren auf typisch wiederkehrenden Erfahrungen. Das Greifen nach einem Apfel kann das Spiegelsystem erst aktivieren, wenn der Apfel in situativen Kontexten die *Bedeutung* eines Greifzieles erhalten hat. Auch die Imitation geht bei Kleinkindern sehr bald über die angeborene einfache Nachahmung hinaus und richtet sich auf das Ziel der Handlung anderer (Gergely et al. 2002). Ebenso bedarf die neuronal gestützte Mitempfindung von Gefühlsreaktionen eines situativen Verständnisses, etwa für den Zusammenhang von Geruch und Ekel. Das Spiegelsystem kann also seine Funktion nur erfüllen, insofern es *in einen intersubjektiven Handlungs- und Bedeutungsraum eingebettet ist.*[161]

5.2.2.2 Simulation oder Resonanz?

Kontrovers bleibt allerdings bislang die theoretische Interpretation des Spiegelsystems. Gallese und Goldman (1998) haben aus ihm eine »Simulationstheorie des Verstehens« abgeleitet und sie der bislang dominierenden »Theory of Mind«-Konzeption entgegengestellt: Interne Simulation oder »als-ob«-Imitation sei das biologisch angelegte Instrument von Primaten, um andere zu verstehen, indem nämlich der eigene Körper als Spiegel ihrer Absichten und Handlungen genutzt werde: »Unser motorisches System wird aktiv, als ob wir dieselbe Handlung ausführten, die wir beobachten [...] Handlungsbeobachtung impliziert *Handlungssimulation*« (Gallese 2001, 37; eig. Übers.).

Damit stellt die Simulationstheorie zwar einen Fortschritt gegenüber der bisherigen »Theory of Mind« dar, insofern sie statt kognitiver Annahmen und Schlussfolgerungen die verkörperte Wahrnehmung des anderen in den Vordergrund rückt. Doch besteht auch für die Simulationstheorie die primäre Intersubjektivität im Kern aus einer Projektion eigener mentaler Zustände auf andere, nur mit dem Unterschied, dass der Inhalt des Projizierten aus

---

161 Catmur und Mitarbeiter (2007, 2011) konnten inzwischen auch zeigen, dass sich das Spiegelsystem bei Erwachsenen erfahrungsabhängig umjustieren lässt. Die Probanden mussten dazu in einer Trainingsphase die Bewegung eines kleinen Fingers beobachten, dabei aber den eigenen *Zeige*finger bewegen. Bereits nach wenigen Trainingseinheiten kam es zu einem »counter-mirroring«, d.h. die beobachtete Bewegung des kleinen Fingers führt im motorischen Kortex zu Aktivierungsmustern, die mit dem Zeigefinger verbunden waren. Es ist anzunehmen, dass nicht nur solche basalen Lerneffekte, sondern auch soziale und kulturelle Einflüsse das Spiegelsystem prägen. Es zeigt sich damit als ein System sensomotorischer »offener Schleifen«, die durch soziale Interaktion gebildet und fortlaufend moduliert werden.

einer Simulation statt aus einer Kognition besteht. Zugrunde liegt nach wie vor ein Repräsentationsmodell: Nach Gallese und Goldman erzeugen Spiegelneurone eine »... innere Repräsentation von Zielen, Emotionen, Körperzuständen usw., um dieselben Zustände in anderen Individuen abzubilden« (Goldman u. Gallese 2000, eig. Übers.). Die Person, die eine andere wahrnimmt, interagiert mit ihr nicht unmittelbar, sondern über intern erzeugte Modelle oder Simulate ihrer Aktionen.

Die komplizierte Konzeption einer internen Simulation, die bei der Wahrnehmung anderer erzeugt und nach außen projiziert wird, kann durch den *neuronalen Resonanzbegriff* (▶ Kap. 4.2.5.3) wesentlich vereinfacht werden: Bei der Wahrnehmung zielgerichtet agierender Personen kommt es offenbar zur Resonanz nicht nur mit visuellen neuronalen Aktivitätsmustern, sondern auch mit dem eigenmotorischen System im Gehirn, das sonst bei der Ausführung der Handlung aktiviert wird (analog lässt sich dies für die emotionale Mitempfindung vorstellen). Diese Verknüpfung ähnelt der impliziten audiomotorischen Koppelung, wie ich sie am Beispiel des Pianisten beschrieben habe: Das bloße Hören der Melodie ruft zugleich die Motorik der dazu passenden Bewegungen auf (▶ Kap. 4.2.1).

Diese gekoppelten Systeme können aber als Komponenten der *gesamten neuronalen Resonanz* in die Wahrnehmung des anderen eingehen, ohne dass dafür eine zusätzliche Repräsentation erforderlich ist. Es gibt dann nicht zwei verschiedene Prozesse, visuelle Wahrnehmung und interne motorische Simulation, die zusammengesetzt werden müssten, sondern die wahrgenommene Bewegung *ist* bereits die verstandene Zielbewegung. Auch »Spiegelneurone« erzeugen keine internen Repräsentationen, sondern dienen nur als spezielle Substrate einer *verkörperten sozialen Wahrnehmung.*

Auf die sensomotorische Wahrnehmung des anderen trifft insofern der phänomenologische Transparenzbegriff zu (▶ Kap. 4.2.4): Der eigene Leib ist durch implizite Koppelung so in die Wahrnehmung integriert, dass wir »durch ihn hindurchsehen«. Unbemerkt verbindet sich der Anblick des anderen mit subtilen eigenleiblichen Empfindungen zu einem lebendigen Gesamteindruck. Die soziale Wahrnehmung ist sozusagen immer mit Mitempfindungen »getränkt«. Dies entspricht den phänomenologischen Analysen von Merleau-Ponty: Die eigenleibliche Resonanz ist eine latente Komponente der interpersonellen Wahrnehmung, nämlich im Sinne einer impliziten Koppelung, die prinzipiell auch bewusst zu machen ist. Es handelt sich also nicht nur um rein subpersonale Prozesse – sonst wären jene phänomenologischen Analysen gar nicht möglich gewesen.

Fassen wir zusammen: Die »Spiegelneuronen«, die sowohl dem motorischen System zugehören als auch Wahrnehmungsaufgaben haben, lassen sich in die Funktions- und Gestaltkreiskonzepte v. Uexkülls und v. Weizsäckers gut integrieren: Der zirkuläre Zusammenhang von Wahrnehmung und Bewegung erweist sich auch für das intersubjektive Verhältnis als grundlegend. Das Verständnis ebenso wie die Nachahmung der Handlungen anderer beruhen auf einer »bewegungshaltigen Wahrnehmung«, einem latenten Mitvollzug.[162] Auch die Empathie, das Mitempfinden von Gefühlen, lässt sich aus dem Konzept des Gefühlskreises verstehen (▶ Abb. 10): »E-motionen« stellen in gewissem Sinn ebenfalls »Bewegungen« dar und zeichnen bestimmte motorische Reaktionen vor, etwa den traurig niedergeschlagenen Blick, die zorngeballte Faust oder den Freudensprung. Nehmen wir noch hinzu, dass die soziale Wahrnehmung in der Regel nicht auf eine Seite beschränkt bleibt, sondern wie etwa in der Mutter-Kind-Dyade ein in Sekundenbruchteilen ablaufendes Wechselspiel von Ausdrücken und Eindrücken darstellt, so können wir sagen, dass sich hier zwei Körper zu einem *dynamischen Resonanzsystem* zusammenschließen (Fuchs u. De Jaegher 2009, Fuchs 2024):

> »Zwischen [...] meinem Leib, so wie ich ihn erlebe, [...] und dem des anderen, so wie ich ihn von außen sehe, herrscht ein inneres Verhältnis, welches den anderen als die Vollendung des Systems erscheinen lässt« (Merleau-Ponty 1966, 403 f.).

Auch wenn die Forschungen derzeit noch im Fluss sind, weisen sie jedenfalls darauf hin, dass es auch auf biologischer Ebene eine *intersubjektive Matrix* für die Wahrnehmung von Handlungen und Gefühlen gibt. Dem entspräche auf phänomenologischer Ebene der Primat der Zwischenleiblichkeit als einer übergreifenden Sphäre, aus der heraus sich Selbst und Anderer als zunehmend eigenständige Pole entwickeln und einander gegenübertreten. Dieser weiteren Entwicklung zur sekundären Intersubjektivität wollen wir uns nun zuwenden.

---

162 Das wurde bereits in der Gestaltpsychologie erkannt. So schrieb Koffka, die Phänomene der kindlichen Nachahmung ließen sich gut mit der Annahme eines »direkten Strukturzusammenhanges« von Wahrnehmung und Bewegung erklären (Koffka 1925/1966). Grundsätzlich enthalten alle wahrgenommenen Formen und Gestalten immer auch Bewegungssuggestionen, weshalb man z. B. von ›steigenden‹ und ›fallenden‹ Linien oder Melodien sprechen kann. Schmitz (1989b) hat dies unter dem Begriff der »Gestaltverläufe« phänomenologisch eingehend beschrieben.

5.3 Sekundäre Intersubjektivität

Gegen Ende des ersten Lebensjahres entwickelt der Säugling die Fähigkeit, gemeinsam mit einem Erwachsenen den Fokus der Aufmerksamkeit auf ein Drittes, also auf Objekte oder Ereignisse zu richten. Dies markiert eine neue Stufe, die Trevarthen auch »sekundäre Intersubjektivität« nennt (Trevarthen u. Hubley 1978). Die neurobiologischen Grundlagen dieser Entwicklung sind erst in Ansätzen erforscht und können daher nur angedeutet werden. Die Darstellung verfolgt in erster Linie das Ziel, die Entfaltung spezifisch personaler kognitiver Strukturen als eine *verkörperte und interpersonale* Entwicklung zu charakterisieren: Gerade die menschlichen Vermögen der Sprache, der Reflexion und der Perspektivenübernahme bilden sich nicht durch genetisch festgelegte Ausreifung, sondern in erster Linie durch *gemeinsame soziale Praxis,* die sich in den Strukturen des Gehirns niederschlägt.

5.3.1 Die Neunmonatsrevolution

Im neunten bis zwölften Lebensmonat kommt es zu einer Reihe von sprunghaften Entwicklungsschritten des Säuglings, die Tomasello (2002) als »Neunmonatsrevolution« bezeichnet hat (Vorstufen finden sich aber auch schon im 7./8. Monat). Biologisch unterstützt wird diese Entwicklung dadurch, dass die Synaptogenese, also die Neubildung neuronaler Verschaltungen, in diesem Zeitraum ihren Höhepunkt erreicht, bevor sie im Laufe des zweiten Lebensjahres dann wieder deutlich abnimmt. Hier liegt also die Phase der intensivsten Transformation von Umwelterfahrungen, insbesondere von sozialen Interaktionen, in die bleibenden Vernetzungsstrukturen des Gehirns (Markowitsch u. Welzer 2005, 174). Zum anderen erreicht die Ausreifung des Hippokampus sowie von Strukturen des Arbeitsgedächtnisses im Parietal- und Frontallappen einen Grad, der das Behalten komplexer Informationen über einen gewissen Zeitraum und damit die folgenden Lernprozesse ermöglicht (ebd., 175f.).

Im Alter von acht bis zehn Monaten beginnen Babys, sich gemeinsam mit Erwachsenen Gegenständen zuzuwenden und sich dabei ihrer Aufmerksamkeit durch kurze Blicke zu vergewissern, was als *»joint attention«* bezeichnet wird (Tomasello 2002, 78ff.). Bald gehen die Babys auch dazu über, die Aufmerksamkeit der Erwachsenen durch »deiktische Gesten« auf Dinge zu lenken: Sie *zeigen* (proximal) und *deuten* (distal) auf Objekte, die die anderen sehen sollen (Carpenter et al. 1998, Liszkowski et al. 2006). Umgekehrt beginnen sie, die Zeigegesten der Erwachsenen zu verstehen, also die »Bedeutung« der deutenden Hand, die zugleich ihnen gilt. Dies impliziert die gemeinsame Beziehung auf ein Drittes, das übereinstimmend gesehen oder gehandhabt wird.

Damit öffnet sich der Ring der primären, dyadischen Zwischenleiblichkeit und wird zu einem Dreieck: Seine Basis ist die primäre verkörperte Beziehung zwischen Mutter und Kind, unterstützt durch wechselseitigen Augenkontakt; seine Seiten sind (a) die konvergenten Richtungen ihrer Blicke auf das Objekt und (b) die deklarativen Zeigegesten von Mutter oder Kind (Fuchs 2013a). In der Objekttriangulation manifestiert sich nach Tomasello eine spezifisch menschliche Kommunikation: Hier liegt die grundsätzliche Grenze der mentalen Fähigkeiten anderer Primaten, die keine gemeinsame Aufmerksamkeit durch deklaratives Zeigen entwickeln können. Auch wenn Menschenaffen, die in menschlicher Umgebung aufwachsen, zu sogenannten imperativen Zeigegesten fähig werden (»gib mir das!«), so ist doch damit keine deklarative oder kooperative Einstellung verbunden. Diese Einstellung hat Tomasello als entscheidende Differenz hervorgehoben (Tomasello et al. 2005, 2007): Nur durch das Teilen der Intention wird eine gemeinsame »Wir-Intentionalität« konstituiert (»schau mal da!«, »jetzt sehen wir dies gemeinsam«).

Ein weiterer, damit zusammenhängender Entwicklungsschritt ist die *soziale Bezugnahme (social referencing):* Etwa ab dem neunten Monat lernen Kinder von den Reaktionen der Erwachsenen die emotionale Bewertung von Objekten und Situationen, was also z.B. gefährlich, harmlos, erfreulich, ekelerregend ist, usw. (Hornik et al. 1987, Hirshberg et al. 1990). Nach dem Konzept der *»natural pedagogy«,* das Csibra und Gergely (2009, 2011) entwickelt haben, zeigen Kinder eine angeborene Tendenz, von anderen zu lernen: Sogenannte »ostensive Hinweise« der Bezugspersonen wie Augenkontakt, Gestik und Vokalisierungen signalisieren einen gemeinsamen Lernkontext (»das ist wichtig!«), sodass das Kind die folgende objektgerichtete Handlung des Erwachsenen als bedeutsam versteht und zu imitieren versucht.

Dazu muss das Kind offenbar Ziel, Zweck und Mittel der Handlung erfassen können. Es versetzt sich damit in den »intentionalen Raum« des anderen und versucht zu begreifen, wozu er den Gegenstand benutzt. Zugleich machen Kinder dabei die Erfahrung, auch selbst von den anderen als intentionale Wesen wahrgenommen zu werden. Gemeinsame Aufmerksamkeit ist also nicht nur auf Objekte bezogen, sondern gibt den Kindern auch ein neues Mittel, um zu erkennen, wie andere sich auf sie beziehen. »Indem sie sich immer wieder vergewissern, ob ein anderer sich gemeinsam mit ihnen engagiert, beginnen Kinder sich auch ihrer eigenen Existenz im Bewusstsein der anderen zu vergewissern« (Rochat 2009, 80).

Zusammengefasst bedeutet *joint attention* die Fähigkeit, sich mit anderen auf einen gemeinsamen Kontext zu richten und ihre Perspektive auf ein Objekt ebenso zu erfassen wie ihre Perspektive auf einen selbst. Darin liegt ein entscheidender Schritt in der Ontogenese, nämlich der Beginn der »exzentrischen Position«, in der die menschliche Personalität ihren spezifischen Ausdruck findet. Dieser Schritt erfolgt lange vor der Entwicklung von sprachlicher Symbolisierung und vor jedem theoretischen Wissen über mentale Zustände anderer – nämlich in Rahmen verkörperter sozialer Wahrnehmung. Studien zeigen, dass schon zehn bis elf Monate alte Kinder auch in kontinuierlich fortgesetztem Verhalten von Erwachsenen intentionale Sequenzen, also Beginn, Ziel und Abschluss von Handlungen abgrenzen können (Baldwin u. Baird 2001). Kinder von 15–18 Monaten verstehen, was ein Erwachsener tun möchte und führen eine unvollständige Handlung an seiner Stelle zu Ende (Meltzoff u. Brooks 2001). Bevor sie wissen, was Intentionen auf theoretischer oder begrifflicher Ebene bedeuten könnten, verfügen sie also bereits über ein pragmatisches Wissen von ihnen. Die Intentionalität der anderen ist kein privater mentaler Zustand, der erst erschlossen oder simuliert werden muss, sondern sie ist sichtbar in den Sinngestalten ihrer Handlungen und verkörpert in den Gesten ihres Leibes.

5.3.2 Der verkörperte Erwerb der Sprache

5.3.2.1 Sprache als soziale Praxis

Mit der Sprache schließlich erlernt das Kind ein grundlegend neues, nämlich repräsentationales oder symbolisches Medium der Kommunikation, aber auch der Erkenntnis der Welt und seiner selbst. Der Weg dazu verläuft jedoch über die präsymbolischen Formen der Kommunikation, die wir schon dargestellt haben: Der sprachliche Austausch setzt den zwischenleiblichen und affektiven Austausch voraus. Folgen wir dem sozialpragmatischen Ansatz des Spracherwerbs (Bruner 1987, Nelson 1996, Tomasello 2002), dann vollzieht er sich nicht rein kognitiv, als wäre Sprache ein abstrakt zu erlernendes Zeichensystem. Er verläuft vielmehr als ein *zwischenleibliches Handeln,* das an die soziale Situation und gemeinsam wahrgenommene Objekte gebunden ist (vgl. Fuchs 2016a). Die ersten Worte, die Kinder sprechen, sind integriert in die Aktivitäten, in die sie involviert sind, und die von den Eltern strukturiert werden. Die Voraussetzungen dafür sind insbesondere:

(1) die Teilnahme des Kindes an einer Interaktionsform, die schon vorsprachlich erschlossen und verständlich ist (Zwischenleiblichkeit);
(2) die mit Erwachsenen geteilte Aufmerksamkeit auf ein Drittes, und zwar in dem praktischen Kontext, auf den sich die Sprache bezieht;
(3) das Erfassen der kommunikativen Absichten der anderen, basierend auf ihren zielgerichteten Bewegungen, Zeige- oder Ausdrucksgesten.

Die soziale Praxis stellt also den Bezugspunkt ebenso wie den Rahmen dar, innerhalb dessen die Symbolsprache erlernt wird. Konkret bedeutet das, dass die ersten Worte mit bereits verständlichen Gesten, vor allem der Zeigegeste verknüpft werden. Die Eltern sehen oder zeigen zum Beispiel deutlich auf ein Objekt und benennen es (»Schau! Ein Ball!«). Das Kind muss nun verstehen, dass die Eltern ihre Aufmerksamkeit auf das Objekt mit ihm teilen wollen, also ihre kommunikative Intention (Tomasello 2009). Dazu synchronisiert es seine Wahrnehmung mit ihrer erkennbaren Aufmerksamkeit, ihrem gerichteten Verhalten und ihren verbalen Äußerungen.

Das Sprachvermögen entwickelt sich somit nur in einer zwischenleiblichen Praxis, in typisch wiederkehrenden Situationen: Essen, Waschen, Anziehen, Windelwechseln, Spielen, einen Turm bauen, Enten füttern, usw. Das Kind lernt erst, sich an den praktischen Situationen zu beteiligen, dann ordnet es die Sprache, die es dabei gehört hat, nach und nach in diesen Kontext ein (Bruner 1983). Das Wort »Ball« lernt es beim Ball*spielen,* Ball*werfen* oder Ball*holen;* das Wort »da« in Verbindung mit der Geste des Zeigefingers; das Wort »au!« oder »weh« in Verbindung mit dem Schmerzausdruck; die Bedeutung von »groß« oder »klein« lässt sich mit dem Körper gestisch darstellen, usw. Doch übernimmt das Kind ein neues Wort für einen Gegenstand nur dann, wenn die Aufmerksamkeit der Erwachsenen auf diesen Gegenstand gerichtet ist. Sehen sie in eine andere Richtung oder kommt die Stimme vom Band, stellt das Kind die Verknüpfung von Wort und Gegenstand nicht her (Tomasello 2000, Dittmann 2002, 43).

Ein Wort als bedeutsam zu erfassen, setzt freilich noch keine begrifflichen Kategorisierungen voraus, sondern eher eine Typisierung von Proto-Begriffen nach Ähnlichkeiten von Form oder Verhalten (das Wort »Ball« meint zunächst nur »solche runden, rollenden Dinge«). In der Folge führt dies nun zu einer *umkehrenden Imitation:* Das Kind nutzt die ersten Worte (»da!«, »Ball!«), oft in Verbindung mit einer eigenen Zeigegeste, um den Erwachsenen zu zeigen, was es selbst interessant gefunden hat und teilen möchte.

Dass die Erwachsenen die verbale Geste verstehen, wirkt dann als Verstärkung, die die neue Bedeutung der Geste stabilisiert.[163]

Worte sind also ursprünglich *Lautgesten* und ergänzen anfänglich nur die Zeigegeste (das erste »Zeichen«) und andere Ausdrucksgesten. Doch die Stimme löst das Zeichen von der physischen Bewegung ab und transponiert es in das unsichtbare, nicht mehr lokalisierbare Medium des Schalls. Damit vervielfachen sich die Möglichkeiten der Bezugnahme, und schließlich lassen sich die Lautzeichen auch von der konkreten Situation ablösen. Sie können auf abwesende Objekte verweisen, etwa auf Mama oder Papa, wenn sie nicht da sind; sie können sogar auf »so etwas wie«, also auf ähnliche, allgemeine oder abstrakte Gegenstände verweisen. Mit zunehmender Sprachdifferenzierung treten die begleitenden Gebrauchs-, Zeige- oder Ausdrucksgesten in den Hintergrund und werden durch die symbolische Rede ersetzt. Die verbleibenden Gesten dienen eher visuell-ikonischen Aspekten, etwa um die Formen, Richtungen oder Strukturen der Dinge zu illustrieren, von denen die Rede ist. Dennoch bleibt alles Sprechen immer auch ein Zeigen oder Hinweisen, eine »deiktische Handlung«. »In Wahrheit *ist* das Wort Gebärde, und es trägt seinen Sinn in sich wie die Geste den ihren« (Merleau-Ponty 1966, 217).

5.3.2.2 Neurobiologische Grundlagen

Wie wir bereits an dieser kurzen Skizze des Spracherwerbs erkennen, spielt der Körper als Medium aller Interaktion für diesen Prozess eine entscheidende Rolle. Wie spiegelt sich dies in der neuronalen Verankerung der Sprache?

Für die Sprachentwicklung spielt die Neuroplastizität eine zentrale Rolle; im Verlauf der bedeutungsvollen Interaktionen mit anderen wird das Gehirn zur Matrix der Sprache. Der überreichen Ausbildung synaptischer Kontakte in den ersten Lebensjahren entspricht die universelle Sprach- und Lautbegabung des Kleinkindes, die durch das Erlernen der Muttersprache auf ein bestimmtes Muster eingeschränkt wird.[164] Dies folgt dem allgemeinen Prin-

---

163 Häufig selektiert die Interaktion Worte aus den spontanen Vokalisationen, dem »Gebabbel« des Kindes und verwandelt sie in bedeutsame Signale: Wenn das Kind z. B. zufällig »Mama« oder »Papa« produziert, nehmen die Eltern diese Äußerung auf und verstärken sie entsprechend. Die Wirkung seiner Vokalisationen veranlasst das Kind dann dazu, sie gezielt zu wiederholen und so ihre Bedeutung zu begreifen.

164 In den ersten Monaten können Säuglinge z. B. noch mehr Phoneme unterscheiden als Erwachsene ihrer Kultur (Markowitsch u. Welzer 2005, 187 f.).

zip, dass ein Überschuss an Entwicklungspotenzial unter dem Einfluss der soziokulturellen Umgebung selektiert und spezifiziert wird.

Zwei Aspekte sind hier von Bedeutung. Zunächst zeigt die früher entwickelte rechte Hirnhälfte, die die dominante Hemisphäre für die Verarbeitung von *Musik* darstellt, bis zum zweiten Lebensjahr beim Hören von Sprache im EEG eine stärkere Aktivierung als die linke (Patel 2003; McMullen and Saffran 2004). Dies entspricht der größeren Rolle der musikalischen Momente (Sprachmelodie, Intonation, Rhythmus) für die Wahrnehmung des Kleinkindes (Trevarthen 1998).

Je weiter die Entwicklung der symbolischen Sprache voranschreitet, desto mehr übernehmen Areale in der linken Hirnhälfte sprachrelevante Funktionen, insbesondere das Wernicke- und das Broca-Zentrum, andere prämotorische Areale sowie die Basalganglien (Kaan u. Swaab 2002). Dennoch überlappen die neuronalen Ressourcen für die Verarbeitung von Sprache und Musik, insbesondere in der Broca-Region und ihrem rechtshirnigen Pendant, auch im späteren Leben noch stark (Koelsch et al. 2005, Koelsch 2005). Dies legt nahe, dass das Gehirn zumindest im Kindesalter Musik und Sprache nicht als separate Domänen verarbeitet, sondern eher Sprache als eine besondere Form von Musik, ja *dass die musikalischen Fähigkeiten des Menschen eine entscheidende Voraussetzung für den Spracherwerb darstellen.*

> Sprache und Musik sind gleichermaßen zeitlich organisiert, als Sequenzen und Muster von Rhythmus, Dynamik, Betonung und Intonation (McMullen u. Saffran 2004). Diese Parallele entspricht der Rolle der vokalisch-rhythmischen Interaktion und Affektresonanz in der frühen Mutter-Kind-Dyade, die oben dargestellt wurde: Die Musikalität der frühen Interaktion liefert die Grundlage, auf der sich später die zeitliche Dynamik der Sprache entfalten kann.
>
> Akustische Analysen der Rhythmik, Qualität und Dynamik der wechselseitigen Vokalisierungen von Säuglingen und Bezugspersonen stützen die Theorie der »kommunikativen Musikalität« (Malloch 1999): Am Spracherwerb sind offensichtlich emotionale Aspekte beteiligt, die sich besonders in der Prosodie äußern. Dementsprechend zeigen Bildgebungsstudien, dass sich die stärksten Antworten auf menschliche Vokalisationen in der rechten oberen Temporalregion finden, nahe den Arealen, die auch an der Verarbeitung von Musik beteiligt sind (Belin et al. 2002). Darauf beruht die Annahme einer Ko-Evolution von Musik und Sprache, die die emotionale Kommunikation mittels Prosodie und Ausdruck als primäre Wurzel beider Systeme betont (McMullen u. Saffran 2004).

Der zweite Aspekt bezieht sich auf die Einbettung des Spracherwerbs in interaktive Kontexte. Spezialisierte Hirnregionen sind für die neuronale Verknüpfung von Wahrnehmung, Handlung und Bedeutung erforderlich, wie sie die Sprache herstellt, und zahlreiche Forschungsresultate sprechen für eine zentrale Rolle des sensomotorischen Resonanzsystems (»Spiegelneurone«). Die Lokalisierung der Broca-Region im inferioren prämotorischen Kortex (zuständig für Sprachproduktion, aber auch für Hand- und Mundbewegungen) und ihr Zusammenfallen mit den Hauptarealen dieses Spiegelsystems legt nun die Annahme nahe, dass Sprache ursprünglich ein *interpersonales Resonanzsystem für Handlungsentwürfe* darstellte. Sprachhandlungen könnten danach in der Entwicklung des Menschen als eine Form sozialer Motorik entstanden sein, die durch ihre Resonanz im Zuhörer die Vorstellung der begleitenden Handlungen wachrief.[165] Näher lässt sich dies folgendermaßen vorstellen:

Spiegelneurone reagieren, wie wir sahen, auch auf *zielgerichtete* Bewegungen, d. h. sie werden aktiviert, wenn die Hand eines anderen nach einem Objekt greift, das zuvor noch sichtbar war, jetzt aber außerhalb des Blicks liegt (Umiltá et al. 2001). Dies entspricht erkennbar der Zeigegeste, die sich auch auf ein entferntes oder nicht sichtbares Objekt richten kann. Wenn nun die Spiegelneurone auf nur *angedeutete* Zielbewegungen reagieren und das Ziel »ergänzen« (Umiltà et al. 2001), dann konnten sie in der Kulturentwicklung auch durch die *Zeigegeste* aktiviert werden, sodass das im Zeigen jeweils gemeinte Objekt mit vergegenwärtigt wurde.

Typischerweise verbinden die Erwachsenen das Zeigen auch mit den ersten Worten (»da!«, »Ball« usw.), d. h. Gestikulation und Vokalisation verbinden sich miteinander. Die inzwischen nachgewiesene Existenz *audiomotorischer* Spiegelneurone in der Broca-Region von Affen macht die ergänzende Verknüpfung nun auch für die *vokalen Gesten* wahrscheinlich. Diese Neuronen werden bei Affen gleichermaßen aktiviert,

(1) wenn das Tier eine Aktion beobachtet, die ein Geräusch auslöst – etwa einen Schlag auf den Tisch oder das Knacken einer Erdnuss,
(2) wenn es diese Handlung selbst ausführt, oder auch
(3) wenn es *dieses Geräusch nur hört* (Kohler et al. 2002, Keysers et al. 2003).

Übertragen auf menschliche Stimmen würde dies bedeuten, dass die gehörte Stimme die gleiche Handlung mit einem Objekt evoziert, wie sie der Zuhörer auch selbst ausführen könnte.

Wenn nun im frühen Spracherwerb Zeige- und Lautgesten regelmäßig verknüpft werden, kann sich eine neuronale Koppelung bilden zwischen

---

[165] Vgl. dazu auch Rizzolatti u. Arbib (1998), deren Interpretation allerdings von der hier vertretenen in einigen Punkten abweicht.

(1) dem Objekt, auf das gezeigt wird,
(2) dem damit verbundenen Laut, und
(3) der eigenen möglichen Handlung mit diesem Objekt.

Im Ergebnis kann dann die vokalische Geste schon als solche *die Vorstellung des Objekts und das zugehörige Handlungsschema aufrufen* – ähnlich wie die gehörte Melodie beim Pianisten die zugehörigen Fingerbewegungen aufruft (▶ Kap. 4.2.1).[166] Das zunächst nur begleitende Lautgebilde wird also selbst »transparent« für das gemeinte Objekt und den möglichen Umgang mit ihm. Lautgesten übernehmen nun zunehmend die Rolle der Zeigegeste (als referenzielle Sprache) oder des Gefühlsausdrucks (als expressive Sprache). Zugleich tritt die gestikulierende Verweisung auf Objekte immer mehr in den Hintergrund – wie dies auch in der Entwicklung von Kleinkindern zu beobachten ist.

Im akustischen Medium löst sich das Wort auch vom Sprecher ab und wird von ihm selbst und dem Empfänger gemeinsam gehört. Die akustische Geste ist also nicht mehr subjektgebunden, sondern wird für beide Partner selbst zu einem Dritten, zu einem *intersubjektiven Symbol.* Darin sah bereits Mead (1973) das entscheidende Merkmal der Sprache: Das gesprochene Wort als »signifikante Geste« wird dadurch zum Symbol, dass es im Sprecher grundsätzlich die gleiche Reaktion bzw. Vorstellung auslöst wie im Hörer.

Dies ließe sich auf neurobiologischer Ebene nun so nachvollziehen: Die Verständigung durch Worte hat darin ihre Grundlage, dass das Wort in Sprecher und Hörer vermittels des Resonanzsystems kongruente neuronale Muster und damit Vorstellungen bzw. Handlungsentwürfe aktiviert. Die gleichsinnig gerichtete Intention beider Partner, die sich im Wort als intersubjektivem Symbol manifestiert, fände damit ihre Entsprechung in der Resonanz, die sich auf neuronaler Ebene zwischen ihnen herstellt. Sprache, so lässt sich diese Konzeption zusammenfassen, stellt nicht nur eine geistige Verbindung zwischen Menschen her, sie bedient sich dazu auch eines biologisch verankerten *interpersonellen Resonanzsystems.*

Das Sprachvermögen entwickelt sich freilich nicht naturwüchsig aus einer biologischen Anlage, sondern es bedarf wie kein anderes menschliches

---

166 Diese Verknüpfung wird besonders durch Aziz-Zadeh et al. (2006) gestützt, der zeigen konnte, dass beim Beobachten von Handlungen anderer die gleichen kortikalen Areale aktiviert sind wie beim Verstehen von entsprechenden handlungsbezogenen Sätzen. Zur Verbindung von Wortverständnis und Handlungstendenzen, die sich in motorischen Hirnregionen beobachten lassen, vgl. im Einzelnen Pulvermüller (2005) und Fuchs (2016).

Vermögen der Einbettung in eine umgebende Sphäre gemeinsamer Sinnstrukturen und gemeinsamer kommunikativer Praxis, um sich entfalten zu können. Sprachliche Bedeutungen existieren nur *zwischen* den Individuen, so wie bereits das Deuten mit dem Finger nur aus der gemeinsamen Richtung des Blickens seinen Sinn erhält. Worte sind die Träger der intersubjektiven Bedeutungen, die sich in einer Kultur herausgebildet, immer weiter differenziert und zu einem komplexen Verweisungssystem entfaltet haben. Um sie zu erlernen, müssen Kinder in einem zwischenleiblichen, emotionalen und praktischen Kontakt mit anderen stehen. Sie müssen die Fähigkeit entwickeln, sich mit ihnen auf das gleiche Objekt zu richten und ihre Intentionen zu teilen. In diesen triadischen Interaktionen können sich die vokalen Gesten entfalten, durch die wir miteinander symbolisch kommunizieren.

Wenn das Kind nun in der Interaktion mit anderen ihre Sprache erlernt, dann fungiert sein Gehirn als Organ der Vermittlung, das die gehörten Worte mit neuronalen Mustern von generalisierten Interaktionserfahrungen so koppelt, dass sich eine *Resonanz mit den allgemeinen Bedeutungs- und Sinnstrukturen der sozialen Welt* einstellt. Damit wird das Gehirn freilich nicht als solches zum Ort von Bedeutungen oder zum »symbolverarbeitenden Organ« – die genannte Resonanz ist nur die Voraussetzung dafür, dass *das Kind* Worte als bedeutsam versteht und so an der gemeinsamen, durch Symbole vermittelten geistigen Welt partizipieren kann.

5.3.3 Ausblick: Sprache, Denken und Perspektivenübernahme

So wie sich die Sprache allmählich von den begleitenden Zeige- und Ausdrucksgesten abkoppelt, so kann sie sich auch von ihrem primären Träger, nämlich der vokalischen Geste ablösen und zur *Vorstellung* gesprochener Worte werden. Werden diese vorgestellten Worte anfangs noch innerlich mitgehört und mitgesprochen, so schreitet ihre »Entkörperung« schließlich so weit voran, dass sie als reine Vorstellungen für ihren Gehalt transparent sind. Damit werden die gesprochenen zu *gedanklichen* Verknüpfungen. Dabei bleibt Denken aber immer »eine Tätigkeit des Operierens mit Zeichen« (Wittgenstein 1969), ein virtuelles Umgehen mit Repräsentationen von Objekten und Beziehungen, also ein *Probehandeln,* wie Freud (1911) es nannte. Als Statthalter komplexer Wahrnehmungs- oder Verhaltensabläufe ersparen Gedanken und Vorstellungen das reale Durchspielen von Möglichkeiten auf dem Weg von Versuch und Irrtum mit den dazugehörigen Risiken. Dennoch bleibt Denken immer auch ein leiblicher Vollzug, ein inneres Sprechen.[167]

Zu den wichtigsten Entwicklungsschritten, die mit dem Spracherwerb einhergehen, gehören zweifellos die eng miteinander verbundenen Fähigkeiten zur *Perspektivenübernahme* und zur *Reflexion*. Sprache verstehen heißt den Standpunkt des anderen mitzudenken, was durch die Gemeinsamkeit und Wechselseitigkeit der Sprachsymbole ermöglicht wird. Ihr Gebrauch als solcher impliziert schon einen Rollentausch: Das Kind verwendet den Erwachsenen gegenüber dieselben Zeichen, die sie ihm gegenüber gebraucht haben (Tomasello 2002, 129). Nach Mead ist es die Reflexivität der sprachlichen Geste, die die Perspektivenumkehr begünstigt: Der Sprechende spricht immer auch zu sich selbst. »Wir lösen ständig, insbesondere durch vokale Gesten, in uns selbst jene Reaktionen aus, die wir auch in anderen Personen auslösen, und nehmen damit die Haltungen anderer Personen in unser eigenes Verhalten hinein« (Mead 1973, 108). Das Wort als intersubjektives Symbol enthält also in sich schon ein reflexives Moment. Insbesondere gibt die Selbstbezeichnung durch den *Eigennamen* dem Kind die Möglichkeit, sich selbst in der Vorstellung gegenüberzutreten und sich aus der Perspektive der anderen als *Person* wahrzunehmen.

Über die gemeinsame Aufmerksamkeit am Ende des ersten Lebensjahres hinaus ermöglicht der Spracherwerb dem Kind, sich in andere hineinzuversetzen, ihre Absichten nachzuvollziehen und ihre Perspektive im eigenen Handeln mitzudenken – die »exzentrische Position« einzunehmen (Fuchs 2013a). Auch dann erlernt es freilich keine »Theorien« oder »Hypothesen« über die anderen – es lernt sie vielmehr als intentional handelnde Wesen mit Zielen, Absichten und Wünschen zu *verstehen*. Ebenso wenig bildet das Kind eine Theorie über sein eigenes Erleben, wenn es lernt, »ich weiß …«, »ich denke …« oder »ich spüre …« zu sagen. Das Kind ist kein externer Beobachter oder Wissenschaftler in der Lebenswelt, sondern es interagiert als verkörpertes Wesen mit anderen, und auf diesem Weg erlernt es ein *psychologisches Verstehen* als eine Form praktischen Wissens darüber, worum es dieser Person

---

[167] »Das Denken ist nichts ›Innerliches‹, das außerhalb der Welt und außerhalb der Worte existierte. Was uns darüber täuscht und uns an ein allem Ausdruck zuvor für sich existierendes Denken zu glauben verleitet, ist bloß die Existenz bereits konstituierter und schon ausgedrückter Gedanken, deren wir freilich uns stillschweigend erinnern können, und die auf diese Weise die Illusion eines Innenlebens des Denkens erwecken. In Wahrheit aber (…) ist auch jenes Innenleben des Denkens ein inneres Sprechen« (Merleau-Ponty 1966, 217). Worte und Sprache sind, wie Merleau-Ponty auch sagt, »*der Leib des Denkens*« (ebd., 216).

in dieser Situation geht (Markowitsch u. Welzer 2005, 203). Die Fähigkeit, unzutreffende Überzeugungen zu erkennen, von denen andere irrtümlich ausgehen – und damit die *»false-belief«*-Tests der *Theory-of-Mind*-Forschung zu bestehen – erlernt das Kind nicht vor dem vierten Lebensjahr. Bevor es also in der Lage ist, das Verhalten anderer zu erklären oder vorherzusagen, ihre Gedanken zu »erraten« oder zu »simulieren«, versteht es sie längst aufgrund ihrer Gesten, Äußerungen und Handlungen im gemeinsamen Kontext der Lebenswelt.

Die Verinnerlichung sprachlicher Interaktionen lässt sich dann mit den *reflexiven, in sich dialogischen Denkprozessen* identifizieren. In diesem Sinn hatte schon Platon die Gedanken als »das innere Gespräch der Seele mit sich selbst, das ohne Stimme vor sich geht«, verstanden.[168] Selbstbewusstsein bzw. Ich-Bewusstsein ist die stets gegebene latente Möglichkeit oder aktuelle Realisierung dieses Selbstgesprächs. Dies schließt auch gegensätzliche innere Stimmen ein, in denen das Kind sich beurteilend gegenübertritt. Es beobachtet dann sein eigenes Verhalten so, als ob es das Verhalten einer anderen Person betrachten, kommentieren oder bewerten würde.[169] Eine zentrale Voraussetzung dafür ist die Erfassung der *Negation,* des elterlichen Neins, insofern es dem Kind Anlass gibt, sich von den eigenen Impulsen zu distanzieren. Konkret geschieht dies, indem es das gehörte ›Nein‹ in entsprechenden Situationen in sich nachklingen lässt oder nachahmt. Man kann im zweiten Lebensjahr z.B. beobachten, wie das spielende Kind zu sich selbst (oder auch zu seiner Puppe) »nein, nein« sagt oder den Kopf schüttelt (Bruner 1977, 842). Mit der Negation treten nun auch die reflexiven Gefühle von Peinlichkeit oder Scham auf, in denen sich das Kind mit den Augen der anderen wahrnimmt und bewertet.

Auf der Grundlage von Reflexion, Negation und den Erfahrungen mit einer Grenzen setzenden sozialen Umgebung entwickeln sich in der Folge die besonderen Fähigkeiten der *Inhibition, Aufmerksamkeitslenkung* und *Impulskontrolle* als zentrale Funktionen des menschlichen Willens. Es handelt sich also um *Hemmungs*funktionen im weitesten Sinn, die der Auswahl von Hand-

---

168 Platon, Sophistes 263 E.
169 Etwas komplizierter drückt Tomasello es aus: »Schließlich führt die Art von Interaktionen, bei der Erwachsene die kognitiven Aktivitäten von Kindern kommentieren oder ihnen ausdrückliche Anweisungen geben, Kinder dazu, die Perspektive eines Außenstehenden auf ihre eigene Kognition in Akten der Metakognition, Selbststeuerung und repräsentationalen Neubeschreibung einzunehmen, woraus sich systematischere kognitive Strukturen in einem dialogischen Format ergeben« (Tomasello 2002, 248).

lungsmöglichkeiten und der Unterdrückung störender Impulse oder ablenkender Reize dienen. Positiv gewendet, dienen sie der zielgerichteten Handlungsplanung, -steuerung und Selbstregulation des Individuums in seiner Umwelt. Diese Hemmungs- und Steuerungsvermögen werden in der Neuropsychologie unter der Bezeichnung »Exekutive Kontrollfunktionen« zusammengefasst und v. a. der spezifisch menschlichen Entwicklung des Präfrontallappens zugeschrieben, der phylogenetisch jüngsten Hirnregion.

Die Ausreifung des präfrontalen Kortex beginnt relativ spät im dritten Lebensjahr – die Synapsendichte erreicht ihren Höhepunkt nicht vor dem fünften Lebensjahr – und ist erst im mittleren Erwachsenenalter abgeschlossen (Fuster 2001). Folgende Areale sind für die exekutiven Funktionen bedeutsam:

(1) Der *dorsolaterale* präfrontale Kortex wird v. a. mit dem Arbeitsgedächtnis in Verbindung gebracht, ebenso ist er zuständig für problemlösende gedankliche Operationen und die Abwägung von Handlungsfolgen. Ausfälle führen zu Störungen der längerfristigen Handlungsplanung und der Umstellungsfähigkeit mit einer Tendenz zu Perseverationen und schwerfälligem Denken.
(2) Der orbitofrontale Kortex dient der Regulation emotionaler Prozesse und der Desaktualisierung von attraktiven Reizen oder Impulsen durch hemmende Bahnen zum limbischen System. Störungen wirken hier einerseits disinhibitorisch als mangelnde Impulskontrolle oder Hyperaktivität, andererseits auch hyper-inhibitorisch als Tendenz zur Depression, Verlangsamung oder Initiativlosigkeit.
(3) Der frontopolare Kortex schließlich trägt offensichtlich sowohl zu Hemmungsfunktionen als auch zur Perspektivenübernahme bei – zwei Funktionsbereiche, die interessanterweise eng miteinander verknüpft sind (Carlson u. Moses 2001): Rücksichtnahme setzt die Hemmung von Primärtrieben voraus. Bei Einnehmen einer Fremdperspektive oder Vorstellung der Bewegungen anderer ist diese Region spezifisch aktiviert (Ruby u. Decety 2001, Decety u. Sommerville 2003). Umgekehrt zeigen Patienten mit Schädigungen des frontopolaren Kortex in moralischen Entscheidungstests eine ausgeprägt *egozentrische* Perspektive (Anderson et al. 1999).

Mit fortschreitender Entwicklung des präfrontalen Kortex gelangen die Strukturen des limbischen Systems immer mehr unter kortikale Kontrolle. Dessen Ausreifung bedarf freilich in besonderem Maß geeigneter Sozialisationserfahrungen – ohne das Erlernen und die Einübung der Willensfunktionen, von Selbstkontrolle, Ausdauer und Aufmerksamkeit in sozialen Kontexten kann auch der Präfrontallappen seine Funktionen nicht ausbilden und erfüllen. Diese Hemmungsfunktionen sind für den Menschen insbesondere erforderlich, um die primär dominierende Eigenperspektive zugunsten einer anderen Perspektive zu relativieren und so auch zum moralisch verantwortlichen Akteur zu werden. Das Vermögen personaler Freiheit als eine komplexe Verbindung von Fähigkeiten zum Aufschub unmittelbarer Impulse, zur besonnenen Überlegung und zur Berücksichtigung einer übergeordneten, intersubjektiven Perspektive ist zwar in den biologischen Strukturen des Gehirns angelegt, bedarf aber einer besonders langen Ausreifung in dem kulturellen Milieu, dem es sich letztlich verdankt.

Damit wollen wir diesen Ausblick auf die weitere Entwicklung menschlicher Vermögen nach der frühen Kindheit beenden und uns zusammenfassend dem grundsätzlichen Verhältnis von Gehirn und Kultur zuwenden.

5.4 Zusammenfassung: Gehirn und Kultur

Während die genetische Evolution vergleichsweise langsam verlief, haben die Menschen eine erheblich beschleunigte »kulturelle Vererbung« entwickelt, in deren Verlauf einmal entwickelte Fähigkeiten durch Nachahmung und Lernen transgenerational weitergegeben und weiterentwickelt werden. Diese kumulative Entfaltung menschlicher Kultur beruht nach Tomasello (2002) wesentlich auf der Identifikation mit anderen als intentional handelnden und kommunizierenden Wesen. Denn gerade die spezifischen Träger der Kulturentwicklung, nämlich Werkzeuge und Sprache, verweisen stets über sich hinaus auf anderes: Werkzeuge auf Probleme, die sie lösen, Worte auf Situationen und Erlebnisse, die sie repräsentieren sollen. Um den Gebrauch dieser Kulturwerkzeuge zu erlernen, müssen Kinder die Intentionen, Ziele und Absichten der anderen verstehen und sich in sie hineinversetzen können. Dies setzt wiederum voraus, dass sie von Beginn an zu ihren Eltern in einer zwischenleiblichen und emotionalen Beziehung stehen, in der sich – noch vor aller symbolvermittelten Kommunikation – ihre entscheidenden sozialen Bindungen und Fähigkeiten bereits entwickeln können.

Die Ergebnisse der Kulturanthropologie und Entwicklungspsychologie zeigen übereinstimmend, dass sich die spezifischen sozialen und kognitiven Vermögen des Menschen nicht durch die biologisch-genetische, sondern in erster Linie durch die kulturelle Evolution entwickelt haben. Der Mensch bedarf daher wie kein anderes Lebewesen seiner Artgenossen, um seine Anlagen zu Vermögen zu entfalten. Nirgendwo im Tierreich sind die Nachkommen über einen so langen Zeitraum auf Fürsorge, Unterstützung und Unterrichtung durch die Eltern angewiesen. Keine andere Spezies kommt aber auch mit einem so plastischen und formbaren Gehirn zur Welt wie der Mensch. Seine neurobiologischen Anlagen sind zu einem hohen Anteil Potenziale, die der komplementären Ergänzung durch die emotionalen, sozialen und intellektuellen Kompetenzen der Bezugspersonen bedürfen, um sich zu bleibend verankerten eigenen Vermögen zu entwickeln.

Die soziale und kulturelle Umwelt wird damit zur maßgeblichen »ontogenetischen Nische« für die individuelle menschliche Entwicklung und die Selektion geeigneter neuronaler Strukturen (Tomasello 2002, Kendal 2011, Lende & Downey 2012). Wie wir gesehen haben, lassen sich dabei prinzipiell zwei Stufen unterscheiden: Auf der präreflexiven, präverbalen Stufe dominieren *implizite* Lernvorgänge; sie werden mit der Entwicklung der geteilten Aufmerksamkeit und der Sprache zunehmend durch *explizite,* verbal vermittelte Lernprozesse ergänzt und erweitert.

- Implizites Lernen: Bereits die frühen interaktiven Erfahrungen des Kindes prägen nachhaltig seine Fähigkeiten zum leiblich-emotionalen Umgang mit anderen und damit seine künftigen Beziehungsmuster. Sie manifestieren sich in Phänomenen wie Affektabstimmung, leiblichem Dialog, Empathie, Vertrauen und Bindung. Wiederkehrende Sequenzen gemeinsamer sozialer Praxis inkorporieren sich in Form von interaktiven Schemata im impliziten, leiblichen Gedächtnis. Dieses präverbale Gedächtnissystem bildet einen unbewussten Auszug aus prototypischen Erfahrungen mit anderen und verarbeitet sie zu »schemes of being-with« (Stern 1998a). Aber auch alle in der Umwelt des Kindes üblichen Umgangsformen und Verhaltensstile, vom gemeinsamen Essen über den alltäglichen Lebensrhythmus bis zum Kleidungsstil und Geschmack, werden nach und nach in solche Gewohnheitsschemata einbezogen. Sie gehen dem Kind »in Fleisch und Blut über«, d.h. sie wirken in impliziter, selbstverständlicher Weise und stehen nicht als explizites Wissen zur Verfügung (»knowing-how« statt »knowing-that«; Fuchs 2016b). Der Begriff des »Habitus« oder »sozialen Sinns« (Bourdieu 1987) bezeichnet solche Natur gewordenen, in die habituellen Reaktionen des Individuums eingegangenen sozialen Praktiken; in ihm verschränken sich Biologie und Kultur.
- Explizites Lernen: Wirkt das kulturelle Milieu, in dem das Kind aufwächst, in der ersten Lebensphase eher nach Art eines Rahmens für die impliziten Lernprozesse, so beginnt ab dem Ende des ersten Lebensjahres eine neue Phase der Sozialisation: Indem Kinder die anderen als intentional handelnde Wesen erfassen, werden sie fähig, sich in ihre Welt hineinzuversetzen, »so dass sie nicht nur vom anderen, sondern auch durch den anderen lernen können« (Tomasello 2002, 15).
An die Stelle der unwillkürlich-mimetischen Nachahmung der ersten Lebensphase tritt nun das explizite Imitationslernen: Kleinkinder reprodu-

zieren gezielt das intentionale Handeln Erwachsener gegenüber Objekten ebenso wie ihr interpersonelles Verhalten. Sie versetzen sich in die anderen, identifizieren sich mit ihnen und übernehmen in oft spielerischer Imitation ihre Haltungen und Rollen. Damit erlernen sie spezifische Kulturtechniken im Umgang mit Objekten ebenso wie soziale Kompetenzen im Umgang mit anderen. Dazu treten mit dem Spracherwerb die verbalen, symbolvermittelten Lernprozesse, durch die Kinder die Kulturentwicklung gleichsam im Zeitraffer nachvollziehen können, also in einer Geschwindigkeit, wie sie durch das Imitations- und Modelllernen alleine niemals erreichbar wäre.

Nehmen wir beide Formen des Lernens zusammen, so können wir die menschliche Sozialisation als eine wesentlich *verkörperte Sozialisation* beschreiben. In ihrem Verlauf werden Kulturtechniken und Lebensformen einerseits durch implizites, zwischenleibliches Lernen, andererseits durch explizite Identifikation, Nachahmung und verbales Lernen angeeignet. Diese Lernprozesse lassen sich auch als »*soziale Inkorporation*« auffassen, insofern sich die spezifisch menschlichen Vermögen nur im Rahmen der gemeinsamen, verkörperten Praxis entwickeln und dabei den Reifungsprozessen des Gehirns aufgeprägt werden. Kultur in diesem verkörperten und enaktiven Sinn ist nicht nur ein kognitives System von Zeichen und Bedeutungen, sondern umfasst alle Prozesse der »Bildung« des Individuums und seiner Vermögen, die in seinem Organismus bzw. seinem Gehirn verankert werden. Erst die in einem solchen Milieu »sozialisierten Gehirne« werden zu Trägern der kumulativen sozialen Lernprozesse, die den entscheidenden Fortschritt gegenüber der natürlichen Evolution darstellen. Damit gewinnt das Individuum Anschluss an das soziale und kulturelle Gedächtnis (Halbwachs 1967, Assmann 1992, Fuchs 2017b).

Geist und Bewusstsein entstehen nur in einer umfassenden und dynamischen Interaktion von Organismus, Gehirn und Umwelt. Kognitive Prozesse werden nicht von einem isolierten neuronalen Apparat produziert, der die Welt durch interne Repräsentationen in sich spiegelt. Sie überschreiten vielmehr fortwährend die Grenzen des Gehirns ebenso wie des Körpers. Geistiges beruht auf *Bedeutungen,* und Bedeutungen auf *Beziehungen.* Sie leiten sich ab von der frühkindlichen Erfahrung der geteilten Aufmerksamkeit, des Zeigens, und vom gemeinsamen Gebrauch der Sprache, der intersubjektiven Symbolik der Worte. Korrelate dieser Bedeutungen werden dem Gehirn im Verlauf der Sozialisation als neuronale Muster funktionell und morphologisch eingeschrieben. Dadurch wird das Gehirn zum Organ des Geistes – doch der Geist ist nicht »im Gehirn«, denn er ist *die übergeordnete Manifestation, die*

Gestalt und das Ordnungsmuster aller Beziehungen, die wir als Lebewesen zu unserer Umwelt und als Menschen zu unseren Mitmenschen haben.

Dieser erweiterte Geist bezieht sich auf Informationen, die nicht nur in Form von neuronalen Korrelaten im Gehirn, sondern auch in den vielfältigen Strukturen der Umwelt bereitliegen: in den Strukturen des menschlichen Körpers, in menschlichen Beziehungen, in Sprache und Schrift, in kollektiven Mythen, Gebräuchen und Institutionen, in Kunst, Literatur oder Wissenschaft. Alle diese Erzeugnisse der Kultur sind nicht vom Gehirn produzierte, sondern umgekehrt das Gehirn formende Phänomene. Menschen strukturieren ihre Umwelt immer wieder neu; sie formen kulturelle Nischen, die die kognitive Entwicklung ihrer Nachkommen prägen und Einflüsse über Generationen hinweg ausüben (Sterelny 2010, Krueger 2013).

Dies verweist auf die inhärente Verknüpfung von Verkörperung, Interaktion und Kultur (Durt et al. 2017): Menschen gebrauchen die Dinge ihrer Umwelt nicht nur als Objekte, sondern auch als Träger von geteilten Symbolen und Informationen, die wiederum ihr verkörpertes Gedächtnis prägen. Sie erfinden Schrift, Bücher, Kalender oder Computer, um sie gleichsam als »Außengedächtnisse« zu nutzen. Ja die Sprache selbst ist wohl das wichtigste Gedächtnis, das die Menschheit entwickelt hat, und das in der frühen Sozialisation von jedem Kind inkorporiert wird. Vermittels der Sinne und Glieder schließt sich das Gehirn jeweils mit diesen Informationsträgern der Umwelt zusammen, so wie sich der Leib im geschickten Gebrauch Werkzeuge und Instrumente aneignet. Dies ist nur möglich, weil das Gehirn als Organ des Geistes selbst schon Teil des übergreifenden Systems von kulturellen Bedeutungszusammenhängen geworden ist – zu einem Beziehungsorgan.

6   Der Doppelaspekt der Person

> **Übersicht.** – Gestützt auf die Darstellung des Gehirns in seinen ökologischen Beziehungen, dient das 6. Kapitel der weiteren Ausarbeitung des Konzepts der personalen Aspektdualität. An die Stelle des gängigen Dualismus von Mentalem und Physischem in der Philosophie des Geistes tritt dabei die Einheit des Lebewesens und seines Lebensvollzugs (▶ Kap. 6.1). In der Abgrenzung von identitätstheoretischen Positionen kann diese Konzeption noch schärfer gefasst werden (▶ Kap. 6.2). Der Begriff der integralen Kausalität wird im Licht von Emergenztheorien weiter differenziert; im Vordergrund stehen das Primat holistischer Funktionen gegenüber ihren Komponenten und die Reziprozität von Abwärts- und Aufwärts-Kausalität. Die Rolle des Bewusstseins als Integral der Organismus-Umwelt-Interaktionen wird im Detail diskutiert und von der Vorstellung eines Eingreifens des Geistes in Hirnzustände abgegrenzt. Vielmehr nimmt das Gehirn biografische Erfahrungen als eine »Matrix« auf, die den seelisch-geistigen Vermögen der Person zugrundeliegt und ihre integrale Kausalität ermöglicht (▶ Kap. 6.3). Daraus ergeben sich Folgerungen zur intentionalen Bestimmung neuronaler Prozesse, insbesondere für einen verkörperten Begriff von Willensfreiheit, sowie zu psychosomatischen und somatopsychischen Zusammenhängen (▶ Kap. 6.4).

Mit dem Ausblick auf die Kultur ist die Darstellung des Gehirns in seiner biologischen und sozialen Umwelt zum Abschluss gekommen. Ich möchte nun, an die bisherigen Ergebnisse anknüpfend, die leitende Konzeption einer personalen Aspektdualität noch einmal aufgreifen und weiterentwickeln, insbesondere indem ich sie in den Kontext gegenwärtiger Leib-Seele-Theorien einordne.

6.1   Mentales, Physisches und Lebendiges

Das grundlegende Manko dieser gegenwärtigen Theorielandschaft sehe ich, wie wiederholt dargestellt, im Ausschluss eines eigenständigen Begriffs des Lebendigen und im dadurch erzwungenen Kurzschluss von Mentalem und Physischem, oder von Bewusstsein und Gehirn. Dies wird bereits deutlich in

6 Der Doppelaspekt der Person

Bieris inzwischen klassisch gewordener Formulierung des Trilemmas der analytischen Philosophien des Geistes (Bieri 1981, 5):

(1) Mentale Phänomene sind nicht-physische Phänomene.
(2) Mentale Phänomene sind im Bereich physischer Phänomene kausal wirksam.
(3) Der Bereich physischer Phänomene ist kausal geschlossen.

Obwohl man geneigt sein mag, jedem der Sätze zuzustimmen, zeigt sich bei näherer Explikation, dass dies nicht ohne weiteres möglich ist:

»Zwei von ihnen implizieren jeweils die Falschheit des dritten: Wenn mentale Phänomene nichtphysische Phänomene sind und wenn es mentale Verursachung gibt, dann kann der Bereich physischer Phänomene nicht kausal geschlossen sein. Wenn er jedoch kausal geschlossen ist und wenn mentale Phänomene nichtphysische Phänomene sind, dann kann es allem Anschein zum Trotz keine mentale Verursachung geben. Und wenn es sie trotz der kausalen Geschlossenheit der physischen Welt gibt, dann kann es nicht sein, dass mentale Phänomene nichtphysische Phänomene sind« (ebd., 6).

Verschiedene Leib-Seele-Theorien versuchen nun, das Trilemma zu lösen, in der Regel durch Aufgabe eines oder zweier der beiden Sätze.[170]

Bereits durch die Formulierung wird die Problematik freilich schon dualistisch im Sinne zweier getrennter Bereiche vorstrukturiert: »Mentale« Phänomene gehören der subjektiven Innenwelt an, »physische Phänomene« der objektiven, physikalisch beschreibbaren (und insofern kausal geschlossenen) Außenwelt. Damit entsteht das unlösbare Dilemma, wie etwas Unkörperlich-Inneres mit einem Körperlich-Äußeren in Kontakt stehen soll. Dass es jedoch eine ganze Klasse *lebendiger, leiblicher und zwischenleiblicher* Phänomene gibt, die offenkundig weder rein innerlich noch rein äußerlich, weder rein mentaler noch rein physikalischer Natur sind, die aber gerade deshalb den Stoff unserer alltäglichen Lebenswelt bilden – Schmerzen leiden, lachen und sich freuen, einkaufen gehen, Klavier spielen, sprechen, schreiben, einander begrüßen, miteinander tanzen (▶ Kap. 3.1.3) – das alles ist schon mit der Problemstellung beseitigt. Die Einheit all dieser Lebensäußerungen ist bereits vorweg aufgespalten.

Dieser prinzipiell dualistischen Ausgangsposition der meisten gegenwärtigen Leib-Seele-Theorien habe ich im dritten Kapitel die Konzeption einer zugrunde liegenden Einheit des Lebewesens gegenübergestellt, an dem sich zwei verschiedene Aspekte feststellen lassen, nämlich einerseits *integrale*

---

170 So verneint die Identitätstheorie Satz 1, der Funktionalismus und der Epiphänomenalismus Satz 2, der eliminatorische Materialismus Satz 1 und 2, der interaktive Dualismus schließlich Satz 3.

Lebensäußerungen wie die eben genannten – allgemein gesprochen: bewusste Erlebnisse und Tätigkeiten –, andererseits aber auch *physiologische Prozesse,* die eine komplexe, organisch strukturierte Ordnung aufweisen. Beide zueinander komplementären Aspekte beziehen sich nun aber gleichermaßen auf *ein physisches Wesen,* das im einen Fall in seinen Äußerungen als einheitliche (d.h. genau *eine*), lebendig-materielle Substanz erscheint, im anderen Fall hingegen als organisierte Gesamtheit von materiellen Teilelementen und -prozessen.

Das Leib-Seele-Problem wird somit in ein *Leib-Körper-Problem* umgedeutet: Einmal erscheint der Leib als lebendige Mitte, als Medium des Lebensvollzugs, das andere Mal erscheint er als Körper, als ein beobachtbares und materiell zusammengesetztes Ding unter anderen Dingen. Damit wird aber die dem Bieri-Trilemma zugrunde liegende Aufteilung hinfällig, insbesondere die Einengung des Physischen auf das Physikalische. Denn wenn sich die integralen Äußerungen eines Lebewesens auch nicht in physikalische Einzelelemente zerlegen lassen, so sind sie doch sicher *physische* (sowohl »leibliche« als auch »körperliche«) Vorgänge, in denen sich auch die Gesamtkonfiguration der Körperzustände in mehr oder minder ausgeprägtem Maß verändert.

Man könnte nun einwenden, dass damit wieder eine Klasse von Phänomenen übersehen werde, nämlich *genuin* »mentale« Phänomene wie etwa Vorstellungen, Fantasien oder Gedanken, die sich nicht oder nicht unbedingt im leiblichen Verhalten eines Menschen ausdrücken. Diese Phänomene könnten also doch ein eigenes Reich des Mentalen begründen und dann die anderen Lebensäußerungen gleichsam ihrer »mentalen Komponenten« berauben, um diese ihrem Reich einzuverleiben. Damit wäre die Einheit der Lebensprozesse doch in eine subjektive Innensphäre und ein nur behavioristisch beobachtbares Außenverhalten aufgespalten.

Umso wichtiger ist es, das Konzept der *verkörperten Subjektivität* zu betonen, wonach sich alle Bewusstseinsprozesse immer vor dem Hintergrund eines leiblichen Gesamtbefindens und -verhaltens abspielen und in dieses eingebettet bleiben (▶ Kap. 4.1.2). Da dieses leibliche Hintergrunderleben außerdem an der grundsätzlichen Koextensivität von Leib und Körper teilhat, trifft dies auch auf alle scheinbar rein »mentalen« Bewusstseinszustände zu. Das Subjekt aller mentalen Tätigkeiten ist immer *leiblich,* nämlich in seinem Körper »inkarniert«, und damit zugleich auch *räumlich.*

Die immer wieder als selbstverständlich behauptete »Unräumlichkeit« des Mentalen – ein Erbe der cartesischen Dichotomie von *res cogitans* und *res extensa* – muss daher nachdrücklich bestritten werden. Natürlich gilt sie für den intentionalen *Gehalt,* nicht jedoch für den *Vollzug* des Denkens, das als

Bewusstseinstätigkeit nicht ohne ein latentes, wenn auch meist diffus und wechselnd ausgedehntes Leiberleben möglich ist. Dass die phänomenale Räumlichkeit des Leiberlebens ihrerseits kein bloßer Schein und daher bei der Charakterisierung des Mentalen nicht einfach zu vernachlässigen ist, habe ich unter ▶ Kap. 1.2.2 gezeigt. Die Annahme der Unräumlichkeit des Mentalen gilt also nur unter der ganz unbegründeten Voraussetzung, räumlich sei allein das, was sich auch physikalisch beschreiben und in Einzelteile zerlegen lässt. Sie setzt damit den erst sekundär objektivierten Raum als den primären, ja den einzigen Raum an. In dieser Weise zerlegbar ist aber weder der lebendige Organismus noch das unbestreitbar räumlich ausgedehnte Erleben etwa von Hunger, diffusem Schmerz, Müdigkeit, Krankheitsgefühl usw. Sowohl der Organismus als auch der Leib sind einheitlich, nicht zerlegbar und doch ausgedehnt – sie sind eben weder »res cogitans« noch »res extensa«.

Das vermeintlich »reine Denken« gehört aber auch insofern dem Lebensprozess an, als es immer den ganzen Menschen engagiert, etwa in Form des willentlichen Sich-Richtens, der Konzentration und damit verbundenen Anstrengung, des inneren Mitsprechens (▶ Kap. 5.3.3), der Abkehr von anderen Reizen usw. Diese Lebenstätigkeit ist auch keineswegs bloß innerlich. Dass ein Denkender lebt und bei Bewusstsein ist, können wir durchaus sehen, ja wir können einen Menschen, der sich verhält wie Rodins *Denker*, sogar *denken* sehen. Freilich ist Denken als Lebenstätigkeit nicht *vollständig* von außen wahrnehmbar. Das bedeutet aber nicht, dass es in eine eigene Welt des Mentalen verlegt werden kann.[171]

---

[171] Dies lässt sich mit dem späten Wittgenstein auch sprachphilosophisch begründen: Unser Reden über »Inneres« oder Seelisches entstammt wie alles Sprechen letztlich einer gemeinsamen sozialen Praxis, in der wir uns mit anderen über unser Erleben, unsere Wünsche und Ziele verständigen (▶ Kap. 5.3.2.1). Anders als beim Sprechen über äußere Objekte stehen die dabei gebildeten Substantive wie z.B. »Schmerzen«, »Gefühle«, »Gedanken« usw. aber nicht für bestimmte Gegenstände, Vorgänge und Zustände, wie wir sie in der materiellen Welt antreffen. Sie bezeichnen daher nicht jeweils »ein Etwas«, das »es gibt« so wie Steine, Äpfel oder Vögel, dabei aber unsichtbar bliebe und daher einer eigenen Innenwelt zugeteilt werden müsste. Die Substantivbildungen legen hier fälschlich eine Verdinglichung nahe, die letztlich zur dualistischen Vorstellung eines »Gespenstes in der Maschine« führen muss (Ryle 1949). Tatsächlich bleiben die Ausdrücke für Seelisches jedoch, ihrer sozialen Herkunft gemäß, immer Bezeichnungen für Erlebnisse und Lebensäußerungen *einer Person* und damit gebunden an deren Lebensvollzug. – Vgl. hierzu Wittgenstein 1969, Teil I, §§ 304 ff.

Erst recht lassen sich dann aus anderen Lebensäußerungen wie etwa dem Sprechen keine »rein mentalen« Komponenten herauslösen. Denn Sprechen ist ja nicht eine eigene motorische Tätigkeit neben dem Denken, sondern es drückt die Gedanken aus, zeichnet aber im Vollzug auch umgekehrt den Gedanken den Weg vor, wie schon Kleist gezeigt hat.[172] Die sprachliche »Äußerung« ist überhaupt das Paradigma eines Vorgangs, der die dualistische Trennung von Innen und Außen sprengt, da sie zum einen nur aus der Einbettung in einen sozialen Verständniszusammenhang ihre Herkunft und ihren Sinn gewinnt, und zum anderen als ein Sich-Mitteilen (»sich mit einem anderen teilen«) die intentionale Beziehung zum Zuhörenden unablösbar in sich enthält.

Allgemein formuliert besteht die Konzeption der verkörperten Subjektivität darin, alle Formen des Erlebens und Handelns, seien sie in der Perspektive der 1. oder der 2. Person gegeben, primär als integrale Lebensvollzüge zu begreifen, als *Tätigkeiten eines Lebewesens in Beziehung zu seiner Umwelt.* Das Leibliche und Lebendige bildet also die Brücke zwischen dem »Mentalen« und dem »Physischen«. – Gleichwohl bleibt auch in dieser Konzeption eine Dualität erhalten, nämlich in Form des Doppelaspekts, unter dem das Lebendige erscheint. Diese Dualität entspricht allerdings nicht zwei prinzipiell voneinander getrennten Wirklichkeitsbereichen, sondern vielmehr zwei gegensätzlichen *Einstellungen*, die wir zum Lebendigen einnehmen können, und die sich nicht ineinander überführen lassen.

In der einen, der lebensweltlichen oder *personalistischen* Einstellung ist das Sprechen selbstverständlicher leiblicher Ausdruck meiner eigenen Intentionen oder, beim Zuhören, der Intentionen des anderen. Ich nehme mich nicht als ein mentales Wesen wahr, das seinen Körper zu gewissen Sprachäußerungen in Gang setzt, um auf diese Weise Informationen aus seinem Bewusstsein in die Außenwelt zu transportieren. Ebenso wenig nehme ich ein im Körper des anderen verborgenes Bewusstsein an, auf dessen mutmaßliche Gehalte ich nur indirekt aus gewissen sprachlichen und anderen Botschaften schließen kann. Er erscheint mir vielmehr unmittelbar als leibhaftige, in ihren Worten sich aussprechende Person, als geeintes Ganzes.

Erst in der zweiten, der *naturalistischen* Einstellung, kann ich dazu übergehen, die Vorgänge beim Sprechen als körperliche zu untersuchen, die akustischen und physiologischen Bedingungen der Äußerungen immer detaillierter zu analysieren, und diese Prozesse immer weiter in den Organismus hinein zu verfolgen. Auch dann bleiben sie aber offensichtlich Prozesse *an einem Lebewesen,* wenngleich ihre Lebendigkeit selbst dabei verloren geht,

---

172 »Über die allmähliche Verfertigung der Gedanken beim Reden« (1806).

da diese an räumlich und zeitlich übergreifende Bewegungs-, Ausdrucks- und Sinngestalten gebunden ist. Sofern wir die physiologischen Prozesse systemtheoretisch als komplexe, hierarchisch strukturierte Selbstorganisationsprozesse zu begreifen suchen, nähert sich eine solche Beschreibung der ursprünglich wahrgenommenen Einheit des Lebewesens an, allerdings ohne sie jedoch vollständig rekonstruieren zu können – dazu ist die Perspektive der 3. Person *per se* nicht in der Lage. »Leben kann nur von Lebendigem wahrgenommen werden« (Spaemann 1996, 193), und ebenso gilt: »Um Lebendes zu erforschen, muss man sich am Leben beteiligen« (v. Weizsäcker 1986).

Auch wenn wir diese zweite Einstellung einnehmen können, so bleibt doch der Primat der 1.- und 2.-Person-Perspektive und damit der Teilnehmer- oder »*Du*-Perspektive« erhalten. Würden wir andere Menschen nicht immer schon als *unseresgleichen,* d. h. als verkörperte Subjekte wahrnehmen und mit ihnen interagieren, dann könnten wir die Phänomene gar nicht identifizieren, deren physiologische, z. B. neuronale Korrelate wir erforschen wollen. Der erste, integrale Aspekt entspricht also nicht etwa einer naiven Ontologie, die durch die naturalistische Perspektive überwunden werden könnte. Vielmehr ist diese Perspektive gerade im Fall der psychophysiologischen Forschung unhintergehbar auf die Teilnehmer-Perspektive angewiesen, und damit auf die personalistische Einstellung zu uns selbst und anderen menschlichen Wesen. Wo lediglich Umgebungsreize variiert und die korrespondierenden neuronalen Aktivitäten gemessen werden, kann von der Erforschung von Bewusstseinsphänomenen keine Rede sein.

Wenn wir irgendwann in der Zukunft zu der Überzeugung gelangen würden, dass von uns geschaffene intelligente Maschinen tatsächlich Bewusstsein, also z. B. Schmerzen hätten und dies nicht nur simulierten, dann könnten wir dies nicht an bestimmten Konfigurationen ihrer internen Prozesse erkennen, mögen diese dann auch noch so sehr den Prozessen gleichen, die wir an menschlichen Organismen und ihren Gehirnen feststellen. Denn auch von Menschen »wissen« wir in einem naturalistischen Sinne nicht, ob sie tatsächlich Schmerzen haben, und keine Hirnuntersuchung wird es uns je beweisen können. Wir müssten jene Maschinen vielmehr *als leidende Wesen wahrnehmen* und als Teilnehmer einer gemeinsamen Lebensform, als »Mitgeschöpfe« *anerkennen* (Kaeser 1996).

Diese Wahrnehmung entspräche einer fundamental neuen Einstellung, die wir ihnen gegenüber einnähmen: Auch sie würden nun unter dem Doppelaspekt des Lebendigen erscheinen. Daraus ergibt sich, dass der Doppelaspektivität immer eine Freiheit in unserer Einstellung entspricht: Wir *können* freilich auch Menschen als intelligente Maschinen mit integrierten »Selbstmodell«-Schaltkreisen betrachten. Damit verweigern wir ihnen allerdings auch die Anerkennung des Mitseins, die personale oder *Du*-

Beziehung. Personsein ist »... nicht etwas, das vermutet und bei starker Vermutung *dann* sozusagen juristisch anerkannt wird. Es ist vielmehr überhaupt nur im Akt der Anerkennung gegeben« (Spaemann 1996, 193).

Der Doppelaspekt der Person wäre somit selbst durch eine vollständige naturalistische Beschreibung nicht aufzuheben. Dennoch stehen die beiden Aspekte einander nicht in vergleichbar schroffer Weise gegenüber wie das »Mentale« und das »Physische«. Der Dualismus ist kein ontologischer, sondern ein methodischer, d.h. er ist abhängig von der Einstellung, die wir einnehmen. Beide Beschreibungen beziehen sich auf ein und dasselbe Lebewesen, haben also – bei verschiedener Intension – die gleiche *Extension*. Darüber hinaus weisen die beiden Aspekte aber auch verschiedenste *Korrelationen, Isomorphien und Strukturähnlichkeiten* auf.[173]

Die Existenz von Korrelationen, also regelhaften Zusammenhängen etwa von physikalischem Reizereignis und Wahrnehmungseindruck, ist die selbstverständliche Voraussetzung aller psychophysiologischen Forschung und muss hier nicht näher betrachtet werden. Von besonderem Interesse sind aber die grundlegenderen Isomorphien und Übereinstimmungen der beiden Aspekte. Als ein Beispiel haben wir zunächst ihre *Koextensivität* hervorgehoben: Subjektiv-leibliche und objektiv-körperliche Räumlichkeit überlagern einander und verweisen so auf die zugrunde liegende Einheit des Lebewesens.

Eine weitere Parallelität besteht aber auch in den Formen der *integrierenden Synthesis*: So wie sich im Erleben und Handeln durch implizite Koppelungen ganzheitliche Wahrnehmungs- und Bewegungsgestalten bilden, so entstehen auf physiologischer Ebene auch Koppelungen zwischen unterschiedlich spezialisierten Neuronenverbänden und Hirnarealen. Damit lässt sich zumindest in groben Zügen das Substrat der *Inkorporation von Erfahrung* im Individuum angeben. Die beiden Aspekte sind also auch durch die Geschichte des Lebewesens, durch eine »*historische Biologie*« miteinander verknüpft bzw. ineinander verschränkt: Die Bildung von Vermögen und Erfahrungen lässt sich als implizite Koppelung ebenso wie als neuronale Koppelung beschreiben.

Die zentrale Übereinstimmung, die zugleich das Leitprinzip unserer gesamten Untersuchung darstellt, besteht aber darin, dass sich das Lebewesen in beiden Aspekten *nur in der Beziehung zur Umwelt* vollständig beschreiben

---

173 Z.B. eine ähnliche Ausdehnung im Raum, eine Übereinstimmung von objektiver Körperbewegung und subjektivem Bewegungserleben, eine Wenn-dann-Korrelation von Verletzung und Schmerzerleben, von Sehhautreizung und visueller Wahrnehmung, und vieles mehr (vgl. auch ▶ Kap. 1.2.2)

lässt, einerseits phänomenologisch, andererseits ökologisch. Lebendige Subjektivität ist verkörpertes, leibliches In-der-Welt-Sein und lässt sich nicht auf ein von der Welt abgeschnürtes, rein »mentales« Bewusstsein reduzieren. Der Organismus seinerseits besteht und erhält sich nur im fortwährenden Austausch mit der Umwelt, sodass der Lebensprozess insgesamt die Körpergrenzen ständig überschreitet. Damit bilden der Organismus und seine komplementäre Umwelt ein übergreifendes System. Daher findet, wie bereits formuliert, die *Phänomenologie des leiblichen Zur-Welt-Seins* ihre Entsprechung in der *Ökologie des Körpers-in-seiner-Umwelt* (▶ Kap. 4.2.2).

Als spezifisch menschliches Paradigma für diese Umweltbezogenheit beider Aspekte habe ich die *Sprache* näher betrachtet: Ihr Erlernen und ihr Gebrauch setzen zum einen die interpersonale, zwischenleibliche Resonanz und die Teilnahme des Individuums an einem übergreifenden Bedeutungszusammenhang voraus. Zum anderen beruht die Entstehung der Sprache in menschlichen Sozietäten offensichtlich auf einem biologisch angelegten und von der Sprache in Gebrauch genommenen neuronalen Resonanzsystem, das die Individuen auch auf organismischer Ebene miteinander verbindet. Damit wird der Mensch in besonderer Weise zum »zōon politikón«, nämlich zum »zōon lógon échōn« – einem Lebewesen, das über Sprache verfügt, und dessen biologische Strukturen durch seine sprachliche Umwelt mitgeprägt sind.

In all diesen Übereinstimmungen zeigt sich, dass der Aspekt integraler Lebensäußerungen und der Aspekt physiologisch-organismischer Prozesse einander nicht äußerlich gegenüberstehen, sondern im Menschen als Lebewesen und in seinem geschichtlichen Lebensprozess ineinander verschränkt sind. Man kann die hier vertretene Konzeption insofern als »biologische Aspektdualität« apostrophieren, womit freilich nicht etwa ein »Biologismus« verbunden ist: Weder die Eigenständigkeit der materiellen Welt noch die Eigenständigkeit der geistig-kulturellen Welt soll in Abrede gestellt werden. An beiden hat der Mensch jedoch nur insofern Anteil, als er ein *Lebewesen* ist. Im Menschen werden das Materielle *und* das Geistige lebendig. Damit aber ist er zugleich ein Lebewesen ganz besonderer Art, nämlich eine *Person*. »Personen sind also lebendige Menschen. Es gibt nicht ein eigenes vom Menschsein unterschiedenes Sein von Personen, das zum Beispiel im Denken oder in bestimmten Bewusstseinszuständen bestünde« (Spaemann 1996, 78). Personen sind die sprach- und geistbegabten Lebewesen, die einander als Einheit von Innen und Außen wahrnehmen, als leibliche und zugleich intentional gerichtete Wesen, und die daher ihre Aufmerksamkeit auch gemeinsam auf die gleichen Gegenstände richten können.[174] Die biologische wird damit zur »*personalen Aspektdualität*«.

Die damit weiter explizierte Konzeption soll nun durch Gegenüberstellung zu zwei gegenwärtig häufig vertretenen Theorien noch deutlicher konturiert werden, nämlich der Identitäts- und der Emergenztheorie.

6.2 Abgrenzung von Identitätstheorien

6.2.1 Das Problem der Einheit des Referenten

Die vorgeschlagene Konzeption eines biologisch-personalen Doppelaspekts unterscheidet sich offensichtlich von dem Aspektdualismus, wie er vor allem in verschiedenen Varianten der *Identitätstheorie* vertreten wird. Zuerst von Place, Feigl und Smart in den späten 1950er Jahren vertreten, hat er seine pointierteste Formulierung bei Armstrong (1968) gefunden: Alle mentalen Zustände sind identisch mit Gehirnzuständen. Demnach sind Geist und Gehirn (oder vielmehr Teile des Gehirns) als zwei Aspekte der gleichen Entität aufzufassen. Eine bestimmte und umschriebene Form neuronaler Prozesse des Gehirns könne von außen beobachtet, aber auch aus der Innenperspektive als phänomenales Bewusstsein beschrieben werden.[175] Auch wenn diese Konzeption in der analytischen Philosophie des Geistes heftig kritisiert wurde[176], stellt sie doch immer noch die selbstverständliche Grundannahme vieler Neurowissenschaftler und Psychiater dar.

---

174 »[Personen] sind uns nur gegeben zusammen mit einer gemeinsamen Welt und so, dass wir sie verstehen, indem wir mit ihnen ›in die gleiche Richtung blicken‹, das heißt ihre Intention mitvollziehen« (Spaemann 1996, 67).

175 So etwa Pauen (1996). – Die Identitätstheorie hat ihren Ahnherren in Spinoza; er vertritt in seiner »Ethik« die Auffassung, dass »… Geist und Körper ein und dasselbe Ding sind, das bald unter dem Attribut des Denkens, bald unter dem der Ausdehnung begriffen wird« (Ethik III, Lehrs. 2, Anm.; Spinoza 1977, 261). Diese Lehre beruht freilich schon auf einer cartesianischen Voraussetzung, nämlich dem Ausschluss des Lebendigen.

176 Vor allem aufgrund des Problems der sog. multiplen Realisierbarkeit von mentalen Zuständen durch verschiedenartige Substraten: Es erscheint höchst unplausibel anzunehmen, dass einem bestimmten psychischen Zustand in allen Gehirnen die exakt gleiche neuronale Konfiguration zugrunde liege (vgl. Putnam 1967).

Nun entspricht diese Annahme zwar der extensionalen Identität bei intensionaler Verschiedenheit, die ich auch dem Doppelaspekt des Lebewesens zugeschrieben habe (▶ Kap. 3.1.2). Doch während dabei das Lebewesen den gemeinsamen Referenten (die gemeinsame Extension) der Beschreibungen darstellte, ist es hier ein bestimmter psychophysischer Hirnzustand. Diese Einengung des Referenten hat nun eine Reihe von gravierenden Konsequenzen.

> Bereits im 2. Kapitel wurden Aporien einer Identifizierung von Bewusstsein und Hirnzuständen dargestellt, die sich auch unter einem aspektdualistischen Vorzeichen nicht auflösen lassen. Sie betreffen vor allem die Perspektivität und Intentionalität des Subjekts selbst, die sich in einer objektivierenden Beschreibung neuronaler Prozesse nicht wiederfinden. Es lässt sich nicht zeigen, wie *mein* Erleben als subjektive, perspektivische und qualitative Tatsache identisch sein kann mit dem Zustand einer physikalisch beschreibbaren Substanz. Ebenso ist ein Äquivalent zur Intentionalität in neurophysiologischen Zuständen nicht zu finden, da diese keine Gerichtetheit und Bedeutsamkeit aufweisen. Beide Eigenschaften von menschlichem Bewusstsein – und es sind seine zentralen Eigenschaften – haben sich als außerordentlich resistent gegen alle Naturalisierungsversuche erwiesen. Doch ich will diese Argumente hier nicht wiederholen, sondern mich anderen Gesichtspunkten zuwenden.

Die erste hier zu betrachtende Konsequenz ist vor allem methodischer Natur. Da Personen nichts über ihre Gehirnzustände und Gehirne nichts über ihre etwaigen Innenzustände berichten können, kann sich die Identitätsthese letztlich immer nur auf *Korrelationen* zwischen beiden Bereichen stützen. Die »Goldwährung« für solche Korrelationen bleibt aber die Aussage von Probanden, also von *bewussten Lebewesen*. Die Identitätsannahme bezieht sich also einerseits auf Mikrophänomene in umschriebenen Hirnregionen, andererseits auf Erlebnisse, die sich nur an Makrophänomenen, nämlich an menschlichen Lebewesen feststellen lassen, bzw. die diese Menschen nur *als Lebewesen* von sich selbst aussagen können. *Nirgendwo in der Welt ist so etwas wie »Bewusstsein« zu finden oder zu erforschen – es gibt nur bewusste Lebewesen.*

Wenn also ein Proband im Tomographen von sich angibt, er empfinde gerade Angst, dann ist weder diese Angst noch die Aussage darüber der Zustand bzw. die Tätigkeit eines reinen, mentalen Subjekts. Um Angst empfinden und darüber sprechen zu können, muss man lebendig, leiblich, verkörpert sein, und zwar nicht nur im Sinne einer notwendigen Voraussetzung – Angst empfinden und sprechen *sind* selbst leibliche Phänomene. Die Annahme des Neurowissenschaftlers, das, was der Proband gerade erlebe und ausspreche, sei identisch mit den Aktivitätsveränderungen im Gehirn, die der Scanner zeigt, ist daher durch keinerlei Evidenz gedeckt – im Gegenteil: Die Identität zweier so radikal verschiedener Phänomene wie bewusster Erlebnisse eines lebendigen Menschen und elektrochemischer Prozesse in Neuronennetzen ist ausgesprochen kontraintuitiv und jedenfalls nicht einsichtig zu machen. Keinem Hirnzustand kann man »Bewusstsein« ansehen, und die rein funktionale Korrelation ist noch keine Identität – sonst könnte man auch sagen, das Fahren eines Autos sei »identisch« mit der Bewegung der Kolben in seinen Zylindern. Damit beruht die Identitätstheorie, wie viele und wie genaue Korrelationen sich auch immer finden lassen werden, letztlich auf einem Glaubensakt.

Nun wäre gegen Glaubensüberzeugungen noch nichts einzuwenden, zumal wenn sie forschungsleitend doch auch zu Erkenntnissen führen können. Dieser Glaube unterliegt jedoch methodisch gesehen einem Kategorienfehler. Denn weder die Angst noch die Aussage von Probanden sind Gegenstände, die sich beobachten ließen wie ein fallender Stein oder ein feuerndes Neuron. Anders ausgedrückt: *Der Ausschnitt der Welt, den die 3.-Person-Perspektive erfasst, schließt die 1.- ebenso wie die 2.-Person-Perspektive aus.* Die Gleichordnung von zwei Phänomenen, ihr Erscheinen »unter dem gleichen Blick«, wäre aber die Voraussetzung für ihre Identifizierung. Sie wird häufig dadurch suggeriert, dass man von »mentalen Zuständen« und von »Hirnzuständen« spricht, so als ob es sich dabei jeweils um den gleichen »Zustand« handeln könnte. Doch in »mentalen Zuständen« ist *jemand,* eine lebendige Person, während Hirnzustände niemandes Zustände, sondern bestimmte Konfigurationen organisierter Materie darstellen. Damit entfällt aber die Voraussetzung für eine Identifizierung.

Nun könnte man dem hier vorgeschlagenen Konzept der biologischen bzw. personalen Aspektdualität vorhalten, dass es ja ebenso von einer extensionalen Identität der beiden Aspekte ausgehe. Doch der gemeinsame Referent, nämlich das Lebewesen bzw. die lebendige Person, ist hier von ganz anderer Art. Denn der Einheit und zugleich Leiblichkeit bewusster Erlebnisse in der Innenperspektive entspricht hier die *Einheit des lebendigen Organismus* in der Außenperspektive. Als gegen seine Umwelt sich abgrenzender und erhaltender Organismus zeigt sich uns das Lebewesen in all seinen Äußerungen als ein »Selbst« und entspricht insofern dem Subjekt des Erlebens. Auch in der Beobachter-Perspektive kommt also dem Organismus, sofern er holistisch als ein lebendiges System aufgefasst wird, eine Einheit zu, die seine Eignung dafür plausibel macht, integrale und bewusste Lebensäußerungen hervorzubringen. Selbsterleben ist kein Begleitprodukt von Gehirnprozessen, sondern es ist das Selbsterleben eines lebendigen Organismus.

Von einem umschriebenen Hirnzustand – etwa dem von Edelman als Bewusstseinssubstrat postulierten thalamokortikalen »Kerngefüge« (Edelman u. Tononi 2002) – wird man hingegen kaum behaupten können, er stelle als solcher schon ein »Selbst« oder ein »Ganzes« dar. Dementsprechend bleibt ja auch die Lokalisierung und Abgrenzung des Bewusstseinssubstrats ebenso wie die Integration der dabei involvierten Teilsysteme ein bislang ungelöstes Problem.[177] Das phänomenale Selbst, nach dessen neuronalen Korrelaten derzeit intensiv gesucht wird[178], ist eben im Gehirn gar nicht zu finden, da seine Einheit auf biologischer Ebene nur *im Organismus als ganzem* eine Entsprechung findet. Das Nervensystem und das Gehirn leisten zweifellos eine Integration, die für das phänomenale Selbst unabdingbar ist, aber *was* das Gehirn integriert, sind nicht nur seine internen Prozesse, sondern vielmehr vegetative, affektive und sensomotorische Vorgänge im gesamten je aktuellen Organismus-Umwelt-System. Das Bewusstsein ist folglich kein im Gehirn lokalisierter »mentaler Zustand«, sondern als leibliches Zur-Welt-Sein gleichsam *das »Integral« dieses Gesamtsystems.*

Die Einengung des gemeinsamen Referenten auf umschriebene Hirnzustände hingegen führt zu den Aporien des »Hirns als Subjekt«, die ich in Kapitel 2 bereits behandelt habe (▶ Kap. 2). Wäre ein mentaler Vorgang identisch mit einem bestimmten Hirnprozess, dann müssten wir konsequenterweise auch davon sprechen, dass Neuronenverbände *Subjekte* von Gedanken, Wahrnehmung oder Handlungen seien. Doch damit würde das Subjekt endgültig in eine Innenwelt abgedrängt. Wenn wir einem Menschen beim Reden zuhören, wäre es dann nur noch eine Gewohnheit der »*folk psychology*«, ihn dabei als sprechende, leibliche Person wahrzunehmen – in Wahrheit ist »er« ein im Gehirn lokalisierbarer Zustand hinter seinem sichtbaren Körper, und seine Rede ist nur eine äußerliche Bewegung, in der er nicht selbst zum Ausdruck kommt. Die Identitätstheorie zerreißt also die Einheit von Lebensäußerungen und Handlungen in gewisse neuronale Prozesse (mit Bewusstsein) und sonstige körperliche Prozesse (ohne Bewusstsein). Neuronale Prozesse als solche sind jedoch immer nur *Fragmente* der

---

177 Für die Abgrenzung »bewusstseinstragender« von nicht unmittelbar für Bewusstsein erforderlichen kortikalen Prozessen werden die verschiedensten Vorschläge gemacht, wobei die meisten Versuche von einem ständigen Fluktuieren der relevanten kortikalen Neuronenverbände ausgehen (Edelman u. Tononi 2002, 195 ff.). Insofern ist auch auf neurobiologischer Ebene alles andere als klar, was dort eigentlich womit identifiziert werden sollte. Selbst wenn eine einigermaßen befriedigende Eingrenzung bewusstseinsrelevanter kortikaler Aktivitäten gelänge, bliebe aber ihre Verknüpfung mit subkortikalen und gesamtorganismischen (vegetativen wie sensomotorischen) Prozessen doch immer die Voraussetzung für die Entstehung von Bewusstsein (▶ Kap. 4.1).
178 Vgl. z.B. Johnson et al. 2002, LeDoux 2002, Kircher u. David 2003, Vogeley et al. 2004 sowie Northoff u. Bermpohl 2004.

übergreifenden Systemprozesse von Organismus und Umwelt, die bewusstem Erleben zugrunde liegen, auch wenn diese Fragmente – wie wir vermuten können – in gesetzmäßiger Korrelation zu Bewusstseinstätigkeiten stehen.

6.2.2 Diachrone Einheit der Subjektivität

Die Probleme der Identifizierung verschärfen sich, wenn wir die historische Dimension miteinbeziehen. Denn da in die Vermögen des Lebewesens auch seine Lerngeschichte als implizites Wissen und Können miteingeht, stellt seine Subjektivität in einem noch zu erläuternden Sinn auch das *diachrone Integral seiner Lebensgeschichte* dar und kann daher nicht mit seinem gegenwärtigen Gehirnzustand identifiziert werden. Zwar steht mir meine Fähigkeit, Fahrrad zu fahren, heute zur Verfügung ohne eine bewusste Erinnerung an meine kindlichen Versuche, mich im Gleichgewicht zu halten. Doch haben sich meine damaligen Erfahrungen nicht etwa nur als neuronale Koppelungen im Gehirn niedergeschlagen, sondern sie sind *in meine leibliche Subjektivität* eingegangen, nämlich als das Können, das ich heute auf einem Fahrrad realisieren kann. Ich selbst bin es ja, der fährt, und nicht ein mentales Bewusstsein, das seinen Körper zu bestimmten Bewegungen in Gang setzt. *Nicht anders verhält es sich aber mit allen Gedächtnisleistungen:* Wenn ich mich an die Feier zu meinem letzten Geburtstag erinnere, so ist die Fähigkeit zu dieser Erinnerung *mein* Vermögen, nicht das meines Gehirns. Ja sogar die Erinnerung selbst war in gewissem Sinne schon *in mir,* bevor ich sie wachgerufen habe.

Dies bedarf einer näheren Erläuterung. Nach der gängigen Vorstellung hinterlässt ein Erlebnis über einen Speicherungsvorgang eine Spur, eine »Information« im neuronalen Substrat, um dort bis zum Abruf aufbewahrt zu werden. Die Reaktivierung der Spur bringt den Speicherinhalt wieder »zurück« ins Bewusstsein. In der Zwischenzeit war das Erlebte vergessen, und das heißt nach dieser Konzeption: *aus meiner Subjektivität verschwunden,* nur in materieller Form »gespeichert«. Doch wenn es sich so verhielte, wie könnte man sich dann an etwas Vergessenes wiedererinnern? Wie gelangen wir denn zu dem, was wir suchen, wenn es sich doch bis zum Moment des Erinnerns in einer anderen, unzugänglichen Welt befindet?

> Hier stoßen wir auf ein Paradox: Wir wissen nämlich irgendwie, was wir suchen, und wissen es doch nicht. Wir haben den vergessenen Inhalt nicht präsent, bekunden aber durch das Bemühen, uns seiner zu erinnern, dass er doch in uns ist. Der Versuch, sich zu erinnern, ist von dem Gefühl begleitet, dass das Wissen irgendwo »in uns« bereitliegt: Wir haben es schon »auf der Zunge« oder noch »im Ohr«. Und wenn das Ver-

gessene sich dann wieder einstellt, so haben wir das Gefühl, es eigentlich zuvor schon »gewusst« zu haben. Es ist also gewusst und doch nicht gewusst – es ist *un-bewusst*. Diese Entdeckung hatte bereits Augustinus bei seiner ersten psychologischen Analyse des Gedächtnisses gemacht: »Noch nicht völlig also haben wir vergessen, wovon wir uns wenigstens erinnern, dass wir es vergessen haben. Darum: was wir ganz vergessen hätten, könnten wir auch gar nicht als Verlorenes suchen« (Augustinus 1955, 533). Mit Erstaunen spricht Augustinus von dieser unerschöpflichen Quelle des Gedächtnisses im eigenen Inneren: »Wer ergründet es in seiner ganzen Tiefe? Diese Kraft gehört meinem Ich an, sie ist in meiner Natur gelegen, und gleichwohl fasse ich selber nicht ganz, was ich bin« (ebd., 509).

Vergessen bedeutet also nicht das »Verschwinden« eines Erlebnisgehalts, der nun in einem ontologischen Umschlag in ein materielles Substrat transferiert würde, um bei Gelegenheit des Erinnerns in einem ebenso abenteuerlichen Umschlag wieder ins Bewusstsein zu treten.[179] Wären Erinnerungen nur in Form materieller Strukturen gespeichert, könnten wir sie gar nicht auffinden. Wir müssen zumindest eine *Ahnung* von dem Erinnerten haben, es in die Zusammenhänge all unserer Erlebnisse und Erinnerungen eingebettet wissen, um danach suchen zu können. Dieses Gesuchte und Geahnte kann sich aber nicht in einer rein objektiven Welt befinden.

Zweifellos verändern sich bei jedem aktuellen Erlebnis auch die neuronalen Strukturen und werden so zur Voraussetzung künftiger Erinnerung. Dennoch ist das Gedächtnis nicht nur in einem neuronalen Substrat beheimatet. Das Erlebte bleibt ein impliziter Modus meines Existierens, meiner gelebten Erfahrung. Statt eines ontologischen Umschlags müssen wir daher vielmehr ein *Kontinuum* von aktuell bewussten Erlebnissen über halbbewusste Ahnungen zu latenten, unbewussten Erinnerungsbereitschaften annehmen, die gleichermaßen *der gegenwärtigen Subjektivität in ihrer Totalität*

---

[179] Ebenso Binswanger 1947, 155: »Wäre ein ›Inhalt‹ nicht irgendwie ›in‹ unserer Leiblichkeit ... und wäre diese nicht eine verdeckte Form unseres Selbstseins, so könnten wir uns niemals eines ›vergessenen‹ Namens *erinnern*, eine ›unbewusste‹ Regung ›bewusst‹ machen, von einem Unbewussten irgendeine ›*Wirkung*‹ auf uns verspüren. (Umgekehrt müssen wir natürlich sagen, wir könnten schon gar nicht etwas vergessen, wenn wir nicht in der Leiblichkeit zu existieren vermöchten. Ein völlig unleiblich gedachtes Wesen – Gott – kann nicht vergessen!)« (vgl. auch Binswanger 1962, 472 f.).

Das Gleiche gilt für den traumlosen *Schlaf*, der nicht als ein nur noch physischer Zustand betrachtet werden darf, sondern der Kontinuität der unbewussten Leiblichkeit angehört. Würde das Erleben beim Einschlafen wie eine Kerze verlöschen, also *absolut unterbrochen*, so kämen wir bei jedem Erwachen gleichsam neu auf die Welt. So ist es aber nicht: Wir haben vielmehr den deutlichen Eindruck, »eben noch geschlafen zu haben«, also das Erleben – nicht nur das Wissen! – einer Kontinuität unseres Selbstseins (vgl. dazu Fuchs 2016b).

angehören.[180] Alles Erlebte verschwindet daher nicht in ein materielles Substrat, sondern es geht ein in einen Lebensprozess, in dem sich das Individuum fortsetzt, und der unter der Oberfläche des Bewusstseinsstroms die Tiefenströmungen der Vergangenheit immer mit sich trägt. In den verschiedenen Formen seines Gedächtnisses enthält das lebendige Subjekt seine eigene Vergangenheit als eine *implizite Mannigfaltigkeit,* als einen wachsenden Reichtum an Erinnerungen, Bereitschaften und Möglichkeiten.

Wir treffen hier auf ein Charakteristikum der Subjektivität, das man mit Bergson (1999) als zeitübergreifende *Dauer* bezeichnen kann. Lebendige Zeit ist nach Bergson nicht bloß lineare Sukzession, bei der ein Moment den anderen ablöst und zugleich auslöscht, sondern sie ist *wachsende, kumulative Zeit.* Dies wird schon daran deutlich, dass eine Folge von gehörten Tönen sich als melodische Gestalt beim letzten Ton gleichsam auf einmal vernehmen lässt (der letzte Ton für sich alleine würde anders klingen), und zwar ohne dass die Melodie davor explizit »erinnert« werden muss. Das Gleiche gilt aber auch, über ausgedehntere Zeitperioden hinweg, für alles Erlernte, für Vermögen, Können und Wissen. Lebendige Subjektivität versammelt frühere Erlebnisse in einer zunehmend reicheren Gegenwart, auch wenn das Erlebte selbst nur noch implizit, am Ende vielleicht nur noch in einer nahezu unendlichen Verdünnung in ihrer gegenwärtigen Einheit enthalten ist.[181]

Ein Gehirnzustand, wie komplex und umfassend er auch immer sein mag, ist hingegen immer nur gegenwärtig. Seine Vorgeschichte ist an ihm nur in Form gegenwärtiger Folgen von früheren Interaktionen mit der Umwelt feststellbar, so wie das heutige Straßennetz einer Stadt kausal auf ihre Baugeschichte zurückgeht. Um identisch mit Bewusstsein zu sein, müsste der Hirnzustand diese früheren Interaktionen aber auch in sich versammeln, er

---

180 Searle hat sehr plausibel die These vertreten, dass »unbewusst« nur solche Zustände heißen können, die wenigstens prinzipiell bewusst gemacht werden können, d. h. die nicht nur »subpersonale«, neurophysiologische Zustände sind (Searle 1993, 171 f.). Die Bewusstwerdung kann dann als Explikation eines diffusen Hintergrunderlebens betrachtet werden, das sich dabei in einzelne, voneinander abgehobene Erlebnis- und Sinngehalte differenziert.

181 Nach Jonas charakterisiert es das Lebendige, »...dass selbst in der Wiederholung von Erfahrungszyklen (wie Sättigung und Entleerung, Wachen und Schlafen usw.) der mitgegenwärtige Hintergrund der durchlebten Vergangenheit – das Alter des Subjekts – *den Augenblick qualitativ verschieden und zum Gliede einer unumkehrbaren einmaligen Folge macht* ; dass somit das Leben erst im Nacheinander aller seiner Zustände seine Ganzheit erreicht, ohne sie je zu haben, und dass seine Identität nicht in der Äquivalenz der Glieder einer Zeitreihe besteht, sondern gerade ihre Mannigfaltigkeit selbst zusammenhält« (Jonas 1973, 101; Hervorhebung v. Vf.).

müsste gleichsam *selbst angereichert sein mit seiner Vorgeschichte.* Diese diachrone Tiefe kann aber nur der menschlichen Subjektivität zukommen. Auch wenn das Gehirn ein geschichtlich geprägtes Organ im Sinn des Gewordenseins einer Stadt ist, so doch nicht im Sinne einer *gelebten Vergangenheit.* Sein Zustand ist genau genommen in jedem Moment ein anderer. Nur die Subjektivität bildet das synchrone und diachrone Integral der Zustände und Prozesse des Organismus über die Zeit hinweg. Im Bild gesprochen: Nur durch die Menschen, die in der Stadt leben, wird ihre Vergangenheit lebendig.

Daher kann Subjektivität nicht mit einem zugrunde liegenden biologischen Systemzustand identifiziert werden, selbst wenn diese Grundlage über das Gehirn hinaus auf den Organismus und weiter auf das gesamte Organismus-Umwelt-System ausgedehnt wird, wie ich es allerdings für notwendig halte. Nur Maschinen lassen sich vollständig als Systeme beschreiben. Dies liegt nicht etwa daran, dass Subjektivität ihre Gehalte noch aus irgendwelchen zusätzlichen Quellen jenseits des biologischen Systems schöpfte.[182] Vielmehr ist es die spezifische Art der Integration, die synchrone *und* diachrone Einheit des Subjekts als Lebewesen und Person, die dieses »Mehr« auch gegenüber der höchsten organismischen Systemebene ausmacht. Personen transzendieren auch im Zeitverlauf ihre physikalische und ihre biologische Basis. Ihr Leben ist keine Sukzession von Zuständen, sondern in jedem Moment ein Ganzes.

6.3 Emergenz

6.3.1 Der Primat der Funktion

Unsere Darstellung der Grundstruktur des Lebewesens, der Kausalität des Lebendigen ebenso wie der neuronalen Grundlagen der Gestaltbildung im 4. und 5. Kapitel nahm wiederholt Bezug auf eine hierarchische Struktur von Ebenen innerhalb des Organismus bzw. des Gehirns und deren vertikal-zirkuläre Interaktion. Diese Struktur steht in gewisser Nähe zu einer weiteren Theorie des Gehirn-Geist-Problems, die unter dem Begriff der »Emergenz«

---

182 Wenn also gedächtnisrelevante Strukturen etwa des Temporallappens ausfallen, dann enthält die Subjektivität des Betroffenen die entsprechenden Erinnerungen auch implizit nicht mehr.

firmiert. Diese Theorie tritt allerdings in vielfältigen Variationen auf, und wir haben genau zu prüfen, ob und wie sie zu der hier vertretenen verkörperten und enaktiven Konzeption passt.

Emergenztheorien gehen davon aus, dass in hinreichend komplexen materiellen Systemen neuartige, emergente Eigenschaften auftreten können, die ihre Teile oder Subsysteme nicht besitzen. Nach Stephan (1999a, b) und Chalmers (2006) können wir zwischen schwacher und starker Emergenz unterscheiden. Schwach emergente Phänomene sind nur unerwartet, nämlich beim Stand unseres Wissens über den Bereich, in dem sie entstehen. Stark emergente Phänomene hingegen sind nicht nur unerwartet; sie lassen sich *im Prinzip* nicht aus dem Bereich ableiten, aus dem sie stammen. Man könnte den ersten Typ auch als *epistemologische,* den zweiten Typ als *ontologische* Emergenz bezeichnen.

> »In gewisser Weise sind die philosophischen Konsequenzen von starker und schwacher Emergenz diametral entgegengesetzt. Starke Emergenz, falls vorhanden, kann dazu dienen, das physikalistische Bild der Welt als grundlegend unvollständig abzulehnen. Schwache Emergenz hingegen kann verwendet werden, um das physikalistische Bild der Welt zu stützen, indem nämlich gezeigt wird, wie alle Arten von Phänomenen, die auf den ersten Blick neuartig und irreduzibel erscheinen könnten, dennoch auf zugrunde liegenden einfachen Gesetzen beruhen können« (Chalmers 2006, 146; eig. Übers.).

Ein schwacher Emergentismus wurde von einer Reihe von Philosophen und Neurowissenschaftlern befürwortet (z.B. Bunge 1984, 2003, Searle 1993, Swaab 2014). Bewusstsein ist dann in gängiger Formulierung eine *hochstufige Systemeigenschaft* des Gehirns bzw. bestimmter kortikaler Netzwerke, in Analogie zu vielen Makroeigenschaften physikalischer Systeme wie Flüssigkeit, Elastizität u. a. Searle formuliert dies wie folgt:

> »Das Hirn verursacht gewisse ›geistige‹ Phänomene, wie z.B. bewusste Geisteszustände, und diese bewussten Zustände sind einfach höherstufige Merkmale des Hirns. Bewusstsein ist eine höherstufige oder emergente Eigenschaft des Hirns – und zwar in dem völlig harmlosen Sinn von ›höherstufig‹ bzw. ›emergent‹, in dem Festigkeit eine höherstufige, emergente Eigenschaft von H_2O-Molekülen ist, wenn sie in einer Gitterstruktur angeordnet sind (Eis)« (Searle 1993, 29).

Auch wenn Searle Emergenz mit Verursachung faktisch gleichsetzt und eine Identität von Gehirn- und Bewusstseinszuständen ablehnt, lässt sich der Emergenz-Begriff doch durchaus mit identitätstheoretischen Positionen verbinden.[183]

---

[183] So schon bei Bunges Theorie der Emergenz, die er wie folgt definiert: »(1) Alle psy-

Wie Chalmers jedoch zu Recht argumentiert hat, führen emergente Eigenschaften ohne abwärts gerichtete Verursachung zu einem epiphänomenalistischen Bild: Es gibt dann zwar grundlegend neue Qualitäten, die jedoch in Bezug auf die Substratebene keine kausale Rolle spielen (Chalmers 2006, 249). Diese schwache Form der Emergenz kommt *Supervenienz-Theorien* nahe, die annehmen, dass Eigenschaften höherer Ordnung einfach über niedrigere Ebenen supervenieren (d.h. sie werden durch die Konfiguration der Substratkomponenten bestimmt), ohne dass sie kausale Wirkungen hätten (Davidson 1980, Kim 1993). Hier bleibt der Vorrang der physischen Ebene also unbestritten.

Wie ich bereits in ▶ Kap. 3.2.1 gezeigt habe, sollte ein verkörpertes und enaktives Konzept auf einer *starken* Version der Emergenz basieren. Hierfür müssen zwei Voraussetzungen erfüllt sein:

(1) Primat des Ganzen oder ganzheitlicher Funktionen gegenüber ihren Bestandteilen;
(2) Reziprozität des Einflusses von global-zu-lokal (abwärts) und lokal-zu-global (aufwärts), also zirkuläre Kausalität.

Wir können diese Anforderungen nun weiter spezifizieren.

1) Primat der Funktion. – Die Hierarchie von basalen, intermediären und integralen Ebenen stellt zweifellos eine Grundstruktur nicht nur höherer Organismen, sondern auch ihrer Nervensysteme dar. Insbesondere beruht die Gehirntätigkeit, wie wir gesehen haben, einerseits auf einer hochgradig distribuierten Parallelverarbeitung, andererseits auf einer zunehmenden Integration in höheren Zentren bis hin zum gesamten Kortex, also auf einer

---

chischen Zustände, Vorgänge und Prozesse sind Zustände, Vorgänge und Prozesse in den Gehirnen höherer Wirbeltiere. (2) Diese Zustände, Vorgänge und Prozesse sind gegenüber solchen der zellulären Komponenten des Gehirns als emergent zu betrachten« (Bunge 1984, 32). Dies ist durchaus mit einer Identitätstheorie vereinbar: »Alles, was innerlich als mentaler Vorgang empfunden wird, ist identisch mit einer bestimmten Aktivität des Gehirns« (Bunge 1984, 95).

Ähnliche Konzepte finden sich in vielen neurowissenschaftlichen Theorien des Bewusstseins, etwa bei Swaab: »Bewusstsein kann als ein emergentes Merkmal angesehen werden, das durch die gemeinsame Funktion bestimmter Bereiche des riesigen Netzwerks von Neuronen in unseren Köpfen erzeugt wird. Gehirnzellen und -bereiche haben ihre eigenen Funktionen, aber ihre funktionellen Verbindungen untereinander verleihen ihnen gemeinsam eine neue «emergente» Funktion« (2014, 170; eig. Übers.).

vertikal-zirkulären Interaktion, die für die Entstehung von Bewusstsein erforderlich ist. Doch die zirkuläre Kausalität zwischen dem Ganzen und seinen Teilen impliziert nicht nur das Hervorgehen der höheren Funktionsebene aus den Einzelkomponenten, sondern ebenso das Umgekehrte: *Voraussetzung für alle Lebensprozesse sind immer die jeweiligen Funktionen,* und auch wenn sich diese in der Ontogenese erst entfalten müssen, so entwickeln sie sich doch nur im Organismus als ganzem. Die Substratebene organisiert sich dabei nicht von selbst, sondern sie wird von der lebendigen Funktion in Dienst genommen, transformiert und organisiert. Dies weist dem lebendigen Ganzen nicht die Rolle eines Produkts, sondern vielmehr des Produzenten zu:

> »Ganze Organismen werden nicht zusammengesetzt, indem unterschiedliche Teile zusammengeführt werden, sondern indem sich ihre Teile voneinander differenzieren. Organismen werden nicht aufgebaut oder zusammengesetzt. Obwohl sie durch Vermehrung von Zellen wachsen, teilen sich diese und unterscheiden sich von früheren, weniger differenzierten Vorläufern. Sowohl in der Entwicklung als auch in der Phylogenie gehen Ganze den Teilen voraus« (Deacon 2006, 116; eig. Übers.).

> »Emergente Ganzheiten haben zeitgleiche Teile, aber diese Teile lassen sich nicht unabhängig von ihren jeweiligen Ganzheiten charakterisieren« (Kronz & Tiehen 2002, 345; eig. Übers.).

Dieses Wechselverhältnis von Ganzem und Teilen lässt sich am besten mit dem Begriff einer »dynamischen Ko-Emergenz« erfassen (Thompson 2007, 60 ff.), der eine ermöglichende Beziehung in beiderlei Richtung beschreibt. Ob wir nun die Ebene organischer Moleküle, der Zellorganellen, der Zellen oder der Organe betrachten, die nächsthöhere Organisationsebene ist jeweils die Bedingung ihrer Komponenten, die außerhalb des Organismus gar nicht produziert oder erhalten würden. Das heißt, *es gibt keine Basisebene elementarer Entitäten,* die als letzte »Emergenzbasis« dienen könnten, auf der alles andere aufbaut. Auch auf der Ebene der Gehirnorganisation lässt sich »... die Unterscheidung zwischen im Voraus bestehenden Teilen und übergeordneten Ganzheiten nicht klar anwenden: Man könnte ebenso gut sagen, dass die Komponenten (lokale neuronale Aktivitäten) aus dem Ganzen hervorgehen, wie dass das Ganze (dynamische weiträumige Integrationsmuster) sich aus den Komponenten ergibt« (Thompson 2007, 423; eig. Übers.).

Der Primat der Funktion bzw. des Ganzen gegenüber den Teilen bedeutet freilich keinen neuen Vitalismus. Das Leben schwebt nicht wie ein feiner Hauch durch den Körper, sondern es ist gänzlich an seine Strukturen und Prozesse gebunden. Keine Vitalkraft oder ein anderes transzendentes Prinzip kommt zu dem Stoff hinzu, aus dem das Lebewesen besteht. Es ist eine materielle Substanz, allerdings *genau eine* lebendig-materielle Substanz, die aufgrund ihrer bestimmten, komplex gearteten organischen Struktur in der Lage ist, verschiedenste und hochdifferenzierte Lebensäußerungen hervorzubringen wie das Empfinden von Schmerz, das Wahrnehmen von Bäumen oder das Schreiben von Büchern. Die Materie ist nicht die Grundlage, die das Lebewesen erzeugt oder bildet, sondern umgekehrt transformiert der lebendige Organismus Materie in einer für ihn geeigneten Weise, assimiliert sie und verwandelt sie in seine Bestandteile. Die Form des Lebendigen emergiert nicht aus dem Stoff, sie *organisiert* ihn und macht ihn so zu *ihrem* Stoff. »Emergent« können wir daher nicht die Eigenschaften des *Ganzen* nennen, sondern allenfalls umgekehrt die neuartigen Eigenschaften der *Teile,* die sie im Kontext des Funktionsganzen erhalten, so wie das bereits erwähnte Eisen im Hämoglobin.

Das Konzept der Selbstorganisation wird oft zur Beschreibung komplexer Strukturen gebraucht, die spontan aus einer physikalischen Basis hervorgehen wie Wirbel in einem Fluss. Im Bereich des Lebendigen begegnen wir jedoch immer nur Organismen, die bereits ein sich entfaltendes Ganzes darstellen, mit unterschiedlicher Komplexität und Differenziertheit. Damit soll freilich nicht bestritten werden, dass im Zuge der Evolution ganz neuartige Eigenschaften und Funktionen auftraten. Die Thematik einer diachronen Emergenz bedürfte allerdings einer eigenen Untersuchung und ist hier nicht unser Hauptanliegen.[184] Jedenfalls geht der Organismus in seiner Entwicklung der Differenzierung der Organe zu seiner Selbsterhaltung voraus. Man kann daher eher sagen, dass seine Funktionen die sie realisierenden Organe entstehen lassen als umgekehrt. Das wird gerade an der Plastizität des Gehirns deutlich, das auch ausgefallene Funktionen durch Nutzung der anderen Hemisphäre bis zu einem gewissen Grad wiederherstellen kann (▶ Kap. 4.2.3): »Die Funktion schafft sich ihre Organe« (Brodmann 1909).

---

184 Eine kurze Bemerkung dazu erscheint angebracht: Wir können annehmen, dass im Zuge der Evolution neu sich entwickelnde Lebensformen in vorbestehende und geeignete ökologische Nischen der natürlichen Umwelt »einrückten«, dass also auch das Gesamtsystem von Leben und Umwelt gleichsam »offene Schleifen« bereitstellte, die das Auftreten und die Erhaltung höherer Funktionen und Organismen begünstigten. Dies wäre analog zum top-down-Einfluss eines Attraktors innerhalb eines lebenden Organismus. Neuartige und expandierende Lebensformen veränderten dann wiederum die Umwelt und schufen neue Nischen mit neuem Selektionsdruck, die die weitere Entwicklung von Arten beeinflussten (zum Beispiel veränderten Pflanzen durch die Entwicklung der Photosynthese die Erdatmosphäre, die dann von luftatmenden Landtieren genutzt werden konnte). Insgesamt führen die Prozesse der Nischenbildung zu einer Ko-Evolution und Ko-Determination von Lebensformen und Umwelt (vgl. dazu auch Thompson 2007, 201–218).

Weder Lebendiges noch Geistiges sind also nur »höherstufige Eigenschaften von materiellen Systemen«. Searles Vergleich von Bewusstsein mit der Festigkeit von H_2O-Molekülen in einer Gitterstruktur lässt außer Acht, dass die Gitterstruktur von Eis keinerlei Funktion erfüllt und sich auch nicht über die Zeit hinweg selbst reproduziert. Ein lebendiges System fügt sich nicht unter bestimmten Umweltbedingungen zusammen wie Wassermoleküle zu Eis, um unter anderen Bedingungen ebenso wieder auseinanderzufallen. Vielmehr geht die lebendige Form und Funktion den Teilen voraus: Nicht die Teile »organisieren sich« selbst zum System, sondern das organische System ist die Form, in der das Lebewesen seine eigene materielle Basis organisiert und sich erhält.

2) Zirkuläre Kausalität. – Die zweite Anforderung an eine starke Emergenz lässt sich in folgender Definition von Emergenz ausdrücken (Thompson & Varela 2001; eig. Übers.):

> Ein System oder Netzwerk miteinander verbundener Komponenten N zeigt genau dann einen *emergenten* Prozess E mit emergenten Eigenschaften P, wenn
>
> (1) E sich aus der nichtlinearen Dynamik der Wechselwirkungen der N-Komponenten ergibt, und
> (2) E einen global-zu-lokal (abwärts) bestimmenden Einfluss auf die Dynamik der Komponenten hat.

In der zirkulären Kausalität ergibt sich die übergeordnete Dynamik also aus dem Zusammenspiel der Komponenten, während sie wiederum deren Verhalten bestimmt. Wie bereits in ▶ Kap. 3.3.1 ausgeführt, impliziert diese Abwärtsbestimmung keine Wirkursächlichkeit oder eine externe Kraft, die auf etwas anderes einwirkt. Stattdessen schränkt die übergeordnete Dynamik des Systems das Verhalten der Komponenten so ein, dass ihnen nicht mehr die gleichen Verhaltensalternativen offenstehen wie außerhalb des Systems (Haken & Stadler 1990, Kelso 1995). »Einschränkung«' ist kein wirkursächlicher, sondern ein formaler oder topologischer Begriff: Die Form, Konfiguration oder Topologie eines Systems verengt und begrenzt den Bereich der Möglichkeiten im Phasenraum des Systems (wie ich am Beispiel des Eisens gezeigt habe, das in Hämoglobin integriert ist, ▶ Kap. 3.2.1; siehe auch Thompson 2007, 427). Die übergeordnete Konfiguration fungiert als globaler Ordnungsparameter, der die Wahrscheinlichkeit von Ereignissen innerhalb des Systems beeinflusst, auch wenn diese Regularitäten höherer Ordnung durch Wechselwirkungen niedrigerer Ordnung realisiert werden. Man könnte auch sagen, dass die Konfiguration als ein »Leerraum« oder Attraktor wirkt, der das Verhalten der Teile nicht *erzwingt,* sondern sie in seine Dynamik *hineinzieht.*

Deacon (2006) hat nun zwei Formen von Emergenz unterschieden:

(a) »morphodynamische Emergenz« in nichtorganischen Systemen (wie bei der Bildung von Schneekristallen oder von sogenannten Bénard-Zellen in einer erhitzten Flüssigkeitsschale)
(b) »teleodynamische Emergenz« in lebenden Systemen; hier wirkt sich ein *Gedächtnis von vergangenen Zuständen* einschränkend und ordnend auf zukünftige Prozesse aus.

Die teleodynamische Emergenz impliziert die besondere Form der Abwärtskausalität, die in wiederholten Organismus-Umwelt-Interaktionen auftritt, und die einen übergeordneten *Prozess* in eine modifizierte *Struktur* verwandelt. (▶ Kap. 4.2.3, ▶ Abb. 14). Dies unterstützt die Selbsterhaltung des Organismus unter sich verändernden Bedingungen. Teleodynamische Emergenz ermöglicht *Adaptivität* (Di Paolo 2009), d. h. das Lebewesen ist in der Lage, seine eigene Interaktion mit der Umwelt zu regulieren, indem es nicht nur zwischen geeigneten Reaktionen wählt, sondern bis zu einem gewissen Grad *seine eigenen Strukturen und Dispositionen über die Zeit hinweg verändert.* Dies ist die Grundfunktion des impliziten oder Leibgedächtnisses.

Die entscheidende Funktion des Bewusstseins in diesem Zusammenhang besteht nun darin, einen integrierten, übergeordneten Prozess zu etablieren – bewusste Erfahrung oder *Erleben* –, der eine bestimmte Art von Anpassung ermöglicht, nämlich das *Lernen.* Dies bedeutet die Veränderung der Struktur eines Organismus unter den Bedingungen bewusster Wahrnehmung. Um dies zu veranschaulichen, nehmen wir noch einmal das Beispiel von Pawlows Konditionierung, die ich bereits als Bedeutungskopplung beschrieben habe (▶ Kap. 4.2.4; Murphy 2006).

Hier besteht das System höherer Ordnung, zunächst objektivierend gesehen, aus dem Gehirn und dem Organismus des Hundes im Kontext der jeweiligen Situation. Den übergeordneten Ordnungsparameter bildet die Paarung der Glocke mit dem Geruch des Fleisches. Diese führt zu einer gleichzeitigen Aktivierung der neuronalen Netze im Gehirn des Hundes, die sich auf den Schall, den Geruch und die Speichelsekretion beziehen. Nach einer ausreichenden Anzahl von Wiederholungen bilden sich nun auf der Mikroebene neuronale Koppelungen, die das zukünftige Verhalten des Hundes in ähnlichen Situationen bestimmen. Jedes Mal, wenn solche Situationen auftreten, bildet sich nun eine veränderte Resonanz zwischen Gehirn, Körper und Umwelt. In der Konditionierung ist somit eine global-zu-lokal oder abwärtsgerichtete Verursachung wirksam geworden, nämlich indem die Situation die Synapsengewichte und Verbindungen im Gehirn des Hundes so selektierte und einschränkte, dass sich die passenden Muster zukünftiger Aktivierung bildeten.

Entscheidend ist jedoch, dass all dies *mit dem Bewusstsein* des Hundes abgelaufen ist. Die Konditionierung hätte nicht in einem unbewussten Zustand erfolgen können (etwa indem man Geräusche und Gerüche während des Schlafes präsentiert). Der Grund dafür ist, dass nur der Bewusstseinszustand des Hundes in der Lage ist, die übergeordnete raumzeitliche Einheit oder das Integral der Situation herzustellen, in dem sich der Klang, der Geruch und der antizipierende Hunger des Hundes *zu einer einheitlichen Erfahrung* verbinden.[185] Nur durch diese räumlich und zeitlich ausgedehnte Integration werden die Prozesse im Gehirn des Hundes auf neue Weise kontextualisiert: Sie werden zu Komponenten eines erweiterten Systems, nämlich des Körpers des Hundes in Verbindung mit seiner wahrgenommene Umgebung (einschließlich intermodal geeinter Geräusche und Gerüche), mit der Erwartung einer bevorstehenden Sättigung und mit seiner spezifischen Vorgeschichte (wie sie im Körpergedächtnis des Hundes sedimentiert ist). Dieser übergreifende Kontext, der durch bewusste Integration ermöglicht wird, erklärt die Reziprozität von Prozess und Struktur, die ich in 4.2.3 als zirkuläre Kausalität dargestellt habe: *Bewusste Erfahrung als Lebensvollzug ist der übergeordnete Prozess, der die beteiligten Strukturen auf der Mikroebene prägt und so in Form von dauerhaften Dispositionen inkorporiert wird.*

6.3.2 Zirkuläre Kausalität und Doppelaspekt

»Teleodynamische Emergenz« ermöglicht demnach bewusste Lernprozesse. Dabei sollten wir allerdings das Bewusstsein nicht selbst als einen emergenten Prozess bezeichnen, sondern nur die Systemprozesse höherer Ordnung, die der bewussten Erfahrung *entsprechen* (d.h. den biologisch-ökologischen Aspekt aus der Perspekte der 3. Person). Jede Bezugnahme auf eine »Emergenz« ist nur innerhalb eines *einzelnen* Aspekts oder unter *einem* methodischen Gesichtspunkt möglich. Auch der Begriff der »Ko-Emergenz« von Ganzem und Teilen sollte daher nur innerhalb des biologisch-organismischen

---

185 Wie wir in Kapitel 4.2.4 gesehen haben, entspricht die durch Bewusstsein ermöglichte intermodale Bindung wahrscheinlich einer spezifischen Synchronisation der verschiedenen neuronalen Netzwerke, die die bemerkten Reize verarbeiten (Singer 2009, 193).

Aspekts gebraucht werden, nicht zur Bezeichnung des Verhältnisses der beiden Aspekte zueinander.

Dies ist besonders wichtig, wenn wir es mit dem Problem der »mentalen Verursachung« zu tun haben. Wie kann der Geist in einer materiellen Welt kausal wirksam sein? Wenn Emergenztheoretiker nach Lösungen für dieses Problem suchen, fallen sie häufig wieder auf das Konzept des Bewusstseins als emergenter Funktion des Gehirns zurück, wie zum Beispiel der Neurowissenschaftler Roger Sperry:

> »[Bewusste] Phänomene als emergente funktionale Eigenschaften der Verarbeitung im Gehirn spielen als kausale Determinanten eine aktiv kontrollierende Rolle bei der Bildung der Fließmuster zerebraler Erregung. Einmal aus neuronalen Ereignissen erzeugt, haben die mentalen Muster und Programme höherer Ordnung ihre eigenen subjektiven Qualitäten und Verläufe, sie arbeiten und interagieren nach ihren eigenen kausalen Gesetzen und Prinzipien, die sich von der Neurophysiologie unterscheiden und nicht auf diese reduziert werden können« (Sperry 1980, 201).

Ähnlich sieht der Neurophysiologe Walter Freeman im Bewusstsein einen Ordnungsparameter und »Zustandsvariablen-Operator«, der »die Beziehungen zwischen Neuronen im Gehirn vermittelt« (Freeman 1999, 132). Doch wie sollten bewusste Prozesse oder subjektive Qualitäten in der Lage sein, neuronale Aktivitäten zu steuern oder zu ordnen? Der Kategoriefehler resultiert aus dem Kurzschluss bewusster und neuronaler Prozesse: Anstatt Bewusstsein als integrale Aktivität von Lebewesen zu verstehen, soll es bestimmten physiologischen Teilprozessen angehören und diese gleichzeitig wie von außen beeinflussen. Doch Bewusstsein für sich genommen verursacht oder lenkt niemals physikalische Bewegungen, weder die Bewegung geladener Teilchen in Neuronen noch die Bewegungen des Körpers. *Die Handlungen eines Menschen werden immer von ihm als Ganzem geleitet und vollzogen, nicht von seinem Bewusstsein.*

Ausgehend von dem Doppelaspekt der lebendigen Person, müssen wir daher die Vorgänge im Verlauf einer Handlung auf zwei ganz verschiedene, wenn auch zueinander komplementäre Weisen beschreiben. Dazu dient folgendes Beispiel:

I. Ein hungriger Mensch sieht einen leckeren Apfel und greift nach ihm, um seinen Hunger zu stillen.
II. Zwischen einem Organismus in homöostatischem Ungleichgewicht (»Hunger«) und seiner Umgebung bildet sich eine Resonanz von bereitliegenden visuellen neuronalen Mustern mit den aktuellen Mustern der Umgebung (insbesondere des »Apfels«). Vor dem Hintergrund des aktu-

ellen Mangelzustands des Organismus wird dieses Muster für ihn relevant und salient – entsprechend einer besonderen Attraktorlandschaft im neuronalen Phasenraum. Aufgrund erworbener neuronaler Koppelungen tritt nun eine Folge weiterer Zustandsveränderungen ein (u. a. Aktivierung von bewertungs- und belohnungsbezogenen Systemen im Gehirn, Abruf von assoziierten geschmacksbezogenen neuronalen Mustern, Speichelabsonderung etc.). Aus ihnen resultiert ein neuer Gesamtzustand des Organismus-Umwelt-Systems, der insbesondere eine Aktivierung neuronaler Muster von Bewegungsgestalten in prämotorischen und motorischen Arealen des Gehirns einschließt. Die entstandene Instabilität (»Spannung«) des Systems löst sich schließlich in den passenden neuromotorischen Impulsen auf, die die Erregungsbereitschaft der passenden Muskeln geordnet freisetzen und in die Bewegung münden – das Ergreifen des Apfels. Wiederum hat sich ein neuer Gesamtzustand von Organismus und Umwelt gebildet, einschließlich einer verbleibenden Instabilität, die unmittelbar in den nächsten Zustand überleitet und voraussichtlich zum »Zubeißen« führen wird.

An keiner Stelle in diesem unter (II) (freilich immer noch äußerst vereinfacht) beschriebenen Ablauf haben Bewusstseinsvorgänge eine zusätzliche Wirkung auf neuronale und andere organische Teilprozesse ausgeübt, ja sie sind in der objektivierenden Beschreibung konsequenterweise gar nicht aufgetaucht. Wo sind sie geblieben? – Nicht etwa im Gehirn des hungrigen Menschen, als eine bloße Begleiterscheinung. Bewusstsein ist vielmehr das Integral der gesamten in (II) beschriebenen Organismus-Umwelt-Beziehungen, und dieses Integral verändert sich fortwährend, in gleichem Sinn wie sich die Gesamtkonstellation rekonfiguriert. Beide Beschreibungen geben komplementäre Aspekte der lebendigen Operation wieder, und sie üben keine »Wechselwirkung« aufeinander aus – schließlich sind sie nur Aspekte *ein und desselben Geschehens.* Mancher würde wohl gerne den »Impuls« oder »Entschluss« zur Handlung des Ergreifens irgendwie aus dem Bewusstseinsstrom herausheben und ihm eine eigene Wirkmächtigkeit zuschreiben. Doch diese dualistische Intuition führt in die Irre: Man würde damit die Komplementarität der Aspekte aufheben oder, bildlich gesprochen, eine Seite der Münze auf die andere einwirken lassen.[186] Freilich spielen vorangehende

---

186 Diese trügerische Intuition liegt auch den bereits erwähnten Experimenten Libets (1985) zugrunde, der von einem bewegungsauslösenden mentalen »Impuls« ausging, also einer intermittierenden Einwirkung des Bewusstseins auf neuronale Prozesse (▶ Kap. 2.3.2).

Impulse und Entschlüsse eine Rolle für unsere Handlungen, doch sie lassen sich ihrerseits immer unter beiden Aspekten parallel und kontinuierlich beschreiben. Der Doppelaspekt lässt sich nicht umgehen oder an bestimmten Stellen durchlässig machen.

Bedeutet dies nun, dass Beschreibung (I), also der Hunger, das Sehen und Ergreifen des Apfels, nur eine naive, lebensweltliche Darstellung des Geschehens gemäß der »folk psychology« ist, während Beschreibung (II) das wiedergibt, was »eigentlich« geschieht? Geraten wir damit nicht in einen neuen, einen *biologischen* Epiphänomenalismus, der das bewusste Erleben zu einem im Prinzip auch verzichtbaren Firnis über der Organismus-Umwelt-Beziehung macht? Könnte der Organismus das Gleiche nicht auch ohne Bewusstsein vollbringen?

Die Antwort ist nein; denn Bewusstseinsprozesse erlauben dem Lebewesen eine ungleich komplexere, integrale Erfassung seines Zustandes und eine ungleich flexiblere Wahl der Handlungsmöglichkeiten in seiner Umwelt als unbewusste Steuerungsroutinen es erlauben würden. Dazu tragen vor allem die bereits unter ▸ Kap. 2.3.2 beschriebenen Fähigkeiten des Bewusstseins bei,

(1) einen intermodalen Aktionsraum mit integralen Gestalteinheiten (»Apfel«, »Greifen«) zu erzeugen;
(2) intentional und affektiv auf relevante Objekte gerichtet zu sein (»den Apfel wahrnehmen«, »Hunger«, »Verlangen«);
(3) die momentane Gegenwart zu überschreiten, sei es in Vorwegnahme des Kommenden (»nach etwas greifen«), sei es im Behalten des Erlebten;[187]
(4) ein Selbstgefühl zu vermitteln, das den gegenwärtigen Zustand des Organismus in Bezug auf seine Selbsterhaltung und in Bezug auf äußere Objekte integriert (»um den Hunger durch Einverleibung des Apfels zu stillen«).

---

187 Wie ich gezeigt habe (▸ Kap. 2.3.2), sind alle Gehirn- und Körperzustände als solche immer streng gegenwärtig (physiologische Mechanismen und Regelkreise können nichts »antizipieren«), während die übergreifende zeitliche Integration des Bewusstseins es ermöglicht, die mögliche Zukunft als solche zu erfassen. Die jüngsten kognitionswissenschaftlichen Theorien des Gehirns als einer »Vorhersagemaschine« (»predictive brain«, »prediction machine«; vgl. etwa Downing 2009, Clark 2013) sollten nicht darüber hinwegtäuschen, dass Gehirne natürlich weder in der Lage sind, Hypothesen über mögliche Verläufe aufzustellen noch Schlussfolgerungen oder Vorhersagen für die Zukunft zu treffen – einfach deshalb, weil »sich selbst nicht vorweg sind« und daher die Zukunft nicht als solche erfassen können. Zu einer neueren, verkörperten Konzeption des »predictive brain« vgl. Nave et al. 2020.

Auf diese Weise potenziert Bewusstsein offensichtlich die Verhaltensmöglichkeiten von Lebewesen ebenso wie ihre Fähigkeit, ihr Verhalten unterschiedlichen Bedingungen variabel anzupassen. Ein Organismus ohne Bewusstsein, ohne Wahrnehmung, Fühlen und Wollen würde sich ganz anders verhalten, er *hätte aber auch eine ganz andere Struktur*. Die meisten der unter (II) beschriebenen Prozesse würden gar nicht auftreten, und das Lebewesen stünde in viel einförmigeren und nur diffus gerichteten Austauschbeziehungen mit seiner Umwelt. Nicht nur das unter (I), sondern *auch* das unter (II) beschriebene Geschehen könnte also gar nicht ablaufen.

Man könnte hier einwenden, dass Bewusstsein dann immer noch das Nebenprodukt der systemischen Prozesse innerhalb und außerhalb des Organismus darstellen könnte. Haben wir durch die ganze Untersuchung womöglich nicht mehr erreicht, als die Basis für die Reduktion von Bewusstsein zu verbreitern, nämlich vom Gehirn auf den Organismus bzw. auf das System von Organismus und Umwelt? – Doch hier müssen wir gewissermaßen nur den Spieß umdrehen: Der entscheidende Gesichtspunkt, den wir mit der Einbeziehung des Lebendigen gewonnen haben, ist der *Primat der Funktion*, und zwar vor allem der Funktion des Bewusstseins selbst. Nicht die erlebten Prozesse (I) verlaufen so, *weil* die organischen Prozesse (II) auch ohne sie nun einmal so ablaufen wie sie es tun; sondern umgekehrt verlaufen die Prozesse (II) genau in dieser Weise, *weil der Mensch über Bewusstsein verfügt, Hunger empfinden, wahrnehmen und sich bewegen kann*. Denn Bewusstsein ist die maßgebliche Funktion höherer Lebewesen, die ihnen Gefühle, Wahrnehmungen und Handlungen ermöglicht, und zur Realisierung dieser integralen Funktionen haben sich die erforderlichen zentralnervösen Strukturen des Organismus überhaupt entwickelt. Die Beschreibung (I) gibt also kein Epiphänomen, sondern den *eigentlichen biologischen Sinn und Zweck* der in (II) beschriebenen Vorgänge an.

Man kann daher zwar sagen: Ohne Gehirn kein Bewusstsein, aber eben auch: *Ohne Bewusstsein kein Gehirn*. Hätten sich Bewusstseinsfunktionen in der Evolution als überflüssig oder nachteilig erwiesen, dann hätten sich die für sie erforderlichen Gehirnstrukturen auch nicht weiterentwickelt. Und ohne Bewusstsein hätten sie sich überhaupt nicht entwickelt. Der Hunger und das Sehen des Apfels gehen also auf eine *phylogenetische Vorgeschichte* zurück, in deren Verlauf die entsprechenden Funktionen die organischen Strukturen der Lebewesen formten.[188] Und nur weil der Mensch heute vermittels seiner

---

[188] Dies ist natürlich eine abgekürzte Formulierung. Besonders die Entwicklung spezialisierter Gehirnstrukturen kann als Ergebnis einer Passung zwischen spontan sich entwickelnden Lebensformen und ökologischen Nischen oder »Möglichkeitsräumen«

dazu geeigneten organischen Strukturen Bewusstsein hat, über Bewusstseinsvermögen verfügt, verhält er sich so, wie er sich verhält – er greift nach dem Apfel, *weil er hungrig ist* und *um seinen Hunger zu stillen.* Weder diese Qualitäten, noch das Subjekt des Erlebens, noch sein Wollen und Handeln sind in der komplexen Beschreibung (II) wiederzufinden. Und doch sind all diese Merkmale erst das, was das menschliche Leben – auch im biologischen Sinn – eigentlich ausmacht.

Damit wird keine eigene Substanz oder Entität namens »Bewusstsein« geschaffen. Natürlich hätte der Mensch ohne die entsprechenden organischen Strukturen und Prozesse weder das Vermögen zu bewussten Lebensäußerungen noch könnte er es aktualisieren. Bewusstsein ist eine Funktion des Organismus, realisiert von organischen Prozessen, es ist verkörperte Subjektivität. Deshalb ist es auch möglich, diese Prozesse – bei genügender Ausdehnung ihrer Basis, nämlich auf das Gesamtsystem von Organismus und Umwelt – im Prinzip vollständig zu beschreiben, ohne dabei irgendwo auf Bewusstsein zu treffen, wie dies unter (II) angedeutet wurde. Und doch wäre diese Beschreibung des Vorgangs nicht wirklich vollständig. Denn die Beschreibung (II) gibt organische Prozesse wieder, die *genau dazu dienen,* dass der Mensch das Vermögen zu Bewusstseinstätigkeiten hat, und die *genau so strukturiert und geartet sind,* dass er dieses Vermögen auch realisieren kann. Erst die komplementäre Beschreibung (I) liefert den Sinn und Zweck, und damit auch die Erklärung jener Prozesse.

Das Bewusstsein zu eliminieren oder für ein Epiphänomen zu halten, weil es in der naturalistischen Einstellung (II) nicht mehr zu beobachten ist bzw. nicht selbst in physikalische Kausalketten eingreift, wäre daher gerade aus biologischer Sicht völlig unangemessen. Es wäre nämlich gleichbedeutend mit der Behauptung, dass genau die gleichen physiologischen Prozesse auch

---

angesehen werden. Die Herausbildung neuer affektiver und kognitiver Funktionen ist dann aus einer Verknüpfung von vertikaler und horizontaler zirkulärer Kausalität zu erklären: Spontan auftretende genetische Varianten (»Aufwärts«-Kausalität) werden von neuen Funktionen integriert (»Abwärts«-Kausalität), sofern sich diese Funktionen oder Fähigkeiten in der Auseinandersetzung mit der Umwelt bewähren (horizontale Zirkularität). In diesem Sinne lässt sich sagen, dass auch in der Evolution die übergeordnete Funktion die sich entwickelnde Struktur von Organismen prägt, oder mit anderen Worten, *die Funktionen schaffen die Bedingungen für ihre eigene Verwirklichung.* Natürlich hat die Entwicklung der menschlichen Kultur die ökologischen Nischen, in denen sich das Gehirn weiterentwickelte, entscheidend verändert, was zu einer Ko-Evolution von Gehirn und Kultur führte (vgl. Menary 2013).

ohne Bewusstseinsfunktionen entstanden sein und ablaufen könnten.[189] Doch diese Funktionen konnten keinesfalls durch blinde physikalische Prozesse realisiert werden. Und das Bewusstsein selbst als ein Phänomen, das Raum, Zeit und Selbst integriert, kann keineswegs nur ein Epiphänomen solcher Prozesse sein. Es ist vielmehr *die Manifestation und zugleich der Zweck* bestimmter organismischer (einschließlich neuronaler) Prozesse von hinreichender Komplexität und Verbindung mit der Umwelt. *Beide Aspekte sind irreduzibel und doch ontologisch untrennbar miteinander verbunden.*

Daher bedarf das bewusste Wahrnehmen, Fühlen und Handeln zu seiner Realisierung bestimmter physiologischer Strukturen und Prozesse, *die aber umgekehrt ohne diese integralen Funktionen gar nicht entstanden wären*. Aus all dem folgt: Die Beschreibung des Erlebens und Handelns (I) gilt nicht nur einem subjektiven Firnis über den »eigentlichen« Prozessen (II), denn diese existieren nur als die Mittel zum Zweck des Erleben- und Handeln-Könnens. Daher gibt (I) auch *die tatsächliche Ursache dafür an, dass der Apfel in die Hand des Menschen gelangt*. Er greift nach dem Apfel, weil er hungrig ist – und nicht nur, weil dabei auch gewisse homöostatische und neuronale Regulationsvorgänge in seinem Organismus ablaufen. Die integrale Kausalität des Lebendigen lässt sich nicht auf physiologische Prozesse reduzieren, wo immer sie lokalisiert und wie immer sie auch ausgedehnt sind.

Um die Ursache des Vorgangs vollständig zu erfassen, müssen wir die funktional-phylogenetische Sichtweise nun aber noch um die individuelle

---

189 Das entspräche dem in der analytischen Philosophie des Geistes vielfach diskutierten Zombie-Argument: Wäre der Physikalismus wahr, dann könnte man sich einen hinreichend komplexen Organismus vorstellen, der genau die gleichen Verhaltensweisen zeigte wie ein Mensch, ohne jedoch über Bewusstsein zu verfügen – also einen Zombie. Da wir aber keine Zombies sind, muss der Physikalismus falsch sein (vgl. Chalmers 1996, Kirk 2008, Bailey 2009, u. a.).

Das Argument soll zwar die Irreduzibilität von Qualia auf physikalische Prozesse belegen, hat jedoch die unerwünschte Nebenwirkung, dass sich dem Bewusstsein nun umgekehrt keine funktionale Rolle mehr zuschreiben lässt. In der Tat kommt es dem cartesianischen Dualismus gefährlich nahe: Wenn es zumindest denkbar ist, dass ein Organismus wie der unsere vollständig funktionieren könnte, ohne bewusst zu sein, dann scheint das Bewusstsein am Ende etwas Nicht-Physisches zu sein. Anders als zu Descartes' Zeiten wird das Gegenteil eines Zombies heute aus offensichtlichen Gründen selten diskutiert, nämlich ein *Engel* – also ein körperloses immaterielles Bewusstsein. Beide Ideen sind jedoch gleichermaßen irregeleitete Folgerungen aus der Aspektdualität, die jeweils einen der Aspekte zu einer eigenen Realität hypostasieren. Man könnte argumentieren, dass wir die Einheit von Verkörperung, Leben und Geist immer noch nicht radikal genug verstehen, solange wir geneigt sind, eine dieser Alternativen *auch nur theoretisch* als möglich zu erachten.

lebensgeschichtliche Dimension erweitern. Hätte nämlich die betreffende Person nicht früher schon Äpfel wahrgenommen und verspeist (was als Lebenstätigkeit die entsprechenden neuronalen Prozesse einschloss), dann könnte sie den Apfel jetzt gar nicht erkennen, sie hätte kein Wissen von seiner Eignung als Nahrung und keine Vorstellung von seinem Geschmack. Ihr Wissen von Äpfeln hat sich aber nicht aus Gehirnprozessen aufgebaut, sondern durch eine leibliche ebenso wie soziale Interaktion – andere Menschen haben sie als Kind über Äpfel und ihre Bedeutung belehrt, und sie hat sie daraufhin gekostet. Ohne diese *bewussten* Vorerfahrungen ist aber weder Vorgang (I) *noch* Vorgang (II) heute vollständig zu beschreiben. Hätte man der Person als Kind nur im Schlaf geriebene Äpfel eingeflößt, ohne dass sie sie je zu sehen bekommen hätte, so hätte dies nicht die neuronalen Muster hinterlassen, die die Person heute dazu befähigen, den Apfel zu erkennen. Nehmen wir umgekehrt an, dass eine erworbene Fructose-Intoleranz später zu einer Unverträglichkeit von Äpfeln geführt hätte, so wird die Person den Apfel das nächste Mal nur dann meiden, wenn sie die Übelkeit *bewusst erlebt hat* und sich lebhaft darin erinnert, wenn sie den Apfel sieht.

Eine aktuelle integrale Lebenstätigkeit wie das Wahrnehmen und Ergreifen eines Apfels ist daher nicht ohne die ebenso integrale Vorgeschichte, also ohne erlebte Erfahrungen möglich und erklärbar. Die Beschreibung (II) ist also auch in dieser Hinsicht unvollständig, obwohl sie – wie wir annehmen wollen – im Querschnitt sämtliche *physiologischen* Ereignisse vollständig beschreibt. Sie gibt aber nur eine Momentaufnahme aus einem übergreifenden Geschehen wieder und insofern nur ein *Fragment* des Lebensprozesses. Die vollständige Ursache dessen, dass der Mensch den Apfel ergriffen hat, ist daher nur dieser Mensch selbst, als bewusstes Lebewesen, mit seiner individuellen Lerngeschichte, in seiner aktuellen Verfassung und in dieser Situation.[190]

---

190 Damit ist über die Frage der menschlichen Willensfreiheit noch nichts entschieden, denn der dafür relevante Begriff der freien Handlung bedarf natürlich einer zusätzlichen Bestimmung durch Tätigkeiten des Vorstellens und Überlegens, die im Beispiel des Apfelergreifens allenfalls eine geringe Rolle gespielt haben. Hier kam es mir aber darauf an, gerade solche alltäglichen Handlungen *auf die integrale Kausalität des Lebendigen* zurückzuführen. Damit ist allerdings auch einem nicht dualistischen Konzept von Willensfreiheit ein Weg gebahnt (▶ Kap. 6.4.2). Denn mit der integralen Kausalität wird ja nicht einem »mentalen Bereich« eine eigene Wirkmächtigkeit zugeschrieben, sondern das bewusste Überlegen, Entscheiden und Handeln in eine Folge von Lebensäußerungen eingebettet, die immer auch physischer Natur sind und daher ebenso kausale Folgen in der physischen Welt haben können wie die die Handbewegung beim Ergreifen des Apfels.

Kommen wir noch einmal abschließend auf den Begriff der »Abwärts«-Kausalität oder Makro-Determination zurück. Wie ich nun verdeutlicht habe, ist der in ▶ Kap. 3.3 entwickelte Begriff der vertikal-zirkulären Kausalität nur sinnvoll anwendbar, sofern das Ganze bzw. die jeweilige Funktion im Organismus schon vorausgesetzt sind. Die integrale Ebene emergiert nicht durch Selbstorganisation aus der Substratebene. Das Lebewesen insgesamt mit seiner Lerngeschichte ist die Ursache seiner Lebensäußerungen, nicht die komplexen Zustände der Materie in seinem Körper. Umgekehrt bedeutet »Abwärts«-Kausalität aber auch nicht, dass integrale Funktionen wie z.B. Bewusstseinstätigkeiten in die neuronalen Prozesse selbst aktiv eingreifen, sondern vielmehr, dass die neuronalen Prozesse selbst so strukturiert sind und ablaufen, *weil* das Lebewesen phylo- und ontogenetisch das Vermögen zu bestimmten Bewusstseinstätigkeiten entwickelt hat und dieses Vermögen nun aktuell ausübt.

Diese Tätigkeiten stehen den neuronalen Prozessen nicht etwa gegenüber. Keine physikalischen Energieerhaltungssätze werden durch eine »zusätzliche Einwirkung« verletzt. Dies heißt jedoch nicht, dass sich bewusste Lebensäußerungen, nur weil sie *auch* physikalische Geschehnisse sind, auf rein physikalischer Ebene erklären ließen. Diese Ebene des Lebewesens ist für sich genommen weit unterbestimmt – alles, was sie zur Erklärung beitragen kann, beschränkt sich auf physikalisch-chemische Voraussetzungen für die zellulären Mikroprozesse. Aber auch die komplexen biologisch-systemischen Prozesse der Beschreibung (II) ergeben keine vollständige Erklärung des Geschehens. Wir *können* es natürlich auf dieser Ebene beschreiben, und nirgends wird eine Lücke in der Beschreibung auftauchen, die uns zum Wechsel der Einstellung *zwingt*. Doch es wäre, um auf einen früheren Vergleich zurückzukommen, so als wenn man den Bahnverkehr eines Landes mit all seinen Bewegungs-, Kreislauf- und Steuerungsprozessen zwar vollständig erfasst, dabei jedoch vergessen hätte, dass in den Zügen Menschen sitzen, und dass das ganze Geschehen ihrer Fortbewegung dient.

6.4 Schlussfolgerungen: Psychophysische Beziehungen

In der Auseinandersetzung mit Identitäts- und Emergenztheorien habe ich die Konzeption einer personalen Aspektdualität weiter präzisiert. Kehren wir nach diesen Ausführungen noch einmal zum »Bieri-Trilemma« zurück (▶ Kap. 6.1). Seine Aussagen müssten unter den jetzigen Voraussetzungen grundsätzlich reformuliert werden. Den Begriff des Mentalen werde ich dabei überhaupt fallen lassen, da er von der dualistischen Implikation einer unleiblichen und unzugänglichen Innenwelt kaum zu befreien ist. Aber auch die Bedeutung des »Physischen« hat sich – wie bereits dargelegt (▶ Kap. 3.1.2) – deutlich verändert bzw. erweitert: Es impliziert keine ausschließlich physikalische Beschreibbarkeit, sondern bezieht sich auch auf lebendig-materielle Prozesse einschließlich integraler Tätigkeiten von Lebewesen. Die Reformulierung lautet dann:

(1) Bewusstseinsphänomene bestehen in den bewussten Tätigkeiten, Äußerungen und Handlungen von Lebewesen in ihrer Umwelt. Als solche sind sie immer auch physischer Natur.
(2) Bewusstseinsphänomene sind als Lebenstätigkeiten des Organismus im Bereich des Physischen kausal wirksam.
(3) Im Bereich lebender Organismen ist die physikalische Sphäre kausal unterbestimmt, d.h. nicht vollständig von den Gesetzmäßigkeiten der Physik bestimmt.

> Die Aussage (3) ist darin begründet, dass die physikalischen Prozesse innerhalb von Organismen in deren integrale Lebenstätigkeiten einbezogen sind. Insofern unterliegen sie zwar dem naturgesetzlichen Kausalzusammenhang, zugleich aber einer übergeordneten Bestimmung (»Abwärts«-Kausalität) durch nicht physikalische Funktions- und Bedeutungszusammenhänge, insbesondere durch die leiblichen, seelischen und geistigen Vermögen, die sich das Individuum im Verlauf seiner Lerngeschichte angeeignet hat.[191]

---

[191] Wie erkennbar, widerspricht dies dem Prinzip der kausalen Geschlossenheit in Bieris Trilemma, nämlich der Annahme einer *hinreichenden physikalischen* Ursache p_2 für jedes physikalische Ereignis p_1 (Kim 2006). Dieses Prinzip wird jedoch von Physikern meist gar nicht beansprucht, insbesondere angesichts der Quantenphysik. So ist z.B. nicht durch ein vorhergehendes physikalisches Ereignis bestimmt, zu welchem Zeitpunkt ein instabiler Atomkern wie Radium zerfällt. Es handelt sich also streng genommen um ein *nicht verursachtes* Ereignis. Daher sollte das Prinzip der kausalen Geschlossenheit, obwohl es in Bezug auf die Newtonsche Physik intuitiv plausibel ist, aufgegeben werden. Dabei basiert die Reformulierung (3) nicht notwendig auf einer Unbestimmtheit auf der Quantenebene; sie setzt nur voraus, dass die strikte Prämisse der kausalen Geschlossenheit generell unbegründet ist. Andererseits sollte klar geworden sein, dass damit keine »mentale Verursachung« durch einen nicht physischen Geist gemeint ist.

Diese übergeordnete Bestimmung macht sich in jeder aktuellen Realisierung solcher Vermögen geltend. Mit anderen Worten: *Nur Lebewesen selbst und nicht Teile von ihnen sind die hinreichenden Ursachen einiger der physischen Ereignisse in der Welt.* Daraus folgt, dass die akteurskausale Aussage: »Jan hat seinen Arm gehoben« nicht vollständig in eine ereigniskausale Aussage übertragbar ist, die lautet: »Ein Ereignis oder ein Prozess innerhalb von Jan hat ein Heben seines Arms verursacht« – obwohl solche Ereignisse oder Prozesse sicher die *proximalen* Ursachen für Jans Bewegung sind. Mit anderen Worten, sie sind nur notwendige, aber nicht hinreichende Ursachen.

Im Folgenden werde ich einige Folgerungen aus dieser Konzeption für psychophysische Zusammenhänge formulieren. Dabei kann nun allerdings nach der Konzeption eines personalen Doppelaspekts von psychophysischen oder psychosomatischen »Wechselwirkungen« nicht mehr die Rede sein: *Keine Seite der Münze wirkt auf die andere.* Die Erforschung psychophysiologischer Zusammenhänge muss sich also grundsätzlich auf das Aufsuchen von Korrelationen, Kovariationen und strukturellen Koppelungen beschränken. Doch können wir immerhin verschiedene Vorgänge am Organismus danach unterscheiden, welcher Aspekt jeweils der »führende« ist und den anderen mitbestimmt oder einschränkt – der integrale Aspekt oder der physiologische Aspekt.

6.4.1 Intentionale und psychologische Bestimmung von physiologischen Prozessen

Intentionalität bestimmt physiologische, insbesondere neuronale Prozesse. Mein augenblickliches Nachdenken und Schreiben dieses Textes verläuft gewiss im Einklang mit physikalischen Gesetzen, nämlich insoweit es als Ablauf neuronaler Aktivierungen in meinem Gehirn, Kontraktionen meiner Fingermuskeln etc. beschrieben werden kann. Nirgends greift eine nicht physikalische Energie in den Vorgang ein. Doch diese Gesetze erklären und bestimmen nicht, was ich schreibe – das muss ich schon denken. Meine bewussten Tätigkeiten des Denkens und Schreibens sind also die *übergeordnete Ursache* für die physischen Veränderungen, die diesen Text in der Welt erscheinen lassen. Die integrale Kausalität meiner Lebenstätigkeit *enthält* die mikrokausale Verknüpfung neuronaler und muskulärer Prozesse *in sich* (s.o. Punkt (3)).

Ich kann nun bei meinen Überlegungen auf den verwirrenden Gedanken kommen, meine Gedanken seien gar nicht frei, sondern ich müsse so denken, »wie es meine Neuronen mir vorschreiben«. Der physikalische Mechanismus meiner neuronalen Prozesse laufe unerbittlich nach einem naturgesetzlich vorgegebenen Muster ab, und aus diesem ehernen Käfig meines Gehirns gebe es kein Entkommen. – Doch hier müssen wir erneut den Spieß umdrehen. Zunächst sind ja meine Gedanken, so beweglich sie auch sind, nie in einem absoluten Sinne frei, sie folgen vielmehr ganz verschiedenartigen, durch meine Erfahrungen als Möglichkeiten vorentworfenen Wegen: z. B. logischen Wegen, die sich in der Ausbildung meines Denkvermögens gebildet haben, assoziativen Wegen (Einfällen, Bildern), die meinen früheren Erlebnissen entsprechen, oder affektiv besetzten Wegen, die meine Gedanken mit bestimmten Bewertungen, Wünschen und Zielen verknüpfen.

Nach diesen Wegen müssen sich aber auch die neuronalen Prozesse richten. Anders ausgedrückt: Die physiologischen Systemzustände N_1, N_2, N_3 ..., die während meines Denkens ablaufen, sind auf physikalischer Ebene nur *deshalb* kausal miteinander verkoppelt, *weil* meine entsprechenden psychologischen Zustände P_1, P_2, P_3 ... durch Gesetze der Logik, Semantik, Gestaltähnlichkeit usw. miteinander verknüpft sind. Meine individuellen Vorerfahrungen mit solchen Beziehungen wurden in meine plastischen Gehirnstrukturen als »offene Schleifen« aufgenommen, die ich nun in meinen intentional gerichteten Gedanken realisieren kann. Daher bewegen sich meine Finger so, wie sie es tun, nicht nur aufgrund der beteiligten proximalen Ursachen (Depolarisation von Neuronenmembranen im Gehirn, Acetylcholinfreisetzung in den motorischen Endplatten meiner Fingermuskeln usw.), sondern *aufgrund der übergeordneten Aktivität meines Denkens und Schreibens* (abwärts gerichtete oder global-zu-lokale Kausalität).

Das Ergebnis lässt sich so zusammenfassen: *Intentionale, semantische und andere seelisch-geistige Beziehungen werden von Personen in kausal relevante Bereitschaften ihrer organischen Strukturen transformiert.* Das Gehirn ist damit kein Käfig, sondern ein *Organ der Möglichkeiten*. Nicht der Geist muss tun, was die Neuronen ihm vorschreiben, sondern die Neuronen ermöglichen alles, was sich im Geist entfaltet. Die inhärent sinnvolle, z. B. logische oder assoziative Struktur meiner Gedanken wird zur Ordnungsstruktur der neuronalen Prozesse. Damit werden zugleich *Gründe ursächlich wirksam:* Als meine Lebenstätigkeiten haben meine Gedanken auch eine Wirksamkeit in der Welt, und dieser Text kann aus ihnen entstehen, ohne dass der Energieerhaltungssatz oder andere physikalischen Gesetze verletzt werden.

Das Gleiche gilt aber für alles menschliche Handeln aus Gründen oder Motiven. Es findet seine *eigentliche* Erklärung in psychologischen und teleologischen, nicht in physiologischen oder gar physikalischen Aussagen. Die intrinsischen Verknüpfungen von Erlebnis, Gefühl, Erfahrungsbildung und Verhalten lassen sich nur psychologisch verstehen, auch wenn wir die dabei gebildeten neuronalen Koppelungen zunehmend besser erkennen. Warum kränkt mich die Beleidigung, die mir jemand zugefügt hat? Mein Selbstwertgefühl und die Möglichkeit seiner Beeinträchtigung sind nicht autochthon in meinem Gehirn entstanden, sondern gehen auf komplexe Beziehungserfahrungen zurück. Die Kränkung setzt voraus, dass ich als Kind im sozialen Kontext die *Bedeutung* bestimmter sprachlicher Signale erlernt, dass ich zudem ein *reflexives Verständnis* meines Status im sozialen Verband entwickelt und die damit verbundenen *Bewertungen* mit meinen Gefühlsreaktionen gekoppelt habe. Dieses Beziehungswissen und Wertesystem ist zwar heute aufgrund entsprechender neuronaler Koppelungen implizit und »ohne Überlegung« wirksam, besteht aber immer noch aus prinzipiell verständlichen Zusammenhängen.

Die Aufklärung der Prozesse, die nun bei meiner Reaktion in verschiedenen, mit Kognition und Emotion verknüpften Hirnarealen ablaufen, mag beliebig weit voranschreiten. Doch wenn mir ein Neurobiologe diese Prozesse als »meine Kränkung« beschreiben wollte, muss er sich zur Erläuterung doch wieder der psychologischen Sprache bedienen, noch dazu in einer höchst problematischen Zuordnung von Erlebnis- und Hirnzuständen, und im Ergebnis wüsste ich nicht besser als zuvor, warum die Äußerung mich gekränkt hat – ja worin überhaupt eine Kränkung besteht. Es verhält sich eher umgekehrt: Indem der inhärente Sinnzusammenhang meines Erlebens zu einem äußerlichen, quasi-mechanischen Zusammenhang verdinglicht wird, gelangt ein Moment der Fremdheit in meine primäre Selbsterfahrung. Es ist, als ob sie mir selbst in gewisser Weise enteignet worden ist, da ich sie nun wie einen unpersönlichen Prozess betrachte. Das spricht freilich nicht gegen die neurobiologische Erforschung ihrer Korrelate, die aus anderen Gründen durchaus von Interesse sein mag. Aber es spricht dagegen zu glauben, das Erleben durch seine Materialisierung in Hirnprozessen in einer irgendwie deutlicheren, »realistischeren« oder gar »eigentlichen« Weise erfasst zu haben. Das Gegenteil ist der Fall.[192]

Die beiden Beschreibungssysteme sind hier also nicht etwa gleichrangig. Vielmehr kommt dem psychologisch-hermeneutischen Aspekt der Primat zu, und zwar sowohl *genetisch* wie auch *methodisch*. Die Ursache einer Trauerreaktion ist beispielsweise nicht die Aktivierung des cingulären Kortex, die in ihrem Verlauf beobachtet werden kann, sondern sicherlich der schmerzlich

---

192 Ähnlich bereits die Kritik des ehemaligen Neurologen Freud an neurologischen Erklärungen von Angstzuständen: »Aber heute muss ich sagen, ich weiß nichts, was mir für das psychologische Verständnis der Angst gleichgültiger sein könnte als die Kenntnis des Nervenwegs, auf dem ihre Erregungen ablaufen« (Freud 1917, 408).

erlebte Verlust. Da nun die beteiligten neuronalen Prozesse nur so ablaufen, wie sie es tun, *weil* frühere Erlebnis- und Motivzusammenhänge sich in organischen Koppelungen niedergeschlagen haben, erfahren wir über die *Ursachen* des jetzigen psychischen Vorgangs aus der bloßen Untersuchung von Hirnzuständen zunächst einmal gar nichts. Diese müssen erst in eine regelhafte Beziehung zu bestimmten Typen von Erfahrungen gebracht werden. Dazu ist wiederum die möglichst differenzierte Verständigung der Subjekte über ihre Erlebnisse und Motive erforderlich, also eine Ebene, für deren theoretische Erfassung die phänomenologische und hermeneutische Methodik zuständig ist.

Erst in einem zweiten Schritt können Neurobiologen nach den Korrelaten zu diesen primär subjektiv und intersubjektiv konstituierten Erfahrungen suchen. Falls sich solche Korrelate mit hinreichender Validität identifizieren lassen, so sind sie zwar auf biologischer Ebene in das Geschehen selbst einbezogen, stellen aber doch immer nur Fragmente des gesamten Situationskreises dar. Erst durch ihre Zuordnung zur Vorgeschichte und zur aktuellen Situation lässt sich den neuronalen Prozessmustern eine Funktion und ein Sinn zuweisen, der an ihnen selbst nicht zu finden ist. »Erklären« und »Verstehen« sind hier also nicht strikt voneinander zu trennen. Vielmehr ist gerade eine die neurobiologischen Prozesse einbeziehende Erklärung ohne Verständnis der Erlebnis- und Motivzusammenhänge gar nicht möglich.

6.4.2 Verkörperte Freiheit

Die Frage der Willensfreiheit stellt zweifellos eines der Kardinalprobleme der psychophysischen Zusammenhänge dar. Daher soll die unter ▶ Kap. 2.3.1 und ▶ Kap. 2.3.2 bereits behandelte Thematik hier noch einmal aufgegriffen und vertieft werden. Die Ergebnisse der beiden Abschnitte seien zunächst noch einmal kurz zusammengefasst:

Die neurowissenschaftliche Infragestellung der Willensfreiheit beruht auf einer von vorneherein dualistisch konzipierten Alternative: Entweder sollen Entscheidungen Erzeugnisse von Gehirnen sein, oder aber von einem fingierten, körperlosen »Ich« oder Geist getroffen werden. Eine autonome, rational begründete Entscheidungsmacht des Geistes wird dann im zweiten Schritt (unter Verweis auf die Experimente von Libet und anderen) bestritten. Doch Entscheidungen stattdessen dem Gehirn zuzuschreiben, impliziert nicht nur einen mereologischen Fehlschluss, sondern führt auch in eine Aporie: Für die Tätigkeit des Bewusstseins lässt sich dann keine Funktion mehr angeben. Subjektivität bleibt ein ebenso folgenloses wie unerklärliches Epiphänomen neuronaler Prozesse.

Eine solche Konzeption lässt außer Acht, dass Entscheidungen immer einem *Lebensvollzug* angehören. Sich-Entscheiden stellt keinen isolierten und blitzartigen Willensakt dar, sondern einen zeitlich ausgedehnten, »reifenden« Prozess. In diesen Prozess aber gehen keineswegs nur bewusste Überlegungen und rationale Begründungen ein, sondern auch vor- und unbewusste Motive, Gefühle, Erwartungen, Erfahrungen – letztlich die ganze persönliche Lebensgeschichte des Handelnden, die er als Person verkörpert. Sich-Entscheiden und danach zu handeln bedeutet demnach eine Selbstbestimmung, die nur dem Organismus bzw. der Person als ganzer zugesprochen werden kann. An die Stelle der dualistischen Alternative von rationalem Subjekt oder Gehirn will ich daher den Begriff einer *verkörperten* oder *personalen Freiheit* setzen und im Folgenden näher begründen.

6.4.2.1 Phänomenologie der Entscheidung

Die neurobiologischen Experimente, die zur Frage der Willensfreiheit herangezogen werden, insbesondere das Libet-Experiment und seine Nachfolger, sind auf Bewegungsauslösungen oder Wahlreaktionen fokussiert, die sich in Sekundenbruchteilen vollziehen. Diese Fokussierung verfehlt das Phänomen gleichsam durch zu genaues Hinsehen. Freiheit in einem relevanten Sinn ist an einen zeitübergreifenden Prozess der *Willensbildung* gebunden, der sich nicht in beliebig kurze Teilmomente zerlegen lässt. Der Entschluss ist als Resultat dieses Prozesses von ihm selbst unablösbar und kommt nicht durch einen arbiträren »Willensblitz« am Ende zustande. Die spezifisch menschliche Fähigkeit zur freien Entscheidung beruht also vor allem auf einer besonderen Qualifizierung und Struktur der Willensbildung. Betrachten wir diese etwas näher.[193]

Die Fähigkeit sich zu entscheiden setzt voraus, das bloß Faktische einklammern und die in Betracht kommenden Alternativen *als* Möglichkeiten denken zu können – ich könnte dies tun, oder auch nicht, oder etwas anderes. Voraussetzung der Freiheit ist also zunächst ein Raum des Denkens und Vorstellens, der imaginierten Möglichkeiten, in dem ich mich frei von faktischen Zwängen bewegen kann. Dieser Möglichkeitsraum wird eröffnet durch eine *Hemmung:* Wir haben, wie bereits Descartes und Locke hervorhoben, das Vermögen, unsere eigenen Impulse und Wünsche *zu suspendieren,* innezuhalten und zu prüfen, ob und in welcher Weise wir sie in Handlungen

---

193 Vgl. zum Folgenden auch Fuchs 2007, 2010a.

überführen.¹⁹⁴ Häufig ergibt sich dieses Innehalten auch aus einer uneindeutigen Situation, in der sich verschiedene konkurrierende Möglichkeiten anbieten, sodass eine vorübergehende Desorientierung eintritt. Die Hemmung oder Unterbrechung der unreflektierten Lebensbewegung eröffnet nun ein *Moratorium,* einen mehr oder minder ausgedehnten Zeitraum für den Prozess der Überlegung, des Mit-sich-zu-Rate-Gehens, der Artikulation und Klärung von Motiven und Gründen. In virtuellen Probebewegungen nimmt die Person künftige Möglichkeiten, ihre Vorteile, Risiken oder Hindernisse vorweg, um so eine neue Kohärenz, eine Reorientierung ihrer Lebensbewegung zu finden.

Dies ist freilich kein streng systematischer, sondern eher ein dynamischkreativer Prozess, in dem bewusste und unbewusste Komponenten, Gefühle, Wünsche, Vorstellungen, Erwartungen und Gründe einander wechselseitig beeinflussen, modifizieren und vorantreiben. Daher ist das Resultat auch nicht aus vorbestehenden psychologischen Determinanten ableitbar. Wir haben es weder mit einer Vektoraddition unabhängiger psychischer Bewegkräfte zu tun, noch mit einem rationalen Kalkül oder Algorithmus von Gründen. Vielmehr gehen die verschiedenen Komponenten in den offenen Möglichkeitsraum des Prozesses ein und werden darin in ein freies Spiel versetzt, das die Form eines inneren Dialogs, eines *Selbstverhältnisses* annimmt. Dies ist nun die zentrale Voraussetzung der Freiheit: Indem wir uns in ein Verhältnis zu ihnen setzen, bleiben unsere Motive, Wünsche, Gründe nicht einfach, was sie sind, sondern sie treten gleichsam auf eine innere Bühne, auf der wir sie erwägen, bewerten und modifizieren können. Indem wir uns zunächst nur spielerisch mit den wahrgenommenen Möglichkeiten identifizieren, sie gleichsam leiblich »anprobieren«, gewinnen wir die Freiheit der Stellungnahme und der Wahl.¹⁹⁵

---

194 So bereits John Locke: »Da der Geist, wie die Erfahrung zeigt, in den meisten Fällen die Kraft besitzt, bei der Verwirklichung und Befriedigung irgendeines Wunsches *innezuhalten* und mit allen andern Wünschen der Reihe nach ebenso zu verfahren, so hat er auch die Freiheit, ihre Objekte zu betrachten, sie von allen Seiten zu prüfen und gegen andere abzuwägen. Hierin besteht die Freiheit, die der Mensch besitzt ... [Wir haben] die Kraft, die Verfolgung dieses oder jenes Wunsches zu unterbrechen, wie jeder täglich bei sich selbst erproben kann« (John Locke, Versuch über den menschlichen Verstand, Band 1, 4, § 47. Hamburg, Meiner 1981).

195 Thomae (1960) hat in seiner immer noch unübertroffenen Studie zur Phänomenologie der Entscheidung diese probeweise Vorwegnahme mit dem Kunstbegriff der »*Vorahmung*« umschrieben. Er lässt »*Vorahmung*« ebenso wie »*Nachahmung*« anklingen und bringt damit sowohl das intuitive als auch das leiblich-mimetische Moment der

Das Selbstverhältnis verwandelt das Geschehen also fundamental. Wäre der Prozess des Überlegens und Entscheidens nur eine lineare Abfolge der beteiligten Komponenten, so hätten wir auf das Resultat keinen Einfluss. Die Freiheit der Entscheidung beruht auf dem Mit-sich-zu-Rate-Gehen, dem Selbstverhältnis der Person, in das zugleich die Summe all ihrer bisherigen Erfahrungen eingeht. Kognitive, affektive und intuitive Momente verknüpfen sich zu einem fortschreitenden Klärungsprozess, sodass sich die Person transparenter wird und sich schließlich mit ihrer Wahl identifizieren kann.

Die erlebte »Stimmigkeit« stellt sich freilich nicht durch rein rationale Erwägung intelligibler Gründe ein. Gelingende Entscheidungen bedürfen ebenso eines affektiv-leiblichen Spürsinnes, in dem frühere Erfahrungen implizit enthalten sind, und über dessen Votum die Person nicht ohne Gefahr der Selbstentfremdung hinweggehen kann. Sie beruhen auf einem *affektiven Leibgedächtnis*.[196] Nur wenn sich tatsächlich eine hinreichende *Kongruenz* von spielerischer Identifizierung und affektiv-leiblichem Spüren eingestellt hat, wird die Person schließlich eine tragfähige Entscheidung treffen. Entscheidungen sind daher umso freier, je mehr Aspekte und Schichten der Person in den dynamischen Prozess der Erwägung und Selbstprüfung eingehen. Wir sind, wie Bergson schreibt, dann frei, »wenn unsere Handlungen aus unserer ganzen Persönlichkeit hervorgehen, wenn sie sie ausdrücken« (Bergson 2006, 135).

Der Entschluss bedeutet dann eine aktive »Schließung« des Möglichkeitsraums, der sich durch die Suspension vorgängiger Impulse eröffnet hat. Doch kann der Entschluss nicht als ein vom Entscheidungsprozess losgelöster Akt einer unabhängigen Ich-Instanz begriffen werden, die irgendwann willkürlich in das Geschehen eingreift. Wir müssen vielmehr die gesamte Bewegung des Erwägens und Entscheidens als einen dynamischen und offenen Prozess auffassen, als eine *Lebensbewegung*, in die der Entscheidende selbst einbezogen ist und dabei immer auch (wenn auch in einem noch so geringfügigen Grad) »ein anderer« wird. Der Prozess enthält somit einen hermeneutischen Zirkel: Das personale Subjekt steht ihm nicht unabhängig gegenüber, sondern es artikuliert sich, erfährt sich und entwickelt sich in ihm. Die präreflexiven Selbstgefühle werden in dieser Selbstartikulation fortlaufend modifiziert. Zugleich ist das Subjekt aber auch die Instanz, die den Prozess vorantreibt und leitet.

---

spielerischen Identifizierung zum Ausdruck. Es geht gewissermaßen um ein »Sich-Vorausspüren« in einer imaginierten Situation.

196 Aus neurobiologischer Sicht hat Damasio ein ähnliches Konzept vorgeschlagen, namentlich seine Theorie der »somatischen Marker« (Damasio 1995; ▶ Kap. 4.1.4).

Die Wahl einer Alternative im Entschluss hat daher nicht selbst noch einmal einen höherstufigen, außerhalb des Prozesses stehenden Grund, auf den sie zurückgeführt werden könnte. Sie geschieht aber auch – von indifferenten, gleichwertig empfundenen Alternativen einmal abgesehen – nicht auf beliebige oder rein dezisionistische Weise, sondern indem sich die Person mit einer Alternative nun ernsthaft identifiziert, sie ergreift und so die ihr entsprechenden Gründe wirksam macht. Das Selbstverhältnis mündet in ein *Selbsteinverständnis* der Person mit der Wahl und damit derjenigen Zukunft, die sie durch ihre Identifikation für sich übernimmt. Auch den Entschluss erfahren wir daher als Selbstvollzug, der sich auch noch der folgenden Handlung mitteilt, nämlich als eine sie begleitende und leitende Intentionalität. Und deshalb, nicht etwa bloß aufgrund einer sozialen Zuschreibung erleben wir uns später auch als für unsere Handlungen verantwortlich.

Fassen wir diese kurze Skizze des Entscheidungsprozesses zusammen, dann können wir Freiheit verstehen als die Fähigkeit einer Person,

* ihre primären Impulse zu suspendieren,
* in einer Phase des Moratoriums ihr Wollen gemäß ihren Motiven, Gefühlen und Einstellungen zu klären,
* im Licht ihres Selbstverhältnisses sich mit den Möglichkeiten zunächst tentativ zu identifizieren,
* im Entschluss zu einer inneren Kohärenz oder Stimmigkeit zu gelangen, und schließlich
* ihren Entschluss in eine Handlung zu überführen.

Die Handlungsauslösung, mit der sich die Neurobiologie ganz überwiegend beschäftigt, ist also nur die letzte Phase des gesamten Bogens der Freiheit, der mit der Suspension und Unterbrechung des unproblematischen Lebensvollzugs begonnen hat.

6.4.2.2 Freier Wille und integrale Kausalität

Dieses Konzept der verkörperten Freiheit war bereits durch die Darstellung der integralen Kausalität vorgezeichnet (▶ Kap. 3.3.3, ▶ Kap. 6.4). Wenn Jan seinen Arm hebt, ist es kein Ereignis in ihm, das die hinreichende Ursache für diese Handlung liefert – weder der Akt eines »Willens« oder eines »Ichs« noch ein Vorgang im Gehirn. Neuronale Prozesse fungieren nur als *proximale Ursachen,* ebenso wie die Prozesse in den motorischen Endplatten von Jans Muskeln. Die hinreichende Ursache für das Heben seines Armes ist nur Jan selbst als bewusstes Lebewesen, einschließlich seiner geistigen und körperlichen Fähigkeiten. Dies entspricht Aristoteles' Begriff der »Selbstbewegung« von Lebewesen.

Die integrale Kausalität von Lebewesen im Allgemeinen wird jedoch in der menschlichen Entscheidungsfindung auf eine höhere Ebene gehoben. Denn hier werden die Aktionsmöglichkeiten nicht ohne Überlegung ausgewählt, gewissermaßen »auf Autopilot«, sondern erst nachdem Jan von der Situation Abstand genommen und die möglichen Alternativen *als solche* antizipiert und bewertet hat (▶ Kap. 2.3.1). Entscheiden und Handeln sind nicht mehr nur Handlungen der Selbstbewegung, sondern auch Handlungen der *Selbstbestimmung*. Dies kommt dem Konzept der »Akteurskausalität« nahe, das von einigen Vertretern eines liberarischen Freiheitsbegriffs verteidigt wird, und wonach ein Akteur oder eine Person in der Lage ist, durch ihre Entscheidung eine neue, nicht vollständig vorbedingte Kette von Ereignissen zu beginnen.[197] Es ist in der Tat eine Person, die freie Willenshandlungen ausführt, und nicht Ereignisse in ihrem Körper, die sie dabei kausal determinieren. Ereigniskausalität erreicht nicht die Ebene integraler Kausalität.

Verkörperte Freiheit setzt jedoch keinen »unbewegten Beweger« oder unabhängigen Initiator einer neuartigen Kette von Ereignissen voraus – eine Idee, die die Akteurskausalität dem Substanzdualismus annähern würde. Das überlegende und entscheidende Subjekt ist jederzeit verkörpert; es enthält und integriert somit seine Geschichte, seine emotionalen Dispositionen, Motive und intuitiven Bewertungen, die alle in den dynamischen Entscheidungsprozess einfließen. Dieser Prozess ist keine lineare Folge von Ereignissen, an deren Ende die Entscheidung als letztes Glied der Kausalkette erfolgt. Er bildet vielmehr eine übergreifende zeitliche Einheit von Komponenten, die einander durchdringen. Diese Einheit setzt einerseits das Moratorium der Überlegung voraus, das die Impulse, Motive und Optionen so suspendiert, dass sie in virtueller Form vorweggenommen und verglichen werden können, andererseits die reflektierende Selbstbeziehung des Subjekts, das diese Komponenten auf sich bezieht und bewertet.

Dass wir vor dem Entschluss tatsächlich die Wahl zwischen den Alternativen haben, beruht somit auf dem durch die Suspension eröffneten *Möglichkeitsraum* und auf dem *reflexiven, tentativen Verhältnis*, das wir zu unseren Möglichkeiten einnehmen können. Daher wird eine Entscheidung oder eine gewollte Handlung nicht vollständig durch eine Kausalkette vorhergehender Ereignisse bestimmt; es bleibt eine letzte Spontaneität des Willens. Wollen bedeutet, einen Verlauf des Handelns zu wählen, d.h. *es gibt tatsächlich eine*

---

197 Vgl. Chisholm (1976), Taylor (1980), Clarke (2003) sowie die empfehlenswerte neuere Arbeit von Tewes (2017).

Bifurkation des Weltverlaufs. Dies wird gerade dadurch möglich, dass wir uns der Alternativen als solcher bewusst sind. Die verbleibende Spontanität bedeutet dennoch keine zufällige Wahl – der Entscheidungsprozess schränkt die verbleibenden Optionen zunehmend ein, und es gibt immer »gute Gründe« für die endgültige Wahl, die die Person durch ihre Entscheidung wirksam macht, auch wenn sie nicht hinreichen, um diese zu *verursachen*.

Wie wir gesehen haben, handelt es sich bei der Entscheidung nicht um den Eingriff eines autonomen, rationalen Ich, sondern um die Tätigkeit eines verkörperten Subjekts, das die Fähigkeiten der Hemmung und Reflexion biographisch erworben und inkorporiert haben muss. Willensfreiheit ist, wie sich gezeigt hat, ein komplexes Vermögen, dessen Komponenten nur in sozialen Interaktionen erlernt und eingeübt werden können. Es wurde bereits dargestellt, wie sich diese Erfahrungen in den Strukturen des präfrontalen Kortex niederschlagen und das Gehirn zu einem »Organ der Freiheit« machen (▶ Kap. 5.3.3). Verkörperte Freiheit beruht auf der Ausformung organischer Strukturen, die die Bildung von Möglichkeitsräumen erlauben. Aber spricht diese Realisierung von Entscheidungsprozessen durch neuronale Vorgänge nicht doch für die deterministische Position? Ist die beschriebene Phänomenologie der Entscheidungsfreiheit am Ende doch nicht mehr als eine Illusion?

Die Einwände gegen die beschriebene Freiheit im Sinne des tatsächlichen Anderskönnens – in der Debatte auch als *libertarische* Freiheitskonzeption bezeichnet – beruhen letztlich auf einem allgemeinen oder speziellen Determinismus, der freilich nicht durch Forschungsresultate begründet ist, sondern eher den Charakter einer weltanschaulichen Überzeugung trägt. Gegen den universalen Determinismus lassen sich überzeugende Gründe vorbringen, insbesondere die Tatsache, dass auch physikalische Naturgesetze den Weltverlauf keineswegs in allen Details festlegen. Sie sind vielmehr als Regularitäten anzusehen, die in systematischer Form beschreiben, was geschieht. Sie haben also keine *präskriptive,* sondern nur *deskriptive* Gültigkeit. Der tatsächliche Weltverlauf kennt Überlagerungen, Singularitäten und chaotische Prozesse. Erst recht hat die probabilistische Quantenphysik der Doktrin des universalen Determinismus einen schweren Schlag versetzt. Indeterminiertheit erscheint nicht mehr als Ausnahme von der Regel, sondern vielmehr als ein Grundzug der Naturprozesse.[198]

---

198 Dies kann hier nicht näher ausgeführt werden; vgl. zu eingehenden Argumentationen gegen den universalen Determinismus v. a. Cartwright (1999), Dupré (2001) und Keil (2007).

Aber auch ein spezieller, nämlich neuronaler Determinismus bleibt eine unbewiesene Annahme. Bislang gibt es keine deterministischen neurobiologischen Gesetze, die auch nur die Voraussage einer Handlung eines Menschen in den nächsten Sekunden oder Minuten erlauben würden. Gute psychologische Kenntnisse sind für Prognosen weit besser geeignet. Dies liegt nicht nur an der Komplexität des Gehirns, sondern auch an seiner Abhängigkeit von der individuellen Vorgeschichte, vor allem aber an seiner Plastizität und fortwährenden Umbildung während jeder Interaktion mit der Umwelt. Unter diesen Voraussetzungen wäre es ein sinnloses Unterfangen, nach deterministischen Verlaufsgesetzen für die Hirnaktivitäten bzw. die Handlungen eines Menschen zu suchen. Selbst Libet und seine Nachfolger, deren Experimente zur Willensfreiheit sich im Bereich von Sekundenbruchteilen bewegen, können aus der Beobachtung von Hirnprozessen bestenfalls statistische Wahrscheinlichkeiten für das Eintreten nachfolgender Handlungen berechnen. Doch gleich ob 30, 50, 70 oder 95 Prozent – nichts davon genügt für einen Determinismus des Gehirns. »Ein bisschen Determinismus« gibt es nicht – entweder gilt er ganz oder gar nicht.

Auch Korrelationen zwischen dem Erleben oder Handeln und gleichzeitigen neuronalen Prozessen bedeuten natürlich keine Determiniertheit. Sie werden zwar meist in Formulierungen ausgedrückt, wonach Gehirnprozesse Handlungen »zugrunde liegen«, sie »realisieren«, »bedingen«, »steuern«, »auslösen« usw. Solche Vokabeln erwecken jedoch nur einen deterministischen Eindruck, implizieren aber keine strenge naturgesetzliche Determination. Näher besehen, wird der Determinismus des Gehirns von Neurobiologen nur behauptet, nicht bewiesen, so sehr man sonst auch auf empirische Forschung pocht. Niemand kann aber heute sagen, ob mikrophysikalische Indeterminiertheiten oder Verstärkungsmechanismen, wie sie aus der Chaos-Theorie bekannt sind, im Verhältnis von Gehirn und Geist nicht auf die makrophysikalische Ebene durchschlagen. Stochastisch verlaufende Prozesse sind jedenfalls auf der molekularen und zellulären Ebene des Gehirns zu finden: Fluktuationen des Membranpotenzials, Ausschüttungen von Transmittern oder Aktivierungen einzelner Neuronen sind nicht genau vorhersagbar. So führt das eintreffende Aktionspotenzial an den Synapsen nur in 10–20 % der Fälle zu einer Freisetzung des Neurotransmitters (Craver 2007, 22 ff.). Die synaptische Signalübertragung verläuft also nicht deterministisch, und der Output eines neuronalen Netzwerks lässt sich nur mit Wahrscheinlichkeit vorhersagen.[199]

---

[199] Vgl. zu einer ausführlichen Kritik des neuronalen Determinismus Falkenberg (2012).

Auch Roth räumt ein, es könne »... nicht ausgeschlossen werden, dass vergleichsweise kleinste Abweichungen auf der Ebene einzelner Elemente in komplexen Systemen wie dem Gehirn zu großen Abweichungen des Systemverhaltens insgesamt führen« (Pauen u. Roth 2008, 110). Freilich ist es deshalb nicht etwa der neuronale Zufall, der bei Entscheidungen die Regie führt: Es genügt die Voraussetzung, dass auf physikalischer Ebene der Verlauf der Welt bzw. der Gehirnprozesse nicht in alle Zukunft festgelegt ist. Die *positive* Bestimmung der Freiheit ergibt sich nicht aus der Mikroebene, sondern aus dem integralen Aspekt, nämlich dem Lebensvollzug des bewussten und verkörperten Subjekts.

Wer glaubt, die Freiheit von Entscheidungen lasse sich mit dem physikalischen Weltbild nicht vereinbaren, der schätzt die wissenschaftliche Lage nicht richtig ein. Mit der Praxis der Naturwissenschaft hat dieses vermeintliche »wissenschaftliche Weltbild« wenig zu tun. Eher kann man von einem *szientistischen* Weltbild sprechen, das freilich kaum empirisch begründet ist, sondern eher den Charakter einer metaphysischen Doktrin trägt. Tatsächlich finden wir in den Naturwissenschaften, sowohl in der Physik als auch in der Neurobiologie, keine empirischen Befunde, die unserer Erfahrung der Wahlfreiheit unüberwindlich entgegenstehen. Die Vorbehalte gegenüber dem libertarischen Freiheitsverständnis beruhen letztlich immer auf latenten dualistischen Intuitionen – als setze diese Freiheit voraus, dass ein immaterieller Geist Neuronenaktivitäten lenken könnte. Der Begriff der verkörperten Freiheit hingegen begreift Entscheidungen als übergeordnete, intentional gerichtete Lebensvollzüge einer Person – Vollzüge, in die die neuronalen Prozesse ermöglichend, aber nicht determinierend einbezogen sind.

6.4.3 »Psychosomatische« und »somatopsychische« Zusammenhänge

Betrachten wir nun drei Gruppen von psychophysischen Phänomenen, die im medizinischen Bereich von Bedeutung sind, nämlich (1) »psychosomatische«, (2) »somatopsychische« Zusammenhänge und (3) Funktionsausfälle.

(1) Integrale Lebensäußerungen, besonders insofern sie mit Gefühlen verbunden sind, schließen nicht nur neuronale, sondern weitere physiologische (neuroendokrine, autonome, muskuläre etc.) Prozesse mit ein, in denen der gesamte Organismus zum »Resonanzkörper« des Erlebens wird (▶ Kap. 4.1.4). Solche »psychosomatischen« Zusammenhänge begünstigen oft dualistische

Intuitionen von einer »Wechselwirkung« von Psychischem und Physischem. Das Gefühl der Scham ist jedoch keine äußere Ursache für das Erröten des Gesichts, ebenso wenig wie die Angst Herzklopfen oder Zittern *verursacht*. Scham und Angst sind vielmehr integrale Lebensäußerungen, die gleichermaßen intentionale, emotionale und körperliche Komponenten *einschließen*. Das Verhältnis von Emotionen und körperlicher Resonanz ist also ein Verhältnis von *Implikation,* nicht von Folge oder Wirkung, wie es bei linearer Kausalität der Fall ist.

Grundsätzlich ist hier die integrale Ebene führend, denn die Scham oder Angst geht aus einer entsprechenden Wahrnehmung der aktuellen Situation hervor, und nicht aus einem lokalisierten physiologischen Geschehen. Das periphere Geschehen im Körper lässt sich dann mit dem Prinzip der *vertikalzirkulären Kausalität* erklären: Der organismische Zustand, der dem Erleben der beschämenden oder ängstigenden Situation entspricht, schließt auch die periphere leibliche Resonanz ein, mit Komponenten wie etwa Erröten in der Scham oder Zittern in der Angst (global-zu-lokale oder Abwärts-Kausalität). Umgekehrt tragen diese Komponenten aber auch zum emotionalen Gesamtzustand bei – ein Wechselspiel, aus dem der schon beschriebene »verkörperte Gefühlskreis« resultiert (▶ Kap. 4.1.4, ▶ Abb. 10). Daher kann eine modifizierte leibliche Resonanz, wie wir sahen, auch einen entsprechenden emotionalen Zustand begünstigen (etwa, wenn das Halten einer heißen Tasse ein wärmeres Gefühl gegenüber anderen Personen induziert). Auch dies bedeutet jedoch keine »Wechselwirkung« zwischen somatischen und psychischen Aspekten, sondern entspricht einem aufwärts gerichteten oder lokal-zu-globalen Einfluss der körperlichen Bedingungen.

Wie wir am Beispiel der Kränkung schon gesehen haben, gehen solche integralen Reaktionen des Organismus auf entsprechende *Bedeutungskoppelungen* zurück, die auf basaler Ebene Pawlows bedingten Reflexen entsprechen (▶ Kap. 4.2.4). Die Bedeutung bestimmter Situationen verknüpft sich mit physiologischen Prozessen, die meist der Bereitstellung geeigneter Funktionsschleifen dienen. Solche impliziten Koppelungen bilden sich in erster Linie in sozialen Kontexten der frühen Kindheit, die dem Säugling oder Kleinkind die Bedeutung von gemeinsam mit anderen erlebten Situationen vermitteln (etwa durch »social referencing«, ▶ Kap. 5.3.1). Sie können aber das ganze Leben hindurch neu geknüpft werden.

Bedeutsam ist dabei zum einen, dass sich die einmal gebildeten Koppelungen meist der bewussten Aufmerksamkeit entziehen, sodass ähnliche Situationen eine unter Umständen heftige autonome Reaktion auslösen können, ohne dass der betreffenden Person der Anlass bewusst wird.[200] Zum anderen können sich physiologische Reaktionen ganz aus der Integration in Lebensäußerungen zurückziehen, denen sie einmal angehört haben, und sich so zu dauerhaften organischen *Dysfunktionen* verselbständigen (etwa Hypertonie, Reizdarm, Lumbalgie, etc.). Die immer noch gängige Rede von einer »Somatisierung«, einem »Umschlag« vom Psychischen ins Körperliche, trifft den Sachverhalt jedoch nicht. Vielmehr sind Reaktionen, die ursprünglich als Ausdrucks- und Bereitstellungskomponenten in affektive Regungen *integriert* waren, nun zu autonomen oder *partikularisierten* Prozessen geworden, die sich der übergeordneten Steuerung und regulierenden Rückkoppelung entziehen.

(2) Gehen wir nun zum umgekehrten, »somatopsychischen« Typus von Zusammenhängen über, der sich besonders in der unmittelbaren Wirkung von chemischen oder anderen Agenzien auf das Erleben zeigt. Beispiele sind zur Genüge bekannt: Alkoholgenuss führt zu gehobener Stimmung, Halluzinogene rufen Trugwahrnehmungen, elektrische Stimulationen des Temporallappens Erinnerungsbilder hervor usw. – So offenkundig diese Zusammenhänge sind, ist es doch nicht so, dass hier chemische oder physikalische Agenzien integrales Erleben als solches produzieren. Stimmungen, Trugwahrnehmungen oder Erinnerungen bleiben vielmehr integrale Äußerungen des Lebewesens, die nun aber – im Unterschied zu den vorher betrachteten, wie Scham oder Angst – nicht durch verständliche Verknüpfung aus anderen Lebensäußerungen hervorgehen. Sie werden vielmehr durch die Agenzien *ausgelöst* oder *hervorgerufen*. Der lokale physiologische Vorgang ist hier zwar nicht bestimmend, wohl aber stimulierend oder auslösend wirksam, und das veränderte Erleben ist die Reaktion oder *Antwort* des Lebewesens auf diese Einwirkung.

Betrachten wir als Beispiel die »stimmungsaufhellende Wirkung« eines Antidepressivums. Wie können wir den Vorgang unter dem Doppelaspekt beschreiben? – Das chemische Agens wird zunächst vom Organismus aufgenommen, metabolisiert und transformiert, sodass es als Stoff »erkannt« wird. Damit vermag es nun bestimmte Modifikationen neurobiochemischer Prozesse anzuregen, etwa Veränderungen von Transmitter-Konzentrationen in Synapsen des limbischen Systems, darauf reagierende Veränderungen der

---

200 Das ist etwa bei posttraumatischen Störungen der Fall, wenn bestimmte, der traumatisierenden Situation ähnliche Umgebungsmerkmale als Trigger-Reize wirken, die unmittelbar zu vorgebahnten Stress- oder Panikreaktionen führen (van der Kolk 1994).

postsynaptischen Rezeptorendichte etc. Als Ergebnis dieses »aufwärts« gerichteten Einflusses rekonfiguriert sich nun das gesamte Organismus-Umwelt-System (z. B. durch Neujustierung der Stresshormon-Regulation, neurovegetative Aktivierung etc.), sodass der Organismus nun bestimmte Anforderungen wieder besser zu erfüllen vermag. Dieser adaptiven Rekonfiguration des Gesamtsystems entspricht nun aber auch eine veränderte *Stimmungslage*, die der betreffende Mensch im Verhältnis zu seiner Umwelt erfährt.

Verkürzt kann man freilich sagen, das Psychopharmakon habe die Stimmungsaufhellung »verursacht«. Doch eine unmittelbare Wirkung von chemischen Agenzien auf Lebensäußerungen oder Bewusstseinstätigkeiten gibt es nicht – wiederum bleiben die beiden Seiten der Münze füreinander unzugänglich. Auch auf physiologischer Ebene kann von einer linearen Ursache-Wirkungs-Beziehung nicht die Rede sein. Vielmehr gibt das Agens dem Organismus nur den *Anlass* oder *Anreiz*, sich und sein Verhältnis zur Umwelt insgesamt zu reorganisieren.[201] Wir können also auch hier von einer vertikalen zirkulären Kausalität oder Transformation sprechen, die der Organismus und insbesondere das Gehirn leisten. Die Stimmungsveränderung, die sich auf der psychischen Ebene manifestiert, ist das Ergebnis dieser selbsttätigen Transformation, und nicht die Wirkung des Pharmakons.

(3) Als letzten Typus von psychophysischen Zusammenhängen können wir schließlich die *Einschränkung oder den Ausfall von Lebensäußerungen* betrachten, also Störungen, die auf Fehlfunktionen oder Funktionsausfälle auf physiologischer Ebene zurückgehen. Hier wird der organische Aspekt insofern bestimmend, als er die integralen Lebenstätigkeiten nicht mehr uneingeschränkt trägt, sondern nur noch in reduzierter oder deformierter Form ermöglicht. Dies kann entweder, wie bereits unter (1) angedeutet, auf eine sekundäre Partikularisierung von physiologischen Prozessen zurückgehen, die ursprünglich in integrale Reaktionen des Lebewesens einbezogen waren. Beispiel wäre etwa eine Hyperaktivität der Amygdala, die nicht mehr in eine der Situation angemessene Lebensäußerung – etwa die Angst vor einem sich nähernden Raubtier – eingebunden ist, sondern schon bei harmlosen Stimuli eine massive Angstreaktion auslöst. – Oder aber die Störung kann, wie bei phasenhaft auftretenden Depressionen, in neurobiochemischen Fehlfunktionen bestehen, die zwar durch bestimmte Erlebnisse ausgelöst werden, jedoch primär im Organismus selbst ihren Ursprung haben. Und schließlich

---

201 Die biologische Wirkung von Psychopharmaka ist insofern weit weniger »mechanistisch«, als ihre Kritiker oder Befürworter oft annehmen.

können Läsionen bestimmter Hirnareale oder generalisierte Schädigungen des Gehirns (wie bei der Alzheimer-Krankheit oder im Delir) die Bewusstseinstätigkeiten in mehr oder minder gravierender Form einschränken oder überhaupt zum Erliegen bringen.

Diese Zusammenhänge sind in ihrer Interpretation an sich unproblematisch, wenn man davon absieht, dass sie eine der häufigsten Anlässe für die bereits unter ▶ Kap. 2.2.2 kritisierten lokalisatorischen Fehlschlüsse bilden. Der Ausfall einer Funktion zeigt immer nur an, dass eine bestimmte Region eine zwar notwendige und maßgebliche, aber nicht schon eine *hinreichende* organische Bedingung für die bewusste Lebensäußerung darstellt. Denn Bewusstsein, in welcher Weise es sich auch äußern mag, setzt sich nicht aus Teilfunktionen oder Modulen zusammen. Es stellt vielmehr eine *primäre Einheit* dar, die sich im Verlauf der individuellen Entwicklung in spezifische Formen und Vermögen ausdifferenziert und diese Vermögen je nach den Anforderungen der Situation realisiert.

6.5 Zusammenfassung

Dieses Kapitel hat die verschiedenen Linien der Darstellung zusammengeführt und die in Kapitel 3 erst in Umrissen entwickelte Konzept einer »personalen Aspektdualität« mit einer ökologischen Auffassung des Gehirns als Organ eines sozialen Lebewesens verbunden. Fassen wir die wichtigsten Ergebnisse noch einmal zusammen:

An die Stelle eines unvermittelten Gegensatzes von Mentalem und Physischem setzt der personale Doppelaspekt die zugrunde liegende Einheit der lebendigen Person. Diese erscheint dabei einerseits – in der personalistischen der 1. und 2. Person – in Gestalt ihrer integralen, seelisch-geistigen Lebensäußerungen, die immer von ihrer phänomenalen Leiblichkeit, ihrer »Physis« getragen werden. Sie zeigt sich andererseits – in der naturalistischen Einstellung der 3. Person – als ein physischer Körper, der prinzipiell in physikalische Prozesse zerlegbar ist, aber auch eine komplexe physiologische Ordnung aufweist. Diese Ordnung lässt sich aus der Perspektive einer ökologischen und systemtheoretischen Biologie als hierarchisch strukturierte Selbstorganisation des Lebewesens begreifen, ohne dass damit allerdings die ursprüngliche Lebendigkeit der Person gänzlich rekonstruiert werden könnte. Leben als Selbstsein des Lebendigen übersteigt die Systemperspektive.

In beiden Aspekten lässt sich die Person nur in ihrer *Beziehung zur natürlichen Umwelt und sozialen Mitwelt* vollständig beschreiben. Lebendige Subjektivität ist leibliches und zwischenleibliches In-der-Welt-Sein und zugleich personales Mit-Sein. Der Organismus seinerseits steht im fortwährenden Austausch mit der Umwelt, sodass der Lebensprozess die Körpergrenzen ständig überschreitet und mit seiner komplementären Umwelt ein übergreifendes System bildet. Indem wir damit auch auf der biologischen Seite einen integralen Gesichtspunkt gewonnen haben, konnten wir im Gang der Untersuchung – über rein parallelistische Korrelationen hinaus – auch *strukturelle Ähnlichkeiten und Verknüpfungen* zwischen beiden Aspekten feststellen. Sie bestehen

a) hinsichtlich der *Potenzialität* des Lebendigen in der Beziehung von integralen *Vermögen* zu entsprechenden organischen *Strukturen,* insbesondere neuronalen Koppelungen bzw. »offenen Schleifen«;
b) hinsichtlich der *Aktualität* des Lebendigen in der Beziehung von integralen *Lebensäußerungen* zu übergreifenden Prozessen des Organismus-Umwelt-Systems, insbesondere der Erzeugung von Kohärenz durch *neuronale Resonanz.*

Aber auch in *diachroner* Hinsicht sind die beiden Aspekte miteinander verknüpft, nämlich durch die Geschichte der lebendigen Person, oder durch eine *»historische Biologie«:* Die Bildung von Vermögen und Erfahrungen lässt sich phänomenal als implizite Koppelung, biologisch als neuronale Koppelung beschreiben. Dadurch wird es nun möglich, integrale Vermögen der Person, die sich in ihrer Lebensgeschichte vermittels der Matrix der neuronalen Plastizität gebildet haben, auch als Ursachen für ihr gegenwärtiges Handeln aufzufassen. Damit werden bewusste Lebensäußerungen zu Ursachen für physische Ereignisse in der Welt.

Die weitere Klärung dieser Zusammenhänge erfolgte in Auseinandersetzung gegenwärtig populären *Identitätstheorien.* Die Identifizierung von Bewusstseinstätigkeiten mit bestimmten Hirnprozessen löst sie aus der leiblich-lebendigen Einheit der Person heraus und kann daher das Subjekt, ja letztlich die Person selbst nur in gewissen Teilprozessen des Gehirns verorten. Die vollständige biologische Basis des Bewusstseins ebenso wie der Person besteht jedoch in ihrem gesamten Organismus in seiner Beziehung zur komplementären Umwelt.

In der Untersuchung von *Emergenz-Konzeptionen* habe ich die meist zugrunde liegende Annahme eines Primats der materiellen Basis zurückgewiesen. Physikalisch beschreibbare materielle Prozesse bringen Lebensfunktionen und Lebensäußerungen nicht selbst hervor. Sie können sie nur (a) als Substrat tragen oder *ermöglichen,* (b) als Reiz veranlassen oder *auslösen,* und (c) als schädigende Einwirkung stören oder *verunmöglichen.* Die physikalische Materie ist nicht die Grundlage, die durch Selbstorganisation das Lebewesen hervorbringt, sondern umgekehrt transformiert der lebendige Organismus Materie fortwährend in einer für ihn geeigneten Weise. Die Form des Lebendigen emergiert nicht aus dem Stoff, sondern sie *organisiert* ihn und macht ihn so zu *ihrem* Stoff. Ebenso setzen sich lebendige Funktionen anders als die von Maschinen nicht aus Teilstrukturen oder -prozessen zusammen, sondern sie sind umgekehrt die Voraussetzung für die Entwicklung der Organe und Subsysteme, durch die sie realisiert werden.

Ein verkörpertes und enaktives Konzept sollte daher auf einer *starken Form der Emergenz* oder auf einer *Ko-Emergenz des Ganzen und seiner Teile* beruhen. Dies umfasst sowohl eine wechselseitige Ermöglichung als auch eine Reziprozität des Einflusses von »global zu lokal« (abwärts) und »lokal zu global« (aufwärts). Die jeweilige Funktion oder übergeordnete Organisation formt und beschränkt die Aktivität der Komponenten so, dass sie im Ganzen integriert sind und einen Platz erhalten (▶ Kap. 3.3.1). Darüber hinaus impliziert diese Beziehung einen Entwicklungsaspekt: Wie ich am Beispiel der klassischen Konditionierung gezeigt habe, besteht eine entscheidende Funktion des Bewusstseins darin, einen übergeordneten Kontext zu schaffen, der Lernprozesse ermöglicht, nämlich als Verankerung neuer Erfahrungen in den neurobiologischen Strukturen des Organismus. Ich habe jedoch betont, dass Bewusstsein selbst nicht als »emergenter Prozess« betrachtet werden sollte, da jede Bezugnahme auf »Emergenz« nur innerhalb eines einzelnen Aspekts oder unter *einem* methodischen Gesichtspunkt möglich ist.

Auf der anderen Seite habe ich aber auch die Konzeption einer in die basalen Prozesse unmittelbar eingreifenden »Abwärts«-Kausalität als selbstwidersprüchlich abgewiesen. Diese Form der Kausalität ist nicht als äußere Einwirkung des Ganzen auf seine Teile zu begreifen, sondern nur als eine mittelbare, formierende Beziehung, in der die Teilkomponenten durch bestimmte Restriktionen ihrer Tätigkeit in das Ganze eingebunden werden (▶ Kap. 3.3.1).

Den möglichen Einwand, damit in einen »biologischen Epiphänomenalismus« zu geraten, der Bewusstsein nur noch als ein gleichsam über dem Organismus schwebendes Gebilde ohne Wirksamkeit auffassen könne, habe ich aus zwei Gründen zurückgewiesen:

a) Zum einen impliziert der Primat der Funktion, dass die zentralnervösen Prozesse sich nicht selbst genügen, sondern genau dazu dienen, die

Funktionen des Lebewesens zu realisieren, die es in eine holistische Beziehung zur Umwelt bringen, nämlich vor allem Fühlen, Wahrnehmen und Sich-Bewegen. Bewusstseinstätigkeiten sind also keine nachgeordneten Begleiterscheinungen neurophysiologischer Prozesse, sondern ihr evolutionärer Sinn und Zweck.

b) Zum anderen lassen die aktuellen Lebensäußerungen eines Menschen sich nur durch seine individuelle Geschichte bewusster Lernerfahrungen erklären. Die spezifischen Fähigkeiten, die für eine gegenwärtige Wahrnehmung oder Handlung erforderlich sind, haben sich nicht aus Gehirnprozessen entwickelt, sondern wiederum nur durch integrale, leibliche wie soziale Interaktionen mit der Umwelt.

Aus der Verbindung beider Gesichtspunkte ergibt sich, dass integrale, bewusste Lebensäußerungen immer *von der Person als ganzer* verursacht werden, auch wenn diese Verursachung durch organische, insbesondere neuronale Prozesse und deren lebensgeschichtlich gebildete Muster vermittelt ist. Die plastischen Strukturen des Gehirns dienen als Matrix für die sensomotorischen, assoziativen, motivationalen und semantischen Verknüpfungen, die ein Individuum im Verlauf seiner Lerngeschichte gebildet hat. Sie sind zu strukturellen Kopplungen geworden und damit zur Bedingung für die Realisierung erworbener Vermögen. Das Gehirn ist demnach nicht das Organ der Determination, sondern das *Organ der Möglichkeiten*; es ist nicht Produzent, sondern *Vermittler* der Tätigkeiten der Person.

Aus dieser Konzeption habe ich schließlich einige weitere Folgerungen für psychophysische, insbesondere »psychosomatische« und »somatopsychische« Zusammenhänge gezogen, die zunächst eine dualistische Wechselwirkung von Psychischem und Körperlichem nahezulegen scheinen. Der Begriff der integralen, die physiologischen Prozesse in sich enthaltenden Lebensäußerungen hilft, solche Fehlschlüsse zu vermeiden. Diese auch medizinisch relevanten Zusammenhänge leiten über zum letzten Kapitel.

7 Konsequenzen für die psychologische Medizin

> **Übersicht.** – Kapitel 7 wendet sich den Konsequenzen der entwickelten Konzeption für die psychologische Medizin zu. Nach einer Einführung in die gegenwärtigen reduktionistischen Tendenzen in der Psychiatrie (▶ Kap. 7.1) beschreibt der folgende Abschnitt psychische Krankheit als ein grundsätzlich zirkuläres Geschehen, das die Person in ihrem Selbsterleben ebenso wie in ihren interpersonalen Beziehungen betrifft (▶ Kap. 7.2). Diese Konzeption wird in die Pathogenese hinein weiterverfolgt (▶ Kap. 7.3). Die anschließende Untersuchung stellt Somatotherapie und Psychotherapie aus aspektdualistischer Sicht einander gegenüber, wobei das Prinzip der Transformation besondere Bedeutung gewinnt (▶ Kap. 7.4). Zusammenfassend wird eine Subjektorientierung der psychologischen Medizin als unverzichtbar dargestellt (▶ Kap. 7.5).

Der in den bisherigen Kapiteln beschriebene Ansatz lässt sich auf verschiedene wissenschaftliche und praktische Kontexte anwenden. Im Folgenden untersuche ich die Konsequenzen einer aspektdualistischen und ökologischen Konzeption für die psychologische Medizin – das heißt für die Psychiatrie, Psychosomatik und Psychotherapie. Dies knüpft auch an begriffliche Klärungen im vorangehenden Kapitel an.

7.1 Neurobiologischer Reduktionismus in der Psychiatrie

Seit ihrer Entstehung um 1800 bewegt sich die Psychiatrie zwischen den Polen von Geistes- und Naturwissenschaften, zwischen Verstehen und Erklären, zwischen Psyche und Gehirn. Das 19. Jahrhundert war vom Dualismus psychischer und somatischer Erklärungen charakterisiert. Wilhelm Griesingers Diktum, wonach Geisteskrankheiten als Krankheiten des Gehirns zu anzusehen seien (Griesinger 1845), war seiner Zeit weit voraus.[202] Die Ver-

---

202 Es bleibt freilich festzuhalten, dass Griesinger selbst damit keineswegs eine reduk-

suche etwa Carl Wernickes und Theodor Meynerts (1884), Geisteskrankheiten unter die »Krankheiten des Vorderhirns« zu subsumieren, wurden von Jaspers noch als »Hirnmythologien« verspottet (Jaspers 1973, 16). Abgesehen von der Untersuchung von Hirnläsionen fehlte den Ansätzen zur Lokalisierung von psychischen Störungen eine angemessene technische Grundlage.

Im gegenwärtigen biologischen Paradigma jedoch wird der traditionelle Dualismus durch einen Naturalismus ersetzt, der die subjektive Erfahrung mit neuronalen Prozessen identifiziert: »*Mental disorders are brain disorders*« (Insel & Quirion 2005). Zur Dominanz dieses Paradigmas trugen vor allem zwei Entwicklungen bei: Zum einen erlaubten die Fortschritte der molekularen Neurowissenschaften eine komplexere Sicht auf neurophysiologische Prozesse einschließlich der Rezeptorregulation, Neuroneninteraktion, Neuroplastizität u.a. Zum anderen ermöglichte die Bildgebung des Gehirns eine zunehmende Lokalisierung von Korrelaten mentaler Funktionen und Dysfunktionen. Dies trug zu einer populären »Neurokultur« bei, die (freilich zu Unrecht) suggerierte, dass wir buchstäblich »dem Gehirn bei der Arbeit« zusehen könnten.

Die neuropsychiatrische Sichtweise von psychischen Erkrankungen lässt sich mit den Begriffen (1) Reduktionismus, (2) Verdinglichung und (3) Isolation charakterisieren.

(1) *Reduktionismus:* Die Neuropsychiatrie betrachtet Subjektivität als ein Produkt oder Epiphänomen der Gehirnaktivität. Alle mentalen Prozesse finden im Gehirngewebe statt, daher müssen psychische Störungen Hirnstörungen sein.
(2) *Verdinglichung:* Psychische Zustände scheinen im Gehirn lokalisierbar zu sein. Folglich muss eine psychische Störung mehr oder weniger gleichbedeutend sein mit einer lokalen Überaktivität oder aber reduzierten Aktivität in bestimmten Bereichen des Gehirns.
(3) *Isolierung:* Folglich tendiert diese Sicht dazu, den Patienten und seine Störung für sich zu betrachten, getrennt von seinen aktuellen Beziehungen. Dies liegt nicht zuletzt in der naturwissenschaftlichen Methodik als solcher begründet, die generell in der Herauslösung der Phänomene aus ihrem Kontext besteht, etwa im Rahmen des Experiments. Sie bedeutet also immer eine Isolierung und Dekontextualisierung.

---

tionistische Sicht vertrat, sondern sich vor allem gegen zeitgenössische Anschauungen wandte, wonach Geisteskrankheiten nicht nur im Gehirn, sondern im gesamten Körper ihren Sitz haben könnten (vgl. Schott und Tölle 2006).

7 Konsequenzen für die psychologische Medizin

Es ist offensichtlich, dass die neuroreduktionistische Sichtweise im Gegensatz zu nahezu allem steht, was in den vorangegangenen Kapiteln entwickelt wurde: Psychische Prozesse lassen sich nicht auf lokalisierte neuronale Aktivitäten reduzieren; sie sind verkörpert, inhärent intentional und kontextbezogen; und sie sind untrennbar von der intersubjektiven Welt gemeinsamer Bedeutungen und Interaktionen. Wie wir sehen werden, gilt dies auch für dysfunktionale oder gestörte psychische Prozesse.

Gleichwohl wurden seit der ersten »Dekade des Gehirns« ab 1990 große Hoffnungen in das biologische Paradigma gesetzt. Als naturwissenschaftliche Disziplin werde die Neuropsychiatrie schon bald psychische Krankheiten als Hirnfunktionsstörungen erklären und mit bildgebenden Verfahren und anderen Biomarkern objektiv diagnostizieren können. Auf dieser Basis werde man hochspezifische Medikamente entwickeln, ja mittels genetischer Screenings auch Risikopersonen für die präventive Behandlung identifizieren können (Charney et al. 2002, Hyman 2003, Haag 2007). Psychiater sollten in »klinische Neurowissenschaftler« umbenannt werden, denn dies würde auch die Integration der Psychiatrie in die Medizin insgesamt beschleunigen und zu einer Entstigmatisierung der Patienten beitragen (Insel u. Quirion 2005).[203]

Doch nach mehr als drei Dekaden sind die Ergebnisse der Hirnforschung für die Psychiatrie nichts anderes als ernüchternd. Trotz aller Versprechen und hunderten von Millionen investierter Forschungsmittel konnten kaum klinisch relevante Erkenntnisse zutage gefördert werden. Nach wie vor gibt es keine Möglichkeit, psychiatrische Erkrankungen durch apparative Untersuchungen oder Biomarker verlässlich zu diagnostizieren oder spezifischen Genvarianten zuzuordnen. Ebenso wenig haben sich die therapeutischen Verfahren aufgrund neurobiologischer Erkenntnisse in relevanter Weise verändert. All dies wird inzwischen auch von hochrangigen Vertretern der neurobiologischen Forschung eingeräumt – um nur einige Beispiele zu zitieren:

> »Leider hat es in der Behandlung der Schizophrenie in den letzten 50 Jahren keine wichtigen Durchbrüche mehr gegeben, ebenso wenig in der Behandlung der Depression in den letzten 20 Jahren« (Akil et al. 2010).

---

203 Diese Hoffnung hat sich allerdings als trügerisch erwiesen. Meta-Analysen zahlreicher Studien (Schomerus et al. 2012, Kvaale et al. 2013) ergaben, dass sich das biomedizinische Konzept der Gehirnkrankheit in den letzten 20 Jahren zwar in der Öffentlichkeit weit verbreitet, aber keineswegs zu einer Destigmatisierung geführt hat – im Gegenteil: Die Mehrzahl der Menschen nimmt eine psychische Störung *eher* als fremd, abnorm oder sogar als bedrohlich wahr, wenn sie auf einer Störung der Gene oder des Gehirns beruht als auf psychosozialen Ursachen.

»Trotz offensichtlicher und rascher wissenschaftlicher Fortschritte besteht eine weit verbreitete Frustration über das allgemeine Tempo des Fortschritts im Verständnis und in der Behandlung schwerer psychiatrischer Erkrankungen« (Krystal u. State 2014).
 »Wir hoffen, dass wir in Zukunft in der Lage sein werden, Krankheiten anhand biologischer und genetischer Marker zu identifizieren, die präzise Diagnosen mit absoluter Zuverlässigkeit und Validität liefern können. Doch dieses Versprechen, das wir seit den 1970er Jahren erwartet haben, bleibt enttäuschend weit entfernt. Seit mehreren Jahrzehnten sagen wir den Patienten, dass wir auf Biomarker warten. Wir warten immer noch« (D. Kupfer, APA 2013).[204]

Trotz aller Versprechen von translationaler Forschung besteht offenbar die Gefahr, dass sich die Psychiatrie immer weiter von der klinischen Versorgungspraxis entfernt, auch wenn immer neue Dekaden, ja das »Jahrhundert des Gehirns« ausgerufen und therapeutische Durchbrüche angekündigt werden.[205] Hier verweist man allerdings inzwischen meist auf die Tiefenhirn- oder Magnetstimulation, denn die pharmazeutische Industrie hat sich angesichts geringer Erfolgschancen bereits zu einem Großteil aus der Forschung zurückgezogen (Abott 2010, Miller 2010). Nun mögen Verfahren einer direkten Gehirntherapie ja in bestimmten Fällen sinnvoll sein – doch bestehen darin wirklich die therapeutischen Aussichten, die die neurobiologische Forschung eröffnet? Verlieren wir nicht im immer genaueren, schließlich molekularbiologischen Hinsehen am Ende das Phänomen aus den Augen, um das es eigentlich geht – die psychische Krankheit, das Kranksein eines Menschen?

Angesichts der Sackgasse, in der sich das neuroreduktionistische Paradigma befindet, scheint es an der Zeit, seine zugrunde liegende Annahme,

---

204 Offensichtlich ernüchtert äußerte sich inzwischen auch einer der wichtigsten Repräsentanten der biologisch orientierten Psychiatrie, der frühere Präsident des National Institute of Mental Health (NIMH), Thomas Insel: »I spent 13 years at NIMH really pushing on the neuroscience and genetics of mental disorders, and when I look back on that I realize that while I think I succeeded at getting lots of really cool papers published by cool scientists at fairly large costs – I think $20 billion – I don't think we moved the needle in reducing suicide, reducing hospitalizations, improving recovery for the tens of millions of people who have mental illness. I hold myself accountable for that« (Regalado 2015). Diese bemerkenswerte Umkehr veranlasste Insel nun allerdings dazu, sein Heil in der Online-Erfassung psychischer Daten von Patienten zu suchen, dem »Ecological Momentary Assessment«, für das er eine eigene Firma »Mindstrong« gründete (Insel 2018). Eine ökologische Sicht psychischer Störungen wird in diesem Buch freilich anders verstanden.
205 Vgl. »A Decade for Psychiatric Disorders« (Editorial) (2010). Nature 463 (7277): 9, sowie Insel u. Wang (2014).

psychische Störungen seien Hirnerkrankungen, in Frage zu stellen. Stattdessen sollten wir nach einem übergreifenden Paradigma suchen, das in der Lage ist, die Psychiatrie als eine Beziehungsmedizin in umfassendem Sinn zu begründen: *als Wissenschaft und Praxis biologischer, psychologischer und sozialer Beziehungen und ihrer Störungen.* Dies möchte ich im Folgenden entwickeln.

7.2 Psychisches Kranksein als zirkuläres Geschehen

Seit ihren Anfängen begleitet die Psychiatrie die Auseinandersetzung von biologischen, psychologischen und sozialen Erklärungsmodellen, die in wechselnder Folge zum jeweiligen Leitparadigma aufstiegen. Das in den letzten Jahrzehnten häufig vertretene »biopsychosoziale Modell« (Engel 1977, v. Uexküll u. Wesiack 1996) stellte eine Art Kompromisslösung dar, die allerdings oft in einen bloßen Eklektizismus ursächlicher Faktoren führte. Wie diese biologischen, psychologischen und soziologischen Faktoren integriert werden sollen, blieb nur unzureichend verstanden.[206]

Ein ökologischer Ansatz, der auf Konzepten der verkörperten und enaktiven Kognition basiert, bietet ein alternatives Paradigma, das Gehirn, Organismus und Umwelt in ihrer dynamischen Einheit begreift. Die neuronalen Prozesse werden darin zu Komponenten in einem übergreifenden Geschehen, das sich auf unterschiedlichen Ebenen betrachten lässt: (1) auf der *Makroebene* der psychosozialen Prozesse oder Interaktionen von Personen; (2) auf der *mittleren, individuellen Ebene* der Interaktionen zwischen dem Gehirn, dem Organismus und der Umwelt, und (3) auf der *Mikroebene* der neuronalen und molekularen Prozesse im Gehirn. Absteigend zur jeweils nächsten Ebene verengt sich dabei der gewählte Ausschnitt des Geschehens. Die Ebenen sind nicht aufeinander reduzierbar, zwischen ihnen besteht vielmehr ein Emergenzverhältnis (▶ Abb. 17).

Wie wir in den vorhergehenden Kapiteln gesehen haben, sind diese Ebenen als zirkuläre Prozesse zu verstehen, die sowohl horizontale als auch vertikale Kausalität einschließen. Die horizontale Zirkularität charakterisiert insbesondere die Makro- und Mesoebene von sozialen und Organismus-Umwelt-Interaktionen, die vertikale Kausalität ist besonders zwischen höheren und niedrigeren Ebenen innerhalb des Organismus wirksam. Dennoch gibt es auch zirkuläre (Abwärts- und Aufwärts-)Beziehungen zwischen der

---

206 Vgl. zur Kritik McLaren (1998) und Ghaemi (2010).

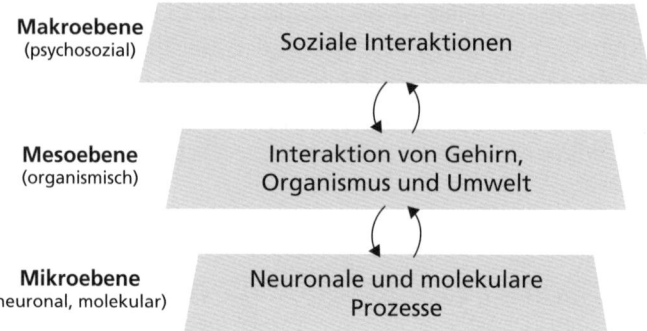

Abb. 17: Ebenen verkörperter Interaktion mit top-down- und bottom-up-Beziehungen (↓↑)

Makro- und Mikroebene. So modifiziert eine psychotherapeutische Behandlung als interaktiver, intentionaler Prozess auf der Makroebene auch die beteiligten Gehirnstrukturen – *abwärts*. Die veränderte neuronale Struktur ermöglicht aber ihrerseits wieder andere Interaktionen des Patienten mit der Umwelt – *aufwärts*, und so fort. Im Zeitverlauf entsteht eine wechselseitige Beeinflussung von übergeordneten psychosozialen Interaktionen und neuronalem Substrat, oder von *Prozess* und *Struktur* (▶ Kap. 4.2.3, ▶ Abb. 14).

Auf dieser Grundlage lässt sich das ökologische Konzept wie folgt skizzieren: Psychische Erkrankungen sind einerseits gekennzeichnet durch eine Störung der *vertikalen zirkulären Kausalität,* d. h. des Zusammenspiels zwischen höheren Organisationsebenen und untergeordneten Prozessen im Organismus. Wie wir sehen werden, betrifft dies in erster Linie das Verhältnis des Patienten zu sich selbst, das den Krankheitsverlauf einschließlich der neuronalen Prozesse auf der Mikroebene kontinuierlich beeinflusst. Andererseits sind psychische Erkrankungen gekennzeichnet durch eine Störung der *horizontalen zirkulären Kausalität,* d. h. der sozialen Beziehungen und der Fähigkeit, adäquat auf soziale Anforderungen einzugehen. Dies führt zu negativen Rückkoppelungen in sozialen Kreisprozessen, die auch den Krankheitsverlauf entscheidend beeinflussen. Beide Formen zirkulärer Kausalprozesse sind an die Vermittlung durch das Gehirn gebunden, sind aber nicht in ihm zu lokalisieren. Aus diesem Grund ist eine Reduktion von psychischen Erkrankungen auf Hirnstörungen prinzipiell nicht möglich.

7.2.1 Vertikale Zirkularität

Der Gegenstand der Medizin, das Kranksein des Menschen, ist ein grundsätzlich ambivalenter Zustand, in dem der Doppelaspekt von Leib und Körper in besonderer Weise hervortritt, nämlich in Form einer *Störung.* Im gesunden Zustand gehen die beiden Aspekte fließend ineinander über, insofern der Leib kontinuierlich vom Hintergrund in den Vordergrund des Bewusstseins und wieder zurück tritt (▶ Kap. 3.1.2). In der Krankheit ist dieses Unbewusstwerden des Leibes nicht mehr möglich. Etwas am Leib macht sich unangenehm, aufdringlich, schmerzhaft bemerkbar: es »partikularisiert sich«, entzieht sich der eigenen Verfügung und wird zum Hindernis des Lebensvollzugs. Die leibliche Vermittlung des Zur-Welt-Seins ist gestört, und der Körper tritt gleichsam als Widersacher in den Vordergrund.[207] Indem die Medizin nun diese Partikularisierung und »Entzweiung« des Krankseins als lokalisierbaren Defekt des Körpers beschreibt und erklärt, kann der Patient von der zunächst beunruhigenden Erfahrung Distanz gewinnen. Aus dem Krank*sein* ist eine Krank*heit* geworden.

Dies ist jedoch im Fall psychischen Krankseins nicht in gleicher Weise möglich. Zunächst lassen sich zwar auch psychische Erkrankungen als Störungen auffassen, in denen der Leib seine Medialität verliert und in verschiedener Weise auffällig oder zum Hindernis wird: etwa in Form von Panikattacken bei Angststörungen, als Schwere, Starre und Antriebslosigkeit bei der Depression, oder in Form von Störungen der Wahrnehmung, der Selbstbewegung oder der »natürlichen Selbstverständlichkeit« des Sich-Verhaltens in der Schizophrenie.[208] Doch gelingt es dem psychisch erkrankten Patienten ebenso wenig wie dem Psychiater, sein Kranksein gleichsam nur dem Körper zuzuteilen, denn die Störung betrifft nun das *Selbsterleben,* den subjektiven Lebensvollzug als solchen. Mit anderen Worten, die Erkrankung *stellt selbst eine integrale Lebensäußerung dar,* und ihre subjektive Seite besteht nicht nur in einer sekundären Reaktion auf physiologische Funktionsstörungen.[209] Sie bedeutet bis zu einem gewissen Grad immer eine »Selbst-Entzweiung« oder Selbst-Entfremdung der Person (Fuchs 2002). Etwas *in mir selbst* tritt mir gegenüber, entzieht sich meiner Verfügung oder beherrscht mich, während ich vergeblich versuche, die Souveränität wie-

---

207 Vgl. Gadamer 1996, Fuchs 2000b, 28 ff.
208 Vgl. dazu meine Darstellung der Depression bzw. der Schizophrenie als Verlust der Medialität und Transparenz des Leibes in Fuchs 2000b bzw. 2005; zum »Verlust der natürlichen Selbstverständlichkeit« Blankenburg 1970.
209 Damit soll nicht gesagt sein, dass schwer oder gar tödlich verlaufende körperliche Erkrankungen nicht ebenfalls die Person in ihrem Selbstverhältnis betreffen können. Dies hat jedoch immer den Charakter einer *Reaktion auf* die Erkrankung, die nicht als solche die Person erfasst.

derzugewinnen, sei es eine Panikattacke, eine depressive Verstimmung, ein Zwang oder eine Halluzination.

Psychisches Kranksein betrifft also das Selbstverhältnis der Person in ihrem Zentrum. Die zentrale Balancierung und Integration der psychischen Funktionen misslingt. Anders als in somatischen oder selbst neurologischen Erkrankungen ist das Krankheitserleben nicht nur das Epiphänomen eines »eigentlichen« physiologischen Prozesses.[210] Vielmehr bildet das veränderte Selbsterleben und Selbstverhältnis des Patienten *die »Substanz« der Krankheit selbst.* Als solche stellt es auch eine ständig wirksame Komponente des Krankheitsverlaufs dar. Daraus folgt aber, dass ganz unabhängig von der Art der Verursachung die *vertikale zirkuläre Kausalität* immer eine maßgebliche Rolle für die Erkrankung spielt.

Betrachten wir das Beispiel einer depressiven Erkrankung: Wie immer verschiedene (genetische, neurobiologische, biographische, interpersonelle) ursächliche Bedingungen im jeweiligen Fall zusammenspielen – sobald die Depression sich manifestiert, ist sie *per se* eine *personale Erkrankung.* Denn die Verstimmung geht mit einer tiefgreifenden Veränderung, einer Einengung bzw. Konstriktion des Leiberlebens einher (psychomotorische Hemmung, Beklemmung, Schwere, Antriebsverlust). Kaum eine andere Krankheit erfasst den Menschen in gleicher Weise in seiner *leiblichen Subjektivität.*[211] Sie resultiert dementsprechend aber auch in negativen Selbstwahrnehmungen, -bewertungen und typischen depressiven Denkmustern, in denen die Person insgesamt betroffen ist. Diese erhöhen ihrerseits im Sinne sich selbst erfüllender Voraussagen die Wahrscheinlichkeit weiterer Versagenssituationen und tragen so zusätzlich zur Depressivität bei.

Ähnliche negativ-zirkuläre Prozesse sind aus der Angstforschung bekannt, nämlich nach dem Muster: Auftreten physiologischer Stressmerkmale (Sympathicus-Aktivierung, Arousal, Pulsfrequenzerhöhung, Dyspnoe, Parästhesien) → Wahrnehmung und Bewertung der körperlichen Symptome als ›bedrohlich‹ → katastrophisierende Kognitionen, Selbst- und Situationsbewertungen → erhöhter physiologischer Stress, usw. Die Subjektivität des Erlebens wird somit als Selbstverhältnis zu einer maßgeblichen Komponente

---

210 Nach Graham (2013) sollten psychische Störungen so konzipiert werden, dass sie *notwendig bewusste und intentionale Zustände* betreffen, also das Psychische *als Psychisches.* Als solche sind sie von neurologischen Störungen zu unterscheiden, die durch primäre Hirnläsionen (wie Schlaganfall, Neurodegeneration oder Hirninfektionen) entstehen und nur eine sekundäre psychische Symptomatik zeigen, die in der Regel auch nicht auf eine psychologische Behandlung anspricht.

211 Vgl. Fuchs 2005; Fuchs 2020, 44 ff.

des Krankheitsgeschehens. Dem entspricht organismisch ein vertikal-zirkulärer Prozess, dessen periphere und zentrale, basale und hochstufige Komponenten das Gehirn fortlaufend ineinander transformiert.

Jede psychopathologische Erfahrung ist durch eine Bedeutung charakterisiert, die die Patienten ihr zuschreiben, und durch eine bestimmte Haltung, die sie zu ihr einnehmen – indem sie sie passiv erleiden, ihr nachgeben, sie ausagieren, dagegen ankämpfen, sich davon distanzieren, usw. Diese Stellungnahme ist an sich bereits ein relevantes klinisches Merkmal. Natürlich wird sie auch durch neuronale Prozesse ermöglicht; anderenfalls könnte sie im Organismus nicht wirksam sein. Doch die Phänomene der Bedeutungszuschreibung, der Bewertung einer Situation und der Selbstbeziehung lassen sich nicht mit neuronalen Prozessen gleichsetzen, da es diesen an Bedeutung und Intentionalität fehlt. Wenn Gehirnprozesse als Träger für intentionale Gehalte und Gerichtetheiten fungieren, dann nur als Komponenten übergreifender Lebensprozesse, die den Organismus als Ganzes und seine Umwelt einschließen.

Daraus folgt nun generell, dass sich psychisches Kranksein nicht auf neurobiologische Dysfunktionen reduzieren lässt. Zum einen ist es das Krankheitserleben selbst, das sich weder in seiner besonderen Qualität, seinem »Zumutesein«, noch in seinen intentionalen Gehalten auf physiologische Beschreibungen zurückführen lässt. Alle Abbildungen von Hirnaktivitäten können dem Psychiater keine Auskunft darüber geben, wie es ist, depressiv zu sein, eine Panikattacke zu erleben oder Stimmen zu hören. Zum anderen ist es das *Selbstverhältnis* des Patienten, das fortwährend in das Krankheitsgeschehen involviert ist und es verbietet, in psychischen Krankheiten nur einen biologischen Prozess zu sehen. Die Selbstwahrnehmung und die Stellungnahme zur eigenen Verfassung sind genuin personale Phänomene, die auch die Übertragbarkeit von Tiermodellen immer auf umgrenzte Teilkomponenten der Erkrankung einschränken. Sie führen zu einer einzigartigen, spezifisch menschlichen Form von vertikaler zirkulärer Kausalität, nämlich der Rückwirkung von subjektiven Wahrnehmungen und Bewertungen auf basalere Prozesse der Krankheit. Nicht zuletzt ist die Möglichkeit des Suizids – die nur dem Menschen gegeben ist – ein Beleg dafür, dass das Selbstverhältnis den Krankheitsverlauf entscheidend, in diesem Fall allerdings fatal bestimmen kann.[212]

---

212 Damit soll der Suizid freilich nicht als eine frei gewählte Handlung dargestellt werden, denn ihm liegt fast immer eine schwere kognitiv-emotionale Einengung der Situationswahrnehmung zugrunde. Dennoch setzt er eine – wie auch immer verzerrte oder

7.2.2 Horizontale Zirkularität

Lässt sich die psychische Krankheit also nicht von der Person distanzieren und dem Körper zuweisen, so kann sie ebenso wenig als rein individuelle Störung, also ohne ihren *interpersonalen* Aspekt betrachtet werden. Psychische Erkrankungen sind unabhängig von ihren Ursachen grundsätzlich immer »*Störungen des Zwischen*« (Kimura 1995) oder *Beziehungsstörungen*. Sie gehen mit unterschiedlichen Beeinträchtigungen der Freiheit einher, auf die Situationen, Valenzen und Anforderungen der sozialen Mitwelt in einer flexiblen und selbstbestimmten Weise antworten zu können. Man kann sie insofern als Beeinträchtigungen der *Responsivität* der Person begreifen (Waldenfels 1998, Fuchs 2006b): Bestimmte sozial relevante Vermögen des Patienten sind entweder krankheitsbedingt gehemmt oder primär nicht hinreichend entwickelt, um seine Beziehungen entsprechend seinen Bedürfnissen zu gestalten.

Ein erheblicher Teil der Psychopathologie lässt sich daher gar nicht am isolierten Patienten, geschweige denn an seinem Gehirn erheben, sondern nur als »interaktiver Störungsanteil« (Krause 1997). Aus dem gleichen Grund führt jede psychische Erkrankung zu Störungen im Verhältnis zur sozialen Umwelt. Sobald die Responsivität der Patienten beeinträchtigt ist, kommt es notwendig zu Rückkoppelungseffekten in den Interaktionskreisen; die Patienten verlieren die gewohnte Resonanz mit ihrer Umwelt. Daher kann man psychische Störungen auch als *kommunikative Störungen* im weitesten Sinne bezeichnen. Krankheitssymptome rufen diese Störungen hervor, werden aber ihrerseits durch die kommunikativen Beeinträchtigungen aufrechterhalten, gefördert oder sogar erzeugt.

So kommt es in der Depression nicht nur wie beschrieben zu einer Einengung und Konstriktion des Leibes, sondern auch zum Verlust der emotional-zwischenleiblichen, also zu einer mehr oder minder tiefgreifenden Störung der Responsivität und des Austauschs mit der Umwelt (Fuchs 2000b, 2001). Diese Störung verstärkt zunächst die depressive Selbstwahrnehmung des Patienten, sie hat aber auch Rückwirkungen auf sein soziales System. Angehörige reagieren beispielsweise zuerst mit vermehrter Zuwendung, im weiteren Verlauf jedoch mit zunehmender Hilflosigkeit, Schuldgefühlen sowie mit latenter oder offener Verärgerung. Ihr meist inkonsistentes Verhalten und die Depression des Patienten verstärken einander in einem Cir-

---

eingeengte – Stellungnahme des Patienten zu seiner Situation voraus und kann nicht als bloße Manifestation einer neurobiochemischen Dysfunktion betrachtet werden.

culus vitiosus (Ruf 2005, 178 ff.). Der maßgebliche Einfluss der Partner-Interaktion auf den Krankheitsverlauf der Depression ist wiederholt nachgewiesen worden (Backenstraß 1998, Mundt et al. 1998). Weitere krankheitsfördernde Faktoren sind nachteilige Auswirkungen am Arbeitsplatz und generell die befürchtete bzw. tatsächliche Stigmatisierung des Patienten. Alle diese Einflüsse werden vom Gehirn nur aufgenommen und transformiert, nicht etwa generiert.

7.2.3   Zusammenfassung

Psychische Krankheiten lassen sich zum einen als *vertikale Regelkreisstörungen* verstehen. Die zentrale Integration von Teilfunktionen oder -impulsen des Organismus misslingt, sie verselbständigen sich und entgleiten der Verfügung der Person, etwa in Form von neurotischen Symptombildungen, Zwangssymptomen, Angstanfällen, Störungen der Impulskontrolle, Ich-Störungen, Halluzinationen usw. Diese partikularisierten Prozesse betreffen die Person in ihrem Selbstverhältnis und führen daher zu verschiedenen Versuchen der Reintegration und Bewältigung, andererseits auch zu sekundären Reaktionen und Symptomen (z. B. »Angst vor der Angst«, Schuldgefühle etc.), die die Erkrankung weiter verstärken.

Solche partikularisierten Dysfunktionen lassen sich auf körperlicher Ebene häufig in Form von lokalisierten Hyperaktivitäten bestimmter Hirnzentren darstellen, woraus freilich noch keine Schlüsse auf ursächliche Zusammenhänge gezogen werden können. Die Tatsache, dass z. B. bei akustischen Halluzinationen auch Areale der primären Hörrinde im Temporallappen aktiviert sind (Dierks et al. 1999), ist zweifellos von Interesse. Doch sie besagt nicht, dass Halluzinationen auch dort zu lokalisieren sind – als Lebensäußerungen des Patienten lassen sie sich überhaupt nicht lokalisieren. Ebenso wenig bedeutet sie, dass die Aktivierung die Ursache für die Halluzinationen darstellt, denn diese können z. B. ebenso in einer generalisierten Desintegration des neuronalen Systems begründet sein, die partikulare Prozesse verselbständigt hervortreten lässt.[213] Ähnlich erlaubt die Hyperaktivität des Nucleus caudatus bei Zwangsstörungen keine Aussage über deren Ursache.

---

213 Diese Erklärung akustischer Halluzinationen hatte bereits Ende des 19. Jahrhunderts J. Hughlings Jackson mit seiner Konzeption der »Enthemmung« *(release)* vorgeschlagen. Danach gehen solche positiven Symptome auf einen Ausfall der hemmenden Kontrolle durch höhere Zentren zurück, die Aktivitäten auf niedrigerem Niveau freisetzt (Jackson 1958).

Auch wenn genetische und neurobiologische Faktoren wie Anomalien in orbito-fronto-striatalen Schaltkreisen und im Serotonin-Stoffwechsel sicherlich an der Zwangsstörung beteiligt sind (Abramowitz et al. 2009), beruht ihre Entstehung doch entscheidend auf der Vermeidungsreaktion des Betroffenen gegenüber seine eigenen abgelehnten Impulsen oder Ängsten, also wiederum auf seiner Selbstbeziehung (Doron & Kyrios 2005).

Lokale Abweichungen des Hirnstoffwechsels stellen als solche noch nicht die Ursache einer Störung dar – sie können ebenso gut eine Begleiterscheinung oder Folge von ihr sein. Auch die Ursache einer Trauerreaktion ist ja nicht die Aktivierung des cingulären Cortex, die sich dabei beobachten lässt (Gündel et al. 2003), sondern sicher ein als schmerzlich erlebter Verlust. Und nicht die Aktivierung der Amygdala verursacht Angst, sondern primär die *subjektive Wahrnehmung und Bewertung* einer bedrohlichen Situation – und diese Wahrnehmung ist nicht in der Amygdala zu finden, so notwendig sie als Substrat für das Angsterleben ist. Freilich, Bilder suggerieren ihre eigene Realität, und so verleitet auch die Bildgebung nur allzu leicht dazu, *Substrat* und *Ursache* miteinander zu verwechseln. Doch mit dem linearen Kausalitätsbegriff des 19. Jahrhunderts – Gehirnzustand A erzeugt Krankheit B – sind die komplexen Ursachenzusammenhänge psychischer Krankheit nicht zu begreifen, schon gar nicht ohne das *Erleben* der Patienten in ihrer Lebenssituation.

Wie ich weiter gezeigt habe, sollten wir psychische Krankheiten auch als *horizontale Regelkreisstörungen* auffassen, denn sie gehen immer mit mehr oder minder ausgeprägten Beeinträchtigungen der Responsivität und der sozialen Interaktionen einher. Die Störung des »beantworteten Wirkens« einer Person in ihrer Umwelt (Willi 1996) gefährdet an sich bereits die ökologische Grundlage ihrer psychischen Stabilität: Personen sind grundsätzlich auf die Resonanz ihres Handelns in der sozialen Umwelt angewiesen. Darüber hinaus kommt es in den Beziehungen zu anderen häufig zu negativen Rückkoppelungen und Teufelskreisen, die die Symptomatik aufrechterhalten oder weiter verschärfen.

Aus beiden Aspekten der Zirkularität folgt noch vor jeder ätiologischen Analyse, dass eine einfache, linear-kausale Beschreibung und Erklärung psychischer Störungen aus neurophysiologischen Bedingungen ihrer Komplexität nicht entspricht. Keine psychiatrische Erkrankung kann unter Absehung von der Subjektivität und den interpersonalen Beziehungen des Patienten diagnostiziert, beschrieben oder behandelt werden. *Psychische Krankheiten sind immer Krankheiten, die die Person in ihrer Beziehung zu anderen Personen betreffen.*

7.3 Zirkuläre Kausalität in der Pathogenese

Gehen wir nun über zur Frage nach der Ätiologie psychischer Störungen, so wiederholt sich im Prinzip die zirkuläre Struktur psychophysischer Beziehungen, auch wenn diese Grundstruktur je nach Erkrankung sehr unterschiedliche Formen annimmt. Betrachten wir zunächst als Beispiel wiederum eine depressive Störung.

7.3.1 Ätiologie der Depression

Der Manifestation einer Depression geht in der Regel eine persönliche Situation voraus, die die Person als bedrohlich wahrnimmt, in der Annahme, dass ihr die notwendigen Bewältigungsressourcen nicht zur Verfügung stehen (»erlernte Hilflosigkeit« nach Seligman 1992). Die Situation kann etwa in einer von der Person erwarteten, aber nicht erreichbaren Leistung, in einer Gefährdung der eigenen Gesundheit oder der von Angehörigen, im drohenden oder tatsächlichen Verlust einer wichtigen Bezugsperson o. ä. bestehen. Negative Erwartungshaltungen und sich selbst erfüllende Prophezeiungen wirken in der Genese der auslösenden Konstellation mit.

Die Wahrnehmung und Bewertung dieser persönlichen Situation ist nun auf neuronaler Ebene – vermittelt durch Koppelungen von präfrontalen und limbischen Zentren unter maßgeblicher Beteiligung der Amygdala – mit einer physiologischen Stressreaktion verbunden, die zunächst einer kurzfristig sinnvollen Furcht- und Bereitstellungsreaktion des Organismus entspricht *(»fight-or-flight response«,* McEwen 1999). Unter den Bedingungen einer anhaltenden und mit dem Gefühl der Ohnmacht verbundenen Situation führt sie jedoch zu einer massiven Regelkreisstörung. Die über Amygdala und Hypothalamus ausgelöste Aktivierung des CRH-ACTH-Kortisol- ebenso wie des Sympathicus-Systems versetzen den Organismus in einen Dauer-Stresszustand, dem im subjektiven Erleben die schon beschriebene leibliche Verstimmung und Konstriktion entspricht (LeDoux 1998, Glannon 2002). Auf zentraler Ebene kommt es zu einer anhaltenden Störung v. a. der serotonergen Transmitter-Regulation im limbischen System.

Die Eigenwahrnehmung dieses Zustandes verstärkt wiederum im Sinne einer negativen Rückkoppelung die physiologischen Stresssymptome. Im Ergebnis *entkoppelt* sich die primär funktionale Reaktion des Organismus von ihrer Einbindung in übergeordnete Regelkreise, verselbständigt sich und entgleitet der Verfügung der Person (vgl. oben ▶ Kap. 6.4.2): Eine unmittelbar-willentliche Beeinflussung des gesamtorganismischen Zustandes ist bekanntlich nicht mehr möglich. Negative horizontale Rückkoppelungen mit der sozialen Umwelt verschlimmern wie oben beschrieben den weiteren Verlauf. Die Desynchronisierung biologischer Rhythmen (hormonelle, Schlafzyklen etc.) und die soziale Desynchronisierung, das »Zurückbleiben« des Depressiven hinter den Anforderungen der Umwelt, verstärken sich dabei wechselseitig (Fuchs 2001).

Soziale Desynchronisation stellt auch auf der Makroebene eine maßgebliche Ursache für Depressionen dar. Die typischen auslösenden Situationen bestehen meist in einer Störung oder ernsthaften Gefährdung von Beziehungen und Bindungen. Dazu gehören Verluste von relevanten Bezugspersonen (Trauerfall, Scheidung oder Ehekrise) oder von wichtigen sozialen Rollen (Verlust des Arbeitsplatzes, Umzug), ferner Erfahrungen von Rückstand, Niederlage, Armut, sozialer Ausgrenzung oder Isolation, die zu einer Desynchronisierung von anderen führen (Brown & Harris 1978, Burns et al. 1994, Monroe et al. 2009). Solche Situationen werden unter der Bedingung einer vorbestehenden Vulnerabilität (siehe unten) von den Patienten als bedrohlich und unlösbar empfunden: Sie fühlen sich dem Tempo der Veränderungen nicht gewachsen oder können Verluste nicht bewältigen. Angesichts zu schmerzhafter Ablösungs- oder Trauerprozesse geben sie auf oder sie schrecken vor notwendigen Rollenwechseln zurück.

Dass die Modernisierungs- und Beschleunigungsprozesse in westlichen Kulturen zu einer Zunahme depressiver Erkrankungen beitragen, ist vielfach festgestellt worden. So ist die Krankheitslast durch Depressionen (Krankheitstage, stationäre Behandlungen, Frühberentungen) in Deutschland in den letzten Jahrzehnten stark angestiegen, wenngleich veränderte Inanspruchnahme und Diagnosestellungen zumindest einen Teil der Zunahme erklären (Fuchs et al. 2018). Internationale Langzeitstudien sprechen jedoch für einen tatsächlichen Anstieg der Inzidenz in westlichen Industrienationen über die letzten Jahrzehnte. Dafür werden unterschiedliche soziokulturelle Faktoren verantwortlich gemacht wie Vereinsamung, Arbeitsverdichtung, steigende soziale Ungleichheit, krankheitsfördernder Lebensstil, u. a. (Hidaka 2012). So korreliert das Lebenszeitrisiko für eine affektive Störung in Industrieländern mit dem Maß der Einkommensungleichheit (Kessler et al. 2007).

Besondere Aktualität gewinnt diese erweiterte, soziokulturelle Sicht auch im Kontext der Forschungen des Soziologen Alain Ehrenberg (2004) zum »erschöpften Selbst« in den beschleunigten postindustriellen Gesellschaften. Arbeitsverdichtung und zunehmende Anforderungen an Selbstoptimierung, steigende soziale Ungleichheit, Vereinsamung und ein krankheitsfördernder Lebensstil sind Komponenten einer »sozialen Pathologie« auf der übergeordneten Ebene, ohne die sich die individuellen depressionsauslösenden Belastungen nicht hinreichend begreifen lassen (Hidaka 2012, Kessler et al. 2007).Es gehört zu den – allerdings weitgehend vernachlässigten – Aufgaben einer sozialen Psychiatrie, solche gesellschaftlichen Rahmenbedingungen in den Blick zu nehmen und für entsprechende präventive Maßnahmen einzutreten.

Zusammengefasst spielt auch für die Entstehung der depressiven Störung das subjektive Erleben im sozialen Kontext keineswegs nur eine epiphänomenale Rolle. Die Erkrankung geht vielmehr auf eine spezifische Situationswahrnehmung, also auf eine *individuelle Bedeutungsgebung* zurück, die, als intentionale Beziehung zur Umwelt, nicht auf neuronale Prozesse reduzierbar ist. Mit anderen Worten: Depressionen resultieren primär aus einem wahrgenommenen Verlust von Sinn und sozialer Resonanz, nicht aus einem Mangel an Serotonin. Nicht objektive Merkmale der Situation, sondern ihre subjektive Bewertung als nicht bewältigbar ist dabei ausschlaggebend.

Damit aber gewinnen biografisch erworbene (bzw. fehlende) Fähigkeiten, Wahrnehmungs- und Verhaltensbereitschaften einschließlich des Selbstkonzepts, Selbstwerts und der Selbstwirksamkeit eine entscheidende Bedeutung für die Pathogenese. Erst in der Folge verselbständigen sich die physiologischen Reaktionen zu einer anhaltenden gesamtorganismischen Regulationsstörung. Zwar können depressive Episoden in späteren Stadien schon bei geringfügigen Anlässen oder somatischen Auslösern auftreten, da die ersten Episoden offenbar zu einer neurosystemischen »Bahnung« führen, die weitere Störungen begünstigt (Moylan et al. 2013). Doch selbst dann bleibt die organismische Dysfunktion immer mit subjektiven Stellungnahmen des Patienten, mit seinem Krankheitsverhalten und mit seinen interpersonalen Beziehungen in zirkulärer Weise verknüpft.

7.3.2 Entwicklung von Vulnerabilität

Die Verankerung von dysfunktionalen Wahrnehmungs- und Verhaltensbereitschaften, die in geeigneten Situationen zur Manifestation der Erkrankung führen können, ist ein biografischer, bis in die frühe Kindheit zurückreichender Prozess. Er verläuft grundsätzlich nach den in Kapitel 5 beschriebenen Prinzipien sozialen Lernens. Auf der Grundlage genetisch angelegter, individueller Temperaments- und Konstitutionsmerkmale entwickeln sich im Zuge der epigenetischen Hirnreifung, also in der Interaktion mit der frühen sozialen Umwelt, implizite affektiv-interaktive Schemata, insbesondere Bindungsmuster, die zur Grundlage der späteren Beziehungsgestaltung werden. Die maßgebliche Rolle ungünstiger früher Bindungserfahrungen für die Entstehung psychischer Störungen wurde bereits hervorgehoben (Schore 2003; ▶ Kap. 5.2.1). Dysfunktionale Interaktionen und schädliche oder traumatisierende Umwelteinflüsse führen zu Reifungsstörungen kognitiv-emotionaler Schemata und damit zu mangelnder Entwicklung von Beziehungs- und Bewältigungskompetenzen (Braun u. Bogerts 2001). Darin liegt eine wesentliche Komponente der individuellen *Vulnerabilität* oder Anfälligkeit für psychische Erkrankungen.

Das Konzept der Vulnerabilität (Zubin u. Spring 1977, Nuechterlein u. Dawson 1984) vereinigt zwar verschiedene Faktoren, vor allem genetische, Temperaments- und Persönlichkeitsfaktoren zu einem multikausalen Modell, betrachtet aber solche »Vulnerabilitätsmarker« als relativ stabile, biologische und individuell feststellbare Merkmale. Doch Vulnerabilität lässt sich auch intentional bzw. interpersonal beschreiben und als Niederschlag von früheren Interaktionen auffassen, wenngleich sie natürlich entsprechende neurobiologische Korrelate aufweist. Diese interpersonale Beschreibung ist insbesondere dann sinnvoll, wenn es darum geht, solche Dispositionen psychotherapeutisch zu verändern (Stamm u. Bühler 2001).

> Bezüglich depressiver Störungen wurden genetische Polymorphismen entdeckt, die die Stressempfindlichkeit einer Person erhöhen (De Kloet et al. 2005). Genetische Faktoren können jedoch nicht direkt wirksam werden, sondern nur als *Komponenten* einer vertikalen Zirkularität, nämlich über subjektiv erlebte Stressreaktionen. Diese können dann im Kontext entsprechender Interaktionen mit der sozialen Umwelt zu Persönlichkeitszügen wie Abhängigkeit, Unselbständigkeit, Introversion oder Neurotizismus beitragen. Solche Merkmale beeinträchtigen ihrerseits die Fähigkeit zur Herstellung förderlicher Beziehungen und gewinnen damit prädiktive Bedeutung für eine depressive Erkrankung (Kendler u. Kessler 1993, Kendler 1997).

> Die familiäre Häufung von Depressionen lässt sich somit nicht nur genetisch, sondern mindestens ebenso durch interpersonale zirkuläre Kausalität erklären: »Depressive Familien« entwickeln eine eigene soziale Dynamik (Cummings u. Davies 1996). Postpartale Depressionen der Mutter ebenso wie spätere Interaktionen mit einem depressiven Elternteil beeinflussen die kindliche Entwicklung im Sinne mangelnder Ausbildung von sozialen Kompetenzen, negativer Selbstbewertungen und depressionsfördernder Grundannahmen über die Welt (Bedi 1999, Murray u. Cooper 2003). All dies begünstigt eine abhängig-angepasste, stark normorientierte und risikovermeidende Persönlichkeitsentwicklung, nämlich die des »Typus Melancholicus« (Tellenbach 1983, Mundt et al. 1997), die aber bei früher oder später unvermeidlichen Verlusten, Enttäuschungen oder Misserfolgen umso eher zu einer Dekompensation und damit zur depressiven Erkrankung führt.

Die soziale Neuropsychiatrie hat in der Erforschung der komplexen Zusammenhänge zwischen Umwelteinflüssen, Genexpression, Gehirnstruktur und Krankheitsdisposition im letzten Jahrzehnt deutliche Fortschritte erzielt.[214] Sie verfolgt den Einfluss etwa von Migration, Urbanisierung oder sozialer Exklusion auf die Entstehung von Schizophrenie – der freilich aus epidemiologischen und sozialpsychiatrischen Studien schon seit Längerem bekannt ist (Read et al. 2009; Kirmayer u. Gold 2012) – nun auch bis in epigenetische und molekulare Mikroprozesse hinein. Allerdings lassen auch diese Zusammenhänge bislang keinerlei spezifisch biologische Interventionsmöglichkeiten erkennen, sondern sie bleiben in erster Linie Gegenstand sozialpsychiatrischen Handelns. Zudem sind auch hier reduktionistische Tendenzen erkennbar, da in typischen Darstellungen Erleben oder zwischenmenschliche Beziehungen kaum eine Rolle spielen und die meist in Tierversuchen erforschten epigenetischen Mechanismen einfach auf den Menschen übertragen werden:

> »Die Mechanismen der Gen-Umwelt-Interaktion bei der Depression zu erforschen, unterscheidet sich nicht wesentlich vom Verständnis der Wirkung von Umweltgiften auf Krebs oder von Ernährung auf kardiovaskuläre Krankheiten.« (Insel/Quirion 2005: 2221; eig. Übers.)

Völlig außer Acht bleibt hier, dass es entscheidend von der *subjektiven Erfahrung und Bewertung* abhängt, ob ein Stressor beim einen Menschen Resilienz fördert, beim anderen aber zu einem Trauma wird, oder wie sich Arbeitslosigkeit, Trennungen und soziale Exklusion auf die Psyche eines Menschen auswirken, um nur einige Beispiele zu nennen. Es gibt eben keine direkte Wirkung von Umweltfaktoren auf das Gehirn – wenn man einmal von einer Gehirnerschütterung absieht. Was Gehirnstrukturen dauerhaft verändert, sind die *Erlebnisse und Erfahrungen, die eine Person in ihrer sozialen Umwelt macht.* Doch diese Erfahrungen lassen sich nicht als neurophysiologische Prozesse, aus der Perspektive der 3. Person beschreiben, denn sie sind an bewusstes Erleben, an Kommunikation und Beziehung gebunden.

> Vulnerabilität ist demnach keine Summe von einzelnen Merkmalen, sondern sie entsteht in einem komplexen biologisch-psychosozialen Rückkopplungsprozess und geht ihrerseits in die weitere Lebensführung und Beziehungsgestaltung des Patienten ein. Auch kulturelle Faktoren spielen für die Entwicklung von psychischer Vulnerabilität eine wichtige Rolle: Die Zunahme narzisstisch gefärbter Depressionen in den westli-

---

214 Vgl. etwa Akil et al. 2010; Heim u. Binder 2012; Meyer-Lindenberg u. Tost 2012.

chen Gesellschaften und ihr immer früheres Erstmanifestationsalter[215] dürften vor allem auf die höheren individuellen Ansprüche an Leistung und Erfolg, die Beschleunigung der Arbeitsprozesse und demzufolge ein häufigeres Versagenserleben zurückgehen, also letztlich auf eine zunehmende Diskrepanz zwischen kulturell geprägtem Selbstideal und möglicher Selbstrealisierung (Ehrenberg 2004).

Auch wenn wir bei verschiedenen Erkrankungsformen unterschiedliche Zusammenhänge und Gewichtungen der beteiligten Prozesse finden, so können wir doch das Paradigma der Depression insofern verallgemeinern, als weder Konzeptionen *unidirektionaler* Kausalbeziehungen noch *multifaktoriell-summativer* Verursachung die Ätiologie psychischer Krankheiten angemessen erfassen können. Vielmehr finden wir immer ein *komplexes Gefüge zirkulärer Prozesse* sowohl auf vertikaler, organismisch-individueller Ebene als auch auf horizontaler, interpersoneller und gesellschaftlicher Ebene. Das Gehirn fungiert in diesen internen und externen Kreisprozessen als Organ der Transformation und Vermittlung. Es wird aber in seiner Struktur seinerseits durch die biologischen und psychosozialen Interaktionen fortlaufend geprägt und modifiziert. Damit nimmt auch das subjektive Erleben als maßgebliche Komponente der Organismus-Umwelt-Interaktion einen strukturierenden Einfluss auf das neuronale Substrat – eine Erkenntnis, die für die psychotherapeutische Praxis von nicht geringer Relevanz ist.

7.3.3 Zusammenfassung

Fassen wir zusammen: Sind psychische Störungen nun »eigentlich« Störungen des Gehirns? Sind Angst, Zwang, Depression oder Schizophrenie letztlich neurobiochemische Dysfunktionen? – Solche Aussagen sind bereits durch den Doppelaspekt widerlegt. Da sich Erleben und Verhalten eines psychisch kranken Menschen nur in der 1. und 2.-Person-Perspektive erfassen lassen, gibt die Beschreibung der neuronalen Substratprozesse nur den komplementären Aspekt wieder, der die sorgfältige hermeneutisch-psychopathologische Erfassung der subjektiven Krankheitserfahrung nicht etwa überflüssig macht, sondern vielmehr voraussetzt.

Doch auch unter pathogenetischem Gesichtspunkt stellen solche Aussagen angesichts der Komplexität der ursächlichen Zusammenhänge unzulässige Verkürzungen dar. Die Angststörung wird nicht vom Mandelkern verursacht, die Zwangsstörung nicht vom Nucleus caudatus. Insoweit dabei neurophy-

---

215 Vgl. dazu Sartorius et al. (1989) sowie die Studien der Cross-national Collaborative Group (1992).

siologische Veränderungen zu finden sind, handelt es sich um Anpassungsvorgänge, die sich im Rahmen wiederkehrender, als gefahrvoll oder bedrohlich wahrgenommener Situationen vollzogen haben (Thomä 2003). Die in der funktionellen Bildgebung nachweisbare lokale Stoffwechselveränderung ist nur eine, wenn auch wichtige *Teilkomponente* in dem zirkulären Krankheitsgeschehen. Ohne die Einbettung in das Organismus-Umwelt-System geben solche Bilder daher nur Fragmente eines übergreifenden Prozesses wieder. Auch wenn neurosystemische Reifungsstörungen bei Schizophrenien oder eine massive Hyperreaktivität der Amygdala bei posttraumatischen Belastungsstörungen zweifellos eine stärker einschränkende Rolle spielen, werden solche Dysfunktionen doch niemals zu linear wirksamen Ursachen.[216]

Grundsätzlich können wir psychische Störungen immer komplementär, also unter beiden Aspekten beschreiben. So lässt sich eine basale Vulnerabilität ebenso als neurobiologische Funktionsstörung (z.B. Hyperarousal, Hypofrontalität u.a.) auffassen wie als erlebtes instrumentelles oder soziales Unvermögen. Eine Impulskontrollstörung ist biologisch als Störung der Hirnreifung und des Serotoninstoffwechsels beschreibbar, aber auch psychologisch als abnorme Beziehungsstruktur infolge fortgesetzter kindlicher Traumatisierung; eine Depression als serotonerge Dysfunktion in limbischen Zentren oder als persönlichkeitsspezifische Reaktion auf ein aktuelles Verlustereignis. Die Wahl des Beschreibungsaspekts hängt von der jeweiligen Fragestellung und nicht zuletzt von den ins Auge gefassten praktisch-therapeutischen Optionen ab (Henningsen u. Kirmeyer 2000). Fragen wir jedoch nach der Genese einer Erkrankung, so ist ein Entweder-Oder von biogener bzw. psychogener Ätiologie ebenso unzureichend wie eine additive »multifaktorielle Genese«. Aufgrund der Prinzipien der Neuroplastizität und der Transformation bleiben die beiden Aspekte nicht inkommensurabel zueinander, sondern wir können immer nach der *zirkulären Kausalität* biologischer und psychosozialer Prozesse fragen.

Bereits die basale Vulnerabilität wird vom Individuum erlebt und verarbeitet, nämlich in Form von implizitem Kompensations- oder Vermeidungsverhalten, wie dies für Depression angedeutet wurde, aber auch für Borderline-Störungen oder für die Basisstörungen der Schizophrenie gut belegt ist (Linehan 1993, Herpertz et al. 1997, Weinberger 1987, Klosterkötter 1988). Diese Verhaltensweisen schlagen sich in entsprechenden neuronalen

---

216 Von linearer Verursachung kann allenfalls bei läsionsbedingten Funktions*ausfällen* gesprochen werden, die freilich ihrerseits wieder vielfältige Anpassungs- und Verarbeitungsprozesse zur Folge haben.

Schemata nieder. Sie beeinflussen aber auch die Interaktion mit den Bezugspersonen in oft dysfunktionaler, pathogener Weise. Vulnerabilität lässt sich also keineswegs nur auf der neurobiologischen Ebene ansiedeln. Solche zirkulären Prozesse auf vertikaler ebenso wie horizontaler Ebene kennzeichnen auch die Auslösung und den Verlauf der manifesten Störungen, wie dies wiederum am Beispiel der Depression oder der Angststörung dargestellt wurde.[217] In den systemischen Wechselbeziehungen von neurobiologisch, subjektiv-phänomenologisch und interaktional beschreibbaren Komponenten des Krankheitsgeschehens fungiert das Gehirn jeweils als Transformationsorgan.

Diese allgemeine Grundstruktur bedeutet nicht, dass alle Krankheiten in gleicher Weise betrachtet werden müssen. Es ist durchaus zu unterscheiden, ob eine Erkrankung überwiegend auf einen verständlichen Zusammenhang von Lerngeschichte und Umwelterfahrungen zurückgeht (wie etwa eine Angststörung), ob sie einer genetisch bedingten, die transzendentalen Grundlagen der Personalität betreffenden neurosystemischen Störung entspricht (wie die Schizophrenie), oder ob es sich schließlich um eine auch makroskopisch erkennbare Läsion von Hirnstrukturen handelt, die in entsprechenden Funktionsausfällen resultiert. Je nachdem, welcher Aspekt der »führende« ist, wird sich eher die eine oder die andere Beschreibungsweise eignen.

Für dysfunktionale Wahrnehmungs-, Verhaltens- und Beziehungsmuster oder für neurotische Symptombildungen bleiben die intentionalen und psychosozialen Erklärungsansätze allerdings unverzichtbar (Henningsen u. Kirmayer 2000). Auch wenn hier immer bestimmte neuronale Systeme aktiviert sind, so handelt es sich doch in der Regel um Epiphänomene, die erst bei zunehmender Chronifizierung bzw. Verselbständigung eine pharmakologische Beeinflussung unumgänglich machen. Für Störungsanteile hingegen, die als Defekt normaler Funktionen zu begreifen sind, haben neurophysiologische Ansätze in der Regel die größere Relevanz. Selbst psychiatrische oder neurologische Defektstörungen sind aber immer mit adaptiven Erlebnisverarbeitungen verbunden, die intentionalen Verstehens- und Behandlungsmöglichkeiten zugänglich sind – bis hin zu Wahnbildungen (Mundt 1996, Solms 2001).

---

217 Ähnlich sind zirkuläre Modelle mit Rückkoppelungen von Basisstörungen, Emotionen, Kognitionen und sozialen Interaktionen etwa für Borderline-Störungen oder Schizophrenien entwickelt worden (Linehan 1993, Ciompi 1989, Sass u. Parnas 2003).

7.4 Zirkularität in der Therapie

Eine ökologische Konzeption psychischer Erkrankungen legt schließlich auch ein pluralistisches Verständnis von Behandlung nahe. Betrachten wir psychische Störungen unter dem Doppelaspekt der Person, dann muss sich auch jede therapeutische Handlung unter beiden Aspekten beschreiben lassen. Die dualistische Unterscheidung zwischen somatischen Therapien, die auf das Gehirn wirken, und psychologischen Therapien mit schwer fassbaren, rein subjektiven Effekten ist nicht mehr haltbar. Dies bedeutet, dass jede therapeutische Intervention sowohl physiologischer als auch psychologischer Natur ist.

Dass hier nicht von »psychophysischen Wechselwirkungen« gesprochen werden kann, wurde bereits unter ▶ Kap. 6.4.3 dargelegt. Wir drücken uns zwar so aus, als ob ein Psychopharmakon z.B. »angstlösend« wirke. Genau genommen wirkt es natürlich nur auf basale biochemische Zustände des Gehirns, die mit der Erfahrung von Angst korreliert sind. Eine unmittelbare Wirkung von chemischen Agenzien auf seelische Lebensäußerungen gibt es nicht. Umgekehrt können wir nach einem beruhigend wirksamen Gespräch mit einem ängstlich-agitierten Patienten auch nicht sagen, unsere Worte hätten günstig auf seine Amygdalafunktion eingewirkt. Wir haben *mit ihm* gesprochen, nicht mit seinen Mandelkernen. In seinem Gehirn könnten wir dabei aber mit geeigneten Mitteln feststellen, dass sich die neuronalen Resonanzmuster in temporal-kortikalen Zentren, die seinem intentionalen Erfassen bestimmter Wortbedeutungen entsprachen, in veränderte Aktivitätsmuster seines limbischen Systems *transformiert* haben – einschließlich einer reduzierten Aktivität der Amygdalae.

Somit werden im einen Fall pharmakologische Effekte auf der Transmitter-Ebene »aufwärts« in Veränderungen der Organismus-Umwelt-Interaktion umgewandelt, was zu einer veränderten emotionalen Erfahrung führt. Im anderen Fall werden psychosoziale Interaktionen, die auf dem Austausch und Verständnis von Bedeutungen basieren, durch vertikale, implikative Kausalität, also »abwärts«, in veränderte neuronale Aktivitätsmuster auf der Mikroebene umgewandelt. Diese Zusammenhänge gibt Abbildung 18 schematisch wieder (▶ Abb. 18).

Mit dem Doppelaspekt soll andererseits kein grundsätzlicher Dualismus von Somatotherapie und Psychotherapie behauptet werden, im Gegenteil: *Alle* Behandlungen sind zunächst einmal *Handlungen, d.h. integrale und interpersonale Formen der Kommunikation*. Somatotherapie ist eine in die Arzt-Patienten-Beziehung eingebettete Form gemeinsamer Praxis, die zwar hauptsächlich auf organismischer Ebene beschrieben und untersucht wird, aber die interpersonale Beziehung immer als wesentliche Komponente miteinschließt. Umgekehrt ist Psychotherapie eine spezifische Weise des Miteinander-Umgehens und Kommunizierens, die niemals nur auf einer »rein mentalen«, sondern immer auch auf einer verkörperten Ebene stattfindet, die dabei selbstverständlich auch neuronale Prozesse einschließt und sich daher nachweislich in der Veränderung neuronaler Aktivitätsbereitschaften niederschlägt. Beide Therapieformen sind somit auf ein und dieselbe Entität gerichtet, die sich jedes Mal in zwei verschiedenen Einstellungen betrachten lässt, zum einen als erlebende und in Beziehungen stehende Person, zum anderen als mit seiner Umwelt interagierender Organismus. Nur die Schwerpunkte, die die beiden Verfahren setzen, sind dabei deutlich verschieden.[218]

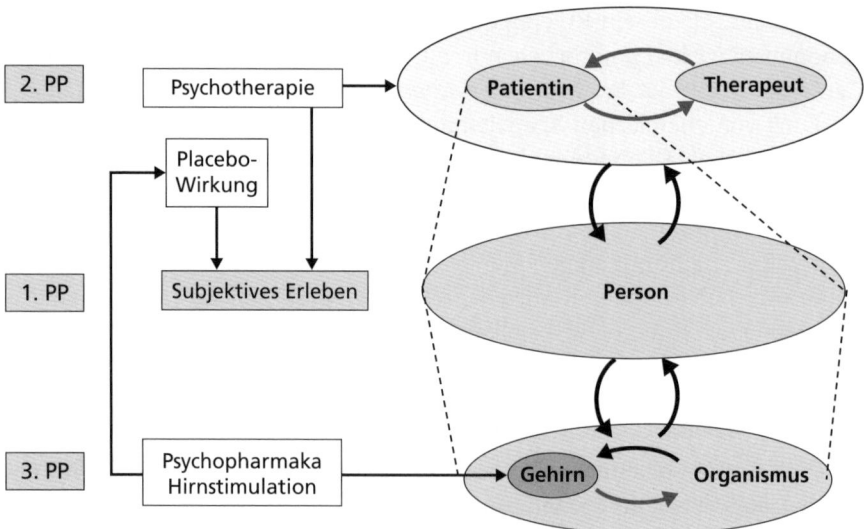

Abb. 18: Wirkungen von Psychotherapie und Somatotherapie

Psychotherapie ist primär auf subjektive bzw. intersubjektive Prozesse gerichtet (1. und 2. Person-Perpektive, 1. PP, 2. PP in ▶ Abb. 18); ihre biologische

---

218 Ich beschränke meine Darstellung auf pharmakologische und psychotherapeutische Ansätze, um sie von einem verkörperten und enaktiven Standpunkt aus zu vergleichen. Sicherlich sind sozialpsychiatrische, systemische und ökologische Ansätze, die auf die sozialen Interaktionen und Systeme auf der Makroebene abzielen, nicht weniger wichtig, müssen hier aber aus Platzgründen außer Acht bleiben. Ich verweise stattdessen auf mein Buch »Psychiatrie als Beziehungsmedizin«, (Fuchs 2023, 165 ff.).

Wirkung ist jedoch vermittelt durch mit ihr verknüpfte neuronale Prozesse, die durch vertikale Zirkularität, nämlich top-down in Veränderungen auf basaler Ebene (Transmitter-Biochemie, synaptische Verschaltungen, Genexpression) transformiert werden.

Umgekehrt beeinflussen Psychopharmaka sowie Hirnstimulation (Elektrokrampftherapie oder Transkranielle Magnetstimulation) primär den Transmittermetabolismus und die Signalübertragung im Gehirn, d.h. neurobiochemische Prozesse auf der basalen Ebene (3. Person-Perspektive, 3. PP in ▶ Abb. 18). Diese Prozesse werden *bottom-up* in eine veränderte emotionale und kognitive Erfahrung transformiert. Zugleich ist jede Somatotherapie in die Arzt-Patienten-Beziehung eingebettet, wirkt also zusätzlich auf der übergeordneten Ebene der therapeutischen Interaktion, nämlich als Placebo- oder besser Beziehungseffekt.

7.4.1 Somatotherapie

Betrachten wir zunächst die *Somato- bzw. die Psychopharmakotherapie,* von deren prinzipieller Wirkweise bereits die Rede war (▶ Kap. 6.4.3). Ihre Wirkungen beginnen niederstufig, nämlich mit Veränderungen des Transmitter-Metabolismus vor allem in subkortikalen Hirnregionen. Diese werden »aufwärts« in veränderte höherstufige neuronale Aktivitätsmuster transformiert, entsprechend einer indirekten Beeinflussung der subjektiven Erfahrung (▶ Abb. 18).

Das Ziel der Therapie ist grundsätzlich *restitutiv:* Sie sucht durch eine pharmakologische Auslenkung (systemtheoretisch ausgedrückt: durch eine Störung oder »Perturbation«), das neurodynamische System zu einem »Zurückschwingen« in den Ausgangszustand zu veranlassen. Die Mechanismen im Einzelnen sind freilich nur auf Synapsenebene bekannt, im größeren Zusammenhang der Gehirnprozesse mit ihren vielfältigen Rückkoppelungen meist undurchsichtig. Immerhin wird man z.B. Antidepressiva eine Dämpfung der Amygdala-Hyperaktivität und eine Neuregulation besonders des serotonergen und noradrenergen Transmitter-Stoffwechsels zuschreiben können. Der Zeitverlauf einer Besserung ist allerdings unter antidepressiver Therapie und Placebobehandlung gleich und entspricht dem von Spontanremissionen (Aldenhoff 1997). Daraus lässt sich schließen, dass der Genesungsprozess als Wiederherstellung des neuroendokrinen Gleichgewichts eine selbständige Leistung des Organismus ist, die durch die medikamentöse Behandlung nur angeregt wird.

Umso mehr hat man sich vor »pharmakologischen Fehlschlüssen« zu hüten: So wenig wie Fieber aus einem Mangel an Acetylsalicylsäure resultiert, nur weil es nach Aspiringabe sinkt, so wenig geht Depression auf einen »Serotoninmangel« o. ä. zurück, auch wenn Medikamente, die die Konzentration des Transmitters im synaptischen Spalt erhöhen, eine antidepressive Wirkung zeigen. Die Existenz eines wirksamen Medikaments M zur Behandlung eines psychologischen Zustands P beweist *weder,* dass die Ursache von P ein Mangel an M, *noch* dass die Ursache überhaupt ein bestimmter Gehirnzustand war. Es ist ein grundlegender, leider aber häufig begangener Fehler, aus der Wirksamkeit chemischer Agenzien auf den Hirnchemismus als die eigentliche Ursache einer Erkrankung zu schließen (Ulrich 1985). Das Psychopharmakon ist nur Anstoß für eine ganzheitliche Antwort des Organismus bzw. für eine Modifikation des Organismus-Umwelt-Systems. Wir haben es auch hier nicht mit linearer, sondern mit zirkulärer Kausalität zu tun.

Eine zentrale Rolle für die Wirkung der Behandlung spielen aber auch die subjektiven Einstellungen des Patienten und des Arztes, ihre Beziehung zueinander und weitere Kontextbedingungen – alles Komponenten, die meist nur unter abwertenden Bezeichnungen wie »Placebo-Effekt« oder »Patienten-Compliance« als eher störende Notwendigkeit mitberechnet werden, um davon die »eigentliche« Wirkung abzutrennen. Eine solche Einstellung basiert jedoch auf einer physikalistisch-dualistischen Sicht des Organismus, die seinen integralen Umweltbeziehungen nicht gerecht wird. Die »Placebo«-Wirkung beruht auf einer bestimmten Bedeutungskoppelung, also einer interpretativen Leistung des Subjekts, die das Medikament in einen symbolischen und damit bereits als solches wirksamen Gegenstand verwandelt. Ein Placebo hat beispielsweise die entgegengesetzte Wirkung auf den Herzrhythmus und Blutdruck, wenn es als »Hemmstoff« etikettiert verabreicht wird, als wenn es als ein »Stimulans« benannt wird (Shapiro & Shapiro 1997, Beauregard 2007).

Eine solche Spezifität zeigt deutlich, dass der Placeboeffekt auf den Überzeugungen und Erwartungen des Patienten beruht. Er ist insofern Teil des Situationskreises, in dem der Mensch seiner Umwelt Bedeutsamkeit verleiht – eine »rein physiologische« Umweltbeziehung gibt es nicht. Auch die Somatotherapie ist damit – und zwar nicht »aus Versehen«, sondern notwendig – eine interpersonale Behandlung, und die Placebo-Wirkung eigentlich eine Beziehungswirkung.[219] Dementsprechend hat sich gezeigt, dass

---

219 Man kann die beiden Komponenten jedoch in Bezug auf ihren zerebralen Verarbeitungsmodus unterscheiden: Mayberg et al. (2002) untersuchten mittels Hirnbildgebung (PET-Scan) die Wirkung des Antidepressivums Fluvoxamin gegenüber Placebobehandlung bei depressiven Patienten. Es zeigten sich zwar überlappende Wirkungen auf den Hirnstoffwechsel, jedoch mit eher *kortikaler* Betonung beim Pla-

Adhärenz, Placeboeffekt und das Resultat einer Pharmakotherapie maßgeblich von der Qualität der therapeutischen Allianz abhängen (Krupnick et al. 1996, Weiss et al. 1997, McCabe & Priebe 2004).

7.4.2 Psychotherapie

Gehen wir nun über zur *Psychotherapie*. – Jede psychotherapeutische Behandlung richtet sich primär an den Patienten als erlebendes, selbstbewusstes und sich zu sich selbst verhaltendes Subjekt. Dennoch handelt es sich um einen verkörperten Prozess, der auch auf physiologischer Ebene beschrieben werden kann und nicht nur die kortikalen Strukturen, sondern auch tiefere Schichten des limbischen Systems erreicht. Sie hat ebenso wie die pharmakologische Behandlung eine organismische Wirksamkeit und stellt damit eine integrale Behandlung des Menschen dar.

> In mehreren PET-Studien konnte gezeigt werden, dass bei Patienten mit Zwangsstörungen sowohl eine Kognitive Verhaltenstherapie als auch eine medikamentöse Therapie mit Imipramin zu einer Reduktion der Überaktivierung im Nucleus caudatus (einem Basalganglienkern) führt, wie sie bei diesen Patienten zu beobachten ist (Baxter et al. 1992, Schwartz et al. 1998). Bei depressiven Patienten hatte sowohl Interpersonelle Psychotherapie als auch antidepressive Behandlung eine Abnahme der präfrontalen Hyperaktivität zur Folge (Brody et al. 2001, Martin 2001, Goldapple et al. 2004). In der Zwischenzeit haben eine Reihe von Studien ähnliche Ergebnisse zu funktionellen und neuroplastischen Effekten der Psychotherapie bei Angststörungen, spezifischen Phobien, Depressionen und Schizophrenie geliefert (im Überblick Fuchs 2004, Barsaglini et al. 2014).
>
> Einerseits scheint die Psychotherapie Anomalien, die spezifisch mit einer Störung verbunden sind, rückgängig zu machen, d. h. sie ist in der Lage, Funktionen und Strukturen des Gehirns zu »normalisieren«. Dies bezieht sich auf die Reduktion des Stoffwechsels im orbitofrontalen Kortex und im Nucleus caudatus bei der Zwangsstörung, auf fronto-limbische Regionen bei Depressionen und auf fronto-temporale Regionen bei Schizophrenie (Barsaglini et al. 2014). Andererseits scheint die Symptomremission bei der Panikstörung und der posttraumatischen Belastungsstörung mit kompensatorischen Veränderungen in Regionen verbunden zu sein, die vor der Therapie nicht beeinträchtigt waren (Mecheli 2010, Beutel et al. 2010). Kandel (2001) postulierte bereits, dass die Wirkung von Psychotherapien durch Veränderun-

> cebo, im Gegensatz zu eher *subkortikal-limbischen* und Hirnstamm-Veränderungen beim Antidepressivum. Dies entspräche einem überwiegend kognitiv-bewertenden Verarbeitungsmodus beim Placebo und einem zusätzlich subkortikalen Wirkmodus des Medikaments.

gen in der Genexpression, der synaptischen Plastizität und strukturelle Veränderungen der neuronalen Netzwerke vermittelt sind; inzwischen gibt es für epigenetische Wirkungen von Psychotherapie deutliche Belege (Syed & Zannas 2021).

Solche neurobiologisch nachweisbaren Wirkungen von Psychotherapie betreffen allerdings bislang nur die Symptomebene. Die Veränderungen, die das eigentliche Ziel der Psychotherapie darstellen, betreffen die Wahrnehmungs-, Verhaltens- und Beziehungsmuster einer Person, deren neuronale Grundlagen sich auf diese Weise nicht abbilden lassen. Dass solche Veränderungen durch prozedurales Lernen aufgrund der neuronalen Plastizität grundsätzlich möglich sind, darf aber als gesichert gelten. Psychotherapie kann neue Beziehungserfahrungen vermitteln, die als veränderte neuronale Bereitschaften inkorporiert werden und damit das *implizite Beziehungswissen* des Patienten verändern (Stern 1998b; ▶ Kap. 5.1.3). Die Voraussetzung dafür ist allerdings eine nicht nur kognitiv, sondern auch zwischenleiblich und emotional erfahrene therapeutische Beziehung. Zudem müssen die ungünstigen Beziehungsmuster und unangenehmen Erfahrungen aktiviert werden, damit sie in der therapeutischen Situation verändert, »überschrieben« werden können.[220]

Vor dem Hintergrund der Bindungsforschung (▶ Kap. 5.2.1) lässt sich die psychotherapeutische Beziehung auch als eine neue Form der Bindungsbeziehung betrachten, die dem Patienten hilft, sein emotionales Gleichgewicht besser zu regulieren, und die sein bindungsbezogenes implizites Gedächtnis restrukturieren kann (Amini et al. 1996). Aus dieser Sicht liegt der Kern der therapeutischen Interaktion in der affektiven Kommunikation, die durch leibliche Resonanz, non-verbale Signale und die Atmosphäre der Begegnung ebenso vermittelt wird wie durch symbolische Sprache (Fuchs 2017c). Auch wenn die biographische Analyse der Lern- und Lebensgeschichte wichtige Erkenntnisse vermitteln kann, so ist es doch weniger die explizite Vergangenheit, die im Fokus des therapeutischen Prozesses steht, sondern mehr die implizite, gegenwärtig wirksame Vergangenheit, die die Beziehungen des Patienten zu seiner sozialen Mitwelt prägt.

Diese impliziten Verhaltens- und Beziehungsmuster sind allerdings nicht nur in einer innerpsychischen Struktur zu erfassen, die sich als solche dann mit Gehirnstrukturen identifizieren ließe. Sie sind vielmehr auch in der Leiblichkeit des Patienten, in seinen Haltungs-, Bewegungs- und Ausdrucksmustern inkorporiert, und sie manifestieren sich ebenso in den Strukturen

---

[220] Grawe hat dies als »prozessuale Aktivierung« bezeichnet: »Man muss als Therapeut hervorrufen, was man beseitigen will, um es beseitigen bzw. verändern zu können« (Grawe 1998, 242).

seines Lebens- und Beziehungsraums.[221] Insofern sind leibtherapeutische ebenso wie ökologische Therapieansätze besonders geeignet, die auch in der Psychotherapie immer noch dominierende Vorstellung eines psychischen bzw. zerebralen Innenraums zu überwinden und den Patienten in seinem konkret-leiblichen *In-der-Welt-Sein* zu erfassen (vgl. Downing 1996, Willi 1996, Fuchs 2020).

> Da die neurobiologisch orientierte Psychotherapieforschung diese Zusammenhänge bislang weitgehend ausblendet, unterliegt sie dem bereits bekannten Kurzschluss von Psyche und Gehirn. Soll die Neurobiologie für die Psychotherapie relevant werden, so dürfen sich ihre Erkenntnisse nicht in der bloßen Zuordnung von Störungen zu bestimmten Hirnarealen erschöpfen, denn daraus resultiert allenfalls eine Verdoppelung des schon Bekannten im neuroanatomischen Raum – und zwar eine Verdoppelung, die die hermeneutisch erfassbaren Zusammenhänge nicht ergänzt, sondern vielmehr unterbietet (Blass u. Carmeli 2007).

> Von besonderer Bedeutung wird daher die Erforschung von Korrelaten der intersubjektiven Intentionalität sein. Ob dabei die schon erreichte Subtilität psychodynamischer und phänomenologischer Theorien der Intersubjektivität erreicht werden kann, darf allerdings bezweifelt werden. Wegen des grundsätzlich auf das einzelne Gehirn gerichteten Ansatzes der Hirnforschung erscheint es fraglich, ob es je eine »Neurobiologie der Psychotherapie« (Schiepek 2003, Grawe 2004) im eigentlichen Sinne geben wird, zumal die therapeutische Beziehung auch nicht in einer »Interaktion von Gehirnen« besteht. Sinnvoll könnte es aber sein, bestimmte neurobiologische Einschränkungen für psychotherapeutische Ansätze festzustellen oder umschriebene Lern- und Verhaltensprogramme auf neurobiologisch nachweisbare Substrat-Veränderungen abzustimmen, etwa für Menschen mit antisozialer Persönlichkeitsstörung (Fuchs 2004).

7.4.3 Vergleich der Therapieansätze

Stellen wir nun Somatotherapie und Psychotherapie noch einmal vergleichend gegenüber. – Beide Behandlungen sind *interpersonale Handlungen,* die

---

221 Der Lebensraum kann aus ökologischer Sicht als die »persönliche Nische« eines Menschen betrachtet werden, die durch seinen fortwährenden Austausch mit der Umwelt geprägt wird, also durch seine Responsivität und sein »beantwortetes Wirken«. Menschen lenken ihre Entwicklung, indem sie ihre Umwelt gestalten und auf sie wirken, die wiederum entsprechend auf sie reagiert. Psychisches Kranksein ist dann kein Zustand im Kopf, sondern eine bestimmte Form der Einschränkung des Lebensraums eines Menschen, eine Störung seiner Responsivität und seines Austauschs mit der Umwelt (vgl. dazu Fuchs 2006b; Fuchs 2020, 359 ff.).

grundsätzlich auf die Person als ganze gerichtet sind und sich jeweils unter dem Doppelaspekt beschreiben lassen. Beide wirken nicht in linearer, sondern in zirkulärer Weise, setzen also »Reize« für die Eigendynamik des Organismus bzw. für die Dynamik der Beziehungen des Patienten zu seiner Mitwelt. In beiden Verfahren spielt das Prinzip der vertikalen Transformation eine wesentliche Rolle: Sie verläuft nur bei der Somatotherapie überwiegend »aufwärts« gerichtet (setzt also primär auf Synapsenebene an), bei der Psychotherapie überwiegend »abwärts« gerichtet (beginnend mit übergeordneten intersubjektiven Prozessen). Die psychotherapeutische Interaktion geht dabei mit Veränderungen der Gehirnstruktur einher, die ihrerseits neue intersubjektive Erfahrungen ermöglichen, resultiert also in der zirkulären Beziehung von Prozess und Struktur.

Dabei ist die Somatotherapie, wie wir sahen, grundsätzlich *restitutiv oder konservativ* ausgerichtet. Sie versucht durch eine (pharmakologische, hirnstimulierende o. ä.) Auslenkung des neuronalen Systems einen Ausgangszustand wiederherzustellen. Die Wirkung setzt vergleichsweise rasch ein, ist allerdings auch grundsätzlich reversibel: Die Veränderungen der Neurodynamik sind in der Regel an die länger dauernde Gegenwart des Agens gebunden (Ulrich 1990). Neue Erfahrungen, Erlebnis- und Verhaltensbereitschaften werden durch die Behandlung grundsätzlich nicht verankert. Doch kann die erzielte Stabilisierung dem Patienten die Gelegenheit zu einem Verhalten im Umweltkontext geben, das über Rückkoppelungen den Effekt bestärkt.

Hingegen verfolgt Psychotherapie das Ziel, eine prämorbide Verfassung oder Struktur der Person, die sich als ungünstig und maladaptiv erwiesen hat, *durch Lern- und Reifungsprozesse zu verändern*. Im Verlauf der Behandlung sollen neue Erfahrungen zu einem weniger kognitiven als vielmehr prozeduralen Umlernen führen, das vor allem neue Selbstbewertungen, Interaktionsmuster und Kompetenzen einschließt, mit dem übergreifenden Ziel, die Autonomie der Person in der Gestaltung ihrer Umweltbeziehungen zu erhöhen. Da es um eine Veränderung habitueller Bereitschaften geht, setzt der Effekt eher langsam ein, ist dafür aber grundsätzlich irreversibel, auch wenn die vollzogenen Lernprozesse unter Umständen nicht ausreichen, um erneute Krisen oder Rezidive zu verhindern.

Fassen wir dies zusammen: Im Hinblick auf die Person als leibseelische Einheit ist die frühere dualistische Unterscheidung zwischen somatischen Therapien, die auf das Gehirn wirken, und psychologischen Therapien, die nur subjektive Wirkungen haben, offenkundig nicht mehr haltbar. Wir haben es vielmehr mit einem zirkulären Zusammenspiel von psychologischen und biologischen Prozessen zu tun. Darin fungiert das Gehirn als Organ der

Vermittlung und Transformation, das durch Input auf verschiedenen hierarchischen Ebenen angesprochen werden kann und ihn in beide Richtungen umsetzt: Neurobiochemische Veränderungen werden zu Stimmungs- oder Einstellungsveränderungen auf der subjektiven Ebene, die subjektive Erfahrung beeinflusst umgekehrt die Plastizität, Strukturierung und Funktion des Gehirns. Die vertikale Zirkularität macht beide Ansätze gleichermaßen möglich. Doch gilt die somatische Behandlung primär der Wiederherstellung eines Ausgangszustandes, die psychotherapeutische Behandlung dagegen der Entwicklung der Person.

Beide Ansätze lassen sich durchaus komplementär zueinander einsetzen. Einerseits können ab einem bestimmten Punkt die neurobiologischen und endokrinen Funktionsstörungen, die z. B. bei Depressionen eine Rolle spielen, zu weit fortgeschritten sein, um Interventionen auf psychologischer Ebene zugänglich zu sein. Eine pharmakologische Behandlung kann den Patienten dann in die Lage versetzen, psychotherapeutische Erfahrungen überhaupt für sich zu nutzen. Darüber hinaus lässt sich die Medikation nicht nur zur Symptomreduktion, sondern auch zur Behandlung basaler Dysfunktionen wie erhöhter Erregbarkeit, Impulsivität oder affektiver Instabilität einsetzen. Andererseits kann die Psychotherapie dem Patienten helfen, die dysfunktionalen Beziehungsmuster, Einstellungen und Verhaltensweisen zu verändern, die zu seiner Erkrankung geführt haben. Das Gegeneinander von biologischen und psychotherapeutischen Ansätzen wird aufgelöst und dynamisiert zu einer biperspektivischen Sichtweise, die grundsätzlich beide Wege gangbar erscheinen lässt, da sie in vertikalen und horizontalen zirkulären Prozessen immer die Person als ganze betreffen.

Allerdings wird die unmittelbare, sei es pharmakologische oder andersartige Beeinflussung von Gehirnzuständen immer nur hinreichen, um bestehende Symptome zu beseitigen oder bereits verankerte neuronale Reaktionsbereitschaften zu *hemmen*. Sie kann aber keine neuen Beziehungsmuster und Selbstkonzepte erzeugen, keine Lernprozesse herbeiführen. Nur bewusste, verkörperte und interpersonale Erfahrung ist in der Lage, die entsprechenden Muster neuronaler Aktivität zu verändern und neue Attraktoren von Wahrnehmung und Verhalten im Gehirn zu stabilisieren. Es wird nie eine Möglichkeit geben, neue Selbst- und Weltsichten durch direkte Gehirnmanipulation zu erzeugen. Jeder entwicklungsbezogene Ansatz in der Psychiatrie und Psychotherapie beruht insofern auf einer ökologischen Konzeption des Organismus und der Person.

7.5 Zusammenfassung: Die Rolle der Subjektivität

In diesem Kapitel habe ich die Konzeptionen der Verkörperung und des Aspektdualismus auf die Phänomene psychischer Krankheit angewandt und ihre Konsequenzen für das psychiatrische und psychotherapeutische Handeln untersucht. Psychisches Kranksein erwies sich dabei als *Kranksein der Person*, das sie in ihrem spezifischen Selbstverhältnis betrifft und nur in den beiden zueinander komplementären Aspekten adäquat zu erfassen ist. Eine reduktionistische Sicht von psychischen Krankheiten als »Gehirnkrankheiten« ist daher ebenso zurückzuweisen wie ihre dualistische Aufteilung in »somatische« und »psychische« Komponenten und entsprechende Erklärungsansätze.

Psychische Störungen sind aus dieser Sicht immer Störungen der *übergreifenden* Prozesse auf der Makroebene; das heißt, sie betreffen die Person in ihrem Selbsterleben und ihrer Beziehung zu anderen. Doch Personen sind auch lebendige, verkörperte Wesen und daher sind alle ihre psychischen Prozesse zugleich auch biologische Prozesse – freilich nicht begrenzt auf das Gehirn. Gerade eine richtig verstandene biologische Psychiatrie bedarf eines adäquaten Begriffs des *Biologischen*, nämlich des *an den gesamten Organismus und seine Interaktion mit der Umwelt gebundenen Lebens*. Sie bedarf einer ökologischen Theorie, die die sozialen und kulturellen Prozesse außerhalb des Gehirns einbezieht, auch wenn sie sich in Genom- und Gehirnstrukturen funktionell niederschlagen. Erst dann kann sie das Gehirn als das zentrale Vermittlungsorgan für diese übergeordneten Prozesse richtig begreifen; dann können auch die sozialen Neurowissenschaften bedeutsame Komponenten zum Verständnis der beteiligten Mechanismen beitragen (Schilbach et al. 2013; Kotchoubey et al. 2016).

Psychiatrie hingegen nur als klinische Neurowissenschaft zu proklamieren oder von Genomik und Proteomik das Heil zu erwarten, wäre verfehlt. Denn das Erleben und die Beziehungen eines psychisch kranken Menschen sind der Kern seiner Krankheit, und sie lassen sich weder mit neuronalen noch molekularen Prozessen identifizieren. Wir sollten die Psychiatrie vielmehr als *umfassende Beziehungsmedizin* begreifen: *als die Wissenschaft und Praxis von biologischen, psychischen und sozialen Beziehungen und ihren Störungen.* Ein ökologisches Konzept der Psyche als übergreifender Gestalt der Beziehungen von Organismus und Umwelt, von Person und Welt wäre geeignet, eine solche Beziehungsmedizin zu begründen. Zweifelsohne gehören alle beteiligten biologischen Prozesse zum Terrain dieser Psychiatrie. In ihrem Zentrum aber steht die *Person* in ihrer Beziehung zu anderen Personen, denn in ihr, im Patienten selbst, kreuzen und vereinigen sich alle Ebenen und Kreisprozesse, die wir betrachten, die wir erforschen und in denen wir auch handeln können.

Die integrale Betrachtung psychischer Krankheiten als Beziehungsstörungen ist daher auch die Voraussetzung für ihre adäquate Behandlung. Der Komplexität der zirkulären Prozesse entspricht weder ein Gegeneinander noch eine bloße Summation von Ansätzen, sondern vielmehr eine bi- oder polyperspektische Sichtweise. Dabei können verschiedenartige, insbesondere somato- und psychotherapeutische Ansätze im Sinn der zirkulären Kausalität durchaus zusammenwirken. Psychosoziale Beschreibungen und Interventionen werden aber unverzichtbar bleiben, denn eine rein neurobiologische Erklärung oder Behandlung psychischer Störungen ist prinzipiell nicht möglich.

Damit aber gewinnt eine personale, subjektorientierte Psychopathologie auf phänomenologisch-hermeneutischer Basis eine für die Psychiatrie und Psychotherapie grundlegende Bedeutung. Denn je objektiver die Aussagen, die wir über erlebte Zustände von Personen zu machen versuchen, indem wir sie in messbare Einzeldaten oder physiologische Begleiterscheinungen zerlegen, desto mehr entfernen wir uns von der Perspektive, aus der sie erlebt werden. Wie spürt dieser Mensch seine Angst? Wie fühlt es sich an, diese Schmerzen zu haben? Wie ist es, Stimmen zu hören? Solche Fragen lassen sich zunächst nur aus der Innenperspektive der Betroffenen beantworten.

Das hermeneutische Verstehen ist aber der Weg, welcher der Erfassung dieser Perspektive am nächsten kommt (Fuchs 2010b, 2015b). Es besteht darin, durch Wahrnehmen, Einfühlen, inneres Nachahmen und Übersetzen eine ähnliche subjektive Erlebnisweise in sich selbst wachzurufen. Es ist freilich eine andere Form von Erkenntnis als die der objektivierenden Wissenschaft – ein Erkennen nicht durch Analyse, sondern durch teilnehmende Beziehung. Die Subjektivität des Patienten erschließt sich vor allem durch die Schulung und Differenzierung der klinischen Erfahrung. Wie der britische Psychiater Nemiah (1989) einmal treffend formulierte, sind »... wir selbst das Instrument, das die Tiefen der Seele des Patienten sondiert, das mit seinen Gefühlen mitschwingt, seine verborgenen Konflikte entdeckt und die Gestalt seiner wiederkehrenden Verhaltensmuster erkennt.« Keine noch so detaillierte Bildgebung wird diesem Instrument jemals überlegen sein.

Doch nicht nur das: Subjektivität ist auch in der psychischen Erkrankung kein bloßes Epiphänomen physiologischer Prozesse, sondern eine ständig wirksame Komponente des Krankheits- und Heilungsverlaufs. Und nur durch neue subjektive Erfahrungen lassen sich auch die ungünstigen Wahrnehmungs- und Reaktionsmuster verändern, die psychischen Störungen zugrunde liegen. Damit erhalten auch die Unterschiede der beiden Zugänge eine besondere Relevanz. Denn die objektivierende Sicht löst die Phänomene aus ihrem Kontext und reduziert sie auf ihr Substrat. Die phänomenologisch-hermeneutische Beschreibung hingegen erfasst sie als eingebettet in einen lebendigen Zusammenhang verständlicher Erfahrungen und Beziehungen. Für einen psychotherapeutischen Zugang wird die zweite Beschreibung immer die adäquatere sein. Die existenzielle Dimension der Selbsterkenntnis und des Sinns, die für jede intensive Therapie entscheidend ist, liegt jenseits der Reichweite neurowissenschaftlicher Methoden. Psychotherapie wird daher nie zu einer angewandten Neurobiologie werden. Ihre eigentlichen Grundlagenwissenschaften bleiben die Psychologie, die Hermeneutik und die Sozial- und Geisteswissenschaften insgesamt.

8 Schluss

8.1 Gehirn und Person

Wir sind damit am Schluss der Untersuchung angekommen. Ihr Ergebnis mag auf der einen Seite eher ernüchternd wirken. Bei all seinen faszinierenden Leistungen ist das Gehirn doch kein Weltschöpfer, kein »Kosmos im Kopf«, sondern in erster Linie ein Organ der Vermittlung, der Transformation und der Modulation. Es ist eingebettet in die Beziehungen des Organismus zu seiner Umwelt und in die Beziehungen des Menschen zu anderen Menschen. Es nimmt sie auf, trägt und ermöglicht sie, ohne sie jedoch hervorzubringen. Andererseits wird das Gehirn durch seine hochgradige Plastizität zur Matrix für die Erfahrungen des Menschen, die sich in den neuronalen Strukturen des Gedächtnisses als Grundlage seiner Vermögen niederschlagen. Es ermöglicht die Aneignung all der Fähigkeiten, Bereitschaften und Verhaltensweisen, die die Eigenschaften einer Person wesentlich ausmachen. Somit ist das Gehirn das »Organ der Möglichkeiten« – doch *realisieren* kann diese Möglichkeiten nur das Lebewesen, die Person als ganze.

Das Gehirn verfügt nicht über geistige Zustände oder über Bewusstsein, denn das Gehirn *lebt nicht* – es ist nur das *Organ* eines Lebewesens, einer lebendigen Person. Nicht Neuronenverbände, nicht Gehirne, sondern nur *Personen* fühlen, denken, nehmen wahr und handeln. Es ist irrig, das Subjekt oder die Person mit dem Gehirn zu identifizieren und nur in ihm das »Persönliche« zu suchen. Was eine Person wesentlich ausmacht, ist ihr Sein-in-Beziehungen, und diese intentionalen und sozialen Beziehungen zur Welt sind weder Erzeugnisse des Gehirns noch in ihm aufzufinden. Zwar sind die Vermögen der Person ebenso wie ihre Realisierung als bewusste Lebensäußerungen in besonderem Maß an die Gehirnfunktionen gebunden. Das Gehirn ist insofern eine zentrale Bedingung der Möglichkeit personalen Daseins in der Welt. Doch die *Person* ist nicht ein Teil des Körpers, sondern immer die leib-seelische Einheit, der lebendige Mensch. Es gibt uns nicht noch einmal in unserem Inneren. Personen haben Gehirne, sie sind sie nicht.

Diese Einheit können wir allerdings nur unter zwei komplementären Aspekten, als in sich vermittelte Einheit erfassen. Unter dem einen Aspekt erscheint die Person in ihren integralen leiblichen, seelischen und geistigen Lebensäußerungen, unter dem anderen Aspekt als körperlicher Organismus –

einmal als Leib, einmal als Körper. Wir haben gesehen, dass sich beide Aspekte in enger Beziehung zueinander betrachten, dass sich durchaus Korrelationen, Isomorphien und Strukturähnlichkeiten zwischen ihnen feststellen lassen. Doch jedesmal, wenn wir ihre Verknüpfung *explizieren* wollen, gelangen wir an die Grenze der Aspekte. Kein geheimer Weg führt durch die Münze hindurch, von einer Seite zur anderen.

Wir mögen wohl glauben, die Wirksamkeit geistiger Akte in neuronalen Prozessen gleichsam mit Händen greifen zu können; oder wir glauben, die Erzeugung von Wahrnehmungen durch elektrische Reizungen doch offenkundig vor uns zu haben; ja wir mögen glauben, die Identität bestimmter physiologischer Prozesse und bewusster Erlebnisse evident zu erkennen – und doch sind wir jedes Mal nur wie durch eine Drehtür auf die andere Seite geraten, ohne im Umdrehen die andere Seite noch erfassen zu können. Denn zuvor sahen wir die lebendige Person, jetzt sehen wir nur einen komplex organisierten Körper. Wir wissen, dass wir es in beiden Aspekten mit ein und derselben Entität zu tun haben, nämlich mit einem lebenden Menschen, dass es sich also um eine Einheit handeln muss – und doch bleibt dieses Wissen in seltsamer Weise unerfüllbar; es lässt sich *gedanklich* nicht realisieren.[222] Die Einheit der Person bleibt eine *dialektische Einheit von »Monismus« und »Dualismus«*, die sich weder nach der Seite einer eindeutigen Identität noch nach der Seite einer eindeutigen Dualität der Aspekte auflösen lässt. Wir können von uns selbst als lebendigen, verkörperten Wesen nicht anders als in doppelter Rede sprechen.

Allerdings können wir fragen, warum dies so sein muss. Ich habe versucht, darauf eine Antwort zu geben: Der Doppelaspekt von Leib und Körper ist mit der von Plessner beschriebenen »exzentrischen Position« des Menschen selbst gegeben. Er entspricht dem reflexiven Verhältnis, das er zu sich und seiner Leiblichkeit einzunehmen vermag, ohne doch dabei sein Leibsein abschütteln und sich in einen reinen objektivierenden Standpunkt, in einen *»view from nowhere«* versetzen zu können.[223] Wahrnehmend und sich seines Wahrnehmens bewusst, kann er doch nie *hinter* seinen wahrnehmenden Leib gelangen. Sein Selbstverhältnis bleibt unaufhebbar doppeldeutig.

---

[222] Das war auch Descartes durchaus bewusst: »Die Dinge, die zur Vereinigung der Seele und des Körpers gehören, erkennt man durch den bloßen Verstand allein nur dunkel; [...] [nur] in der bloßen Erfahrung des Lebens und des persönlichen Umgangs sowie in der Enthaltung vom Meditieren und Studieren [...] lernt man schließlich die Vereinigung von Seele und Leib begreifen« (Brief an Elisabeth von der Pfalz vom 28. Juni 1643, Werke Adam/Tannery III, 691 f.).

[223] So der englische Titel des Buches von Nagel (1992).

Die gleiche Ambiguität wiederholt sich aber in den kollektiven Erkenntnisstrukturen des Menschen. Die menschliche Lebenswelt und ihre Kommunikationsgemeinschaft liegen vor aller wissenschaftlichen Spezialpraxis und ihrem jeweiligen Wirklichkeitsausschnitt. Die Beobachterperspektive setzt die Teilnehmer- oder »Du«-Perspektive voraus und vermag sie nicht abzuschütteln. Daher kann der objektivierende Blick, den wir auf die Natur und schließlich auf uns selbst richten, seinen eigenen Grund, nämlich die Lebenswelt nie *als ganze* in den Blick bekommen. Auch gemeinsam erkennend vermögen wir doch nie *hinter* unser Erkennen zu gelangen. Insofern liegen selbst der Laplace'sche Urnebel bzw. der Urknall, wie Merleau-Ponty schreibt, »... nicht hinter uns, an unserem Ursprung, sondern vor uns, in der Kulturwelt.«[224]

Nicht anders verhält es sich jedoch mit dem Leben, dem Bewusstsein, dem Geist selbst. Sie sind der *Grund* unseres Wahrnehmens und Erkennens, die *Medien,* in denen wir uns dabei bewegen, und können daher nie vollständig zu *Gegenständen* des Erkennens werden. Allen einschlägigen Buchtiteln zum Trotz wird es niemals eine restlose naturwissenschaftliche Erklärung von Leben oder Bewusstsein geben, weil alle solchen Erklärungen den Erklärer und damit das Explanandum schon voraussetzen. Wir können immer nur die *Bedingungen* dafür angeben, dass ein Lebewesen lebt, dass eine hungrige Katze nach der Maus jagt, dass ein Mensch fühlt und denkt – und wir können es *nachvollziehen,* insofern wir selbst lebende Wesen sind. Doch ebenso wenig wie wir mit der vollständigen Entschlüsselung des Genoms das Lebendige erklärt haben, wird die vollständige Kenntnis der Gehirnfunktionen den Geist erklären – *sie trifft ihn dort gar nicht an.* Leben und Geist entziehen sich der naturwissenschaftlichen Erkenntnisform.

Wenn Leben nur von Lebendigem, und Personen nur von Personen wahrgenommen werden können, dann bedeutet dies, dass für diese Wahrnehmungen der *Mitvollzug* essenziell ist: im einen Fall die Teilnahme an einer *gemeinsamen Lebensform,* im anderen Fall auch die Teilnahme an einer *gemeinsamen geistigen Welt,* nämlich durch das Vermögen der Intentionalität, vermittels dessen sich Personen gemeinsam auf ein Drittes richten. Dadurch erkennen sie auch einander als geistbegabte, intentionale Lebewesen – eben als Personen. Hier gilt also, dass man nur erkennen kann, womit man in einer gelebten Beziehung steht. Daraus ergeben sich andere, teilnehmende Erkenntnishaltungen, wie sie vor allem in den hermeneutischen Wissenschaften, in den interpersonal und psychodynamisch orientierten Psychotherapieverfahren, aber auch in Goetheanischen oder vergleichbaren Formen von

---

[224] Merleau-Ponty 1966, 491 (Anm. 73, S. 90).

Naturerkenntnis kultiviert werden. Dabei geht es nicht um eine von jeder Subjektivität gereinigte Erkenntnis, sondern um einen inneren Mitvollzug, eine Nachbildung des Wahrgenommenen durch Mimesis, Einfühlung und Verstehen: »Das Subjekt der Erkenntnis ist der Möglichkeit nach, was das Objekt ist, und erkennt, indem es selbst wird, was das Erkannte ist« (Böhme u. Böhme 1985, 279).

Eine diesen Mitvollzug systematisch ausschaltende naturwissenschaftliche Erkenntnishaltung kann zweifellos auch bei Lebewesen und Menschen für bestimmte Zwecke sinnvolle Ausschnitte vornehmen und bedeutsame Erkenntnisse zutage fördern. Denn sie beschreibt ja die Seite unserer Existenz, die uns als physischen, verkörperten Wesen tatsächlich zukommt. Sie kann sie zumindest theoretisch auch vollständig beschreiben – dabei muss sie sich allerdings dessen bewusst bleiben, dass sie die zuvor ausgeschlossene andere Seite nicht rekonstruieren kann. Denn ohne den persönlichen Mitvollzug können wir Lebendiges immer nur als Totes und Personen nur als Maschinen wahrnehmen. »Unsere Einstellung zum Lebenden ist nicht die zum Toten«, wie Wittgenstein schrieb.[225] Die Aporien des Gehirn-Geist-Problems beruhen, wie in dieser Untersuchung wiederholt gezeigt, auf Kurzschlüssen, die sich durch den systematischen Ausschluss des Lebensvollzugs und damit des Lebendigen aus der Erforschung des menschlichen Körpers ergeben.

Solche Kurz- und Fehlschlüsse lassen sich verhindern, wenn wir seelisch-geistige Lebensäußerungen und körperlich-organismische Prozesse als komplementäre Aspekte der lebendigen menschlichen Person denken. In ihrer Einheit sind Seelisch-Geistiges und Körperliches ineinander verschränkt, und damit *weder identisch noch radikal voneinander verschieden.* Ohne direkte Koppelungen zuzulassen, erlaubt es diese Konzeption doch, die innere Bezogenheit der Aspekte aufeinander zu denken. Der menschliche Körper ist lebendig und damit *auch geistig;* der menschliche Geist ist lebendig und damit *auch körperlich.* Als lebendiger ist der Körper *mein Leib,* das Medium meines Lebensvollzugs, meines Fühlens, Denkens, Wollens und Handelns. Als lebendiger ist der Geist *verkörpert,* ich habe nur als leibliches Subjekt an ihm Anteil, und all mein Fühlen, Denken und Handeln vollzieht sich vermittels der physiologischen, insbesondere der neuronalen Prozesse meines Organismus. Nur insofern seelisch-geistige Prozesse zugleich physisch-lebendiger Natur sind, vermögen sie auch Physisches zu bestimmen und in der Welt wirksam zu werden.

Die Betonung der Einheit des Lebendigen bedeutet freilich keine Rückkehr zu einer prädualistischen Idylle. Sie ist verbunden mit der Anerkennung der

---

225 Wittgenstein 1969, § 284.

ambivalenten, konflikthaften Gestalt unserer Existenz, in der wir uns als leibliche Wesen doch immer unserer eigenen Naturseite gegenüberstellen und den Körper zum Objekt machen können, ja ihn oft als Widerpart und Hindernis unseres Lebensvollzugs erfahren. Der Doppelaspekt des Lebendigen bedeutet für unsere Existenz die Widersprüchlichkeit unseres Selbstverhältnisses, in dem Spontaneität und Reflexivität, Freiheit und Notwendigkeit, Geistiges und Körperliches, Kultur und Natur immer auch in Konflikt miteinander stehen. Die leibliche Natur, die wir sind, und die körperliche Natur, die wir haben, lassen sich nie vollständig miteinander versöhnen, und ihr Konflikt endet schließlich im Tod. Die Ambiguität der Person widersetzt sich allen Versuchen zu ihrer Auflösung in eine homogene Einheit.

Das Bedürfnis nach Eindeutigkeit ist freilich eine mächtige Realität, und es liegt letztlich auch den Versuchen des Reduktionismus zugrunde, Personalität ganz in objektivierbare Körperlichkeit aufzulösen. Die Existenz in ihrer Uneindeutigkeit vollständig durchsichtig und explizit zu machen, das Leben als Grund des eigenen Seins *vor sich* und damit ganz ins schattenlose Licht der Erkenntnis zu bringen, *clare et distincte,* wie Descartes es forderte – dies dürfte eine der wichtigsten Triebfedern der Neurowissenschaften darstellen.[226] Die Faszination, die die Abbildungen des Gehirns bei seiner Tätigkeit hervorrufen, liegt in dem Glauben begründet, damit die letzte *terra incognita* der Erkenntnis ausleuchten, den schlüpfrigen Geist im Netz der Neuronen fangen und die Ambiguität der Existenz ein für allemal aufheben zu können. Die Möglichkeit, uns selbst als komplexe physikalische Maschinen anzusehen, ist uns freilich mit dem Doppelaspekt gegeben. Sie kann den Doppelaspekt selbst jedoch nicht aufheben. Die Bilder täuschen nur vor, fassbar zu machen, was sich nicht fassen lässt. Je genauer wir die physiologischen Prozesse ansehen, desto lebloser werden sie. »Leben ist keine klare und distinkte Perzeption« (Spaemann 1995).

8.2 Die Reichweite neurobiologischer Erkenntnisse

Aus der inhärenten Begrenzung der naturwissenschaftlichen Erkenntnisform ergeben sich Folgerungen für die grundsätzliche Reichweite der neurobiologischen Erkenntnisse. Das szientistische Ideal einer Einheitswissenschaft,

---

226 Vgl. dazu meinen Aufsatz »Neuromythologien. Mutmaßungen über die Bewegkräfte der Hirnforschung« (in: Fuchs 2008, 306–327).

die von der Basis der Physik über die Chemie und Biologie bis zu den Gesellschafts- und Kulturwissenschaften reicht (Wilson 1998), und in der die Neurobiologie das entscheidende »*missing link*« darstellen könnte, zerbricht am Doppelaspekt der Person. Das Gehirn ist die biologische Bedingung für die Realisierung seelisch-geistiger Lebensäußerungen, doch es erzeugt sie nicht. Es ist eine dem Physikalismus entlehnte Täuschung zu glauben, das neurobiologisch beschreibbare Geschehen sei das eigentlich wirkliche, während psychologische und kulturwissenschaftliche Beschreibungen seelisch-geistiger Prozesse nur luftigen Schaum statt harter Tatsachen erfassen könnten. Die Neurobiologie kann ihrem Gegenstand, dem Gehirn, keine einzige Bedeutung entnehmen, die sie nicht zuvor durch intersubjektive Verständigung gewonnen und in ihren Gegenstand hineingelegt hätte. Aber auch ontogenetisch gesehen besteht zwischen »Biologie« und »Kultur« keine einseitig-monolineare, sondern eine zirkuläre Beziehung. Neuronale Erregungsbereitschaften gehen in hohem Maß auf die Lebenserfahrungen des Individuums zurück, besonders wenn sie seine kulturellen Vermögen betreffen. Schon ihre funktionale Beschreibung, erst recht ihre Erklärung muss daher auf eine individuelle Geschichte *erlebter Bedeutungen* rekurrieren – und damit auf den integralen Aspekt.

Für alle seelisch-geistigen Vermögen, die sich das Kind im Laufe seiner Sozialisation aneignet, für alle kulturell vermittelten Lernprozesse stellt das Gehirn die hochgradig plastische Matrix dar. Einmal gebildete neuronale Strukturen bzw. Verknüpfungsmuster dienen als bereitliegende offene Schleifen, die freilich nicht beliebig umformbar sind – das ist ja der Sinn des Gedächtnisses – die aber nur diejenigen Zusammenhänge und Beziehungen widerspiegeln, die das Individuum selbst erlebt und inkorporiert hat. Diese semantischen, logischen, gestalthaften, motivationalen und interpersonalen Zusammenhänge kann das Gehirn nur aufnehmen, nicht herstellen. Die neuronalen Prozesse eines Menschen, der z. B. logischen Gedankenfolgen nachgeht oder Rechnungen ausführt, müssen sich den logischen oder mathematischen Gesetzmäßigkeiten unterordnen, nicht umgekehrt. Selbst wenn es gelänge, die dabei beteiligten Prozesse und Verknüpfungen vollständig zu beschreiben – wovon die Neurowissenschaften nicht nur weit, sondern letztlich unendlich weit entfernt sind – es wäre damit gar nichts gewonnen, denn die Aussage $3 \times 16 = 48$ wird nicht dadurch »richtiger«, dass wir wissen, wie sie sich in neuronalen Verschaltungen niedergeschlagen hat.

Das Gleiche gilt für alle Bedeutungs- und Sinnstrukturen, die sich dem Gedächtnis einprägen. Wenn ich auf eine beleidigende Äußerung gekränkt reagiere, dann sind die dabei beteiligten kortikalen und limbischen Strukturen nur deshalb in bestimmter Weise aktiviert, weil sich die entsprechenden Koppelungen in früher erlebten, vergleichbaren Situationen mit ihrer spezifischen Bedeutsamkeit für mich gebildet haben. Das intentionale Vokabular, das wir zur Beschreibung des Geschehens verwenden, ist genau dasjenige, was diese Bedeutungen wiedergibt – welches sonst sollte auch dazu dienen? Daraus folgt aber: Kein einziger der »verständlichen Zusammenhänge des Seelenlebens« (Jaspers 1973) wird dadurch verständlicher, dass wir ihn mit Hirnprozessen und neuronalen Verschaltungsmustern in Verbindung bringen können. Die Neurobiologie kann wohl bestimmte Rahmenbedingungen für psychische Vorgänge angeben (Verarbeitungskapazität, Lerngeschwindigkeit, Löschungsresistenz u. a.). Doch die *intrinsischen* Verknüpfungen von Erlebnis, Gefühl, Erfahrung und Verhalten lassen sich nur hermeneutisch verstehen, selbst wenn wir die dabei gebildeten neurophysiologischen Koppelungen zunehmend genauer erkennen. Was wir daher in psychologischen, pädagogischen und therapeutischen Zusammenhängen brauchen, sind nach wie vor eher gute psychologische, phänomenologische und psychodynamische Theorien des Erlebens und Verhaltens als gute neurobiologische Theorien.

Für das Lebendige, das Seelische ebenso wie für das Geistige ist die *Relationalität* konstitutiv: die lebendige Beziehung zur Umwelt, die emotionale Beziehung zu anderen, die intentionale Beziehung zu den Gehalten geistiger Akte, die Beziehung zur Vergangenheit und Zukunft. Die gleichen Objekte, Gedanken, Worte haben für das gleiche Individuum in verschiedenen Kontexten und zu verschiedenen Zeiten unterschiedliche Bedeutung. Das Scheitern aller Versuche der Naturalisierung von Leben, Subjektivität und Bewusstsein liegt letztlich in dieser Relationalität begründet. Denn sie entzieht sich der physikalischen Beschreibung insofern, als physikalische Objekte, Prozesse und Eigenschaften einander immer äußerlich bleiben, zudem streng lokalisiert und momentan sein müssen. Während die Naturwissenschaft sonst ihre Erkenntnisse erweitert, indem sie von der Lebenserfahrung zu ihrer physikalischen Basis vordringt (z. B. Wärme auf Teilchenbewegung zurückführt), führt diese Reduktion im Falle intentionaler, bedeutungshafter und damit relationaler Phänomene nicht zu einem Erkenntnisfortschritt – im Gegenteil.

Das Gehirn ist eingebettet in diese Beziehungen, aber es kann sie nur vermitteln, nicht ihren Sinn erzeugen. Vielmehr eröffnen gerade die neurobiologischen Fortschritte ein neues Verständnis für die Abhängigkeit des Gehirns von der menschlichen Lebenswelt. Es kann nun zunehmend als ein sozial und geschichtlich geprägtes Organ verstanden werden, durch dessen Funktionen der Transformation und der Musterbildung biographische Erfahrungen als Bereitschaften und Vermögen inkorporiert werden. Das Gehirn für sich ist nur ein Fragment; erst im Kontext des Organismus und seiner Umwelt wird es zum Mediator für relationale, seelisch-geistige Prozesse. Aus dieser Sicht stellt der Versuch einer »Lokalisierung des Geistes« durch eine Erforschung isolierter Gehirnaktivitäten kein zukunftsweisendes Forschungsprogramm dar. Eine ökologisch orientierte Neurobiologie ist vielmehr angewiesen auf die Einbeziehung systemischer, psychologischer, kulturwissenschaftlicher und philosophischer Ansätze. Gerade weil das Gehirn das Organ der Vermittlung verschiedener Wirklichkeitsbereiche ist, lässt es sich selbst nicht in einem einzigen Paradigma adäquat erfassen.

8.3 Naturalistisches versus personalistisches Menschenbild

Der Doppelaspekt der Person entspricht zwei grundsätzlich verschiedenen Einstellungen, die wir zu uns selbst und zu anderen einnehmen können, der personalistischen und der naturalistischen. Daraus leiten sich unterschiedliche Menschenbilder ab, die ich abschließend einander gegenüberstellen möchte.

In der Verknüpfung von Neurobiologie und materialistischer Neurophilosophie haben wir es mit dem Versuch zu tun, ein radikal *naturalistisches Menschenbild* zu etablieren. Seine zentralen Implikationen bestehen darin, seelisch-geistige Phänomene zu physikalisch beschreibbaren Prozessen zu erklären, die menschliche Kulturentwicklung als eine Fortsetzung der Naturevolution zu begreifen, und damit Personen als eine besondere Spezies informationsverarbeitender biologischer Maschinen, die zur Optimierung ihrer Überlebenschancen im Zuge der Selektion Selbstkonstrukte oder Selbstmodelle entwickelt haben.[227] Resultat dieser Naturalisierung wäre eine fortschreitende Selbstverdinglichung des Menschen, bei gleichzeitiger Stei-

---

227 »Das bewusste Selbst ist das Produkt dessen, was der Philosoph Andy Clark (...) ein ›kognitives Wettrüsten‹ genannt hat (...) Es erlaubt uns, die Ziele unseres Gegenübers zu erraten. Denn einer seiner größten Vorteile ist, dass wir uns in unsere Artgenossen hineinversetzen können (...) – um sie dann zu täuschen!« (Metzinger 2006). – Dies entspricht dem Grundansatz der »Theory-of-Mind«-Forschung, wonach die soziale Kognition im Kern ein »Erraten« oder »Durchschauen« der Absichten anderer darstellt.

gerung seiner technischen Fähigkeiten zur Selbstmodellierung durch die unmittelbare Veränderung des neuronalen Substrats der Person.

Dieser Naturalisierungsversuch ist an sich nicht neu, denn er ist eine Option, die mit der exzentrischen Position des Menschen grundsätzlich gegeben ist, und die mit den Fortschritten der Naturwissenschaften seit der Neuzeit immer mehr an Boden gewinnen konnte. Descartes' Verlagerung der Subjektivität in einen von der Physik nicht zu behelligenden Innenraum sollte zwar der *res cogitans* eine unabhängige, souveräne Position verschaffen – doch nur um den Preis, das Subjekt in die Zitadelle des Gehirns einzuschließen, in der es heute umso leichter dem Physikalismus unterliegt.

Als resistenter erweist sich demgegenüber noch der Versuch Kants, der von Hume bereits anvisierten Auflösung des Subjekts in ein »Bündel von Erfahrungen« den Primat des Erkenntnisvermögens und damit des transzendentalen Subjekts entgegenzusetzen. Auch Kant hatte sich allerdings schon wohlmeinender zeitgenössischer Versuche zu erwehren, das Erkenntnisorgan im Gehirn zu verorten (Hagner 1997, 83 ff.). Mit der evolutionären Erkenntnistheorie, die die Kantischen Verstandeskategorien als Resultat der Selektion zu erklären unternahm[228], und mit dem Neurokonstruktivismus, der Kants Kategorien einschließlich der transzendentalen Apperzeption zu neuronalen Repräsentations- und Konstruktionsleistungen erklärt, ist allerdings auch diese Bastion der Subjektivität schwer erschüttert.

Auch wenn das Naturalisierungsprojekt also mindestens bis in die Neuzeit zurückreicht, hat es doch durch die Hirnforschung eine ganz neue Dynamik erhalten. Sie ist den Korrelaten und Substraten geistiger Prozesse in bislang nie da gewesener Weise näher gerückt, sodass sie schon zum Greifen nah erscheinen. Dass dies längst *zu nahe* ist, wie schon Lichtenberg feststellte (▶ Kap. 2.2.2), und die gesuchten Phänomene unter dieser Lupe gar nicht mehr zu finden sind, ändert wenig, solange die Lupe nur die hinreichend wirksame *Illusion* erzeugt, im Gehirn sei der Geist zu finden. Die Menschenbilder einer Kultur sind nicht etwa Resultate von theoretischen Erwägungen, schlüssigen Nachweisen oder überzeugenden Widerlegungen, sondern von eher subtilen, meist wenig reflektierten Wahrnehmungs- und Bewusstseinsveränderungen. Ein »zerebrozentrisches« Menschenbild braucht nicht bewiesen, sondern nur zunehmend plausibler zu werden. Dass der Streit um die Willensfreiheit historisch gesehen nur die Fortführung einer bereits 2500-jährigen Debatte darstellt und voraussichtlich wiederum zu einem Patt führen wird, darf insofern nicht darüber hinwegtäuschen, dass er nur der sichtbare Ausdruck einer noch grundlegenderen Herausforderung des tra-

---

228 Vgl. Lorenz 1973, Vollmer 1975.

dierten Menschenbildes ist, deren gesellschaftliche und ethische Auswirkungen noch nicht abzusehen sind.

Wenn dem Naturalisierungsprojekt hier ein *personales Menschenbild* gegenübergestellt wird, so bedeutet dies keine Ablehnung oder Abwertung der naturalistischen Einstellung als solcher – der Aspekt, den sie an Lebewesen und Personen zu erkennen gibt, ist zweifellos etwas Objektives an ihnen, und seine eminente praktische Bedeutung für unsere Zivilisation, nicht zuletzt für die Medizin ist unumstritten. Doch habe ich wiederholt betont, dass sich die naturalistische Einstellung und Forschungspraxis einer lebensweltlichen Grundlage verdankt, in der wir an einer gemeinsamen Lebensform teilnehmen und einander als Personen wahrnehmen und anerkennen. Diese Grundlage ist nicht nur lebenspraktisch, sondern auch *erkenntnistheoretisch* unhintergehbar. Alle Gegenstände der Naturalisierungsversuche – Leben, Bewusstsein, Intentionalität, Personalität – setzen schon zu ihrer Identifizierung immer genau das voraus, was naturalistisch erklärt werden soll. Insofern bleibt die personalistische Einstellung die primäre, sie ist nicht reduzierbar oder hintergehbar und kann von der naturwissenschaftlichen Praxis immer nur für bestimmte umgrenzte Zwecke vorübergehend »eingeklammert« werden.[229]

Diese Grundlage ist aber auch *ethisch* unhintergehbar. Aus dem Naturalisierungsprojekt ist kein Ziel, Zweck oder Wert zu gewinnen, denn das Projekt besteht ja gerade darin, solche anthropomorphen Begriffe auf Naturprozesse zurückzuführen. Auch der evolutionäre Überlebensvorteil bestimmter Verhaltensweisen stellt keinen ethisch relevanten Wert dar, denn es steht uns immer frei, das Ergebnis dieses blinden Selektionsprozesses (etwa einen genetisch veranlagten »Altruismus«) als für uns nicht bindend abzulehnen. Ebenso trügerisch wäre die Hoffnung, im Gehirn ein »Orientierungsorgan« zu finden, dem wir Aufschlüsse über die praktischen und ethischen Fragen der Lebensführung entnehmen könnten. Das Gehirn ist das »Organ der Möglichkeiten«, die Matrix für unsere Erfahrungen, Denk- und Verhaltensmuster; es nimmt auf und spiegelt wider, was wir in es hineinlegen. Doch *Antworten* auf die Frage, was wir tun sollen und worum es uns im Leben geht, sind vom

---

229 In diesem Sinne betonte Husserl, dass mit Naturalismus und Personalismus »... nicht zwei gleichberechtigte und gleichgeordnete Einstellungen vorliegen, [...] sondern dass die naturalistische Einstellung sich der personalistischen unterordnet und durch eine Abstraktion oder vielmehr durch eine Art Selbstvergessenheit des personalen Ich eine gewisse Selbstständigkeit gewinnt, dadurch zugleich ihre Welt, die Natur, unrechtmäßig verabsolutierend« (Husserl 1952, 183 f.).

Gehirn nicht zu erwarten – das entspräche dem ersten naturalistischen Fehlschluss (▶ Kap. 2.4).

Auch ein personales Menschenbild, das den Menschen als primäre leib-seelische Einheit begreift, ist freilich nicht neu. Es kann sich etwa an Entwürfen von Aristoteles über Thomas von Aquin bis hin zur philosophischen Anthropologie und Phänomenologie des 20. Jahrhunderts orientieren. Doch besteht die Herausforderung des Naturalismusstreits zweifellos darin, dieses Menschenbild gerade unter Einbeziehung der neurobiologischen Erkenntnisse in neuer Weise zu explizieren. Dies erscheint auch deshalb erforderlich, weil die lebensweltliche Erfahrung einer leib-seelischen Einheit der Person, wie sie in allen personalen Prädikaten (sprechen, lachen, Schmerzen leiden, sich begrüßen) immer noch selbstverständlich zum Ausdruck kommt, heute zunehmend unterminiert wird.

Dazu tragen nicht zuletzt die Virtualisierung zwischenleiblicher Beziehungen und die Allgegenwart von Information bei, die nicht mehr an leibliche Gegenwart gebunden und insofern freilich nur virtuelle Information ist. Die Welt scheint von Informationen buchstäblich erfüllt zu sein: Anorganische Moleküle »erkennen« einander in chemischen Reaktionen, »Boten-Moleküle« können Genom-Informationen »ablesen« und weitergeben, Rezeptoren und Nerven versorgen das Gehirn mit Informationen, das sie in neuronalen Netzwerken weiterverarbeitet, während draußen in elektronischen Netzwerken Informationen frei um die Welt zirkulieren. Wo alles solchermaßen »von Geist erfüllt« scheint, und Informationen selbst schon einander informieren, besteht freilich für einen an einen lebendigen Leib gebundenen Geist, der Informationen noch *verstehen* muss, scheinbar kein Bedarf mehr. Er wird dann selbst zu einer Informationsstruktur, die im Prinzip auch von anderen Datenträgern »realisiert« werden könnte – ob sein Trägerkörper lebendig oder künstlich ist, spielt dafür keine Rolle mehr.

Dieser »Idealismus der Information« ist also das Pendant zur Abschnürung der Subjektivität in eine Welt des Mentalen, der reinen Kognition. Materie und Information verhalten sich zueinander wie ›Körper‹ und ›Geist‹. Soll diese für das Naturalisierungsprojekt grundlegende Dichotomie überwunden werden, so muss die Person als *lebendig,* und Subjektivität als unabdingbar *verkörpert und leiblich* gedacht werden. Als Lebewesen lässt sich die Person nicht aus Körper und Geist zusammensetzen. Eine Neubegründung des Lebensbegriffs aus der leiblichen Selbsterfahrung des Menschen ist insofern die zentrale Voraussetzung dafür, die naturalistische Aufspaltung der Person in Physisches und Mentales zu überwinden.[230]

Ein Weg dazu, wie er hier ansatzweise beschritten wurde, besteht darin, Ansätze der philosophischen Biologie und der Leibphänomenologie miteinander zu verknüpfen. Dies wird vor allem dadurch ermöglicht, dass die ökologische Struktur der Organismus-Umwelt-Beziehung und die phänomenologische Struktur des leiblichen Zur-Welt-Seins in enger Korrespondenz miteinander stehen. Gerade der komplementäre Doppelaspekt von Leib und Körper kann als Leitfaden für die Wiederentdeckung der verkörperten Subjektivität dienen: Befreit man sich vom Zerebrozentrismus der Neurowissenschaften, so erscheint der phänomenale Leibraum nicht mehr als virtuelles Produkt des Gehirns, sondern vielmehr als koextensiv und isomorph mit dem organischen Körper. Die Einheit des Leibsubjekts entspricht der Einheit des lebendigen Organismus.

Die zentrale Bedeutung der Verkörperung für die Befreiung des Subjekts aus der Zitadelle des Gehirns gab den Grund, der Koextension von Leib- und Körperraum im ersten Kapitel besondere Aufmerksamkeit zuzuwenden. Freilich konnten wir diesen phänomenalen Raum nur dadurch legitimieren, dass er durch den gemeinsam konstituierten intersubjektiven Raum beglaubigt wurde. Nicht zufällig war unser Paradigma für diese Übereinstimmung das Arzt-Patienten-Verhältnis – der Patient zeigt dem Arzt die Stelle des Schmerzes – da es gerade in ihm immer um den Doppelaspekt der Person als Leib und Körper geht. Im Grunde setzt freilich schon jeder Austausch von Gegenständen die Übereinstimmung von subjektivem und gemeinsamem Raum voraus. Um das Subjekt aus der vermeintlichen Virtualität zu befreien, bedarf es nur des Blicks auf die Interpersonalität, nämlich auf die konkrete leibliche Begegnung von Personen, die einander immer schon als verkörperte Subjekte erkennen, und die ihren Raum miteinander teilen.

Mit dieser Befreiung kann der Leib wieder als das wahrgenommen werden, was er ist: als das Medium, durch das eine menschliche Person in der Welt ist, sie bewohnt, sich zur Erscheinung bringt und ausdrückt – als das Gesamtorgan des In-der-Welt-Seins. Das bedeutet aber auch, dass wir den menschlichen Körper nicht als beliebige Trägerkonstruktion für das Gehirn oder das Bewusstsein ansehen dürfen, sondern als einen Organismus von genau solcher Gestalt und Funktion, dass er zum Leib einer Person werden kann. In

---

230 »Die eigentliche Herausforderung der Naturalismusdebatte liegt darin, nach einer konstruktiven Antwort auf die herrschende Tendenz zu einer eindimensionalen Fassung des Lebensbegriffes zu suchen« (Rinofner-Kreidl 2004, 237). Vgl. dazu auch Fuchs 2008, 283–305.

seiner gesamten biologischen Konstitution ist der Körper, wie vor allem Portmann gezeigt hat (1969, 87 ff.), auf die Sozialität und die Geistigkeit des Menschen spezifisch ausgerichtet: Der aufrechte Gang, die Sensibilität der unbehaarten Haut, die gesteigerte und nicht mehr an bestimmte Zeiten gebundene Sexualität, die besondere Stellung und Beweglichkeit der Hand, die Differenziertheit der mimischen Motorik, die zum Sprechen geeignete Form des Kehlkopfes, schließlich das menschliche Augenweiß, das die Pupillenstellung und damit die Blickrichtung für andere in feinster Weise erkennbar macht – all dies belegt, dass nur ein so beschaffener Körper zum Ausdrucks- und Begegnungsfeld des personalen Subjekts werden kann.

Diese Eignung des menschlichen Organismus für die verkörperte Personalität vollendet sich in den Anlagen des Gehirns, das nicht nur eine einzigartige Plastizität für die Aufnahme kulturell vermittelter Erfahrungsmuster, sondern auch spezifische Resonanzsysteme für die soziale Wahrnehmung und Kommunikation aufweist. Zentrale Bedeutung für die Entwicklung der Person haben schließlich die vor allem präfrontal lokalisierten *Hemmungsfunktionen,* die den besonderen Merkmalen der exzentrischen Position zugrunde liegen: der Fähigkeit zur Distanzierung von den leiblichen und affektiven Impulsen, zur Dezentrierung und Einnahme eines übergeordneten Standpunktes, zu einem personalen Selbstverhältnis (▶ Kap. 5.3.3). Die phylogenetische und ontogenetische Entwicklung des menschlichen Gehirns ist eine Entwicklung zu zunehmender *Freiheit,* insofern das Gehirn einerseits immer differenziertere Bereitschaften, »offene Schleifen« entwickelt und so zum »Organ der Möglichkeiten« wird, andererseits der *Einsatz* dieser Möglichkeiten vermittels spezifischer Hemmungs- und Aufschubfunktionen immer mehr der Verfügung der Person unterstellt wird.

Die Verkörperung der Person bedeutet aber auch, dass sich ihre individuelle Entwicklung nicht nur in einer »inneren« Charakter- oder Persönlichkeitsstruktur niederschlägt, sondern ebenso in ihrer Leiblichkeit, dass ein Leib also immer der bestimmte Leib *dieser* Person ist. Von früher Kindheit an sedimentieren sich die sozialen Interaktionen und Erfahrungen als Verhaltensentwürfe, affektiv-interaktive Schemata, Körperhaltungen und Körperpraktiken im impliziten leiblichen Gedächtnis (Fuchs 2006a, 2012a). Der Leib ist daher keine Hülle, hinter der sich die Person verbirgt, und die nur symbolisch von ihr Anzeige gibt. Vielmehr sind ihre Einstellungen, Verhaltensmuster und Gewohnheiten immer zugleich Haltungen, Bewegungsmuster und Dispositionen ihres Leibes – bis in den typischen und unverkennbaren Stil ihres Gangbildes, ihrer Gestik und Mimik, ihrer Artikulation und Prosodie hinein. Nicht nur »innere«, psychische oder mentale Eigenschaften, sondern auch der individuell geprägte Leib konstituiert die Person, insofern ihre

Vermögen und Bereitschaften sich durch leiblich-zwischenleibliche Praxis in ihm inkorporiert haben und sich nur durch seine Vermittlung realisieren lassen.

Die Person bildet sich in ihrem und durch ihren Leib, sie kommt in ihm immer deutlicher und individueller zur Erscheinung. Alle ihre Erfahrungen und Handlungen hinterlassen Spuren in ihrem Organismus und verändern damit ihre Bereitschaften, Fähigkeiten und Möglichkeiten. Ihr Sein ist fortwährendes Werden, und dieses Werden ist in zunehmendem Maß ein Tun. Doch nicht durch unmittelbare Selbstformung, sondern im wiederkehrenden Durchlaufen des Funktionskreises von Wahrnehmung und Bewegung, von handelnden Interaktionen mit der Umwelt gestalten Personen ihre Entwicklung. Durch ihre Entscheidungen und Handlungen, durch die Wahl einer bestimmten Umgebung, die auf sie wirkt, beeinflussen sie indirekt ihr eigenes Werden. Sie leben nicht nur, sondern sie *führen* ihr Leben, und damit formen sie sich selbst.

Das Gehirn ist als Vermittlungs- und Beziehungsorgan, als Organ der Person in diese zirkulären Strukturen eingelassen. Nicht seine unmittelbare Manipulation, die immer nur hemmende, nicht schöpferische Wirkung haben kann, sondern die Gestaltung der Umgebungen und Beziehungen, die das Gehirn prägen, ist der Weg der Erziehung, der Förderung und der Reifung der Person. Dass wir voneinander lernen, uns durch den Umgang miteinander selbst bilden und kultivieren können, ist die entscheidende Voraussetzung für die Entwicklung zu personaler Freiheit. Nicht in einem mentalen oder neuronalen Inneren, sondern in ihrem zwischenleiblichen In-der-Welt-Sein und In-der-Welt-Handeln finden Personen zu sich selbst:

> »Die Individualität ist, was *ihre* Welt als die *ihrige* ist; sie selbst ist der Kreis ihres Tuns, worin sie sich als Wirklichkeit dargestellt hat, und schlechthin nur Einheit des *vorhandenen* und des *gemachten Seins*« (Hegel, Phänomenologie des Geistes, V A b).

Um sich selbst wirklich zu werden, müssen Personen *füreinander* wirklich werden. In der zwischenleiblichen Begegnung verkörperter Personen liegt die Einheit des Inneren und Äußeren, des Subjektiven und Objektiven, in der ihre je eigene und ihre gemeinsame Wirklichkeit koinzidieren. Paradigma dieser Begegnung ist das *Gespräch,* in dem der andere mir in seinen Worten wirklich wird, ebenso wie ich für ihn. Es ist eine zwischenleibliche und zugleich intentionale Beziehung, eine Einheit von leiblicher Stimme und geistiger Sprache. Das gesprochene Wort ist zugleich das von mir selbst und vom anderen gehörte – das »Zwischenwort« oder der Dia-log. Er ist ein Austausch, den wir nur vollziehen können, weil der Tauschgegenstand, das gesprochene Wort, *zugleich für uns beide existiert*.

8 Schluss

Der physiologische Weg der Reizaufnahme, -weiterleitung und -verarbeitung verläuft freilich in unseren Organismen streng getrennt, sodass man denken könnte, das gesprochene Wort existiere nur als Konstrukt in jedem Gehirn für sich. Doch einen Dialog von Gehirnen gibt es nicht. Brächte das Gehirn tatsächlich seine je eigene Welt hervor, dann könnten wir nicht miteinander sprechen, denn wir würden statt lebendigen Worten nur Töne hören, in denen sich niemand ausspricht, sondern die wir nur als Anzeichen für fremde Innenwelten jenseits unserer Eigenwelt interpretieren könnten. Doch so verhält es sich nicht, denn das Gehirn ist nur ein Vermittlungs- und Resonanzorgan, nicht der Schöpfer unserer Welt. In jedem Gespräch liegt der Anspruch des anderen, dass nicht sein tönendes Wort als externes Zeichen, sondern *er selbst* in seinen Worten verstanden werde. Darin liegt wohl der tiefste Grund dafür, in der Vorstellung des Subjekts als einer Konstruktion des Gehirns eine Depersonalisierung des Menschen zu erkennen. Denn Personen sind das *Ur-Phänomen:* das, was sich zeigt, und was in seinem Erscheinen selbst anwesend ist.

In den Worten des anderen höre ich seine Gedanken. Seine Hand ergreifend, gebe ich *ihm* die Hand. Im Blick seiner Augen sehe ich *ihn selbst.* Wir sind keine Träume unserer Gehirne, sondern leibhaftige Personen. Rönnes Albtraum ist zu Ende.

Teil C Verzeichnisse

Literatur

Abbott, A. (2010) The drug deadlock. Nature 468 (7321): 158.
Abramowitz, J. S., Taylor, S., McKay, D. (2009) Obsessive-compulsive disorder. The Lancet 374: 491–499.
Adolphs, R. (2001) The neurobiology of social cognition. Current Opinions in Neurobiology 11: 231–239.
Adolphs, R. (2009) The social brain: neural basis of social knowledge. Annual review of psychology 60: 693–716.
Akil, H., Brenner, S., Kandel, E., Kendler, K. S., King, M. C., Scolnick, E., Watson, J. D., Zoghbi, H. Y. (2010) The future of psychiatric research: genomes and neural circuits. Science 327: 1580–1581
Aldenhoff, J. (1997) Überlegungen zur Psychobiologie der Depression. Nervenarzt 68: 379–389.
Alexandrov, Y. I., Jarvilehto, T. (1993) Activity versus reactivity in psychology and neuropsychology. Ecological Psychology 5: 85–103.
Allison, T., Puce, A., McCarthy, G. (2000) Social perception from visual cues: role of the STS region. Trends in Cognitive Science 4: 267–278.
Amini, F., Lewis, T., Lannon, R., Louie, A., Baumbacher, G., McGuiness, T., Schiff, E. Z. (1996) Affect, attachment, memory: contributions toward psychobiologic integration. Psychiatry 59: 213–239.
Amodio, D. M., Frith, C. D. (2006) Meeting of minds: the medial frontal cortex and social cognition. Nature Reviews Neuroscience 7: 268–277.
an der Heiden, U. (2006) Willensfreiheit und ihre cerebralen Entsprechungen. In: K. Köchy, D. Stederoth (Hrsg.) Willensfreiheit als interdisziplinäres Problem. Alber, Freiburg.
Anderson, S. W., Bechara, A., Damasio, H., Tranel, T., Damasio, A. R. (1999) Impairment of social and moral behavior related to early damage in human prefrontal cortex. Nature Neuroscience 2: 1032–1037.
Aoki, F., Fetz, E. E., Shupe, L., Lettich, E., Ojemann, G. A. (2001) Changes in power and coherence of brain activity in human sensorimotor cortex during performance of visuomotor tasks. Biosystems 63: 89–99.
APA (American Psychiatric Association) (2013). Statement by David Kupfer. www.madinamerica.com/wp-content/uploads/2013/05/Statement-from-dsm-chair-david-kupfer-md.pdf
Appelros, P., Karlsson, G. M., Hennerdal, S. (2007) Anosognosia versus unilateral neglect. Coexistence and their relations to age, stroke severity, lesion site and cognition. European Journal of Neurology 14: 54–59.
Aristoteles (2011) De Anima/Über die Seele. Übs. G. Krapinger. Reclam, Stuttgart.
Assmann, J. (1992) Das kulturelle Gedächtnis. Schrift, Erinnerung und politische Identität in frühen Hochkulturen. Beck, München.
Augustinus, A. (1955) Confessiones/Bekenntnisse. München, Kösel.
Aurell, C. G. (1989) Man's triune conscious mind. Perceptual and Motor Skills 68: 747–754.

Backenstraß, M. (1998) Depression und partnerschaftliche Interaktion. Waxmann, Münster.
Bailey, A. (2009) Zombies and epiphenomenalism. Dialogue 48: 129–44.
Baldwin, D. A., Baird, J. A. (2001) Discerning intentions in dynamic human action. Trends in Cognitive Science 5: 171–178.
Bangert, M., Altenmüller, E. O. (2003) Mapping perception to action in piano practice: a longitudinal DC-EEG study. BMC Neuroscience 4: 26. (https://bmcneurosci.biome dcen tral.com/articles/10.1186/1471-2202-4-26
Bao, S., Chan, V. T., Merzenich, M. M. (2001) Cortical remodeling induced by activity of ventral tegmental dopamine neurons. Nature 412: 79–83.
Bargh, J. A., Melnikoff, D. (2019). Does physical warmth prime social warmth? Social Psychology 50: 207–210.
Baron-Cohen, S., Lombardo, M., Tager-Flusberg, H. (Hrsg.) (2013) Understanding other minds: Perspectives from developmental social neuroscience. Oxford University Press, Oxford.
Barsaglini, A., Sartori, G., Benetti, S., Pettersson-Yeo, W., Mechelli, A. (2014) The effects of psychotherapy on brain function: A systematic and critical review. Progress in Neurobiology 114: 1–14.
Bateson, G. (1981) Ökologie des Geistes. Suhrkamp, Frankfurt/M.
Bauby, J. D. (1997) Schmetterling und Taucherglocke. Zsolnay, Wien.
Bauer, J. (2005) Warum ich fühle, was du fühlst. Intuitive Kommunikation und das Geheimnis der Spiegelneurone. 6. Aufl. Hoffmann u. Campe, Hamburg.
Baxter, L. R. Jr., Schwartz, J. M., Bergman, K. S., et al. (1992) Caudate glucose metabolic rate changes with both drug and behavior therapy for obsessive-compulsive disorder. Archives of General Psychiatry 49: 681–689.
Beauregard, M. (2007) Mind does really matter: Evidence from neuroimaging studies of emotional self-regulation, psychotherapy, and placebo effect. Progress in Neurobiology 81: 218–236.
Beebe, B., Sterne, D. (1977) Engagement-disengagement and early object experiences. In: N. Freedman, S. Grand (Hrsg.) Communicative structures and psychic structures, S. 35–55. Plenum Press, New York.
Beck, D. M., Kastner, S. (2009) Top-down and bottom-up mechanisms in biasing competition in the human brain. Vision research 49: 1154–1165.
Beckermann, A. (1995) Visuelle Informationsverarbeitung und phänomenales Bewusstsein. In: Metzinger, T. (Hrsg.) Bewusstsein. Beiträge aus der Gegenwartsphilosophie, S. 663–679 Schöningh, Paderborn.
Beckermann, A. (1999) Analytische Einführung in die Philosophie des Geistes. De Gruyter, Berlin.
Bedi, R. P. (1999) Depression: an inability to adapt to one's perceived life distress? Journal of Affective Disorders 54: 225–234.
Belin, P., Zatorre, R. J., Ahad, P. (2002) Human temporal-lobe response to vocal sounds. Cognitive Brain Research 13: 17–26.
Benn, G. (1950) Gehirne. In: Ders., Frühe Prosa und Reden, S. 77–84. Limes, Wiesbaden.
Bennett, M. R., Hacker, P. M. S. (2003) Philosophical foundations of neuroscience. Blackwell Publishing. Malden, Berlin.

Bergson, H. (2006) Zeit und Freiheit. 3. Aufl. Meiner, Hamburg.
Bergson, H. (2001) Materie und Gedächtnis. Eine Abhandlung über die Beziehung zwischen Körper und Geist. Meiner, Hamburg.
Berridge, M. J. (2005) Unlocking the secrets of cell signaling. Annual Reviews of Physiology 67: 1–21.
Bertalanffy, L. v. (1968) General System Theory. George Braziller, New York.
Bieri, P. (1981) Analytische Philosophie des Geistes. Hain, Königstein.
Binswanger, L. (1947) Ausgewählte Vorträge und Aufsätze Bd. 1. Frankhe, Bern.
Binswanger, L. (1962) Grundformen und Erkenntnis menschlichen Daseins. Reinhardt, München, Basel.
Björklund, A., Lindvall, O. (2000) Self-repair in the brain. Nature 405: 892–895.
Blankenburg, W. (1970) Der Verlust der natürlichen Selbstverständlichkeit. Ein Beitrag zur Psychopathologie symptomarmer Schizophrenien. Enke, Stuttgart.
Blass, R.B., Carmeli, Z. (2007) The case against neuropsychoanalysis: On fallacies underlying psychoanalysis' latest scientific trend and its negative impact on psychoanalytic discourse. International Journal of Psycho-Analysis 88: 19–40.
Blakemore, C. (1988) The mind machine. BBC Publications, London.
Block, N. J. (2005) Review of Alva Noë, Action in Perception. Journal of Philosophy 102: 259–272.
Böhme, G., Böhme, G. (1985) Das Andere der Vernunft. Zur Entwicklung von Rationalitätsstrukturen am Beispiel Kants. Suhrkamp, Frankfurt/M.
Böhme, G. (1992) Natürlich Natur. Über Natur im Zeitalter ihrer technischen Reproduzierbarkeit. Suhrkamp, Frankfurt/M.
Böhme, G. (2004) Leibsein als Aufgabe. Leibphilosophie in pragmatischer Hinsicht. Die Graue Edition, Kusterdingen.
Botvinik, M, Cohen, J. (1988) Rubber hands feel touch that eyes see. Nature 391: 756.
Bowlby J. (1982) Attachment and loss. Vol I: Attachment. Basic Books, New York. Deutsche Ausgabe (2006) Bindung. Bd. 1 Bindung und Verlust. Reinhardt, München, Basel.
Brandt, R. (1999) Die Wirklichkeit des Bildes. Sehen und Erkennen – vom Spiegel zum Kunstbild. Hanser, München.
Braun, H. A. (2021). Stochasticity versus determinacy in neurobiology: From ion channels to the question of the »free will«. Frontiers in Systems Neuroscience 15: 39.
Braun, K., Bogerts, B. (2001) Erfahrungsgesteuerte neuronale Plastizität. Bedeutung für Pathogenese und Therapie psychischer Erkrankungen. Nervenarzt 72: 3–10.
Broad, C. D. (1925) The mind and its place in nature. Routledge and Kegan Paul, London.
Brodmann, K. (1909) Vergleichende Lokalisationslehre der Großhirnrinde, in ihren Prinzipien dargestellt auf Grund des Zellenbaues. Barth, Leipzig.
Brody, A. L., Saxena, S., Stoessel, P., et al. (2001) Regional brain metabolic changes in patients with major depression treated with either paroxetine or interpersonal therapy. Archives of General Psychiatry 58: 631–640.
Brooks, R. A. (1991) Intelligence without representation. Artificial Intelligence 47: 139–159.
Brown, G. W., Harris, T. (1978) Social origins of depression: A study of psychiatric disorder in women. Free Press, New York.
Brown, J. (2001) Microgenetic theory: reflections and prospects. Neuropsychoanalysis 3: 61–74.

Bruner, J. S. (1977) Wie das Kind lernt, sich sprachlich zu verständigen. Zeitschrift für Pädagogik 23: 829–845.

Bruner, J. (1987) Wie das Kind sprechen lernt. Huber, Bern Stuttgart.

Buchheim, T. (2006a) Unser Verlangen nach Freiheit. Kein Traum, sondern Drama mit Zukunft. Meiner, Hamburg.

Buchheim, T. (2006b) Sômatikê energeia – Ein aktualisierter Vorschlag des Aristoteles zur Lösung des Leib-Seele-Problems. In: Hermanni, F., Buchheim, T. (Hrsg.) Das Leib-Seele-Problem. Antwortversuche aus medizinisch-naturwissenschaftlicher, philosophischer und theologischer Sicht, S. 85–106. Fink, München.

Buccino, G., Binkofski, F., Riggio, L. (2004) The mirror neuron system and action recognition. Brain and Language 89: 370–376.

Bunge, M. (1984) Das Leib-Seele-Problem. Ein psychobiologischer Versuch. Mohr (Siebeck), Tübingen.

Bunge, M. (2003) Emergence and convergence: qualitative novelty and the unity of knowledge. University of Toronto Press, Toronto.

Burns, D. D., Sayers, S. L., Moras, K. (1994) Intimate relationships and depression: Is there a causal connection? Journal of Consulting and Clinical Psychology 62: 1033–1043.

Caccioppo, J..T, Berntson, G. G., Adolphs, R., Carter, C. S., Davidson, R. J., McClintock, M. K., McEwen, B. S., Meaney, M. J., Schacter, D. L., Sternberg, E. M., Suomi, S. S., Taylor, S.E. (2002) Foundations in Social Neuroscience. MIT Press, Cambridge/MA.

Calarge, C., Andreasen, N. C., O'Leary, D. S. (2003) Visualizing how one brain understands another: a PET study of theory of mind. American Journal of Psychiatry 160: 1954–1964.

Calder, A. J., Keane, J., Manes, F., Antoun, N., Young, A. W. (2000) Impaired recognition and experience of disgust following brain injury. Nature Neuroscience 3: 1077–1078.

Campbell, D. (1974) »Downward causation« in hierarchically organized biological systems. In: F. J. Ayala, T. Dobzhansky (Hrsg.) Studies in the philosophy of biology, S. 179–186. University of California Press, Berkeley.

Caramazza, A., Anzellotti, S., Strnad, L., Lingnau, A. (2014) Embodied cognition and mirror neurons: a critical assessment. Annual Review of Neuroscience 37: 1–15.

Carlson, S. M., Moses, L. L. (2001) Individual differences in inhibitory control and children's theory of mind. Child Development 72: 1032–1053.

Carpenter, M., Nagell, K., Tomasello, M., Butterworth, G., Moore, C. (1998) Social cognition, joint attention, and communicative competence from 9 to 15 months of age. Monographs of the Society of Research in Child Development 63 (4, No. 255).

Carruthers, O., Smith, P.K. (1996) Theories of theories of mind. Cambridge University Press, Cambridge.

Cartwright, N. (1999) The dappled world. Cambridge University Press, Cambridge.

Catmur, C., Walsh, V., Heyes, C. (2007) Sensorimotor learning configures the human mirror system. Current Biology 17: 1527–1531.

Catmur, C., Mars, R., Rushworth, M., Heyes, C. (2011) Making mirrors: Premotor cortex stimulation enhances mirror and counter-mirror motor facilitation. Journal of Cognitive Neuroscience 23: 2352–2362.

Chalmers, D. J. (1996) The concious mind. In search of a fundamental theory. New York.

Chalmers, D. J. (2000) What is a neural correlate of consciousness? In: Metzinger, T. (Hrsg.) Neural correlates of consciousness: conceptual and empirical questions. MIT Press, Cambridge/MA.
Chalmers, D. J. (2006) Strong and weak emergence. In: P. Clayton, P. Davies (Hrsg.) The re-emergence of emergence: the emergentist hypothesis from science to religion, S. 244–256. Oxford University Press, Oxford.
Chamberlain, D. (1990) Woran Babys sich erinnern. Die Anfänge unseres Bewusstseins im Mutterleib. Kösel, München.
Chaminade, T., Decety, J. (2002) Leader or follower? Involvement of the inferior parietal lobule in agency. Neuroreport 13: 1975–1978.
Charney, D. S., Barlow, D. H., Botteron, K. et al. (2002) Neuroscience research agenda to guide development of a pathophysiologically based classification system. In: Kupfer, D. J. et al. (Hrsg.) A research agenda for DSM-V. American Psychiatric Association, Arlington.
Chiel, H. J., Beer, R. D. (1997) The brain has a body: adaptive behavior emerges from interactions of nervous system, body and environment. Trends in Neuroscience 20: 553–557.
Chiccetti, D., Carlson, V. (1989) Child maltreatment: theory and research on the causes and consequences of child abuse and neglect. Cambridge Univ Press, New York.
Chisholm, R. (1976) Person and object. Open Court, La Salle/IL.
Churchland, P.M. (1997) Die Seelenmaschine. Eine philosophische Reise in das Gehirn. Spektrum Akademischer Verlag, Heidelberg, Berlin, Oxford.
Ciompi, L. (1989) Affektlogik. Über die Struktur der Psyche und ihre Entwicklung. Ein Beitrag zur Schizophrenieforschung. Stuttgart, Klett-Cotta.
Clarke, R. (2003) Libertarian accounts of free will. Oxford University Press, Oxford.
Clark, A. (2013) Whatever next? Predictive brains, situated agents, and the future of cognitive science. Behavioral and Brain Sciences 36: 181–204.
Cochin, S., Barthelemy, C., Lejeune, B., Roux, S., Martineau, J. (1998) Perception of motion and qEEG activity in human adults. Electroencephalography and Clinical Neurophysiology 107: 287–295.
Colombetti, G. (2013) The feeling body: Affective science meets the enactive mind. MIT Press, Cambridge/MA.
Conrad, K. (1947) Über den Begriff der Vorgestalt und seine Bedeutung für die Hirnpathologie. Nervenarzt 18: 289–306.
Cosmelli, D., Lachaux, J.-P., Thompson, E. (2007) Neurodynamic approaches to consciousness. In: Zelazo, P. D., Moscovitch, M., Thompson, E. (Hrsg.) The Cambridge handbook of consciousness, 731–772. Cambdrige: Cambridge University Press.
Cosmelli, D. Thompson, E. (2010) Embodiment or envatment? Reflections on the bodily basis of consciousness. In: J. Stewart, O. Gapenne, E. Di Paolo (Hrsg.) Enaction. Toward a new paradigm for cognitive science (S. 361–386). MIT Press, Cambridge/MA.
Cox, D. D., Savoy, R. L. (2003) Functional magnetic resonance imaging (fMRI) »brain reading«: detecting and classifying distributed patterns of fMRI activity in human visual cortex. Neuroimage 19: 261–270.
Cozolino, L. (2014) The Neuroscience of Human Relationships: Attachment and the Developing Social Brain. Norton & Co., New York.

Craig, A. D. (2002) How do you feel? Interoception: the sense of the physiological condition of the body. Nature Reviews Neuroscience 3: 655–666.

Craig, A. D. (2003) Interoception: the sense of the physiological condition of the body. Current Opinion in Neurobiology 13: 500–505.

Craver, C. F. (2007) Explaining the brain. Mechanisms and mosaic unity of neuroscience. Clarendon Press, Oxford.

Craver, C. F., Bechtel, W. (2007) Top-down causation without top-down causes. Biology & Philosophy 22: 547–563.

Crick, F. (1994) Was die Seele wirklich ist. Die naturwissenschaftliche Erforschung des Bewusstseins. Artemis u. Winkler, München.

Cross-national Collaborative Group (1992) The changing rate of major depression. Journal of the American Medical Association 168: 3098–3105.

Csibra, G., Gergely, G. (2009) Natural pedagogy. Trends in Cognitive Sciences 13: 148–153.

Csibra, G., Gergely, G. (2011) Natural pedagogy as evolutionary adaptation. Philosophical Transactions of the Royal Society B 366 (1567): 1149–1157.

Cummings, E. M., Davies, P. (1996) Emotional security as a regulatory process in normal development and the development of psychopathology. Development and Psychopathology 8: 123–139.

Damasio, A. (1995) Descartes' Irrtum. Fühlen, Denken und das menschliche Gehirn. List, München.

Damasio, A. (2000) Ich fühle, also bin ich. Die Entschlüsselung des Bewusstseins. List, München.

Damasio, A. (2011) Selbst ist der Mensch: Körper, Geist und die Entstehung des menschlichen Bewusstseins. Siedler, München.

Davidson, D. (1980) Mental Events. In: Ders., Essays on actions and events. Oxford University Press, Oxford. – Dt. in: P. Bieri (Hrsg.) (1993) Analytische Philosophie des Geistes, 2. Aufl., S. 73–92. Athenäum, Bodenheim.

Deacon, T. (2006) Emergence: the whole at the weel's hub. In: P. Clayton, P. Davies (Hrsg.) The re-emergence of emergence. The emergentist hypothesis from science to religion, S. 111–150. Oxford University Press, Oxford.

De Casper, A. J., Fifer, W. P. (1990) Of human bonding. Newborns prefer their mothers' voices. Science 208: 1174–1176.

De Casper, A. J., Spence, M. J. (1986) Prenatal maternal speech influences newborns' perception of speech sounds. Infant Behaviour and Development 9: 133–150.

De Catanzaro, D. A. (1999) Motivation and emotion. Upper Saddle River, NJ: Prentice Hall.

Decety, J., Sommerville, J. A. (2003) Shared representations between self and other: a social cognitive neuroscience view. Trends in Cognitive Science 7: 527–533.

Decety, J., Ickes, W. (2011) The social neuroscience of empathy. MIT Press, Cambridge/MA.

De Dreu, C. K., Greer, L. L., Handgraaf, M. J., Shalvi, S., Van Kleef, G. A., Baas, M., Ten Velden, F. S., Van Dijk, E., Feith, S. W. (2010) The neuropeptide oxytocin regulates parochial altruism in intergroup conflict among humans. Science 328 (5984): 1408–1411.

De Dreu, C. K., Greer, L. L., Van Kleef, G. A., Shalvi, S., Handgraaf, M. J. (2011) Oxytocin promotes human ethnocentrism. Proceedings of the National Academy of Sciences 108: 1262–1266.

De Haan, S. (2020). Enactive psychiatry. Cambridge University Press, Cambridge, UK.

De Jaegher, H., Di Paolo, E., Gallagher, S. (2010) Can social interaction constitute social cognition? Trends in Cognitive Sciences 14: 441-447.
De Kloet, E. R., Joels, M., Holsboer, F. (2005) Stress and the brain: from adaptation to disease. Nature Reviews Neurosciences 6: 463-475.
Dennett, D. C. (1994) Philosophie des menschlichen Bewusstseins. Hoffmann u. Campe, Hamburg.
Deregowsky, J. B. (1973) Illusion and culture. In: R. L. Gregory, E. H. Gombrich (Hrsg.) Illusion in nature and art. Duckworth, London.
Descartes, R. (1959) Meditationes de prima philosophia. Meditationen über die erste Philosophie. Hg. v. L. Gäbe. Meiner, Hamburg.
Descartes, R. (1984) Die Leidenschaften der Seele. Hg. und übs. v. K. Hammacher. Meiner, Hamburg.
de Weerth C., van Hees Y., Buitelaar J. K. (2003) Prenatal maternal cortisol levels and infant behavior during the first 5 months. Early Human Development 74: 139-151.
Dewey, J. (1896) The reflex arc concept in psychology. Psychological Review 3: 357-370.
Dierks, T., Linden, D.E., Jandl, M., Formisano, E., Goebel, R., Lanfermann, H., Singer, W. (1999) Activation of Heschl's gyrus during auditory hallucinations. Neuron 22: 615-621.
Di Paolo, E. (2009) Extended life. Topoi 28: 9-21.
Di Paolo, E., Buhrmann, T., Barandiaran, X. (2017) Sensorimotor life: An enactive proposal. Oxford University Press, Oxford.
Di Paolo, D., De Jaegher, H. (2012) The interactive brain hypothesis. Frontiers in Human Neuroscience 6: 163.
Dittmann, J. (2002) Der Spracherwerb des Kindes. Verlauf und Störungen. Beck, München.
Dornes, M. (1993) Der kompetente Säugling. Die präverbale Entwicklung des Menschen. Fischer, Frankfurt.
Downing, G. (1996) Körper und Wort in der Psychotherapie. Kösel, München.
Doron, G., Kyrios, M. (2005) Obsessive compulsive disorder: A review of possible specific internal representations within a broader cognitive theory. Clinical Psychology Review 25: 415-432.
Dretske, F. (1995) Naturalizing the mind. MIT Press, Cambridge/MA.
Dreyfus, H. L. (1989) Was Computer nicht können: Grenzen künstlicher Intelligenz. Athenäum, Frankfurt/M.
Dreyfus, H. L. (2002) Intelligence without representation - Merleau-Ponty's critique of mental representation. Phenomenology and the Cognitive Sciences 1: 367-383.
Dunbar, R. I. M. (1993) Coevolution of neocortical size, group size and language in humans. Behavioral and Brain Sciences 16: 681-735.
Dunbar, R. I., Schultz, S. (2007) Understanding primate brain evolution. Philosophical Transactions of the Royal Society of London, Biological Sciences 362: 649-58.
Dunn, B. D., Galton, H. C., Morgan, R., et al. (2010) Listening to your heart how interoception shapes emotion experience and intuitive decision making. Psychological Science 21: 1835-1844.
Dupré, J. (2001) Human nature and the limits of science. Oxford University Press, Oxford.
Durt, C., Tewes, C., Fuchs, T. (Hrsg.) (2017) Embodiment, enaction, and culture: Investigating the constitution of the shared world. MIT Press, Cambridge/MA.
Eagleman, D. (2015) The brain: the story of you. Canongate Books, Edinburgh.

Edelman, G. M. (2004) Das Licht des Geistes. Wie Bewusstsein entsteht. Walter, Düsseldorf Zürich.

Edelman, G. M., Tononi, G. (2002) Gehirn und Geist. Wie aus Materie Bewusstsein entsteht. Beck, München.

Ehrenberg, A. (2004) Das erschöpfte Selbst. Depression und Gesellschaft in der Gegenwart. Campus, Frankfurt, New York.

Ehrenberg, A. (2008) Das erschöpfte Selbst. Depression und Gesellschaft in der Gegenwart. Suhrkamp, Frankfurt/M.

Ehrenfels, C. v. (1978) Über »Gestaltqualitäten« (1890) Wiederabgedruckt in: F. Weinhandl (Hrsg.) Gestalthaftes Sehen, S. 11–43. Wissenschaftliche Buchgesellschaft, Darmstadt.

Ehrlich, P. R., Raven, P. H. (1964) Butterflies and plants: a study in co-evolution. Evolution 18: 586–608.

Eisenbach, M., Lengeler, J. W., Varon, M., et al. (2004) Chemotaxis (Vol. 1). Imperial College Press, London.

Eisenberger, N.I., Lieberman, M.D., Satpute, A.B. (2005) Personality from a controlled processing perspective: An fMRI study of neuroticism, extraversion, and self-consciousness. Cognitive, Affective, and Behavioral Neuroscience 5: 169–181.

Ekman, P., Levenson, R. W., Friesen, W. V. (1983) Autonomic Nervous System Activity Distinguishes Among Emotions. Science 221: 1208–1210.

Elbert, T., Pantev, C., Wienbruch, C., Rockstroh, B. (1995) Increased use of the left hand in string players associated with increased cortical repräsentation of the fingers. Science 270: 305–307.

Elbert, T., Rockstroh, B. (2004) Reorganization of human cerebral cortex: the range of changes following use and injury. Neuroscientist 10: 129–141.

Ellis, R. D., Newton, N. (2010) How the mind uses the brain (to move the body and image the universe). Open Court Publishing, Chicago.

Elsner, N. (2000) (Hrsg.) Das Gehirn und sein Geist. Wallstein, Göttingen.

Engel, G. (1977) The need for a new medical model: A challenge for bio-medicine. Science 196: 129–135.

Engel, A. K., König, P., Singer, W. (1994) Bildung repräsentationaler Zustände im Gehirn. In: Singer, W. (Hrsg.) Gehirn und Bewusstsein, 42–46. Spektrum Akademischer Verlag, Heidelberg.

Ennen, E. (2003) Phenomenological coping skills and the striatal memory system. Phenomenology and the Cognitive Sciences 4: 299–325.

Etkin, A., Klemenhagen, K.C., Dudman, J.T., et al. (2004) Individual differences in trait anxiety predict the response of the basolateral amygdala to unconsciously processed fearful faces. Neuron 44: 1043–55.

Falkenburg, B. (2012) Mythos Determinismus. Wieviel erklärt uns die Hirnforschung? Springer, Berlin Heidelberg.

Farroni, T., Csibra, G., Simion, F., Johnson M. H. (2002). Eye contact delectation in humans from birth. Proceedings of the National Academy of Sciences 99: 9602–9605.

Faw, B. (2003) Pre-frontal executive committee for perception, working memory, attention, long-term memory, motor control, and thinking: a tutorial review. Consciousness and Cognition 12: 83–139.

Feuerbach, L. (1985a) Wider den Dualismus von Leib und Seele, Fleisch und Geist (1846). In: Ders. Anthropologischer Materialismus. Ausgewählte Schriften I (Hg. A. Schmidt), S. 165–191. Frankfurt/M., Berlin.

Feuerbach, L. (1985b) Der Spiritualismus der sogenannten Identitätsphilosophie oder Kritik der Hegelschen Psychologie (1863). In: Ders. Anthropologischer Materialismus. Ausgewählte Schriften I (Hg. A. Schmidt), S. 192–209. Frankfurt/M., Berlin.

Fichte, J. G. (1962 ff.) Gesamtausgabe, hrsg. V. R. Lauth und H. Jacob. Stuttgart – Bad Canstatt.

Field, T. M., Woodson, R., Greenberg, R., Cohen, D. (1982) Discrimination and imitation of facial expressions by neonates. Science 218: 179–181.

Flor, H., Braun, C., Elbert, T., Birbaumer, N. (1997) Extensive reorganisation of primary somatosensory cortx in chronic back pain patients. Neuroscience Letters 222: 5–8.

Fodor, J. A. (1983) The modularity of mind: A monograph on faculty psychology. MIT Press, Cambridge/MA.

Fonagy, P., Target, M. (2003) Frühe Bindung und psychische Entwicklung. Beiträge aus Psychoanalyse und Bindungsforschung. Psychosozial-Verlag, Gießen.

Förster, H. v. (1977) Second order concepts: an elliptical parabel of circular causality. General Systems Bulletin 7: 7–11.

Förstl, H. (2006) Theory of Mind. Neurobiologie und Psychologie sozialen Verhaltens. Springer, Berlin, Heidelberg, New York.

Frank, M. (1991) Selbstbewusstsein und Selbsterkenntnis. Essays zur analytischen Philosophie der Subjektivität. Reclam, Stuttgart.

Frank, M. (2007) Lässt sich Subjektivität naturalisieren? In: T. Fuchs, K. Vogeley, M. Heinze (Hrsg.) Subjektivität und Gehirn, S. 29–49. Pabst/Parodos, Berlin.

Freeman, W. J. (1991) The physiology of perception. Scientific American 264: 78–85.

Freud, S. (1911) Formulierung über die zwei Prinzipien des psychischen Geschehens. GW Bd. 8, S. 229–238. Fischer, Frankfurt.

Freud, S. (1917) Vorlesungen zur Einführung in die Psychoanalyse. GW Bd. 11. Fischer, Frankfurt.

Friston, K. J. (1994) Functional and effective connectivity in neuroimaging: a synthesis. Human brain mapping 2: 56–78.

Friston, K.J., Harrison, L., Penny, W. (2003) Dynamic causal modelling. Neuroimage 19: 1273–1302.

Frith, C. D., Frith, U. (1999) Interacting minds – a biological basis. Science 286: 1692–1695.

Fuchs, T. (2000a) Leib, Raum, Person. Entwurf einer phänomenologischen Anthropologie. Klett-Cotta, Stuttgart.

Fuchs, T. (2000b) Psychopathologie von Leib und Raum. Steinkopff, Darmstadt.

Fuchs, T. (2000c) Das Gedächtnis des Leibes. Phänomenologische Forschungen 5: 71–89.

Fuchs, T. (2001) Melancholia as a desynchronization. Towards a psychopathology of interpersonal time. Psychopathology 34: 179–186.

Fuchs, T. (2002) Der Begriff der Person in der Psychiatrie. Nervenarzt 73: 239–246.

Fuchs, T. (2004) Neurobiology and psychotherapy: an emerging dialogue. Current Opinions in Psychiatry 17: 479–485.

Fuchs, T. (2005) Corporealized and disembodied minds. A phenomenological view of the body in melancholia and schizophrenia. Philosophy, Psychiatry & Psychology 12: 95–107.

Fuchs, T. (2006a) Gibt eine leibliche Persönlichkeitsstruktur? Ein phänomenologisch-psychodynamischer Ansatz. Psychodynamische Psychotherapie 5: 109–117.

Fuchs, T. (2006b) Psychotherapie des »gelebten Raums«. Eine phänomenologisch-ökologische Konzeption. In: Psycho-Logik. Jahrbuch für Psychotherapie, Philosophie und Kultur 1: 286–303.

Fuchs, T. (2006c) Ethical issues in neuroscience. Current Opinions in Psychiatry 19: 600–607.

Fuchs, T. (2007) Was heißt ›sich entscheiden‹? Zur Phänomenologie der Entscheidung. In: T. Buchheim, T. Pietrek (Hrsg.) Freiheit auf Basis von Natur?, S. 101–117. Mentis, Paderborn.

Fuchs, T. (2008) Leib und Lebenswelt. Neue philosophisch-psychiatrische Essays. Die Graue Edition, Kusterdingen.

Fuchs, T. (2009) Embodied cognitive neuroscience and its consequences for psychiatry. Poiesis and Praxis 6: 219–233.

Fuchs, T. (2010a) Personale Freiheit. Ein libertarisches Freiheitskonzept auf der Grundlage verkörperter Subjektivität. In: Fuchs, T., Schwarzkopf, G. (Hrsg.) Verantwortlichkeit – nur eine Illusion?, S. 205–230. Winter, Heidelberg.

Fuchs, T. (2010b) Subjectivity and Intersubjectivity in Psychiatric Diagnosis. Psychopathology 43: 268–274.

Fuchs, T. (2011) The brain – a mediating organ. Journal of Consciousness Studies 18: 196–221.

Fuchs, T. (2012a) The phenomenology of body memory. In: Koch, S., Fuchs, T., Summa, M., Müller, C. (Hrsg.) Body Memory, Metaphor and Movement, S. 9–22. John Benjamins, Amsterdam.

Fuchs, T. (2012b) The feeling of being alive. In: Fingerhut, J., Marienberg, S. (Hrsg.), Feelings of Being Alive, S. 149–166. De Gruyter, Berlin New York.

Fuchs, T. (2013a) The phenomenology and development of social perspectives. Phe-nomenology and the Cognitive Sciences 12: 655–683.

Fuchs, T. (2014) Verkörperte Emotionen – Wie Gefühl und Leib zusammenhängen. Psychologische Medizin 25: 13–20.

Fuchs, T. (2015a) Wege aus dem Ego-Tunnel. Zur gegenwärtigen Bedeutung der Phänomenologie. Deutsche Zeitschrift für Philosophie 63: 801–823.

Fuchs, T. (2015b) Subjektivität und Intersubjektivität. Zur Grundlage psychiatrischer und psychotherapeutischer Diagnostik. Kontext. Zeitschrift für Systemische Therapie und Familientherapie 46: 27–41

Fuchs, T. (2016a) The embodied development of language. In: G. Etzelmüller, C. Tewes (Hrsg.) Embodiment in Evolution and Culture, S. 107–128. Mohr Siebeck, Tübingen.

Fuchs, T. (2016b). Embodied knowledge – embodied memory. In: S. Rinofner-Kreidl, H. Wiltsche (Hrsg.) Analytic and Continental Philosophy. Proceedings of the 37th International Wittgenstein Symposium, S. 215–229. De Gruyter, Berlin.

Fuchs, T (2017a) Self across Time: The Diachronic Unity of Bodily Existence. Phenomenology and the Cognitive Sciences 16: 291–315.

Fuchs, T. (2017b) Collective body memories. In: Durt, C., Tewes, C., Fuchs, T. (Hrsg.) Embodiment, enaction and culture. Investigating the constitution of the shared world, S. 333-352. MIT Press, Cambridge, Mass.

Fuchs, T. (2017c) Intercorporeality and interaffectivity. In: C. Meyer, J. Streeck & S. Jordan (Hrsg.) Intercorporeality: Emerging Socialities in Interaction. Oxford University Press, Oxford.

Fuchs, T. (2017d) Levels of empathy. In: V. Lux, S. Weigel (Hrsg.) Empathy. Epistemic problems and cultural-historical perspectives of a cross-disciplinary concept, S. 27-48. Palgrave Macmillan, Basingstoke.

Fuchs, T. (2020a) Wahrnehmung und Wirklichkeit. Skizze eines interaktiven Realismus. In: Ders., Verteidigung des Menschen. Grundfragen einer verkörperten Anthropologie, S. 146-176. Suhrkamp, Frankfurt/M.

Fuchs, T. (2020b) Delusion, reality and intersubjectivity: A phenomenological and enactive analysis. Philosophy, Psychiatry & Psychology 27: 61-79.

Fuchs, T. (2020c) Randzonen der Erfahrung. Beiträge zur phänomenologischen Psychopathologie. Alber, Freiburg.

Fuchs, T. (2020d) Selbsterleben und Selbststörungen. In: Fuchs, T., Breyer, T. (Hrsg.) Selbst und Selbststörungen, S. 31-65. Alber, Freiburg.

Fuchs, T. (2020e) Menschliche und künstliche Intelligenz. Eine Klarstellung. In: ders., Verteidigung des Menschen. Grundfragen einer verkörperten Anthropologie, S. 21-69. Suhrkamp, Frankfurt/M.

Fuchs, T. (2020f) The circularity of the embodied mind. Frontiers in Psychology 11: 1707.

Fuchs, T. (2023) Psychiatrie als Beziehungsmedizin. Ein ökologisches Paradigma. Kohlhammer, Stuttgart.

Fuchs, T. (2024). Verkörperte Gefühle. Zur Phänomenologie von Affektivität und Interaffektivität. Suhrkamp, Berlin.

Fuchs, T., De Jaegher, H. (2009) Enactive Intersubjectivity: Participatory sense-making and mutual incorporation. Phenomenology and the Cognitive Sciences 8: 465-486.

Fuchs, T., Koch, S. (2014) Embodied affectivity: on moving and being moved. Frontiers in Psychology. Psychology for Clinical Settings 5: Article 508, S. 1-12.

Fuchs, T., Iwer, L., Micali, S. (Hrsg.) (2018) Das überforderte Subjekt. Zeitdiagnosen einer beschleunigten Gesellschaft. Suhrkamp, Frankfurt/M.

Fuster, J. M. (2001). The prefrontal cortex-an update: time is of the essence. Neuron 30: 319-333.

Gabbard, G. O. (2000) A neurobiologically informed perspective on psychotherapy. British Journal of Psychiatry 177: 117-122.

Gadamer, H.-G. (1996) Über die Verborgenheit der Gesundheit. Suhrkamp, Frankfurt.

Gallagher, S. (2005) How the body shapes the mind. Clarendon Press, Oxford.

Gallese, V. (2001) The ›shared manifold‹ hypothesis. From mirror neurons to empathy. Journal of Consciousness Studies 8: 33-50.

Gallese, V. (2002) The roots of empathy: the shared manifold hypothesis and the neural basis of intersubjectivity. Psychopathology 36: 171-180.

Gallese, V., Goldman, A. (1998) Mirror neurons and the simulation theory of mind reading. Trends in Cognitive Science 12: 493-501.

Gallese, V., Metzinger, T. (2003) Motor ontology: the representational reality of goals, actions and selves. Philosophical Psychology 16: 365–388.

Gallese, V., Umiltà, M. A. (2002) From self-modeling to the self model: agency and the representation of the self. Neuro-Psychoanalysis 4: 35–40.

Gazzaniga, M. S. (2005) The ethical brain. University of Chicago Press, Chicago.

Gergely, G., Bekkering, H., Kiraly, I. (2002) Rational imitation in preverbal infants. Nature 415: 755.

Ghaemi, S. N. (2010) The rise and fall of the biopsychosocial model: Reconciling art and science in psychiatry. Johns Hopkins University Press, Baltimore.

Gibson, J. J. (1979) The ecological approach to visual perception. Houghton Mifflin, Boston.

Gibbs, R. W., Van Orden, G. C. (2010) Adaptive cognition without massive modularity. Language and Cognition 2: 149–176.

Glannon, W. (2002) Depression as a mind-body problem. Philosophy, Psychiatry & Psychology 9: 243–254.

Goldapple, K., Segal, Z., Garson, C., et al. (2004) Modulation of cortical-limbic pathways in major depression. Treatment-specific effects of cognitive behavior therapy. Archives of General Psychiatry 61: 34–41.

Goldman, A., Gallese, V. (2000) Reply to Schulkin. Trends in Cognitive Science 4: 255–256.

Gomes, G. (1998) The timing of conscious experience: A critical review and reinterpretation of Libet's research. Consciousness and Cognition 7: 559–595.

Grafton, S. T., Fadiga, L., Arbib, M. A., Rizzolatti, G. (1997) Premotor cortex activation during observation and naming of familiar tools. Neuroimage 6: 231–236.

Graham, G. (2013) The disordered mind. An introduction to philosophy of mind and mental illness, 2. Aufl. Taylor & Francis, New York.

Grawe, K. (1998) Psychologische Therapie. Hogrefe, Göttingen Bern Toronto.

Grawe, K. (2004) Neuropsychotherapie. Hogrefe, Göttingen.

Graybiel, A. M. (1998) The basal ganglia and chunking of action repertoires. Neurobiology of Learning and Memory 70: 119–136.

Graybiel, A. M. (2005) The basal ganglia: learning new tricks and loving it. Current opinion in neurobiology 15: 638–644.

Gregory, R. L. (1966) Eye and brain: The psychology of seeing. McGraw Hill, New York.

Griesinger, W. (1861) Die Pathologie und Therapie der psychischen Krankheiten für Ärzte und Studirende. 2. Aufl. Krabbe, Stuttgart.

Grossmann, K. E., Grossmann, K., Winter, M., Zimmermann, P. (2002) Attachment relationships and appraisal of partnership: from early experience of sensitive support to later relationship representation. In: L. Pulkkinen, A. Caspi (Hrsg.) Personality in the life course: paths to successful development, S. 73–105. Cambridge University Press, Cambridge.

Gündel, H., O'Connor, M. F., Littrell, L., Fort, C., Lane, R. D. (2003) Functional neuroanatomy of grief: an FMRI study. American Journal of Psychiatry 160: 1946–1953.

Haag, A. (2007) Biomarkers trump behavior in mental illness diagnosis. Nature Medicine 13: 3–4.

Habermas, J. (2004) Freiheit und Determinismus. Deutsche Zeitschrift für Philosophie 52: 871–890.

Hagner, M. (1997) Homo cerebralis. Der Wandel vom Seelenorgan zum Gehirn. Wissenschaftliche Buchgesellschaft, Darmstadt.
Haken, H. (1993) Advanced synergetics. 3. Aufl. Springer, Berlin.
Haken, H., Haken-Krell, M. (1997) Gehirn und Verhalten. DVA, Stuttgart.
Haken, H., Stadler, M. (Hrsg.) (1990). Synergetics of cognition. Springer, Berlin New York
Halbwachs, M. (1967) Das kollektive Gedächtnis. Enke, Stuttgart.
Hardcastle, V. G., Stewart, C. M. (2002) What do brain data really show? Philosophy of Science 69: S72-S82.
Hari, R., Forss, N., Avikainen, S., Kirveskari, E., Salenius, S., Rizzolatti, G. (1998) Activation of human primary motor cortex during action observation: a neuromagnetic study. Proceedings of the National Academy of Sciences USA 95: 15061-1565.
Hartmann, D. (1996) Methodischer Kulturalismus. Zwischen Naturalismus und Postmoderne. Suhrkamp, Frankfurt.
Hartmann, D. (1998) Philosophische Grundlagen der Psychologie. Wissenschaftliche Buchgesellschaft, Darmstadt.
Hartmann, D. (2000) Willensfreiheit und die Autonomie der Kulturwissenschaften. Handlung, Kultur, Interpretation 9: 66-103.
Hastedt, H. (1989) Das Leib-Seele-Problem. Zwischen Naturwissenschaft des Geistes und kultureller Eindimensionalität. Suhrkamp, Frankfurt/M.
Havas, M., Gutowski, K. A., Lucarelli, M. J., Davidson, R. J. Havas, D. A., Glenberg, A. (2010) Cosmetic use of Botulinum Toxin-A affects processing of emotional language. Psychological Science 21: 95-900.
Heidegger, M. (1927/1986) Sein und Zeit. Niemeyer, Tübingen.
Heidegger, M. (1975) Die Grundprobleme der Phänomenologie. Klostermann, Frankfurt/M.
Heim, C., E., Binder, B. (2012) Current research trends in early life stress and depression: Review of human studies on sensitive periods, gene-environment interactions, and epigenetics. Experimental Neurology 233: 102-111.
Heisenberg, M. (1997) Das Gehirn des Menschen aus biologischer Sicht. In: H. Meier, D. Ploog (Hrsg.) Der Mensch und sein Gehirn. Die Folgen der Evolution, S. 157-186. Piper, München.
Held, R., Hein, A. (1963) Movement-Produced Stimulation in the Development of Visually Guided Behavior. Journal of Comparative Physiology and Psychology 56: 872-876.
Helmrich, H. (2004) Wir können auch anders: Kritik der Libet-Experimente. In: C. Geyer (Hrsg.) Hirnforschung und Willensfreiheit, S. 92-97. Suhrkamp, Frankfurt.
Henningsen, P., Kirmayer, L.J. (2000) Mind beyond the net: Implications of cognitive neuroscience for cultural psychiatry. Transcultural Psychiatry 37: 467-494.
Henrich, D. (1970) Selbstbewusstsein. Kritische Einleitung in eine Theorie. In: R. Bubner (Hrsg.) Hermeneutik und Dialektik, Bd. I, S. 257-284. Mohr, Tübingen.
Henry, M. (1963) L'Essence de la manifestation. PUF, Paris.
Herbert, B. M., Herbert, C., & Pollatos, O. (2011) On the relationship between interoceptive awareness and alexithymia: is interoceptive awareness related to emotional awareness? Journal of Personality 79: 1149-1175.
Herrmann, C. S., Pauen, M., Byoung-Kyong, M., Busch, N. A., Rieger, J. W. (2008) Analysis of a choice-reaction task yields a new interpretation of Libet's experiments. International Journal of Psychophysiology 67: 151-157

Herpertz, S.C., Sass, H., Favazza, A. (1997) Impulsivity in self-mutilative behavior: psychometric and biological findings. Journal of Psychiatric Research 31: 451–465.

Hickok, G. (2014) The myth of mirror neurons: The real neuroscience of communication and cognition. Norton & Co., New York.

Hidaka, B. H. (2012) Depression as a disease of modernity: explanations for increasing prevalence. Journal of Affective Disorders 140: 205–214.

Highstein, S. M. (1991) The central nervous system efferent control of the organs of balance and equilibrium. Neuroscience Research 12: 13–30.

Hirshberg, L. M., Svejda, M. (1990) When Infants Look to Their Parents: I. Infants' Social Referencing of Mothers Compared to Fathers. Child Development 61: 1175–1186.

Hobson, R. P. (2002) The cradle of thought. London: Macmillan

Hofer, M. A. (2001) Origins of attachment and regulation of development within early social interactions: from animal to human. In: Kalverboer, A. F., Gramsberg, A. (Hrsg.) Handbook of brain and behaviour in human development, S. 821–840. Kluwer Academic Publishers, Dordrecht, Boston, London.

Hoffman, D. D. (2000) Visuelle Intelligenz. Wie die Welt im Kopf entsteht. Klett-Cotta, Stuttgart.

Holst, E. V., Mittelstaedt, H. (1950) Das Reafferenzprinzip. Naturwissenschaften 37: 464–476.

Hornik, R., Risenhoover, N., Gunnar, M. (1987) The Effects of Maternal Positive, Neutral, and Negative Affective Communications on Infant Responses to New Toy. Child Development 58: 937–944.

Huizink A. C., de Medina P. G., Mulder E. J., Visser G.H., Buitelaar J. K. (2002) Psychological measures of prenatal stress as predictors of infant temperament. Journal of the American Academy of Child Adolescent Psychiatry 41: 1078–85.

Huizink A. C., Robles de Medina P. G., Mulder E. J., Visser G. H., Buitelaar J. (2003) Stress during pregnancy is associated with developmental outcome in infancy. Journal of Child Psychological Psychiatry 44: 810–818.

Humphrey, N. (1978) Nature's psychologists. New Scientist 78: 900–903.

Husserl, E. (1950) Ideen zu einer reinen Phänomenologie und phänomenologischen Philosophie I. Husserliana Bd. 3/1. Nijhoff, Den Haag.

Husserl, E. (1952) Ideen zu einer reinen Phänomenologie und phänomenologischen Philosophie II. Husserliana Bd. 4. Nijhoff, Den Haag.

Husserl, E. (1969) Vorlesungen zur Phänomenologie des inneren Zeitbewusstseins (1893–1917) Hrsg. von R. Boehm. Husserliana Bd. 10. Nijhoff, Den Haag.

Husserl, E. (1973) Zur Phänomenologie der Intersubjektivität. Texte aus dem Nachlass II. 1921–28. Hrsg. von I. Kern. Husserliana Bd. 14. Nijhoff, Den Haag.

Hüther, G., Krens, I. (2005) Das Geheimnis der ersten neun Monate. Unsere frühesten Prägungen. Patmos/Walter Verlag, Düsseldorf, Zürich.

Hüther, G., Adler, L., Rüther, E. (1999) Die neurobiologische Verankerung psychosozialer Erfahrungen. Zeitschrift für psychosomatische Medizin 45: 2–17.

Hutchison, W. D., Davis, K. D., Lozano, A. M., Tasker, R. R., Dostrovsky, J. O. (1999) Pain-related neurons in the human cingulate cortex. Nature Neuroscience 2: 403–405.

Hutter, A. (2006) Geistige Objektivität. Eine systematische Erweiterung des Leib-Seele-Problems. In: Hermanni, F., Buchheim, T. (2006) Das Leib-Seele-Problem. Antwortver-

suche aus medizinisch-naturwissenschaftlicher, philosophischer und theologischer Sicht, S. 181–196. Fink, München.
Hyman, S. E. (2003) Diagnosing disorders. Scientific American 289: 96–103.
Insel, T. R., Young, L. R. The neurobiology of attachment. Nature Neuroscience 2001; 2: 129–136.
Insel, T. R., Quirion, R. (2005) Psychiatry as a clinical neuroscience discipline. Journal of the American Medical Association 294: 2221–2224.
Insel, T. R., Wang, P. S, (2010) Rethinking mental illness. Journal of the American Medical Association 303 (19): 1970–1971.
Irle, G. (1977) Rausch und Wahnsinn bei Gottfried Benn und Stephan Heym. In: Kudszus, W. (Hrsg.) Literatur und Schizophrenie: Theorie und Interpretation eines Grenzgebiets, S. 104–112. Dtv, München.
Jackson, J. H. (1958). Selected Writings of John Hughlings Jackson, vol 2: On the evolution and dissolution of the nervous system. Basic Books, New York.
Jacob, P., Jeannerod, M. (2003) Ways of seeing. The scope and limits of visual cognition. Oxford University Press, Oxford, New York.
Jacob, P., Jeannerod, M. (2004) The motor theory of social cognition. A critique. Trends in Cognitive Science 9: 21–25.
Järvilehto, T. (1998a) The theory of the organism-environment system I. Description of the theory. Integrative Physiological and Behavioral Science 33: 321–334.
Järvilehto, T. (1998b) The theory of the organism-environment system II. Significance of nervous activity in the organism-environment system. Integrative Physiological and Behavioral Science 33: 335–342.
James, W. (1884) Principles of Psychology. Dt. Übs. v. M. Dürr, Leipzig 1909.
James, W. (1983) What Is an Emotion? In: Essays in Psychology. Harvard Univ. Press, Cambridge/Mass.
Janich, P. (1996) Konstruktivismus und Naturerkenntnis. Auf dem Weg zum Kulturalismus. Suhrkamp, Frankfurt/M.
Janich, P. (2006) Was ist Information? Kritik einer Legende. Suhrkamp, Frankfurt/M.
Jeannerod, M. (1995) Mental imagery in the motor context. Neuropsychologia 33: 1419–1432.
Jeannerod, M. (1997) The cognitive neuroscience of action. Blackwell, Oxford.
Jeannerod, M., Decety, J. (1995) Mental motor imagery: a window into the representational stages of action. Current Opinion in Neurobiology 5: 727–732.
Jaspers, K. (1919) Psychologie der Weltanschauungen. Springer, Berlin.
Jaspers, K. (1973) Allgemeine Psychopathologie. 9. Aufl. Springer, Berlin Heidelberg New York.
Johansson, R. S., Westling, G. (1988) Coordinated isometric muscle commands adequately and erroneously programmed for the weight during lifting task with precision grip. Experimental Brain Research 71: 59–71
Johnson, S.C., Baxter, L.C., Wilder, L.S., et al. (2002) Neural correlates of self-reflection. Brain 125: 1808–1814.
Jonas, H. (1973) Organismus und Freiheit. Ansätze zu einer philosophischen Biologie. Vandenhoeck & Ruprecht, Göttingen.
Jonas, H. (1987) Macht oder Ohnmacht der Subjektivität? Suhrkamp, Frankfurt/M.

Juarrero, A. (1999) Dynamics in action: intentional behaviour as a complex system. MIT Press, Cambridge/MA.

Kaan, E., Swaab, T.Y. (2002) The brain circuitry of syntactic comprehension. Trends in Cognitive Science 6: 350–356.

Kaeser, E. (1996) Gehirn und Ich. Zwei Hauptakteure des Geistes? Philosophia naturalis 33, 83–117.

Kambartel, F. (1993) Kann es gehirnphysiologische Ursachen unseres Handelns geben? In: Elephandt, A., Wolters, G. (Hrsg.) Denkmaschinen? Interdisziplinäre Perspektiven zum Thema Gehirn und Geist, S. 215–227. Universitätsverlag, Konstanz.

Kamitani, Y., Tong, F. (2005) Decoding the visual and subjective contents of the human brain. Nature neuroscience 8: 679–685.

Kandel, E.R., Kupfermann, I. (1996) Von den Nervenzellen zur Kognition. In: Kandel, E. R., Schwartz, J. H., Jessel, T. M. (Hrsg.) Neurowissenschaften, S. 327–352. Spektrum Akademischer Verlag, Heidelberg, Berlin, Oxford.

Kandel, E. R. (2001) Psychotherapy and the single synapse. The impact of psychiatric thought on neurobiological research. Journal of Neuropsychiatry and Clinical Neuroscience 13: 290–300.

Kant, I. (1974a) Kritik der reinen Vernunft. Suhrkamp, Frankfurt/M.

Kant, I. (1974b) Kritik der Urteilskraft. Meiner, Hamburg.

Kant, I. (1905) Träume eines Geistersehers. In: Werke, hg. v. d. Preußischen Akademie der Wissenschaften, Bd. 2. Reimer, Berlin.

Keil, G. (2007) Willensfreiheit. De Gruyter, Berlin.

Kelso, J. A. S. (1995) Dynamic patterns: The self-organization of brain and behavior. MIT Press, Cambridge/MA.

Kemmerling, A. (2000) Ich, mein Gehirn und mein Geist: Echte Unterschiede oder falsche Begriffe? In: N. Elsner, G. Lüer (Hrsg.) Das Gehirn und sein Geist, S. 223–241. Wallstein Verlag, Göttingen.

Kendal, J. R. (2011) Cultural niche construction and human learning environments: Investigating sociocultural perspectives. Biological Theory 6: 241–250.

Kendler, K. S., Kessler, R. C. (1993) The prediction of major depression in women: Toward an integrated etiological model. American Journal of Psychiatry 150: 1139–1148.

Kendler, K. S., MacLean, C., Neale, M., Kessler, R., Heath, A., Eaves, L. (1995) Stressful life events, genetic liability and onset of an episode of major depression in women. American Journal of Psychiatry 152: 833–842.

Kessler, R. C., Angermeyer, M., Anthony, J. C., De Graaf, R. O. N., Demyttenaere, K., Gasquet, I. et al. (2007). Lifetime prevalence and age-of-onset distributions of mental disorders in the World Health Organization's World Mental Health Survey Initiative. World Psychiatry 6: 168–176.

Keysers, C., E. Kohler, M. A. Umiltà, L. Nanetti, L. Fogassi, Gallese, V. (2003) Audiovisual mirror neurons and action recognition. Experimental Brain Research 153: 628–636.

Kilgard, M. P., Merzenich, M. M. (1998) Cortical map reorganization enabled by nucleus basalis activity. Science 279: 1714–1718.

Kim, J. (1993) Supervenience and Mind: Selected Philosophical Essays. Cambridge University Press, Cambridge.

Kim, J. (2006). Being realistic about emergence. In: P. Clayton, P. Davies (Hrsg.) The reemergence of emergence. The emergentist hypothesis from science to religion, S. 189-202. Oxford University Press, Oxford.
Kimura, B. (1995) Zwischen Mensch und Mensch. Strukturen japanischer Subjektivität. Wissenschaftliche Buchgesellschaft, Darmstadt.
Kircher, T., David, A. S. (2003) Self-consciousness: an integrative approach from philosophy, psychopathology and the neurosciences. In: Kircher, T., David, A. S., The self in neuroscience and psychiatry, S. 445-466. Cambridge University Press, Cambridge, New York.
Kirmayer, L. J., Gold, I. (2012) Re-Socializing Psychiatry. In: S. Choudhury, S. K. Nagel, J. Slaby (Hrsg.) Critical Neuroscience, S. 305-330. Wiley-Blackwell, London.
Kirk, R. (2008) The inconceivability of zombies. Philosophical Studies 139: 73-89.
Kleist, H. v. (1964) Über die allmähliche Verfertigung der Gedanken beim Reden. In: Sämtliche Werke, hrsg. P. Stampf, S. 1032-1037. Deutsche Buchgemeinschaft, Berlin, Darmstadt, Wien.
Klosterkötter, J. (1988) Basissymptome und Endphänomene der Schizophrenie. Springer, Berlin Heidelberg New York.
Kluge, F. (1989) Etymologisches Wörterbuch der Deutschen Sprache. 22. Aufl. De Gruyter, Berlin New York
Koch, S. C., Morlinghaus, K., Fuchs, T. (2007) The joy dance. Specific effects of a single dance intervention on psychiatric patients with depression. The Arts in Psychotherapy 34: 340-349.
Koelsch, S. (2005) Ein neurokognitives Modell der Musikperzeption. Musiktherapeutische Umschau 26: 365-381.
Koelsch, S., Fritz, T., Schulze, K., Alsop, D., Schlaug, G. (2005) Adults and children processing music: An fMRI study. Neuroimage 25: 1068-1076.
Koffka, K. (1925) Die Grundlagen der psychischen Entwicklung. Eine Einführung in die Kinderpsychologie. Zickfeldt, Hannover. - Nachdruck der 2. Aufl. (1966) Wissenschaftliche Buchgesellschaft, Darmstadt.
Kohler, E., Keysers, C., Umiltà, A., Fogassi, L., Gallese, V., Rizzolatti, G. (2002) Hearing sounds, understanding actions: action representation in mirror neurons. Science 297: 846-848.
Kohler, I. (1951) Über Aufbau und Wandlungen der Wahrnehmungswelt. Österreichische Akademie der Wissenschaften, Wien.
Kornhuber, H. H., Deecke, L. (1965) Hirnpotentialänderungen bei Willkürbewegungen und passiven Bewegungen des Menschen: Bereitschaftspotential und reafferente Potentiale. Pflügers Archiv 284: 1-17.
Kotchoubey, B., Tretter, F., Braun, H. A., Buchheim, T., Draguhn, A., Fuchs, T., et al. (2016) Methodological problems on the way to integrative human neuroscience. Frontiers in Integrative Neuroscience 10: Art. 41, 1-19.
Krach, S., Cohrs, J. C., de Echeverría Loebell, N. C., Kircher, T., Sommer, J., Jansen, A., Paulus, F. M. (2011) Your flaws are my pain: linking empathy to vicarious embarrassment. PLoS One 6: e18675.
Krause, R. (1997) Allgemeine psychoanalytische Krankheitslehre. Band 1. Kohlhammer, Stuttgart.

Kronz, F. M., Tiehen, J. T. (2002) Emergence and quantum mechanics. Philosophy of Science 69: 324–347.

Krueger, J. (2013) Ontogenesis of the socially extended mind. Cognitive Systems Research 25: 40–46.

Kvaale, E. P., Haslam, N., Gottdiener, W. H. (2013) The ›side effects‹ of medicalization: A meta-analytic review of how biogenetic explanations affect stigma. Clinical Psychology Review 33: 782–794.

Laan, E., Everaerd, W., van der Velde, J., Geer, J. H. (1995) Determinants of subjective experience of sexual arousal in women: Feedback from genital arousal and erotic stimulus content. Psychophysiology 32: 444–451.

Laird, J. (1984) The real role of facial response in the experience of emotion. Journal of Personality and Social Psychology 47: 909–917.

Lakoff, G., Johnson, M. (1999) Philosophy in the flesh: The embodied mind and its challenge to western thought. Basic books, New York.

Langleben, D.D., Schroeder, L., Maldjian, J. A., et al. (2002) Brain activity during simulated deception: an event-related functional magnetic resonance study. Neuroimage 15: 727–32.

Leder, D. (1990) The absent body. University of Chicago Press, Chicago.

LeDoux, J. E. (1998) Das Netz der Gefühle. Wie Emotionen entstehen.

LeDoux, J. E. (2002) The synaptic self: How our brains become who we are. Viking, New York.

Lee, W.-C. A., Huang, H., Feng, G., et al. (2006) Dynamic Remodeling of Dendritic Arbors in GABAergic interneurons of Adult Visual Cortex. PLoS Biology 4 (2) e29 (www.plosbiology.org).

Leibniz, G. W. (1959) Neue Abhandlungen über den menschlichen Verstand. Bd. I. Wissenschaftliche Buchgesellschaft, Darmstadt.

Levine, J. (1983) Materialism and qualia: The explanatory gap. Pacific Philosophical Quarterly 64: 354–361.

Levine, S. (2002) Regulation of the hypothalamic-pituitary-adrenal axis in the neonatal rat: The role of maternal behaviour. Neurotoxicity Research 4: 557–564.

Lewandowsky, L. (2000) (Hrsg.) Gehirn und Denken – Kosmos im Kopf. Hatje Cantz, Ostfildern-Ruit.

Libet, B. (1985) Unconscious cerebral initiative and the role of conscious will in voluntary action. Behavioral and Brain Sciences 8: 529–566.

Liberman, M.C., Dodds, L. W., Pierce, S. (1990) Afferent and efferent innervation of the cat cochlea: quantitative analysis with light and electron microscopy. Journal of Comparative Neurology 301: 443–460.

Lichtenberg, G. C. (1973) Schriften und Briefe. Hrsg. W. Promies, Bd. 1, Sudelbücher. 3. Aufl., Hanser, München.

Lin, M. (2004) Spinoza's metaphysics of desire. Archiv für Geschichte der Philosophie 86: 21–55.

Linehan, M. M. (1993) Cognitive-behavioral treatment of borderline personality disorder. Guilford, New York.

Liszkowski, U., Carpenter, M., Striano, T., Tomasello M. (2006) 12- and 18-month-olds point to provide information for others. Journal of Cognition and Development 7: 173–187.

Locke, J. (2006): Versuch über den menschlichen Verstand. Übs. von Carl Winkler. Meiner, Hamburg
Lorenz, K. (1973) Die Rückseite des Spiegels. Versuch einer Naturgeschichte menschlichen Erkennens. 2. Aufl. Piper, München.
Mack, A., Rock, I. (1998) Inattentional blindness. MIT Press, Cambridge/MA.
Maguire, E. A., Gadian, D. G., Johnsrude, I. S., Good, C. D., Ashburner, J., Frackowiak, R. S., Frith C. D. (2000) Navigation-related structural change in the hippocampi of taxi drivers. Proceedings of the National Academy of Sciences USA 97: 4398–4403.
Maier, W., Helmchen, H., Sass, H. (2005) Hirnforschung und Menschenbild im 21. Jahrhundert. Nervenarzt 76: 543–545.
Malloch, S. N. (1999) Mothers and infants and communicative musicality. Musicae Scientiae 3: 29–57.
Mampe, B., Friederici, A. D., Christophe, A., Wermke, K. (2009) Newborns' cry melody is shaped by their native language. Current Biology 19: 1994–1997.
Margulis, L., Sagan, D. (1995) What is life? Simon & Schuster, New York.
Markowitsch, H. J., Welzer, H. (2005) Das autobiographische Gedächtnis. Hirnorganische Grundlagen und biosoziale Entwicklung. Klett-Cotta, Stuttgart.
Martin, S. D., Martin, E., Rai, S. S., et al. (2001) Brain blood flow changes in depressed patients treated with interpersonal psychotherapy or venlafaxine hydrochloride. Archives of General Psychiatry 58: 641–548.
Martinez-Conde, S., Macknik, S. L., Troncoso, X. G., Dyar, T. A. (2006) Microsaccades counteract visual fading during fixation. Neuron 49: 297–305.
Maturana, H. R., Varela, F. J. (1987) Der Baum der Erkenntnis. Die biologischen Wurzeln menschlichen Erkennens. Scherz, Bern München.
Mayberg, H. S., Silva, J. A., Brannan, S. K., et al. (2002) The functional neuroanatomy of the placebo effect. American Journal of Psychiatry 159: 728–737.
Mayr, E. (1979) Evolution und die Vielfalt des Lebens. Springer, Berlin Heidelberg.
Maturana, H. R., Varela, F. J. (1987) Der Baum der Erkenntnis. Die biologischen Wurzeln menschlichen Erkennens. Scherz, Bern München.
McCabe, R., Priebe, S. (2004) The therapeutic relationship in the treatment of severe mental illness: A review of methods and findings. International Journal of Social Psychiatry 50: 115–128.
McCulloch, G. (2003) The Life of the Mind. An essay on phenomenological externalism. Routledge, London, New York.
McEwen, B. (1999) Stress and the brain. In: R. Conlan (Hrsg.) States of mind, S. 81–101. Wiley, New York.
McGuire, M. T., Raleigh, M. J., Johnson, C. (1983) Social dominance in adult male vervet monkeys: Behavior-biochemical relationships. Social Science Information 22: 311–328.
McMullen, E., Saffran, J. R. (2004) Music and language: A developmental comparison. Music Perception: An Interdisciplinary Journal 21: 289–311.
McLaren, N. (1998) A critical review of the biopsychosocial model. Australasian Psychiatry 32: 86–92.
Mead, G. H. (1973) Geist, Identität und Gesellschaft. Suhrkamp, Frankfurt.

Meaney, J. M. (2001) Maternal care, gene expression, and the transmission of individual difference in stress reactivity across generations. Annual Revue of Neuroscience 24: 1161–1192.

Mechelli, A., Price, C. J., Friston, K. J., Ishai, A. (2004) Where bottom-up meets top-down: neuronal interactions during perception and imagery. Cerebral Cortex 14:1256–1265.

Meister Eckehart (1958) Predigten, hg. J. Quint. Bd. 1. Kohlhammer, Stuttgart.

Melchner, L. v., Pallas, S. L., Sur, M. (2000) Visual behaviour mediated by retinal projections directed to the auditory pathway. Nature 404, 871–876.

Melloni, L., Molina, C., Pena, M., Torres, D., Singer, W., Rodriguez, E. (2007) Synchronization of neural activity across cortical areas correlates with conscious perception. Journal of Neuroscience 27: 2858–2865.

Meltzoff, A. N., Brooks, R. (2001) ›Like me‹ as a building block for understanding other minds: Bodily acts, attention, and intention. In: B.F. Malle, Moses, L. J., Baldwin, D. A. (Hrsg.) Intentions and intentionality: foundations of social cognition, S. 171–191. MIT, Cambridge, Mass.

Meltzoff, A. N., Moore, M. K. (1977) Imitation of facial and manual gestures by human neonates. Science 198: 74–78.

Meltzoff, A., Moore, M. K. (1989) Imitation in newborn infants: exploring the range of gestures imitated and the underlying mechanisms. Developmental Psychology 25: 954–962.

Meltzoff, A. N., Moore, M. K. (1998) Infants' understanding of peoples and things: From body imitation to folk psychology. In: Bermudez, J. L., Marcel, A., Eilan, N. (Hrsg.) The body and the self, S. 43–69. MIT Press, Cambridge/MA.

Meltzoff, A. N., Prinz, W. (Hrsg.) (2002) The imitative mind. Devolopment, evolution, and brain bases. Cambridge University Press, Cambridge.

Menary, R. (2013) Cognitive integration, enculturated cognition and the socially extended mind. Cognitive Systems Research 25: 26–34.

Merleau-Ponty, M. (1966) Phänomenologie der Wahrnehmung. De Gruyter, Berlin.

Merleau-Ponty, M. (1986) Das Sichtbare und das Unsichtbare. Fink, München.

Merleau-Ponty, M. (2003) Das Auge und der Geist. Meiner, Hamburg

Mermillaud, M., Vermeulen, N., Droit-Volet, S., Jalenques, I., Durif, F., Niedenthal, P. (2011) Embodying emotional disorders: New hypotheses about possible emotional consequences of motor disorders in Parkinson's Disease and Tourette's Syndrome. ISRN Neurology, Article ID 306918.

Metzinger, T. (1993) Mentale Repräsentation, Phantomglieder und halluzinierte Selbste. In: A. Dittrich, A. Hoffmann, H. Leuner (Hrsg.) Welten des Bewusstseins. Bd. 2, S. 13–35. Verlag für Wissenschaft und Bildung (VWB), Berlin.

Metzinger, T. (1996) Niemand sein. Kann man eine naturalistische Perspektive auf die Subjektivität des Mentalen einnehmen? In: S. Krämer (Hrsg.) Bewusstsein. Philosophische Beiträge, S. 130–154. Frankfurt.

Metzinger, T. (1999) Subjekt und Selbstmodell. 2. Aufl. Mentis, Paderborn.

Metzinger, T. (Hrsg.) (2001) Bewusstsein. Beiträge zur Gegenwartsphilosophie. Mentis, Paderborn.

Metzinger, T. (2003) Being No-one. The self-model theory of subjectivity. MIT, Bradford.

Metzinger, T. (2006) Der Preis der Selbsterkenntnis. Gehirn & Geist 7–8/2006, 42–49.

Metzinger, T. (2009) Der Ego-Tunnel. Eine neue Philosophie des Selbst: Von der Hirnforschung zur Bewusstseinsethik. Berlin-Verlag, Berlin.

Metzinger, T., Gallese, V. (2003) The emergence of a shared action ontology: Building blocks for a theory. Consciousness and Cognition 12: 549-571.

Meyer-Drawe, K. (1984) Leiblichkeit und Sozialität. Fink, München.

Meyer-Lindenberg, A., Tost, H. (2012) Neural mechanisms of social risk for psychiatric disorders. Nature Neuroscience 15: 663-668.

Meyniel, F., Safra, L., Pessiglione, M. (2014) How the brain decides when to work and when to rest: dissociation of implicit-reactive from explicit-predictive computational processes. PLoS Computational Biology 10: e1003584.

Michalak, J., Mischnat, J., Teismann, T. (2014) Sitting posture makes a difference—embodiment effects on depressive memory bias. Clinical Psychology & Psychotherapy 21: 519-524.

Michalak, J., Rohde, K., Troje, N. F. (2015) How we walk affects what we remem-ber: Gait modifications through biofeedback change negative affective memory bias. Journal of Behavior Therapy and Experimental Psychiatry 46: 121-125.

Mikkelsen, J. D. (1992) Visualization of efferent retinal projections by immunohistochemical identification of cholera toxin subunit B. Brain Research Bulletin 28: 619-629.

Miller, G. (2010) Is pharma running out of brainy ideas? Science 329: 502-504.

Milton, J., Solodkin, A., Hlustík, P., Small, S. L. (2007) The mind of expert motor performance is cool and focused. Neuroimage 35: 804-813.

Monroe, S. M., Slavich, G. M., Georgiades, K. (2009) The social environment and life stress in depression. In: Gotlib, I. H., Hammen, C. L. (Hrsg.). Handbook of depression, 2. Aufl., S. 340-360. Guilford Press, New York.

Monyer, H., Rösler, F., Roth, G., et al. (2004) Das Manifest. Elf führende Neurowissenschaftler über Gegenwart und Zukunft der Hirnforschung. Gehirn & Geist 6: 30-37.

Moreno, A., Umerez, J. (2000) Downward causation at the core of living organisation. In: P. B. Andersen, C. Emmeche, N. O. Finnemann, P. V. Christiansen (Hrsg.) Downward causation. Minds, bodies and matter, S. 99-117. Aarhus University Press, Aarhus.

Moylan, S., Maes, M., Wray, N. R., Berk, M. (2013) The neuroprogressive nature of major depressive disorder: pathways to disease evolution and resistance, and therapeutic implications. Molecular Psychiatry 18: 595-606.

Müller, L. E., Schulz, A., Andermann, M., et al. (2015) Cortical representation of afferent bodily signals in Borderline Personality Disorder: neural correlates and relationship to emotional dysregulation. JAMA Psychiatry 72: 1077-1086.

Münte, T. F., Altenmüller, E., Jäncke, L. (2002) The musician's brain as a model of neuroplasticity. Nature Reviews Neuroscience 3: 473-478.

Murray, L., Cooper, P. (2003) Intergenerational transmission of affective and cognitive processes associated with depression: infancy and the pre-school years. In: Murray. L., Cooper. P., (Hrsg.) Unipolar depression: a lifespan perspective, S. 17-46. Oxford University Press, Oxford.

Mundt, C. (1996) Zur Psychotherapie des Wahns. Nervenarzt 67: 515-523.

Mundt, C., Kronmüller, K.T., Backenstraß, M., Reck, C., Fiedler, P. (1998) The influence of psychopathology, personality and marital interaction on the short-term course of major depression. Psychopathology 31: 29-36.

Murphy, N. (2006) Emergence and mental causation. In: In: P. Clayton, P. Davies (Hrsg.) The re-emergence of emergence. The emergentist hypothesis from science to religion, S. 228–243. Oxford University Press, Oxford.

Murray, L., Cooper, P. (2003) Intergenerational transmission of affective and cognitive processes associated with depression: infancy and the pre-school years. In: Murray, L., Cooper, P. (Hrsg.). Unipolar depression: a lifespan perspective, S. 17–46. Oxford University Press, Oxford.

Nagel, T. (1992) Der Blick von Nirgendwo. Suhrkamp, Frankfurt/M.

Nagel, T. (1994) Wie es ist, eine Fledermaus zu sein. In: M. Frank (Hrsg.) Analytische Theorien des Selbstbewusstseins, S. 135–152. Suhrkamp, Frankfurt/M.

Nave, K., Deane, G., Miller, M., Clark, A. (2020). Wilding the predictive brain. Wiley Interdisciplinary Reviews: Cognitive Science 11: e1542.

Neisser, U. (1988) Five kinds of self-knowledge. Philosophical Psychology 1: 35–59.

Nelson, K. (1996) Language in cognitive development. Cambridge University Press, Cambridge.

Nemiah, J. C. (1989) The varieties of human experience. British Journal of Psychiatry 154: 459–466.

Newen, A., De Bruin, L., Gallagher, S. (Eds.). (2018). The Oxford handbook of 4E cognition. Oxford University Press, Oxford.

Nida-Rümelin, J. (2005) Über menschliche Freiheit. Reclam, Stuttgart.

Niedenthal, P. M. (2007) Embodying emotion. Science 316: 1002–1005.

Noble, D. (2008). The music of life: biology beyond genes. Oxford University Press, Oxford.

Noble, D. (2012). A theory of biological relativity: no privileged level of causation. Interface Focus 2: 55–64.

Noble, R., Noble, D. (2021). Can reasons and values influence action: how might intentional agency work physiologically? Journal for General Philosophy of Science 52: 277–295.

Noë, A., Thompson, E. (2004) Are there neural correlates of consciousness? Journal of Consciousness Studies 11: 3–28.

Noë, A. (2009) Out of our heads: Why you are not your brain, and other lessons from the biology of consciousness. Hill & Wang, New York.

Northoff, G. (2004a) Philosophy of the brain: The brain problem. Amsterdam: John Benjamins.

Northoff, G. (2004b). Why do we need a philosophy of the brain? Trends in Cognitive Sciences 8: 484–485.

Northoff, G., Bermpohl, F. (2004) Cortical midline structures and the self. Trends in Cognitive Science 8: 102–7.

Nuechterlein, K.H., Dawson, M.E. (1984) A heuristic vulnerability-stress model of schizophrenic episodes. Schizophrenia Bulletin 10: 300–312

Ochsner, K.N., Lieberman, M.D. (2001) The emergence of social cognitive neuroscience. American Psychologist 56: 717–734.

O'Connor, T.G., Rutter, M. (2000) Attachment disorder behaviour following early severe deprivation. Extension and longitudinal follow-up. Journal of the American Academy of Child and Adolescent Psychiatry 39: 703–712.

O'Regan, J. K., Noë, A. (2001) A sensorimotor account of vision and visual consciousness. Behavioral and Brain Sciences 24: 939–1011.

Oostenbroek, J., Suddendorf, T., Nielsen, M., Redshaw, J., Kennedy-Costantini, S., Davis, J., Clark, S., Slaughter, V. (2016) Comprehensive longitudinal study challenges the existence of neonatal imitation in humans. Current Biology 26: 1334-1338.

Panksepp, J. (1998a) Affective neuroscience: the foundations of human and animal emotions. Oxford University Press, Oxford, New York.

Panksepp, J. (1998b) The periconscious substrates of consciousness: affective states and the evolutionary origins of the self. Journal of Consciousness Studies 5: 566-582.

Panksepp, J. (2003) Damasio's error? Consciousness and Emotion 4: 111-134.

Panksepp, J. (2012) A synopsis of affective neuroscience – naturalizing the mammalian mind. Journal of Consciousness Studies 19: 6-18.

Papoušek, H., Papoušek, M. (1987) Intuitive parenting: A dialectic counterpart to the infant's integrative competence. In: Osofsky, J. D. (ed.), Handbook of infant development, 2. Aufl., S. 699-720. Wiley, New York.

Papoušek, H., Papoušek, M. (1991) Innate and cultural guidance of infants' integrative competences: China, the United Staates, and Germany. In: Bornstein MH (ed.), Cultural approaches to parenting, S. 23-44. Lawrence Erlbaum, Hillsdale, NJ.

Pascual-Leone, A., Torres, F. (1993) Plasticity of the sensorimotor cortex representation of the reading finger in Braille readers. Brain 116: 39-45.

Patel, A. (2003) Language, Music, Syntax and the Brain. Nature Neuroscience 6: 674-681.

Pauen, M. (1996) Mythen des Materialismus. Die Eliminationstheorie und das Problem der psychophysischen Identität. Deutsche Zeitschrift für Philosophie 44: 77-99.

Pauen, M. (1999) Das Rätsel des Bewusstseins. Eine Erklärungsstrategie. Mentis, Paderborn.

Pauen, M. (2001) Grundprobleme der Philosophie des Geistes. Fischer, Frankfurt/M.

Pauen, M. (2002) (Hrsg.) Phänomenales Bewusstsein – Rückkehr zur Identitätstheorie? Mentis, Paderborn.

Pauen, M., Roth, G. (2008) Freiheit, Schuld und Verantwortung. Grundzüge einer naturalistischen Theorie der Willensfreiheit. Suhrkamp, Frankfurt/M.

Pauli, H. G., White, K. L., McWhinney, I.R. (2002) Inwieweit umfasst die medizinische Wissenschaft die medizinische Wirklichkeit? Schweizerische Ärztezeitung 83: 2633-2643.

Paulus, M. P., Stein, M. B. (2010) Interoception in anxiety and depression. Brain Structure and Function 214: 451-463.

Penfield, W., Perot, P. (1963) The brain's record of an auditory and visual experience. Brain 86: 595-696.

Peirce, C. S. (1931-1935) Collected Papers of Charles Sanders Peirce, ed. Charles Hartshorne, Paul Weis. Harvard University Press, Cambridge/Mass.

Phelps, E.A., O'Connor, K.J., Cunningham, W.A., et al. (2000) Performance on indirect measures of race evaluation predicts amygdala activity. Journal of Cognitive Neuroscience 12: 1-10.

Plessner, H. (1970) Lachen und Weinen. In: Ders., Philosophische Anthropologic, S. 11 71. Fischer, Frankfurt/M.

Plessner, H. (1975) Die Stufen des Organischen und der Mensch. De Gruyter, Berlin.

Ploog, D. (1997) Epilog: Das soziale Gehirn des Menschen. In: H Meier, D Ploog (Hrsg.) Der Mensch und sein Gehirn, S. 235-252. Piper, München.

Plügge, H. (1962) Wohlbefinden und Missbefinden. Beiträge zu einer medizinischen Anthropologie. Niemeyer, Tübingen.
Polanyi, M. (1985) Implizites Wissen. Suhrkamp, Frankfurt/M.
Pollatos, O., Kirsch, W., Schandry, R. (2005) On the relationship between interoceptive awareness, emotional experience, and brain processes. Cognitive Brain Research 25: 948–962.
Popper, K.R., Eccles, J. (1977) Das Ich und sein Gehirn. Springer, Berlin, Heidelberg, New York.
Portmann, A. (1969) Zoologie und das neue Bild des Menschen. 3. Aufl. Rowohlt, Reinbek/Hamburg.
Posner, M. I., Rothbart, M. K. (1998) Attention, self-regulation and consciousness. Philosophical Transactions of the Royal Society of London B: Biological Sciences 353: 1915–1927.
Prinz, W. (1992) Why don't we perceive our brain states? European Journal of Cognitive Psychology 4: 1–20.
Prinz, W. (1996) Freiheit oder Wissenschaft? In: M. v. Cranach, K. Foppa, (Hrsg.) Freiheit des Entscheidens und Handelns. Ein Problem der nomologischen Psychologie, S. 86–103. Asanger, Heidelberg.
Puccetti, R. (1974) Physicalism and the evolution of consciousness. Canadian Journal of Philosophy, Erg.-Bd. 1, Teil 2, 171–183.
Pulvermüller, F. (2005) Brain mechanisms linking language and action. Nature Revues Neuroscience 6: 576–582.
Putnam, H. (1967) Psychological Predicates. In: W.H. Capitan, D.D. Merrill (Hrsg.), Art, Mind, and Religion, S. 37–48. University of Pittsburgh Press, Pittsburgh.
Putnam, H. (1979) The meaning of ›meaning‹. In: ders., Mind, Language, and Reality. Philosophical Papers, Vol. 2, S. 215–271. Cambridge University Press, Cambridge.
Quine, W. v. O. (1980) Wort und Gegenstand. Übs. v. J. Schulte. Reclam, Stuttgart.
Raichle, M. E., MacLeod, A. M., Snyder, A. Z., Powers, W. J., Gusnard, D. A., Shulman, G. L. (2001) A default mode of brain function. Proceedings of the National Academy of Sciences USA 98: 676–682.
Raleigh, M. J., McGuire, M. T., Brammer, G. L., Yuwiler, A. (1984) Social and environmental influences on blood serotonin concentrations in monkeys. Archives of General Psychiatry 41: 405–410.
Ramachandran, V. S. (1995) Anosognosia in parietal lobe syndrome. Consciousness and Cognition 4: 22–51.
Ramachandran, V. S., Blakeslee, S. (2001) Die blinde Frau, die sehen kann. Rätselhafte Phänomene unseres Bewusstseins. Rowohlt, Reinbek/Hamburg.
Read, J., Bentall, R. P., Fosse, R. (2009) Time to abandon the bio-bio-bio model of psychosis: Exploring the epigenetic and psychological mechanisms by which adverse life events lead to psychotic symptoms. Epidemiology and Psychiatric Sciences 18: 299–310.
Regalado, A. (2015) Q. and A. with Tom Insel on his Decision to Join Alphabet. MIT Technology Review September 21 (www.wired.com/2017/05/star-neuroscien-tist-tom-insel-leaves-google-spawned-verily-startup/)

Ricks, M.H. (1985) The social transmission of parental behavior: Attachment across generations. In: Bretherton I, Waters E (Hrsg.) Growing points of attachment theory and research, S. 211–227. US-Government Monograph.
Ricoeur, P. (1996) Das Selbst als ein Anderer. Fink, München.
Rinofner-Kreidl, S. (2004) Das »Gehirn-Selbst«. Ist die Erste-Person-Perspektive naturalisierbar? Phänomenologische Forschungen, 219–252.
Riskind, J. H. (1984). They stoop to conquer: guiding and self-regulatory functions of physical posture after success and failure. Journal of Personality and Social Psychology 47: 479–493.
Rizzolatti, G., Arbib, M. A. (1998) Language within our grasp. Trends in Neuroscience 21: 188–194.
Rizzolatti, G., Fogassi, L., Gallese, V. (2001) Neurophysiological mechanisms underlying the understanding and imitation of action. Nature Neuroscience 2: 661–70.
Rizzolatti, G., Luppino, G., Matelli, M. (1998) The organization of the cortical motor system: new concepts. Electroencephalography and Clinical Neurophysiology 106: 283–296.
Rochat, P. (2009) Others in mind: Social origins of self-consciousness. Cambridge University Press, Cambridge.
Rodriguez, E., George, N., Lachaux, J. P., Martinerie, J., Renault, B., Varela, F. J. (1999) Perception's shadow: long-distance synchronization of human brain activity. Nature 397 (6718): 430–433.
Rorty, R. (1993) Leib-Seele-Identität, Privatheit und Kategorien. In: P. Bieri (Hrsg.) (1993) Analytische Philosophie des Geistes, 2. Aufl., S. 93–120. Athenäum, Bodenheim.
Rosa, H. (2016) Resonanz. Eine Soziologie der Weltbeziehung. Berlin: Suhrkamp.
Rosner, B. S., Doherty, N. E. (1979) The response of neonates to intra-uterine sounds. Developmental Medicine & Child Neurology 21: 723–729.
Roth, G. (1985) Die Selbstreferentialität des Gehirns und die Prinzipien der Gestaltwahrnehmung. Gestalt Theory 7: 228–244.
Roth, G. (1992) Kognition: Die Entstehung von Bedeutung im Gehirn. In: Krohn, W., Küppers, G. (Hrsg.) Emergenz: Die Entstehung von Ordnung, Organisation und Bedeutung, S. 104–133. Suhrkamp, Frankfurt/M.
Roth, G. (1994) Erkenntnis und Realität. Das reale Gehirn und seine Wirklichkeit. In: S. J. Schmidt (Hrsg.) Der Diskurs des radikalen Konstruktivismus, S. 229–255. Suhrkamp, Frankfurt/M.
Roth, G. (1994) Das Gehirn und seine Wirklichkeit. Kognitive Neurobiologie und ihre philosophischen Konsequenzen. Suhrkamp, Frankfurt/M.
Roth, G. (1997) Kann der Geist das Gehirn überleben? Merkur 51: 549–555.
Roth, G. (1999) Philosophie und Neurowissenschaften. In: Oelmüller, W., Hermanni, F., Steenblock, V. (Hrsg.) Philosophische Orientierung. Fink, München
Roth, G. (2001) Fühlen, Denken, Handeln. Wie das Gehirn unser Verhalten steuert. Suhrkamp, Frankfurt.
Roth, G. (2003) Aus Sicht des Gehirns. Suhrkamp, Frankfurt/M.
Roth, G. (2004) Worüber dürfen Hirnforscher reden – und in welcher Weise? Deutsche Zeitschrift für Philosophie 52: 223–234.
Roth, G. (2005) Gehirne, Gründe und Ursachen. Deutsche Zeitschrift für Philosophie 5: 691–705.

Ruby, P., Decety, J. (2001) Effect of subjective perspective taking during simulation of action: a PET investigation of agency. Nature Neuroscience 4: 546–550.
Ruf, G. D. (2005) Systemische Psychiatrie. Klett-Cotta, Stuttgart.
Ryle, G. (1949) The Concept of Mind. London: Hutchison.
Salk, L. (1962) Mothers' heartbeat as an imprinting stimulus. Transactions of the New York Academy of Sciences 24: 753–763.
Sartorius, N., Nielsen, J. A., Strömgren, E. (1989) (Hrsg.) Change in frequency of mental disorders over time: Results of repeated surveys of mental disorders in the general population. Acta psychiatrica scandinavia 79: suppl. 348.
Sass, L. A., Parnas, J. (2003) Schizophrenia, consciousness, and the self. Schizophrenia Bulletin 29: 427–44.
Schacter, D. L. (1987) Implicit Memory: History and Current Status. Journal of Experimental Psychology: Learning, Memory, and Cognition 13: 501–518.
Schacter, D. L. (1999) Wir sind Erinnerung. Gedächtnis und Persönlichkeit. Rowohlt, Reinbek.
Schacter, D. L., Tulving, E. (1994) Memory systems. MIT Press, Cambridge/MA.
Scheler, M. (1960) Erkenntnis und Arbeit. Ges. Werke Bd. 8, S. 191–382. Francke, Bern München.
Schiepek, G. (Hrsg.) (2003) Neurobiologie der Psychotherapie. Schattauer, Stuttgart.
Schilbach, L., Timmermans, B., Reddy, V., Costall, A., Bente, G., Schlicht, T., Vogeley, K. (2013) Toward a second-person neuroscience. Behavioral and Brain Sciences 36: 393–414.
Schleim, S. (2008) Gedankenlesen. Pionierarbeit der Hirnforschung. Heise, Hannover.
Schmitz, H. (1989) Leib und Gefühl. Materialien zu einer philosophischen Therapeutik. Junfermann, Paderborn.
Schmitz, H. (1989b) Die Wahrnehmung. System der Philosophie III/5. Bouvier, Bonn.
Schmitz, H. (1995) Der unerschöpfliche Gegenstand. Grundzüge der Philosophie. 2. Aufl., Bouvier, Bonn.
Schmitz, H. (2005) Situationen und Konstellationen. Wider die Ideologie totaler Vernetzung. Alber, Freiburg, München.
Schore, A. N. (1994) Affect regulation and the origin of the self: the neurobiology of emotional development. Erlbaum, Hillsdale/NJ.
Schore, A. N. (2000) Attachment and the regulation of the right brain. Attachment and Human Development 2: 23–47.
Schore, A. N. (2001) The effects of a secure attachment relationship on right brain development, affect regulation and infant mental health. Infant Mental Health Journal 22: 1–66.
Schore, A. N. (2003) Affect dysregulation and disorders of the self. Norton & Co., New York.
Schomerus, G., Schwahn, C., Holzinger, A., Corrigan, P. W., Grabe, H. J., Carta, M. G., Angermeyer, M. C. (2012) Evolution of public attitudes about mental illness: a systematic review and meta-analysis. Acta Psychiatrica Scandinavica 125: 440–452.
Schott, H., Tölle, R. (2006) Magna Charta der Psychiatrie: Leben und Werk von Wilhelm Griesinger. Sozialpsychiatrische Informationen 4: 2–9.
Schrödinger, E. (1987) Die Natur und die Griechen. Szolnay, Wien, Hamburg.

Schultze-Kraft, M., Birman, D., Rusconi, M., Allefeld, C., Görgen, K., Dähne, S., Blankertz, B., Haynes, J. D. (2016) The point of no return in vetoing self-initiated movements. Proceedings of the National Academy of Sciences 113: 1080–1085.

Schulz, A., Köster, S., Beutel, M. E., et al. (2015) Altered patterns of heartbeat-evoked potentials in depersonalization/derealization disorder: neurophysiological evidence for impaired cortical representation of bodily signals. Psychosomatic Medicine 77: 506–516.

Schumacher, J., Cichon, S., Rietschel, M., Nöthen, M. M. (2002) Genetik bipolar affektiver Störungen. Gegenwärtiger Stand der Arbeiten zur Identifikation von ›Dispositionsgenen‹. Nervenarzt 73: 581–594.

Schwartz, J. M. (1998) Neuroanatomical aspects of cognitive-behavioral therapy response in obsessive-compulsive disorder: an evolving perspective on brain and behavior. British Journal of Psychiatry Suppl. 35: 38–44.

Searle, J. R. (1980) Minds, Brains, and Programs. The Behavioral and Brain Sciences 3: 417–457.

Searle, J. R. (1987) Intentionalität. Eine Abhandlung zur Philosophie des Geistes. Suhrkamp, Frankfurt/M.

Searle, J. R. (1993) Die Wiederentdeckung des Geistes. Artemis & Winkler, München.

Searle, J. R. (1997) Die wissenschaftliche Erforschung des Bewusstseins. In: Meier, H., Edelman, G. M. (Hrsg.) Der Mensch und sein Gehirn. Die Folgen der Evolution, S. 9–34. Piper, München.

Segall, M.H., Campbell, D. T., Herskovits, M. J. (1963) Cultural differences in the perception of geometric illusions. Science 139: 769–771.

Seligman, M. E. P. (1992) Erlernte Hilflosigkeit. 4. Aufl. Psychologie-Verlagsunion, Weinheim.

Selimbeyoglu, A., Parvizi, J. (2010) Electrical stimulation of the human brain: perceptual and behavioral phenomena reported in the old and new literature. Frontiers in Human Neuroscience 4: 46.

Serres, L. (2001) Morphological changes of the human hippocampal formation from midgestation to early childhood. In: C. A. Nelson, M. Luciana (Hrsg.) Handbook of developmental cognitive neuroscience, S. 45–58. MIT Press, Cambridge/MA.

Shapiro, A.K., Shapiro, E. (1997). The powerful placebo: From ancient priest to modern physician. Johns Hopkins University Press, Baltimore, MD.

Sharkey, N. E., Ziemke, T. (2001) Mechanistic versus phenomenal embodiment: Can robot embodiment lead to strong AI? Cognitive Systems Research 2: 251–262.

Sheets-Johnstone, M. (1999) Emotion and movement. A beginning empirical-phenomenological analysis of their relationship. Journal of Consciousness Studies 6: 259–277.

Sheets-Johnstone, M. (2011) Kinesthetic memory. In: Koch, S., Fuchs, T., Summa, M., Müller, C. (Hrsg.) Body Memory, Metaphor and Movement, S. 43–72. John Benjamins, Amsterdam.

Siefer, W., Weber, C. (2006) Ich – Wie wir uns selbst erfinden. Campus, Frankfurt/M.

Singer, T., Lamm, C. (2009) The social neuroscience of empathy. Annals of the New York Academy of Sciences 1156: 81–96.

Singer, T., Seymour, B., O'Doherty, J. P., Kaube, H., Dolan, R. J., Frith, C. D. (2004) Empathy for pain involves the affective but not the sensory components of pain. Science 303: 1157–1162.

Singer, T., Seymour, B., O'Doherty, J. P., Stephan, K. E., Dolan, R. J., Frith, C. D. (2006) Empathic neural responses are modulated by the perceived fairness of others. Nature 439: 466–469.

Singer, W. (1999) Neuronal synchrony: a versatile code for the definition of relations? Neuron 24: 49–65.

Singer, W. (2001) Consciousness and the binding problem. Annals of the New York Academy of Sciences 929: 123–146.

Singer, W. (2002) Der Beobachter im Gehirn. Essays zur Hirnforschung. Suhrkamp, Frankfurt/M.

Singer, W. (2004) Selbsterfahrung und neurobiologische Fremdbeschreibung. Zwei konfliktträchtige Erkenntnisquellen. Deutsche Zeitschrift für Philosophie 52: 235–255.

Singer, W. (2009) Distributed processing and temporal codes in neuronal networks. Cognitive Neurodynamics 3: 189–196.

Singer, W., Engel, A. K., Kreiter, A. K., Munk, M. H. J., Neuenschwander, S., Roelfsema, P. R. (1997) Neuronal assemblies: Necessity, signature and detectability. Trends in Cognitive Science 1: 252–261.

Singer W., Ricard M. (2008): Hirnforschung und Meditation. Ein Dialog. Suhrkamp, Frankfurt/M.

Soemmerring, S. T. (1796) Über das Organ der Seele. Nicolovius, Königsberg (Reprint: Bonset, Amsterdam, 1966).

Solms, M. (2001) Hat das Gehirn mehr Realität als das Bewusstsein? Psychoanalyse im Widerspruch 26: 7–22.

Solms, M., Turnbull, O. (2004) Das Gehirn und die innere Welt. Neurowissenschaft und Psychoanalyse. Walter, Mannheim.

Solms, M. (2013) The Conscious Id, Neuropsychoanalysis: An Interdisciplinary Journal for Psychoanalysis and the Neurosciences, 15:1, 5–19.

Soon, C. S., Brass, M., Heinze, H.-J., Haynes, J.-D. (2008) Unconscious determinants of free decisions in the human brain. Nature Neuroscience 11: 543–5.

Soon, C. S., He, A. H., Bode, S., Haynes, J. D. (2013) Predicting free choices for abstract intentions. Proceedings of the National Academy of Sciences 110: 6217–6222.

Spaemann, R. (1987) Das Natürliche und das Vernünftige. Essays zur Anthropologie. Piper, München.

Spaemann, R. (1995) Zum Begriff des Lebens. In: G. Kockott, H.-J. Möller (Hrsg.) Sichtweisen der Psychiatrie, S. 84–89. Zuckschwerdt, München.

Spaemann, R. (1996) Personen. Versuche über den Unterschied zwischen ›etwas‹ und ›jemand‹. Klett-Cotta, Stuttgart.

Sperry, R. (1980) Mind-brain interactionism: mentalism, yes; dualism, no. Neuroscience 5: 195–206.

Spinoza, B. (1977) Die Ethik nach geometrischer Methode dargestellt. Übs. J. Stern. Reclam, Stuttgart.

Spitz, R. A. (1967) Vom Säugling zum Kleinkind. Naturgeschichte der Mutter-Kind-Beziehungen im ersten Lebensjahr. Klett, Stuttgart.

Spitzer, M. (2002) Lernen. Gehirnforschung und die Schule des Lebens. Spektrum Akademischer Verlag, Heidelberg Berlin.
Sporns, O., Tononi, G., Kötter, R. (2005) The human connectome: A structural description of the human brain. PLoS Computational Biology 1: e42.
Stadler, M., Kruse, P. (1992) Zur Emergenz psychischer Qualitäten. Das psychophysische Problem im Lichte der Selbstorganisationstheorie. In: W. Krohn, G. Küppers (Hrsg.) Emergenz: Die Entstehung von Ordnung, Organisation und Bedeutung, S. 134–160. Suhrkamp, Frankfurt/M.
Stamm, R., Bühler, K. E. (2001) Vulnerabilitätskonzepte bei psychischen Störungen. Fortschritte der Neurologie und Psychiatrie 69: 300–309.
Stephan, A. (1999) Emergenz. Von der Unvorhersagbarkeit zur Selbstorganisation. Dresden, München: Dresden University Press.
Sterelny, K. (2010) Minds: extended or scaffolded? Phenomenology and the Cognitive Sciences 9: 465–481.
Stewart, J. R., Gapenne, O., Di Paolo, E. A. (2010) Enaction: Toward a new paradigm for cognitive science. MIT Press, Cambridge/MA.
Stern, D.N. (1998a) Die Lebenserfahrungen des Säuglings. 6. Aufl. Klett-Cotta, Stuttgart.
Stern, D.N. (1998b) The process of therapeutic change involving implicit knowledge: Some implications of developmental observations for adult psychotherapy. Infant Mental Health Journal 19: 300–308.
Strack, F., Martin, L., Stepper, S. (1988) Inhibiting and facilitating conditions of the human smile: A non-obtrusive test of the facial feedback hypothesis. Journal of Personality and Social Psychology 54: 768–777.
Straus, E. (1956) Vom Sinn der Sinne. 2. Aufl. Springer, Berlin.
Strauß, B., Bade, U. (2002) Klinische Bindungsforschung. Theorien, Methoden, Ergebnisse. Schattauer, Stuttgart.
Strawson, G. (1994) Mental Reality. MIT Press, Cambridge/MA.
Strawson, P. (1972) Einzelding und logisches Subjekt. Reclam, Stuttgart.
Stroud, B. (2000) The Quest for Reality. Subjectivism and the Metaphysics of Colour. New York, Oxford: Oxford University Press.
Swaab, D. F. (2014) We are our brains: A neurobiography of the brain, from the womb to Alzheimer's. London: Penguin.
Taipale, J. (2014) Phenomenology and Embodiment. Husserl and the constitution of subjectivity. Northwestern University Press, Evanston.
Taylor, R. (1980) Action and purpose. Humanities Press, New Jersey.
Tellenbach, H. (1983) Melancholie. Problemgeschichte, Endogenität, Typologie, Pathogenese, Klinik. 4.Aufl. Springer, Berlin, Heidelberg, New York.
Terhaar, J., Viola, F. C., Bär, K. J., Debener, S. (2012) Heartbeat evoked potentials mirror altered body perception in depressed patients. Clinical Neurophysiology 123: 1950–1957.
Tetens, H. (1994) Geist, Gehirn, Maschine. Philosophische Versuche über ihren Zusammenhang. Reclam, Stuttgart.
Tewes, C. (2017) Libertarismus, Willensfreiheit und Verursachung. Klostermann, Frankfurt/M.
Thomae, H. (1960) Der Mensch in der Entscheidung. Barth, München.

Thomä, H. (2003) Sitzt die Angst in den Mandelkernen? In: G. Roth, U. Opolka (Hrsg.) Angst, Furcht und ihre Bewältigung, S. 81–117. Bibliotheks- und Informationssystem der Universität Oldenburg (bis), Oldenburg.
Thomas von Aquin (1953) Summa Theologiae. Commissio Piana, Ottawa.
Thompson, E. (1995) Colour vision. A study in cognitive science and the philosophy of perception. Routledge, London New York.
Thompson, E. (2001) Empathy and consciousness. Journal of Consciousness Studies 8: 1–32.
Thompson, E. (2005) Sensorimotor subjectivity and the enactive approach to experience. Phenomenology and the Cognitive Sciences 4: 407–427.
Thompson, E. (2007) Mind in life. Biology, phenomenology, and the sciences of mind. Harvard University Press, Cambridge/MA, London.
Thompson, E., Varela, F. J. (2001) Radical embodiment: neural dynamics and consciousness. Trends in Cognitive Sciences 5: 418–425.
Tomasello, M. (2000) The social-pragmatic theory of word learning. Pragmatics 10: 401–413.
Tomasello, M. (2002) Die kulturelle Entwicklung des menschlichen Denkens. Zur Evolution der Kognition. Wissenschaftliche Buchgesellschaft, Darmstadt.
Tomasello, M., Carpenter, M., Call, J., Behne, T., Moll, H. (2005) Understanding and sharing intentions: The origins of cultural cognition. Behavioral and Brain Sciences 28: 675–735.
Tomasello, M., Carpenter, M., Liszkowski, U. (2007) A new look at infant pointing. Child development 78: 705–722.
Tomasello, M. (2009) Die Ursprünge der menschlichen Kommunikation. Suhrkamp, Frankfurt/M.
Trevarthen, C. (1998) Language development: mechanisms in the brain. In: G. Adelman, B. Smith (Hrsg.) Encyclopedia of neuroscience. 2. Aufl., S. 1018–1026. Elsevier, Amsterdam.
Trevarthen, C. (2001) The neurobiology of early communication: intersubjective regulations in human brain development. In: Kalverboer, A. F., Gramsberg, A. (Hrsg.) Handbook of brain and behaviour in human development, S. 841–881. Kluwer Academic Publishers, Dordrecht, Boston, London.
Trevarthen, C., Hubley, P. (1978) Secondary intersubjectivity: confidence, confiding and acts of meaning in the first year. In: A. Lock (Hrsg.) Action, gesture and symbol: the emergence of language, S. 183–229. Academic Press, London.
Tronick, E. Z. (2003) Things still to be done on the still-face effect. Infancy 4: 475–482.
Tye, M. (1995) Ten problems of consciousness: a representational theory of the phenomenal mind. MIT Press, Cambridge/MA.
Uexküll, J. v. (1973) Theoretische Biologie. Suhrkamp, Frankfurt/M.
Uexküll, J. v., Kriszat, G. (1956) Streifzüge durch die Umwelten von Tieren und Menschen. Bedeutungslehre. Rowohlt, Reinbek/Hamburg.
Uexküll, T. v., Wesiack, W. (1996) Wissenschaftstheorie und Psychosomatische Medizin, ein bio-psycho-soziales Modell. In: T. v. Uexküll, R. Adler (Hrsg.) Psychosomatische Medizin, S. 1–30. 5. Aufl. Urban u. Schwarzenberg, München, Wien, Baltimore.
Uhlhaas, P. J., Pipa, G., Lima, B., Melloni, L., Neuenschwander, S., Nikolić, D., Singer, W. (2009) Neural synchrony in cortical networks: history, concept and current status. Frontiers in integrative neuroscience 3: Art. 17.

Uhlhaas, P. J., Singer, W. (2006) Neural synchrony in brain disorders: relevance for cognitive dysfunctions and pathophysiology. Neuron 52: 155–168.
Umiltà, M. A., Kohler, E., Gallese, V. Fogassi, L., Fadiga, L., Keysers, C., Rizzolatti, G. (2001) I know what you are doing: a neurophysiological study. Neuron 31: 155–165.
Ulrich, G. (1990) Was unterscheidet und was verbindet Somatotherapie und Psychotherapie? Fundamenta Psychiatrica 4: 132–136.
Ulrich, G. (1997) Biomedizin. Die folgenschweren Wandlungen des Biologiebegriffs. Schattauer, Stuttgart.
Ulrich, G. (2006) Das epistemologische Problem in den Neurowissenschaften und die Folgen für die Psychiatrie. Nervenarzt 77: 1287–1300.
Uttal, W. R. (2001) The new phrenology: The limits of localizing cognitive processes in the brain. MIT Press, Cambridge/MA.
Van den Bergh, B.R.H., Marcoen, A. (2004) High antenatal maternal anxiety is related to ADHD symptoms, exernalizing problems, and anxiety in 8- and 9-year-olds. Child Development 75: 1085–1097.
Van der Kolk, B. A. (1994) The body keeps the score: Memory and the evolving psychobiology of posttraumatic stress. Harvard Review of Psychiatry 1: 253–265.
Van Dijk, J., Kerkhofs, R., Van Rooij, I., Haselager, P. (2008) Can there be such a thing as embodied embedded cognitive neuroscience? Theory & Psychology 18: 297–316.
Van Orden, G. C., Pennington, B. F., Stone, G. O. (2001) What do double dissociations prove? Cognitive Science 25: 111–172.
Varela, F. J. (1979) Principles of biological autonomy. Elsevier, New York.
Varela, F. J. (1997) Patterns of life: Intertwining identity and cognition. Brain and Cognition 34: 72–87.
Varela, F. J. (1999) Present-time consciousness. Journal of Consciousness Studies 6: 111–140.
Varela, F., Thompson, E., Rosch, E. (1991) The Embodied Mind: Cognitive Science and Human Experience. MIT Press, Cambridge/MA.
Vincent, D. (1990) Biologie des Begehrens. Rowohlt, Reinbek.
Vogeley, K. (2008) Wozu Philosophie in den Neurowissenschaften? In: H. J. Sandkühler (Hrsg.) Philosophie, wozu?, S. 205–225. Suhrkamp, Frankfurt/M.
Vogeley, K., Bussfeld, A., Newen, A., Hermann, S., Happe, F., Falkai, P., Maier, W., Shah, N. J., Fink, G. R., Zilles K. (2001) Mind Reading: Neural mechanisms of theory of mind and self-perspective. Neuroimage 14: 170–181.
Vogeley, K., May, M., Ritzl, A., et al. (2004) Neural correlates of first-person-perspective as one constituent of human self-consciousness. Journal of Cognitive Neuroscience 16: 817–827.
Vollm, B. A., Tayler, A. N., Richardson, P., Corcoran, R., Stirling, J., McKie, S., Deakin, J. F., Elliott, R. (2006) Neuronal correlates of theory of mind and empathy: a functional magnetic resonance imaging study in a nonverbal task. Neuroimage 29: 90–98.
Vollmer, G. (1975) Evolutionäre Erkenntnistheorie. Angeborene Erkenntnisstrukturen im Kontext von Biologie, Psychologie, Linguistik, Philosophie und Wissenschaftstheorie. Hirzel, Stuttgart.

Vul, E., Harris, C., Winkielman, P., Pashler, H. (2009) Puzzlingly high correlations in fMRI studies of emotion, personality, and social cognition. Perspectives on Psychological Science 4: 274-290.

Waldenfels, B. (1998) Response und Responsivität in der Psychologie. In: Ders., Grenzen der Normalisierung. Studien zur Phänomenologie des Fremden, S. 99-115. Suhrkamp, Frankurt/M.

Waldenfels, B. (2000) Das leibliche Selbst. Vorlesungen zur Phänomenologie des Leibes. Suhrkamp, Frankfurt/M.

Waldenfels, B. (2002) Bruchlinien der Erfahrung. Phänomenologie, Psychoanalyse, Phänomenotechnik. Suhrkamp, Frankfurt/M.

Walsh, K. S., McGovern, D. P., Clark, A., O'Connell, R. G. (2020) Evaluating the neurophysiological evidence for predictive processing as a model of perception. Annals of the New York Academy of Sciences 1464: 242-268.

Weinberger, D.R. (1987) Implications of normal brain development for the pathogenesis of schizophrenia. Archives of General Psychiatry 44: 660-669.

Weiss, M., Gaston, L., Propst, A., Wisebord, S., Zicherman, V. (1997) The role of the alliance in the pharmacologic treatment of depression. The Journal of Clinical Psychiatry 58: 196-204.

Weizsäcker, C.-F. v. (1974) Die Einheit der Natur. Dtv, München.

Weizsäcker, V. v. (1986) Der Gestaltkreis. Theorie der Einheit von Wahrnehmen und Bewegen. 5. Aufl. Thieme, Stuttgart.

Wicker, B., Keysers, C., Plailly, J., Royet, J. P., Gallese, V., Rizzolatti, G. (2003) Both of us are disgusted in my insula: the common neural basis of seeing and feeling disgust. Neuron 40: 644-655.

Willi, J. (1996) Ökologische Psychotherapie. Hogrefe, Göttingen.

Williams, L. E., Bargh, J. A. (2008). Experiencing physical warmth promotes interpersonal warmth. Science 322: 606-607.

Wilson, E. O. (1998) Die Einheit des Wissens. Siedler, Berlin.

Windt, J. (2015) Dreaming: a conceptual framework for philosophy of mind and empirical research. MIT Press, Cambridge, MA.

Wittgenstein, L. (1963) Tractatus logico-philosophicus. Suhrkamp, Frankfurt.

Wittgenstein, L. (1969) Philosophische Untersuchungen. In: Schriften Bd. 1, S. 279-544. Suhrkamp, Frankfurt.

Wolf, R. (1987) Der biologische Sinn der Sinnestäuschungen. Experimente und Gedanken zur Funktion unseres ›ratiomorphen Apparates‹. Biologie in unserer Zeit 17: 33-49.

Wollmer, M. A., de Boer, C., Kalak, N., Beck, J., Götz, T., et al. (2012) Facing depression with botulinum toxin: a randomized controlled trial. Journal of Psychiatric Research 46: 574-581.

Zahavi, D. (1999) Self-awareness and Alterity. A Phenomenological Investigation. Northwestern University Press, Evanston.

Zahavi, D. (2003) Intentionality and phenomenality. In: E. Thompson (Hrsg.) The problem of consciousness. New essays in the phenomenological philosophy of mind, S. 63-92. University of Calgary Press, Calgary.

Syed, S. A., Zannas, A. S. (2021). Epigenetics in psychotherapy. In: Peedicayil, J., Grayson, D. J., Avramopoulos, D. (Eds.) Epigenetics in psychiatry, pp. 701–709. Academic Press, Cambridge, MA.

Zeman, A. (2001) Consciousness. Brain 124: 1263–1289.

Zhong, C. B., & Leonardelli, G. J. (2008) Cold and lonely: Does social exclusion feel literally cold? Psychological Science 19: 838–842.

Zubin, J., Spring, B. (1977) Vulnerability – a new view of schizophrenia. Journal of Abnormal Psychology 86: 103–126.

Sachwortverzeichnis

A

Affekt   132, 152–155, 157, 158, 160, 163
Aspektdualismus   117, 266, 338
Aspektdualität (s. auch Doppelaspekt)   117, 181, 258, 265, 268, 286, 288, 305

B

Bedeutungskoppelung   191, 302, 332
Befinden   108, 110, 112, 130, 169, 170, 260
Bildgebung   78, 81, 82, 189, 247, 310, 320, 327, 333, 339
Bindungsproblem   47, 79, 84, 196, 197, 213
Bindungssystem   231, 232

D

Depression   167, 234, 253, 304, 311, 315, 318, 321–327, 332, 333
Determinismus   85, 90, 97, 299
Doppelaspekt   110, 112–114, 116, 120, 121, 142, 151, 194, 223, 258, 262, 263, 266, 280, 281, 283, 290, 303, 305, 314, 326, 329, 345, 346, 348, 352
Dualismus   22, 109, 112, 115, 117, 121, 181, 264, 286, 298, 309, 310, 329, 338, 342

E

Einstellung
- Naturalistische/Personalistische   111, 116, 118, 119, 182, 262, 263, 305, 348, 350, 351

Emergenz/emergent   76, 115, 122, 134, 137, 145, 266, 273, 274, 276–280, 288, 306, 307, 313
Emotion   331
Empathie   113, 222, 227, 235, 238, 241, 255
Enaktivismus   11, 54, 121, 152
Epigenetik
- Epigenetische Prozesse   136

Epiphänomenalismus   91, 95, 170, 178, 259, 283, 285, 307
Erkenntnistheorie   25, 30, 32, 34, 35, 55, 56, 129, 181, 218, 349
Evolutionär   349

F

Fehlschluss
- Lokalisatorischer   77, 80
- Mereologischer   74, 75, 87
- Naturalistischer   97, 98, 351

Freiheit
- Verkörperte   293–295, 297, 299

Funktionskreis   126, 130, 132, 140, 141, 144, 147, 148, 169, 170, 172, 174–176, 188, 190, 215, 232, 354

G

Gedächtnis   72, 188, 190, 270, 271
- Implizites   175, 188, 223, 227–229, 255, 271, 334, 353
- Kulturelles   256
- Prozedurales   144, 190

Gefühl   163, 165, 167–169, 226, 227
Gehirn   140
Genexpression   136
Gestalt   48, 147, 177, 188, 190, 193, 194, 197, 198
Gestaltkreis   36, 127, 186, 215, 241
Gestaltpsychologie   48, 147, 198, 241

H

Hirnruhezustand   81
Homunkulus   73, 205, 207–209

I

Idealismus   30, 32, 34, 57, 181, 351
Identitätstheorie   42, 117, 259, 266, 268, 269, 274, 306
Imitation   225, 237, 239, 245, 256
Immunsystem   136
Information   203–205, 351
Inkorporation   145, 183, 217, 256, 264
Integral   40, 161, 169, 178, 202, 215, 270, 273, 280, 282
Intentionalität   65–68, 70, 73, 95, 140, 170, 176, 198, 217, 219, 237, 243, 244, 267, 290, 297, 317, 335, 343, 350
Interaffektivität   224, 226, 227
Intersubjektivität   47, 55, 97, 100, 113, 210, 219, 222–225, 227, 231, 239, 242, 335

K

Kausalität
- Abwärts   135–137, 279, 284, 288, 289, 291, 302, 307, 329
- Aufwärts   136
- Horizontal-zirkuläre   135, 140, 141, 146, 284, 285, 314
- Integrale   134, 141, 143, 147, 286, 287, 290, 297
- Physikalische   134, 146
- Vertikal-zirkuläre   134–136, 140, 143, 165, 198, 201, 273, 284, 288, 302, 304, 313, 314, 316, 317
- Vertikale   140
- Zirkuläre   136, 140

Koextensivität/koextensiv   37, 40, 42, 43, 45, 112, 116, 260, 264, 352
Kohärenz   41, 143, 177, 187–189, 192, 194, 196, 202, 213, 215, 217, 295, 297, 306
Komplementarität   52, 118, 171, 235, 282
Konstruktivismus   32, 52, 53, 57
Koppelung
- Implizite   191, 192, 196, 240, 264, 306
- Neuronale   192, 196, 247, 264, 269, 279, 306
- Sensomotorische   127, 175

Körperschema   36, 41, 42, 189, 225, 237

L

Lebensgefühl   108, 130, 153, 154, 158, 159, 162, 169
Lebenswelt   19, 20, 23, 30, 51–53, 55, 58, 96–98, 100, 109, 111, 119, 251, 259, 343, 347
Leib-Körper-Problem   120, 260
Leibgedächtnis   144, 145, 279, 296

M

Materialismus   22, 34, 181
Menschenbild   17, 19, 348–351

Metarepräsentation 68, 70, 74
Musik 46, 49, 109, 141, 156, 175, 176, 189, 226, 247

N

Naturalisierung 22, 66, 67, 75, 183, 267, 347–351
Neurokonstruktivismus 34, 49, 50, 57, 82, 181, 219, 349
Neuroplastizität 149, 183, 187, 189, 246, 327

O

Objektivität 39, 47, 54, 55, 100, 110, 118, 120, 218
Oxytocin 136

P

Person 16, 19, 23–25, 59, 75, 76, 93, 100, 104, 111, 115–117, 119, 120, 165, 167, 168, 183, 233, 251, 264, 265, 268, 269, 305, 306, 315, 316, 318, 320, 329, 336, 341, 343–346, 350–355
Perspektive
- 1.-Person-Perspektive (Erlebnis-Perspektive) 62, 73, 101, 115, 118, 262, 268
- 2.-Person-Perspektive (Du-Perspektive) 96, 101, 118, 263, 268, 326, 343
- 3.-Person-Perspektive (Beobachter-Perspektive) 62, 64, 115, 119, 212, 263, 268

Perspektivenübernahme 221, 230, 242, 250, 251, 253
Phantomglied, -schmerz 36, 38, 42, 187
Physikalismus 23, 52, 55, 96, 98, 99, 285, 346, 349
Placebo 331, 332
Placebo-Effekt 331
Psychiatrie
- Biologische 312
Psychopharmakon, -a 304, 329, 330, 332
Psychotherapie 329, 330, 333, 334, 337, 340

Q

Qualia 64, 66, 67, 285

R

Reafferenzprinzip 131
Realismus
- Lebensweltlicher 219
- Metaphysischer 96
- Naiver 52, 55, 209, 219
Realität 49, 51, 55–59, 84, 95, 99, 211, 218, 286, 320, 345
Reduktionismus 22, 23, 42, 89, 99, 109, 151, 310, 345
Repräsentat 57, 70–72, 208, 209
Repräsentation 25, 34, 35, 46, 58, 67–73, 104–106, 149, 150, 161, 170, 176, 177, 181, 187, 203, 206–209, 213, 215, 222, 240
Resonanz
- Neuronale 240, 306
- Zwischenleibliche 226, 238, 265

S

Schizophrenie 48, 202, 311, 315, 325–328, 333
Schmerz 37–40, 63–65, 77, 78, 80, 83, 107, 112, 118, 131, 187, 238, 263
Selbstverhältnis 95, 296, 297, 316, 317, 319, 338, 342, 345, 353
Serotonin 136
Simulation 29, 36, 38, 39, 49, 57, 59, 239, 240
Situationskreis 132, 293, 332
Solipsismus 39, 181, 210
Somatotherapie 329, 331, 332, 335, 336

Spiegelneurone   231, 235, 237, 238, 240, 248
Sprachentwicklung   246
Supervenienz   206, 275
Syntopie   37, 38, 42

T

Tatsachen, subjektive   62, 63, 65, 119, 267
Teleologie/teleologisch   71, 73, 93, 147, 291
Theory of Mind   113, 227, 230, 235, 239, 251, 348
Transformation   92, 104, 122, 133, 190, 193, 198, 199, 201, 218, 242, 304, 326, 327, 336, 337, 341, 347
Transformationsorgan   328
Transparenz   190, 191, 193, 208–211, 218, 237, 240
Traum/Träumen   17, 58–61, 77, 180, 195, 355

U

Unmittelbarkeit, vermittelte   49, 125, 149, 188, 191, 211, 215, 218

V

Verkörperung   35, 45, 105, 113, 132, 181, 182, 227, 256, 260, 262, 352, 353
Vermögen   109, 110, 126, 131, 141, 142, 144, 147, 149, 172, 175, 176, 188, 190, 219–222, 253, 254, 256, 264, 270, 285, 288, 289, 306, 308, 341, 346, 347
Vorgestalt   109, 172, 173, 175, 177, 194, 196, 199
Vulnerabilität   322, 324, 325, 327

W

Willensbildung   86, 294
Willensfreiheit   23, 85, 86, 142, 287, 293, 299, 300, 349
Wirklichkeit   21, 23–25, 29, 31, 33, 49, 51–53, 55–57, 59, 64, 82, 85, 97, 203, 207, 209, 210, 213, 214, 218, 354

Z

Zeigen, Zeigegeste   243, 245, 248, 249
Zwischenleiblichkeit   224, 225, 233, 235, 237, 238, 241, 243, 244

Personenverzeichnis

A

Aristoteles   46, 141, 197, 214, 215, 298, 351

D

Damasio, Antonio   40, 58, 150, 152, 154, 155, 157, 158, 160, 161, 164, 165, 296
Descartes, René   20, 21, 31, 37, 40, 44, 45, 59, 60, 76, 109, 286, 294, 342, 345, 349

E

Edelman, Gerald   72, 78, 79, 92, 177, 184, 200, 268

F

Feuerbach, Ludwig   103, 184
Freud, Sigmund   20, 250, 292

G

Galilei, Galileo   21, 31
Goethe, Johann Wolfgang von   22, 32

H

Hegel, Georg Wilhelm Friedrich   49, 354
Hume, David   31, 218, 349

Husserl, Edmund   38, 47, 55, 88, 90, 110–113, 216, 350

I

Insel, Thomas   312

J

Jonas, Hans   36, 91, 93, 116, 121, 124, 130, 203, 272

K

Kant, Immanuel   31, 43, 123, 349

L

Libet, Benjamin   86–88, 200, 282, 293, 300

M

Merleau-Ponty, Maurice   106–109, 112, 128, 143, 176, 225, 237, 240, 241, 343
Metzinger, Thomas   20, 30, 50, 59–61, 70, 71, 208–210

P

Panksepp, Jaak   144, 152, 154–156, 158, 160, 164
Plessner, Helmuth   49, 112, 121, 125, 130, 218, 219, 342

R

Roth, Gerhard   17, 20, 29, 34, 56, 74, 85, 91, 205, 301

S

Searle, John   23, 42, 66, 68, 76, 205, 216, 272, 274, 278
Spaemann, Robert   118, 263–265, 345

U

Uexküll, Jakob von   121, 126, 127
Uexküll, Thure von   123, 126, 132, 191, 241

W

Weizsäcker, Viktor von   36, 120, 127, 241, 263
Wittgenstein, Ludwig   63, 250, 261, 344

2023. 221 Seiten mit 17 Abb. Kart.
€ 31,–
ISBN 978-3-17-036845-3

Der Psychiatrie und der psychosozialen Medizin insgesamt fehlt erkennbar ein integratives Paradigma, das in der Lage wäre, phänomenologische, neurobiologische, psychodynamische und sozialpsychiatrische Ansätze zu einer übergreifenden Konzeption psychischer Störungen zu verknüpfen. Das häufig herangezogene biopsychosoziale Modell ist dringend revisionsbedürftig, da es die neueren kognitionswissenschaftlichen Theorien des Embodiment und des Enaktivismus nicht mehr aufgegriffen hat. Auf der Basis des Verkörperungsparadigmas und des Gehirns als Beziehungsorgan entwirft der Autor eine ökologische Konzeption, die die Psychiatrie als Beziehungsmedizin neu begründet: als die Wissenschaft und Praxis von biologischen, psychischen und sozialen Beziehungen, ihren Störungen und ihrer Behandlung.

„Eine dringende Buchempfehlung für alle Berufsgruppen in der praktischen Arbeit mit psychisch schwer Erkrankten und für weitere theoretische und praktische Integration des leiblichen Erlebens in den psychotherapeutischen Prozess anerkannter Psychotherapieverfahren."

M. Hochgerner, Feedback, 13(1) 2024, S. 106

Auch als E-Book erhältlich.
Leseproben und weitere Informationen: shop.kohlhammer.de

2025. 165 Seiten. Kart.
€ 34,–
ISBN 978-3-17-045405-7

Die Behandlung von psychischen Störungen erschöpft sich nicht nur in der Besserung von Krankheitssymptomen oder -verläufen, sondern muss auch die sozialen Folgen und Einschränkungen der Teilhabe im privaten wie beruflichen Leben berücksichtigen.
Dieses Werk bietet eine systematische, kompakte und zugleich fundierte Übersicht über das breite Spektrum an im deutschen Gesundheits- und Sozialwesen zur Verfügung stehenden sozialmedizinischen Interventionen. Alle Hilfen werden zunächst definiert, um darauf aufbauend die jeweilige Indikation und das praktische Vorgehen anhand von Kasuistiken zu erläutern. Dabei wird verdeutlicht, wie die interdisziplinäre Zusammenarbeit zwischen Ärzten, Psychotherapeuten, Sozialarbeitern, Ergotherapeuten, Beratungsstellen, Behörden usw. im Interesse der Patienten optimal gelingen kann.

Auch als E-Book erhältlich.
Leseproben und weitere Informationen: **shop.kohlhammer.de**

2020. 168 Seiten mit 9 Abb. und
6 Tab. Kart.
€ 39,–
ISBN 978-3-17-034665-9

Freiheit ist ein Phänomen der Grenze. Sie existiert nur an den äußersten Rändern der psychobiologisch erschlossenen Welt. Freiheit gebiert Transzendenz und braucht Struktur. Kultur und Religion sind Beispiele solcher Strukturen, die den kognitiven Raum erschließen und damit zur freien Welt machen.
Sie haben Bedeutung für die Ökologie dieser Welt.
Transzendente Triebe sind die wirkmächtigsten Bewegkräfte menschlichen Verhaltens. In Unkenntnis der Natur und Psychodynamik transzendenter Motivation kann der Spielraum freien Verhaltens schwinden. Eine Selbstaufklärung über das Wesen der transzendenten Triebe ist Voraussetzung dafür, dass eigenes Verhalten möglichst frei, vernünftig, human, tolerant und für Mensch wie Natur wohlbringend entwickelt werden kann.
Dies sind die Kerngedanken, die in dem vorliegenden Werk systematisch entwickelt werden. Das Buch soll zeigen, wie Freiheit im Spannungsfeld zwischen persönlichkeitsstruktureller und gesellschaftlicher Unfreiheit psychobiologisch funktioniert und welche Bewegkräfte unser Verhalten – bewusst oder unbewusst – antreiben.

Auch als E-Book erhältlich.
Leseproben und weitere Informationen: **shop.kohlhammer.de**